HR 私人法律顾问
——企业人力资源管理实务操作宝典

劳动派◎编著

中国铁道出版社有限公司
CHINA RAILWAY PUBLISHING HOUSE CO., LTD.

图书在版编目(CIP)数据

HR私人法律顾问:企业人力资源管理实务操作宝典/
劳动派编著.—2版.—北京:中国铁道出版社有限公司,
2021.11

ISBN 978-7-113-28213-4

Ⅰ.①H… Ⅱ.①劳… Ⅲ.①企业管理-人力资源管理-
劳动法-基本知识-中国 Ⅳ.①D922.5

中国版本图书馆CIP数据核字(2021)第151081号

书 名:**HR私人法律顾问——企业人力资源管理实务操作宝典**
HR SIREN FALÜ GUWEN—QIYE RENLI ZIYUAN GUANLI SHIWU CAOZUO BAODIAN

作 者:劳动派

策划编辑:王 佩 编辑部电话:(010)51873022 邮箱:505733396@qq.com
责任编辑:王 佩 张文静
封面设计:宿 萌
责任校对:苗 丹
责任印制:赵星辰

出版发行:中国铁道出版社有限公司(100054,北京市西城区右安门西街8号)
印 刷:国铁印务有限公司
版 次:2016年6月第1版 2021年11月第2版 2021年11月第1次印刷
开 本:787 mm×1 092 mm 1/16 印张:34.25 字数:620千
书 号:ISBN 978-7-113-28213-4
定 价:108.00元

HR 应该有一位属于自己的顾问

近来和一个朋友聊天,她是一位资深的人力资源从业者,回忆起自己的从业之路,颇有感慨。

她本科是人力资源管理专业,毕业之后到一家规模不算大的公司做人事助理。那时候还是懵懂的小姑娘,对自己未来的工作充满着激动与不安。激动是因为终于要做自己四年来每天都会想到的工作了,不安是因为仅有的知识都是从书本上学来的,现实中不知道是不是能够用得上。

然而激动并没有坚持多长时间,而不安却倔强地跟随着她。在实际工作和学校知识的差距面前,她备受打击。于是开始混迹于各种行业交流论坛、QQ 群,还真的学到了很多知识。在这个过程中也认识了很多律师,有不明白的就及时请教。

但是逐渐地出现了一些问题,主要集中在以下几个方面:

一是,有些问题,律师给出的答案好像有明显的问题,而且不同律师的意见不统一,不咨询还好,越咨询反而越觉得糊涂。

二是,律师们都比较忙,自己不知道什么时候打电话咨询方便,毕竟是免费咨询,怕打扰到别人工作,遇到心情不好的律师,不耐烦的解答会让自己更不好意思去咨询。虽然是女汉子,心灵还是怕受伤的。

在这家单位工作两年之后有了一定的经验就跳槽到一个相对有规模的公司,负责招聘工作。她是一个心气足的姑娘,坚强而独立,面对这份工作虽然没有了最初的不安,却还是经常感觉知识不够用,所以仍然不停地找各种机会去学习。

比较幸运的是,这家公司的老板法律意识较强,聘请一位经验丰富的律师作为公司法律顾问。经过一段时间的工作,她发现这位律师在劳动人事方向并不专业,在具体工作上也很难直接和他沟通。平时这位律师业务比较忙,所以每次的沟通都会多少有些不愉快。这位律师和老板的关系又非常好，所以有些工作情况也不能汇报给老板，有问题还是要自己想办法解决。

这时候最苦恼的是不知道找谁商量，没有专业的、具有指导性的答案，于是就搬来各种法条和政策一条一条地学习。但是由于法律法规的变化和法律语言的专业性等原因，始终有很多不明白的地方，经常会因为自己的失误引发劳动争议，被领导批评工作能力不行，被辞退的员工埋怨没有人情味。明明尽心工作了，却两边不讨好。

"那也是我最迷茫和感到最无助的时候"说完她没心没肺地笑了，我却看到了她为工作咽下的委屈。好在那段日子已经过去，如今坐到人力资源总监的她比过去更加自信，内心无比强大。但两个事情依然没有改变：一个是坚持学习的习惯，另一个是遇到问题依然需要自己解决，法律法规和程序依然还是没有很明白。

我听了她的这番忆苦思甜，感觉非常熟悉。细想下来发现，这正是每一个走向管理岗位的人力资源从业人员的晋升轨迹，她遇到的问题也是多数人都会遇到的问题。

首先说免费咨询。我们也做免费咨询，实话说平时的咨询量比较大，日常工作又非常多，我们只能选择性地回复。除了选择问题，还会选择时间，选择回答的字数。不回复感觉不礼貌，更对不起大家的信任，想回复时间上又不是很充分。

其次，多数企业的法律顾问很少能够直接和人力资源部门对接工作，而直接对接的法务人员多数缺乏仲裁和诉讼的经验。这也就直接导致从事人力资源工作的人没有说知心话的地方。

所以我想，应该让 HR 们无论在初级阶段还是进阶阶段都有专业人员辅助。随时随地有问题都可以放心地开口去问，不需要去各种群里获取可能不靠谱的答案。怎么去解决呢？我想这应该就是 HR 私人法律顾问应该做的事。

私人法律顾问应该是什么样的呢？

首先，【务实的】理论与实际结合，TA 必须是专业的、负责任的劳动法专项律师的经验积累。

其次，【有效的】HR 私人法律顾问应该是 HR 专属的，他应该直面 HR 看到的、没看到的问题，并提供解决方案。

再次，【易懂的】采用可视化图表的方式，让没有法律基础的 HR 也能轻而易举地理解并掌握相关知识。

最后，【陪伴式的】TA 从你进入职场开始就能够为你保驾护航。

我们结合多年的工作经验以及和数万名人力资源从业者的交流后决定编写一本这样的书，同时推出一项 HR 私人法律顾问服务。一本更加实务的工具书再加上专业律师的顾问服务组合相信能让 HR 快速、安全地成长为一名成熟的人力资源从业者。

本书具备如下特点：

1.【条理清晰】按照单位人事管理流程设置章节，将知识还原到运用场景中。

2.【实务专业】结合 HR 的实际工作和律师在实际工作中的经验，尽量少讲法条，多讲实务中的知识。

3.【通俗易懂】大量运用案例和可视化图表帮助 HR 提高兴趣、直观理解。

4.【方便检索】以问题为口径快速检索到自己所需的问题和解决方案。

5.【超值礼包】为帮助读者学习，扫描下方二维码回复"书"，即可获得价值 2 000 元的 100 节在线课程。

今年我们结合 2021 年 1 月 1 日起实施的《民法典》和《最高人民法院关于审理劳动争议案件适用法律问题的解释（一）》的相关规定对本书进行了修订和补充，同时更有针对性地补充和修订了一部分案例，使读者能够更加清晰地理解和适用新的法律规定。

谨以此书献给热爱学习、热爱生活的 HR，希望我们能够共同成长，共同进步。另外尽管我们已经做了很大的努力，但是由于写作时间有限，作者水平有限，仍难免有疏漏之处，如有发现还请海涵，也望各位读者不吝赐教，批评指正。

董 波

目录

案例索引目录

第一章　招聘与录用

从人力资源的角度来说，招聘是单位用人的第一关，是最先遭遇法律风险的阶段，究其原因是招聘决定了用人单位的基本用人政策、标准和价值取向。用人单位把握好这一关，可以为后期人力资源方面的管理工作奠定良好的基础，从而达到事半功倍的效果。

第一节　广告发布

在用人单位劳动用工管理中，招聘是一个关键的环节。而招聘广告中录用条件的拟写，有可能日后给单位留下隐患。招聘广告设计得好坏，直接影响应聘者的素质，以及单位的竞争与发展。为此，我们有必要对招聘广告的内容设定和有关法律问题做进一步的探讨。

从法律的角度来看，招聘广告内容设计得科学与否，不仅影响人才招聘，更有可能给用人单位带来潜在的法律风险与用工隐患。因此，用人单位招聘广告内容设计应注意以下几点。

1. 客观真实

真实是招聘广告内容设定的首要原则。招聘的用人单位必须保证招聘广告的内容客观与真实，并且要对虚假广告承担法律责任。招聘广告中不要做出用人单位无法遵守的承诺来误导应聘者，那些言过其实、夸大其词且别有用心的招聘广告，一旦被人识破，不但会使用人单位名声受损，还有可能因欺诈而承担相应的法律责任。

2. 合法

合法包括实体合法和程序合法。实体合法是指招聘广告中出现的信息要符合国家的法律法规和政策，杜绝发布违法信息。比如，不具备境外劳务派遣资质的用人单位招聘劳动者到境外工作，或者广告招聘不符合公序良俗甚至是违法的招聘内容。

程序违法是指招聘广告通过非正常或非正当途径向受众发送。

例如，在 2016 年，由江苏省昆山市人民法院审结了一起不正当竞争纠纷案件【案号：（2016）苏 0583 民初 12340 号】。昆山市某咨询服务中心（被告）因仿冒昆山人力资源网科技有限公司（原告）企业名称及虚假宣传，被起诉到法院，结果法院判决其立即停止不正当竞争行为，并赔偿原告经济损失及合理开支共计 15 万元。

在该案件的民事判决书中提出：本案中，原告经营的网站名称为"昆山人才网（昆山人力资源网）"，其公司住所地位于昆山人才资源市场，昆山人力资源市场集团有限公司系原告的唯一股东，原告在其经营的网站上也标注有昆山市人力资源市场主办。被告系个体经营，其在经营的网站上除了突出使用"昆山人力资源网"字样外，还突出使用了"昆山人才网""昆山人才市场""昆山人力资源市场"字样，并标注"官网"字样，该宣传使用行为足以使相关公众对被告经营的网站经营主体产生误认，存在误导网络用户访问其网站的恶意。虽然被告注册的网站名称为"昆山人才网"，但该网站的注册晚于原告网站的注册，且被告对"昆山人才网""昆山人才市场""昆山人力资源市场"并不享有任何在先权利，被告将"昆山人才网"与"昆山人力资源网"等一并进行对外宣传，会使网络用户对原被告提供的服务产生混淆。因此，在综合考察被告的一系列行为后，本院认定被告的行为属于虚假宣传的不正当竞争行为。

还有以不正当的手段招聘人才，其目的就是窃取竞争对手的技术或者商业秘密，从而侵犯竞争单位的合法权益。

用人单位、广告经营者、广告发布者发布虚假或其他违反法律规定的人才招聘广告，由工商行政管理部门依照有关规定予以处罚。可见，如果用人单位发布招聘广告时不遵守相关的法律规定，可能会受到行政处罚。

3. 内容简洁完整

招聘广告要能用最短的篇幅，引起最大程度的关注，获得应聘者的简历。所以，其主要内容要简洁，且必须完整，一个完整的招聘广告应包括以下三项内容。

（1）用人单位及岗位的基本情况和要求。

（2）招聘对象需具备的基本条件。

（3）其他注意事项。

招聘广告应做到内容精练、表达准确，而并非越多越好。尤其是关键词句的表述，公司更应慎重，应根据情况选择恰当的表述方式。

举案说法 1. 招聘启事中的信息能否认定用人单位的用工性质？

2003 年 9 月 12 日，蔡某看到了一则招聘信息："上海某信息咨询有限公司招聘劳动合同制员工，月薪 1 600 元，并根据业绩另有提成。"蔡某遂前往应聘，并被录用。经过为期一周的培训后，信息咨询公司拿出了一份为期一年的《市场推广代表合作协议》，要求蔡某等同时应聘的员工签字，协议对具体的提成办法进行了约定。蔡某签了字，同时，也询问了签订劳动合同的事宜，被告知一个月试用期后再签。

但是，半年多过去了，公司一直未与其签订劳动合同、缴纳社会保险费，也没有支付工资。蔡某与公司交涉无果后，2004 年 4 月初，向该区劳动争议仲裁委员会申请仲裁。但仲裁庭以双方是委托代理关系而不是劳动关系为由，没有支持蔡某的申诉请求。2004 年 6 月11 日，蔡某等人向该地管辖法院提起了诉讼。

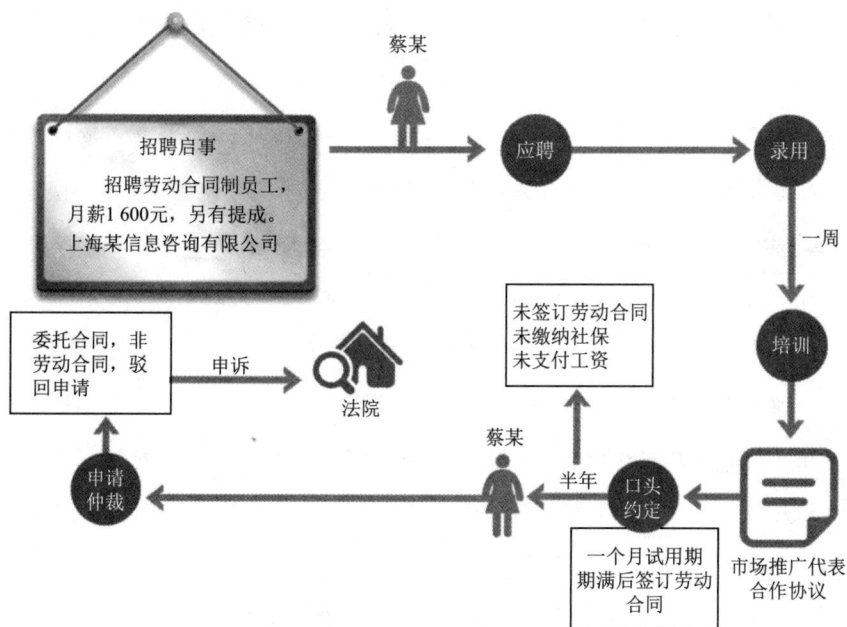

审理结果

2005 年 6 月 8 日，法院对该案作出了一审判决。法院认为，被告在招聘时注明招聘劳动合同制员工，并对工资标准作出约定，系自认。故法院根据被告的自认行为，结合原告确实付出了劳动的实际情况，认定原告在被告处工作的性质具有劳动关系，且双方约定了劳动报酬，所以被告应按约定支付原告在此处工作的工资。信息咨询公司不服一审判决，上诉于上海市第二中级人民法院。二审法院审理后认为，一审认定并无不妥，上诉人所称的双方为委托代理关系，缺乏依据，不予支持。

HR 操作锦囊

本案中，信息咨询公司本意是与劳动者建立劳务关系，而非劳动关系。但是，为了吸引更多的应聘者,在广告中写入"劳动合同制员工"的内容。尽管事后双方签订的是市场代理协议,而不是劳动合同,但是,一审、二审法院根据招聘广告内容进行推定,仍然认定双方具有事实劳动关系。

在招聘广告设计方面,用人单位 HR 应注意以下五个要点。

(1)要避免虚假的招聘信息。特别是对用人单位的地位、规模、业务等肆意夸大,均存在法律风险。

(2)要防止虚报薪酬待遇。例如,用人单位在劳动合同中并没有写薪酬数额或者模棱两可,这种做法为日后管理埋下了隐患,因为劳动争议仲裁委员会或法院很可能依据广告中所载明的薪酬待遇来判定企业需支付的工资数额。

(3)要重视列举候选人条件。例如,可能涉及身高歧视、性别歧视、地域歧视、身份歧视及疾病歧视等内容,应尽量选择弹性表达方式如"优先""择优"等字眼。

(4)要注意岗位职责列举的内容。岗位职责描述应当与真实职责一致,应当附加"披露未尽"声明,即声明详细情况应以公司制度文本、最终签订的劳动合同等为准。这样,一旦与劳动者发生法律纠纷,用人单位会在一定程度上降低未来举证的难度。

(5)要及时存档备案。企业应当保留刊登招聘广告的原件,在需要时可以作为证据。

总之,小小的招聘广告在内容设计上有许多讲究,用人单位需要特别注意,在设计内容的时候杜绝违法行为以降低法律风险,避免带来不必要的劳动争议隐患。

第二节 就业歧视

就业歧视是指没有法律上的合法目的和原因而基于种族、肤色、宗教、政治见解、民族、社会出身、性别、户籍、残障或身体健康状况、年龄、身高、语言等原因,采取区别对待、排斥或者给予优惠等任何违反平等权的措施,侵害了劳动者劳动权利的行为。由于就业歧视侵犯了劳动者依法应享有的平等就业的权利,在《中华人民共和国劳动法》(以下简称《劳动法》)和《中华人民共和国就业促进法》(以下简称《就业促进法》)中都明确禁止因民族、学历、工作经验、身高、长相、种族、性别、宗教信仰、年龄、身体残疾、婚育状况、资格证明等形式的就业歧视。

就业歧视的实施主体是企业,所针对的对象是未来潜在的就业人员,实施的前提是企业存在相关的职位空缺,实施的手段是企业在无法律依据的情况下自行规定各种限制性条款，其结果是排除了其他本该符合相关职位人员的平等就业权。企业在招聘过程中，对应聘者实行限制，如不是基于工作岗位的客观内在需要，就应当被认定为"就业歧视"。

举案说法 2．招聘广告中的就业歧视对用人单位有何影响？

2014 年 6 月 24 日，应届毕业生郭某在赶集网上看到杭州某烹饪学校在招聘文案人员，她认为自己的学历及实习经历符合学校的要求，便在网上提交了简历。等待多天后，没有得到任何回复，郭某又浏览了招聘网站的相关页面，才发现招聘页面上写着"限男性"的要求。郭某表示不解，多次向对方咨询，并到学校当面了解情况，对方坚持只要男性，表示这个岗位不适合女生。2014 年 7 月 8 日，郭某向杭州市西湖区人民法院提起诉讼。

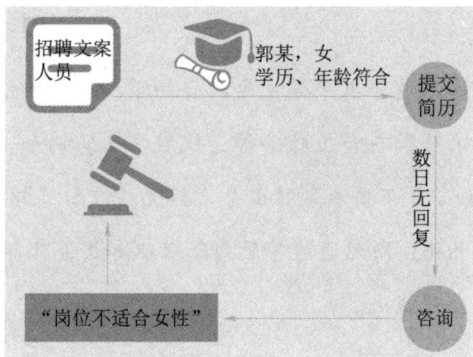

审理结果

法院认为，被告不对原告是否符合其招聘条件进行审查，而直接以"原告为女性、其需招录男性"为由拒绝原告应聘，其行为侵犯了原告平等就业的权利，对原告实施了就业歧视。2014 年 11 月 12 日，法院根据《劳动法》《就业促进法》等法律的规定，认定烹饪学校行为属于就业性别歧视，应向郭某赔偿精神损害抚慰金 2 000 元。2015 年 2 月 2 日，烹饪学校不服该判决，提起上诉，二审法院维持了一审判决结果。

HR 操作锦囊

就业歧视在法律规定外，基于与就业无关的因素妨碍或损害了个人或群体在就业过程中所享有的平等权利，为法律所禁止。性别歧视在女性求职者中比较普遍，很多用人单位不愿意招聘女性的原因是女性劳动者结婚生子有较长时间的产假，单位在产假期间要承担比男性劳动者更多的时间成本、经济成本。虽然用人单位往往否认这属于就业歧视，而认为是按照自己的要求合理选择劳动者，但往往不被法院认可。用人单位的 HR 在招聘过程中，应当围绕岗位需要设定合理的招聘条件，不宜对特定类别人员不经甄别一概否定。

招聘中的合理甄选是指用人单位通过考察应聘者对岗位本身的胜任程度，如受教育程度、相关工作经历、工作所需的知识、技能、个性特征等方面，通过优胜劣汰选拔和录用最符合岗位需求的劳动者，这是公平、合理、合法的。招聘中的就业歧视与合理选择的区别在于以下两点。

（1）就业歧视是用人单位以与工作无关的理由和条件剥夺应聘者的竞争机会。例如，硕士、博士学历的求职者增多，开始盛行"本科出身论"，出现了学历被"查三代"的现象。即使硕士、博士都出自"名门"，如果本科不幸"沦落"至非名牌院校，或者并非"985""211"高校毕业，用人单位只用一则招聘简章就把应聘者拒之门外，这就属于明显的就业歧视。

（2）合理选择是指在应聘者享有平等竞争机会的前提下，围绕与应聘岗位紧密相连的关键评价要素，考察应聘者是否符合应聘条件，优胜劣汰。例如，招聘简章中的常见条款——"本科以上学历"，如若并不要求本科出身名牌院校，如"985""211"高校，只因学历与经验、工作绩效直接相关，所以通过学历判断求职者是否具备工作所需的知识和技能，这就不属于就业歧视而是合理甄选。

举案说法3. Offer Letter 已发，能否以体检为乙肝病毒携带者为由拒绝办理入职？

李某向苏州某厨卫公司（以下简称"厨卫公司"）投递了简历应聘保安职位。2018年7月10日上午，李某至厨卫公司面试，后厨卫公司向李某发出了录用通知单，通知单主要内容为：同意录用李某为保安，试用期月薪1 800元，另每月绩效640元。

2018年7月11日，李某去医院体检，支付体检费50元。

2018年7月13日，李某携带体检报告等入职材料到公司报到，厨卫公司以李某体检结果为乙肝病毒携带者为由未同意李某入职。2018年7月16日，厨卫公司通知李某不再为其办理入职，另招他人。李某诉讼至法院，要求厨卫公司赔偿体检费、交通费、误工费等各项经济损失3 000元。

李某 → 某厨卫公司 → 应聘 → 保安 → 面试 → 同意录用

不再办理入职，另招他人 ← 丙氨酰氨基转移酶及天冬氨酸氨基转移酶偏高 ← 携带体检报告等入职材料

未入职 ← 报到 ← 体检

审理结果

法院认为，李某经厨卫公司面试合格获得录用通知单，通知单载明同意录用李某为公司保安，此时李某有理由相信其经过体检后会被正式录用。

但厨卫公司因李某经体检为乙肝病毒携带者而不予录用，该行为有违诚实信用原则，侵害了李某的信赖利益，给李某造成了损失，应承担相应的赔偿责任。法院综合李某支出的体检费、复检费、耗费的时间成本及对后续找工作的时间影响，认定厨卫公司赔偿李某损失1 200元。

HR 操作锦囊

乙肝歧视是劳动用工过程中广泛存在的就业歧视。实际上，乙肝病毒主要通过血液等途径传播，与乙肝病毒携带者的一般接触如一起学习、工作、用餐并不会被传染。2007年，劳动保障部、卫生部（2013年3月后，与国家人口和计划生育委员会的计划生育管理和服务职责整合，组建国家卫生和计划生育委员会）发布《关于维护乙肝表面抗原携带者就业权利的意见》，要求促进乙肝表面抗原携带者实现公平就业，维护乙肝表面抗原携带者的就业和健康权益。2008年1月1日起实施的《就业促进法》第一次明确规定，用人单位招用人员，不得以是传染病病原携带者为由拒绝录用。2009年2月28日，《中华人民共和国食品安全法》（以下简称《食品安全法》）进行修订，删除了原《食品卫生法》对肝炎病原携带者的限制；之后通过的《食品安全法实施条例》直接将乙肝及其携带者从禁止从事入口食品的岗位名单中删除。2010年2月10日，人力资源和社会保障部、教育部、卫生部发布《关于进一步规范入学和就业体检项目维护乙肝表面抗原携带者入学和就业权利的通知》要求"各级各类教育机构、用人单位在公民入学、就业体检中，不得要求开展乙肝项目检测……不得要求提供乙肝项目检测报告，也不得询问是否为乙肝表面抗原携带者。各级医疗卫生机构不得在入学、就业体检中提供乙肝项目检测服务。"但目前，乙肝歧视仍然时有发生。

本案中，厨卫公司在已经向李某发放录用通知单的情况下，又因李某体检为乙肝病毒携带者拒绝其入职，属于就业歧视，并且违背了诚实信用原则，造成劳动者信赖利益损失，存在缔约过失，应当承担损害赔偿责任。缔约过失损害赔偿责任范围一般包括为缔结劳动合同已经实际产生的费用和因此耽误另寻就业机会的损失。在招录人员过程中，用人单位的 HR 应该科学认识乙肝表面抗原携带者，切不可因劳动者系乙肝表面抗原携带者而拒绝录用、不予办理入职手续，造成就业歧视。

举案说法 4. 限制年龄，能否引发就业歧视？

广州某运输有限公司（以下简称"运输公司"）拟招聘大客车司机，其在 2018 年 7 月 8 日发布的计划招聘需求表中载明各项招聘条件，其中年龄条件为 18～45 岁。2018 年 11 月 18 日，陈某前往运输公司求职，届时年满 57 岁，其他招聘条件均满足。运输公司以陈某超出招聘年龄为由不予录用。陈某诉至法院，要求运输公司赔礼道歉并赔偿精神抚慰金 8 000 元。

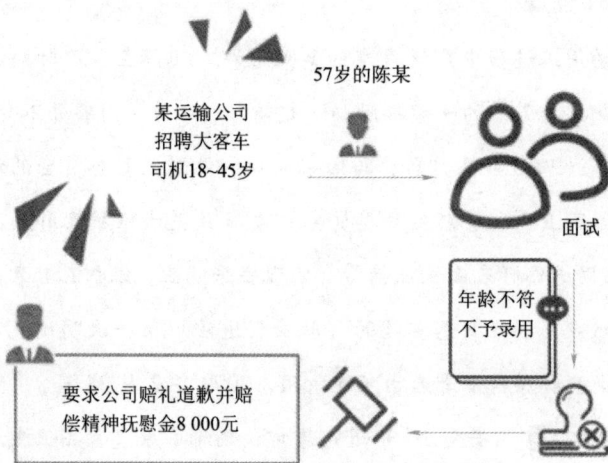

审理结果

法院认为，用人单位的用人自主权应当依法行使，不得侵犯劳动者的平等就业权。公安部已从驾驶人的年龄条件、身体条件、驾驶技能等各方面对各类准驾车型驾驶证的申领及各类车型驾驶证的审验管理，进行了综合考量并作出了规定，而运输公司自行设定的高于部门规章规定的且与个人能力无关的年龄标准显然超出了依法行使用人自主权的界限，侵犯了原告的平等就业权。陈某据此要求运输公司赔礼道歉和支付精神损害抚慰金的诉讼请求，合理合法，予以支持。根据运输公司的过错程度、侵权行为方式、所造成的后果等因素，酌定运输公司向陈某口头赔礼道歉，并赔偿陈某精神损害抚慰金3 000元。

HR 操作锦囊

本案中，运输公司对陈某存在年龄歧视。公安部颁布的《机动车驾驶证申领和使用规定》第50条规定：年龄在60周岁以上的，不得驾驶大型客车、牵引车、城市公交车、中型客车、大型货车、无轨电车和有轨电车；持有大型客车、牵引车、城市公交车、中型客车、大型货车驾驶证的，应当到机动车驾驶证核发地车辆管理所换领准驾车型为小型汽车或者小型自动挡汽车的机动车驾驶证。陈某持有准驾车型为A1的驾驶证，依法可驾驶大型客车至60周岁而运输公司却将拟招聘的司机年龄限定为18~45岁，明显剥夺并损害了包括陈某在内的年龄未超过60周岁并持有A1驾驶证这一类群体的平等就业机会。陈某至运输公司应聘，享有平等就业权，不应因非法定和非正当理由而进行区别对待，而运输公司仅以年龄为由拒绝录用，侵犯了陈某的平等就业权，应承担侵权责任。

为了防范就业歧视的法律风险，用人单位在招聘的过程中应当尽量避免以下问题。

（1）招聘广告或招聘简章内容要合法。用人单位在招聘的过程中，通常会发布招聘简章或者招聘广告，这时要特别注意其内容要保证不含有歧视性条款。在司法实践中，是否构成就业歧视几乎完全依赖于仲裁员与法官的自由裁量。因此，用人单位应该学会通过招聘广告合理设置和表达招聘条件。另外，用人单位可能会通过多种途径发布招聘广告，如网络招聘、参加招聘会、报纸广告等，应尽量保持不同途径、不同形式所发布的招聘广告内容一致。

（2）合理设置岗位，明确岗位需求。抵制就业歧视，并不是代表用人单位不能实行任何差别对待，也不是要求用人单位无条件地接受所有劳动者。如果差别对待是基于工作岗位客观内在需要的，就不属于就业歧视。比如，招聘快递员，需要大街小巷地穿梭，这时提出不招录残疾人，就不会被认为是歧视。但如果是招聘计算机信息录入员或者会计，对于下肢有残疾的人就不会有所影响。因此，为了避免就业歧视引发的法律风险，用人单位在招人时，一定要合理设置岗位，并明确各个岗位的职责和需求。

（3）增强法律意识，加强社会责任感。用人单位享有自主用人权，但自主用人权并不是绝对的。用人单位在招聘的过程中，一定要增强法律意识，自觉抵制就业歧视，这不仅是出于法律风险防范的需要，也是用人单位贯彻以人为本的管理理念，更是用人单位承担社会责任、追求可持续发展的必然要求。

总之，在招聘内容中，先附条件型属于就业歧视，而后置条件型不属于就业歧视。所以，用人单位 HR 在招聘时一定要谨慎拟写招聘启事，不要让用人单位陷入涉及先附条件型就业歧视的危险境地。

法条传送门

《中华人民共和国就业促进法》

第三条　劳动者依法享有平等就业和自主择业的权利。

劳动者就业，不因民族、种族、性别、宗教信仰等不同而受歧视。

第二十六条　用人单位招用人员、职业中介机构从事职业中介活动，应当向劳动者提供平等的就业机会和公平的就业条件，不得实施就业歧视。

第二十七条　国家保障妇女享有与男子平等的劳动权利。

用人单位招用人员，除国家规定的不适合妇女的工种或者岗位外，不得以性别为由拒绝录用妇女或者提高对妇女的录用标准。

用人单位录用女职工，不得在劳动合同中规定限制女职工结婚、生育的内容。

第二十八条　各民族劳动者享有平等的劳动权利。

用人单位招用人员，应当依法对少数民族劳动者给予适当照顾。

第二十九条　国家保障残疾人的劳动权利。

各级人民政府应当对残疾人就业统筹规划，为残疾人创造就业条件。

用人单位招用人员，不得歧视残疾人。

第三十条　用人单位招用人员，不得以是传染病病原携带者为由拒绝录用。但是，经医学鉴定传染病病原携带者在治愈前或者排除传染嫌疑前，不得从事法律、行政法规和国务院卫生行政部门规定禁止从事的易使传染病扩散的工作。

第三十一条　农村劳动者进城就业享有与城镇劳动者平等的劳动权利，不得对农村劳动者进城就业设置歧视性限制。

第六十二条　违反本法规定，实施就业歧视的，劳动者可以向人民法院提起诉讼。

《就业服务与就业管理规定》

第四条　劳动者依法享有平等就业的权利。劳动者就业，不因民族、种族、性别、宗教信仰等不同而受歧视。

第五条　农村劳动者进城就业享有与城镇劳动者平等的就业权利，不得对农村劳动者进城就业设置歧视性限制。

第六条　劳动者依法享有自主择业的权利。劳动者年满 16 周岁，有劳动能力且有就业愿望的，可凭本人身份证件，通过公共就业服务机构、职业中介机构介绍或直接联系用人单位等渠道求职。

第七条　劳动者求职时，应当如实向公共就业服务机构或职业中介机构、用人单位提供个人基本情况以及与应聘岗位直接相关的知识技能、工作经历、就业现状等情况，并出示相关证明。

《中华人民共和国劳动法》

第十三条　妇女享有与男子平等的就业权利。在录用职工时，除国家规定的不适合妇女的工种或者岗位外，不得以性别为由拒绝录用妇女或者提高对妇女的录用标准。

第三节　招聘面试

招聘面试、选择人才的能力是用人单位的 HR 管理者最为关键的管理能力之一。优秀的用人单位管理不是看你的方法有多么高明，而是要看能否在最短的时间内找到最合适的人。

随着《中华人民共和国劳动合同法》（以下简称《劳动合同法》）等一系列劳动法律法规的颁布实施，由于用人单位不专业、不规范的管理所引发的劳动争议呈不断上升的趋势。劳动者招聘入职是用人单位人事部门最基本的职能之一，但是最基本的工作中却常常潜伏着巨大的法律风险。

从用人单位的角度看，为了实现较高的职位匹配度，在招聘中全面了解劳动者的学习和工作经历乃至生活习惯等，会接收应聘者求职简历，根据用人单位的特征设计应聘者登记表或面试人员信息表，进行面试。其中，很多内容属于个人隐私，而这些隐私信息的管理也隐藏着风险。

一、招聘过程中的隐私管理

1. 简历的处理问题

应聘者无论是否能被录用，都要准备、递交自己的求职简历，这些简历往往会涉及许多个人隐私内容，如姓名、住址、个人照片、联系电话、身份证号、工作经历等。从法律上讲，简历是应聘者的私人物品，如果招聘广告中没有声明"概不退还"，其所有权应该归应聘者所有。如果 HR 粗心大意，没有引以重视，就可能会泄露应聘者的个人信息，从而侵犯了他们的隐私权，触犯法律。

2. 询问的技巧问题

在人才选拔过程中，用人单位 HR 为了全面了解应聘者的情况，往往会对应聘者做很多方面的考察，这些考察既有与工作岗位有关的年龄、健康状况、学历、职称等个人信息，也有与工作岗位无直接联系甚至不相关的家庭情况、血型、社会关系、财产状况等个人信息。有些用人单位在甄选时，还进行毒品药物测试、酒精测试等。应聘者作为弱势一方，往往会配合用人单位的调查要求，但是，HR 在操作过程中若不具备一定的技巧和经验，则极易侵犯应聘者的隐私权。

二、隐私管理是个两难问题

1. 法理上知情权和隐私权存在一定的冲突

负责招聘的 HR 是用人单位的代表，享有知情权，即对应聘者的个人情况信息进行了解的权利。作为应聘者，具有自己的人格尊严和工作隐私权，即享有对个人信息资料进行支配的权利。因此，法律确认单位对应聘者相关个人信息的知情权，是为维护单位在经营管理工作方面的正当权益之所需。同时，也需要尊重并保护应聘者的隐私权不被冒犯与侵扰。

2. 隐私管理工作不当容易引发信任危机

个人信息的披露和相关决策应该由自己来决定，而不是受他人控制。同样，在用人单位与劳动者所形成的互动关系中，应该给劳动者留下必要的隐私空间。否则，很容易导致以下四个方面的后果：一是劳动者对用人单位的忠诚度下降；二是劳动者的安全感缺失，而这将会影响劳动者的自觉性和能动性；三是容易导致劳动者的报复性行为，给用人单位带来不必要的损失；四是就一个团队整体而言，没有个体的隐私，在团队内部也无法形成正常的人际关系。

三、如何管理劳动者隐私

1. 隐私管理工作过程要公开

公开隐私管理工作的过程、结果、处理方法，既体现了对应聘者的尊重，也在一定程度上规避了由于侵犯隐私权而被起诉的法律风险。例如，在招聘广告中，尽量写清楚简历所需要的内容，不需要的则不要求应聘者提供。面试时如果要录像，则必须征得应聘者的同意；面试结束后，简历是存档还是予以销毁，都应有明确的规定。

2. 隐私管理工作要有正当的目的

用人单位 HR 通过背景调查等途径获取应聘者个人信息，是为了维护用人单位正当利益，但对于调查过程和内容要做好技术处理。一般情况下，面试过程中的录像，只能用于招聘过程中的人员筛选，不能用于用人单位制作宣传片或商业目的，如需要则必须征得应聘者签字同意且隐去姓名。

3. 收集的内容必须与工作相关

用人单位 HR 在了解应聘者隐私时，必须遵循与工作需要相关的原则。对应聘者个人信息资料的收集和保存的范围也应当限制在与单位经营管理工作有直接关系、从而为雇佣关系所必需的资料范围内。而与单位经营管理工作有一定关系，但并非雇佣关系所必需的信息资料，如婚姻状况等，应当在事先得到应聘者同意或书面通知应聘者且不表示反对的情况下，方能收集和保存。而对宗教信仰、家庭生活等与单位经营管理工作无关，纯属应聘者私人领域的信息资料，HR 则无权了解和收集。

4. 遵守保密性原则

除非获得司法授权或法律另有规定，否则不能将收集的个人信息向任何第三方泄露或公开。HR 应采取相应的安全措施加以保护与保密。例如，许多人都觉得体检报告被用人单位"窥视"，侵犯了隐私权。虽然体检报告属于个人的隐私，应该受到保护，但是用人单位是否侵犯了劳动者的隐私权，关键在于体检报告的公开范围。若单位在接到体检报告后，不正当扩大了体检结果的知晓范围，造成了对当事人隐私的不正当扩散，使不特定的多数人知晓了当事人的隐私，单位也应当承担一定的侵权责任。

举案说法 5. 公示乙肝员工名单，单位是否侵犯隐私？

李明原为某市会展中心员工，后来在参加由单位安排的员工体检过程中，被检查出乙肝表面抗原呈阳性。之后，医院将其体检报告直接出具给单位。"从那时起，我的工作开始被调整。"李明事后回忆说。体检报告"改变"了他。体检过后，他不仅落选其所在部门进行的竞聘，自己也由保洁主管降为保洁员。最令他意想不到的是，中心在获知其患有乙肝后，竟将他和其余11名乙肝患者的姓名公然写在部门黑板报上。后来，李明等人陆续离开公司。"有一次同事聚会，有人谈到一些公司为摆脱乙肝员工，暗自'冷处理'这些人，我们才发现自己被歧视了。"此后，李明以侵犯隐私权为由，将会展中心告上法院。

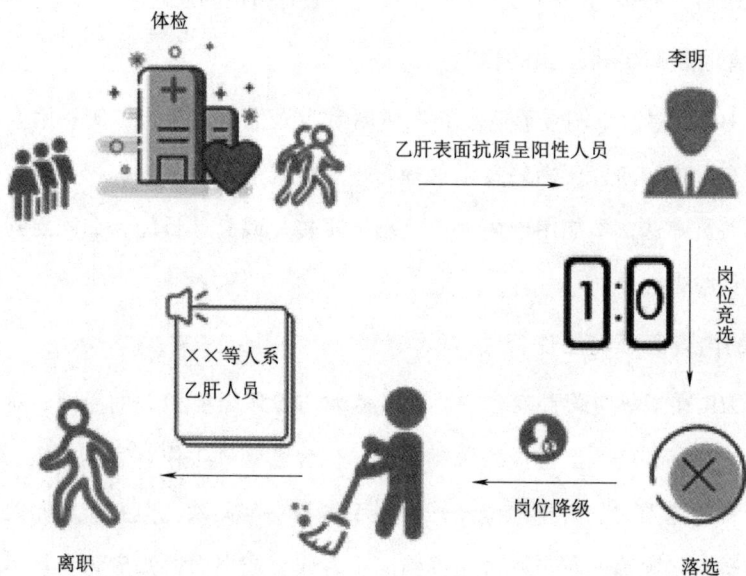

🔒 审理结果

法院审理后认为，依据国家相关规定，非因受检者要求，单位组织的健康体检不得检测乙肝项目。据此，法院判令该会展中心赔偿李明精神损害抚慰金5 000元，并以书面形式向其赔礼道歉。

📇 HR 操作锦囊

用人单位在掌握劳动者的个人信息以后，往往会忽略对这些信息的保护，造成信息泄露，从而侵犯劳动者的隐私权，违反法律。本案中，没有证据证实是由李明提出检测乙肝项目，故会展中心存在违规安排体检项目情况。同时，会展中心应当将劳动者的体检报告密封，由受检者自行拆阅，任何单位和个人不得擅自拆阅他人的体检报告。会展中心将检验出乙肝的劳动者姓名写在黑板报上，侵犯了对方的隐私权，造成李明精神受到损害，应当承担侵权责任。

在用工过程中，劳动者享有隐私权，其个人隐私受到法律的保护。用人单位基于经营管理工作的需要，可以了解、收集、保存劳动者的相关个人信息，但应当限制在与用人单位经营管理工作有直接关系的范围内。用人单位对于掌握的个人信息，应当自觉遵守保密义务，不得用于非法目的或用作他途，也不得将个人信息向第三方泄露或公开，否则将会面临承担侵权法律责任的风险。

法条传送门

《中华人民共和国民法典》（以下简称《民法典》）

第一千一百六十四条　本编调整因侵害民事权益产生的民事关系。

第一千一百六十五条　行为人因过错侵害他人民事权益造成损害的，应当承担侵权责任。

依照法律规定推定行为人有过错，其不能证明自己没有过错的，应当承担侵权责任。

第一千一百六十六条　行为人造成他人民事权益损害，不论行为人有无过错，法律规定应当承担侵权责任的，依照其规定。

第一千一百六十七条　侵权行为危及他人人身、财产安全的，被侵权人有权请求侵权人承担停止侵害、排除妨碍、消除危险等侵权责任。

第四节　如实告知

劳动者在订立劳动合同时享有知情权。用人单位的如实告知义务是法律赋予劳动者知情权的体现，也是公平、诚实信用原则的要求。在劳动关系运行过程中，一般情况下，用人单位与劳动者信息是不对称的。在信息量上，用人单位要优于劳动者，如工作条件、职业危害、单位经营状况、工资分配状况、发展前景等，如用人单位不如实告知，劳动者一般很难获知，这些内容都是与劳动者的工作紧密相连的基本情况，也是劳动者进行就业选择的主要因素之一，选择一份适合自己的职业对于一个劳动者而言是相当重要的。因此，法律赋予劳动者知情权，用人单位有义务向其告知有关情况。用人单位不依法履行告知义务的，有可能会导致劳动合同的无效，承担相应的法律后果。

特别是招聘有职业病危害岗位的，更应当注意，由于关系到劳动者的身体健康，在签订劳动合同时，用人单位必须将招用的岗位所存在的职业病危害情况如实告知劳动者，这是劳动者知情权中的重要一项，用人单位隐瞒岗位存在的职业病危害，可能会给劳动者健康造成损害，也会增加用人单位在医疗保障方面的成本支出，同时，也为产生劳动争议埋下了隐患。

举案说法 6. 用人单位采用欺诈的方法订立劳动合同有什么法律后果？

张某是江苏某大学工商管理专业应届毕业生。春节后，在一家专业招聘网站上，他发现北京某咨询公司正在大规模招聘，其中"行政助理"一职吸引了他。张某立刻打电话询问该岗位的具体工作内容，对方告知"是协助主管开展战略、营运等方面的管理咨询工作"。不久，他就收到了公司要求两周后面试的通知，于是张某从江苏老家赶往北京。顺利通过初试后，他参加了公司为期两天的培训。培训结束，便是复试，张某再次顺利通过，并签订了为期2年的劳动合同。

关于薪金问题，主管不再含糊，而是明确表示，每月薪酬根据业绩与客户签订的订单金额提成。张某此时如梦初醒，"行政助理"其实就是销售人员。张某再三考虑后，向仲裁委员会申请仲裁，要求确认双方签订的劳动合同无效，同时要求公司支付面试食宿、交通费共计2 000元。

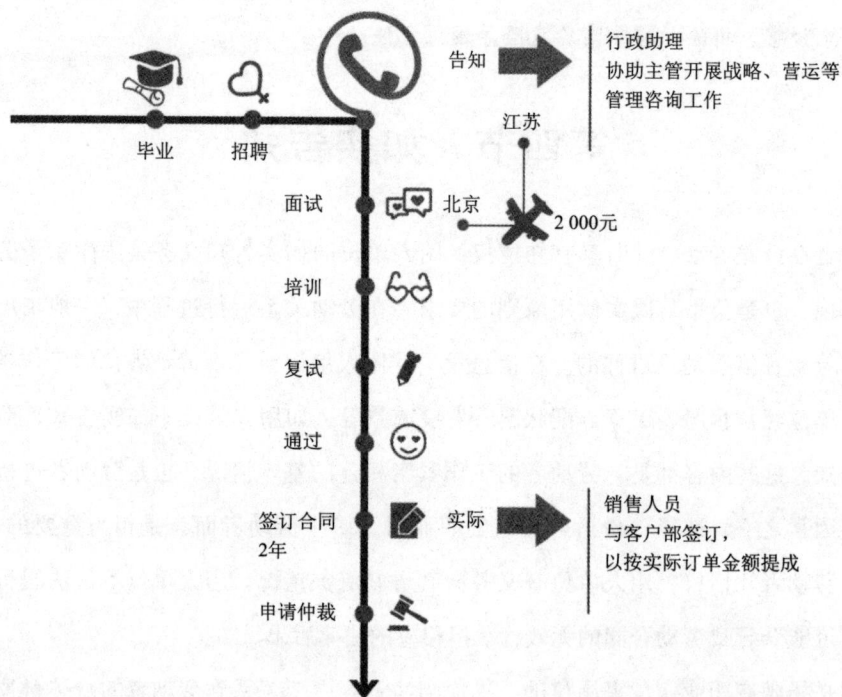

🔒 审理结果

仲裁委员会经审理认为，因某咨询公司采取欺诈的手段订立劳动合同，故该劳动合同无效，由此给张某造成的损失，公司应当承担赔偿责任。最终，仲裁委支持了张某的仲裁请求。

📷 HR 操作锦囊

用人单位负有如实告知义务，应当向另一方如实告知单位的真实情况，不得隐瞒或欺诈。在现实中，有些用人单位的 HR 为了吸引应聘者，只挑好的讲，隐瞒单位内不好的情况。这种行为不但对招聘工作没有帮助，还可能因为劳动者入职后发现单位的实际情况与 HR 先前描述的差别太大，反而造成离职率上升，甚至造成劳动合同的无效。《劳动合同法》第二十六条规定，以欺诈、胁迫的手段或者乘人之危，使对方在违背真实意思的情况下订立或者变更劳动合同的，劳动合同无效或者部分无效。另按照《劳动合同法》第八十六条相关规定，还有可能承担赔偿责任。

本案中，咨询公司的行为已经构成了虚假告知，即使张某与咨询公司签订了劳动合同也属于无效合同。劳动合同被确认无效，给对方造成损害的，有过错的一方应当承担赔偿责任。因此，咨询公司应当赔偿张某的面试、食宿费用。

在实际操作过程中，用人单位 HR 要做到向劳动者如实告知，应着手完善规章制度及《劳动合同》。

（1）职业病危害告知。

① 岗前告知：用人单位在与劳动者签订劳动合同时，应当写明工作过程中可能产生的职业危害及其后果、职业危害防护措施和待遇等。在劳动合同存续期间，安排劳动者从事劳动合同中未告知的存在职业危害的工作时，应与劳动者签订补充协议。用人单位编制规章制度时，应明确职业危害告知制度的目的、依据；明确对从业人员职业危害告知的范围；明确对从业人员职业危害告知的形式及要求；明确职业危害如实告知的内容，包括工作过程中可能产生的职业危害及其后果，职业危害防护措施，待遇和上岗前、在岗期间、离岗时的职业健康检查结果等。

② 现场告知：用人单位在醒目位置设置公告栏，公布有关职业危害防治的规章制度、操作规程、职业危害事故应急救援措施，以及作业场所职业危害因素检测和评价的结果。用人单位在产生职业危害的作业岗位的醒目位置，设置警示标识和中文警示说明，警示说

明也应当载明产生职业危害的种类、后果、预防和应急处置措施等内容。

③ 健康体检结果告知：如实告知劳动者职业健康检查结果，发现疑似职业危害的及时告知本人。

④ 日常告知：用人单位定期或不定期对各项职业危害告知事项的实行情况进行监督、检查和指导，确保告知制度的实施。对接触职业危害的劳动者进行上岗前和在岗定期培训与考核，使每位劳动者掌握职业危害因素的预防和控制技能，落实告知义务。

（2）其他情况告知。

用人单位对于劳动者需要了解的其他情况，如相关的规章制度，包括用人单位内部的各种劳动纪律、规定、考勤制度、休假制度、请假制度、处罚制度及单位内已经签订的集体合同等，都应当进行详细的说明与告知。

用人单位可以制作岗位说明书，列明岗位的工作内容、工作条件、职业危害、安全防护措施及其他岗位相关情况，经劳动者签字确认。也可以在入职登记表与《劳动合同》中声明，"公司已经告知本人工作内容、工作条件、工作地点、职业危害、安全生产状况、劳动报酬等相关情况"，并由劳动者签名确认，由用人单位保留相关纸质文件。

劳动合同的订立都应该基于平等自愿和诚实信用的原则，无论是用人单位，还是劳动者，任何一方都不能以欺诈、胁迫的手段与对方签订书面劳动合同。若已通过欺诈、胁迫的手段签订劳动合同的，劳动合同的整体或者部分会因而无效。

另外，根据《民法典》，明确将个人信息归属于人格权的范畴，侵犯个人信息将承担侵权责任。用人单位对劳动者的情况具有知情权，基于合理的管理需求，要求员工填写劳动人事表单，了解劳动者的一些个人信息，在收集、存储、使用、提供或公开这些信息时，应当防范与规避侵犯劳动者个人信息的风险，用人单位一定要引起重视。以下几点建议应当着重注意。

（1）用人单位在适用或使用时，一定要与员工签署授权书，千万不要违反法律禁止性规定或者超越授权范围。

（2）用人单位应当与员工签署个人信息收集及使用确认书，由员工确认本人提交给用人单位或者用人单位通过合法渠道获取的个人信息明确授权使用目的、方式、范围。

（3）建立《员工个人信息管理制度》。对员工的个人信息收集、存储、使用、加工、传输、提供、公开等处理行为的原则、目的、方式和范围等作出明确规定。

法条传送门

《中华人民共和国民法典》

第一百一十一条 自然人的个人信息受法律保护。任何组织或者个人需要获取他人个人信息的，应当依法取得并确保信息安全，不得非法收集、使用、加工、传输他人个人信息，不得非法买卖、提供或者公开他人个人信息。

第一千零三十四条 自然人的个人信息受法律保护。个人信息是以电子或者其他方式记录的能够单独或者与其他信息结合识别特定自然人的各种信息，包括自然人的姓名、出生日期、身份证件号码、生物识别信息、住址、电话号码、电子邮箱、健康信息、行踪信息等。

个人信息中的私密信息，适用有关隐私权的规定；没有规定的，适用有关个人信息保护的规定。

第一千零三十五条 处理个人信息的，应当遵循合法、正当、必要原则，不得过度处理，并符合下列条件：

（一）征得该自然人或者其监护人同意，但是法律、行政法规另有规定的除外；

（二）公开处理信息的规则；

（三）明示处理信息的目的、方式和范围；

（四）不违反法律、行政法规的规定和双方的约定。

个人信息的处理包括个人信息的收集、存储、使用、加工、传输、提供、公开等。

第一千零三十六条 处理个人信息，有下列情形之一的，行为人不承担民事责任：

（一）在该自然人或者其监护人同意的范围内合理实施的行为；

（二）合理处理该自然人自行公开的或者其他已经合法公开的信息，但是该自然人明确拒绝或者处理该信息侵害其重大利益的除外；

（三）为维护公共利益或者该自然人合法权益，合理实施的其他行为。

第一千零三十八条 信息处理者不得泄露或者篡改其收集、存储的个人信息；未经自然人同意，不得向他人非法提供其个人信息，但是经过加工无法识别特定个人且不能复原的除外。

信息处理者应当采取技术措施和其他必要措施，确保其收集、存储的个人信息安全，防止信息泄露、篡改、丢失；发生或者可能发生个人信息泄露、篡改、丢失的，应当及时采取补救措施，按照规定告知自然人并向有关主管部门报告。

《中华人民共和国劳动合同法》

第四条　第四款　用人单位应当将直接涉及劳动者切身利益的规章制度和重大事项决定公示，或者告知劳动者。（因其他款项与本节内容无关，故不在此引用）

第八条　用人单位招用劳动者时，应当如实告知劳动者工作内容、工作条件、工作地点、职业危害、安全生产状况、劳动报酬，以及劳动者要求了解的其他情况；用人单位有权了解劳动者与劳动合同直接相关的基本情况，劳动者应当如实说明。

第二十六条　下列劳动合同无效或者部分无效：

（一）以欺诈、胁迫的手段或者乘人之危，使对方在违背真实意思的情况下订立或者变更劳动合同的；

（二）用人单位免除自己的法定责任、排除劳动者权利的；

（三）违反法律、行政法规强制性规定的。

对劳动合同的无效或者部分无效有争议的，由劳动争议仲裁机构或者人民法院确认。

第二十八条　劳动合同被确认无效，劳动者已付出劳动的，用人单位应当向劳动者支付劳动报酬。劳动报酬的数额，参照本单位相同或者相近岗位劳动者的劳动报酬确定。

《中华人民共和国劳动法》

第十八条　下列劳动合同无效：

（一）违反法律、行政法规的劳动合同；

（二）采取欺诈、威胁等手段订立的劳动合同。

无效的劳动合同，从订立的时候起，就没有法律约束力。确认劳动合同部分无效的，如果不影响其余部分的效力，其余部分仍然有效。劳动合同的无效，由劳动争议仲裁委员会或者人民法院确认。

《中华人民共和国职业病防治法》

第三十三条　用人单位对采用的技术、工艺、设备、材料，应当知悉其产生的职业病危害，对有职业病危害的技术、工艺、设备、材料隐瞒其危害而采用的，对所造成的职业病危害后果承担责任。

第三十四条　用人单位与劳动者订立劳动合同（含聘用合同，下同）时，应当将工作过程中可能产生的职业病危害及其后果、职业病防护措施和待遇等如实告知劳动者，并在劳动合同中写明，不得隐瞒或者欺骗。

劳动者在已订立劳动合同期间因工作岗位或者工作内容变更，从事与所订立劳动合同中未告知的存在职业病危害的作业时，用人单位应当依照前款规定，向劳动者履行如实告知的义务，并协商变更原劳动合同相关条款。

用人单位违反前两款规定的，劳动者有权拒绝从事存在职业病危害的作业，用人单位不得因此解除与劳动者所订立的劳动合同。

《最高人民法院关于审理劳动争议案件适用法律问题的解释（一）》

第四十一条 劳动合同被确认为无效，劳动者已付出劳动的，用人单位应当按照劳动合同法第二十八条、第四十六条、第四十七条的规定向劳动者支付劳动报酬和经济补偿。

由于用人单位原因订立无效劳动合同，给劳动者造成损害的，用人单位应当赔偿劳动者因合同无效所造成的经济损失。

第五节 入职审查

上一节我们讨论了劳动者的知情权，本节我们讨论用人单位的知情权。《劳动合同法》明确规定了用人单位对劳动者的基本情况有知情权。因此，用人单位应利用好法律赋予的这项权利，做好对拟录用者的入职审查和管理工作，从根本上防范用工法律风险，以免不诚实的人蒙混过关，与此同时，入职前审查也是用人单位录用求职者的最后一道关卡，用人单位做好入职前审查，能够进一步避免潜在的法律风险。如果用人单位忽略了这个环节，后果可能很严重。

一般而言，用人单位有权了解、劳动者有义务说明的事项往往限于劳动者自身与劳动合同直接相关的基本情况。也就是说，入职审查的范围是劳动者与劳动合同直接相关的基本情况，如身体健康状况、专业知识技能、文化程度、资质经历等。而劳动者与履行劳动合同无直接关联的情况，如婚姻状况等，用人单位无权审查或要求劳动者如实说明，否则可能会侵犯劳动者的隐私权。

一、背景调查

对拟录用者的入职审查和管理，重点在于对招聘过程中得到的劳动者相关信息进行核实和整理，这样做不仅有利于规范用人单位的用工管理，更重要的是为将来可能发生的劳动争议留存证据。公司在为拟录用者办理正式入职前有必要对其关键信息进行审查，目的是防止发生劳动者的应聘欺诈，而使得用人单位承担其他连带赔偿责任。重点审查内容主要包括以下几个方面。

1. 身份证、户口本、紧急联系人联系方式的审查

为了防止劳动者持假证或借他人相关证件应聘，确保其身份信息真实，在面试时，可以与劳动者核对出生年月、住址、身份证号等，劳动者的回答应与身份证信息相符合。同时，提供户口本可以与身份证的信息核实是否一致。如有必要可以通过劳动者提供的父母或其他紧急联系人的联系方式进行深入的审查，以便日后劳动者失去联系或者发生事故，能及时与其紧急联系人联系。

笔者承办的案件中，就有因劳动者入职时，用人单位 HR 未曾核对劳动者的身份证，导致其持有的是他人的证件，给用人单位后续带来更为严重的隐患。由于劳动者发生了工伤，在申报医疗费及赔偿时，用人单位才得知自己一直为他人缴纳社会保险，最终用人单位承担了全部的赔偿。这个案件就是由于用人单位 HR 未对劳动者身份真伪进行调查，没有收集证据的意识，未能提供劳动者故意提交虚假材料的证据，因材料上未有劳动者的签字，无法证实过错是基于劳动者本人的原因。如不是双方产生争议，很难及时发现，有可能就是一种潜在的威胁。

2. 年龄审查

用人单位之所以要审查劳动者的年龄主要是防止录用童工及虚假应聘情形的发生。依据相关法律规定，用人单位使用童工的，至少会给予 5 000 元的罚款。

3. 学历、资格的审查

如果劳动者提供虚假的学历与资格前来应聘，会对用人单位的用人策略和发展产生一定的影响，用人单位可根据招聘职位的情况将相关资格证书送至专业机构验证，或登录教育部网站核实学历证书等。

在实践中，提供虚假学历是否能够导致劳动合同无效、解除劳动合同目前尚存在争议。有观点认为，劳动者虽然提供虚假学历，但是学历与劳动者的工作能力本身并无直接关系，仅仅因劳动者提供虚假学历的并不能认定劳动合同无效、解除劳动合同。除非用人单位能够证明该劳动者的学历是用人单位所看重的，且所聘用的岗位对学历有特殊的要求，用人单位据此做出了错误的意思表示。也有观点认为，劳动者提供虚假学历，构成了欺诈，也违反了基本的诚信原则，应当认定劳动合同无效，可以解除劳动合同。以上两种观点，在

如今的裁判尺度方面，都有倾向性。因此，用人单位以学历造假要求确认劳动合同无效、解除劳动合同，存在着一定的法律风险。

《汉书》云："事不当时固争，防祸于未然"，意思是事情不当时坚持，防止祸害于尚未发生之事。用人单位如果对员工学历有特殊要求，应当明确告知应聘者并保留相关招聘公告、员工书面确认文件等作为证据。用人单位还应当尽到注意义务，对劳动者的学历材料和信息在入职前就要及时进行审核。如果是办理入职手续之后，再做背景调查，此刻为时已晚。当然，用人单位还可以通过完善内部规章制度中"不符合录用条件"的相关规定，将学历造假作为"不符合录用条件"的情况之一，在试用期一经发现即可以"不符合录用条件"为由解除劳动合同。因此，以提供虚假学历为由解除劳动合同最好要及时，转正后再解除，可能已错过最佳时间。因为，虽然学历造假，但单位又同意转正，说明劳动者是可以胜任其工作内容的，学历问题对劳动者的工作影响并非很大。

4．工作经历及竞业限制审查

在入职时，用人单位应当要求应聘者提供已经与原用人单位解除或终止劳动合同的证明，如无法提供，用人单位可要求其提供原用人单位的联系方式或证明人，以便进行工作背景调查，核实此劳动者的工作能力、人品与职业道德。

用人单位在招聘高级管理人员、高级技术人员等有可能掌握商业秘密的，应对其是否负有竞业限制义务予以审查，可以参考以下方法，避免公司承担不必要的法律风险与责任。

（1）通过查阅简历信息，了解应聘者在前用人单位的职位，是否为高级管理人员、高级技术人员或其他高管职务人员。

（2）通过查阅应聘者填写的应聘人员登记表，知晓在前用人单位是否为负有保密义务的人员。

（3）招聘面试时，可以通过问询谈话的方式，了解其是否与前用人单位签订过竞业限制协议。

（4）可以审阅应聘者与前用人单位签订的劳动合同。

（5）向应聘者前用人单位致电、致函进行确认是否与该单位签订过竞业限制协议。

（6）入职时，要求应聘者以"书面形式"（例如，保证其与原用人单位无保密和竞业限制的约定，否则应自行承担责任）作出未与其他用人单位签订竞业限制协议或已解除所有竞业限制的承诺。

用人单位如已按照上述方法尽了审查义务，仍无法得知应聘者是否负有竞业限制义务，主观上不存在过错，无须再对违反竞业限制承担相关连带责任。

5. 查验身体健康证明

用人单位查验劳动者的身体健康证明主要是防止录用具有潜在疾病、职业病的劳动者，这些疾病可能会对任职有影响或可能会加大发生工伤的概率。除此之外，还因为劳动者在患病期间将依法享有医疗期，在医疗期间，要按一定比例发放工资，从而增加用人单位的用人成本；并且在解除劳动合同时，用人单位还要向劳动者支付经济补偿金，并依据其患病严重程度承担 50%～100% 的医疗费补助。更严重的是，如果用人单位录用的劳动者患有职业病，并且不能证明是在前一用人单位工作所致，现用人单位将与前用人单位对劳动者的职业病承担连带责任。

为了规范和避免用人单位溢用知情权，2010 年 2 月 10 日，人力资源和社会保障部出台了相关通知，进一步规范了入学和就业体检项目，维护乙肝表面抗原携带者入学和就业权利。同时，也明确规定了用人单位在就业体检中，除餐饮、医疗、保育等服务行业外，不得要求乙肝项目检测，也不得因劳动者是乙肝病原携带者而拒绝予以招用或辞退。

6. 录用的是外国人，则应当审查是否需要办理外国人就业手续

根据《外国人在中国就业管理规定》第五条规定，用人单位聘用外国人须为该外国人申请就业许可，经获准并获得《中华人民共和国外国人就业许可证书》（以下简称《外国人就业许可证书》）后方可聘用。因此，如果用人单位招用外国人，需要审查并为其办理相应手续。除《外国人在中国就业管理规定》明确免办《外国人就业许可证书》的人员外，其他均须按规定申请办理《外国人就业许可证书》和《外国人就业证》。

可免办就业证在华工作的情况包括：

（1）持有《外国专家证》的外国人。

（2）持有《外国人在中华人民共和国从事海上石油作业工作准证》，从事海上石油作业、无须登陆、有特殊技能的外籍劳务人员。

（3）经文化和旅游部批准持《临时营业演出许可证》进行营业性文艺演出的外国人。

除以上之外的外国人在华就业的，必须办理相应的手续。如果用人单位没有按照要求办理好有关手续就擅自招用外国人在内地就业，属非法就业。

二、制度规范

用人单位招聘一般根据应聘者的学习、培训、职业经历及健康状况等信息决定是否录

用。应聘者的信息不真实，或者用人单位疏于审查某些重要的信息，必将为用人单位埋下巨大的用人隐患。从用人单位 HR 风险管理的角度而言，这是一个相当系统且严谨的管理过程，包括全面的入职管理制度、完善的流程控制，以及标准规范的入职文件记录。

用人单位应要求应聘者提供《终止/解除劳动关系证明书》原件并备案；不能提交的，要求应聘者书面承诺"因此所引起的所有后果由其本人独立承担，与单位无关"。

用人单位应要求应聘者书面承诺"对前用人单位不承担竞业限制义务，同时，本人同意现用人单位严格调查核实"，并且在劳动合同中再次确认应聘者的上述承诺。

用人单位应在规章制度中将故意隐瞒未终止或解除劳动合同的行为、故意隐瞒承担竞业限制义务的行为规定为欺诈行为，用人单位可以据此主张劳动合同无效，解除劳动合同并不支付经济补偿金，同时，保留主张赔偿损失的权利。

在现实中，用人单位没有系统规范的风险管理方法，不能预防风险，发生问题后不知所措，不能及时救济，往往造成被动并为此支付高额的解决成本。本该预见的风险没有预见、本该防范的风险没有防范、本不该发生的风险发生了、本不该支付的成本被迫支付，这是目前许多用人单位面临的最为严重、最为现实的问题。因此，用人单位除了规范之外，更应该掌握入职审查的举证技巧和方法。

（1）设置应聘人员登记表作为证据。表格中列明应聘者有关的个人信息的所有项目，要求劳动者如实填写，并承诺"如有任何个人信息不属实，均可视为本人实施了欺诈行为，劳动合同订立后公司可随时单方解除"。

（2）设置员工入职登记表作为证据。表格中列明劳动者与签订劳动合同有关的各个项目，要求劳动者书面承诺如实填写，不得欺骗，否则用人单位有权解除劳动合同。用人单位应将员工入职登记表作为劳动合同的附件，妥善管理和保存，一旦发现劳动者方面有欺诈行为，就可以作为证据作出处理。

（3）要求劳动者提供相关个人资料留作证据。劳动者所提供的相关资料均需要复印，在每一页复印件中要求劳动者明确承诺是由本人提供且真实无虚假，并且由劳动者签字确认，存档妥善保管。

（4）在劳动合同中设计条款以备作为证据。劳动合同中约定："乙方应当按照甲方要求提供可验证的居民身份证或其他有效身份证、学历证书、职业资格证书的复印件，以及最后服务单位的离职证明、甲方指定医院的体检证明等相关资料，并将有关与本劳动合同直接相关的基本情况，按甲方提供的应聘人员登记表或员工入职登记表，由本人如实填明并作为劳动合同的附件。乙方承诺上述材料及陈述均属实，如有虚假甲方可单方解除劳动合同。"

（5）建立信用报告书制度。信息报告书内容由用人单位根据岗位需求自行确定，一般除劳动者的个人身份基础情况外还应包括有无犯罪记录、家庭成员的构成状况、健康状况、学习经历、工作经历、奖惩经历、是否存在存续的劳动关系、有效联系方式等。有效的联系方式极其重要，否则用人单位的各种法律文件的送达将成为棘手问题。同时，最好在信息报告书中明确劳动者提供不实信息的法律后果。如"本人郑重承诺以上所填信息完全属实，否则由此产生的一切后果由本人自行承担，单位可单方解除劳动合同无须支付任何经济补偿。"如果劳动者书面披露信息与客观情况存在较大偏差而且明显属于主观故意所致，就可以确定为劳动者本人的欺诈行为。总之，用人单位必须通过完善招聘制度、流程、系列表格等工作，规范用人管理，从源头上规避招聘入职带来的法律风险，减少损失。

另外，根据《民法典》规定了健康权、名誉权、肖像权、隐私权等权利，作为用人单位应更好地把握管理权以及员工人格权的平衡。需要注意以下几个问题。

（1）在工作过程中，用人单位基于宣传或推广使用员工肖像，一定经员工本人同意并合理使用，可以签署确认书，与此同时，要明确使用已支付对价。采用采集指纹、人脸、进行手机定位等管理方式进行考勤时，一定要取得员工同意，可以在劳动合同中约定或者签署确认书，不得用于其他用途。

（2）在非公共办公区内，不建议安装摄像头；若在公共办公区内安装摄像头，也应告知员工。

举案说法 7. 用人单位要做好入职审查，谨防虚假履历。

2011 年 10 月，南京市某进出口公司因为市场开拓需要，急需一位具有优秀销售才能的人担任公司的销售经理，因此，向某知名的招聘网站发布了人才招聘广告。几天后，钱某来到公司应聘。在交谈中，钱某声称自己曾在某家知名企业担任过销售总监，在任内曾连续多年被评为"销售冠军"，以后如能进入公司就职一定能在 1 年内将公司的业绩翻三番。公司方面见钱某落落大方，又能说会道，加之求才心切，于是当即决定录用钱某。

当天，公司和钱某签署了聘用确认书，约定钱某于 2011 年 11 月正式进入公司担任销售经理一职，任职期间工资 40 000 元/月（未进一步约定工资发放条件），入职一个月内公司将与钱某签订正式的书面劳动合同，并明确了签订劳动合同将会约定的基本条款内容。

然而，钱某入职后的表现却令公司大失所望。11 月份的销售记录只能用惨淡二字形容，而钱某的能力似乎远远不如他本人所说的那样优秀。据公司其他员工反映，钱某每天上班后大部分时间都在看网络电影电视，或者打网络游戏，很少将时间用在办公上。如此一来，公司领导开始对钱某的表现不满，因此，没有和他签订劳动合同，也没有将当月的工资支付给他。

到了 12 月份，钱某的表现仍然没有任何好转。公司的销售业绩持续低下，而钱某也如同当初一样迟到、早退，除了聊天上网之外无所事事。公司开始对钱某的真实资历产生了怀疑，于是通过各种方法进行打听，原来钱某并非如其当初所说是在"知名企业"任销售总监，而只是在某个小型企业里面担任行政专员，并且因为工作效率低下，企业将其辞退。于是，12 月月底，公司方面致电钱某，解除了与他的劳动关系。

钱某接到公司的解雇电话之后，要求公司向他支付拖欠工资并支付违法解除赔偿金，被公司拒绝；随后钱某申请劳动争议仲裁，要求公司向其支付因没有签订劳动合同而产生的双倍工资差额，支付拖欠工资并且支付因为违法解除劳动关系而产生的赔偿金。

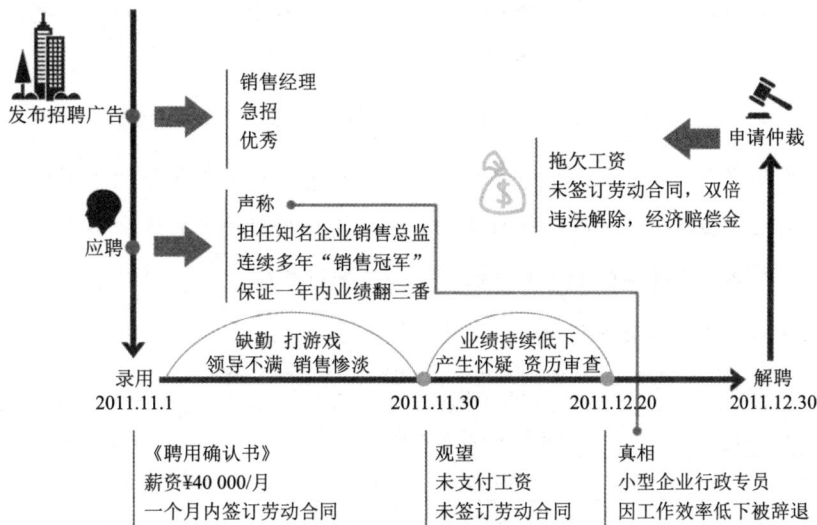

审理结果

2012 年 3 月，仲裁委针对此案做出裁决，认定钱某和公司之间存在事实劳动关系，但驳回了钱某要求公司支付双倍工资（40 000 元）的请求；同时，裁定公司向钱某支付 2011 年11 月及 12 月份拖欠的工资（共计 80 000 元）及违法解除劳动关系的赔偿金（40 000 元）。

HR 操作锦囊

本案中，南京市某进出口公司向钱某出具的《聘用确认书》约定了钱某的就职时间、担任职务和工资待遇，并且明确了表示公司将在钱某就职后一个月内与其签订劳动合同。但公司却没有依照约定在钱某入职后与其签订劳动合同，因此，该《聘用确认书》就成为证明公司与钱某间存在事实劳动关系的最佳证据。

在仲裁过程中，钱某出具了在公司就职期间的工作邮件往来记录和短信记录，这些都足以证明钱某确实为公司履行了职务，因此，应当认定公司和钱某之间存在事实劳动关系。

而公司方面，没有证据证明公司存在将销售业绩与员工工资挂钩的规定，并且也没有提交充分的证据证明钱某存在资历造假及存在《劳动合同法》规定的"不能胜任工作"的情形，因此，仲裁委认为，公司提出的关于钱某资历造假、业绩不合格等抗辩理由没有事实及法律的依据，因此没有采纳，支持钱某要求公司支付拖欠工资和违法解除赔偿金的请求。

这个案件中，进出口公司正是因为没有充分意识到员工入职管理的重要性，没有做好对员工入职审查的工作，导致问题的产生，并最终给公司造成了严重损失。建议用人单位在公司的入职管理过程中要做到审慎、细致。单位的 HR 在工作中，应依法建立《员工名册》，包括员工姓名、性别、居民身份证号码、户籍地住址、居住地住址、联系方式、用工形式、用工起始时间、劳动合同期限等内容，由劳动者在名册内容后签字确认，并存档留存备查；同时也应当及时与劳动者签订劳动合同。在选择劳动者的事情上用人单位一定要慎之又慎，千万不可因为一时心急而忽略了对劳动者的考察。另外，HR 在考察劳动者的过程中，切记制作并保存相关书面材料，留存证据，防止争议发生。

审查内容	可能导致的风险	应对措施
学历与工作经历	招聘到不符合要求的员工	主动查询审查
外语语言能力	无法适应语言工作环境	资格证书加外语口试
潜在疾病	解除合同受到医疗期限制	入职前体检
年龄是否已满 16 周岁	行政处罚甚至刑事责任	查验身份证件、户口本
双重劳动关系	承担不少于 70% 的连带责任	查验离职证明单
竞业限制义务	承担赔偿责任	发函问询前任职企业
外国人就业手续	违法，并且导致合同无效	查验相应的证件和资格

举案说法 8. 员工九年前的学历造假，公司还能以此为由解除合同吗？

小派于 2009 年 7 月 1 日入职某公司，从事安全员岗位工作，双方签订书面劳动合同。2010 年 8 月 31 日，某公司批准小派转正、定级。2018 年 10 月 22 日，某公司以小派持有上报的"青岛滨海学院，机电一体化专科学历"无法从学信网予以验证为由，认定小派的学历系伪造或者国家不予承认，涉及学历造假不良行为，向小派发出《终止劳动合同通知书》。2018 年 12 月 19 日，小派向劳动争议仲裁委员会申请仲裁，要求继续履行劳动合同。该仲裁委员裁决公司继续履行劳动合同。某公司不服诉至一审法院。

🔒 审理结果

一审法院认为，当事人对自己提出的主张，有责任提供证据。当事人未能提供证据或者证据不足以证明其事实主张的，由负有举证证明责任的当事人承担不利的后果。本案中，某公司以小派在学历造假对该公司形成欺诈，使该公司在违背真实意思的情况下订立劳动合同为由，提出其两项诉讼请求。但某公司于庭审中提交的上述证据无法证明其招聘小派入职时对其学历提出了相应要求，依据现有证据无法认定小派对公司进行欺诈，故某公司应当承担因举证不能产生的不利后果。法院对于公司的两项诉讼请求不予支持。判决：一、某公司继续履行与小派签订的劳动合同；二、驳回某公司的诉讼请求。

二审中，当事人没有提交新证据，法院对一审查明的事实予以确认。

法院认为，当事人对自己提出的主张，有责任提供证据。本案中，某公司主张小派明知公司招聘条件为专科以上学历，隐瞒学历造假事实，以欺诈手段与其公司签订劳动合同，其公司与小派解除劳动合同，有理有据、程序合法。但某公司提交的证据不足以证明小派入职时明知公司所称的学历要求，同时，小派自 2009 年 7 月入职，至 2018 年 10 月某公司提出解除劳动合同，双方已经正常履行劳动合同多年，现某公司未提交证据证明因小派的学历影响了双方劳动合同的履行，故一审法院判决某公司与小派继续履行劳动合同，并无不当，本院予以维持。某公司的上诉请求，缺乏依据，法院不予支持。综上所述，某公司的上诉请求不能成立，应予驳回；一审判决认定事实清楚，适用法律正确，应予维持。判决：驳回上诉，维持原判。

📷 HR 操作锦囊

针对上述案例的分析，对单位招聘员工防止学历虚假有关事项提出以下建议。

第一，单位应当及时审查员工的学历证据，最好可以在面试后且入职前进行审查，发现存在学历虚假情况的，就不再向其发送录用通知。

第二，若单位并没有及时在面试后且入职前进行审查，也可以在试用期内尽快补救。但需要在入职表单、单位制度中明确将"虚假情形"列为不符合录用条件及严重违纪情形。

如"员工提供虚假资料的（包括但不限于应聘材料、虚报学历、虚报专业资格或工作履历不实等），均属于违反诚信的行为，属于不符合录用条件及严重违反违纪情形，公司有权予以单方解除劳动合同，且不给予任何经济补偿或赔偿"。

第三，员工提交给单位的任何资料的复印件，需要员工签字确认且加盖手印，同时写明"所提供的复印件与原件一致，本人承诺以上内容资料真实无误并有效"，最后一定要签署日期。这样操作，可以证明复印件是员工本人提供的，也能作为提供虚假资料的证据。

第四，员工虽然构成提供虚假学历的情形，但也要考虑该岗位的实际情况，如果该岗位不必要要求过高的学历，哪怕员工提供的虚假的学历，单位的制度也有规定，单位也不能以此为由解除，仍然会构成违法解除劳动关系的后果。

法条传送门

《中华人民共和国民法典》

第一千零四条　自然人享有健康权。自然人的身心健康受法律保护。任何组织或者个人不得侵害他人的健康权。

第一千零一十八条　自然人享有肖像权，有权依法制作、使用、公开或者许可他人使用自己的肖像。

第一千零二十四条　民事主体享有名誉权。任何组织或者个人不得以侮辱、诽谤等方式侵害他人的名誉权。

第一千零三十一条　民事主体享有荣誉权。任何组织或者个人不得非法剥夺他人的荣誉称号，不得诋毁、贬损他人的荣誉。

《中华人民共和国劳动法》

第十五条　禁止用人单位招用未满十六周岁的未成年人。

文艺、体育和特种工艺单位招用未满十六周岁的未成年人，必须依照国家有关规定，履行审批手续，并保障其接受义务教育的权利。

《中华人民共和国劳动合同法》

第八条　用人单位有权了解劳动者与劳动合同直接相关的基本情况，劳动者应当如实说明。

第二十六条　以欺诈手段使对方在违背真实意思的情况下订立的劳动合同无效或者部分无效。

第八十六条　劳动合同依照本法第二十六条规定被确认无效，给对方造成损害的，有过错的一方应当承担赔偿责任。

第九十一条　用人单位招用与其他用人单位尚未解除或者终止劳动合同的劳动者，给其他用人单位造成损失的，应当承担连带赔偿责任。

《关于进一步规范入学和就业体检项目维护乙肝表面抗原携带者入学和就业权的通知》

一、进一步明确取消入学、就业体检中的乙肝检测项目

用人单位在就业体检中，不得要求开展乙肝项目检测，不得要求提供乙肝项目检测报告，也不得询问是否为乙肝表面抗原携带者。

二、进一步维护乙肝表面抗原携带者入学、就业权利，保护乙肝表面抗原携带者隐私权

除卫生部核准并予以公布的特殊职业外，用人单位不得以劳动者携带乙肝表面抗原为由予以拒绝招（聘）用或辞退、解聘。有关检测乙肝项目的检测体检报告应密封，由受检者自行拆阅；任何单位和个人不得私自拆阅他人的体检报告。

第六节　录用条件

本章第一节中介绍了招聘广告的风险点和主要内容，另一部分非常重要的内容是录用条件，一个设计合理的录用条件，既能为用人单位吸纳合适的人才，也能为用人单位日后的用工管理奠定良好的基础，如果拟写不慎也有可能为日后的管理留下隐患。《劳动合同法》规定，劳动者在试用期间被证明不符合录用条件，用人单位可以立即解除劳动合同。因此，明确录用条件是用人单位试用期行使合法解除劳动合同权利的前提。

举案说法9. 不可随意使用"不符合录用条件"作为开除劳动者的理由。

2009年10月，北京某公司筹备开业，在一家网站上同时发布了数十个岗位的招聘启事，招聘条件统一为"同行业两年以上从业经验；如果应聘的是管理职位，还需有同行业管理职位两年以上从业经验"。张某看到招聘广告后决定应聘该公司行政主管一职，经面试合格后该公司与张某签订了劳动合同，合同约定试用期为2个月。试用期满前，公司通知张某，由于其未通过公司试用期的考核评估，不符合录用条件，公司决定与其解除劳动合同，并未给予张某任何经济补偿。张某认为，公司的行为属于违法解除劳动合同，遂向劳动争议仲裁委员会申请仲裁，要求公司支付违法解除劳动合同的经济赔偿金。

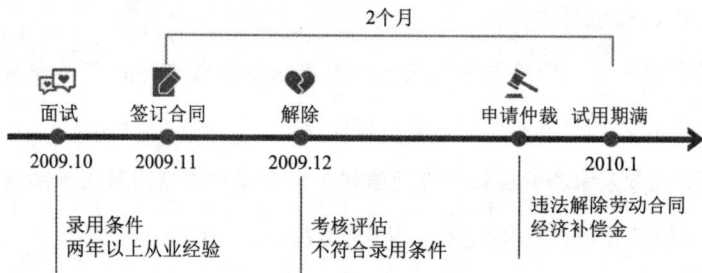

审理结果

仲裁委经审理认为，公司以张某试用期的工作表现不符合录用条件为由解除劳动合同，应当拿出经双方确认的或已向张某公示的具体的录用条件。由于公司对符合法律要求的具体录用条件无法举证。因此，仲裁委认定公司招聘广告中写明的招聘条件即为公司的录用条件，鉴于张某完全符合该条件的要求，仲裁委支持了张某的申诉请求，要求公司承担违法解除劳动合同的赔偿责任。

HR 操作锦囊

根据法律规定，如果劳动者在试用期间被证明不符合录用条件，用人单位可以立即解除劳动合同，并不予支付经济补偿金。很多用人单位据此认为，试用期内可以随便解除劳动合同，忽视了应在招聘和录用劳动者时明确具体相关录用条件。有时，用人单位为了吸引更多人才应聘，招聘启事中刊登的录用条件往往都比较简单和宽泛。一旦发生劳动争议，用人单位拿不出明确的录用条件，难以证明劳动者不符合录用条件，这些都给用人单位以"劳动者试用期间不符合录用条件"为由解除劳动合同带来了障碍。

用人单位制定的录用条件应当具体、合理、实用性强、可考核，特别要注意以下几点：

（1）不能将法律禁止的内容写进录用条件中。比如，将民族、性别等劳动权利差别对待，以残疾人员等为由拒绝录用，或者约定乙肝歧视，对女性设定婚育方面的条件。

（2）录用条件一定要明确、具体，做到普遍性和特殊性相结合，不能空泛、没有实际考核性。制定录用条件时，应当避免诸如"服从用人单位安排"等模糊性表述，而应选择将录用条件量化，利于评定时有据可依。比如，劳动者必须确保提供的有关个人情况（姓名、有无犯罪记录、学历、经历、资质、业绩方面的材料）客观、真实，可约定一旦造假就被认定为不符合录用条件；工作态度方面可对试用期劳动者提出明确要求，必须遵守用人单位的规章制度（限制迟到、早退、旷工的次数等），可约定违反用人单位的规章制度被视为不符合录用条件；可约定必须在入职前提交上一家单位的离职证明，若不能在期限内提供，则认为不符合录用条件。

至于特殊性，需要用人单位结合自身情况和岗位特点确定，每个岗位都可以设计个性化的录用条件，千万不要将录用条件"一刀切"。比如笼统约定"录用条件为符合岗位要求"，那么，岗位的具体要求是什么？什么情况下算符合岗位要求？又如约定"按照所从事岗位的职责完成工作任务"，那么，需要完成的具体工作任务有哪些？怎样算按照岗位职责完成工作任务？实际上，在这种情况下需要继续明细化岗位职责及工作任务，确定每项任务错误率达到多少属于不符合录用条件或者完成多少属于符合录用条件，让录用条件可固化、可量化、可操作。录用条件看似简单，实则不然，操作好了有利于用人单位管理，更能降低诉讼风险。

劳动者录用条件梳理一览表

资质条件	工作能力条件	职业道德条件
年满16周岁或18周岁	不能胜任工作安排和岗位职责	正常签订书面劳动合同
学历、学位条件	患有不能从事工作的禁忌疾病	按照约定的时间到岗
工作经验要求		同意依法缴个税和社保
技术职称和岗位任职证书		
外语水平和计算机水平		
就业手续		
提供办理录用和社保手续的证明材料		
与原单位已依法解除或终止劳动关系		
与原单位已无仍持续的竞业限制关系		
其他不符合录用条件的情形	其他不符合录用条件的情形	其他不符合录用条件的情形

举案说法 10. 企业单方出具的评估表，能否证明员工"不符合录用条件"？

2018年11月18日，李某与某科技公司签订劳动合同，约定李某从事营销经理工作，试用期为2018年11月28日至2019年3月27日。2018年12月21日，某科技公司向李某出具试用期解除劳动关系通知书，主要内容为"鉴于您在试用期内的实际表现不符合录用条件，公司将解除与您的劳动关系"。

2018年5月11日，李某申请劳动仲裁，要求某科技公司支付违法解除劳动合同赔偿金23 000元。

审理过程中，某科技公司提交了新员工试用期（期满）评估表显示，李某在工作内容、工作品质等方面评分较差，且部门主管评价其能力与岗位不匹配，试用期不符合等内容。

李某未在评估表上签字。

本案经仲裁、一审、二审三个阶段结案。

审理结果

一审法院认为，某科技公司未提供其他证据证明李某存在试用期不符合录用条件的情形，其解除李某的劳动合同，缺乏依据，系违法解除，应当支付赔偿金。

二审法院认为，某科技公司并未在李某入职时让其确认有关录用条件的考核标准，提供的评估表上的评估内容较为抽象，在双方对此发生争议时，法院无法根据李某未签字确认的评估表来判断李某是否存在不符合录用条件的情形。故认定某科技公司应承担违法解除的赔偿责任。

HR 操作锦囊

本案中，某科技公司既未制定具体、可量化、可操作的录用条件，也未向劳动者公示或告知录用条件，最终承担了败诉的法律后果。

录用条件需要事先向劳动者公示或告知。通俗讲就是要让劳动者提前知晓用人单位的录用条件。用人单位公示或告知录用条件的方法有以下几种。

（1）在招聘广告中，明确具体岗位的录用条件。

（2）劳动关系建立以前，通过发送"聘用函"的方式，向员工明示录用条件，并要求其签字确认。

（3）在劳动合同中明确约定录用条件或不符合录用条件的情形。

（4）在《岗位说明书》中明确约定录用条件或不符合录用条件的情形，并经劳动者签字确认。

（5）在规章制度中约定录用条件或不符合录用条件的情形。此外，用人单位在规章制度中还应建立完善、具有量比化的试用期考核制度，对各项试用期考核要细化，提出具体达标要求。对考核时间、考核部门、考核流程、考核方法、评分标准要有明确清晰的描述，并确定劳动者知悉上述考核规定，经劳动者签字确认。考核完毕后，一定要保存书面的考核意见并向劳动者告知考核结果，考核结果最好经劳动者签字确认。

需要注意的是，以"试用期不符合录用条件"为由解除劳动合同，要求用人单位必须在试用期内对劳动者进行录用条件考核，并在试用期结束前作出留用或解除决定，送达劳动者，向劳动者说明解除理由。也就是说，从考核到作出决定再到通知送达，都必须在试用期间内完成。实践中，有的用人单位在试用期结束后才对劳动者进行试用期考核或者将解除决定送达，这种做法，等于自弃权利。试用期结束后，即使用人单位有充分证据证明劳动者不符合录用条件，也不能再以此为由解除劳动合同。超过试用期，用人单位以试用期内不符合录用条件为由解除劳动合同，将会构成违法解除。

在司法实践中，仲裁委及法院对用人单位以试用期不符合录用条件为由解除劳动合同，有一个严格的证据链条审查过程：会审查用人单位是否将录用条件明确告知劳动者；是否根据录用条件对劳动者进行了考核；对劳动者试用期不符合录用条件的行为是否有客观的评价和记录；是否将试用期考核结果向劳动者公示；是否将解除决定送达劳动者并告知具体理由。以上情形均需用人单位提供证据加以证明。

根据《劳动合同法》第八条规定，用人单位有权了解劳动者与劳动合同直接相关的基本情况，劳动者应当如实说明。劳动者的身体状况，可能会直接影响到劳动合同能否正常履行，因此，用人单位在入职前，需要员工进行体检，通过体检报告了解员工必要的身体情况，虽然法律有相应的规定，但是，并不代表用人单位可以对于部分入职体检事项，法律规定了限制性要求（如乙肝），除国家法律、行政法规和卫生部规定禁止从事的工作外，不得强行将乙肝病毒血清学指标作为体检标准。当然，更不能作为用人单位不录用的理由，构成就业歧视，甚至也不能其规定在制度中，作为不符合录用条件，以此为由解除的话构成违法解除劳动关系的后果。

法条传送门

《中华人民共和国劳动合同法》

第二十一条　用人单位在试用期解除劳动合同的，应当向劳动者说明理由。

第三十九条　劳动者有下列情形之一的，用人单位可以解除劳动合同：

（1）在试用期间被证明不符合录用条件的；

（2）严重违反用人单位的规章制度的；

（3）严重失职，营私舞弊，给用人单位造成重大损害的；

（4）劳动者同时与其他用人单位建立劳动关系，对完成本单位的工作任务造成严重影响，或者经用人单位提出，拒不改正的；

（5）因本法第二十六条 第一款第一项规定的情形致使劳动合同无效的；

（6）被依法追究刑事责任的。

第七节　录用通知

经过招聘、面试和背景调查，用人单位在决定录用应聘者后，向其发出录用通知书。关于录用通知书的性质和法律效力，《劳动合同法》未作出明确规定，很多用人单位认为，录用通知书不是正式的劳动合同，没有法律效力，因此，在录用通知书的设计、发送及撤销方面都很随意，这就容易引发劳动争议。用人单位与劳动者签订劳动合同以后，对之前发出的录用通知书不做任何处理，这就引发了两者发生冲突时，以哪个文件的规定为准的问题。因为这两份文件都是用人单位提供的，根据劳动法律法规的基本原则，很可能会作出有利于劳动者的解释，使用人单位承担不利后果。

一、关于 Offer Letter

通常所说的 Offer Letter（简称"Offer"）是指"录取通知书""录用信"，是用人单位希望与被录用者建立劳动关系的要约。在 Offer 中一般会向被录用者明确报到时间、地点、工作岗位、薪酬待遇等信息内容。被录用者收到后，如果表示同意，则需要在指定的时间内给予用人单位答复或是向用人单位报到，自此，双方就劳动合同的订立达成合意。另外，Offer 发生的争议不属于劳动争议，不适用仲裁程序前置，守约一方可以直接向法院主张权益保护。

如前所述，被录用者接受 Offer，即对双方产生拘束力。如果用人单位出尔反尔，就会给被录用者造成利益的损失，用人单位需要赔偿被录用者的经济损失。当被录用者提出损害赔偿请求时，可以主张损失的赔偿范围包括两部分。

（1）主要的经济损失。一般为被录用者自原单位离职后的应得工资收入损失、应得经济补偿等。

（2）其他损失。一般为劳动合同磋商过程中发生的邮寄费、交通费、体检费等费用，以及因此而放弃其他的就业机会。

以上这些损失法院在具体判决时都会考虑在内，但是对于损害赔偿数额的合理性，法院会结合案件的证据及具体情况予以综合考量。

二、Offer 与劳动合同

根据《劳动合同法》规定，建立劳动关系，应当订立书面劳动合同。这从法律层面已明确了劳动关系建立之前签订的 Offer 不能代替劳动合同。Offer 是用人单位和被录用者就建立劳动关系达成的合意，是合同法下的权利义务主体，不符合劳动关系的内容和基本要素。所以，即使有了 Offer，也要与劳动者签订正式的劳动合同，否则仍然面临支付劳动者未签订劳动合同的两倍工资的风险。

通常情况下，Offer 中会包括劳动合同的部分内容，比如，工作地点、岗位名称、薪资待遇等，两者在内容上往往会有重叠，当两者出现不一致或冲突的时候，就会产生究竟"以谁为准"的问题。

1. 劳动合同的约定改变了 Offer 的约定

劳动合同的签订在 Offer 之后，根据《中华人民共和国合同法》（以下简称《合同法》）对于合同成立的要求，视为双方就同一问题做出了新的要约与承诺，因此，对同一问题，劳动合同的效力高于 Offer。

2. Offer 约定的内容在劳动合同中未予约定

在这种情况下，Offer 的效力直接决定了该部分内容的效力，是依法有效成立的法律文书，对用人单位和劳动者具有约束力，在没有特殊说明时，即便签订了劳动合同，Offer 的效力依然存在；如若 Offer 本身明确了有效期限或双方约定一切以劳动合同为准，则未在劳动合同中体现的内容就不再具备法律效力，Offer 的双方当事人均不得以此主张权利。

三、Offer 所带来的风险

1. 设计 Offer 要有技巧

（1）设定内容尽量简化。

通常的 Offer 中都标明了岗位、薪资等事项，使 Offer 成为一份内容具体明确的要约，一经被录用者同意便生效。其实，用人单位在发出 Offer 时，可以尽量简化内容，确保 Offer 中的内容一定是用人单位确定的，对于不确定的内容，不要写在 Offer 中，尽量使用简洁不模糊的语言，减少可能产生的争议和责任。

（2）设定承诺期限和失效条件。

Offer 中要明确承诺期限和失效条件。比如，要求应聘者收到 Offer 后的几天内给予回复，期满未予回复确认，则 Offer 自动失效；要求应聘者在规定时间内报到入职，如未按时入职，则 Offer 自动失效；要求应聘者提供体检证明、离职证明或其他有关证明，不能提供的，则 Offer 自动失效；当然，用人单位还可以在 Offer 中列出不予录用或者撤销 Offer 的授权条款，如提供虚假履历、编造虚假履历、存在不良职业道德问题等均不予录用，保留一定的录用主动权。

（3）设定违约责任。

在 Offer 中可以明确约定双方达成意向后的违约责任，甚至损害赔偿的计算方法，以免应聘者在承诺后，又不及时到岗。

（4）设定冲突解决条款。

为了规避 Offer 与劳动合同条款不一致可能导致的风险，用人单位可以对二者的关系作出界定，如明确劳动合同签订后，Offer 自动失效；明确当二者内容不一致时，以双方签订的劳动合同为准；约定其他相关的权利义务以最终签订的劳动合同条款为准。

2. 发出 Offer 要有选择

（1）发放人员的选择。

随着发展，越来越多的用人单位都喜欢采用 Offer 这种方式。其实，Offer 不是入职必经的前置程序，HR 可以选择 Offer 的发送人员范围，无须全员发放。对于用人单位的部分岗位，被录用者并不看重 Offer。因此，对于入职事项比较简单的劳动者，HR 可以不发 Offer，通过电话通知，后续直接办理入职手续及签订劳动合同，避免法律风险。

（2）发放时间的选择。

HR 应当在做完背景调查及劳动者体检合格后，再发放 Offer。

用人单位在背景调查中会了解到劳动者一些在面试中没有获得的信息，这些信息可能是用人单位非常在意的，甚至能够直接决定用人单位是否录用该名劳动者。因此，HR 在做背景调查前，不宜提前发放 Offer。

另外，用人单位招聘时不可歧视残疾人、乙肝患者及乙肝病毒携带者等，否则属于就业歧视，应聘者可以要求单位赔偿。因此，如单位对劳动者健康状况有特殊要求，建议让应聘者先体检，并在复试时提交体检报告，然后再决定是否发放 Offer。如果先发了 Offer，一旦应聘者的体检报告有用人单位不想录用的疾病，也为时已晚。

3. 取消 Offer 要有理由

（1）Offer 的撤回与撤销。

如发现发出的 Offer 有错误时，应及时撤回或撤销。撤回通知应当在 Offer 到达应聘者之前或者与 Offer 同时到达应聘者。撤销通知应当在应聘者做出接受 Offer 的意思表示之前送达，且不存在下列两种情形：一是 Offer 中确定了承诺期限或者以其他形式明示不可撤销；二是应聘者有理由认为 Offer 是不可撤销的，并且已经为履行合同做了准备工作。

（2）Offer 取消有风险。

取消 Offer 存在法律风险，因此用人单位在取消 Offer 时，应当避免随意性。当用人单位确实因为客观情形不得不取消时，应当有主动向应聘者进行赔偿的预期。由于应聘者自身职业道德、虚假欺诈等原因需要取消时，应当注重收集证据，有充足依据时再取消 Offer，以避免相应的赔偿责任。在此过程中，HR 应重视沟通的技巧，避免矛盾激化，尤其是取消职位比较高的 Offer 时，更需要重视沟通。

举案说法 11. 企业取消 Offer Letter，是否应该承担责任？

2009 年 5 月 9 日，上海某技术有限公司（以下简称"技术公司"）向王某发出 Offer Letter，表示技术公司已决定聘用王某。Offer Letter 对试用期、薪资标准等做了说明，并明确技术公司将在王某提供必要的录用资料、做完体检后为其办理相应的聘用手续、签订劳动合同，如果体检不合格，将不能被录用；体检不合格的情况包括：传染病、生理缺陷、职业障碍等。

2009 年 8 月 9 日，王某到医院进行体检。同日，王某向原企业提出辞职，一周后原企业同意王某辞职。医院出具的体检报告表明王某左肾缩小，左肾复发囊肿，左肾复发性结石。技术公司遂以王某体检不合格为由，于 2009 年 10 月 10 日正式拒绝录用王某。王某于是提起诉讼，要求技术公司赔偿损失。

审理结果

庭审中，王某认为，技术公司聘用通知书明确体检不合格的情况为"传染病、生理缺陷、职业障碍"三种，王某左肾囊肿及结石并不属于体检不合格的情况，因此，应根据

Offer Letter上承诺的工资、奖金、津贴费用 7 400 元的标准赔偿自己再就业期间的误工损失费。最终，法院判决，按王某在原企业的收入每月 5 000 元的标准，认定王某失业及其再就业期间的合理损失总额为 12 500 元，技术公司应全部承担。

HR 操作锦囊

《中华人民共和国劳动争议调解仲裁法》（以下简称《劳动争议调解仲裁法》）规定的劳动争议案件包括：因确认劳动关系发生的争议；因订立、履行、变更、解除和终止劳动合同发生的争议；因除名、辞退和辞职、离职发生的争议；因工作时间、休息休假、社会保险、福利、培训及劳动保护发生的争议；因劳动报酬、工伤医疗费、经济补偿或者赔偿金等发生的争议。由于王某尚未与技术公司签订劳动合同、建立劳动关系，因此，双方争议不属于劳动纠纷，不可以通过劳动仲裁途径维护合法权益，但可以向法院起诉要求赔偿相应的损失。

大多数企业 HR 认为，签发录用通知书不会有什么法律风险，其实这种认识是错误的。虽然劳动法律法规对录用通知书没有具体的要求，但是根据《合同法》的规定，录用通知书在法律上属性为"要约"，是希望和他人订立合同的"意思表示"。而违反了《合同法》的相关条款，因此给劳动者带来损害的，需要承担赔偿责任。

那么，要约是不是可以撤销呢？根据《合同法》的规定，撤销要约的通知应当在受要约人发出承诺通知之前到达受要约人，且有下列情形之一的，要约不得撤销：①要约人确定了承诺期限或者以其他形式明示要约不可撤销；②受要约人有理由认为要约是不可撤销的，并且已经为履行合同做了准备工作。上述案例中，录用通知书已经送到王某的手中，王某也已经同意，而且还为履行承诺做出了一系列的准备工作，辞去了原企业的工作。可见，该技术公司所发出的录用通知书是不能撤销的。

对于用人单位而言，如果对某个行业的用人还没有十足把握录用的时候，不要给求职者发"录用通知书"，否则，如果发生如上述王某的情况，遭到败诉是无疑的。

最后，为用人单位 HR 归纳 Offer Letter 中应注意的几方面内容。

（1）录用通知书并非录用环节必需文件，能不发则不发。建议通过电话方式请应聘者来公司报到。

（2）录用通知书最好明确失效条件。如"应聘者未在通知书规定的时间内入职，本录用通知作废""双方签订劳动合同后，本录用通知失效"。

（3）如确有必要或公司有发录用通知的惯例，应在录用通知中明确应聘者应予承诺的期限。如"收到录用通知书的应聘者不能按期书面确认，公司有权取消此职位或另招新人"。

（4）明确录用通知书的法律性质。如"本录用通知为要约邀请，双方最终能否签订劳动合同以应聘者到用人单位，并经双方细致协商方有最终的确定结果"。

（5）录用通知书中应逐一列明不予录用的除外情形，并保留最终是否签订劳动合同的权利。

（6）在录用通知中明确约定应聘者应当承担的违约责任。

（7）体检合格之后再发出录用通知，避免涉嫌就业歧视。

（8）录用通知书不能代替劳动合同，因此，用人单位一旦录用员工，应尽快和员工签订书面劳动合同，用劳动合同规范双方的权利义务，以避免承担不利的法律后果。同时，约定清楚录用通知书与劳动合同内容冲突的选择适用。

（9）建议使用较知名的公开注册的邮箱发送录用通知书，这样比较有公信力。

（10）也可通过电话确认录用通知书回馈情况，做好录音的准备。

法条传送门

《中华人民共和国民法典》

第四百七十二条　要约是希望与他人订立合同的意思表示，该意思表示应当符合下列条件：

（一）内容具体确定；

（二）表明经受要约人承诺，要约人即受该意思表示约束。

第四百七十三条　要约邀请是希望他人向自己发出要约的表示。拍卖公告、招标公告、招股说明书、债券募集办法、基金招募说明书、商业广告和宣传、寄送的价目表等为要约邀请。

商业广告和宣传的内容符合要约条件的，构成要约。

第四百七十四条　要约生效的时间适用本法第一百三十七条的规定。

第四百七十五条　要约可以撤回。要约的撤回适用本法第一百四十一条的规定。

第四百七十六条　要约可以撤销，但是有下列情形之一的除外：

（一）要约人以确定承诺期限或者其他形式明示要约不可撤销；

（二）受要约人有理由认为要约是不可撤销的，并已经为履行合同做了合理准备工作。

第四百七十七条　撤销要约的意思表示以对话方式作出的，该意思表示的内容应当在受要约人作出承诺之前为受要约人所知道；撤销要约的意思表示以非对话方式作出的，应当在受要约人作出承诺之前到达受要约人。

第四百七十八条　有下列情形之一的，要约失效：

（一）要约被拒绝；

（二）要约被依法撤销；

（三）承诺期限届满，受要约人未作出承诺；

（四）受要约人对要约的内容作出实质性变更。

第八节　禁止担保

有些用人单位在录用劳动者时非法向劳动者收取费用，把缴费作为录用的前提条件，其名目有集资、风险基金、培训费、抵押金、保证金等。在实践中，为防止劳动者在工作中给用人单位造成损失主张赔偿困难等情况发生，单位在招用劳动者时，要求劳动者提供担保或者向劳动者收取风险抵押金等行为，都是不合法的。

近年来，劳动监察部门对此执法力度较大，使大多数用人单位不敢再明目张胆地向劳动者收取抵押金，但还是有一部分用人单位采用变相的方法达到向劳动者收取抵押金的目的，如收取服装费、电脑费、住宿费、培训费、集资款（股金）等。此外，用人单位还通过扣押劳动者的相关证件，如资格证书和其他证明个人身份的证件等，以实现担保的目的。

通常用人单位违法向劳动者收取财物的情况主要有两种：一种是建立劳动关系时，收取风险抵押金等费用，劳动者拒绝交纳的不与其建立劳动关系，交纳的在解除劳动关系时不予退还；另一种是建立劳动关系后，全员收取风险抵押金等费用，对拒绝交纳的予以开除、辞退。

无论是在建立劳动关系之前还是之后，只要用人单位招用劳动者，既不得扣押劳动者相关证件，也不得要求劳动者提供担保，更不得以其他名义向劳动者收取财物或者收取风险抵押金。

用人单位可以在劳动合同中明确约定，因劳动者本人原因给用人单位造成经济损失的，按约定内容赔偿经济损失。赔偿经济损失的数额，由用人单位根据具体情况确定，从劳动者本人工资中扣除，但每月扣除的金额一般不要超过本人月标准工资的20%；若扣除后的剩余工资部分低于当地月最低工资标准，则按最低工资标准支付。

举案说法 12. 押金不等于违约金？

2018年11月，某药房员工黄某向劳动保障监察机构投诉称：她于2018年4月被某药房聘用，签订了一年期限的劳动合同，并在劳动合同中约定："当事人一方违反合同时，应承担违约责任，向对方支付违约金500元。"该药房在签订劳动合同时预收了黄某押金500元作为违约金。2018年7月，黄某因该药房工资低且未办理社会保险而辞职，但药房以黄某违约为由不予退还已收取的押金。

审理结果

劳动保障监察机构经调查认定，该药房收取押金作为违约金的行为违反了《劳动合同法》第九条的规定，应根据《劳动合同法》第八十四条第二款的规定责令整改并罚款，故责令该大药房退还黄某500元押金，同时，对该药房罚款1 000元。

HR 操作锦囊

本案中，劳动保障监察机构受理案件后对该药房进行了调查。该药房人事主管称：黄某是本药房员工，在卖场从事销售工作，签订劳动合同时向黄某收取押金500元属实。同时，该药房解释称，之所以收取员工押金，是为了防止人员流动，增强责任感，避免商业秘密外泄等。认为黄某在一年的合同未到期的情况下自行离职，是明显的违约行为，药房可以不退还她的押金。

监察员了解到，黄某与药房签订的劳动合同的主要内容是：合同期一年；工资标准为基本工资1 200元加提成；押金500元；并没有涉及培训、保守商业秘密等方面的约定。黄某因药房工资低且未办理社会保险而决定辞职，辞职行为合法，不应承担违约责任。药房应当退还黄某 500 元押金。

实践中，很多用人单位都会遇到类似问题，劳动者入职时，往往需要为其配备工服、劳动保护用品、手机、笔记本电脑，甚至是价值不菲的机动车辆等，但是如何保证这些单位财产的安全呢？这让很多用人单位非常纠结。如果让劳动者缴纳押金或者提供担保会面临违法的问题，反之用人单位则又会存在诸多经济损失风险。

事实上，对于用人单位而言，这些潜在的经济损失风险是可以通过规范制度和工作流程来预防和避免的。比如，对拟雇用劳动者进行背景调查，制作物品领用表并明确物品价值，进行相关入职培训，在规章制度和相关书面文件中明示损害单位财产的法律责任，等等。

举案说法 13. 员工辞职，企业可以扣工服费吗？

2017 年 12 月 18 日，刘某入职安顺隆华公司，担任停车管理员。同日，双方签订劳动合同，约定刘某每月工资 1 260 元，在职期间享受工服待遇，所需工服由安顺隆华公司提供，领取工服时需交纳 700 元工服押金，离职时需扣除工服折旧费。入职后，刘某交纳了工服押金 700 元。

2018 年 10 月 31 日，刘某离职，并将工服交回安顺隆华公司。安顺隆华公司主张扣除工服折旧费后应当向刘某退还工服押金 586.8 元；刘某主张工服押金应当全部退还。

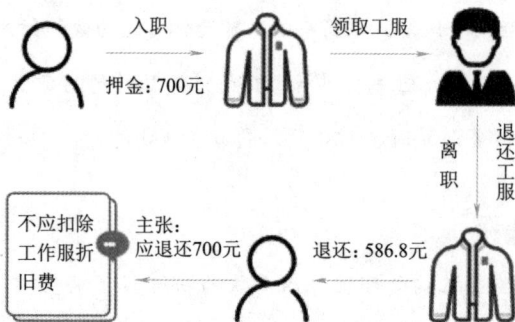

审理结果

仲裁委员会经审理支持了刘某的请求。安顺隆华公司不服，向管辖法院提起一审诉讼但未获支持，后又上诉至中级人民法院。

二审法院认定：提供工服是职工必备的劳动条件之一，用人单位应当义务提供，不得向劳动者收取费用。刘某曾向安顺隆华公司交纳工服押金 700 元，安顺隆华公司应予退还，原审法院判决安顺隆华公司退还工服押金 700 元并无不妥。

HR 操作锦囊

有些用人单位要求劳动者在工作过程中必须穿着工服，工服是劳动者工作的必备劳动条件，提供工服是用人单位的义务，应予无偿提供。用人单位因劳动者辞职而收取工服折旧费的做法是违反法律规定的。当然，劳动者在离开工作岗位时，用人单位有权要求劳动者交还发放的工服。建议用人单位在制定规章制度时，规定因劳动者原因造成工服破损或遗失的，劳动者应予赔偿。

法条传送门

《中华人民共和国劳动合同法》

第九条　用人单位招用劳动者，不得扣押劳动者的居民身份证和其他证件，不得要求劳动者提供担保或者以其他名义向劳动者收取财物。

第二十二条　用人单位为劳动者提供专项培训费用，对其进行专业技术培训的，可以与该劳动者订立协议，约定服务期。劳动者违反服务期约定的，应当按照约定向用人单位支付违约金。

第二十三条　用人单位与劳动者可以在劳动合同中约定保守用人单位的商业秘密和与知识产权相关的保密事项。劳动者违反竞业限制约定时，应当按照约定向用人单位支付违约金。

第二十五条　除本法第二十二条和第二十三条规定的情形外，用人单位不得与劳动者约定由劳动者承担违约金。

第八十四条　用人单位违反本法规定，扣押劳动者居民身份证等证件的，由劳动行政部门责令限期退还劳动者本人，并依照有关法律规定给予处罚。

用人单位违反本法规定，以担保或者其他名义向劳动者收取财物的，由劳动行政部门责令限期退还劳动者本人，并以每人五百元以上二千元以下的标准处以罚款；给劳动者造成损害的，应当承担赔偿责任。

劳动者依法解除或者终止劳动合同，用人单位扣押劳动者档案或者其他物品的，依照前款规定处罚。

《关于贯彻执行〈中华人民共和国劳动法〉若干问题的意见》

第二十四条　用人单位在与劳动者订立劳动合同时，不得以任何形式向劳动者收取定金、保证金（物）或抵押金（物）。

《工资支付暂行规定》

第十六条　因劳动者本人原因给用人单位造成经济损失的，用人单位可按照劳动合同的约定要求其赔偿经济损失。经济损失的赔偿，可从劳动者本人的工资中扣除。但每月扣除的部分不得超过劳动者当月工资的20%。若扣除后的剩余工资部分低于当地月最低工资标准，则按最低工资标准支付。

第九节　三方协议

三方协议，即就业协议，通常是以毕业生、学校、用人单位三方主体签订，协议同时对三方产生约束力。毕业生应当在毕业离校后向签订协议的用人单位报到就业，学校应当在毕业离校环节向毕业生开具报到证，用人单位应当在毕业生报到时与之建立正式的劳动关系。近几年，随着劳动力就业机制的变化，违反三方协议的问题已经成为毕业生、用人单位、学校三方在大学生就业过程中遇到的一大难题。

举案说法 14. 毕业生三方协议效力如何认定？

2004 年 4 月，某通信公司与某高校及该校应届毕业生王某签订三方就业协议，协议约定："王某毕业后，通信公司与王某建立劳动关系，并为王某办理在京户口，同时，约定王某的服务期限为五年，如果王某未按照约定期限履行，应当向公司支付违约金 30 000 元。"2004 年 7 月，王某毕业，经过岗前专业技能培训，成为通信公司项目部的一名工作人员，通信公司也按照约定，为王某办理了进京户口。

双方劳动关系顺利履行至 2005 年 2 月期间，通信公司要求与王某签订正式劳动合同，王某以各种理由没有签订。2005 年 2 月 28 日，已经成为公司项目经理的王某向公司递交了书面辞职报告。公司同意了王某的辞职，但要求王某按照约定支付违约金 30 000 元。王某向公司交纳了 26 000 元违约金，口头同意剩余违约金从离职月工资中扣除。公司扣除了王某二月份的工资，为王某办理了全部离职手续。

2005 年 4 月 27 日，王某向北京市劳动争议仲裁委员会申请仲裁，认为其未与通信公司签订劳动合同，通信公司收取违约金没有依据，故要求通信公司返还 30 000 元违约金，支付拖欠的二月份的工资等。

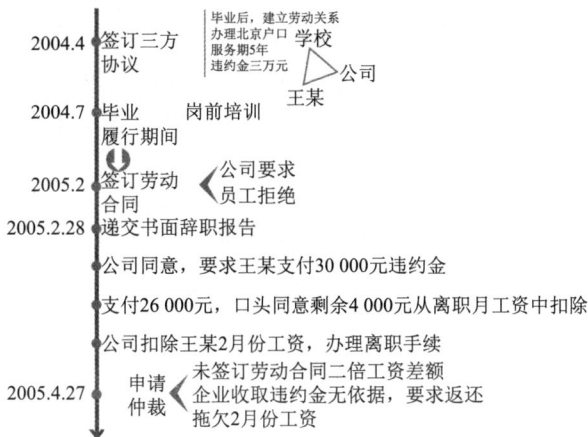

2004.4 签订三方协议

毕业后，建立劳动关系
办理北京户口
服务期5年
违约金三万元

学校
公司
王某

2004.7 毕业　岗前培训
履行期间

2005.2 签订劳动合同　公司要求
员工拒绝

2005.2.28 递交书面辞职报告

公司同意，要求王某支付30 000元违约金

支付26 000元，口头同意剩余4 000元从离职月工资中扣除

公司扣除王某2月份工资，办理离职手续

2005.4.27 申请仲裁

未签订劳动合同二倍工资差额
企业收取违约金无依据，要求返还
拖欠2月份工资

审理结果

2005 年 6 月，劳动争议仲裁委员会作出裁决，认为通信公司要求王某支付 30 000 元违约金作为在服务期内提前解除劳动关系的违约金并无不当。但是，通信公司直接扣除了王某的 4 000 元工资作为违约金，在王某未予认可的情况下又没有证据证明已经王某本人同意，应认定通信公司无故拖欠工资。因此，该公司应当向王某补发工资 4 000 元。双方当事人服从裁定。

HR 操作锦囊

就业协议是用人单位与学校、在校应届毕业生之间签订的，对即将形成的劳动关系，以及劳动关系中双方基本权利义务关系达成的协议。就业协议与劳动合同的区别如下。

（1）就业协议由三方当事人签订，而劳动合同由用人单位和劳动者双方当事人签订。

（2）在校应届毕业生在签订就业协议时，尚未毕业，仍然是在校学生，不具备《劳动合同法》中签订劳动合同的主体资格，因此，三方协议订立不等于劳动关系建立。

（3）就业协议仅仅是对毕业生与用人单位即将形成劳动关系及形成劳动关系后，双方应当履行的基本权利义务进行的约定和确认，不具备《劳动合同法》要求劳动合同必须包括的全部合同条款。

（4）劳动关系建立后，如果签订的劳动合同内容不同于就业协议内容，应按照劳动合同的内容履行；如果劳动合同的内容不包括就业协议中的内容，在劳动合同履行过程中，就业协议的内容就变成了劳动关系的当然条款。

（5）就业协议仅具有一般合同性质，不属于劳动合同，因就业协议产生的纠纷也不能适用《劳动合同法》的相关规定，而应当适用《合同法》总则的规定。

本案中，通信公司与王某虽仅签订了就业协议，并没有签订劳动合同，但是，王某实际已提供劳动，通信公司也按照约定履行了为王某办理进京户口手续的义务，双方形成事实劳动关系。所以，王某也有义务履行协议约定的服务期限、违约责任等内容。就业协议约定王某的服务期限为 5 年，故可以认定双方自形成事实劳动关系之日起，王某应为通信公司服务 5 年。王某在通信公司只工作了 8 个月就提出解除劳动关系，是一种违约行为，应当按照约定承担违约责任。

因为很多大城市的户籍限制及享受待遇的差异，导致很多学生签订三方协议重点考虑户口因素，用人单位签了三方协议又辛苦为应届毕业生办理了户口，可户口问题一旦解决，学生便提出辞职，最后用人单位空忙一场。那么，HR 在遇到以上案例中的事情时，该如何处理？

（1）在毕业生的筛选方面要严格、谨慎。

（2）入职后，企业应注意劳动者的职业发展规划。

（3）在三方协议中要写明违约责任，同时，违约金额可以适当提高，具体金额依照各地单位、岗位的具体情况而定。需要提醒 HR，劳动关系情形下只有两种情况劳动者需向用人单位给付违约金：一是劳动者违反服务期约定的，应当按照约定向用人单位支付违约金；二是劳动者违反竞业限制约定的，应当按照约定向用人单位支付违约金。除此之外，约定违约金的都是不符合法律规定的。

法条传送门

《全国普通高等学校毕业生就业协议书》管理办法

第一条　毕业生与用人单位达成一致意见之后，均须签订《全国普通高等学校毕业生就业协议书》。

第四条　毕业生在协议书上签署个人意见之后，用人单位或学校两方之中只要有一方在协议书上签字，毕业生即不得单方面终止协议的签订工作。毕业生违约时，必须办理完毕与原签约单位的解约手续（有原签约单位的书面退函，交纳完毕违约金），然后将原协议书交还招生就业工作处，并换取新的协议书。

《普通高等学校毕业生就业工作暂行规定》

第二十四条　经供需见面和双向选择后，毕业生、用人单位和高等学校应当签订毕业生就业协议书，作为制定就业计划和派遣的依据。未经学校同意，毕业生擅自签订的协议无效。

《中华人民共和国合同法》

第一分编　通则

第一章　一般规定

第二章　合同的订立

第三章　合同的效力

第四章　合同的履行

第五章　合同的保全

第六章　合同的变更和转让

第七章　合同的权利义务终止

第八章　违约责任

第二章　订立劳动合同

劳动合同是证明用人单位与劳动者建立劳动关系及双方权利义务的基本依据，是劳动争议中的核心证据。因此，用人单位在与劳动者签订劳动合同时，必须依法进行。

第一节　劳动合同的主体

劳动合同的主体是由法律规定的，具有特定性：一方是劳动者；一方是用人单位。劳动者和用人单位都要具备法律规定的劳动合同主体条件，才能签订劳动合同。不具有法定资格的公民与不具有用工权的组织和个人都不能签订劳动合同。

一、用人单位

用人单位又称用工单位，常常也被称为企业主、资方、雇主、雇佣人等，在我国法律中，被统一称为用人单位，是指依法招用和管理劳动者，对劳动者承担有关义务者。我国的用人单位有不同的类型。

（1）在中国境内的依法登记的企业，包括各种所有制性质、各种组织形式，如国有企业、集体所有制企业、私营企业、外商投资企业、港澳台企业，混合型企业、股份制企业、联营企业、乡镇企业等。

（2）依法核准登记的个体经济组织，即依法取得营业执照的个体工商户。

（3）依法成立的事业单位，包括文化、教育、卫生、科研等各种单位，如学校、医院、出版社等。

（4）依法成立的国家机关，在法律规定的权限范围内，有权使用劳动者。

（5）依法成立的社会团体，包括工会、妇联、研究会、协会等社会团体组织。

另外，民办非企业单位也是劳动法上的适格主体，所以也应当遵守《劳动合同法》等相关法律法规的规定。

根据《民法典》第一百零一条规定："居民委员会、村民委员会具有基层群众性自治组织法人资格，可以从事为履行职能所需要的民事活动。未设立村集体经济组织的，村民委员会可以依法代行村集体经济组织的职能。"因此，居民委员会、村民委员会招用人员也具备劳动关系特征的话，也属于劳动法的调整范围，扩大了用人单位主体的适用范围。

那么，在实践中，以下一些情况，他们的劳动关系该如何处理？该如何认定？

1. 非法用工单位

在非法用工这个问题上，很多人都产生过误解。有人认为，非法用工单位与劳动者之间不存在劳动关系；还有些人认为，非法用工单位与劳动者之间是正常的劳务关系，等等。从法律的规定来看，非法用工单位与劳动者之间的关系认定并非千篇一律，既不能一概认定为劳动关系，也不能一概认定为劳务关系。

基于非法用工单位存在以下几种不同的形式，那么，在认定非法用工单位与劳动者之间究竟是否存在劳动关系时，我们有必要逐项讨论。

（1）对于无营业执照或者未经依法登记、备案的单位，尽管其具备了公司的一般特征，比如，拥有自己的生产经营场所或者固定的办公场所、有字号、内部管理上有规章制度和组织架构等，但由于其还未依法登记或者已登记但还未领取营业执照，其并非法律意义上的民事主体，也就不能与其雇员形成劳动关系。

（2）对于被依法吊销营业执照的单位而言，根据《公司登记管理条例》的规定，其主体资格并未丧失，被吊销营业执照的单位经过清算后依法申请注销，注销登记后，才丧失其主体资格。因此，被依法吊销营业执照的单位在未注销前，其与雇员之间的关系仍然属于劳动关系。

（3）对于被依法撤销登记、备案的单位，由于撤销登记发生在单位领取营业执照之前，也就是说，此时的单位并未取得主体资格，因此，其与雇员之间并不存在劳动合同法意义上的劳动关系。

（4）雇用童工的用人单位与童工之间不存在劳动关系。劳动合同法意义上的劳动者必须符合两个条件：一是达到法定年龄，二是具有劳动行为能力，因此，不能与雇用的用人单位形成劳动关系。

2. 筹建中的公司

在现实生活中，经常出现这样的事例。公司在登记注册成立之前，就已经在招聘，并组织生产经营，这些被招聘的人员显然属于劳动者，但是由于公司还在筹建期间，没有营业执照，不是法律意义上的具有法人资格的用工主体，由此引发了很多筹建期间劳动用工的法律问题。

（1）谁对公司筹建期间的劳动用工负责？

根据《劳动合同法》规定，用人单位应该是具有法人资格的公司，或具有营业执照的个体经济组织及民办非企业单位，只有这样的用人单位才具有劳动用工权。同时，根据《公司登记管理条例》规定，未经公司登记机关登记的，不得以公司名义从事经营活动。

因此，由于公司没有法人主体资格，无法承担民事责任，导致劳动仲裁部门不会受理公司筹备期间的用工纠纷。这并不意味着可以以"尚在筹备期间，不具备用工主体资格"为名，达到"免责"的目的。依据《公司法》的法理，筹备中的公司的责任，应由负责其筹备的发起人承担。

（2）筹建期间未签订劳动合同，是否需要支付双倍工资？

前面已经知道，从《劳动合同法》规定的劳动关系主体来看，筹建中的公司因不具有用工权利能力而不能承担劳动关系权利义务，确实不具有用人单位主体资格。实践中，大多认定筹建中的公司与其雇用的员工之间是雇佣关系，而不是劳动关系，双方在该期间的关系不适用劳动法律法规来处理，故劳动者如主张筹建期间未签订劳动合同的双倍工资补偿就缺乏法律依据，难以得到支持。

（3）筹建期间的工作时间是否应计入劳动合同期？

劳动者在筹建期间的工作时间是否应计算进劳动合同期限内，该问题关系到劳动合同终止或解除时的经济补偿金或赔偿金的年限计算。根据《公司法》的规定，正式成立的公司对筹建中公司的行为产生的一切债务自动承担责任，也就是说，筹建中的公司一旦成立，则发起人在筹建过程中的行为即被追认为公司的行为，应由公司承担责任。

由此可见，筹建中的公司不是用人单位，出资人才是用人主体，因此，相应的法律责任也应该由出资人来承担。出资人可以以个人的名义雇用员工并形成雇佣关系，但当公司成立时，出资人雇用员工的行为将被视为公司雇用员工的行为，雇员成为公司的员工。因此，公司成立后，筹建期间应纳入劳动合同期间。

3. 分公司或者分支机构

分公司或者分支机构是否能作为用人单位订立劳动合同的主要标准在于是否依法取得营业执照。依法取得营业执照或者登记证书的，可以作为用人单位与劳动者订立劳动合同。

二、劳动者

在我国，劳动者是为用人单位提供劳动力的自然人，常常也被称为员工、工人和雇员。

劳动法律关系所涉及的劳动者，是指劳动者达到法定年龄，具有劳动能力，以从事某种社会劳动获得收入为主要生活来源，在用人单位的管理下从事劳动并获取劳动报酬的自然人（中外自然人）。由此可见作为劳动者，必须具备法律规定的下列条件。

（1）年龄条件。《劳动法》规定，法定劳动年龄指年满 16 周岁至退休年龄。公民的最低就业年龄是 16 周岁，不满 16 周岁不能就业，不得与用人单位建立劳动法律关系。我国法律禁止用人单位招用未满 16 周岁的公民就业，否则，将承担非法招用童工的法律责任。在没有延长退休年龄之前，退休年龄一般指男 60 周岁，女干部身份 55 周岁，女工人 50 周岁。

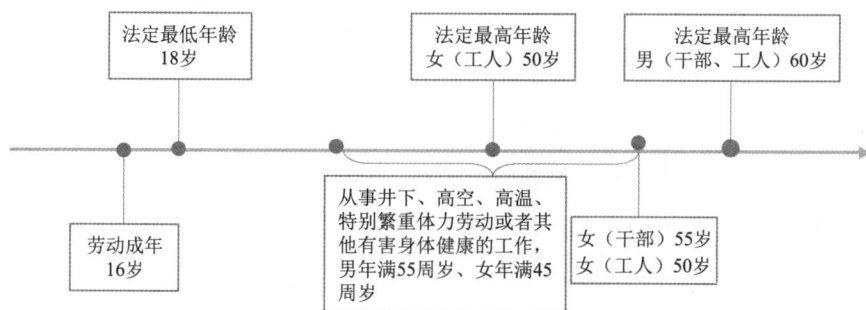

（2）劳动能力条件。由于劳动者进行劳动只能由劳动者亲自进行，因此，要求劳动者必须具有劳动能力。而且，对于一些特定的行业，劳动者的劳动能力还必须满足该行业的特殊要求，如患有传染病的人不能从事餐饮业。

我国法律对劳动者的国籍没有限制性规定，我国公民、外国公民和无国籍人，只要具备我国《劳动法》规定的条件，都可以成为我国的劳动者。另外，根据《民法典》第十八条规定："成年人为完全民事行为能力人，可以独立实施民事法律行为。十六周岁以上的未成年人，以自己的劳动收入为主要生活来源的，视为完全民事行为能力人。"因此，十六周岁以上的未成年人可以成为劳动法意义上的劳动者，符合劳动者的主体资格。当然，用人单位在使用 16 周岁以上的未成年人时，也要遵循《未成年工特殊保护规定》。

虽然，《劳动合同法》将民办非企业单位纳入该法的调整范围，但是这并不意味着民办非企业单位的所有人均属于法律上的劳动者而均应接受《劳动合同法》的调整。比如，民办非企业单位的合伙人、发起人等不符合劳动关系三要件的人员，就不是劳动法上所称的劳动者。民办非企业单位要注意甄别，分别加以规制和管理，预防和控制当前正在发生和以后可能发生的法律风险。

在实践中，用人单位 HR 需要特别关注的是以下几类比较特殊的劳动者。

1. 未成年人

劳动合同关系中的未成年人，是指年满 16 周岁未满 18 周岁的自然人。在用人单位与未成年人建立劳动关系时，未成年劳动者仍然处于生长发育期，以及有接受教育的需要，因此，法律对未成年劳动者依法采取了特殊的劳动保护措施。

（1）规定了未成年劳动者不得从事的禁忌劳动。

《劳动法》禁止用人单位雇佣不满 18 周岁的劳动者从事过重、有毒、有害的劳动或者危险作业。因此，用人单位不得安排未成年劳动者从事矿山井下、有毒有害、国家规定的第四级体力劳动强度的劳动和其他禁忌从事的劳动。

（2）规定了对未成年劳动者定期健康检查的制度。

用人单位对未成年劳动者进行定期的健康检查，有利于未成年劳动者的健康发育，使其免受职业侵害，同时，也是用人单位对未成年劳动者安排工作岗位的重要依据。用人单位应按以下阶段要求对未成年劳动者进行定期健康检查：①安排工作岗位之前；②工作满 1 年；③年满 18 周岁，距前次的体检时间已超过半年。

在体检中发现，未成年劳动者不适宜从事原工作的，用人单位应为未成年劳动者调换适宜的工作岗位；未成年劳动者身体健康受到损害的，用人单位应当为其治疗。用人单位不仅要对未成年劳动者健康检查事宜进行全面的安排，而且涉及所有的费用支出都应由用人单位承担。未成年劳动者在规定的健康检查期间应属于工作时间，用人单位不得克扣工资。

（3）规定了对未成年劳动者使用的特殊保护登记。

用人单位招收使用未成年劳动者，除符合一般的用工要求外，还须向所在地县级以上劳动行政部门办理登记，未成年劳动者须持《未成年工登记证》上岗。

2. 退休返聘人员

我国劳动法律相关规定，在签订或履行劳动合同时，劳动者必须具备法定的资格，即劳动者具有劳动权利能力和劳动行为能力，才是符合法律要件的劳动者。现阶段，劳动法律法规规定，劳动者的劳动权利能力和行为能力开始于 16 岁，男性终止于 60 周岁，女性干部身份 55 周岁，女工人 50 周岁。劳动者一旦丧失了劳动权利能力和行为能力，即丧失了与用人单位签订或履行劳动合同的法定资格，不能再与用人单位签订劳动合同。由不具备法定资格的自然人签订的劳动合同，不具备法律上的效力。

被用人单位聘用或者被返聘回原单位的离退休人员，与用人单位或原工作单位之间不存在劳动关系，而是劳务关系，不用再次签订劳动合同。所以，与劳动关系相应的各种法定的待遇用人单位可以无须给予这些特殊"劳动者"。如果用人单位以书面合同形式明确相应的各种法定待遇的约定，用人单位可能就要基于一般合同关系履行自己的承诺或者约定义务。《最高人民法院关于审理人身损害赔偿案件适用法律若干问题的解释（三）》给予了明确的规定，用人单位与其招用的已经依法享受养老保险待遇或领取退休金的人员发生用工争议，向人民法院提起诉讼，应当按劳务关系处理。

根据《劳动部关于实行劳动合同制度若干问题的通知》的规定，已享受养老保险待遇的离退休人员被再次聘用时，用人单位应与其签订书面协议，明确聘用期内的工作内容、报酬、医疗、劳保待遇等权利和义务。离退休人员与用人单位应当按照聘用协议的约定履行义务，聘用协议约定提前解除书面协议的，应当按照双方约定办理，未约定的，应当协商解决。

根据《最高人民法院关于审理人身损害赔偿案件适用法律若干问题的解释》的规定，"雇员在从事雇佣活动中遭受人身损害的，赔偿权利人可请求第三人承担赔偿责任，也可以请求雇主承担赔偿责任"。因此，退休返聘的员工在工作中遭受人身损害的，依法有权要求用人单位承担相应的赔偿责任。对于聘用退休人员的单位，建议为其投保雇主责任险。

用人单位在进行退休返聘人员用工管理过程中，应当注意下列特殊事项。

（1）退休返聘人员是否需要继续缴纳社保保险。

对于社会保险个人缴纳部分，根据《中华人民共和国社会保险法》（以下简称《社会保险法》）规定，参加基本养老保险的参保人到法定退休年龄时，养老保险累计缴费不足15年的，可以在待遇领取地申请延长缴费至满15年。也就是说，达到法定退休年龄且累计缴费养老保险满15年的人员，可以开始按月领取基本养老金，个人无须再缴纳社会保险个人缴纳部分。

对于社会保险企业缴纳部分，全国各地实际执行不同口径。大部分地区退休返聘人员单位统筹部分是无须缴纳的，但还有少部分地区征收，如缴纳地区包括浙江省、辽宁省等，具体执行口径以当地政策为准。

（2）退休返聘人员如何缴纳个人所得税。

达到法定退休条件的退休人员领取的退休金，免征个人所得税。《中华人民共和国个人所得税法》（以下简称《个人所得税法》）第四条第（七）款规定，按照国家统一规定发给干部、职工的安家费、退职费、基本养老金或者退休费、离休费、离休生活补助费，免征个人所得税。

退休返聘人员返聘期间取得的收入，根据用工形式的不同，可以分为"工资、薪金所得"和"劳务报酬"两种形式。

第一，再任职收入按"工资、薪金所得"缴纳个人所得税。国税函〔2006〕526 号规定，"退休人员再任职"应同时符合下列条件。

➢ 受雇人员与用人单位签订一年以上（含一年）劳动合同（协议），存在长期或连续的雇用与被雇用关系。

➢ 受雇人员因事假、病假、休假等原因不能正常出勤时，仍享受固定或基本工资收入。

➢ 受雇人员与单位其他正式职工享受同等福利（注意，这里的"社保"在 2011 年被删除）、培训及其他待遇。

➢ 受雇人员的职务晋升、职称评定等工作由用人单位负责组织。

第二，兼职收入按"劳务报酬"缴纳个人所得税。退休返聘人员兼职（未再任职受雇）取得的收入，按"劳务报酬"所得缴纳个人所得税。劳务报酬以收入减除 20% 的费用后的余额为收入额预缴个人所得税，在年终汇算时需并入综合所得重新计算，多退少补。

（3）用人单位如何缴纳退休返聘人员相关企业所得税。

第一，离退休人员的工资、福利。税总办函〔2014〕652 号规定，按照《中华人民共和国企业所得税法》（以下简称《企业所得税法》）第八条及《企业所得税法实施条例》第二十七条的规定，与企业取得收入不直接相关的离退休人员工资、福利费等支出，不得在企业所得税前扣除。

第二，返聘退休人员发生的费用。企业因雇用返聘离退休人员所实际发生的费用，应区分为工资薪金支出和职工福利费支出，并按《企业所得税法》规定在企业所得税前扣除。其中属于工资薪金支出的，准予计入企业工资薪金总额的基数，作为计算其他各项相关费用扣除的依据。

（4）退休返聘人员能否进行工伤认定。

退休返聘人员能否进行工伤认定的问题，关键是要看各地是否有统一的认识。目前，主要有两种观点。

一种观点是持否定态度，其依据是《最高人民法院关于审理劳动争议案件适用法律问题的解释（一）》规定："用人单位与其招用的已经依法享受养老保险待遇或领取退休金的人员发生用工争议，向人民法院提起诉讼的，人民法院应当按劳务关系处理。"并且《工伤保险条例》明确要求工伤认定必须提供存在劳动关系的证明，而退休返聘人员和单位存在的是劳务关系，因此是不能做工伤认定的。较多城市坚持这一观点，例如厦门、天津、太原等。

另一种观点则认为，退休返聘人员是一种特殊劳动关系的对象，并且明确规定对退休返聘人员在工作时间、劳动保护和最低工资等方面参照正式合同制员工待遇执行，规定退休返聘人员与用人单位存在着特殊劳动关系，因工作发生伤害时，可以做工伤认定和劳动能力鉴定，如上海、广东等地。

人力资源和社会保障部《关于执行〈工伤保险条例〉若干问题的意见（二）》（人社部发〔2016〕29号）第二条就退休返聘人员工伤问题的不同情况做出了两项规定：

第一，对于达到或超过法定退休年龄，但未办理退休手续，或者未依法享受城镇职工基本养老保险待遇，继续在原用人单位工作期间受到事故伤害或患职业病的，用人单位依法承担工伤保险责任。

第二，用人单位招用已经达到、超过法定退休年龄或已经领取城镇职工基本养老保险待遇的人员，在用工期间因工作原因受到事故伤害或患职业病的，如招用单位已按项目参保等方式为其缴纳工伤保险费的，应适用《工伤保险条例》。

另外，最高人民法院行政审判庭在《关于超过法定退休年龄的进城务工农民因工伤亡应否适用工伤保险条例请示的答复》中规定："用人单位聘用的超过法定退休年龄的务工农民，在工作时间内、因工作原因伤亡的，应当适用《工伤保险条例》的有关规定进行工伤认定"。该答复很明确，对超过法定退休年龄的农民工是可以认定工伤并享受工伤保险待遇的。该答复意见虽非司法解释，但对下级法院具有审判指示作用和业务指导意义。

3. 外国人

随着我国经济的快速发展，越来越多的外国人来到中国工作。随之而来引发更多有关涉外劳动法律关系纠纷问题，用人单位不能忽略对自身法律风险的防范。在涉外劳务中，用人单位应注意以下事项。

（1）外国人要年满18岁。

（2）依法办理相关手续。依据《外国人就业管理规定》，用人单位应依法申请外国人就业许可证，并协助办理和审查外国人在华就业证明。外国人被批准延长在中国就业期限或变更就业区域、单位后，应在10日内到当地公安机关办理居留证延期或变更手续。

（3）及时签订劳动合同。涉外劳动合同的期限最长不得超过5年。劳动合同期限届满即行终止，其就业证明即行失效。如需继续签订，用人单位应在原合同期满前 30 日内，向劳动保障部门提出延长申请并经批准。

（4）依法管理外籍员工。聘用的外国人签订的劳动合同，同样适用中国内地的劳动法律法规。有关其收入征税事项应遵守我国税务法律法规。

（5）区别管理专业人员。由于中国目前尚未与其他国家政府签订职业资格证书互认协议，所以，外国人在中国从事国家规定的职业，原则上必须持有我国的《职业资格证书》。但是，外国人在中国从事具有外国特色的职业，经人力资源和社会保障部批准，如西式面点师、西式烹调师，可持其本国政府或行业协会发放的《职业资格证书》就业。

（6）解除劳动合同需备案。被聘用的外国人与用人单位的劳动合同解除后，该用人单位应及时报劳动保障部门、公安部门备案，同时，交还该外国人的就业证和居留证。

（7）自 2011 年 10 月 15 日起，来华就业的外国人将全部被纳入社会保险体系。

（8）根据《外国人在中国就业管理规定》，劳动行政部门对就业证实行年检。用人单位聘用外国人就业每满 1 年，应在期满前 30 日内到劳动行政部门为被聘用的外国人办理就业年检手续。

4. 在校实习生

由于实习是在学校之外的场所——工作单位从事实践活动，而这种实践活动又与该工作单位的劳动者相似，而容易使人产生实习学生是劳动者的表象。

（1）一般情况下，在校实习生与实习单位之间不属于劳动关系。在校生实习仍是课堂教学的延伸，是学校教学活动的组成部分，是一种培训性质的学习，因此，实习生和实习单位之间不属于劳动关系。这一点在相关的法律法规中也有所体现，如人力资源和社会保障部《关于贯彻执行〈劳动法〉若干问题的意见》中规定，在校生利用业余时间勤工助学不视为就业，未建立劳动关系，可以不签订劳动合同。在校学生不符合就业条件，不具有建立劳动关系的主体资格，在校学生勤工助学或实习时与用人单位之间的关系不属于《劳动法》的调整范围。

需要注意的是，目前的司法实践在确认实习生是否和用人单位存在劳动关系时，将会根据以就业为目的的实习生和以勤工助学为目的的实习生进行区别对待。

（2）实习单位应当为实习生提供相应的劳动条件，同时，可以发放一定的生活补贴。实习单位与实习生之间虽然不存在劳动关系，但实习单位仍应承担相应的安全保障义务。如果因实习单位不能提供安全的劳动条件导致实习生遭受人身损害的，实习单位仍要承担相应的赔偿责任。

根据《中华人民共和国职业教育法》（以下简称《职业教育法》）规定，对上岗实习的，应当给予适当的劳动报酬。用人单位对学生实习和高校学生勤工助学，应当签订实习协议和勤工助学协议，明确双方的权利义务，对用人单位违反规定擅自使用在校学生，不按照协议约定支付劳动报酬或者提供劳动条件的，应由劳动保障行政部门责令其限期改正，并予以处罚。因此，实习单位可以根据实习生的实习情况，对于具备上岗条件的实习生发放一定的生活补贴。

（3）在校实习生的个税问题。

在校实习生虽然在所在实习单位参加劳动，但一般而言双方签订的实习协议属于劳务合同而并非劳动合同，双方并不存在劳动关系。

从另一个侧面来看，实习单位也不存在为实习生缴纳社保及公积金的情况。实习生从实习单位处获得实习工资一般不应视为工资、薪金所得，而应作为劳务报酬所得交税。

具体而言，在校实习生的个税问题，主要取决于实习生与实习单位所签订的实习协议的性质。

① 普遍情况是，如果实习单位与实习生签订的是劳务合同，则应该按照劳务报酬所得为其预缴申报个税。

② 特殊情况是，如果实习单位与实习生签订的是劳动合同，尤其是在临近毕业的实习中，实践中有可能被司法机关认定为实习单位自认与实习生建立劳动关系，则实习单位应按照工资薪金所得为其预缴申报个税。

比如一个实习生每月取得 3 000 元的收入，按现有劳务报酬的计算规则，每月预扣预缴个税 = （3 000 - 800）× 20% = 440 元；次年的 3 月 1 日到 6 月 30 日内，实习生再向税务机关办理综合所得年度汇算清缴，税款多退少补。

而按照工资薪金所得来计算时，此实习生每月收入低于免征额 5 000 元，无须缴纳个人所得税，如果实习生并无其他收入所得，也不用办理年度汇算清缴了。

当然，无论是工资薪金所得、还是劳务报酬所得，新个税法背景下都属于综合所得征税范围，可以按规定在预扣预缴或汇算清缴时申报享受专项附加扣除。

举案说法 15. 实习生与实习企业的关系如何界定？

某公司于 2013 年 11 月招聘了一名即将毕业的中职在校生，与该在校生及中职学校三方签订了一份实习协议，约定实习期间发生伤害事故由三方共同承担。由于该在校生的实习身份，公司不能为其缴纳社会保险，但其所在的学校按照国家规定为其缴纳了实习生实习责任险，该名员工于 2014 年 4 月底在该公司车间生产现场操作设备时因操作不规范被击伤手指，做了 3 次手术，手术费也花了近 10 万元，公司为其垫付了部分医药费，由于其缴纳了实习责任险，公司希望跟其再签订一份协议，以保证在其领取到保险后可以将公司先期垫付的治疗费退还给公司，但是对于协议的内容，双方一直没有达成一致，公司可以要回之前垫付的医药费吗？

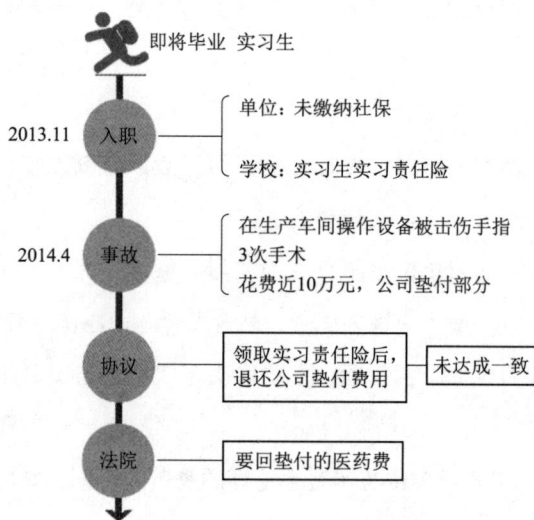

即将毕业 实习生

2013.11	入职	单位：未缴纳社保
		学校：实习生实习责任险
2014.4	事故	在生产车间操作设备被击伤手指 3次手术 花费近10万元，公司垫付部分
	协议	领取实习责任险后，退还公司垫付费用 —— 未达成一致
	法院	要回垫付的医药费

审理结果

法院经过审理认为，中职学校为该实习生缴纳了实习责任险，其因工受伤所发生的治疗费用可以先报保险公司受理，剩余不能报销的部分应由学校、实习单位和实习生个人三方共同协商分担。

HR 操作锦囊

实习生是学校按照专业培养目标要求和教学计划组织到单位进行教学实习和顶岗实习，这种实习不是劳动者就业，属于劳务关系。为保障实习生权益，学校和实习单位应签订实习协议，并在实习协议中明确约定学生在实习期间因工受伤的赔偿责任。

上述案例中，由于实习生与公司之间不属于劳动关系，不适用《工伤保险条例》，其形成的是一种雇佣关系。根据《最高人民法院审理人身损害赔偿案件适用法律若干问题的解释》的规定，雇员在从事雇佣活动中，遭受人身损害，雇主应当承担赔偿责任。因此，实习期间发生人身伤害事故，可按侵权责任纠纷处理，要求用人单位赔偿。

另外，学校作为学生实习的组织方，也有保障学生安全的义务，尽到教育和管理的责任。学生去用人单位实习，学校的义务也应该相应地由校园延伸到实习单位，仍然有义务在保障学生安全的前提下组织学生实习。因此，学校对于学生在实习单位发生的人身伤害事故一般也应承担一定的责任。

值得注意的是，在很多情况下，学校会与实习单位签订实习协议，双方约定学生发生伤害事故的责任承担方式，但不要求学生参与协议签订。但这种约定不能对抗作为第三人的学生，在学生受到伤害事故后，应根据案件具体情况考虑责任分担问题，如果学生有过错其自身也须承担一定责任。

本案中，购买相关商业保险在一定程度上弥补了损失，相关责任方垫付的费用在保险理赔范围内可以由保险承担。我国法律对损害赔偿采用损失填补原则，受害方不能因损害而获益。因此，用人单位垫付的相关费用如果与保险理赔项目相符合，并且不高于保险赔偿费的，则用人单位可以要求学生获得理赔后返还用人单位垫付的费用。保险理赔范围之外的，由用人单位、学校、学生根据责任划分，由责任方承担。

在校生实习时，HR 可与实习生协商由实习生自行或由单位为其购买意外伤害险、雇主责任险等商业保险，从而减轻赔偿责任，避免相应用工风险。

法条传送门

《中华人民共和国劳动合同法》

第二条　中华人民共和国境内的企业、个体经济组织、民办非企业单位等组织（以下简称用人单位）与劳动者建立劳动关系，订立、履行、变更、解除或者终止劳动合同，适用本法。国家机关、事业单位、社会团体和与其建立劳动关系的劳动者，订立、履行、变更、解除或者终止劳动合同，依照本法执行。

第九十三条　对不具备合法经营资格的用人单位的违法犯罪行为，依法追究法律责任；劳动者已经付出劳动的，该单位或者其出资人应当依照本法有关规定向劳动者支付劳动报酬、经济补偿、赔偿金；给劳动者造成损害的，应当承担赔偿责任。

《中华人民共和国劳动法》

第十五条　禁止用人单位招用未满十六周岁的未成年人。

文艺、体育和特种工艺单位招用未满十六周岁的未成年人，必须依照国家有关规定，履行审批手续，并保障其接受义务教育的权利。

第五十八条　国家对女职工和未成年工实行特殊劳动保护。

未成年工是指年满 16 周岁未满 18 周岁的劳动者。

第六十四条　不得安排未成年工从事矿山井下、有毒有害、国家规定的第四级体力劳动强度的劳动和其他禁忌从事的劳动。

第六十五条　用人单位应当对未成年工定期进行健康检查。

《中华人民共和国劳动合同法实施条例》（以下简称《劳动合同法实施条例》）

第三条　依法成立的会计师事务所、律师事务所等合伙组织和基金会，属于劳动合同法规定的用人单位。

第四条　劳动合同法规定的用人单位设立的分支机构，依法取得营业执照或者登记证书的，可以作为用人单位与劳动者订立劳动合同；未依法取得营业执照或者登记证书的，受用人单位委托可以与劳动者订立劳动合同。

《中华人民共和国公司法》

第十四条　公司可以设立分公司。设立分公司，应当向公司登记机关申请登记，领取营业执照。分公司不具有法人资格，其民事责任由公司承担。

《最高人民法院关于适用〈中华人民共和国民事诉讼法〉若干问题的意见》

第四十条　民事诉讼法第四十九条规定的其他组织是指合法成立、有一定的组织机构和财产，但又不具备法人资格的组织，包括：

（五）法人依法设立并领取营业执照的分支机构……

《公司登记管理条例》

第三条　公司经公司登记机关依法登记，领取《企业法人营业执照》，方取得企业法人资格。

《最高人民法院关于审理劳动争议案件适用法律问题的解释（一）》

第二十六条　用人单位与其它单位合并的，合并前发生的劳动争议，由合并后的单位为当事人；用人单位分立为若干单位的，其分立前发生的劳动争议，由分立后的实际用人单位为当事人。

用人单位分立为若干单位后，具体承受劳动权利义务的单位不明确的，分立后的单位均为当事人。

第二十七条　用人单位招用尚未解除劳动合同的劳动者，原用人单位与劳动者发生的劳动争议，可以列新的用人单位为第三人。

原用人单位以新的用人单位侵权为由提起诉讼的，可以列劳动者为第三人。

原用人单位以新的用人单位和劳动者共同侵权为由提起诉讼的，新的用人单位和劳动者列为共同被告。

第二十八条　劳动者在用人单位与其他平等主体之间的承包经营期间，与发包方和承包方双方或者一方发生劳动争议，依法提起诉讼的，应当将承包方和发包方作为当事人。

第二十九条　劳动者与未办理营业执照、营业执照被吊销或者营业期限届满仍继续经营的用人单位发生争议的，应当将用人单位或者其出资人列为当事人。

第三十条　未办理营业执照、营业执照被吊销或者营业期限届满仍继续经营的用人单位，以挂靠等方式借用他人营业执照经营的，应当将用人单位和营业执照出借方列为当事人。

第三十二条　用人单位与其招用的已经依法享受养老保险待遇或者领取退休金的人员发生用工争议而提起诉讼的，人民法院应当按劳务关系处理。

企业停薪留职人员、未达到法定退休年龄的内退人员、下岗待岗人员以及企业经营性停产放长假人员，因与新的用人单位发生用工争议而提起诉讼的，人民法院应当按劳动关系处理。

第三十三条　外国人、无国籍人未依法取得就业证件即与中华人民共和国境内的用人单位签订劳动合同，当事人请求确认与用人单位存在劳动关系的，人民法院不予支持。

持有《外国专家证》并取得《外国人来华工作许可证》的外国人，与中华人民共和国境内的用人单位建立用工关系的，可以认定为劳动关系。

《未成年工特殊保护规定》

第六条　用人单位应按下列要求对未成年工定期进行健康检查：

（一）安排工作岗位之前；

（二）工作满一年；

（三）年满十八周岁，距前一次的体检时间已超过半年。

第九条　对未成年工的使用和特殊保护实行登记制度。

（一）用人单位招收使用未成年工，除符合一般用工要求外，还须向所在地的县级以上劳动行政部门办理登记。劳动行政部门根据未成年工健康检查表未成年工登记表，核发《未成年工登记证》。

（二）各级劳动行政部门须按本规定第三、四、五、七条的有关规定，审核体检情况和拟安排的劳动范围。

（三）未成年工须持《未成年工登记证》上岗。

（四）《未成年工登记证》由国务院劳动行政部门统一印制。

《劳动部关于实行劳动合同制度若干问题的通知》

13. 享受养老保险待遇的离退休人员被再次聘用时，用人单位应与其签订书面协议，明确聘用期内的工作内容、报酬、医疗、劳动待遇等权利和义务。

《最高人民法院关于审理人身损害赔偿案件适用法律若干问题的解释》

第十一条 雇员在从事雇佣活动中遭受人身损害，雇主应当承担赔偿责任。雇佣关系以外的第三人造成雇员人身损害的，赔偿权利人可以请求第三人承担赔偿责任，也可以请求雇主承担赔偿责任。雇主承担赔偿责任后，可以向第三人追偿。

雇员在从事雇佣活动中因安全生产事故遭受人身损害，发包人、分包人知道或者应当知道接受发包或者分包业务的雇主没有相应资质或者安全生产条件的，应当与雇主承担连带赔偿责任。

属于《工伤保险条例》调整的劳动关系和工伤保险范围的，不适用本条规定。

《劳动部办公厅对〈关于实行劳动合同制度若干问题的请示〉的复函》

二、关于离退休人员的再次聘用问题，各地应采取适当的调控措施，优先解决适龄劳动者的就业和再就业问题。对被再次聘用的已享受养老保险待遇的离退休人员，根据劳动部《关于实行劳动合同制度若干问题的通知》（劳部发〔1996〕354号）第13条的规定，其聘用协议可以明确工作内容、报酬、医疗、劳动保护待遇等权利、义务。离退休人员与用人单位应当按照聘用协议的约定履行义务，聘用协议约定提前解除书面协议的，应当按照双方约定办理，未约定的，应当协商解决。离退休人员聘用协议的解除不能依据《劳动法》第二十八条执行。离退休人员与用人单位发生争议，如果属于劳动争议仲裁委员会受案范围的，劳动争议仲裁委员会应予受理。

《关于贯彻执行〈劳动法〉若干问题的意见》

第十二条 在校生利用业余时间勤工助学不视为就业，未建立劳动关系，可以不签订劳动合同。

《职业教育法》

第三十七条 企业、事业组织应当接纳职业学校和职业培训机构的学生和教师实习；对上岗实习的，应当给予适当的劳动报酬。

《关于规范企业接纳在校学生实习和勤工助学活动的通知》

企业对学生实习和高校学生勤工助学，应当签订《实习协议》和《勤工助学协议》，明确双方的权利义务，对企业违反规定擅自使用在校学生，不按照协议约定支付劳动报酬或者提供劳动条件的，应由劳动保障行政部门责令其限期改正，并予以处罚。

北京市《关于工伤保险工作若干问题的处理意见》

第一条第（七）款 "在校学生到用人单位实习期间发生伤亡事故的，不属于《条例》调整范围。"该款规定明确将在校实习生排除工伤保险条例调整范围之内，从而间接否认在校实习生与实习单位存在劳动合同关系，明文剥夺了在校实习生的工伤待遇资格。

《外国人在中国就业管理规定》

第二十三条 在中国就业的外国人的工作时间、休息休假、劳动安全卫生以及社会保险按国家有关规定执行。

《关于贯彻〈外国人在中国就业管理规定〉的若干意见》

第十六条 用人单位与获准聘雇的外国人之间有关聘雇期限、岗位、报酬、保险、工作时间、解除聘雇关系条件、违约责任等双方的权利义务，通过劳动合同约定。

《关于执行〈工伤保险条例〉若干问题的意见（二）》（人社部发〔2016〕29号）

一是达到或超过法定退休年龄，但未办理退休手续或者未依法享受城镇职工基本养老保险待遇，继续在原用人单位工作期间受到事故伤害或患职业病的，用人单位依法承担工伤保险责任；

二是用人单位招用已经达到、超过法定退休年龄或已经领取城镇职工基本养老保险待遇的人员，在用工期间因工作原因受到事故伤害或患职业病的，如招用单位已按项目参保等方式为其缴纳工伤保险费的，应适用《工伤保险条例》。

《厦门市实施＜工伤保险条例＞规定》

第十九条 工伤认定申请有下列情形之一的，劳动保障行政部门不予受理：（三）属于用人单位聘用的离退休人员的。

《天津市劳动和社会保障局关于工伤保险若干问题的解决意见》

第十四条 退休人员返聘后，在工作中受伤，不适用工伤保险政策。

《太原市实施＜工伤保险条例＞细则》

第十四条 工伤认定申请有下列情形之一的，不予受理：（二）受伤害人员是用人单位聘用的离退休人员或者超过法定退休年龄人员的。

《上海市劳动和社会保障局、上海市医疗保险局关于实施 ＜上海市工伤保险实施办法 ＞ 若干问题的通知》

本市用人单位聘用的退休人员发生事故伤害的，其工伤认定、劳动能力鉴定按照《实施办法》的规定执行，工伤保险待遇参照《实施办法》的规定由聘用单位支付。

2008 年的《广东省高级人民法院、广东省劳动争议仲裁委员会关于适用 ＜劳动争议调解仲裁法 ＞、＜劳动合同法 ＞若干问题的指导意见》

用人单位招用已达法定退休年龄但未享受养老保险待遇或退休金的人员，双方形成的用工关系可按劳动关系处理。

《广东省高 级人民法院、广东省劳动人事争议仲裁委员会关于审理劳动人事争议案件若干问题的座谈会纪要》

用人单位招用已达到法定退休年龄但尚未享受基本养 老保险待遇或领取退休金的劳动者，双方形成的用工关系按劳务关系处理。

《最高人民法院关于审理人身损害赔偿案件适用法律若干问题的解释》

第十一条第一款　雇员在从事雇佣活动中遭受人身损害，雇主应当承担赔偿责任。雇佣关系以外的第三人造成雇员人身损害的，赔偿权利人可以请求第三人承担赔偿责任，也可以请求雇主承担赔偿责任。雇主承担赔偿责任后，可以向第三人追偿。

《国家税务总局关于离退休人员再任职界定问题的批复》（国税函〔2006〕526 号）

退休人员再任职，应同时符合下列条件：

（一）受雇人员与用人单位签订一年以上（含一年）劳动合同（协议），存在长期或连续的雇用与被雇用关系；

（二）受雇人员因事假、病假、休假等原因不能正常出勤时，仍享受固定或基本工资收入；

（三）受雇人员与单位其他正式职工享受同等福利、社保、培训及其他待遇；

（四）受雇人员的职务晋升、职称评定等工作由用人单位负责组织。

符合以上条件，才可以选择使用工资薪金所得计税。

第二节　劳动合同的订立

劳动合同是用人单位（包括企业、事业、国家机关、社会团体等组织）同劳动者之间确立劳动关系的法律依据。订立劳动合同是劳动关系双方当事人十分重要的法律行为，必须严肃认真并履行法定手续。

一、订立形式

根据《劳动合同法》的规定，用人单位与劳动者建立劳动关系，应当订立书面的劳动合同。而《劳动合同法》并没有规定违反书面订立形式的劳动合同无效或是不成立，只将书面形式看作用于证明存在劳动合同关系的主要证据，而并非将书面形式作为劳动合同订立的唯一形式。此外，我国《劳动合同法》对于非全日制用工，采取的是允许订立口头协议而不签订书面劳动合同。尽管法律并未强制双方订立书面劳动合同，但为明确双方权利义务，建议用人单位与劳动者签订书面的合同。

举案说法 16. 口头约定条件能否成为不签书面劳动合同的理由？

曹某通过熟人介绍，于 2016 年 10 月 21 日进入上海某机械制造公司，担任生产车间副主任，双方未签订书面劳动合同。工作一段时间后，曹某感觉遇到职业发展瓶颈，打算回老家工作，于 2017 年 7 月 31 日向公司提出辞职。2017 年 8 月 20 日，曹某向仲裁委员会申请劳动仲裁，要求公司支付 2016 年 11 月 21 日至 2017 年 7 月 31 日期间未签订书面劳动合同的二倍工资差额。

庭审中，曹某称曾向公司总经理要求签订劳动合同，总经理称需要等待人事部门统一安排后签订，但迟迟未签。

公司则称未签订劳动合同是因曹某的原因造成的。公司当时与曹某口头约定，曹某每年为公司培养 2 名能独立操作的机床工、每月至少为公司承接 20 万元以上的加工业务，公司才会与他签订劳动合同。由于曹某未完成以上工作，故双方未签订劳动合同。

曹某对于公司所称的口头约定不予认可，且认为这样的约定与是否签订劳动合同无关。双方未签订劳动合同的事实已经客观存在，用人单位就应该支付未签订书面劳动合同的二倍工资差额。

🔒 审理结果

仲裁委员会审理后认为，建立劳动关系就应当订立书面劳动合同。上海某机械制造公司所称未签订劳动合同的原因，不能作为未以书面形式订立劳动合同的免责理由，公司应支付曹某未签订书面劳动合同的二倍工资差额。

📽 HR操作锦囊

《劳动合同法》对于未签订书面劳动合同须支付二倍工资的规定，目的在于规范用人单位与劳动者的用工关系，提高劳动合同签订率，使双方的权利义务以看得见的形式呈现，保障劳动者的合法权益。用人单位负有主动与劳动者签订劳动合同的义务，劳动者也应积极与用人单位签订劳动合同。

本案中，上海某机械制造公司关于曹某未完成一定工作要求、导致双方未签订书面劳动合同的说法，不应作为未签订书面劳动合同二倍工资的免责理由。机械制造公司对曹某的具体工作要求、工作条件，可以通过在签订书面劳动合同时设定试用期及录用条件、岗位职责等管理方法实现，而不能直接作为双方签订书面劳动合同的前提条件。故机械制造公司应承担未签订书面劳动合同的法律责任。

劳动合同是全面具体约定用人单位与劳动者双方权利义务关系的书面文件，形式上要求书面约定，内容上要求具备《劳动合同法》所规定的必备条款。

实践中，用人单位即使已经办理了入职手续，及时签订劳动合同也是非常有必要的。劳动合同是保障劳资双方权益的重要证据，其他入职材料等简易合同不能代替劳动合同，除非简易合同已具备劳动合同必备条款。

简易合同，指合同形式上为纸条、单页入职协议等，内容上约定了部分劳动合同条款如劳动者的工资标准、工作时间、工作岗位等等的合同。如果简易合同已包含了劳动合同的全部必备条款，只是未按照《劳动合同法》关于劳动合同内容的要求进行全面的约定，这种简易合同可以视为已签订书面劳动合同。否则，如果简易合同内容单一，实质上缺少了部分劳动合同应当具备的必备条款，就不具备《劳动合同法》意义上的劳动合同概念，这种情况即使签订了简易合同，也属于未签订劳动合同的情形。

HR应采取以下方式防患于未然：

（1）用人单位应当在用工之日起一个月内签署劳动合同，且务必以"书面"形式签署。

（2）签订劳动合同时，加强现场监督，核实劳动者身份，要求其本人签字，最好加按本人指印。

（3）建立劳动合同领取表，妥善保管劳动合同，最好将劳动合同与其他人事档案分开保管。

（4）签订的劳动合同应当具备《劳动合同法》第十七条所规定的必备条款内容。

（5）通过培训提高劳动者法律意识，明示盗取劳动合同、仿造签名等方式骗取二倍工资差额的法律后果。

（6）加强劳动合同的管理及用工风险防范，保护企业自身合法权益。

二、订立时间

根据《劳动合同法》的规定，已建立劳动关系，未同时订立书面劳动合同的，应当自用工之日起1个月内订立书面劳动合同。换而言之，用人单位自用工之日起，即与劳动者建立劳动关系。但有些用人单位规定，新员工岗前培训期间不算正式工作，这样的规定是违法的，新员工自参加培训的第一天起就与用人单位建立了劳动关系。

三、劳动者拒绝签订劳动合同的法律后果

《劳动合同法》要求用人单位与劳动者建立劳动关系必须订立书面劳动合同，用人单位负有举证责任，如果劳动者久拖不签订劳动合同，用人单位又不能积极应对，很可能使用人单位陷入被动地位。为了防范劳动者不签订劳动合同给用人单位带来的法律风险，HR可以从以下几个方面应对。

1. 固定与保留劳动者不签合同的证据

如果用人单位能够举证证明是劳动者久拖不签劳动合同，而不是用人单位的原因，则由劳动者承担相应的法律责任。为此，用人单位应当加强举证意识，可以从以下两个方面加以证明。

（1）在入职登记表及规章制度中明确规定，入职后一个月内无特殊理由不签订书面劳动合同的，视为不符合录用条件。

（2）自用工之日起一个月内，用人单位以书面或邮件形式向劳动者提出签订劳动合同的要求。例如，让劳动者在"签订劳动合同通知书"上签字确认；将书面"签订劳动合同通知书"以"邮政EMS快递"的方式送达；也可与员工谈话，进行谈话录音，制作谈话记录，同时谈话记录由员工签字确认，也可以在谈话过程中录像，以此保留送达员工的证据。

```
入职时 ───────── 不签劳动合同不予录用
  ↓
交付 ───────── 签收领取合同文本
  ↓
入职登记表 ───────── 入职后一个月内不签合同视为不符合录用条件
  ↓
                   书面形式向劳动者提出签订意向
入职之日起一个月内 ───────⟨              EMS快递
                                        谈话记录
          签订劳动合同通知书          ⟨  谈话录音
                                        签字确认
```

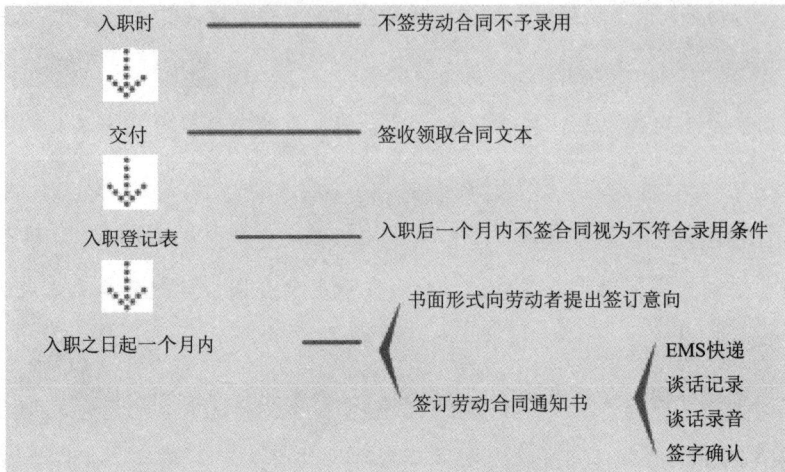

用人单位不在法律规定的期限内与劳动者签订书面劳动合同，将面临巨大的违法风险。因此，HR 应制定完善的劳动合同签订流程，依法及时签订劳动合同。对于拒不订立劳动合同的劳动者的处理，法律已经明确赋予了用人单位相应的权利，用人单位应当在规定的期限内行使好这项权利，切不可听之任之。同时，注意固定和保存员工不签订劳动合同的相关证据，以免于争议发生后，处于被动地位。

2. 及时与劳动者终止劳动关系

根据《劳动合同法实施条例》的规定，自用工之日起一个月内，经用人单位书面通知后，劳动者拒不签订书面劳动合同的，用人单位应当书面通知劳动者终止劳动关系，且无须向劳动者支付经济补偿。用人单位自用工之日起超过一个月不满一年未与劳动者订立书面劳动合同的，应当依照劳动合同法第八十二条的规定向劳动者每月支付两倍的工资，并与劳动者补订书面劳动合同；劳动者不与用人单位订立书面劳动合同的，用人单位应当书面通知劳动者终止劳动关系，并依照劳动合同法第四十七条的规定支付经济补偿。需要注意的是，用人单位要终止劳动关系，必须采取书面通知的形式，并且按照上述所讲的要求固定和保留相关证据。

因此，对于用人单位而言，HR 自劳动者报到之日就应尽快安排签订劳动合同，发现有拒签劳动合同情形的，应在用工满一个月前尽快书面通知终止劳动关系。如用工已满一个月，也要立即书面通知终止劳动关系及时止损，但此时需要支付经济补偿金和未签劳动合同的双倍工资。

对于拒绝签订劳动合同没有诚信的劳动者，他们在今后的工作中也会存在诸多问题，所以用人单位应该立即终止劳动关系，虽然会损失一些招聘成本，但是可以避免支付双倍工资、经济补偿金和以后可能出现的更多损失。用人单位 HR 应强化管理执行力，及时掌握本单位劳动合同签订情况，预警可能出现的劳动者拒签劳动合同的情形，能够果断处理，切忌过分"信任"员工，任由这种情况不断发展、不闻不问，给单位造成经济损失。

四、用人单位不依法订立劳动合同的法律后果

根据《劳动合同法》规定，用人单位与劳动者的劳动关系自用工之日起建立。签订劳动合同，可以在用工之日，也可以在用工之前，或者在用工之后，但最迟必须在用工之日起一个月内签订。

用人单位不与劳动者签订劳动合同的法律后果主要体现在以下几个方面。

1. 支付二倍工资，并补签劳动合同

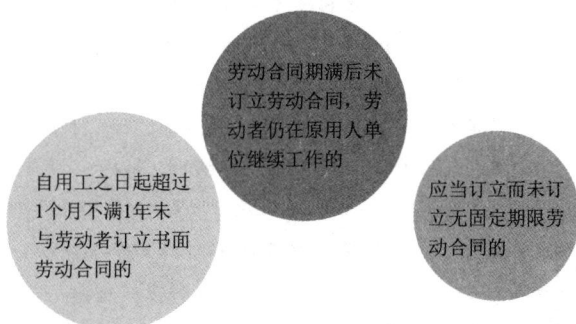

自用工之日起超过 1 个月不满 1 年未订立劳动合同的，自用工之日起满 1 个月的次日至补订劳动合同的前一日，应向劳动者支付双倍工资，并与劳动者补订书面劳动合同。

自用工之日起满 1 年仍未签订劳动合同的，至满 1 年的前一日，向劳动者支付双倍工资，即存在最长可能支付 11 个月的双倍工资的法律风险。自用工之日起满 1 年的当日，视为已经与劳动者订立了无固定期限的劳动合同，应立即与劳动者补订书面劳动合同。

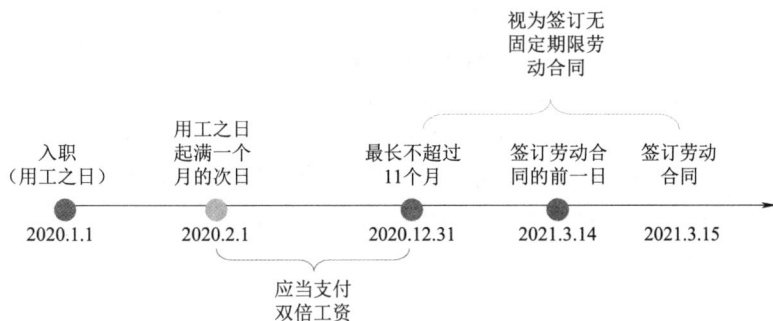

（1）二倍工资支付期限。

目前，我国不同地区对二倍工资支付期限问题均做了相关规定，具体如下。

地　区	内　容	依　据
全国	用人单位自用工之日起超过一个月不满一年未与劳动者订立书面劳动合同的，应当向劳动者每月支付二倍的工资 用人单位违反本法规定不与劳动者订立无固定期限劳动合同的，自应当订立无固定期限劳动合同之日起向劳动者每月支付二倍的工资	《劳动合同法》第八十二条
	用人单位自用工之日起超过一个月不满一年未与劳动者订立书面劳动合同的，应当依照劳动合同法第八十二条的规定向劳动者每月支付两倍的工资，并与劳动者补订书面劳动合同；劳动者不与用人单位订立书面劳动合同的，用人单位应当书面通知劳动者终止劳动关系，并依照劳动合同法第四十七条的规定支付经济补偿 前款规定的用人单位向劳动者每月支付两倍工资的起算时间为用工之日起满一个月的次日，截止时间为补订书面劳动合同的前一日	《劳动合同法实施条例》第六条
	用人单位自用工之日起满一年未与劳动者订立书面劳动合同的，自用工之日起满一个月的次日至满一年的前一日应当依照劳动合同法第八十二条的规定向劳动者每月支付两倍的工资，并视为自用工之日起满一年的当日已经与劳动者订立无固定期限劳动合同，应当立即与劳动者补订书面劳动合同	《劳动合同法实施条例》第七条
广东	用人单位自用工之日起满一年不与劳动者订立书面劳动合同，视为已订立无固定期限劳动合同，用人单位无需再支付用工之日起满一年后未订立书面劳动合同的二倍工资 劳动者请求用人单位支付未订立书面劳动合同二倍工资差额的仲裁时效，依照《劳动争议调解仲裁法》第二十七条第一款、第二款和第三款的规定确定。用人单位应支付的二倍工资差额，从劳动者主张权利之日起往前倒推一年，按月计算，对超过一年的二倍工资差额不予支持	广东省高级人民法院、广东省劳动人事争议仲裁委员会《关于审理劳动人事争议案件若干问题的座谈会纪要》（粤高法〔2012〕284号）
上海	我们认为，鉴于双倍工资的上述性质，双倍工资中属于双方约定的劳动报酬的部分，劳动者申请仲裁的时效应适用《劳动争议调解仲裁法》第27条第2至第4款的规定，而对双方约定的劳动报酬以外属于法定责任的部分，劳动者申请仲裁的时效应适应《劳动争议调解仲裁法》第27条第1款至第3款的规定，即从未签订书面劳动合同的第二个月起按月分别计算仲裁时效	《上海市高级人民法院关于劳动争议若干问题的解答》（上海高级人民法院民一庭调研指导〔2010〕34号）

续表

地　　区	内　　　容	依　　据
北京	《劳动合同法》第八十二条"二倍工资"的认定与起止时间、计算方法 （1）依据《劳动合同法》第十条、第八十二条第一款规定，用人单位自用工之日起超过一个月不满一年未与劳动者订立书面劳动合同的，自用工之日满一个月的次日起开始计算二倍工资，截止点为双方订立书面劳动合同的前一日，最长不超过十一个月 （2）用人单位因违反《劳动合同法》第十四条第三款规定，自用工之日满一年不与劳动者订立书面劳动合同，视为用人单位与劳动者已订立无固定期限劳动合同的情况下，劳动者可以向仲裁委、法院主张确认其与用人单位之间属于无固定期限劳动合同关系。在此情况下，劳动者同时主张用人单位支付用工之日满一年后的二倍工资的不予支持 （3）如果劳动合同期满后，劳动者仍在用人单位工作，用人单位未与劳动者订立书面劳动合同的，计算二倍工资的起算点为自劳动合同期满的次日，截止点为双方补订书面劳动合同的前一日，最长不超过十二个月 （4）用人单位违反《劳动合同法》第十四条第二款、第八十二条第二款规定，不与劳动者订立无固定期限劳动合同的，二倍工资自应订立无固定期限劳动合同之日起算，截止点为双方实际订立无固定期限劳动合同的前一日 （5）二倍工资中属于劳动者正常工作时间劳动报酬的部分，适用《劳动争议调解仲裁法》二十七条第四款的规定；增加一倍的工资属于惩罚性赔偿的部分，不属于劳动报酬，适用《劳动争议调解仲裁法》二十七条第一款的规定，即一年的仲裁时效 二倍工资适用时效的计算方法为：在劳动者主张二倍工资时，因未签劳动合同行为处于持续状态，故时效可从其主张权利之日起向前计算一年，据此实际给付的二倍工资不超过十二个月，二倍工资按未订立劳动合同所对应时间用人单位应当正常支付的工资为标准计算。不予支持	北京市高级人民法院、北京市劳动争议仲裁委员会《关于劳动争议案件法律适用问题研讨会会议纪要（二）》
浙江	用人单位违反法律规定超过一年未与劳动者签订书面劳动合同或者签订无固定期限劳动合同，在仲裁时效内，劳动者主张二倍工资的，应否全额支持 答：依据《劳动合同法》第十四条第三款和《劳动合同法实施条例》第七条的规定，用人单位自用工之日起满一年未与劳动者订立书面劳动合同的，视为双方已订立无固定期限劳动合同。因此，未订立书面劳动合同情形下二倍工资的最长支付期限为 11 个月 劳动者依据《劳动合同法》第十四条的规定提出订立无固定期限劳动合同，用人单位违反规定未与劳动者订立无固定期限劳动合同的，二倍工资的最长支付期限为 11 个月 劳动者有关支付最长 11 个月二倍工资的诉请符合相关法律规定，且最后一个月的二倍工资请求未超过仲裁时效的，应予全额支持	浙江省高级人民法院民事审判第一庭、浙江省劳动人事争议仲裁院《关于审理劳动争议案件若干问题的解答（二）》

续表

地 区	内 容	依 据
江苏	第一条 劳动者因用人单位未与其签订书面劳动合同而主张用人单位每月支付二倍工资的争议，劳动人事争议仲裁委员会及人民法院应依法受理。对二倍工资中属于用人单位法定赔偿金的部分，劳动者申请仲裁的时效适用《劳动争议调解仲裁法》第二十七条第一款的规定，即从用人单位不签订书面劳动合同的违法行为结束之次日开始计算一年；如劳动者在用人单位工作已经满一年的，劳动者申请仲裁的时效从一年届满之次日起计算一年 第二条 用人单位因未与劳动者签订书面劳动合同而应每月支付的二倍工资，按照劳动者当月的应得工资予以确定，包括计时工资或者计件工资以及加班加点工资、奖金、津贴和补贴等货币性收入。劳动者当月工资包含季度奖、半年奖、年终奖的，应按分摊后该月实际应得奖金数予以确定	江苏省高级人民法院、江苏省劳动人事争议仲裁委员会《关于审理劳动人事争议案件的指导意见（二）》
湖北	用人单位自用工之日起超过一个月不满一年未与劳动者订立书面劳动合同并一直未补订的，应当按照《劳动合同法实施条例》第七条的规定，自用工之日起满一个月的次日至满一年的前一日向劳动者每月支付两倍的工资。双倍工资的申请仲裁时效自劳动关系终止之日起算，期间为一年	《湖北省高级人民法院民事审判工作座谈会会议纪要（2013 年）》

（2）二倍工资计算基数。

在实务中，不同地区对二倍工资的计算基数的认定不尽相同，主要有以下几种计算方法。

① 以劳动者全额工资为基数。

江苏高院意见认为，用人单位因未与劳动者签订书面劳动合同而应每月支付的二倍工资，按照劳动者当月的应得工资予以确定，包括计时工资或者计件工资以及加班加点工资、奖金、津贴和补贴等货币性收入。劳动者当月工资包含季度奖、半年奖、年终奖的，应按分摊后该月实际应得奖金数予以确定。

江西高院意见认为，用人单位应支付的二倍工资差额的计算基数为劳动者当月应得工资。工资应包括：计时工资、计件工资、奖金、津贴和补贴、延长工作时间的工资报酬以及特殊情况下支付的工资等。

② 以劳动者应得工资为基数，包含加班费但需扣除部分工资项目。

广东高院认为，二倍工资差额的计算基数为劳动者当月应得工资，但不包括以下两项。

➤ 支付周期超过一个月的劳动报酬，如季度奖、半年奖、年终奖、年底双薪以及按照季度、半年、年结算的业务提成等。

➢ 未确定支付周期的劳动报酬，如一次性的奖金，特殊情况下支付的津贴、补贴等。

③ 以劳动者应得工资为基数，不包括加班费和非常规性奖金、津补贴、福利。

四川高院认为，《劳动合同法》中规定的经济补偿金及二倍工资计算基数按照劳动者正常工作状态下十二个月的应得工资计算，即未扣除社会保险费、税费等之前的当月工资总额，但不应包括：（一）加班工资；（二）非常规性奖金、津补贴、福利。

④ 以劳动者应得工资为基数，不包括非按月固定支付的工资项目。

北京高院认为，双倍工资的计算基数应以相对应的月份固定应得工资为准；如果并非每月固定项目或不予以固定的确定金额，可不作为基数。如因基本工资、岗位工资、职务工资、工龄工资、级别工资等按月支付的工资组成项目具有连续性、稳定性特征，金额相对固定，属于劳动者正常劳动的应得工资，应作为未订立劳动合同二倍工资差额的计算基数，不固定发放的提成工资、奖金等一般不作为未订立劳动合同二倍工资差额的计算基数。

⑤ 以双方约定的正常工作时间月工资来确定，不包括加班费，需扣除部分工资项目。

上海高院认为，双倍工资的计算基数应按照双方约定的正常工作时间月工资来确定。双方对月工资没有约定或约定不明的，应按《劳动合同法》第18条规定来确定正常工作时间的月工资，并以确定的工资数额作为双倍工资的计算基数。如按《劳动合同法》第18条规定仍无法确定正常工作时间工资数额的，可按劳动者实际获得的月收入扣除加班工资、非常规性奖金、福利性、风险性等项目后的正常工作时间月工资确定。如月工资未明确各构成项目的，由用人单位对工资构成项目进行举证，用人单位不能举证或证据不足的，双倍工资的计算基数按照劳动者实际获得的月收入确定。

⑥ 以职工所在的岗位（职位）相对应的标准工资为基数。

浙江高院认为，依据《劳动合同法》第八十二条规定加付的一倍工资的计算以职工所在的岗位（职位）相对应的标准工资为基数。

如果标准工资难以确定的，按以下方式确定计算基数。

➢ 劳动合同有约定的，按劳动合同约定的工资为基数。

➢ 劳动合同没有约定的，实行岗位技能工资制的单位，以职工本人的岗位工资与技能工资之和为基数。

➢ 岗位、技能工资难以确定的，以上月职工正常工作情况下的工资为基数，同时应扣除绩效、奖金和物价补贴；难以区分工资、奖金、物贴等项目的，以职工上月实得工资的70%为基数。

项　　目	法律规定	法律依据
计算基数	以当月应得工资作为计算基数，但需扣除部分项目	广东省高级人民法院、广东省劳动人事争议仲裁委员会《关于审理劳动人事争议案件若干问题的座谈会纪要》（粤高法〔2012〕284 号）第 14 条 北京市高级人民法院、北京市劳动争议仲裁委员会《关于劳动争议案件法律适用问题研讨会会议纪要（二）》第 28 条 北京市高级人民法院、北京市劳动人事争议仲裁委员会《关于审理劳动争议案件法律适用问题的解答》（2017 年 4 月 24 日）第 21 条
	以双方约定的正常工作时间月工资来确定	《上海市高级人民法院关于劳动争议若干问题的解答》（上海高级人民法院民一庭调研指导〔2010〕34 号）第 1 条第 3 款
	全额工资（包含季度奖、半年奖、年终奖的，应按分摊后该月实际应得奖金数予以确定）	江苏省高级人民法院、江苏省劳动人事争议仲裁委员会《关于审理劳动人事争议案件的指导意见（二）》第 2 条

（3）二倍工资的仲裁时效。

仲裁时效	法律依据
算法一：仲裁时效从劳动者主张权利之日起往前倒推一年，按月计算	《广东省高级人民法院、广东省劳动人事争议仲裁委员会关于审理劳动人事争议案件若干问题的座谈会纪要》（粤高法〔2012〕284 号）第 15 条 《上海市高级人民法院关于劳动争议若干问题的解答》（上海高级人民法院民一庭调研指导〔2010〕34 号）第 2 条
算法二：仲裁时效从劳动者主张权利之日起向前计算一年，按日计算	北京市高级人民法院、北京市劳动争议仲裁委员会《关于劳动争议案件法律适用问题研讨会会议纪要（二）》第 28 条
算法三：仲裁时效自补订劳动合同之日或者视为双方已订立无固定期限劳动合同之日起计算	山东省高级人民法院、山东省人力资源和社会保障厅《关于审理劳动人事争议案件若干问题会议纪要》第二十一条 江苏省高级人民法院、江苏省劳动人事争议仲裁委员会《关于审理劳动人事争议案件的指导意见（二）》第一条 浙江省高级人民法院民事审判第一庭、浙江省劳动争议仲裁院《关于审理劳动争议案件若干问题的解答（二）》第六条 《黑龙江省关于审理劳动人事争议案件若干问题的处理意见》（黑人社发〔2011〕132 号）第七条
算法四：仲裁时效自劳动关系终止之日起算，期间为一年。	《湖北省高级人民法院民事审判工作座谈会会议纪要（2013 年）》第 31 条

具体而言，各地计算二倍工资仲裁时效的方式如下。

上海	未签订书面劳动合同的第二个月起按月分别计算
深圳	逐月分别计算仲裁时效法
四川	自劳动关系终止之日起计算
广东	劳动者主张权利之日起往前倒推一年，按月计算
江苏	从用人单位不签订书面劳动合同的违法行为结束之次日开始计算一年；如劳动者在用人单位工作已经满一年的，劳动者申请仲裁的时效从一年届满之次日起计算一年
佛山	自签订劳动合同之日起计算；用人单位与劳动者建立劳动关系后超过一年仍未签订劳动合同的，自双方建立劳动关系满一年的次日起开始计算
山东	用人单位与其补订劳动合同之日或者视为双方已订立无固定期限劳动合同之日起计算
湖北	仲裁时效自劳动关系终止之日起算，期间为一年
北京	仲裁时效从劳动者主张权利之日起向前计算一年，按日计算

（4）无须支付双倍工资的特殊情形。

特别需要注意的是，如果劳动合同期满，有《劳动合同法》第四十二条规定的情形的，劳动合同应当续延至相应的情形消失时终止，故在续延期间用人单位与劳动者无须订立书面劳动合同，故不应支付二倍工资。

另外，并非只要劳动者没有签订劳动合同，用人单位就应当支付二倍工资。是否支付二倍工资主要取决于未签劳动合同的责任到底是归于用人单位，还是归于劳动者。如果因劳动者原因导致未签劳动合同，用人单位则无须支付二倍工资。

2. 行政责任

用人单位故意拖延不订立劳动合同的，由劳动行政部门责令改正。各地区的规定有所不同，如《上海市劳动合同条例》规定，可以按每人 500~1 000 元对用人单位处以罚款。而《北京市劳动合同规定》规定，用人单位违反本规定第八条规定，未与劳动者订立劳动合同的，由劳动和社会保障行政部门责令限期改正，逾期不改的，按照未签订劳动合同的人数，对用人单位处以每人 500 元罚款。

3. 给劳动者造成损害的，用人单位还应当承担赔偿责任

给劳动者造成损害的，用人单位还应当承担赔偿责任的有以下几种情形。

（1）用人单位直接涉及劳动者切身利益的规章制度违反法律、法规规定的。

（2）用人单位提供的劳动合同文本未载明本法规定的劳动合同必备条款或者用人单位未将劳动合同文本交付劳动者的。

（3）用人单位违反本法规定，以担保或者其他名义向劳动者收取财物的。

（4）因用人单位过错造成劳动合同无效的。

（5）以暴力、威胁或非法限制人身自由的手段强迫劳动的。

（6）违章指挥或者强令冒险作业危及劳动者人身安全的。

（7）侮辱、体罚、殴打、非法搜查或者拘禁劳动者的。

（8）劳动条件恶劣、环境污染严重，给劳动者身心健康造成严重损害的。

（9）用人单位违反本法规定未向劳动者出具解除或者终止劳动合同的书面证明。

（10）不具备合法经营资格的用人单位的违法犯罪行为，依法追究法律责任；劳动者已经付出劳动的。

（11）个人承包经营违反本法规定招用劳动者的。

五、避免出现无合同的事实劳动关系

如果用人单位与劳动者建立劳动关系，但又没有按照法律规定的期限订立书面劳动合同，用人单位将要承担很大的违法成本。然而，在法律上，用人单位与劳动者建立劳动关系并不以订立书面劳动合同为前提，而是以开始事实上的用工为判定标准。事实劳动关系是指用人单位与劳动者没有订立书面劳动合同，但是双方实际履行了劳动权利义务而形成的劳动关系。

事实劳动关系认定要件主要有：一是用人单位和劳动者双方主体适格；二是用人单位与劳动者之间存在管理和被管理的关系；三是劳动者提供报酬性业务劳动。

在实践中，不管是因为有意而为，还是因为疏忽大意，用人单位与劳动者之间可能因自始未签订劳动合同或者因到期未续签劳动合同而存续事实劳动关系。为了避免产生无劳动合同的事实劳动关系，用人单位应当事前做好预防、事中加强管理、事后积极补救。具体而言，以下措施可供借鉴。

1. 抓住有利时机及时订立书面劳动合同

在实践中，有些用人单位与劳动者通常采取"先进门，后签约"的模式，即劳动者先入职工作，然后双方再签订劳动合同。这种模式容易造成劳动者久拖不签劳动合同的现象，从而错过了一个月内订立劳动合同的法定期间，引发用人单位承担法律责任的风险。为了防范这类风险，我们建议采取"先签约，后进门"的模式，即先签订劳动合同，然后再让劳动者入职工作。

2. 加强劳动合同管理，建立合同预警机制

很多用人单位由于管理上的漏洞或者疏忽，使得劳动合同期限届满时，没有及时与劳动者终止或续签劳动合同，最终形成了事实上的劳动关系。针对这类情况，我们建议用人单位应当加强合同管理，并通过相关软件建立合同预警机制，在劳动合同期限届满前提前发出预警和提示，使用人单位能够及时应对。

3. 及时补签劳动合同或终止劳动关系

对用人单位而言，有效避免事实劳动关系的出现，应当在事前做好预防和管理工作，但是百密一疏，一旦用人单位没有在法定期限内与劳动者签订劳动合同，用人单位应当积极进行补救，与劳动者协商补签劳动合同。劳动者拒不补签的，要及时与劳动者终止劳动关系，以免产生更大的法律风险。

4. 严格规范劳务派遣用工

在使用劳务派遣用工的情形下，如果劳务派遣单位没有与被派遣劳动者签订劳动合同，也没有依法为其缴纳各项社会保险，实际用工单位和被派遣劳动者之间很可能被认定形成事实劳动关系，使实际用工单位面临法律风险。因此，在使用劳务派遣用工时，实际用工单位应当严格监督劳务派遣单位与被派遣劳动者签订劳动合同情况以及缴纳社会保险情况，规范劳务派遣用工。

六、劳动合同"补签"与"倒签"

"补签"，即劳动者与用人单位事后签订劳动合同，把合同期限往前移至开始用工之日，签订日期为补签合同的时间。

"倒签"，也是劳动者与用人单位事后补签劳动合同，将合同期限往前移至开始用工之日，同时将签订日期写成劳动关系建立之初的时间。

可见，"倒签"与"补签"之间最大的区别就在于签订合同的时间是写在真正签订合同之时还是写在劳动关系建立之初。

在用人单位与劳动者"补签"劳动合同之后，对于合同签订之前的时间，用人单位是否负有双倍赔偿的责任目前实践中存在争议，一种观点认为劳动者既然同意按用工时间签订，应视为劳动者确认劳动合同期限已经涵盖未签劳动合同期限，属于劳动者的一种追认，用人单位无须支付双倍工资。另一种观点认为这种情况仍然应当根据《劳动合同法》规定向劳动者每月支付补签劳动合同之前期间的二倍的工资。

"倒签"是在平等自愿、协商一致的基础上达成的共识，只要不违反法律、法规的规定，就符合民法关于当事人意思自治的原则，就是有效的。如果用人单位与劳动者"倒签"劳动合同，员工主张双倍工资，是不会得到法院支持的。

可以看出，"倒签"劳动合同后公司不需要承担双倍工资的赔偿责任。因此，当公司与员工未按时签订劳动合同时，HR 采取补救措施时应尽量与员工协商一致，在员工真实意思表达的情况下，将合同的签订时间写在劳动关系建立之时。因为双倍工资的惩罚性赔偿，是为了督促公司一定要与员工签订劳动合同，如果公司并不存在故意不签订劳动合同的恶意，HR 应该尽可能为公司减少双倍赔偿的风险。

针对补签、倒签劳动合同的操作问题，提出三点建议。

（1）劳资双方均将劳动合同签字日期倒签。

（2）倒签的劳动合同期间包含已经履行的事实劳动关系期间。

（3）倒签时，要特别注意劳动合同中的条款与内容是否与事实劳动关系期间已经履行的情况一致。如果签订的劳动合同约定的工资标准高于事实劳动关系期间实际的工资标准，可能遭遇员工主张未足额支付劳动报酬的问题。

法条传送门

《中华人民共和国劳动合同法》

第四条　用人单位应当依法建立和完善劳动规章制度，保障劳动者享有劳动权利、履行劳动义务。

用人单位在制定、修改或者决定有关劳动报酬、工作时间、休息休假、劳动安全卫生、保险福利、职工培训、劳动纪律以及劳动定额管理等直接涉及劳动者切身利益的规章制度或者重大事项时，应当经职工代表大会或者全体职工讨论，提出方案和意见，与工会或者职工代表平等协商确定。

在规章制度和重大事项决定实施过程中，工会或者职工认为不适当的，有权向用人单位提出，通过协商予以修改完善。

用人单位应当将直接涉及劳动者切身利益的规章制度和重大事项决定公示，或者告知劳动者。

第七条　用人单位自用工之日起即与劳动者建立劳动关系。用人单位应当建立职工名册备查。

第十条　建立劳动关系，应当订立书面劳动合同，也即劳动者租用人单位签订劳动合同应该采取的形式是书面形式。

已建立劳动关系，未同时订立书面劳动合同的，应当自用工之日起1个月内订立书面劳动合同。

第六十九条　非全日制用工双方当事人可以订立口头协议。

第八十条　用人单位直接涉及劳动者切身利益的规章制度违反法律、法规规定的，由劳动行政部门责令改正，给予警告；给劳动者造成损害的，应当承担赔偿责任。

第八十一条　用人单位提供的劳动合同文本未载明本法规定的劳动合同必备条款或者用人单位未将劳动合同文本交付劳动者的，由劳动行政部门责令改正；给劳动者造成损害的，应当承担赔偿责任。

第八十二条　用人单位自用工之日起超过一个月不满一年未与劳动者订立书面劳动合同的，应当向劳动者每月支付二倍的工资。

用人单位违反本法规定不与劳动者订立无固定期限劳动合同的，自应当订立无固定期限劳动合同之日起向劳动者每月支付二倍的工资。

第八十三条　用人单位违反本法规定与劳动者约定试用期的，由劳动行政部门责令改正；违法约定的试用期已经履行的，由用人单位以劳动者试用期满月工资为标准，按已经履行的超过法定试用期的期间向劳动者支付赔偿金。

第八十四条　用人单位违反本法规定，扣押劳动者居民身份证等证件的，由劳动行政部门责令限期退还劳动者本人，并依照有关法律规定给予处罚。

用人单位违反本法规定，以担保或者其他名义向劳动者收取财物的，由劳动行政部门责令限期退还劳动者本人，并以每人五百元以上二千元以下的标准处以罚款；给劳动者造成损害的，应当承担赔偿责任。

劳动者依法解除或者终止劳动合同，用人单位扣押劳动者档案或者其他物品的，依照前款规定处罚。

第八十五条　用人单位有下列情形之一的，由劳动行政部门责令限期支付劳动报酬、加班费或者经济补偿；劳动报酬低于当地最低工资标准的，应当支付其差额部分；逾期不支付的，责令用人单位按应付金额百分之五十以上百分之一百以下的标准向劳动者加付赔偿金：

（一）未按照劳动合同的约定或者国家规定及时足额支付劳动者劳动报酬的；

（二）低于当地最低工资标准支付劳动者工资的；

（三）安排加班不支付加班费的；

（四）解除或者终止劳动合同，未依照本法规定向劳动者支付经济补偿的。

第八十六条　劳动合同依照本法第二十六条规定被确认无效，给对方造成损害的，有过错的一方应当承担赔偿责任。

第八十七条　用人单位违反本法规定解除或者终止劳动合同的，应当依照本法第四十七条规定的经济补偿标准的二倍向劳动者支付赔偿金。

第八十八条　用人单位有下列情形之一的，依法给予行政处罚；构成犯罪的，依法追究刑事责任；给劳动者造成损害的，应当承担赔偿责任：

（一）以暴力、威胁或者非法限制人身自由的手段强迫劳动的；

（二）违章指挥或者强令冒险作业危及劳动者人身安全的；

（三）侮辱、体罚、殴打、非法搜查或者拘禁劳动者的；

（四）劳动条件恶劣、环境污染严重，给劳动者身心健康造成严重损害的。

第八十九条　用人单位违反本法规定未向劳动者出具解除或者终止劳动合同的书面证明，由劳动行政部门责令改正；给劳动者造成损害的，应当承担赔偿责任。

第九十条　劳动者违反本法规定解除劳动合同，或者违反劳动合同中约定的保密义务或者竞业限制，给用人单位造成损失的，应当承担赔偿责任。

第九十一条　用人单位招用与其他用人单位尚未解除或者终止劳动合同的劳动者，给其他用人单位造成损失的，应当承担连带赔偿责任。

第九十二条　劳务派遣单位违反本法规定的，由劳动行政部门和其他有关主管部门责令改正；情节严重的，以每人一千元以上五千元以下的标准处以罚款，并由工商行政管理部门吊销营业执照；给被派遣劳动者造成损害的，劳务派遣单位与用工单位承担连带赔偿责任。

第九十三条　对不具备合法经营资格的用人单位的违法犯罪行为，依法追究法律责任；劳动者已经付出劳动的，该单位或者其出资人应当依照本法有关规定向劳动者支付劳动报酬、经济补偿、赔偿金；给劳动者造成损害的，应当承担赔偿责任。

第九十四条　个人承包经营违反本法规定招用劳动者，给劳动者造成损害的，发包的组织与个人承包经营者承担连带赔偿责任。

《中华人民共和国劳动法》

第十九条　劳动合同应当以书面形式订立。

第九十八条　用人单位违反本法规定的条件解除劳动合同或者故意拖延不订立劳动合同的，由劳动行政部门责令改正；对劳动者造成损害的，应当承担赔偿责任。

《中华人民共和国劳动合同法实施条例》

第五条　自用工之日起一个月内，经用人单位书面通知后，劳动者不与用人单位订立书面劳动合同的，用人单位应当书面通知劳动者终止劳动关系，无须向劳动者支付经济补偿，但是应当依法向劳动者支付其实际工作时间的劳动报酬。

第六条　用人单位自用工之日起超过一个月不满一年未与劳动者订立书面劳动合同的，应当依照劳动合同法第八十二条的规定向劳动者每月支付两倍的工资，并与劳动者补订书面劳动合同；劳动者不与用人单位订立书面劳动合同的，用人单位应当书面通知劳动者终止劳动关系，并依照劳动合同法第四十七条的规定支付经济补偿。

前款规定的用人单位向劳动者每月支付两倍工资的起算时间为用工之日起满一个月的次日，截止时间为补订书面劳动合同的前一日。

第七条　用人单位自用工之日起满一年未与劳动者订立书面劳动合同的，自用工之日起满一个月的次日至满一年的前一日应当依照劳动合同法第八十二条的规定向劳动者每月支付两倍的工资，并视为自用工之日起满一年的当日已经与劳动者订立无固定期限劳动合同，应当立即与劳动者补订书面劳动合同。

劳动部《关于确立劳动关系有关事项的通知》

一、用人单位招用劳动者未订立书面劳动合同，但同时具备下列情形的，劳动关系成立。

（一）用人单位和劳动者符合法律、法规规定的主体资格；

（二）用人单位依法制定的各项劳动规章制度适用于劳动者，劳动者受用人单位的劳动管理，从事用人单位安排的有报酬的劳动；

（三）劳动者提供的劳动是用人单位业务的组成部分。

二、用人单位未与劳动者签订劳动合同，认定双方存在劳动关系时可参照下列凭证：

（一）工资支付凭证或记录（职工工资发放花名册）、缴纳各项社会保险费的记录；

（二）用人单位向劳动者发放的"工作证""服务证"等能够证明身份的证件；

（三）劳动者填写的用人单位招工招聘"登记表""报名表"等招用记录；

（四）考勤记录；

（五）其他劳动者的证言等。

其中，（一）、（三）、（四）项的有关凭证由用人单位负举证责任。

三、用人单位招用劳动者符合第一条规定的情形的，用人单位应当与劳动者补签劳动合同，劳动合同期限由双方协商确定。协商不一致的，任何一方均可提出终止劳动关系，但对符合签订无固定期限劳动合同条件的劳动者，如果劳动者提出订立无固定期限劳动合同，用人单位应当订立。

用人单位提出终止劳动关系的，应当按照劳动者在本单位工作年限每满一年支付一个月工资的经济补偿金。

《上海市高级人民法院关于劳动争议若干问题的解答》（上海高级人民法院民一庭调研指导〔2010〕34 号）

2. 关于双倍工资的时效问题

我们认为，鉴于双倍工资的上述性质，双倍工资中属于双方约定的劳动报酬的部分，劳动者申请仲裁的时效应适用《劳动争议调解仲裁法》第 27 条第 2 至第 4 款的规定，而对双方约定的劳动报酬以外属于法定责任的部分，劳动者申请仲裁的时效应适应《劳动争议调解仲裁法》第 27 条第 1 款至第 3 款的规定，即从未签订书面劳动合同的第二个月起按月分别计算仲裁时效。

3. 关于双倍工资的计算基数的确定

经研究认为，劳动关系双方对月工资有约定的，双倍工资的计算基数应按照双方约定的正常工作时间月工资来确定。双方对月工资没有约定或约定不明的，应按《劳动合同法》第 18 条规定来确定正常工作时间的月工资，并以确定的工资数额作为双倍工资的计算基数。

如按《劳动合同法》第 18 条规定仍无法确定正常工作时间工资数额的，可按劳动者实际获得的月收入扣除加班工资、非常规性奖金、福利性、风险性等项目后的正常工作时间月工资确定。

如月工资未明确各构成项目的，由用人单位对工资构成项目进行举证，用人单位不能举证或证据不足的，双倍工资的计算基数按照劳动者实际获得的月收入确定。

按上述原则确定的双倍工资基数均不得低于本市月最低工资标准。

4. 对于劳动者采取不当手段恶意请求支付双倍工资差额，如何处理的问题如确有证据证明，劳动者以获取不当利益为目的，通过找替身代签等手段，致用人单位未与其本人签订真实的书面劳动合同，上述行为既违反了《劳动合同法》第 3 条关于诚实信用的原则，也不符合《劳动合同法》第 82 条第 1 款关于支付双倍工资请求权成立的构成要件之一——须用人单位主观上未与劳动者签订书面劳动合同，故对其请求用人单位支付双倍工资差额的诉请应不予支持。

5. 对于企业人力资源高管利用自身的工作或职务便利，故意造成未签订书面合同假象，如何处理的问题。

对于一些企业经理、人事主管等负责企业人力资源管理的高管，通过隐匿书面劳动合同等不良手段，使用人单位无法提供已签订过的书面劳动合同，企业高管以此为由主张双倍工资差额的，我们认为，用人单位虽无法提供书面劳动合同的原件，但有其他证据证明双方已签订了书面劳动合同的，不属于《劳动合同法》第82条第1款关于用人单位未与劳动者订立书面劳动合同的情形，对其提出要求用人单位支付双倍工资差额的诉请不予支持。

《2010年深圳最新劳动人事争议疑难问题研讨会纪要》（深劳人仲委〔2010〕2号）

二、关于未订立劳动合同二倍工资的诉请，受仲裁时效期间的限制。仲裁时效的审查，逐月起算。

《2011年深圳市劳动人事争议疑难问题研讨会纪要》

三、企业停薪留职人员、未达到法定退休年龄的内退人员、下岗待岗人员以及企业经营性停产放长假人员，已与新用人单位建立劳动关系，但又要求原用人单位支付未签订劳动合同双倍工资的，不予支持。

深圳中级人民法院《关于审理劳动争议案件若干问题的指导意见（试行）》（2009年4月15日）

76. 用人单位自用工之日起超过一个月不满一年未与劳动者签订劳动合同的，用人单位应自用工之日起满一个月的次日起支付两倍工资至双方签订劳动合同前一日时止。但用人单位有足够证据证明未签订劳动合同的原因完全在劳动者，其自身无过错的，用人单位无须支付两倍工资。

劳动合同期满，劳动者继续在用人单位工作的，用人单位在劳动合同期满之日超过一个月不满一年未与劳动者签订劳动合同的，参照前款处理。

100. 在计算劳动者解除劳动合同前十二个月平均工资时，其工资除包括正常工作时间的工资外，还包括劳动者的加班工资。劳动者已领取的年终奖或年终双薪，计入工资基数时应按每年十二个月平均分摊。

用人单位因未在用工之日起一个月内签订劳动合同须按月向劳动者支付二倍工资，其中加付的一倍工资不纳入经济补偿金或赔偿金的计算基数。

《深圳市劳动争议仲裁、诉讼实务座谈会纪要》（2010 年 3 月 9 日）

六、《劳动合同法》第八十二条规定的"二倍工资"中加付的一倍工资是指包括加班工资在内的所有应发工资。

七、用人单位未按照法定期限与劳动者签订书面劳动合同，即使后来双方签订了劳动合同，劳动者要求用人单位支付二倍工资至签订之日的，应予支持。但双方均将劳动合同的签字日期倒签在法定期限之内或者双方约定的劳动合同期间包含了已经履行的事实劳动关系期间的，应视为双方自始签订了劳动合同，在此情况下，劳动者要求用人单位支付二倍工资的，不予支持。

八、劳动者以用人单位自用工之日起满一年未与其订立书面劳动合同为由，要求用人单位支付用工之日起满一年之后的二倍工资的，不予支持。

九、用人单位拒绝与符合《劳动合同法》第十四条第二款规定的条件的劳动者签订无固定期限劳动合同，劳动者要求其支付二倍工资至补订无固定期限劳动合同的前一日的，应予支持。

十、用人单位未依法支付二倍工资或未休年假工资，劳动者要求支付25%经济补偿金的，不予支持。劳动者以用人单位未依法支付二倍工资或未休年假工资为由提出被迫解除劳动合同并要求经济补偿金的，不予支持。

十一、新公司筹备阶段聘用劳动者而未与劳动者签订书面劳动合同，劳动者要求新公司支付该期间二倍工资的，不予支持。

十七、用人单位经劳动者同意不安排年休假或者安排劳动者年休假天数少于应休年假天数，但其已支付了劳动者工作期间的工资的，用人单位应支付未休年假工资的责任仅为劳动者工作期间工资的200%。在确定劳动者法定休假天数时，由劳动者对其主张的在其他单位的工作年限承担举证责任。

《四川高院发布审判指导典型案例（劳动争议部分）》（2011 年 12 月 22 日）

成都中院认为，二倍工资的规定是为了通过惩罚督促订立书面劳动合同，更好地保护劳动者合法权益，因此用人单位与劳动者未订立书面劳动合同，劳动者请求支付二倍工资的仲裁时效起算期间，应自劳动关系终止之日起计算。

《广东省高级人民法院、广东省劳动人事争议仲裁委员会关于审理劳动人事争议案件若干问题的座谈会纪要》（粤高法〔2012〕284 号）

14. 用人单位自用工之日起超过一个月不满一年未与劳动者签订书面劳动合同，或者虽通知劳动者签订书面劳动合同但劳动者无正当理由拒不签订，用人单位未书面通知劳动者终止劳动关系的，应当按照《劳动合同法》第八十二条的规定向劳动者每月支付二倍工资。二倍工资差额的计算基数为劳动者当月应得工资，但不包括以下两项：

（一）支付周期超过一个月的劳动报酬，如季度奖、半年奖、年终奖、年底双薪以及按照季度、半年、年结算的业务提成等；

（二）未确定支付周期的劳动报酬，如一次性的奖金，特殊情况下支付的津贴、补贴等。劳动合同期满后，劳动者仍在原用人单位工作，超过一个月双方仍未续订劳动合同，劳动者根据《劳动合同法》第八十二条第一款规定要求支付二倍工资的，应予支持。用人单位自用工之日起满一年不与劳动者订立书面劳动合同，视为已订立无固定期限劳动合同，用人单位无须再支付用工之日起满一年后未订立书面劳动合同的二倍工资。

15. 劳动者请求用人单位支付未订立书面劳动合同二倍工资差额的仲裁时效，依照《劳动争议调解仲裁法》第二十七条第一款、第二款和第三款的规定确定。用人单位应支付的二倍工资差额，从劳动者主张权利之日起往前倒推一年，按月计算，对超过一年的二倍工资差额不予支持。

37. 劳动者依据《劳动合同法》第四十条或第八十二条的规定请求用人单位支付代通知金或二倍工资的，作为《劳动争议调解仲裁法》第四十七条第一项规定的追索赔偿金争议处理。

江苏省高院《关于审理劳动人事争议案件的指导意见二》（苏高法审委〔2011〕14号）

第一条 劳动者因用人单位未与其签订书面劳动合同而主张用人单位每月支付二倍工资的争议，劳动人事争议仲裁委员会及人民法院应依法受理。对二倍工资中属于用人单位法定赔偿金的部分，劳动者申请仲裁的时效适用《劳动争议调解仲裁法》第二十七条第一款的规定，即从用人单位不签订书面劳动合同的违法行为结束之次日开始计算一年；如劳动者在用人单位工作已经满一年的，劳动者申请仲裁的时效从一年届满之次日起计算一年。

第二条 用人单位因未与劳动者签订书面劳动合同而应每月支付的二倍工资，按照劳动者当月的应得工资予以确定，包括计时工资或者计件工资以及加班加点工资、奖金、津贴和补贴等货币性收入。劳动者当月工资包含季度奖、半年奖、年终奖的，应按分摊后该月实际应得奖金数予以确定。

第三条 劳动合同期满后，劳动者继续在用人单位工作，用人单位超过一个月不满一年未与劳动者订立书面劳动合同，劳动者请求用人单位每月支付二倍工资的，应予支持。

用人单位超过一年未与劳动者订立书面劳动合同的，视为双方已订立无固定期限劳动合同。

第四条　劳动合同期满后，依照《劳动合同法》第四十二条规定依法续延，劳动者请求用人单位支付劳动合同续延期间未签订劳动合同的每月二倍工资的，不予支持。

第六条　用人单位未与其高级管理人员签订书面劳动合同，但用人单位能够提供聘任决定或聘任书，证明双方存在劳动权利义务且已实际履行的，高级管理人员以未签订书面劳动合同为由请求用人单位每月支付二倍工资的，不予支持。

高级管理人员的范围依据《中华人民共和国公司法》第二百一十七条第（一）项的规定予以确定。

佛山市中级人民法院、佛山市劳动仲裁委员会《关于审理劳动争议案件若干问题的指导意见》（2011 年 2 月 25 日）

第二十二条　用人单位因未与劳动者签订书面劳动合同而向劳动者支付双倍工资的期间以十一个月为限。自用工之日起超过一年仍未签订书面劳动合同的，视为双方之间建立了无固定期限的劳动合同关系，用人单位仍未与劳动者签订书面劳动合同的，劳动者可以向劳动监察部门申诉。

第二十三条　用人单位自建立劳动关系之日起一个月后才与劳动者签订劳动合同，但约定劳动合同的期限自建立劳动关系之日开始的，用人单位无须承担支付二倍工资差额的责任。

第二十四条　劳动者以用人单位提出的劳动合同条款不合法、不合理为由，拒绝签订书面劳动合同，造成双方未能签订书面劳动合同的，劳动者应对其主张的劳动合同不合法、不合理的情形进行举证，否则用人单位无须承担支付二倍工资差额的责任。

第二十五条　劳动者发生工伤，劳动者请求用人单位支付停工留薪期间未签劳动合同的二倍工资，视下列具体情况确定：

（一）劳动者发生工伤时，入职超过一个月没有签订劳动合同，并且过错在用人单位的，用人单位应当支付包括停工留薪期内的双倍工资。

（二）劳动者入职不满一个月发生工伤，尚未签订劳动合同，因劳动合同的主要内容尚不能确定，导致劳动合同客观上无法签订，故签订劳动合同的期限应当顺延至停工留薪期结束，对于停工留薪期间未签订劳动合同的二倍工资，不予支持。

第二十七条　劳动者在用人单位筹备阶段入职，如双方因未签订书面劳动合同发生争议，未签订书面劳动合同的二倍工资起算时间应自用人单位成立之日起满一个月的次日开始计算。

第二十八条　劳动者请求未经工商登记的用人单位支付未签订书面劳动合同的二倍工资的，不予支持。未经工商登记的用工单位承担责任的范围应以《劳动合同法》第九十三条规定的内容为限，即支付劳动报酬、经济补偿、赔偿金。

第二十九条　《劳动合同法》第八十二条规定的用人单位应当向劳动者每月支付二倍工资中的差额部分，应以劳动者在该期间的应收工资作为标准，劳动者在诉讼中一并请求加班工资的，核算出的加班工资应当作为二倍工资差额的组成部分。

第六十四条　对于因未签订书面劳动合同而应支付二倍工资差额的仲裁申请期间的起算应分如下情形确定：

（一）2008 年 1 月 1 日前建立劳动关系的，用人单位自 2008 年 1 月 1 日起满一年仍未签订书面劳动合同的，劳动争议仲裁时效从 2009 年 1 月 1 日起算；

（二）2008 年 1 月 1 日前建立劳动关系的，用人单位自 2008 年 1 月 1 日起满一个月的次日至建立劳动关系后一年内签订劳动合同的，自签订劳动合同之日起，应视为劳动者知道或应当知道其权利被侵害，劳动争议仲裁申请期间应自签订劳动合同之日起算；

（三）2008 年 1 月 1 日后建立劳动关系的，用人单位自与劳动者建立劳动关系后一个月的次日起至建立劳动关系后一年内签订劳动合同的，自签订劳动合同之日起，应视为劳动者知道或应当知道其权利被侵害，劳动争议仲裁申请期间应自签订劳动合同之日起算；

（四）2008 年 1 月 1 日后建立劳动关系的，用人单位与劳动者建立劳动关系后超过一年仍未签订劳动合同的，自双方建立劳动关系满一年的次日开始计算。用人单位未按照规定与劳动者签订无固定期限劳动合同的，其仲裁申请期间参照上述方法计算。

《佛山中院关于审理劳动争议案件适用法律若干问题的指导意见（二）》

第十一条　劳动者请求用人单位支付工伤医疗期间未签订书面劳动合同的二倍工资差额的，不予支持。

《广州中院关于审理劳动争议案件会议纪要》（2014 年 5 月 26 日）

22. 用人单位与劳动者签订的劳动合同仅约定了期限、劳动报酬，不完全具备《中华人民共和国劳动合同法》第十七条规定的必备条款，可以视为双方签订了劳动合同，用人单位不需要支付劳动者未签订书面劳动合同的二倍工资。且上述有效的劳动合同条款对双方都具有约束力。

25. 劳动者与用人单位在申请仲裁前签订了协议，其中有"不得再向用人单位主张权利""双方签订协议后互不追求任何一方经济责任"的表述，但就工资、未订立书面劳动合同双倍工资、加班工资、高温津贴等项目都未在协议中有明确约定或仅部分项目有明确约定，如劳动者就有约定的项目及未约定的项目申请仲裁，应审查协议是否存在可撤销的情形以及协议事项是否包含了劳动者申请仲裁的事项等。如果劳动者申请仲裁的事项已经包含在协议事项之内，且协议不存在可撤销的情形，则尊重当事人的意思自治，认可双方签订的协议书的效力。

《广州中院关于审理劳动争议案件的参考意见》（2009 年 10 月）

第十八条　用人单位未按法规规定签订书面劳动合同而每月支付双倍工资的，以标准工资作为计算基数。

第十九条　用人单位自用工之日起满一年未与劳动者订立书面劳动合同的，视为自用工之日起满一年的当日已经与劳动者订立无固定期限劳动合同，应当与劳动者补订书面劳动合同。如果双方仍然没有签订劳动合同的，劳动权利义务按照无固定期限劳动合同对待，用人单位无须依照劳动合同法第八十二条第二款的规定再行每月支付二倍的工资。

广州市中级人民法院《民事审判若干问题的解答》（2010 年）

八、关于未签订书面劳动合同责任的四种特殊情形：

1. 劳动合同期满后双方一直未续签合同的，用人单位是否应当支付未签书面劳动合同的双倍工资？

2.（自动续延型）劳动合同约定期满自动续延，合同到期后双方未续签书面劳动合同的，用人单位是否应当支付未签书面劳动合同的双倍工资？

3.（空档型）劳动合同到期后未及时续签，经过一段时间双方续签了劳动合同，对于上述"空档期"用人单位是否需支付双倍工资？

4.（倒签型）用人单位与劳动者"倒签"劳动合同的，是否需支付"倒签"期间双倍工资？

答：（1）对于第一种情形，《劳动合同法》的立法目的是促使用人单位积极主动地签订书面劳动合同，劳动合同到期后双方未续签，且未约定到期自动续延的，除用人单位能够证明未续签劳动合同的责任在于劳动者外，用人单位应当支付劳动者双倍工资。

（2）对于第二种情形可视为合同已续签，合同继续生效，故用人单位无须支付劳动者双倍工资。

（3）对于"空档期"，应分具体情况，如果该"空档期"时间不超过一个月，可视为合理的协商期，用人单位无须支付双倍工资；如果该空档期时间过长，超过一个月，应具体审查未续签劳动合同的责任在于哪一方，除用分单位能够证明未续签劳动合同的责任在于劳动者外，用人单位应当支付劳动者双倍工资。

（4）对于"倒签劳动合同"，常见有用人单位在用工初期未跟劳动者签订劳动合同，但在后来的劳动合同中约定工作期限不是从签订之日计算而是从用工之日开始计算，劳动者也同意按该时间签订的，应视为劳动者确认劳动合同期限已经涵盖未签劳动合同期限，属于劳动者的一种追认，用人单位无须支付双倍工资。

《广州市劳动争议仲裁委员会、广州市中级人民法院关于劳动争议案件研讨会会议纪要》（穗劳仲会纪〔2011〕2号）

4. 具有劳动报酬性质的佣金，属于《劳动争议调解仲裁法》第四十七条第一项规定的终局裁决事项。

未签订劳动合同的双倍工资，性质上属于具有惩罚功能的赔偿金，属于《劳动争议调解仲裁法》第四十七条第一项规定的终局裁决事项。

21. 用人单位自用工之日起超过一个月不满一年未与劳动者订立书面劳动合同的，应当向劳动者每月支付双倍工资，具体计算方式为：

（1）对于双固定用工模式的，满一个月的双倍工资差额，可按照每月固定薪酬计算；不足一个月的，可按月固定工资数额÷月固定工作天数×未签订书面劳动合同天数中的实际工作天数计算；

（2）对于一般用工模式的，满一个月的双倍工资差额，按劳动者标准工时下的正常工资（即标准工资）作为计算基数；不足一个月的，可按上述月标准工资÷21.75天×未签订书面劳动合同天数中的实际工作天数计算。

22. 依照《劳动合同法》第九十三条规定，不具备合法经营资格的用人单位违法犯罪，劳动者已经付出劳动的，该单位或其出资人应当向劳动者支付劳动报酬、经济补偿和赔偿金，其中"劳动报酬、经济补偿、赔偿金"作狭义解释，不包括未签订书面劳动合同的双倍工资差额等其他项目。

24. 在工伤停工留薪期，用人单位安排劳动者工作且劳动者实际上班的，应视为劳动者对劳动权利的自行处分，劳动者再行要求支付双倍工资的，不予支持。

25. 依照《劳动合同法》规定应当签订无固定期限劳动合同，但劳动者与用人单位签订了固定期限劳动合同，且无证据证实存在欺诈、胁迫、乘人之危等情形的，可认定为

《劳动合同法实施条例》第十一条规定的"劳动者与用人单位协商一致的情形"。

26. 劳动合同期满后未续签的双倍工资问题，应分四种情形处理：

（1）劳动合同期满后双方一直未续签合同且原合同未约定到期自动续延的，除用人单位能够证明未续签合同的责任在于劳动者外，用人单位应当支付双倍工资。

（2）劳动合同约定期满自动续延的，可视为合同已经续签，用人单位无须支付双倍工资。

（3）到期后未及时续签，经过一段时间后才续签了劳动合同，对于该"空档期"，可分具体情况：如果"空档期"不超过一个月，可视为合理协商期，用人单位无须支付双倍工资；如果"空档期"过长、超过一个月的，除用人单位能够证明未续签合同的责任在于劳动者外，用人单位应当支付双倍工资。

（4）用人单位与劳动者"倒签"劳动合同的，可视为劳动者确认劳动合同期限已经涵盖未签合同期间，属于劳动者的追认，用人单位无须支付"倒签"期间的双倍工资。

27. 用人单位自用工之日起满一年不与劳动者订立书面劳动合同，视为已订立无固定期限劳动合同，用人单位无须再支付双倍工资。

28. 劳动者发生工伤后，请求用人单位支付停工留薪期间未签订书面劳动合同的双倍工资的，应分不同情况处理：

（1）劳动者发生工伤，入职超过一个月未签订劳动合同，且过错在用人单位的，用人单位应当支付包括停工留薪在内的双倍工资；

（2）劳动者入职不满一个月发生工伤，尚未签订劳动合同，因劳动合同的主要内容尚不能确定，导致客观上无法签订，签订劳动合同的期限应顺延至停工留薪期结束，对于劳动者主张停工留薪期间未签订书面劳动合同的双倍工资差额的，不予支持。

40. 外国人、港澳台地区居民在中国内地就业，但未依法办理《外国人就业证》或《台港澳人员就业证》的，与用人单位形成劳务（雇佣）关系；已经付出劳务的，用人单位应根据双方约定支付相应劳务报酬，但不包含加班工资、解除劳动合同的经济补偿金及赔偿金、未签订书面劳动合同的双倍工资等劳动法律法规所规定的项目。

《湖北省高级人民法院民事审判工作座谈会会议纪要》（2013 年 9 月）

31. 用人单位自用工之日起超过一个月不满一年未与劳动者订立书面劳动合同并一直未补订的，应当按照《劳动合同法实施条例》第七条的规定，自用工之日起满一个月的次日至满一年的前一日向劳动者每月支付两倍的工资。二倍工资的申请仲裁时效自劳动关系终止之日起算，期间为一年。

《山东省高级人民法院关于印发民事审判工作会议纪要的通知》（鲁高法〔2011〕297 号）

（二）关于未签订书面劳动合同的情形下双倍工资的支付问题

依据《劳动合同法》第 10 条、第 82 条的规定，建立劳动关系，应当订立书面劳动合同。用人单位自用工之日起超过一个月不满一年未与劳动者订立书面劳动合同的，应当向劳动者每月支付二倍的工资。用人单位向劳动者支付的二倍工资，是基于用人单位没有按照劳动合同法规定与劳动者签订书面劳动合同所产生的法律后果，并非劳动者提供劳动的对价给付，因此，二倍工资不属于劳动报酬的范畴，具有惩罚性赔偿金的性质。

关于双倍工资的仲裁时效问题。由于二倍工资具有惩罚性赔偿金的性质，劳动者请求用人单位支付未签订书面劳动合同的双倍工资不适用《劳动争议调解仲裁法》第 27 条第 4 款关于劳动关系存续期间因拖欠劳动报酬发生争议仲裁时效的规定。用人单位支付劳动者未签订劳动合同双倍工资的责任可视为同一合同项下约定的具有整体性和关联性的定期给付之债，仲裁时效期间从最后履行期限届满之日起算。

《山东省劳动合同条例》（2013 年 10 月 1 日）

第五十七条　劳动合同期满，劳动者在用人单位安排下继续提供劳动，用人单位自劳动合同期满之日起超过一个月未满一年未与劳动者续订劳动合同的，应当向劳动者每月支付二倍的工资。

山东省高级人民法院、山东省劳动争议仲裁委员会关于适用《中华人民共和国劳动争议调解仲裁法》和《中华人民共和国劳动合同法》若干问题的意见（鲁高法〔2010〕84 号）

26. 劳动合同期满，劳动者仍在用人单位提供劳动，用人单位未表示异议的，应当依照劳动合同法第十条第二款、第十四条第三款的规定，在原劳动合同期满后的一个月内与劳动者订立固定期限、无固定期限劳动合同。

30. 用人单位自用工之日起超过一个月但不满一年未与劳动者订立书面劳动合同的，应当向劳动者每月支付二倍的工资，其中加付的一倍工资不纳入经济补偿金或赔偿金的计算基数。

《重庆市高级人民法院民一庭关于当前民事审判疑难问题的解答》（2014 年 4 月 3 日）

25. 未订立书面劳动合同二倍工资的计算基数应如何确定？

答：根据《关于工资总额组成的规定》（国家统计局 1990 年第 1 号令）第四条的规定，

工资总额由六个部分组成：计时工资、计件工资、奖金、津贴和补贴、加班加点工资、特殊情况下支付的工资。因此，未订立书面劳动合同二倍工资的计算基数，不能以单纯的"固定发放"项目为依据，而应根据劳动者从用人单位所领取报酬中属上述六个组成部分的项目确定。

26. 未订立无固定期限劳动合同二倍工资的期限如何计算？

答：我国《劳动合同法》第八十二条第二款规定："用人单位违反本法规定不与劳动者订立无固定期限劳动合同的，自应当订立无固定期限劳动合同之日起向劳动者每月支付二倍的工资。"该法第十四条又规定："用人单位应当与劳动者签订无固定期限劳动合同而未签订的，一年后视为签订无固定期限劳动合同。"因此，未订立无固定期限劳动合同二倍工资的期限应从用人单位应当与劳动者签订无固定期限劳动合同而未签订之日起至一年期满，即 12 个月。

《广东省中山市中级法院关于审理劳动争议案件若干问题的参考意见》〔2011〕

2.4【特殊情况用人单位责任的承担】劳动者与未办理营业执照、营业执照被吊销或者营业期限届满仍继续经营等不具备合法经营资格的用人单位因用工关系产生争议，应当将该单位或出资人列为当事人，按照《劳动合同法》第九十三条的规定承担相应责任（劳动报酬、经济补偿、赔偿金，不包括双倍工资）。

4.6【双倍工资仲裁时效起算】劳动者根据《劳动合同法》第八十二条规定要求支付二倍工资的，因该工资差额本不属拖欠劳动报酬范围，故其仲裁时效应适用《劳动争议调解仲裁法》第二十七条的规定，按下列情况确定劳动者追索二倍工资差额的仲裁时效起算点：

（一）劳动者与用人单位补签劳动合同之日；

（二）视为用人单位与劳动者签订无固定期限劳动合同之日。

4.7【双倍工资支付的基本情形】用人单位自用工之日起超过一个月不满一年未与劳动者签订书面劳动合同，或者因劳动者不愿签订书面劳动合同，用人单位未书面通知劳动者终止劳动关系的，应当依照《劳动合同法》第八十二条的规定向劳动者每月支付两倍的工资。

用人单位根据《劳动合同法实施条例》第六条终止劳动关系的，应当按照《劳动合同法》第四十七条的规定支付经济补偿金及未签书面劳动合同期间的双倍工资差额。

4.8【未签约双倍工资、补偿金计算年限】劳动者以用人单位未签订书面劳动合同为由解除劳动关系、主张双倍工资差额并主张经济补偿金的，应当支持。但因《劳动法》并无规定未签订书面劳动合同可解除劳动关系并应支付经济补偿金，故计算用人单位向劳动者支付经济补偿金的年限时，应从 2008 年 1 月 1 日起算。《劳动合同法》实施后、《劳动合同法实施条例》实施前，用人单位以劳动者拒绝签订劳动合同为由解除劳动合同的，用人单位应依照《劳动合同法实施条例》的规定支付经济补偿金，并自用工之日起计算工作年限。劳动者主张用人单位违法解除劳动合同要求支付赔偿金的，不予支持。

4.9【视为无固定合同的双倍工资处理】依据《劳动合同法》第十四条第三款规定，视为双方已订立无固定期限劳动合同而未签书面劳动合同的，劳动者要求依据《劳动合同法》第八十二条支付二倍工资的，不予支持。

4.10【合同届满双倍工资】劳动合同期满后，劳动者仍在原用人单位工作，超过一个月双方仍未签订劳动合同的，劳动者根据《劳动合同法》第八十二条规定要求支付二倍工资的，应予支持。

4.11【特殊身份或情形的双倍工资处理】对存在特殊身份或特殊情形的劳动者要求依据《劳动合同法》第八十二条支付二倍工资的，不予支持。但存在特殊身份或特殊情形的劳动者能举证证明用人单位拒绝与其签订劳动合同的除外。前款所述的特殊身份或特殊情形是指：劳动者具有负责人事管理，包括应参与或负责与用人单位其他员工签订劳动合同职责等身份或情形。

4.12【佐证曾签约的两倍工资】用人单位虽不能举证劳动合同原件，但有其他证据可以佐证双方的确签订过书面劳动合同的，对劳动者要求依据《劳动合同法》第八十二条支付二倍工资的，不予支持。

4.13【非要式劳动合同的两倍工资】用人单位已经与劳动者签订如入职须知、入厂职工协议书等内容的文件，虽未冠以《劳动合同》名称，但经审查上述文件的记载内容已经具备劳动合同的基本事项，或者虽然缺少部分条款，但根据上述书面文件内容可以确定双方之间基本权利义务关系情形，可以认定双方签订的上述文件是具有建立劳动关系性质的书面协议，应视为双方已经签订书面劳动合同。

4.14【双倍工资的计算基数】双倍工资应以劳动者的应得工资（劳动报酬）作为基数计算。

《惠州市中级人民法院、惠州市劳动人事争议仲裁委员会关于审理劳动争议案件若干问题的会议纪要（试行）》（2012 年 12 月 20 日）

第二十五条　【劳动合同期满未续签或终止的是否执行双倍工资】用人单位自用工之日起超过一个月不满一年未与劳动者签订劳动合同的，用人单位应自用工满一个月的次日起支付双倍工资至用工满一年或双方签订劳动合同前一日止，最长不超过 11 个月。

劳动合同期满，劳动者继续在用人单位工作的，用人单位在劳动合同期满之日超过一个月不满一年未与劳动者续签劳动合同的，参照前款处理。如果属于劳动者的原因，不与用人单位订立书面劳动合同，用人单位无须向劳动者支付双倍工资。

劳动合同期满，劳动者继续在用人单位工作的，用人单位在劳动合同期满之日超过一个月不满一年未与劳动者签订劳动合同的，符合《劳动合同法》第四十二条规定的情形，应按《劳动合同法》第四十五条执行，不支持双倍工资。

用人单位的人事经理等负责签订劳动合同事务的特定职位人员如未能举证证明未签劳动合同的责任在于用人单位的，其主张未签劳动合同双倍工资，不予支持。

用人单位未与其高级管理人员签订书面劳动合同，但用人单位能够提供聘任决定或聘任书，证明双方存在劳动权利义务且已实际履行的，高级管理人员以未签订书面劳动合同为由请求用人单位每月支付双倍工资的，不予支持。

高级管理人员的范围依据《中华人民共和国公司法》第二百一十七条第（一）项的规定予以确定。

第二十六条 【未签劳动合同双倍工资的计算基数】未订立书面劳动合同的双倍工资的计算基数为：劳动者相对应的月份应得工资。

第三十七条 【未签劳动合同双倍工资的仲裁时效】未签劳动合同双倍工资差额属于赔偿金，申请仲裁时效适用一年时效。用人单位在用工满一个月起至用工一年内与劳动者签订书面劳动合同的，劳动者主张未签劳动合同双倍工资的仲裁时效期间从双方签订劳动合同之次日起计算；用人单位在用工之日起一年内未与劳动者签订书面劳动合同的，劳动者主张未签劳动合同双倍工资的仲裁时效期间从用工满一年之次日起计算。

常州市中级人民法院关于印发《关于审理劳动争议案件的指导意见》的通知（常中法〔2011〕35 号）

第十九条 用人单位规章制度或岗位职责明确对本单位与劳动者签订劳动合同负有工作或管理职责的人事或相关行政人员，主张未签订合同二倍工资的，不予支持。

用人单位原法定代表人或主要负责人主张其任职期间未签订劳动合同二倍工资的，不予支持。

《江门市中级人民法院江门市劳动人事争议仲裁委员会关于审理劳动人事争议案件若干问题的座谈会纪要》（江中法发〔2014〕12 号）

第五条 【视为已签订劳动合同的情形】用人单位与劳动者虽未签订书面劳动合同，

但双方所签订的入职登记表、报名表、审批表或者其他协议文件的内容具备《劳动合同法》第十七条第一款规定的劳动合同必备条款的，且用人单位能举证证明已将前述协议文件交劳动者收执，应视为双方签订了书面劳动合同。

第五条 【高管恶意不签劳动合同要求两倍工资】劳动者属于用人单位的高管，如其工作职责涉及劳动合同的签订和管理，则对其离职后要求支付未签订书面劳动合同的两倍工资的请求一般不予支持。

第二十条 【高管恶意不签劳动合同要求二倍工资】劳动者属于用人单位的高管，如其工作职责涉及劳动合同的签订和管理，则对其离职后要求支付未签订书面劳动合同的二倍工资的请求一般不予支持。

《东莞市关于适用法律若干问题的统一意见》（2010 年 12 月 16 日）

1. 劳动者追索未签订劳动合同的二倍工资差额是否受一年的仲裁时效期间的限制？

结论：未签订劳动合同的二倍工资虽名为工资，但其性质实为因用人单位未依法签订书面劳动合同而产生的惩罚性赔偿金。劳动者就二倍工资差额申请仲裁仍应受《中华人民共和国劳动争议调解仲裁法》第二十七条第一款规定的仲裁时效期间的限制，并由法院主动审查劳动者的请求是否已超过一年申请仲裁的时效期间。即从劳动者主张权利之日起往前推算一年，该一年期间与从用工之日起满一个月的次日至用工之日起满一年之日重叠的时间段，用人单位应支付二倍工资差额。例如：

（1）劳动者于 2008 年 1 月 1 日入职，工作至 2010 年 6 月 30 日仍未签订劳动合同，劳动者于此时主张用人单位支付二倍工资差额。对此问题，由于 2009 年 1 月 1 日起应视为双方之间签订无固定期限劳动合同，应当给付二倍工资差额的期间是 2008 年 2 月 1 日至同年 12 月 31 日，从该期间最后一日算起，至劳动者主张权利之日，已超过一年以上，因此不支持劳动者的该项请求。

（2）劳动者于 2009 年 1 月 1 日入职，工作至 2010 年 6 月 30 日仍未签订劳动合同，劳动者于此时主张用人单位支付二倍工资差额。对此问题，由于 2010 年 1 月 1 日起应视为双方之前签订无固定期限劳动合同，应当给付二倍工资差额的期间是 2009 年 2 月 1 日至同年 12 月 31 日，从劳动者主张之日往前携推算一年，因而可以支持劳动者 2009 年 7 月 1 日至 2009 年 12 月 31 日期间的二倍工资差额。

《中华人民共和国民法通则》（1987 年 1 月 1 日）

第三十八条 依照法律或者法人组织章程规定，代表法人行使职权的负责人，是法人的法定代表人。

《劳动部关于全面实行劳动合同制的通知》（劳部发〔1994〕360 号）

四、有关政策

1. 关于厂长、经理签订劳动合同问题。厂长、经理应与聘用部门签订劳动合同。实行公司制的企业厂长、经理和有关经营管理人员，应根据《中华人民共和国公司法》有关经理和经营管理人员的管理规定与董事会签订劳动合同。

劳动部关于印发《实施〈劳动法〉中有关劳动合同问题的解答》的通知（劳部发〔1995〕202 号）

一、关于厂长、经理签订劳动合同的问题

按照劳动部劳部发〔1994〕360 号文的规定，厂长、经理是由其上级部门聘任（委任）的，应与聘任（委任）部门签订劳动合同。实行公司制的企业厂长、经理和有关经营管理人员，应根据《中华人民共和国公司法》中有关经理和经营管理人员的规定与董事会签订劳动合同。

二、关于党委书记、工会主席签订劳动合同的问题

按照劳动部劳办发〔1995〕19 号和 33 号文件的规定，党委书记、工会主席等党群专职人员也是职工的一员，按照《劳动法》的规定，应当与用人单位签订劳动合同。对于有特殊规定的，可以按有关规定办理。

《劳动部办公厅对全面实行劳动合同制若干问题的请示的复函》（劳办发〔1995〕19 号）

3. 关于党群专职人员如何签订劳动合同问题。按照《劳动法》第十六条的规定，"劳动者与用人单位建立劳动关系，应当订立劳动合同"。党群专职人员也是劳动者，因此，也应签订劳动合同。但有特殊规定的，按有关规定办理。

《关于加强劳动合同管理完善劳动合同制度的通知》（劳部发〔1997〕106 号）

五、劳动合同期满前应当提前一个月向职工提出终止或续订劳动合同的书面意向，并及时办理有关手续。

劳动部办公厅对《关于实行劳动合同制有关问题处理意见的报告》的复函（劳办发〔1995〕33 号）

一、关于企业党组织书记签订劳动合同问题。按照《劳动法》的规定，劳动者与用人单位建立劳动关系，必须签订劳动合同。企业党组织书记也是劳动者，应当签订劳动合同，但有特殊规定的，从其规定。

《中华人民共和国公司法》（2014 年 3 月 1 日）

第四十四条　董事会设董事长一人，可以设副董事长。董事长、副董事长的产生办法由公司章程规定。

第四十六条　董事会对股东会负责，行使下列职权：

（九）决定聘任或者解聘公司经理及其报酬事项，并根据经理的提名决定聘任或者解聘公司副经理、财务负责人及其报酬事项；

第四十九条　有限责任公司可以设经理，由董事会决定聘任或者解聘。经理对董事会负责，行使下列职权：

（六）提请聘任或者解聘公司副经理、财务负责人；

（七）决定聘任或者解聘除应由董事会决定聘任或者解聘以外的负责管理人员；

《北京市劳动合同规定》（2002 年 2 月 1 日）

第四十条　劳动合同期限届满前，用人单位应当提前 30 日将终止或者续订劳动合同意向以书面形式通知劳动者，经协商办理终止或者续订劳动合同手续。

第四十七条　用人单位违反本规定第四十条规定，终止劳动合同未提前 30 日通知劳动者的，以劳动者上月日平均工资为标准，每延迟 1 日支付劳动者 1 日工资的赔偿金。

北京市《关于劳动争议案件法律适用问题研讨会会议纪要（二）》（2014 年 5 月 7 日）

28.《劳动合同法》第八十二条"二倍工资"的认定与起止时间、计算方法？

（1）依据《劳动合同法》第十条、第八十二条第一款规定，用人单位自用工之日起超过一个月不满一年未与劳动者订立书面劳动合同的，自用工之日满一个月的次日起开始计算二倍工资，截止点为双方订立书面劳动合同的前一日，最长不超过十一个月。

（2）用人单位因违反《劳动合同法》第十四条第三款规定，自用工之日满一年不与劳动者订立书面劳动合同，视为用人单位与劳动者已订立无固定期限劳动合同的情况下，劳动者可以向仲裁委、法院主张确认其与用人单位之间属于无固定期限劳动合同关系。在此情况下，劳动者同时主张用人单位支付用工之日满一年后的二倍工资的不予支持。

（3）如果劳动合同期满后，劳动者仍在用人单位工作，用人单位未与劳动者订立书面劳动合同的，计算二倍工资的起算点为自劳动合同期满的次日，截止点为双方补订书面劳动合同的前一日，最长不超过十二个月。

（4）用人单位违反《劳动合同法》第十四条第二款、第八十二条第二款规定，不与劳动者订立无固定期劳动合同的，二倍工资自应订立无固定期限劳动合同之日起算，截止点为双方实际订立无固定期限劳动合同的前一日。

（5）二倍工资中属于劳动者正常工作时间劳动报酬的部分，适用《劳动争议调解仲裁法》二十七条第四款的规定；增加一倍的工资属于惩罚性赔偿的部分，不属于劳动报酬，适用《劳动争议调解仲裁法》二十七条第一款的规定，即一年的仲裁时效。二倍工资适用时效的计算方法为：

在劳动者主张二倍工资时，因未签劳动合同行为处于持续状态，故时效可从其主张权利之日起向前计算一年，据此实际给付的二倍工资不超过十二个月，二倍工资按未订立劳动合同所对应时间用人单位应当正常支付的工资为标准计算。

29. 用人单位与劳动者补签劳动合同，劳动者主张未订立劳动合同二倍工资可否支持？

用人单位与劳动者建立劳动关系后，未依法自用工之日一个月内订立书面劳动合同，在劳动关系存续一定时间后，用人单位与劳动者在签订劳动合同时将日期补签到实际用工之日，视为用人单位与劳动者达成合意，劳动者主张二倍工资可不予支持，但劳动者有证据证明补签劳动合同并非其真实意思表示的除外。用人单位与劳动者虽然补签劳动合同，但未补签到实际用工之日的，对实际用工之日与补签之日间相差的时间，依法扣除一个月订立书面劳动合同的宽限期，劳动者主张未订立劳动合同二倍工资的可以支持。

31. 用人单位法定代表人、高管人员、人事管理部门负责人或主管人员未与用人单位订立书面劳动合同并依据《劳动合同法》第八十二条规定向用人单位主张二倍工资的，应否支持？

用人单位法定代表人依据《劳动合同法》第八十二条规定向用人单位主张二倍工资的，一般不予支持。用人单位高管人员依据《劳动合同法》第八十二条规定向用人单位主张二倍工资的，可予支持，但用人单位能够证明该高管人员职责范围包括管理订立劳动合同内容的除外。对有证据证明高管人员向用人单位提出签订劳动合同而被拒绝的，仍可支持高管人员的二倍工资请求。

用人单位的人事管理部门负责人或主管人员依据《劳动合同法》第八十二条规定向用人单位主张二倍工资的，如用人单位能够证明订立劳动合同属于该人事管理部门负责人的工作职责，可不予支持。有证据证明人事管理部门负责人或主管人员向用人单位提出签订劳动合同，而用人单位予以拒绝的除外。

32. 用人单位与劳动者约定劳动合同到期续延，在劳动合同到期后劳动者继续工作，并主张未签订劳动合同的二倍工资是否支持？

因用人单位与劳动者在劳动合同中已经约定劳动合同到期续延，但未约定续延期限，在劳动合同到期后，劳动者仍继续工作，双方均未提出解除或终止劳动合同时，属于双方意思表示一致续延劳动合同，可视为双方订立一份与原劳动合同内容和期限相同的合同，故劳动者主张未签订劳动合同的二倍工资不应支持。

天津市贯彻落实《劳动合同法》若干问题的规定（津人社局发〔2013〕24 号）

第四条　用人单位自用工之日起，超过一个月不满一年未与劳动者订立书面劳动合同的，应当依据《劳动合同法》第八十二条、《劳动合同法实施条例》第六条规定，自用工之日起满一个月的次日，至补订书面劳动合同的前一日，向劳动者每月支付二倍工资；不足一个月的部分按日折算。计算二倍工资的基数应按照劳动者应得工资计算。

第五条　劳动合同期满后一个月内，用人单位维持或者提高劳动合同约定条件书面通知劳动者续订劳动合同，劳动者不与用人单位续订的，用人单位应当书面通知劳动者终止劳动关系，无须向劳动者支付经济补偿。

第六条　劳动合同期满，除劳动者有《劳动合同法》第四十二条规定劳动合同自动续延情形外，用人单位与劳动者保持劳动关系，且未在一个月内与劳动者续订书面劳动合同，应依照《劳动合同法》第八十二条规定，向劳动者每月支付二倍工资，并与劳动者补订书面劳动合同；劳动者不与用人单位订立书面劳动合同的，用人单位应当书面通知劳动者终止劳动关系，并依照《劳动合同法》第四十七条的规定支付经济补偿。

浙江省劳动争议仲裁委员会《关于劳动争议案件处理若干问题的指导意见》

34. 依据《劳动合同法》第十四条第三款规定，视为双方已订立无固定期限劳动合同而未签书面劳动合同的，劳动者要求依据《劳动合同法》第八十二条支付二倍工资的，仲裁委员会不予支持。

35. 劳动合同期满后，劳动者仍在原用人单位工作，超过一个月双方仍未签订劳动合同的，劳动者根据《劳动合同法》第八十二条规定要求支付二倍工资的，仲裁委员会应予支持。

《吉林省劳动合同条例》（2008 年 1 月 1 日）

第四十六条用人单位自用工之日起超过一个月不满一年未与劳动者订立书面劳动合同的，应当自用工之日起第二个月向劳动者每月支付二倍的工资。用人单位违反本条例规定不与劳动者订立无固定期限劳动合同的，自应当订立无固定期限劳动合同之日起向劳动者每月支付二倍的工资。支付二倍工资，应当以劳动者的实际工资、集体合同确定的工资或者本单位相同岗位人员工资，作为计算依据。

吉林省高级人民法院印发《关于审理劳动争议案件的指导意见》的通知（吉高法〔2010〕232 号）

15. 劳动合同期限届满，双方未续订劳动合同，但劳动者继续在用人单位工作的，用人单位应当在一个月内与劳动者签订书面劳动合同。劳动者经用人单位书面通知后，在合理期限内不与用人单位续订劳动合同，用人单位依照《劳动合同法实施条例》第 5 条、第 6 条的规定请求与劳动者终止劳动关系的，应予支持。用人单位自劳动合同期限届满次日起一年以上未与劳动者续订书面劳动合同，劳动者请求确认与用人单位之间形成无固定期限劳动合同关系的，应予支持。

江西省高级人民法院和江西省人力资源和社会保障厅联合制定《2013 年全省劳动人事争议裁审衔接工作座谈会纪要》（2013 年 12 月 18 日）

第三条　【不签合同的后果】因劳动者原因未与用人单位订立书面劳动合同，用人单位应当自用工之日起一个月内书面通知劳动订立书面劳动合同。劳动者在限期内未与用人单位签订劳动合同，用人单位及时终止劳动关系的，无须支付二倍工资。用人单位未及时终止劳动关系的，应支付二倍工资。

第四条　【续签合同】劳动合同期满后，劳动者仍在原用人单位工作，超过一个月双方仍未续签劳动合同，劳动者依据《劳动合同法》第八十二条第一款规定要求支付二倍工资的，应予支持。用人单位自用工之日起满一年不与劳动者签订书面劳动合同，视为已订立无固定期限劳动合同，劳动者再要求支付用工之日满一年后未订立书面劳动合同二倍工资的，不予支持。

第五条　【仲裁时效】劳动者请求用人单位支付未签订书面劳动合同二倍工资差额的仲裁时效，依照《劳动争议调解仲裁法》第二十七条第一款、第二款及第三款的规定确定。用人单位应支付的二倍工资差额，从劳动者主张权利之日起往前倒推一年，按月计算，对超过一年的二倍工资差额不予支持。

第六条　【二倍工资差额的计算基数】单位应支付的二倍工资差额计算基数为劳动者当月应得工资，工资应包括：计时工资、计件工资、奖金、津贴和补贴、延长工作时间的工资报酬以及特殊情况下支付的工资等；但不包括以下部分：

（一）单位支付给劳动者个人的社会保险福利费用，如丧葬抚恤救济费、生活困难补助费、计划生育补贴等；

（二）劳动保护方面的费用，如用人单位支付给劳动者的工作服、解毒剂、清凉饮料费用等；

（三）按照规定未列入工资总额的各种劳动报酬及其他劳动收入，如根据国家规定发放的创造发明奖、国家星火奖、自然科学奖、科学技术进步奖、合理建议和技术改进奖、中华技能大奖等，以及稿费、讲课费、翻译费等。用人单位应支付的劳动者加班工资的计算基数，参照第一款规定。劳动者与用人单位有约定的，从其约定。

黑龙江省关于审理劳动人事争议案件若干问题的处理意见（一）（黑人社发〔2011〕132 号）

第七条 劳动者以用人单位自用工之日起超过一个月不满一年未与其订立书面劳动合同为由，要求用人单位支付二倍工资的，应当自发生下列情形之日起的一年内提出，逾期提出的，仲裁委员会不予受理：

（一）用人单位在用工之日起超过一个月但未满一年期间与劳动者订立书面劳动合同的；

（二）用人单位与劳动者视为订立无固定期限劳动合同的。

对于符合前款规定受理条件的，在案件审理过程中，对于劳动者二倍工资的主张，不再受仲裁时效的限制。

第三节　劳动合同的条款

用人单位在拟订劳动合同具体条款的过程中，应当严格依据法律的规定进行。根据《劳动合同法》的规定，用人单位必须在劳动合同中载明必备条款，而约定条款用人单位可以根据实际用工情况自行决定。

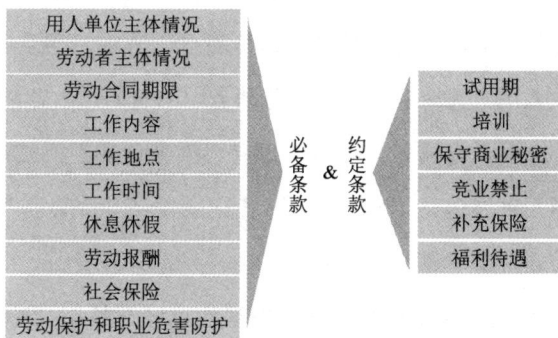

必备条款：用人单位主体情况 / 劳动者主体情况 / 劳动合同期限 / 工作内容 / 工作地点 / 工作时间 / 休息休假 / 劳动报酬 / 社会保险 / 劳动保护和职业危害防护
约定条款：试用期 / 培训 / 保守商业秘密 / 竞业禁止 / 补充保险 / 福利待遇

一、必备条款

必备条款指《劳动合同法》规定的劳动合同必须具备的条款。

1. 用人单位主体情况

用人单位的名称、住所和法定代表人或者主要负责人，这些内容是劳动关系用人单位主体的基本情况，应当在劳动合同中明确。

2. 劳动者主体情况

劳动者的姓名、住址和居民身份证或者其他有效身份证件是劳动者主体的基本情况。特别提醒单位 HR 注意对劳动者的"通信地址"的约定。在劳动争议发生后，变更、解除劳动合同的通知等相关法律文件的送达问题，往往成为单位的一个难题，单位常常因为不能提供合法送达相关文件的书面证据而承担败诉后果。为避免上述问题的发生，用人单位应当要求劳动者在填写员工入职信息登记表等文件时明确其个人户籍地地址、现居住地地址，以及紧急状态下联系人的通信地址和电话，同时在劳动合同中将以上信息作为必备条款，明确约定"上述三个地址为本单位向员工送达各类法律文书或工作文书的有效送达地址，单位以 EMS 方式向上述三个地址邮寄文件，即视为该文件已向员工本人送达"。

3. 劳动合同期限

劳动合同期限是劳动关系双方当事人相互享有权利、履行义务的时间界限，即劳动合同的有效期限，主要分为固定期限劳动合同、无固定期限劳动合同和以完成一定的工作任务为期限的劳动合同三种。用人单位与劳动者双方经过协商一致确定，劳动者为用人单位提供劳动从何时起至何时止。

4. 工作内容

工作内容是指劳动法律关系所指向的对象，即劳动者具体从事什么种类或者内容的劳动，这里的工作内容是指工作岗位和工作任务或职责。工作内容条款是劳动合同的核心条款之一，是建立劳动关系的极为重要的因素。劳动合同中的工作内容条款应当规定得明确、具体，便于遵照执行。在劳动合同中，可明确约定"因劳动者不能胜任工作被调整工作岗位的，工资会按照调整后的岗位适当调整"，即"岗变薪变"条款。即便如此，岗位与薪资发生变化，用人单位也应即时签订变更协议。

需要注意的是，用人单位与劳动者约定可根据生产经营情况调整劳动者工作岗位的，经审查用人单位能够证明生产经营情况已经发生变化，调整劳动者工作岗位系用人单位自主用工行为，调岗属于合理范畴。判断调岗合理性应参考以下因素：用人单位经营必要性、目的正当性，调整后的岗位为劳动者所能胜任、工资待遇等劳动条件无不利变更。

用人单位与劳动者签订的劳动合同中明确约定工作岗位但未约定如何调岗的，在不符合《劳动合同法》第四十条所列情形时，用人单位自行调整劳动者工作岗位的属于违约行为，给劳动者造成损失的，用人单位应予以赔偿，参照原岗位工资标准补发差额。对于劳动者主张恢复原工作岗位的，根据实际情况进行处理。经审查难以恢复原工作岗位的，可释明劳动者另行主张权利，释明后劳动者仍坚持要求恢复原工作岗位，不予支持。

用人单位在调整岗位的同时调整工资，劳动者接受调整岗位但不接受同时调整工资的，由用人单位说明调整理由。应根据用人单位实际情况、劳动者调整后的工作岗位性质、双方合同约定等内容综合判断是否侵犯劳动者合法权益。

5. 工作地点

工作地点即是劳动合同的履行地，是劳动者从事劳动合同中所规定的工作内容的地点，它关系到劳动者的工作环境、生活环境，以及劳动者的就业选择，劳动者有权在与用人单位建立劳动关系时知悉自己的工作地点，所以这也是劳动合同中必不可少的内容。在实践中，HR 应注意以下几个方面。

（1）约定的"工作地点"宜具体，不宜宽泛。

用人单位与劳动者在劳动合同中宽泛地约定工作地点是"全国""全省"等，会被认为是在免除单位责任。如无对用人单位经营模式、劳动者工作岗位特性等特别提示，属于对工作地点约定不明。劳动者在签订劳动合同后，已经在实际履行地点工作的，实际履行地视为双方确定的工作地点。用人单位不得仅以工作地点约定为"全国""全省"为由，无正当理由变更劳动者的工作地点。因此，工作地点至少要约定到市一级。如在劳动合同中约定"工作地点"为"北京市朝阳区"，且约定"用人单位可以根据自身经营生产需要调整劳动者工作地点"，那么用人单位在朝阳区范围内调整工作地点的，不视为工作地点的变更。

用人单位无权单方面随意调整工作地点，即使在劳动合同中明确约定用人单位可以单方变更工作地点的，仍会对工作地点的变更进行合理性审查。具体审查时，除考虑对劳动者的生活影响外，还应考虑用人单位是否采取了合理的弥补措施（如提供交通补助、班车）等。

建议用人单位根据需要可以在劳动合同中约定两三个确定的工作地点，明确"劳动者同意服从单位安排，需要时在上述范围内调整工作地点"的条款，那么，可以避免变更工作地点带来的不利后果。

（2）约定的"工作地点"既不能过分具体也不能过于模糊。

为了避免承担擅自变更工作地点的不利后果，很多用人单位采取了大范围概括式的约定，即约定一个模糊的范围。如工作地点为"单位办公场所及其委派的工作场地"，"公司的工作区域或地点为公司本部或各分公司、子公司"，或者"乙方自愿服从公司安排"等条款。在实践中，很多用人单位如规模较大往往子公司、分公司、办公场所远远不止一个，这就导致了上述约定的地点其实存在不确定性。这种约定可能的后果是，劳动部门和司法审判部门认定此种约定是不明确的，对劳动者不公平，劳动者的工作地点应当以劳动者现有的实际工作地点为准，用人单位委派劳动者到别的地点工作都将被认为工作地点变更。

（3）不约定"工作地点"。

劳动合同没有约定工作地点属于违反《劳动合同法》的行为，该法规定，用人单位提供的劳动合同未载明本法规定的劳动合同必备条款的，由劳动行政部门责令改正，给劳动者造成损害的，应当承担赔偿责任。劳动合同未约定工作地点不等于无工作地点，这种情形以双方实际履行的"工作地点"作为合同后继履行的依据。用人单位调整工作地点并给劳动者带来"实质"上的不利影响的，尽管缺乏明确的书面约定，也同样必须遵循协商一致原则。未征得劳动者同意擅自变更工作地点的，劳动者有权拒绝。

6. 工作时间

工作时间又叫作劳动时间，是指劳动者在用人单位中，必须用来完成其所担负的工作任务的时间。工作时间一般包括工作时间的长短、工作时间方式的确定，如是 8 小时工作制还是 6 小时工作制；是日班还是夜班；是标准工时还是不定时工作制，或者是综合计算工时制。工作时间的不同，对劳动者的就业选择、劳动报酬等均有重要影响。

标准工时制	不定时工时制	综合计算工时制
按工作时间定工作量	直接确定工作量	按工作时间定工作量
一般劳动者	特定的三类人员	特定的三类人员
每天 8 小时，每周 40 小时	无固定时间要求	一个周期内，平均每天 8 小时，每周 40 小时
不需要劳动行政部门批准	需要劳动行政部门批准	需要劳动行政部门批准

就工作时间条款而言，用人单位可以与劳动者约定每日工作的时间总数，也可以在约定工作时间总数的同时，具体约定上下班时间。需要指出的是，如果工作时间仅指劳动者在单位的工作时间，不包括吃饭时间和午休时间，最好在设计工作时间条款时将午餐和午休时间单独列明。

7. 休息休假

休息休假，是指劳动者按规定不需进行工作，而自行支配的时间。休息休假的权利是每个国家的公民都应享有的权利，在约定休息休假事项时，应当遵守法律法规和其他相关规定。

就休息休假条款而言，用人单位可以这样设计："劳动者有权享有国家法定的和用人单位规定的假期和休息日。具体的休息休假的条件、程序和需要办理的手续，用人单位的规章制度和其他文件中有规定的，依据相关规定办理"。

8. 劳动报酬

劳动报酬，是指劳动者与用人单位确定劳动关系后，因提供了体力或脑力劳动而取得的对价。劳动报酬是劳动者付出劳动后应该得到的回报。劳动报酬一般包括计时工资、计件工资、奖金、津贴和补贴、加班加点工资和特殊情况下支付的工资。

具体而言，劳动报酬条款主要包括以下几方面：①用人单位工资水平、工资分配制度、工资标准和工资分配形式；②工资支付办法；③加班、加点工资及津贴、补贴标准和奖金分配办法；④工资调整办法；⑤试用期及病、事假等期间的工资待遇；⑥特殊情况下员工工资（生活费）支付办法；⑦其他劳动报酬分配办法。劳动合同中有关劳动报酬条款的约定，要符合我国有关最低工资标准的规定。

9. 社会保险

社会保险是国家通过立法建立的一种社会保障制度，目的是使劳动者在市场经济条件下因年老、患病、工伤、失业、生育等原因，丧失劳动能力或中断就业，本人和家属失去工资收入时，能够获得物质帮助。社会保险由国家成立的专门性机构进行基金的筹集、管理及发放，不以赢利为目的。我国的社会保险包括医疗保险、养老保险、失业保险、工伤保险和生育保险。

10. 劳动保护、劳动条件和职业危害防护

（1）劳动保护，是指用人单位为了防止劳动过程中的事故，减少职业危害，保障劳动者的生命安全和健康而采取的各种措施。在工作中，劳动者往往身处各种不安全、不卫生的环境，如不采取措施加以保护，将会发生工伤事故。为了保障劳动者的身体安全和生命健康，通过劳动合同条款约定用人单位应向劳动者提供的劳动保护义务，以保证劳动者的健康和安全。

（2）劳动条件，是指用人单位为保障劳动者履行劳动义务、完成工作任务，而提供的必要物质和技术条件，如必要的工作场所、工具、设备、仪器、技术资料等。

（3）职业危害，是指用人单位的劳动者在职业活动中，因接触职业性有害因素如粉尘、放射性物质和其他有毒、有害物质等而对生命健康所引起的危害。用人单位与劳动者订立

劳动合同时，应当将工作过程中可能产生的职业病危害及其后果、职业病防护措施和待遇等如实告知劳动者，并在劳动合同中写明，不得隐瞒或者欺骗。用人单位应当为劳动者创造符合国家职业卫生标准和卫生要求的工作环境和条件，并采取措施保障劳动者获得职业卫生保护。用人单位应当建立、健全职业病防治责任制度，加强对职业病防治的管理，提高职业病防治水平，对本单位产生的职业病危害承担责任。

11. 法律、法规规定应当纳入劳动合同的其他事项

如果用人单位与劳动者签订劳动合同缺少其他必备条款，不能简单地认定劳动合同不成立或者无效。而应具体分析缺少条款对整个合同的重要性，再做结论。

二、约定条款

劳动合同的约定条款是劳动合同双方当事人经过协商一致，并纳入劳动合同条款的内容。试用期、培训、保守商业秘密、竞业限制、补充保险和福利待遇等即为约定条款。根据《劳动合同法》的规定，劳动合同双方当事人除对必备条款协商达成一致意见外，如果认为有必要，还可将约定条款写进合同条款。这些内容是劳动合同双方当事人自愿协商确定的，不是法定的。不同行业、不同用人单位、不同工作岗位的情况不同，决定了劳动合同的约定条款也有一定的区别。对那些特殊岗位的特殊情况，用人单位和劳动者可以在协商一致的基础上，作为约定条款加以规定。

在实践中，很多用人单位出于内部管理的需要，往往会在劳动合同中约定一些不合法的条款，如用人单位可以根据需要随时变动员工的职位、严禁办公室恋爱、不允许结婚、三年内不能怀孕等。这样的条款不仅不具有法律上的效力，反而会承担法律风险。根据《劳动合同法》的规定，劳动合同排除劳动者权利或违反法律、行政法规强制性规定的条款无效或部分无效。劳动合同无效，由劳动争议仲裁委员会或者人民法院确认。

举案说法 17. 兼职协议属于劳动合同还是劳务协议？

置信公司荣城金典物管处是置信公司在荣昌荣城金典小区的物业服务项目部门，该项目经理薛某招聘罗某为置信公司的水电工，同时荣城金典物管处（作为甲方）于 2018 年 5 月 1 日与罗某（作为乙方）签订了《兼职水电工劳务协议书》，协议对双方的合同期限、试用期、合同续签、工作内容、劳动纪律、劳动条件、劳动报酬、不定时工作制度、工伤赔偿等内容进行了约定。

2019 年 4 月 8 日罗某在荣城金典小区大门口修理通行杆时受伤，置信公司负担了罗某受

伤的医疗费，并对罗某罚款 600 元。后罗某为获得工伤认定，向荣昌劳动仲裁委员会提出确认劳动关系的仲裁申请，荣昌劳动仲裁委员会经审理后，裁决罗某与置信公司从 2018 年 5 月至今的劳动关系成立。置信公司不服该仲裁裁决，诉讼至荣昌法院，要求确认双方之间不存在劳动关系。

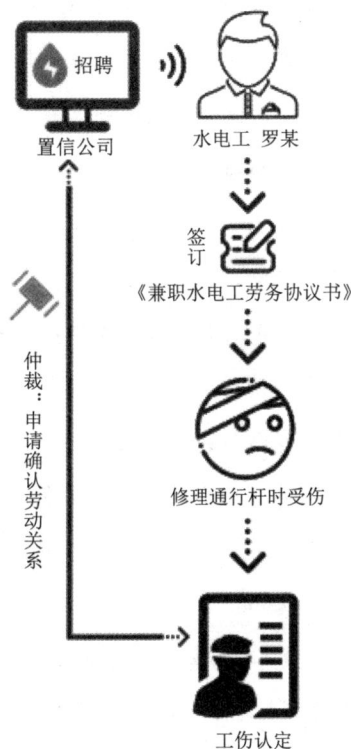

审理结果

荣昌法院审理认为，从置信公司与罗某关系的形式和事实要件看，符合劳动关系的基本特征，不能当然地以双方签订的《兼职水电工劳务协议书》名称来判定双方系劳务关系，故确认双方从 2018 年 5 月 1 日起成立劳动关系。

一审宣判后，置信公司不服，提起上诉，二审法院驳回了置信公司的上诉请求，维持原判。

HR 操作锦囊

本案在审理过程中存在两种观点。支持存在劳务关系的观点认为，置信公司与罗某签订的是《兼职水电工劳务协议书》，且签订该协议的主体是荣城金典物管处并非置信公司，该协议的条款并不是劳动合同独有，罗某在荣城金典物管处从事兼职工作，不是置信公司的业务组成部分，也不受置信公司考勤限制，其间项目经理薛某只是联系罗某而非领导管理，且罗某的工资待遇不能达到最低工资标准，均表现出罗某属于兼职的属性，双方不具有劳动关系隶属性，因此双方应为劳务关系。

支持存在劳动关系的观点认为，兼职行为并不影响劳动关系的认定，只要劳动者与兼职单位建立的用工关系符合相关劳动法律的规定，实际履行行为具备劳动关系的构成要件，符合劳动关系的基本特征，仍应当认定双方存在劳动关系。

结合本案，我们同意第二种，理由如下。

（1）双方事实上并未形成兼职关系。

虽然双方所签协议名为《兼职水电工劳务协议书》，但并没有证据证明罗某还从事其他兼职工作。即使双方存在兼职关系，亦不当然地影响劳动关系的认定，应视具体情况而言。

结合《劳动合同法》第三十九条第二款第四项、第六十九条第二款、第九十一条的规定可以看出，我国实质上承认兼职劳动关系的客观存在，对兼职劳动关系是一种不提倡也不禁止的态度，只要劳动者与兼职单位建立的用工关系符合相关劳动法律的规定，符合劳动关系的构成要件，在一定条件下兼职关系也属于劳动关系，受法律保护。

（2）双方实际上符合事实劳动关系。

根据《劳动和社会保障部关于确立劳动关系有关事项的通知》（劳社部发〔2005〕12号）第一条的规定，用人单位招用劳动者未订立书面劳动合同，但同时具备下列情形的，劳动关系成立。

（一）用人单位和劳动者符合法律、法规规定的主体资格；

（二）用人单位依法制定的各项劳动规章制度适用于劳动者，劳动者受用人单位的劳动管理，从事用人单位安排的有报酬的劳动；

（三）劳动者提供的劳动是用人单位业务的组成部分。

因此，只要劳动者与用人单位均符合劳动法律法规规定的主体资格，劳动者接受用人单位劳动管理，需要遵守用人单位的规章制度，从事单位安排的有报酬的劳动，就应认定双方之间存在劳动关系。

（3）协议符合劳动合同关系的形式要件。

双方签订的《兼职水电工劳务协议书》约定了双方之间的合同期限、工作内容、劳动报酬和劳动条件等劳动合同必备条款外，还约定了试用期和工伤赔偿等事项，该协议符合劳动合同的内容。同时双方约定的服务期限为 2018 年 5 月 1 日至 2020 年 4 月 30 日，具有劳动关系持续稳定的特征。因此，双方签订的《兼职水电工劳务协议书》具备《劳动合同法》第十七条规定的劳动合同应当具备的劳动合同期限、工作时间、劳动报酬等条款，应认定该协议实质为劳动合同。

综上所述，用人单位与劳动者建立劳动关系，应当订立书面劳动合同，而不应根据自身的需求随意与劳动者订立所谓的劳务合同、雇佣合同。这样既不能推卸用工责任，也不能规避用工风险。用人单位即使与劳动者签订非格式劳动合同，也应当符合法律、法规的规定。

法条传送门

《中华人民共和国劳动合同法》

第八条　用人单位招用劳动者时，应当如实告知劳动者工作内容、工作条件、工作地点、职业危害、安全生产状况、劳动报酬，以及劳动者要求了解的其他情况；用人单位有权了解劳动者与劳动合同直接相关的基本情况，劳动者应当如实说明。

第十七条　劳动合同应当具备以下条款：（四）工作内容和工作地点；

第十八条　劳动合同对劳动报酬和劳动条件等标准约定不明确，引发争议的，用人单位与劳动者可以重新协商；协商不成的，适用集体合同规定；没有集体合同或者集体合同未规定劳动报酬的，实行同工同酬；没有集体合同或者集体合同未规定劳动条件等标准的，适用国家有关规定。

第二十三条　用人单位与劳动者可以在劳动合同中约定保守用人单位的商业秘密和与知识产权相关的保密事项。对负有保密义务的劳动者，用人单位可以在劳动合同或者保密协议中与劳动者约定竞业限制条款，并约定在解除或者终止劳动合同后，在竞业限制期限内按月给予劳动者经济补偿。劳动者违反竞业限制约定的，应当按照约定向用人单位支付违约金。

第二十四条　竞业限制的人员限于用人单位的高级管理人员、高级技术人员和其他负有保密义务的人员。竞业限制的范围、地域、期限由用人单位与劳动者约定，约定不得违反法律法规的规定。在解除或者终止劳动合同后，前款规定的人员到与本单位生产或者经营同类产品、从事同类业务的有竞争关系的其他用人单位，或者自己开业生产或者经营同类产品、从事同类业务的竞业限制期限，不得超过二年。

第三十五条　用人单位与劳动者协商一致，可以变更劳动合同约定的内容。变更劳动合同，应当采用书面形式。变更后的劳动合同文本由用人单位和劳动者各执一份。

第八十一条　用人单位提供的劳动合同文本未载明本法规定的劳动合同必备条款或者用人单位未将劳动合同文本交付劳动者的，由劳动行政部门责令改正；给劳动者造成损害的，应当承担赔偿责任。

第九十条　劳动者违反本法规定解除劳动合同，或者违反劳动合同中约定的保密义务或者竞业限制，给用人单位造成损失的，应当承担赔偿责任。

《劳动和社会保障部关于确立劳动关系有关事项的通知》（劳社部发〔2005〕12 号）

第一条　用人单位招用劳动者未订立书面劳动合同，但同时具备下列情形的，劳动关系成立。

（一）用人单位和劳动者符合法律、法规规定的主体资格；

（二）用人单位依法制定的各项劳动规章制度适用于劳动者，劳动者受用人单位的劳动管理，从事用人单位安排的有报酬的劳动；

（三）劳动者提供的劳动是用人单位业务的组成部分。

第四节　劳动合同的期限

根据《劳动合同法》的规定，劳动合同的期限分为三种：以完成一定工作任务为期限、固定期限和无固定期限。劳动合同的期限是法律要求的劳动合同的必备条款，因此用人单位必须在劳动合同中与劳动者明确约定。

一、以完成一定工作任务为期限的劳动合同

以完成一定工作任务为期限的劳动合同是指用人单位与劳动者约定以某项工作的完成为合同期限的劳动合同，该劳动合同是以某一项工作实际开始之日作为其期限起算之日，以劳动者实际完成该项工作任务之日作为其期限终止之日。

从本质上讲，以完成一定工作任务为期限的劳动合同的适用范围，形成以下几种观点。

一是"一定工作任务"应属于短期的一次性的工作任务，不具有重复性。

二是"一定工作任务"必须具有一定的独立性，工作性质或是有整体上的部分性、阶段性、季节性、项目性，可适用于单项工作，可按项目承包的工作，因季节原因需临时用工的工作和其他双方约定的以完成一定工作任务为期限的工作。

三是"一定工作任务"指特殊领域的工种，一般仅适用于铁路、桥梁、水利、石油勘探、建筑等工程项目。

依据《劳动合同法》的规定，以完成一定工作任务为期限的劳动合同是与固定期限劳动合同、无固定期限劳动合同并列的一类劳动合同，其仍受《劳动合同法》的制约与约束。

1. 劳动时间及加班费问题

以完成一定工作任务为期限的劳动合同实质上属于有固定期限的劳动合同，劳动者享有固定期限劳动者一样的休息休假权，如果存在加班的情况，用人单位应当按照固定期限劳动合同加班费支付办法支付加班费。

2. 办理社保问题

社会保险具有法定性和强制性，用人单位必须执行法律法规有关社会保险的各项规定。只要双方是劳动关系，用人单位就应当为劳动者购买保险，即使是以完成一定工作任务为期限的劳动合同，用人单位也应当为劳动者办理社会保险。

3. 形式转化问题

以完成一定工作任务为期限的劳动合同的用工形式，用人单位也应当与劳动者订立书面劳动合同。以完成一定工作任务为期限的劳动合同可能存在合同变更、解除、终止等问题，但不存在合同续签问题。当然，以完成一定工作任务为期限的劳动合同也就不存在连续签订两次劳动合同，第三次就要签订无固定期限劳动合同的问题。但是，如果用人单位自用工之日起超过一个月不满一年未与劳动者订立书面劳动合同的，应当向劳动者支付双倍工资。如果一旦符合满1年不订立书面合同的情况，则可以视为用人单位与劳动者已形成无固定期限劳动合同关系。因此，用人单位必须严格依照法律规定与劳动者签订书面形式的劳动合同。

4. 终止时支付经济补偿金情况

在《劳动合同法实施条例》实施之前，按照《劳动合同法》规定，以完成一定工作任务为期限的劳动合同在终止时用人单位不需要支付经济补偿金。但是，自2008年9月18日《劳动合同法实施条例》开始实施以来，其明确规定，以完成一定工作任务为期限的劳动合同因任务完成而终止的，用人单位应当依照劳动合同法第四十七条的规定向劳动者支付经济补偿。也就是说，与固定期限劳动合同一样，以完成一定工作任务为期限的劳动合同，劳动者同样有权在任务完成、劳动合同终止时根据实际工作年限获得经济补偿。

在订立以完成一定工作任务为期限的劳动合同时，用人单位 HR 一定要在合同中明确工作任务完成的标志或者时间点，以避免双方在劳动合同的履行过程上发生争议，导致劳动合同无法终止。

举案说法 18. 是否为雇佣或者以完成一定工作任务为期限的劳动合同？

2012 年 2 月 10 日，杨某到大连某工程公司位于炮台镇的某厂区担任修建项目的项目经理。杨某与该工程公司并未签订书面劳动合同。

2012 年 5 月 29 日 19 时 30 分，杨某在乘坐该工程公司班车下班回家途中发生交通事故受伤。

杨某受伤后，向有管辖权的劳动争议仲裁委员会申请仲裁，要求确认双方存在劳动关系，2013 年 10 月 8 日，该劳动人事争议仲裁委员会作出裁决支持了杨某的仲裁请求。

工程公司对该仲裁不服，于 2013 年 11 月 1 日向基层法院提起诉讼。

担任项目经理
未签订劳动合同
大连某工程公司
交通事故
申请确认劳动关系

审理结果

本案经一审、二审审理，判决结果为确认杨某与某工程公司自 2012 年 2 月 10 日起存在以完成一定工作任务为期限的事实劳动合同关系。

HR 操作锦囊

本案中，一审法院认为，《劳动合同法》第十五条第二款规定："用人单位与劳动者协商一致，可以订立以完成一定工作任务为期限的劳动合同。"一审庭审过程中，某工程公司认可杨某系公司为完成其承建的大连某在建厂房工程而聘用的项目经理。《劳动合同法》第七条规定："用人单位自用工之日起即与劳动者建立劳动关系。"杨某自2011年2月10日起为工程公司提供劳动，工程公司亦实际用工。杨某与工程公司之间虽未签订书面劳动合同，但已构成事实上的劳动关系。

二审法院认为，杨某到工程公司承建的大连某厂区修建项目担任项目经理，每月从工程公司处领取劳动报酬，双方虽未签订书面劳动合同，但已形成事实上的劳动关系。关于工程公司提出的其雇佣杨某是为完成该服装加工厂项目，是以完成某一任务为目的，双方是雇佣关系而不是劳动关系的上诉理由。根据《劳动合同法》的规定，劳动合同除了固定期限劳动合同和无固定期限劳动合同外，还有以完成一定工作任务为期限的劳动合同，工程公司的上诉请求及所依据的理由没有事实与法律依据，不予支持。

在实践中，HR应当注意以完成一定工作任务为期限的劳动合同内与雇佣/劳务合同的区别。以完成一项工作任务为目的招用人员，一旦符合劳动关系的构成要件，仍可能会被认定为劳动关系而非劳务关系。

因此，提醒HR，对于下列情形，用人单位可以充分利用以完成一定工作任务为期限的劳动合同。

（1）因季节原因需要临时用工的，如针对中秋节剧增的月饼快递业务，快递公司临时聘用快递员，可以以"完成中秋节快递任务"为期限。

（2）因用人单位经营管理需要临时用工的，如某公司为提高员工的办公效率，临时聘用人员研发办公软件的，可以以"软件开发完毕"为期限。

（3）为完成承包项目需要临时用工的，如某装饰公司承包了一个装饰工程，为这个工程而临时聘用施工人员，可以以"装饰工程任务结束"为期限。

（4）其他因完成单项工作任务需要临时用工的，可以以"完成该项工作任务"为期限。

举案说法 19. 签了劳务协议就规避了劳动关系？

2019年8月10日某建筑劳务公司与袁某签订《劳务合同》，该合同第二条第三项约定，"乙方必须服从甲方管理，遵守员工守则和甲方的各项管理制度，必须按时上班，准时参加安全例会和班前交底等各项会议和培训，严格按照施工工法、技术交底、安全交底操作"。

2019年8月12日袁某开始在某建筑劳务公司处上班，袁某在某建筑劳务公司位于延安新区的工地上工作，接受某建筑劳务公司统一管理，并领取报酬。随后，袁某向某建筑劳务公司申请年休假，但某建筑劳务公司认为双方签订的是劳务合同，应是劳务关系，而非劳动关系。因此，袁某不享有年休假。袁某不服向劳动仲裁委员会申请仲裁，要求确认某建筑劳务公司与袁某从 2019 年 8 月 12 日起存在劳动关系。

🔒 审理结果

一审法院认为：劳动关系的确认除审查从属性标准外，还需判断双方有无建立劳动关系的合意。合意可以通过书面或口头的明示方式达成，也可通过实际履行的默示方式呈现。就本案而言，建筑劳务公司与袁某之间所签订的《劳务合同》虽有劳务合同之名，却无劳务合同之实，建筑劳务公司所谓计件承包制仅是内部经营管理模式，不能以此否定某建筑劳务公司与袁某之间管理与被管理的劳动关系。从本案审理情况看，建筑劳务公司和袁某符合法律法规规定的主体资格，袁某受建筑劳务公司的劳动管理，从事建筑劳务公司安排的有报酬的劳动，袁某提供的劳动是建筑劳务公司业务的组成部分。综上所述，建筑劳务公司诉请与袁某之间系劳务关系的理由不能成立，本院确认建筑劳务公司与袁某之间具有劳动关系。

判决如下：确认原告建筑劳务公司与被告袁某从 2019 年 8 月 12 日起存在劳动关系。

上诉人建筑劳务公司上诉请求：

（1）撤销一审判决。

（2）一、二审诉讼费由被上诉人承担。

二审法院认为：

劳动关系是劳动者与用人单位依法签订劳动合同而在劳动者与用人单位之间产生的法律关系。劳动者接受用人单位的管理，从事用人单位安排的工作，成为用人单位的成员从用人单位领取劳动报酬受劳动保护。本案中，上诉人建筑劳务公司是用人单位，被上诉人袁某是劳动者，用人单位与劳动者符合法律法规规定的主体资格。被上诉人袁某在上诉人指定的地点工作、接受上诉人的出勤考核，按月领取工资，上诉人与被上诉人之间形成事实上的管理与被管理的关系。袁某与上诉人之间的关系具有劳动关系的基本特征，应当认定为劳动关系。超过法定退休年龄的劳动者在工作期间内因工作伤亡的属于《工伤保险条例》的调整范围。据此，上诉人的上诉理由不能成立，本院不予支持，一审法院认定事实清楚，适用法律正确。

判决如下：驳回上诉，维持原判。

HR 操作锦囊

劳动关系还是劳务关系，并不是双方一纸协议说了算。也就是说，不是签署了劳务协议，也能认定事实劳动关系。认定劳动关系的文件主要是劳社部发〔2005〕12号文《关于确立劳动关系有关事项的通知》，只要符合三个条件：即用人单位和劳动者符合法律法规规定的主体资格；用人单位的规章制度适用于劳动者，劳动者受用人单位管理与支配，从事用人单位安排的有报酬的劳动；劳动者提供的劳动是用人单位业务的组成部分，那么双方之间就是劳动关系。

二、固定期限劳动合同

固定期限劳动合同，是指用人单位与劳动者约定有合同终止时间的劳动合同。具体是指劳动合同双方当事人在劳动合同中明确规定了合同效力的起始和终止的时间。劳动合同期限届满，劳动关系即告终止。如果双方协商一致，还可以续订劳动合同，延长期限。不管时间长短，劳动合同的起始和终止日期都是固定的，具体期限由当事人双方根据工作需要和实际情况确定。

三、无固定期限劳动合同

无固定期限劳动合同，是指用人单位与劳动者约定无确定终止时间的劳动合同。在实践中，由于缺乏对无固定期限劳动合同制度的正确认识，不少人认为无固定期限劳动合同是"铁饭碗""终身制"，认为无固定期限劳动合同一经签订就不能解除。因此，很多劳动者把无固定期限劳动合同视为"护身符"，千方百计要与用人单位签订无固定期限劳动合同。用人单位则将无固定期限劳动合同看成了"终身包袱"，想方设法逃避签订无固定期限劳动合同的法律义务。

其实，这里所说的无确定终止时间，是指劳动合同没有一个确切的终止时间，劳动合同的期限长短不能确定，但并不是禁止解除劳动合同。只要没有出现法律规定的解除条件，双方当事人就要继续履行劳动合同权利义务。一旦出现了法律规定的解除情形，无固定期限劳动合同也同样能够解除的。

根据《劳动合同法》的规定，可签订无固定期限劳动合同的情形有三种。

1. 约定订立

用人单位与劳动者在平等、自愿的前提下，经过协商一致可以订立无固定期限劳动合同。

2. 法定订立

根据《劳动合同法》的规定，有下列情形之一，劳动者提出或者同意续订、订立劳动合同的，除劳动者提出订立固定期限劳动合同外，应当订立无固定期限劳动合同。

（1）劳动者在该用人单位连续工作满十年的。

连续工作即中途无间断。例如，一位员工在 A 单位工作 6 年后，离开 A 单位又去 B 单位工作了 1 年，然后又回到 A 单位工作 4 年，该员工在 A 单位虽然也工作了 10 年，但并不是连续工作，而是累计工作了 10 年，因此并不符合"连续工作满 10 年"的条件。

另外，非全日制员工在某单位连续工作满 10 年，员工要求签订无固定期限劳动合同的，用人单位是可以拒绝的。换而言之，员工连续工作满 10 年可要求签订无固定期限劳动合同的规定仅适用于全日制用工形式，不适用于非全日制用工。

如果用人单位要求劳动者"主动辞职"或"离职间隔一段时间再入职"，以此手段达到工作年限"不连续"的目的，避免签订无固定期限劳动合同。对于这种恶意规避法律的行为，法院通常会确认该规避行为无效，用人单位将承担法律后果。

（2）用人单位初次实行劳动合同制度或者国有企业改制重新订立劳动合同时，劳动者在该用人单位连续工作满十年且距法定退休年龄不足十年的。

（3）连续订立两次固定期限劳动合同，且劳动者没有本法第三十九条和第四十条第一项、第二项规定的情形，续订劳动合同的。

在实践中，用人单位在与劳动者连续订立第二次劳动合同时，就意味着用人单位丧失了在第二次合同到期后，决定是否续订劳动合同的选择权。劳动合同是否续订，完全取决于劳动者。因此，用人单位在对员工劳动合同期限的设置上，务必谨慎，尽量避免短期化的劳动合同。

3. 视为订立

用人单位自用工之日起满一年不与劳动者签订书面劳动合同的，视为双方之间已订立无固定期限劳动合同。

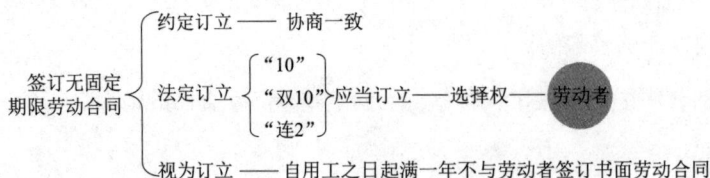

根据《劳动合同法》的规定，用人单位应当订立无固定期限劳动合同的时间，只能是

在双方续订或订立劳动合同时。如在劳动合同履行过程中，劳动者达到连续工作满10年的条件，且提出订立无固定期限劳动合同的，双方协商一致方可变更劳动合同期限。如用人单位不同意，则应继续履行原劳动合同；待期限届满时，劳动者提出续订无固定期限劳动合同，用人单位则必须订立，不得拒绝。

用人单位 HR 可通过以下几个方面来加强防范。

（1）由于《劳动合同法》降低了签订无固定期限劳动合同的门槛，HR 应当做好劳动合同的续订与跟踪工作，确保当劳动者符合法定情形时，签订无固定期限劳动合同，避免产生赔偿双倍工资的不利后果。

（2）已经满足签订无固定期限劳动合同的条件，但劳动者本人提出签订固定期限劳动合同的，可以要求劳动者以书面形式向用人单位提出申请，并签字确认。HR 应注意保存好劳动者的申请材料作为书面证据，以免劳动者日后反悔。

法条传送门

《中华人民共和国劳动合同法》

第十三条　固定期限劳动合同，是指用人单位与劳动者约定合同终止时间的劳动合同。

用人单位与劳动者协商一致，可以订立固定期限劳动合同。

第十四条　无固定期限劳动合同，是指用人单位与劳动者约定无确定终止时间的劳动合同。

用人单位与劳动者协商一致，可以订立无固定期限劳动合同。有下列情形之一，劳动者提出或者同意续订、订立劳动合同的，除劳动者提出订立固定期限劳动合同外，应当订立无固定期限劳动合同：

（一）劳动者在该用人单位连续工作满十年的；

（二）用人单位初次实行劳动合同制度或者国有企业改制重新订立劳动合同时，劳动者在该用人单位连续工作满十年且距法定退休年龄不足十年的；

（三）连续订立二次固定期限劳动合同，且劳动者没有本法第三十九条和第四十条第一项、第二项规定的情形，续订劳动合同的。

用人单位自用工之日起满一年不与劳动者订立书面劳动合同的，视为用人单位与劳动者已订立无固定期限劳动合同。

第十五条　以完成一定工作任务为期限的劳动合同，是指用人单位与劳动者约定以某项工作的完成为合同期限的劳动合同。

用人单位与劳动者协商一致，可以订立以完成一定工作任务为期限的劳动合同。

第四十六条　有下列情形之一的，用人单位应当向劳动者支付经济补偿：

（五）除用人单位维持或者提高劳动合同约定条件续订劳动合同，劳动者不同意续订的情形外，依照本法第四十四条第一项规定终止固定期限劳动合同的。

第八十二条　用人单位自用工之日起超过一个月不满一年未与劳动者订立书面劳动合同的，应当向劳动者每月支付二倍的工资。

《中华人民共和国劳动合同法实施条例》

第二十二条　以完成一定工作任务为期限的劳动合同因任务完成而终止的，用人单位应当依照劳动合同法第四十七条的规定向劳动者支付经济补偿。

第五节　劳动合同的效力

劳动合同的效力，即劳动合同依法具有的对当事人和第三人的法律约束力。《劳动合同法》是围绕着劳动合同效力的生成和实现而展开的。所以，用人单位无论在制定劳动合同条款，还是与劳动者签订劳动合同的过程中，都应当严格依据法律的相关规定，否则，有可能导致劳动合同的全部或部分无效，不但不能有效地发挥劳动合同的作用，还可能使用人单位面临不利的法律后果。

一、劳动合同的有效要件

一个有效的劳动合同，应具备四方面的要件。

1. 主体资格合法

劳动者的主体资格合法，指劳动者必须是年满16周岁、具备劳动权利能力和劳动行为能力的公民。未满16周岁的未成年人不能作为适格主体与用人单位签订劳动合同（文艺、体育和特种工艺单位招用未满十六周岁的未成年人，必须依照国家有关规定，履行审批手续，并保障其接受义务教育的权利）。用人单位的主体资格合法，指用人单位须经主管部门批准依法从事生产经营和其他相应的业务，享有法律赋予的用人资格或能力。（相关内容参见本章第二节"劳动合同的主体"）

2. 合同形式合法

《劳动合同法》明确规定，劳动合同应当以书面形式订立。对于以口头、录音、录像等形式订立的劳动合同，均无效。（相关内容参见本章第一节"劳动合同的订立"）

3. 合同内容合法

劳动合同的内容不得违反法律、行政法规的强制性规定。（相关内容参见本章第三节"劳动合同的条款"）

4. 当事人意思表示真实

根据《劳动法》的规定，采取欺诈、威胁等手段订立的劳动合同，因为违背了当事人的真实意愿，所以是无效的。另外，如果有证据证明当事人对合同内容有重大误解，这样的劳动合同也应无效。

二、无效劳动合同

1. 劳动合同无效的法定情形

（1）以欺诈、胁迫的手段或者乘人之危，迫使对方在违背真实意思的情况下订立或者变更劳动合同的，无效。双方在订立劳动合同、拟定劳动合同条款时的意思表示应当是真实、自愿的，不存在欺诈和胁迫的情形，要遵循诚实信用原则。

（2）用人单位免除自己的法定责任、排除劳动者权利的，无效。劳动合同订立应遵循公平原则，要求劳动合同当事人的权利与义务相一致。如"一律不支付经济补偿金""生死病老都与企业无关"等条款，因用人单位免除自己的法定责任、排除劳动者权利而无效。除此之外，还有几个常见的情形。

①"用人单位多付劳动者工资不负责缴纳社会保险"的条款。这样的约定即便是双方真实意愿，也因排除了用人单位的法定义务而无效。一旦发生争议，劳动者反悔，用人单位还是要履行为劳动者缴纳社会保险的义务。

②"劳动者工资年终一次性发放，每月预支生活费"的条款。按月足额发放工资是用人单位的法定义务，违反则无效。

③"劳动者每天工作时间超过 8 小时的部分不计算为加班时间"的条款。免除了用人单位支付加班费的法定责任，无效。

④"在劳动者未赔偿用人单位实际损失之前，用人单位有权拒绝为其办理解除或终止劳动合同手续"的条款，无效。

⑤"用人单位对工伤概不负责"的条款。在劳动合同中约定"工伤概不负责""伤残医疗费用自理"等免责条款，这些条款均违反了劳动保护的有关法律规定，属无效条款。

⑥ "用人单位有权根据经营状况随时变动劳动者工作岗位，劳动者必须服从单位安排"的条款，无效。

但应注意的是，这类条款无效，如不影响劳动合同其他部分的效力的，其他部分仍然有效。

（3）违反法律、行政法规强制性规定的。

我国在《劳动法》及相关的法律规定中，有很多强制性的规定，用人单位必须遵守。如果违反法律的强制性规定，则该条款无效。

2. 劳动合同无效常见的情形

用人单位为了避免因未及时与劳动者签订书面劳动合同而承担双倍工资的不利后果，选择代签劳动合同。根据《中华人民共和国民法通则》（以下简称《民法通则》）第 63 条规定，公民、法人可以通过代理人实施民事法律行为。代理人在代理权限内，以被代理人的名义实施民事法律行为。被代理人对代理人的代理行为，承担民事责任。第 65 条规定，民事法律行为的委托代理，可以用书面形式，也可以用口头形式。在实践操作中，用人单位对于委托代理最好使用书面形式。

根据《民法通则》第 66 条规定，木人知道他人以本人名义实施民事行为而不作否认表示的，视为同意。也就是说，在无权代理的情况下，被代理人知道该无权代理事由后，既没有明确对无权代理行为予以肯定，也没有作出对无权代理行为的否认表示的，视为默许，即同意。当然，用人单位要对于劳动者本人知晓，或者已告知给劳动者本人，均负有举证责任，同时也应加强劳动合同管理，规范用工行为，以避免不必要的劳资纠纷。

3. 劳动合同无效的法律效果

劳动合同无效一般分为合同全部无效和部分无效两种情况，无论全部无效还是部分无效，无效部分自合同订立时起，就不具有法律效力。对于无效劳动合同，因导致无效的原因、合同履行的程度、引起的劳动关系变化程度的不同，引起的法律后果也不尽相同。

（1）劳动合同全部无效。

劳动合同全部无效，是指劳动合同的全部条款不发生法律效力，对双方当事人没有约束力。劳动合同被认定全部无效的情况下，双方当事人之间的劳动关系及相应的权利义务自始不发生效力。劳动合同双方可按照如下方法操作。

① 随时解除劳动合同。根据《劳动合同法》的相关规定，如果是用人单位的原因导致的无效，劳动者可以随时解除劳动合同，而用人单位需要按照法定标准支付经济补偿金；

如果是劳动者的原因导致的无效，用人单位可以随时解除劳动合同，而无须支付任何经济补偿。

② 劳动者已付出劳动的，用人单位应支付劳动报酬。劳动合同被确认无效后，合同中原有的有关劳动报酬的规定也就失去了效力。劳动者已经付出劳动的，在计算劳动者应得的劳动报酬时，应当按照与相同或相近岗位的其他劳动者的劳动报酬确定。

③ 有过错的一方承担赔偿责任。劳动合同被确认为无效后，因无效劳动合同给一方当事人造成实际损失的，有过错的一方应承担赔偿责任。如果因劳动者过错而造成劳动合同无效，用人单位可以要求劳动者赔偿其招聘、培训劳动者而支付的合理费用等。

（2）劳动合同部分无效。

现实中，劳动合同全部无效的并不多见，更多的是部分无效。《劳动合同法》规定：劳动合同部分无效，不影响其他部分效力的，其他部分仍然有效。这一规定为处理部分无效的劳动合同提供了法律依据，也避免了一方当事人借故以部分条款无效否定其他条款有效的可能性。

根据《劳动合同法》的这一规定，对于有效的劳动合同条款，双方当事人应当继续履行，而对部分无效的条款必须进行修改或者删除。这里需要把握一个原则，即劳动合同的必备条款无效的，必须依法进行修改，不得删除；如果是约定条款，可以修改，也可以在双方当事人协商一致的情况下删除。劳动合同被确认无效，给对方造成损害的，有过错的一方应当承担赔偿责任。

举案说法 20. 劳动者用虚假简历应聘签订的劳动合同效力如何认定？

2008 年 5 月，某食品加工企业公开向社会招聘一名销售主管，王某前往应聘。面试过程中，王某向企业提交了以往在多个知名企业从事过销售主管的书面简历。企业对王某以往的工作经历相当满意，由于急需一名销售主管打开销售局面，于是双方当即签订了劳动合同，企业聘用王某为销售主管，工资为 8 000 元/月。王某表示不愿意上社会保险，因此双方在劳动合同中对此作了明确约定，公司还要求王某签署了保证书，保证不再要求缴纳社会保险费。

工作 4 个月后，企业发现王某的销售水平和能力一般，销售业绩也仍无起色，遂对王某的工作经历产生了怀疑。随后企业经调查发现，王某所说的在多个知名企业担任过销售主管的经历纯属虚构，企业当即以王某欺诈为由，作出了解除合同的决定，并不予支付王某 2008 年 9 月的工资。

王某认为自己正在努力开拓销售渠道并即将取得业绩，以往工作经历与目前工作并无关系，企业作出解除劳动合同的决定没有依据。双方协商未果，王某遂向劳动争议仲裁委员会申请劳动仲裁，要求企业补缴 2008 年 5 月至 2008 年 9 月的社会保险；要求企业支付2008 年 9 月的工资 8 000 元和违法解除劳动合同的赔偿金 8 000 元。

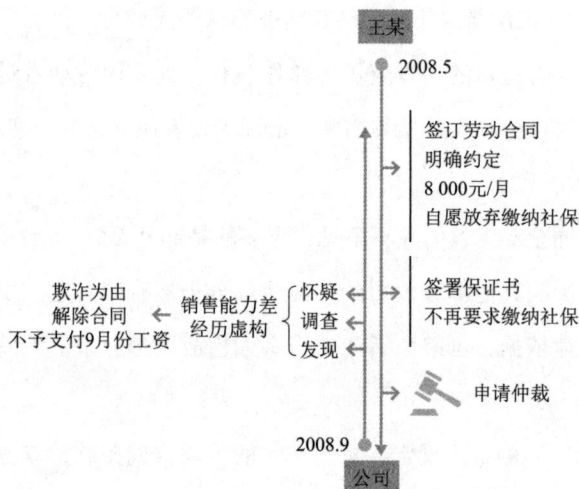

审理结果

庭审中，某食品加工企业认为，由于王某虚构工作经历，导致企业与其签订劳动合同，其行为已经构成欺诈，应确定双方的劳动合同无效，并要求根据王某的真实履历和实际工作情况确定劳动报酬，同时要求其返还多发的工资。劳动争议仲裁委员会经审理最终裁决，企业与王某于 2008 年 5 月订立的劳动合同无效，由于王某提供了劳动，企业应参照同岗位的工资标准向王某支付 2008 年 9 月的工资 8 000 元，同时驳回王某要求补缴社会保险费的仲裁请求。

HR 操作锦囊

根据《劳动合同法》规定，用人单位和劳动者必须依法参加社会保险，缴纳社会保险费，可见社会保险具有强制性，是用人单位的法定责任和义务。只要用人单位和劳动者依法确立了劳动关系，用人单位就必须参加社会保险，按照社会保险的项目、保险费缴纳的方式和标准、保险待遇的内容和标准等为劳动者办理参加社会保险的相关手续，由于参加社会保险是法律规定的强制性义务，因此其不因双方当事人的任何约定而被排除或免除。本案中，虽然双方对不办理社会保险达成了协议，但由于该约定违反了上述法律的强制性规定，因此该约定无效。

另外，对于当事人采取欺诈的行为签订的劳动合同是否具有法律约束力，《劳动合同法》明确规定了采取欺诈、胁迫等手段订立的劳动合同，无效。对于该无效劳动合同，根据《劳动合同法》规定，用人单位可以立即解除劳动合同。（可参见本书第一章"招聘与录用"）

本案中，王某为了达到与某食品加工企业签订劳动合同的目的，隐瞒了真实情况，虚构工作经历，骗取企业信任，致使企业在急需销售主管的时候与其签订了劳动合同。王某的这种做法属于欺诈行为，影响了企业的正常生产工作秩序。因此，王某与企业订立的劳动合同应属无效合同，企业有权解除劳动合同。但由于劳动合同的特殊性，对于王某已经为企业提供和付出的劳动，其有权向企业主张相应的劳动报酬。

结合本案，给用工双方提出两个建议。

（1）对于劳动者而言，千万不要在简历中造假。劳动者的每一段工作经历，都应确保真实。否则，不仅会触犯欺诈条款，劳动合同有可能归于无效。

（2）对于用人单位而言，招人识人很重要。所以，在招人时做好适当的背景调查也很重要。

法条传送门

《中华人民共和国劳动法》

第十八条　下列劳动合同无效：

（一）违反法律、行政法规的劳动合同；

（二）采取欺诈、威胁等手段订立的劳动合同。

无效的劳动合同，从订立的时候起，就没有法律约束力。确认劳动合同部分无效的，如果不影响其余部分的效力，其余部分仍然有效。

劳动合同的无效，由劳动争议仲裁委员会或者人民法院确认。

《中华人民共和国劳动合同法》

第二十六条　下列劳动合同无效或者部分无效：

（一）以欺诈、胁迫的手段或者乘人之危，使对方在违背真实意思的情况下订立或者变更劳动合同的；

（二）用人单位免除自己的法定责任、排除劳动者权利的；

（三）违反法律、行政法规强制性规定的。

对劳动合同的无效或者部分无效有争议的，由劳动争议仲裁机构或者人民法院确认。

第二十七条　劳动合同部分无效，不影响其他部分效力的，其他部分仍然有效。

第二十八条　劳动合同被确认无效，劳动者已付出劳动的，用人单位应当向劳动者支付劳动报酬。劳动报酬的数额，参照本单位相同或者相近岗位劳动者的劳动报酬确定。

第八十六条　劳动合同依照本法第二十六条规定被确认无效，给对方造成损害的，有过错的一方应当承担赔偿责任。

第三章　试用期

　　试用期是指包括在劳动合同期限内，用人单位对劳动者是否合格进行考核，劳动者对用人单位是否符合自己要求也进行考核的期限，这是一种双方双向选择的表现。在劳动合同中约定试用期，一方面可以维护用人单位的利益，为每个工作岗位找到合适的员工，试用期就是给用人单位考察员工是否与录用要求相一致的时间，避免用人单位遭受不必要的损失；另一方面，可以维护劳动者的利益，使被录用的劳动者有时间考察了解用人单位的工作内容、劳动条件、劳动报酬等是否符合劳动合同的规定。在劳动合同中规定试用期，是订立劳动合同双方当事人的权利。

第一节　试用期法定限制

　　《劳动合同法》明确禁止用人单位对劳动者反复约定试用期，即同一用人单位与同一劳动者只能约定一次试用期。对于同一用人单位与同一劳动者只能约定一次试用期，并无例外规定，故应当理解为不允许例外情形的出现。无论是续签、重签劳动合同，还是转岗、换岗、升职，只要双方是同一个劳动者、同一家用人单位，那么就不能再次约定试用期。哪怕是试用期与医疗期、孕产期重合，导致试用期虚设，仍不能重新约定试用期。

一、不得约定试用期的劳动合同

　　并非所有的劳动合同都能约定试用期，根据《劳动合同法》的规定，下列三类劳动合同不能约定试用期。

　　（1）短期劳动合同，劳动合同期限不满3个月的（即不包括正好3个月的劳动合同）。

　　（2）以完成一定工作任务为期限的劳动合同。

　　（3）非全日制用工的劳动合同。

二、试用期的法定期限

　　用人单位与劳动者可以协商一致确定试用期期限，但不能超过《劳动合同法》规定的试用期的最长期限。《劳动合同法》根据劳动合同的期限长短，确定了不同的试用期最长期限。

（1）劳动合同期限 3 个月以上（包括 3 个月）不满 1 年的，试用期不得超过 1 个月，即可以约定 1 个月或短于 1 个月的试用期。

（2）劳动合同期限 1 年以上（包括 1 年）不满 3 年的，试用期不得超过 2 个月，即可以约定 2 个月或短于 2 个月的试用期。

（3）劳动合同期限 3 年以上（包括 3 年）和无固定期限的，试用期不超过 6 个月，即可以约定 6 个月或短于 6 个月的试用期。

以完成一定工作任务为期限	不得约定试用期
劳动合同期限 <3 个月	不得约定试用期
3 个月 ≤劳动合同期限 <1 年	试用期 ≤1 个月
1 年 ≤劳动合同期限 <3 年	试用期 ≤2 个月
劳动合同期限 ≥3 年	试用期 ≤6 个月
无固定期限	试用期 ≤6 个月

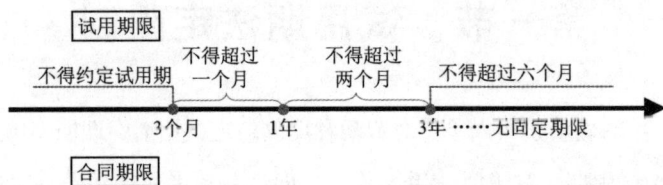

在实际工作中经常会见到各种比较奇怪的劳动合同期限，比如一年零一天，或三年零一个月等。实际上，这是用人单位 HR 对于"不满""以上"等用语在法律语境中是否包含"本数"缺乏了解。

根据《民法典》中对于"本数"的界定来理解，所称的"以上""以下""以内""届满"，包括本数；所称的"不满""以外"不包括本数。

三、试用期的延长和缩短

一般来说，劳动者对于试用期的缩短即"提前转正"会欣然接受。而关于试用期的延长，用人单位一般是不能单方面随意延长试用期，否则将承担不利的法律后果。

即使有少数地区，在裁判尺度上允许用人单位和劳动者协商一致延长试用期，延长后的试用期总期限也必须在法律规定的劳动合同期限所对应的试用期最高上限内。换而言之，如果用人单位之前约定的试用期期限已经达到法定上限，则达成一致也不能延长。另外，对于双方关于协商一致延长试用期的意见必须在之前约定的试用期届满前作出，否则试用期届满后，不得再延长试用期。这种情况下，在征得劳动者同意延长试用期期限时，为了避免日后取证困难，建议用人单位务必采用书面的形式征求劳动者的意见，让劳动者签字确认。

但是，在多数地区，不管延长后的试用期期限是否超过法定的最高上限，司法实践中均不允许延长，因为根据《劳动合同法》第十九条的规定，"同一用人单位与同一劳动者只能约定一次试用期"，一旦延长，就视为第二次约定试用期，即使劳动者同意延长，该约定延长试用期的行为也是无效的，属于违法行为，应当受到惩处。如果劳动者在试用期内达不到用人单位的用工要求，用人单位可以根据《劳动合同法》第三十九条之规定以劳动者在试用期间被证明不符合录用条件为由解除劳动合同。但是，用人单位如延长试用期的，属于变相的二次约定试用期，系违法约定试用期，为法律所禁止。即使是在法定上限内延长试用期，比如用人单位与劳动者签订了三年期限的劳动合同，合同中约定试用期为三个月，未达到六个月的上限，但是用人单位在用工过程中以劳动者不符合要求为由延长试用期至六个月，依然难逃违法约定试用期的诟病。

因此，用人单位认为劳动者试用期内不符合条件的，请在试用期届满前以不符合录用条件为由解除劳动合同，想继续留用劳动者的，只能按照原先约定的期限给劳动者转正。否则，属于违法约定试用期。

很多用人单位为了管理方便，所以对劳动者适用相同期限的试用期，这样固然省事省力，但是却不能有效地发挥试用期的功效，应该个性化设计试用期期限。对于一些比较重要及特殊的岗位，用人单位又未对劳动者进行背景调查，可以考虑约定较长的试用期，甚至直接约定法定的试用期上限，增加考察及选择时间。而对于经过了前期背景调查的员工，则可以根据用人单位的需要，设置较短期限的试用期。总之，试用期并非越长越好，试用期内的考核才是挑选人才的正确方法。

四、试用期不得单独设定

不少用人单位在入职时只与劳动者签订试用期协议或试用期合同。而不签订劳动合同。对此，《劳动合同法》明确规定，如果用人单位只约定了试用期，没有约定劳动合同期限的，则试用期不成立，该期限视为劳动合同期限。换而言之，此种情况，试用期合同即视为正式劳动合同。

由于没有试用期，用人单位不能行使试用期特有的解除权（在试用期间证明劳动者不符合录用条件可以解除劳动合同的权利），很可能导致用人单位不得不留用不符条件的劳动者或者承担违法解除的后果。

单独签订试用期合同还隐藏着另外一个风险，即可能导致签订无固定期限合同的条件成立。由于"试用期合同"期限一般较短，如果盲目签订了一份"试用期合同"，在"试用期"满后再签订一份"劳动合同"，这就属于订立了两次固定期限劳动合同，再次订立劳动合同时，就已经满足订立无固定期限劳动合同的条件。

五、违法约定试用期的法律后果

《劳动合同法》对试用期的相关内容做了更加严格细致的规定，对于用人单位违法约定试用期的行为，也规定了明确的法律责任。

用人单位违反《劳动合同法》规定与劳动者约定试用期的，由劳动行政部门责令改正，违法约定的试用期已经履行的，由用人单位以劳动者转正后的工资为标准按已经履行的超过法定试用期的期间支付工资差额。同时以劳动者转正后的工资为标准按已经履行的超过法定试用期的期间向劳动者支付赔偿金。

违法约定试用期的赔偿金具体计算方式如下：假定劳动者与用人单位签订的劳动合同期限为三年，按照《劳动合同法》的规定，试用期不得超过六个月；但用人单位与劳动者约定了一年的试用期，并约定试用期满后的月工资为每个月 1 500 元。在此情况下，用人单位约定的试用期是违法的，因为超过了六个月的最高期限，如果劳动者已经实际履行了八个月的试用期，则用人单位除了需要向劳动者补足转正工资差额外，还应当向该劳动者支付赔偿金，支付赔偿金的期间为已经履行的超过法定试用期的期间，即已经履行了八个月的试用期减去法定的最高期限 6 个月的期间，即 2 个月。在此例子中，用人单位应当向劳动者支付赔偿金 1 500 ×2 =3 000 元。

需要再次提醒的是，这里规定的是违反试用期规定向劳动者支付的赔偿金，但从法律含义上说，赔偿金不是劳动报酬，用人单位在因其违法约定试用期的违法行为而向劳动者支付赔偿金的同时，还应当按照劳动合同的约定，向劳动者支付应得的劳动报酬或者补足差额。因此，用人单位 HR 应严格根据法律规定拟定试用期条款和各项试用期制度，以避免承担不利的法律后果。

法条传送门

《中华人民共和国劳动合同法》

第十九条 劳动合同期限三个月以上不满一年的，试用期不得超过一个月；劳动合同期限一年以上不满三年的，试用期不得超过二个月；三年以上固定期限和无固定期限的劳动合同，试用期不得超过六个月。

同一用人单位与同一劳动者只能约定一次试用期。

以完成一定工作任务为期限的劳动合同或者劳动合同期限不满三个月的，不得约定试用期。

试用期包含在劳动合同期限内。劳动合同仅约定试用期的，试用期不成立，该期限为劳动合同期限。

第三十五条　必须经过合同主体协商一致，企业若不与劳动者协商一致，单方延长或缩短试用期期限都是违反法律规定的。

第七十条　非全日制用工双方当事人不得约定试用期。

第八十三条　用人单位违反本法规定与劳动者约定试用期的，由劳动行政部门责令改正；违法约定的试用期已经履行的，由用人单位以劳动者试用期满月工资为标准，按已经履行的超过法定试用期的期间向劳动者支付赔偿金。

第二节　试用期工资和福利待遇

《劳动合同法》对试用期劳动者工资水平也作出了保障，同时在劳动合同期限内包括试用期内，用人单位为劳动者办理并缴纳社会保险是法定义务。

一、试用期工资

《劳动合同法》对于试用期的劳动者工资标准确定了两条原则。

1. 试用期工资不得低于用人单位所在地的最低工资标准

只要劳动者在法定工作时间内提供了正常劳动，用人单位就应支付不低于当地最低工资标准的工资报酬。用人单位不得以劳动者的身份、年龄、性别或者其他理由而向劳动者支付低于当地最低工资标准的劳动报酬，否则就是违法行为，侵犯了劳动者的工资报酬权。

2. 试用期工资不得低于本单位相同岗位最低档工资的80%或者不得低于劳动合同约定工资的80%

用人单位只要满足其一即可，即使试用期工资低于本单位相同岗位最低档工资的80%，但是不低于劳动合同约定工资的80%，或者试用期工资低于劳动合同约定工资的80%，但是不低于本单位相同岗位最低档工资的80%，任选其一都是允许的。

举案说法 21. 试用期工资如何约定？

王先生被某企业招用，2014 年 2 月 3 日入职，双方签订五年期限的劳动合同，试用期工资 1 248 元，转正工资 1 560 元，合同约定试用期为六个月。试用期间该企业每月发给王先生工资 1 248 元，六个月后，王先生听说北京市 2014 年最低工资（1 560 元）的规定，发现企业违反了当地最低工资的规定，便向仲裁委员会提出申诉，要求增加工资并补发前六个月的试用期工资报酬。

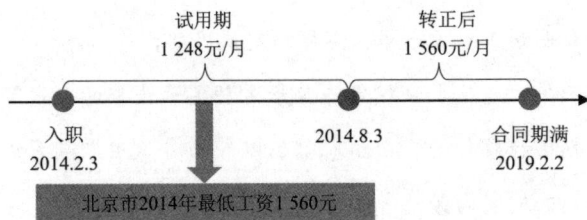

```
                        试用期                      转正后
                     1 248元/月                  1 560元/月

          ●────────────────────────●──────────────────●────────▶

        入职                      2014.8.3          合同期满
      2014.2.3                                      2019.2.2

              ┌──────────────────────────────────┐
              │  北京市2014年最低工资1 560元       │
              └──────────────────────────────────┘
```

审理结果

劳动争议仲裁委员会受理后，调解双方达成协议：某企业将王先生试用期工资调整至 1 600 元，转正工资 2 000 元，补发王先生前六个月的工资差额。

HR 操作锦囊

本案中，用人单位认为试用期是劳动合同期限之外一段期间的认识是不正确的，认为在试用期内就可以不遵守有关劳动合同法律规范的认识更是错误的，试用期并非完全不同于劳动合同期限。因而，某企业以王先生尚处在试用期，不是本单位的正式员工为由拒绝按照北京市最低工资标准补发工资，显然是不成立的。

在实践中，会出现用人单位的注册地和实际经营地或劳动合同履行地不一致的情况，由于各地的最低工资标准不尽相同，应当适用哪一地的最低工资标准，直接关系用人单位和劳动者的权益。如果用人单位和劳动者在劳动合同中未做约定的，则直接根据法律规定适用劳动合同履行地的标准。如果用人单位和劳动者约定适用用人单位注册地的标准，则前提条件必须是注册地的最低工资标准高于劳动合同履行地的标准，否则该约定无效。

二、试用期福利待遇

用人单位给劳动者的福利可分为两类：一类是法定福利，如社会保险、带薪年休假，这类福利是国家的法律法规赋予劳动者的福利，是用人单位必须给予的，即使是处于试用期内的劳动者也应该享受；另一类是非法定福利，如培训、旅游，这类福利可以由用人单位决定试用期内的劳动者是否享有。

试用期虽然是一个考察期，但它包含在正式的劳动合同期限内，并不影响双方之间存在劳动关系的认定。因此，员工在试用期内，仍然依法享受医疗假、婚假、产假及其福利待遇。即使发生重合，甚至导致试用期形同虚设，用人单位也无权单方剥夺其权益或延长试用期。

法条传送门

《中华人民共和国劳动法》

第四十八条　用人单位支付劳动者的工资不得低于当地最低工资标准。

《中华人民共和国劳动合同法》

第十九条　第四款　试用期包含在劳动合同期限内。

第二十条　劳动者在试用期的工资不得低于本单位同岗位最低档工资或者劳动合同约定工资的百分之八十，并不得低于用人单位所在地的最低工资标准。

《关于贯彻执行〈中华人民共和国劳动法〉若干问题的意见》

第十八条　劳动者被用人单位录用后，双方可以在劳动合同中约定试用期，试用期应包括在劳动合同期限内。

第五十七条　劳动者与用人单位形成或建立劳动关系后，试用、熟练、见习期间在法定工作时间内提供了正常劳动，其所在的用人单位应当支付不低于最低工资标准的工资。

《中华人民共和国劳动合同法实施条例》

第十四条　劳动合同履行地与用人单位注册地不一致的，有关劳动者的最低工资标准、劳动保护、劳动条件、职业危害防护和本地区上年度职工月平均工资标准等事项，按照劳动合同履行地的有关规定执行；用人单位注册地的有关标准高于劳动合同履行地的有关标准，且用人单位与劳动者约定按照用人单位注册地的有关规定执行的，从其约定。

第十五条　劳动者在试用期的工资不得低于本单位相同岗位最低档工资的80%或者不得低于劳动合同约定工资的80%，并不得低于用人单位所在地的最低工资标准。

《关于实行劳动合同制度若干问题的通知》

试用期包括在劳动合同期限中。最低工资规定是国家的强制性规定，与劳动者签订了劳动合同的用人单位必须遵守，即使劳动者处在劳动合同试用期，用人单位也无例外。

第三节　试用期内劳动合同的解除

试用期既然是考察期，双方就应享有根据考察结果做出选择的权利。法律赋予双方相对自由的解约权，但并不意味着用人单位可以随意解除。

一、劳动者在试用期内解除劳动合同

根据《劳动合同法》的规定，劳动者在试用期内提前 3 日通知用人单位，即可解除劳动合同。如果用人单位在合同中对解除劳动合同附加条件，如约定试用期需提前一个月通知，该约定违反法律规定，劳动者行使解除权可不受其约束。也就是说，劳动者试用期内只要提前 3 天通知用人单位就可以解除劳动合同，不需要任何理由，也不需要满足任何条件。

而用人单位出资对劳动者进行各类技术培训，劳动者提出与单位解除劳动关系的，如在试用期内，劳动者不必向用人单位支付该项培训费用。由用人单位出资招用的劳动者，劳动者在合同期内（包括试用期）与用人单位解除劳动合同，则该用人单位可按照劳动行政部门颁发的《违反〈劳动法〉有关劳动合同规定的赔偿办法》第四条第（一）款规定向劳动者索赔。

另外，用人单位在劳动合同中约定，劳动者在试用期解除合同需承担违约责任，实际上限制了劳动者的解除权，因此该约定侵害了劳动者的合法权利，违反了法律的规定，应当确认为无效条款。

如果劳动者在试用期内解除劳动合同，此处建议用人单位 HR 采取以下方式应对。

（1）尽量不要给试用期的劳动者安排连续性较强、不易交接，以及比较重要的工作，以免劳动者随时走人，使得用人单位的工作陷入被动。

（2）建议 HR 在制订培训计划和选择培训对象时，应尽量将专项出资技术培训放在试用期结束之后进行，对于试用期内的劳动者则主要提供一些基础的入职培训和上岗培训等。

（3）HR 必须要求劳动者提交书面辞呈或辞职报告，并且予以妥善保管。

二、用人单位在试用期内解除劳动合同

事实上，用人单位在试用期内的解约权受到严格的限制，必须符合法律规定的条件。否则，属于违法解除劳动合同，须支付违法解除劳动合同的赔偿金。

不符合录用条件是用人单位在试用期内解除劳动合同常用的理由，但是 HR 却经常苦恼于用不好这个"撒手锏"，在解约时，引发纠纷和争议。具体而言，以"在试用期内被证明不符合录用条件"为由解除劳动合同须符合以下要件。

（1）用人单位有合法、具体、明确的录用条件。

用人单位要对"录用条件"事先进行界定，一定要合法、明确、具体，可操作。同时，"录用条件"应该是共性和个性的结合。"共性"即大部分用人单位和岗位均要求劳动者应该具备的基本条件。例如，如实告知与工作相关的信息（教育背景、身体状况、工作经历等），这些录用条件可以在劳动合同与规章制度中进行约定。"个性"即每个用人单位、每个岗位或者职位都有自己的特殊要求。例如，学历、相应证书、技术要求等，可以在招聘公告、劳动合同与规章制度中明确这些录用条件。

（2）录用条件要事先公示或告知。

公示或告知方法包括：①应聘时，明示招聘信息内容由员工签字确认。②劳动关系建立以前，通过发送聘用函的方式向员工明示录用条件，并要求其签字确认。③在劳动合同中，明确约定录用条件或不符合录用条件的情形。④制定专门的《岗位说明书》说明录用条件，由劳动者签字确认。⑤规章制度中，对录用条件进行详细约定，并在劳动合同签订前进行公示，如作为劳动合同的附件。

（3）不符合录用条件须有证据证明。证据的取得和固定离不开完善和严格贯彻考核制度，应当对试用期劳动者结合录用条件进行动态跟踪考察。在考核过程中，有硬性指标的可作量化的考核，无法量化考核的可进行考评，作出评语，最重要的是切勿忘记让员工签字确认。

（4）不符合录用条件解除劳动合同须在试用期内。

用人单位必须在试用期内就对劳动者是否符合录用条件进行考核，并在试用期结束前做出留用或解除的决定并送达劳动者。实践当中，有的用人单位在试用期结束后才对员工进行考核或者在试用期结束后才将解除决定送达。这种做法，即使单位有充分的证据证明劳动者不符合录用条件，也不能再以此为由辞退劳动者了。

举案说法 22. 招聘广告是否能够作为录用员工的条件？

丰润公司因为业务需要，通过某知名招聘网站发布了招聘销售经理的招聘广告，大致要求如下：

(1) 本科以上学历;

(2) 英语水平良好,CET-6 级以上水平;

(3) 两年以上同行业从业经验。

张某看到了招聘广告,向丰润公司投递了简历。经过面试,张某与丰润公司签订了为期 1 年的劳动合同,其中试用期为 2 个月。但是,在试用期临近 1 周届满的时候,丰润公司通知张某,由于其试用期内未通过考核,属不符合录用条件,公司作出辞退决定。张某认为自己工作认真努力,对公司的辞退决定不服,向劳动争议仲裁委员会提起仲裁申请,要求撤销公司的辞退决定。

审理结果

审理过程中,丰润公司认为,对销售人员最主要的考核指标是销售业绩。张某入职 1 个多月来既未给公司带来订单,也未介绍新的客户给公司(客户名单),完全不是一个称职销售人员的表现,因此不符合录用条件。

张某则认为,对销售人员有业绩考核是正常的,他的业绩确实不大理想,但招聘的时候没有明确业绩必须达到多少,招聘广告上也没有具体要求。入职后,公司也没有向其公示过《岗位说明书》及任何有关业绩考核的标准和文件。因此,公司无权以"未通过试用期考核,不符合录用条件"为由将其辞退。

劳动争议仲裁委员会经审理认为,用人单位作为实施劳动用工管理的主体,应当依法建立员工招聘录用条件、岗位职责描述、考核标准等相关规章制度。本案中,一方面,公司的招聘广告中未将业绩考核合格作为明确的录用条件;另一方面,公司也未能提供包括岗位说明书、考核标准及考核过程记录等在内的规章制度。因此,仲裁委员会裁决,公司以张某试用期内未通过考核、不符合录用条件为由解除劳动合同的行为缺乏制度依据,违反法律规定,应予撤销。

HR 操作锦囊

本案的争议焦点在于,用人单位是否能够提出足够的证据证明张某试用期内不符合录用条件。现在很多用人单位认为,只要劳动者试用期内考核不合格就可以随时辞退,然而结果却常常事与愿违。"录用条件"中没有明确"业绩考核合格"这一条件;同时,用人单位缺乏岗位职责描述、试用期考核标准和考核办法等相关规章制度,这就使得发生争议时,单位无法举证证明员工不符合录用条件。

本案中，虽然张某也认可试用期内表现不佳的事实，但由于用人单位未将通过销售业绩考核列入录用条件，入职后也从未向张某公示过相关业绩考核标准与办法。因此，单位以试用期内未通过考核、不符合录用条件为由辞退张某的做法，缺乏制度依据，被仲裁委员会认定为违法行为。

由此可见，虽然在试用期内用人单位解雇劳动者的条件和程序都相对简单，只要劳动者不符合录用条件，单位一经证实后，就可以解除劳动合同，既无须提前通知，也不必给予经济补偿。但不得不再次提醒用人单位，以试用期内不符合录用条件为由解除劳动者，HR 应注意以下几个问题。

（1）劳动者是否已经与用人单位签订了劳动合同并约定试用期。如果只是口头上说有试用期，实际上没有签署劳动合同，则试用期不成立。没有试用期这个前提，用人单位就不能引用在试用期内解除劳动合同的条款解除劳动者。没有劳动合同，单位与劳动者之间是事实劳动关系，因此只能按照劳动法律规定的一般程序解除劳动关系。

（2）用人单位是否有证据证明劳动者不符合录用条件。如果没有证据或证据不充分，用人单位都不能以此为理由辞退劳动者。所谓证据的充分性，主要看三方面：①要根据招聘岗位的要求，制定出完整的、可操作性的录用条件。②对试用期内的劳动者按录用条件进行考核。③经考核发现劳动者不符合录用条件时，将结果告知劳动者，并保留好相关证据。

（3）用人单位作出解除劳动合同决定的时间在试用期届满前。

三、试用期用人单位解约的程序

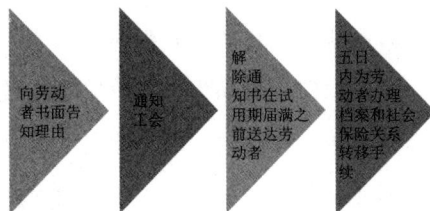

向劳动者书面告知理由 → 通知工会 → 解除通知书在试用期届满之前送达劳动者 → 十五日内为劳动者办理档案和社会保险关系转移手续

1. 应当向劳动者说明理由

用人单位在试用期解除劳动合同的，应当向劳动者说明理由，对于告知理由的形式，法律并没有作出强制性的规定，但为了规范管理和保留证据，建议最好采用书面形式，告知解约理由。

2. 通知工会程序

用人单位还应在解除劳动合同前，将解约理由通知工会。如果用人单位违反法律、行政法规规定或者劳动合同约定的，工会有权要求用人单位纠正。用人单位应当研究工会的意见，并将处理结果书面通知工会。

3. 解除通知书在试用期届满之前送达劳动者

用人单位既可以让劳动者当面签收领取《解除劳动合同通知书》，也可以通过 EMS 快递的方式送达给劳动者，同时向劳动者出具解除或者终止劳动合同的证明，并在十五日内为劳动者办理档案和社会保险关系转移手续。

四、"不符合录用条件"与"不能胜任工作"的区别

"不符合录用条件"与"不能胜任工作"具有很大的相似性，在具体操作上，如举证内容、是否支付经济补偿金、是否提前通知等方面却存在很大不同。

1. 解除的程序不同

以"不符合录用条件"解除的，可以随时解除，不需要提前通知，但只适用于试用期内。员工过了试用期，则不可以再以此理由解除劳动合同。而以"不能胜任工作"为由解除的，则不限于试用期，但需要提前三十天以书面形式通知劳动者或额外支付其一个月工资的代通知金。对试用期"不符合录用条件"的进行一次考察即可，但对"不能胜任工作"解除的，需要进行调岗或培训前后的两次考察。

2. 劳动争议仲裁和诉讼中需要举证证明的内容不同

前者需要证明劳动者不符合录用条件；而后者则需要证明两次考核都不胜任工作，且还需证明期间进行了调岗或培训。根据《最高人民法院关于审理劳动争议案件适用法律问题的解释（一）》中规定，因用人单位作出的开除、除名、辞退、解除劳动合同等决定而发生的劳动争议，用人单位负有举证责任。因此，不管是前者还是后者，用人单位都需要提供相关的证据，但若选择后者作为解除的理由，无论从操作的复杂程度还是举证的难度上都较大，所面临的举证不利的法律风险也更大。

3. 解除是否需要向劳动者支付经济补偿金

试用期内不符合录用条件解除的，不需要支付经济补偿金；而以不能胜任所任职的工作岗位为由解除的，用人单位则需要依法支付经济补偿金。可见，后者解除劳动合同的成

本相对更大。

五、用人单位解除劳动合同的法律后果

用人单位依据不同的情形解除劳动合同，承担的法律后果也不同。如劳动者具有过错性解除情形之一的，包括"在试用期间被证明不符合录用条件"，用人单位解除劳动合同后无须支付经济补偿。若用人单位无法对劳动者过错性解除理由提供相关证据的，属于违法解除，需支付赔偿金或恢复劳动关系。如劳动者具有非过错性解除情形之一的，用人单位解除劳动合同后应按规定支付经济补偿金，此外用人单位还需提前 30 日书面通知劳动者本人或支付相当于 1 个月工资的代通知金。

举案说法 23. 后补的绩效考核能否作为试用期录用条件的考核依据？

A 某为 B 公司试用期员工。B 公司规定，每月都要对试用期员工进行绩效考核，但 A 某的领导 C 某没有按规定对 A 某按月进行绩效考核，而是两个月后在人力部门的提醒下一次性给出 A 某两个月的绩效考核结果，且考核分数都为 40 多分。A 某不认可考核分数，当时就向 C 某提出修改分数，C 某答应有可能修改，但分数也不会太高。这样就意味着无论怎样修改分数，A 某的试用期考核都不合格。最终，人力部门根据 A 某的考核分数做出处理，以试用期不符合录用条件为由将 A 某予以辞退。A 某要求 B 公司继续履行劳动合同，并申请仲裁。

审理结果

劳动争议仲裁委员会支持了 A 某的仲裁请求，要求 B 公司与 A 某继续履行劳动合同。

HR 操作锦囊

本案涉及以下争议焦点。

（1）B 公司虽然有绩效考核，但是 A 某是否知晓试用期考核标准？C 某是否尽到了告知义务？A 某是否已经签字确认？

根据案例回放来看，A 某可能根本不知道绩效考核标准是什么，也就不可能签字确认。

（2）C 某给 A 某的绩效考核分数是否有依据？

根据案例回放来看，C 某同意给 A 某改考核分数，说明并不重视绩效考核，绩效考核只是走过场而已，可以随意修改得分，人为干扰因素很多。

（3）B 公司试用期录用条件包含哪些内容？A 某是否知晓并且签字确认？

根据案例回放来看，B 公司是将绩效考核作为了试用期录用条件，但并未让 A 某签字

确认。也就是说，A 某并不知晓 B 公司的试用期录用条件包含绩效考核。

本案情况在很多用人单位都普遍发生过，这种试用期用工风险是典型的应及早防范的用工风险之一。但是，现状是大部分用人单位的管理者缺乏这方面的法律意识，不了解其中存在的法律风险，因此管理制度不完善。相反，现在的劳动者法律意识、维权意识逐步增强，导致出现劳动争议、纠纷时，公司往往处于不利地位。

针对上述的三个问题，HR 应该规范如下流程。

（1）明确试用期录用条件。

试用期录用条件应根据招聘职位的要求逐条拟定，内容明确具体，切忌简单化、空泛化。一般包括诚信信息、身体状况、招聘条件、岗位说明、绩效考核、工作态度、公司规章制度等方面及其他特殊要求等。

（2）试用期录用条件需要向劳动者明示并确认。

可以在录用通知书、入职须知、劳动合同等文件中约定录用条件并要求劳动者签字确认，以便风险发生时能够作为证据提供。

（3）试用期考核标准及结果要让劳动者确认并签字。

试用期考核标准是试用期考核的依据，需要有明确、具体、翔实、量化的指标，不能一笔带过。同时要对劳动者日常工作表现及时进行记录，要求劳动者对考核标准及考核结果签字确认。

法条传送门

《中华人民共和国劳动法》

第二十五条　劳动者有下列情形之一的，用人单位可以解除劳动合同：

（一）在试用期间被证明不符合录用条件的；

《中华人民共和国劳动合同法》

第二十一条　在试用期中，除劳动者有本法第三十九条和第四十条第一项、第二项规定的情形外，用人单位不得解除劳动合同。用人单位在试用期解除劳动合同的，应当向劳动者说明理由。

第三十七条　劳动者提前三十日以书面形式通知用人单位，可以解除劳动合同。劳动者在试用期内提前三日通知用人单位，可以解除劳动合同。

《劳动部办公厅关于试用期内解除劳动合同处理依据问题的复函》

关于解除劳动合同涉及的培训费用问题用人单位出资（指有支付货币凭证的情况）对

职工进行各类技术培训，职工提出与单位解除劳动关系的，如果在试用期内，则用人单位不得要求劳动者支付该项培训费用。如果试用期满，在合同期内，则用人单位可以要求劳动者支付该项培训费用，具体支付方法是：约定服务期的，按服务期等分出资金额，以职工已履行的服务期限递减支付；没约定服务期的，按劳动合同期等分出资金额，以职工已履行的合同期限递减支付；没有约定合同期的，按5年服务期等分出资金额，以职工已履行的服务期限递减支付；双方对递减计算方式已有约定的，从其约定。如果合同期满，职工要求终止合同，则用人单位不得要求劳动者支付该项培训费用。如果是由用人单位出资招用的职工，职工在合同期内（包括试用期）解除与用人单位的劳动合同，则该用人单位可按照《违反〈劳动法〉有关劳动合同规定的赔偿办法》（劳部发〔1995〕223号）第四条第（一）款规定向职工索赔。

《违反〈劳动法〉有关劳动合同规定的赔偿办法》

第四条 劳动者违反规定或劳动合同的约定解除劳动合同，对用人单位造成损失的，劳动者应赔偿用人单位下列损失：

（一）用人单位招收录用其所支付的费用；

（二）用人单位为其支付的培训费用，双方另有约定的按约定办理；

（三）对生产、经营和工作造成的直接经济损失；

（四）劳动合同约定的其他赔偿费用。

《劳动部对关于如何确定试用期内不符合录用条件可以解除劳动合同的请示的复函》

对试用期内不符合录用条件的劳动者，企业可以解除劳动合同；若超过试用期，则企业不能以试用期内不符合录用条件为由解除劳动合同。

第四章 规章制度的制定与适用

根据《劳动合同法》的规定，用人单位应当依法建立和完善劳动规章制度，保障劳动者享有劳动权利、履行劳动义务。由于规章制度是用人单位依法制定的，仅在用人单位内部实施，因此用人单位的规章制度是管理者与被管理者的"游戏规则"。它不仅规范劳动者的行为，同时也规范用人单位的行为。合法有效的规章制度对用人单位健康有序稳定的发展和规范管理劳动者的行为有着重要的作用。

一、规章制度的制定程序

（1）立项。根据企业实际需求，确定规章制度主题、预期目的、负责人、时限，并做好其他准备事项。

（2）调查。内容包括：现实情况、现存问题、预期达到的目的、管理习惯等；方式包括：问卷调查、开会讨论等。

（3）起草。在前期调研的基础上起草规章制度的内容。

（4）讨论。与职工代表大会或全体职工讨论。

（5）协商确定。与工会或职工代表协商确定。

（6）公示。向全体员工进行公示。

二、规章制度的生效

合法有效的规章制度首先应确保内容的合法性，其次应经过民主程序制定并向劳动者公示。但是，在实际用工中，很多用人单位的规章制度在内容的合法性和履行民主程序过程中存在严重问题，本书受篇幅限制，仅将用人单位规章制度中普遍存在的问题与 HR 进行分享。

《劳动合同法》第四条规定：用人单位在制定、修改或者决定有关直接涉及劳动者切身利益的规章制度或者重大事项时，应当经职工代表大会或者全体职工讨论，提出方案和意见，与工会或者职工代表平等协商确定。对于直接涉及劳动者切身利益的规章制度和重大事项决定，用人单位应当将其公示，告知劳动者。

```
                    ┌──────────┐
                    │ 合法有效的 │
                    │ 规章制度  │
                    └─────┬────┘
         ┌────────────────┼────────────────┐
    ┌────┴────┐      ┌────┴────┐      ┌────┴────┐
    │ 内容合法 │      │ 民主程序 │      │ 公示程序 │
    └────┬────┘      └────┬────┘      └─────────┘
    ┌────┴────┐      ┌────┴────┐
```

符合《劳动法》《劳动合同法》等相关法律规定	不能与法律、法规、规章相抵触,否则无效	讨论程序:经职工代表大会或全体职工讨论,提出方案和意见	协商确定程序:工会与职工代表协商确定规章制度内容

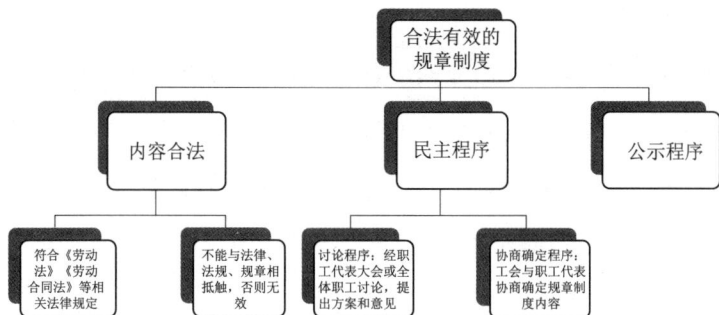

1. 关于用人单位规章制度的内容

（1）规章制度内容的"合法性"要兼顾"合理性"。

几年前笔者曾发起过为用人单位诊断规章制度的活动。短短的一个月,"劳动派"收到了各行各业上百份的规章制度,而在审核这些规章制度过程中看到了很多让人哭笑不得的规定,这些规定通常都很细致,如顶撞领导开除、员工下班接受翻包检查、上班时间不得收私人快递、上厕所不得超过五分钟、员工上厕所禁止带手机、男员工必须理寸头等,不胜枚举。用人单位的"奇葩规定"并不必然对劳动者具有约束力。

实践中,司法部门审理劳动争议特别是涉及解除劳动合同的案件时,均会对用人单位的处罚行为和劳动者的相应行为的情节、轻重程度进行对照,看劳动者的相应行为是否达到"严重"程度。如果司法部门认定劳动者的相应行为的情节不够严重,尚不足以被解除合同的,尽管依据用人单位的规章制度可以解除劳动合同,也会被认定为用人单位违法解除劳动合同,进而承担相应的法律后果。

规章制度的作用是规范用人单位的用工管理,目的是使人单位和劳动者做到有章可循,激励劳动者努力工作,而不是为了惩罚或剥夺劳动者的合法权利。因此,规章制度制定时应遵循以下原则。

① 规章制度的内容应注重开放性和激励性,以便更好地激发劳动者的工作积极性和责任心。

② 规章制度的内容不得违反诚实信用的原则。用人单位的规章制度应做到双方对等公平,符合公共秩序与风俗的基本原则。

③ 规章制度的内容应当符合社会的普遍认知。有些用人单位制定的规章制度条款,本身并不符合常人的一般认知,被认为不近情理。

（2）规章制度应具有可操作性。

实践中，在用人单位与劳动者发生纠纷时，很多用人单位败诉不是因为没有相应的规章制度，而是其规章制度缺乏实际操作性。那些看似"完美"的规章制度只能用来"纸上谈兵"，那么用人单位如何才能避免因规章制度缺乏可操作性而在诉讼中"栽跟头"呢？

用人单位的规章制度要根据本单位的实际情况"量体裁衣"，而不是教条地适用所谓的"模板"。HR 在制定规章制度时应将法律规定细化，务必确保规章制度具有可操作性。如根据《劳动合同法》的规定，用人单位在劳动者严重违反规章制度等情形下有单方解除权。但当用人单位想合法行使权利，避免出现劳动者发生严重过错时，在规章制度中却找不到相应规定。所以用人单位应对"严重违纪""不能胜任工作""严重失职""重大损害"等这些《劳动合同法》中规定的较为宽泛的概念，在规章制度中进行明确和细化，争取在法律允许的范围内，实现更自主的用工管理。否则，劳动者相关行为的认定标准就只能由仲裁委或法院作出评判或裁量。对于严重违纪的认定标准，应当在规章制度中予以明确，建议综合考虑以下方面。

① 损失方面，因个人过错造成用人单位经济损失 N 元以上的（明确具体数额）。

② 过错方面，行为人存在主观故意或恶意的（明确主观心态）。

③ 次数方面，同样级别或情形的行为发生 N 次以上的（明确具体次数）。

④ 影响方面，行为对他人或用人单位经营造成不良影响的（明确行为后果）。

⑤ 态度方面，不当行为发生后行为人没有认错、悔改表现的（明确补救措施）。

（3）注意规范用工管理的统一性。

第一，保持各项规章制度之间统一性。实践中，用人单位会针对不同的事项制定不同的规章制度，此时，应当特别注意保持各项规章制度之间的统一性，避免在不同规章制度的内容上产生冲突，导致无法适用。

第二，保持规章制度和劳动合同的统一性。当用人单位的规章制度与动者签订的劳动合同内容存在冲突或不一致时，应当以哪个约定为准呢？根据最高人民法院《关于劳动争议案件适用法律若干问题的解释（二）》规定，用人单位制定的内部规章制度与集体合同或者劳动合同约定的内容不一致时，劳动者有权选择适用对其有利的合同约定。当然，如果单位的规章制度对劳动者更为有利，劳动者也可以要求适用规章制度的相关规定。这种情况规则适用的选择权在劳动者一方。

2. 关于"民主程序"问题

很多用人单位在出现劳动争议时，规章制度内容上没有问题，但由于制定规章制度的程序出了问题而败诉。用人单位往往因为并没有通过民主程序制定规章制度，或者通过的民主程序不符合法定要求，或者没有证据证明曾经通过了民主程序制定规章制度，最终导致用人单位在发生劳动争议时陷入被动的局面。

（1）规章制度必须经过民主程序。

根据《劳动合同法》的规定，用人单位在制定、修改或者决定有关劳动报酬、工作时间、休息休假、劳动安全卫生、保险福利、职工培训、劳动纪律以及劳动定额管理等直接涉及劳动者切身利益的规章制度或者重大事项时，应当经过民主程序。

（2）履行民主程序必须依照法定的步骤进行。

① 召开职工代表大会或者全体职工讨论规章制度的初稿（含规章制度的制定或修改）。

② 在劳动者讨论、提出意见和方案的基础上，用人单位与职工代表或工会协商。

③ 根据公司章程和内部管理决策程序，确定规章制度文件。

（3）履行民主程序时，应注意留存证据。

实践中，由于用人单位证据意识缺乏，往往在制定规章制度履行民主程序时不注意保存证据，在仲裁或诉讼中一旦出现劳动者矢口否认规章制度已经过民主程序时，用人单位将百口莫辩。因此，用人单位一定要留存制定规章制度时经过民主程序的证据（如召开职工代表大会或者职工大会的录音录像、书面的意见反馈、会议纪要等）。

另外，用人单位总公司或者集团公司经民主程序通过的规章制度，并不能当然适用于子公司。基于公司独立性的考虑，该规章制度对于子公司的员工不具有约束力。建议用人单位子公司就规章制度另行经过民主程序后再适用。

3. 如何"公示"才是合法有效的

无纸化办公条件的日益普及，催生了劳动争议案件中诸多的电子证据。2013 年 1 月 1 日起实施的《中华人民共和国民事诉讼法》将电子证据囊括在证据的范畴之内。但鉴于电子证据可随意删改性，尤其是劳动争议案件中涉及办公软件中的电子证据，用人单位可以通过后台操作系统进行修改，故涉及电子证据往往很难单独作为定案依据。综上，从举证角度考虑不推荐仅采用网站公布、电子邮件告知、公告栏或宣传栏张贴的公示方法，而应同时采用员工手册发放传阅法、内部培训法、考试法、意见征询法公示。

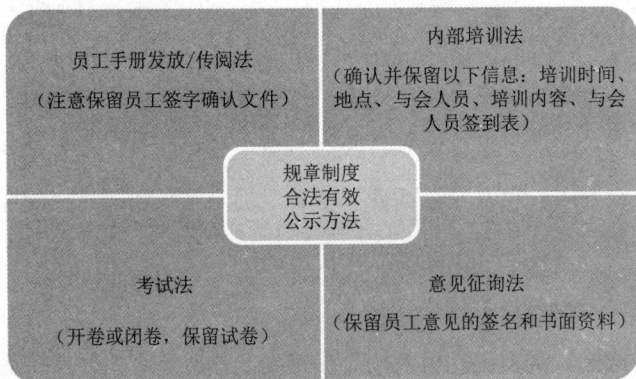

三、用人单位规章制度违法的法律后果

通常情况下用人单位的规章制度未按民主程序制定并公示，对劳动者不具有约束力，用人单位不能援引相关内容对劳动者做出处理。但在司法实践中，对未经民主程序制定的规章制度各地的司法部门态度不同。《北京市高级人民法院、北京市劳动争议仲裁委员会关于印发＜北京市高级人民法院、北京市劳动争议仲裁委员会关于劳动争议案件适用问题研讨会会议纪要＞的通知》第 36 条规定，用人单位在《劳动合同法》实施前制定的规章制度，虽未经过民主程序，但内容未违反法律、行政法规及政策规定，并已向劳动者公示或告知的，可以作为用人单位用工管理的依据。建议不论从法律角度还是管理角度，用人单位最好有完整的民主程序和公示程序。

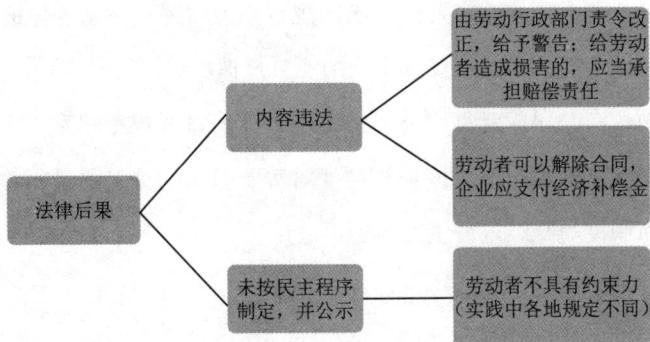

举案说法 24. 什么样的规章制度是无效的？

张某于 2007 年 11 月 5 日进入某科技公司工作，2007 年 12 月 26 日与某科技公司签订劳动合同，期限自 2007 年 12 月 26 日起至 2010 年 12 月 6 日止。劳动合同约定张某从事设备维护工程师工作，月工资为 2 542 元。2009 年 4 月 13 日上午 10 时左右，张某乘坐牌照为苏 E8D891 的车辆前往某科技公司宿舍区。2009 年 4 月 20 日，某科技公司向张某发出离职通知单，以张某乘坐非法营运车辆严重违反公司制度（2008年9月8日召开职工代表大会，通过"不允许乘坐'黑'车，违者以开除论处"的决议）为由与张某解除劳动合同，同日张某完成了后续的离职及退工备案手续。张某认为，某科技公司解除劳动合同的行为无事实与法律依据，属违法解除劳动合同。张某于2009年6月就本案向苏州工业园区劳动争议仲裁委员会申请仲裁。本案历经仲裁、一审、二审程序结案。

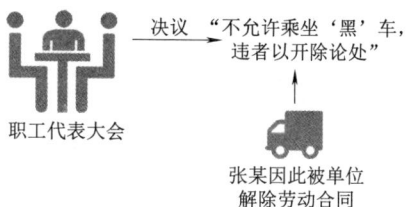

审理结果

仲裁结果：

该仲裁委员会于2009年7月27日裁决驳回张某的全部仲裁请求。张某不服仲裁裁决结果提起一审。

一审结果：

一审法院认为，用人单位的规章制度是用人单位制定的组织劳动过程和进行劳动管理的规则和制度，也称为用人单位内部劳动规则。规章制度既要符合法律、法规的规定，也要合理。某科技公司有权通过制定规章制度进行正常生产经营活动的管理，但劳动者在劳动过程以及劳动管理范畴以外的行为，用人单位可以适宜进行倡导性规定，对遵守规定的劳动者可给予奖励，但不宜进行禁止性规定，更不能对违反此规定的劳动者进行惩罚。某科技公司以乘坐非法营运车辆存在潜在工伤危险为由，规定劳动者不允许乘坐'黑'车，违者开除，该规定已超出用人单位内部劳动规则范畴，且乘坐非法营运车辆行为应由行政机关依据法律或法规进行管理，用人单位无权对该行为进行处理。工伤认定系行政行为，工伤赔偿责任是用人单位应承担的法定责任，某科技公司通过规章制度的设置来排除工伤责任，没有法律依据，因此属无效规定。故某科技公司不得依据该规定对劳动者进行处理，该公司以张某乘坐非法营运车辆为由解除劳动合同违反劳动合同法的规定，损害了劳动者的合法权益，依法应当向张某支付违法解除劳动合同赔偿金，张某要求某科技公司支付违法解除劳动合同赔偿金7 800元，未超过法律规定的赔偿金范围，法院予以支持。

据此，一审法院依照《中华人民共和国劳动合同法》第四十八条、第八十七条之规定于 2009 年 11 月 19 日作出判决：

被告某科技公司应于本判决生效之日起十日内支付原告张某违法解除劳动合同赔偿金 7 800 元。

某科技公司不服一审判决，向二审法院提起上诉称：公司制定的规章制度并未超出劳动过程及劳动管理范畴，据此对被上诉人张某进行处理并无不当；并非利用"严禁乘坐非法营运车辆，违者予以开除处分"这一规章制度来排除工伤。

二审结果：

二审法院认为，规章制度既要符合法律、法规的规定，也要合情合理，不能无限放大乃至超越劳动过程和劳动管理的范畴。本案中，张某乘坐"黑"车的行为发生之日正值其休息之日，劳动者有权利支配自己的行为，公司不能以生产经营期间的规章制度来约束员工休息期间的行为。单位职工乘坐何种交通工具上班是职工的私人事务，用人单位无权作出强制规定，如果劳动者确有违法之处，也应由国家行政机关等有权进行处罚。因此，某科技公司因张某乘坐非法营运车辆而作出解除劳动合同系违法解除，损害了劳动者的合法权益，应当按劳动合同法之规定，向张某支付违法解除劳动合同赔偿金。

综上所述，某科技公司的上诉理由不能成立，一审判决并无不当，应予维持。据此，二审法院依照《中华人民共和国民事诉讼法》第一百五十三条第一款第（一）项之规定，于 2010 年 3 月 25 日作出判决：

驳回上诉，维持原判。

本判决为终审判决。

HR 操作锦囊

制定规章制度不应只是法律规定与条文的简单罗列，而应该是一本结合用人单位自身实际、切实可行的标准化行为规范手册。用人单位在对规章制度或《员工手册》中对"严重违纪""重大损害"等情形量化时需注意处罚要与过错程度相适，不能显失公平。另外，可设置兜底性条款，如"其他扰乱公司秩序的行为"。这样，即使在过错行为没有被具体列举的情况下，仍适用兜底条款。

在此，提醒诸位 HR，制定规章制度既要符合法律、法规的规定，也要合情合理，不能无限放大乃至超越劳动过程和劳动管理的范畴。

根据《最高人民法院关于民事诉讼证据的若干规定》的规定，因用人单位作出的开除、除名、辞退、解除劳动合同、减少劳动报酬、计算劳动者工作年限等决定而发生的劳动争议，用人单位负举证责任。因此，HR 应注意收集和保留以下证据。

第一，与劳动者违纪行为相对应的规章制度。

第二，为确保规章制度的有效性，HR 还应收集规章制度制定程序符合法律规定和依法向职工公示的相关证据。如何制定规章制度及对规章制度进行公示前文已详细讲述，不再赘述。

第三，对于违纪劳动者都做出相应的书面处理材料（如违纪记录、检讨书），注明违纪事由，并要求劳动者签字。

第四，在程序上，还需提醒 HR 注意，建立了工会的用人单位，在与劳动者解除劳动合同时，需要事先通知工会，并听取工会意见。

法条传送门

《中华人民共和国劳动合同法》

第四条　用人单位应当依法建立和完善劳动规章制度，保障劳动者享有劳动权利、履行劳动义务。

用人单位在制定、修改或者决定有关劳动报酬、工作时间、休息休假、劳动安全卫生、保险福利、职工培训、劳动纪律以及劳动定额管理等直接涉及劳动者切身利益的规章制度或者重大事项时，应当经职工代表大会或者全体职工讨论，提出方案和意见，与工会或者职工代表平等协商确定。

在规章制度和重大事项决定实施过程中，工会或者职工认为不适当的，有权向用人单位提出，通过协商予以修改完善。

用人单位应当将直接涉及劳动者切身利益的规章制度和重大事项决定公示，或者告知劳动者。

《最高人民法院关于审理劳动争议案件适用法律问题的解释（一）》

第四十四条　因用人单位作出的开除、除名、辞退、解除劳动合同、减少劳动报酬、计算劳动者工作年限等决定而发生的劳动争议，用人单位负举证责任。

第四十七条　建立了工会组织的用人单位解除劳动合同符合劳动合同法第三十九条、第四十条规定，但未按照劳动合同法第四十三条规定事先通知工会，劳动者以用人单位违法解除劳动合同为由请求用人单位支付赔偿金的，人民法院应予支持，但起诉前用人单位已经补正有关程序的除外。

第五十条 用人单位根据劳动合同法第四条规定,通过民主程序制定的规章制度,不违反国家法律、行政法规及政策规定,并已向劳动者公示的,可以作为确定双方权利义务的依据。

用人单位制定的内部规章制度与集体合同或者劳动合同约定的内容不一致,劳动者请求优先适用合同约定的,人民法院应予支持。

第五十三条 用人单位对劳动者作出的开除、除名、辞退等处理,或者因其他原因解除劳动合同确有错误的,人民法院可以依法判决予以撤销。

对于追索劳动报酬、养老金、医疗费以及工伤保险待遇、经济补偿金、培训费及其他相关费用等案件,给付数额不当的,人民法院可以予以变更。

第五章　保密与竞业限制

第一节　商业秘密

用人单位之间的竞争有时就是核心技术秘密的竞争，保护商业秘密不被窃取和泄露越来越成为用人单位的一项重要工作。那么如何运用法律手段保护商业秘密，在这一章将为大家详细介绍。

一、商业秘密的概述

1. 何为商业秘密

根据《中华人民共和国反不正当竞争法》的规定，商业秘密是指不为公众所知悉，能够为权利人带来经济效益，具有商业价值和实用性并经权利人采取保密措施的技术信息和经营信息。

不公开性	• 该信息不为公众普遍知晓，不能从公开渠道直接获得
实用性	• 该信息能够为权利人带来现实的或潜在的经济利益
保密性	• 权利人对该信息采取了保密措施

2. 商业秘密的范围

由于每个用人单位的生产、经营内容不同，因此，商业秘密的范围也不尽相同。概括而言，与用人单位经营管理有关的不为公众知晓的信息或资料，且经用人单位采取保密措施的，都属于商业秘密，用人单位的商业秘密一般包含以下几点内容。

经营信息	• 如企业的营销战略与计划、供应商、采购资料、进货渠道、客户资料、价格体系、招投标信息、合同信息和档案等
管理信息	• 如企业的薪酬体系、内部人事资料、相关函件和重要的会议记录等
技术信息	• 如研究项目、设计图纸、实验结果、实验记录、工艺、配方、数据、样品、计算机程序等
财务信息	• 如财务报表、账册、预算资料、管理报告、银行账务信息等
其他信息	• 即虽属第三方所有，但是，企业根据法律规定或者合同约定负有保密义务的秘密信息

二、保密措施

1. 严防死守——把风险拒之门外

对来访者，验明身份，问清来访事由，防止无关人员特别是竞争对手随便进入公司。

2. 保密区域严格准入制度

用人单位内部设定保密区域，如技术部、研发部、生产部、资料室等，加强保密区域的管理，建立内部监控设施、防盗系统，不让无关人员随便进出保密区域。在公司内部严禁串岗游岗，把涉密人员控制在绝对范围内。

3. 明确密集等级及权限

根据文件和档案的内容，确定保密级别、保密期限、借阅范围并在文件上加盖秘密等级印章，实行专人、专库、专柜保管，规定文件的借阅范围和审批手续。

4. 资料分类妥善保管

对储存资料、电脑盘片等建立管理制度，专人保管资料，借用、复制必须登记批准。重要资料的借用、复制必须经指定的有权限的单位高层领导批准；对单位内部的电脑设立分级操作口令，对上网电脑严格控制，防止信息通过互联网传输失窃。

5. 严格计算机使用管理

（1）明确计算机的使用和操作规程，任何劳动者不得随意复制含有商业秘密的软件或电子文件，更不能将其带出保密区域。

（2）根据劳动者级别，决定电脑是否安装光驱和 USB 接口，以防止员工从硬件设备上拷贝公司资料。

（3）根据部门工作性质，决定涉密部门劳动者电脑是否可以连接外网，以防止因电脑病毒或员工通过互联网将商业秘密外泄。

6．对生产设备、生产过程、原材料等的物理隔离

将含有商业秘密的生产设备和生产过程安排在特定的保密区域进行，对设备机器的保密部分可以采用箱体密封形式或将机器设备型号用特定编码代替。对于属于商业秘密的原材料或模具等，应用密闭容器盛装，并标示"保密"字样。

三、保密制度

用人单位建立内部保密制度并写入《员工手册》。在劳动者进入单位时，就向其灌输保密观念，了解单位保护商业秘密的职责，以及各类信息资料的保密等级，避免劳动者在平时的工作中无意泄密，比如商务谈判。

根据权利和义务对等原则，分解工资结构，在涉密劳动者的工资中增加保密津贴费。一旦有劳动者发生窃密事件，更容易依法追究其法律责任，赔偿经济损失，追索其每月所得的保密津贴费。

四、保密制度的公示

根据《劳动合同法》规定，用人单位应当将直接涉及劳动者切身利益的规章制度和重大事项决定公示，或者告知劳动者。鉴于此，用人单位应当向相关劳动者明示有关保密的法律制度和规范，使劳动者明确知晓其所负有的保密义务。

法条传送门

《中华人民共和国反不正当竞争法》（以下简称《反不正当竞争法》）

第十条　经营者不得采用下列手段侵犯商业秘密：

（一）以盗窃、利诱、胁迫或者其他不正当手段获取权利人的商业秘密；

（二）披露、使用或者允许他人使用以前项手段获取的权利人的商业秘密；

（三）违反约定或者违反权利人有关保守商业秘密的要求，披露、使用或者允许他人使用其所掌握的商业秘密。

第三人明知或者应知前款所列违法行为，获取、使用或者披露他人的商业秘密，视为侵犯商业秘密。

本条所称的商业秘密，是指不为公众所知悉、能为权利人带来经济利益、具有实用性并经权利人采取保密措施的技术信息和经营信息。

《最高人民法院关于审理不正当竞争民事案件应用法律若干问题的解释》

第九条　有关信息不为其所属领域的相关人员普遍知悉和容易获得，应当认定为反不正当竞争法第十条第三款规定的"不为公众所知悉"。

具有下列情形之一的，可以认定有关信息不构成不为公众所知悉：

（一）该信息为其所属技术或者经济领域的人的一般常识或者行业惯例；

（二）该信息仅涉及产品的尺寸、结构、材料、部件的简单组合等内容，进入市场后相关公众通过观察产品即可直接获得；

（三）该信息已经在公开出版物或者其他媒体上公开披露；

（四）该信息已通过公开的报告会、展览等方式公开；

（五）该信息从其他公开渠道可以获得；

（六）该信息无须付出一定的代价而容易获得。

第十一条　权利人为防止信息泄漏所采取的与其商业价值等具体情况相适应的合理保护措施，应当认定为反不正当竞争法第十条第三款规定的"保密措施"。

人民法院应当根据所涉信息载体的特性、权利人保密的意愿、保密措施的可识别程度、他人通过正当方式获得的难易程度等因素，认定权利人是否采取了保密措施。

具有下列情形之一，在正常情况下足以防止涉密信息泄漏的，应当认定权利人采取了保密措施：

（一）限定涉密信息的知悉范围，只对必须知悉的相关人员告知其内容；

（二）对于涉密信息载体采取加锁等防范措施；

（三）在涉密信息的载体上标有保密标志；

（四）对于涉密信息采用密码或者代码等；

（五）签订保密协议；

（六）对于涉密的机器、厂房、车间等场所限制来访者或者提出保密要求；

（七）确保信息秘密的其他合理措施。

第十三条　商业秘密中的客户名单，一般是指客户的名称、地址、联系方式以及交易的习惯、意向、内容等构成的区别于相关公知信息的特殊客户信息，包括汇集众多客户的客户名册，以及保持长期稳定交易关系的特定客户。

客户基于对职工个人的信赖而与职工所在单位进行市场交易，该职工离职后，能够证明客户自愿选择与自己或者其新单位进行市场交易的，应当认定没有采用不正当手段，但职工与原单位另有约定的除外。

第二节　保密协议

保密协议，是指协议当事人之间就一方告知另一方的书面或口头信息，约定不得向任何第三方披露该等信息的协议。负有保密义务的当事人违反协议约定，将保密信息披露给第三方，将要承担民事责任甚至刑事责任。保密协议一般包括保密内容、责任主体、保密期限、保密义务及违约责任等条款。

一、保密协议的签订主体

只要协议双方当事人协商一致便可以签订保密协议，因此，用人单位可以与全部劳动者签订保密协议，法律对此不做干涉。但由于保密协议的目的是保护用人单位的商业秘密，因此，实践中 HR 应当结合岗位的特征和工作性质予以确定是否签订保密协议。

二、保密协议的内容

（1）保密协议一般包括保密内容和范围、协议双方的权利和义务、保密期限及违约责任等条款。

（2）保密义务与竞业限制义务的不同之处。

内　　容	基础不同	侧重内容不同	期限不同	违约责任不同
保密义务	法律直接规定；劳动合同附随义务	不能泄露商业秘密，即不能"说"	只要商业秘密存在，劳动者保密义务就存在	劳动者违反保密义务给用人单位造成损失的，用人单位只能根据实际损失要求其承担赔偿责任
竞业限制义务	基于用人单位与劳动者的约定而产生	不能到竞争单位任职或自营竞争业务，侧重不能"做"	最长不得超过2年	可以约定违约金

三、如何追究泄密员工的法律责任

虽然用人单位不能与劳动者在《保密协议》中约定违约金，但劳动者泄露单位商业秘密，用人单位可以基于《合同法》和《侵权责任法》要求劳动者赔偿由此造成的损失。

在实践中，用人单位追究劳动者的赔偿责任，必须有充分的证据予以证明以下内容。

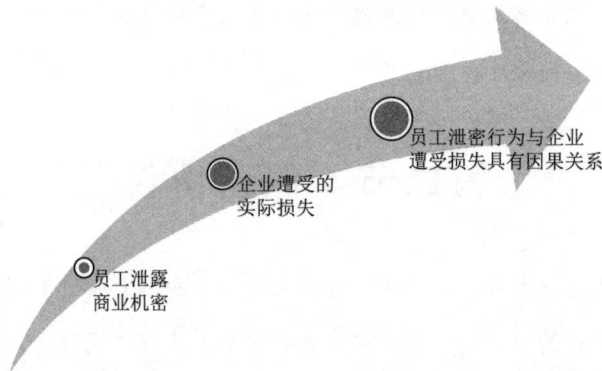

员工泄密行为与企业
遭受损失具有因果关系

企业遭受的
实际损失

员工泄露
商业机密

为了用人单位在维权过程中掌握更多的主动权，建议采取如下方式。

（1）在保密协议中明确约定劳动者泄露商业秘密的赔偿标准和计算方法。

（2）在日常工作中，注意收集、保留相关证据，包括但不限于劳动者事实泄密行为、损失计算依据等证据（证据形式包含但不限于书证、物证、证人证言、录音录像资料等）。对于劳动者侵犯用人单位商业秘密的案件，应当注意收集以下证据。

① 用人单位对商业秘密拥有合法所有权或使用权的证据，主要从以下三方面证明。

a. 证明商业秘密具有不公开性，即该商业秘密通过公开渠道是无法得到的。

b. 证明商业秘密具有实用性，即能给用人单位带来经济利益。

c. 证明商业秘密具有保密性，即用人单位对这一商业秘密所采取的保密措施。

② 劳动者违反保密规定泄露商业秘密的事实。即劳动者是如何泄露商业秘密，泄露的人，泄露的时间，泄露的内容，以及造成后果的具体证据。

③ 劳动者如与其他单位形成劳动关系，并向该单位泄露商业秘密，用人单位还应收集劳动者与其他单位建立劳动关系的证据，以及其他单位使用商业秘密所获得的经济利益与给自己造成损害的证据。

综上，用人单位在用工过程中应当加强商业秘密的管理与保护，并对离职劳动者掌握商业秘密的情况进行调查。在劳动者离职时详细了解其接触商业秘密的情况，若有掌握的纸质商业秘密资料应及时回收，若有掌握的电子形式的商业秘密资料应及时删除。

四、保密义务的法定性

1. 并非只有签订保密协议，劳动者才有保密义务

是否必须签订保密协议才有保密义务，这个问题的本质就在于保密义务是约定义务

还是法定义务。如果是约定义务，在双方没有在劳动合同中约定保密条款或者没有单独签订保密协议的情况下，劳动者无须承担保密责任；如果是法定义务，即使双方没有签订过任何保密条款或保密协议，劳动者依然要承担保密义务。根据《劳动合同法》，劳动者忠诚义务的内容主要有：遵守劳动纪律和职业道德，在劳动合同履行期间为用人单位保守商业秘密。所以，保密义务实际是法定义务，无论劳动者是否签订保密条款或保密协议都负有保密义务。

保密义务的法定性，决定了劳动者保守商业秘密的义务不仅存在于劳动合同履行期间，在劳动关系解除或终止后，劳动者仍然需要保守用人单位商业秘密。因此，保密义务可在劳动合同中明确约定，也可隐含在劳动合同约定之外基于职业道德、忠诚而应承担的附随义务之中。如有充足证据证明劳动者违反诚实信用原则泄露商业秘密，损害用人单位利益并给用人单位造成损失，劳动者应当承担相应的赔偿责任。

在缺乏保密约定的情况下，司法机关判决劳动者泄密应当承担责任的依据绕不开"诚实信用""劳动纪律""职业道德""忠诚"等关键词，基本原理就是：劳动者保密义务产生于劳动关系建立的事实本身，与用人单位建立劳动关系，自然就要保守用人单位的商业秘密，不以是否签订过保密条款或协议为前提条件。

2. 不签保密协议的法律风险

虽然保密义务属于法定义务，但并不意味着不签订保密协议对于用人单位来说不存在任何法律风险。

法定义务的含义是基于法律直接规定而产生的义务，然而，法律只规定了"劳动者应当保守用人单位的商业秘密"，但并未规定用人单位商业秘密的范围。在司法实践中，劳动争议案件对保密内容的认定标准相对较低，许多案例表明保密协议约定的一般保密信息也能被认定为"商业秘密"。因此，保密协议中对保密范围的约定是重要的审判依据，如果未签订保密协议，会造成用人单位举证责任较重等弊端。还有一些地区，如浙江省规定双方没有约定保密义务的，涉密人员不承担保密责任，从本质上将保密义务归属于约定义务。当然，这只是特例，但是充分说明了签订保密协议的重要性。

法条传送门

《中华人民共和国劳动合同法》

第二十三条　用人单位与劳动者可以在劳动合同中约定保守用人单位的商业秘密和与

知识产权相关的保密事项。

第九十条　劳动者违反本法规定解除劳动合同，或者违反劳动合同中约定的保密义务或者竞业限制，给用人单位造成损失的，应当承担赔偿责任。

《浙江省技术秘密保护办法》

第九条　权利人要求本单位或者与本单位合作的涉及技术秘密的相关人员（以下简称相关人员）保守技术秘密的，应当签订保密协议或者在劳动（聘用）合同（以下统称合同）中作出明确具体的约定。相关人员应当严格按照保密协议或者合同约定履行义务。没有签订保密协议或者没有在合同中作出约定的，相关人员不承担保密责任。保密协议或者合同约定的部分内容不明确的，相关人员只对约定明确的内容承担保密义务。签订保密协议或者合同约定的相关人员，合同终止后仍负保密义务的，应当书面约定，双方可以就是否支付保密费及其数额进行协商。

第三节　竞业限制

竞业限制是指劳动者在解除或终止劳动合同后的一定期限内不得在生产同类产品、经营同类业务或有其他竞争关系的用人单位任职，也不得自己生产与原单位有竞争关系的同类产品或经营同类业务。《劳动合同法》第二十三条、第二十四条对竞业限制问题有明确规定。

1. 竞业限制主体范围

根据《劳动合同法》规定，竞业限制的人员限于用人单位的高级管理人员（根据《公司法》规定，公司经理、副经理、财务负责人、上市公司董事会秘书和公司章程规定的其他人员为高级管理人员）、高级技术人员和其他负有保密义务的人员。

对于生产制造和科学技术类行业的用人单位，包括高级研究开发人员、技术人员、关键岗位的技术工人等比较容易接触用人单位商业秘密的人员；以及其他可能知悉用人单位商业秘密的人员，包括但不限于市场销售人员、财会人员、法务人员等。

2. 竞业限制期限

根据《劳动合同法》的规定，用人单位和劳动者可以约定竞业限制期限，但最长不得超过两年。

3. 竞业限制补偿金

（1）竞业限制补偿金的数额。

根据《劳动合同法》的规定，对负有保密义务的劳动者，用人单位可以在劳动合同或者保密协议中与劳动者约定竞业限制条款，并约定在解除或者终止劳动合同后，在竞业限制期限内按月给予劳动者经济补偿。但是，《劳动合同法》确定了竞业限制协议应当约定补偿金的原则，却并未规定补偿金的具体标准。实践中，双方当事人可以结合岗位性质、同行业同级别劳动者的薪酬水平、竞业限制的期限等因素协商确定竞业限制补偿的标准，但不得低于法定标准。在司法实践中，各地根据当地情况也出台一些地方规定。具体而言，竞业限制补偿金的支付标准可参考下表。

地　　区	规　　定	依　　据
全国	当事人在劳动合同或者保密协议中约定了竞业限制，但未约定解除或者终止劳动合同后给予劳动者经济补偿，劳动者履行了竞业限制义务，要求用人单位按照劳动者在劳动合同解除或者终止前十二个月平均工资的30%按月支付经济补偿的，人民法院应予支持 前款规定的月平均工资的30%低于劳动合同履行地最低工资标准的，按照劳动合同履行地最低工资标准支付	《最高人民法院关于审理劳动争议案件适用法律若干问题的解释（四）》
北京	用人单位与劳动者在劳动合同或保密协议中约定了竞业限制条款，但未就补偿费的给付或具体给付标准进行约定，不应据此认定竞业限制条款无效，双方在劳动关系存续期间或在解除、终止劳动合同时，可以通过协商予以补救，经协商不能达成一致的，可按照双方劳动关系终止前最后一个年度劳动者工资的20%～60%确定补偿费数额。用人单位明确表示不支付补偿费的，竞业限制条款对劳动者不具有约束力	《北京市高级人民法院、北京市劳动争议仲裁委员会关于劳动争议案件法律适用问题研讨会会议纪要》
上海	劳动合同当事人仅约定劳动者应当履行竞业限制义务，但未约定是否向劳动者支付补偿金，或者虽约定向劳动者支付补偿金但未明确约定具体支付标准的，基于当事人就竞业限制有一致的意思表示，可以认为竞业限制条款对双方仍有约束力。补偿金数额不明的，双方可以继续就补偿金的标准进行协商；协商不能达成一致的，用人单位应当按照劳动者此前正常工资的20～50%支付。协商不能达成一致的，限制期最长不得超过两年	《上海市高级人民法院关于适用〈劳动合同法〉若干问题的意见》

地 区	规 定	依 据
天津	劳动者被竞业禁止期间，用人单位必须按不低于劳动者在职期间工资标准的二分之一向劳动者支付经济补偿金，但月补偿标准不得低于天津市最低工资水平，支付方式由双方协商确定。用人单位不向劳动者支付经济补偿金的，竞业禁止条款无效	《天津市劳动和社会保障局关于保守商业秘密协议、支付违约金和就业补助金等有关劳动合同问题的通知》
江苏	用人单位对处于竞业限制期限内的离职劳动者应当按月给予经济补偿，月经济补偿额不得低于该劳动者离开用人单位前十二个月的月平均工资的三分之一 用人单位未按照约定给予劳动者经济补偿的，劳动者可以不履行竞业限制义务，但劳动者已经履行的，有权要求用人单位给予经济补偿	《江苏省劳动合同条例（2013 年修订）》
浙江	竞业限制协议约定的经济补偿低于当地最低生活标准，劳动者已经履行了竞业限制义务的，可以要求用人单位按其解除或者终止劳动合同前十二个月平均工资的 30% 的月补偿标准补足差额；若该标准低于最低工资的，按最低工资标准补足差额 竞业限制补偿费的标准由权利人与相关人员协商确定。没有确定的，年度补偿费按合同终止前最后一个年度该相关人员从权利人处所获得报酬总额的三分之二计算	浙江省高级人民法院民事审判第一庭浙江省劳动人事争议仲裁院关于印发《关于审理劳动争议案件若干问题的解答（二）》的通知、《浙江省技术秘密保护办法（2008 年修订）》
深圳	竞业限制协议约定的补偿费，按月计算不得少于该员工离开企业前最后十二个月月平均工资的二分之一。约定补偿费少于上述标准或者没有约定补偿费的，补偿费按照该员工离开企业前最后十二个月月平均工资的二分之一计算	《深圳经济特区企业技术秘密保护条例（2009 年修订）》

（2）竞业限制补偿金的支付。

根据《劳动合同法》的规定，用人单位应当在解除或终止劳动合同后，按月支付竞业限制补偿。在实务中，除了按照法律规定在劳动者离职后按月支付经济补偿的做法，还存在以下做法。

支付方式	利	弊
离职时，一次发放	操作简单，节省人力成本	无法对员工履行竞业限制义务进行有效监督
在职期间，与工资一起按月发放	操作方便	可能被法院认定违反法律规定，属于无效条款；即使法院不认定该条款无效，但要求用人单位必须证明该补偿金与工资是能够区分的

4．竞业限制违约金

根据《劳动合同法》的规定，劳动者违反竞业限制义务的，应当按照约定向用人单位支付违约金。对于违约金的支付标准，法律没有做出明确规定。在实务中，根据《合同法》基本原则，用人单位确定的违约金标准应遵循公平合理原则。

鉴于竞业限制关系到整个市场竞争秩序和用人单位财产权益，对于有失诚信的劳动者，法律并没有给予倾向性的保护。《最高人民法院关于审理劳动争议案件适用法律若干问题的解释（四）》规定，劳动者违反竞业限制约定，向用人单位支付违约金后，用人单位仍有权要求劳动者按照约定继续履行竞业限制义务。

5．竞业限制协议的解除

（1）劳动者不享有单方解除权。

根据《最高人民法院关于审理劳动争议案件适用法律若干问题的解释（四）》第八条之规定：当事人在劳动合同或者保密协议中约定了竞业限制和经济补偿，劳动合同解除或者终止后，因用人单位的原因导致三个月未支付经济补偿，劳动者有权请求解除竞业限制约定。

（2）用人单位享有单方解除权。

根据《最高人民法院关于审理劳动争议案件适用法律若干问题的解释（四）》第九条之规定：在竞业限制期限内，用人单位有权请求解除竞业限制协议。但在解除竞业限制协议时，劳动者有权请求用人单位额外支付劳动者三个月的竞业限制经济补偿金。

虽然对于竞业限制协议用人单位享有单方解除权，但从保证用人单位依法行使竞业限制权的同时也能够保障劳动者相关合法权益角度出发，建议用人单位在与劳动者订立竞业限制协议时应当充分考虑劳动者是否属于负有竞业限制义务的人员范围并且应当依法向劳动者支付竞业限制补偿金。同时，用人单位作为竞业限制权利的享有者，应当依法行使该权利并承担相应的法律责任。

举案说法 25．竞业限制如何约定最有利？

赵某 2019 年 5 月 1 日入职羽翼贸易公司（以下简称"羽翼公司"）担任外贸部主管职务（其工作领域涉及公司经营、财务、人事、管理等方面），并签订劳动合同，合同约定月工资 8 600 元，合同期限自 2019 年 5 月 1 日起至 2021 年 4 月 30 日止，《员工手册》作为合同的附件。

《员工手册》中，对技术、客户资料等进行了保密规定。2020 年 8 月 23 日，因赵某违反公司规定将该公司产品私下卖给客户从中牟利（有录音为证），羽翼公司于 2020 年 6 月 18 日将赵某辞退。解除劳动关系时，双方签订保密责任确认书，约定赵某不得将羽翼公司商业信息资料透露给任何第三方、不得与他人串通为牟取利益和作为牟取职业及发展途径的手段而使羽翼公司遭受损失、不得利用羽翼公司的商业信息资料并在其基础上进行新的研究和开发等，保密事项范围包括但不限于驻车加热器、汽车空调配件、马斯配件、别拉斯配件等被告所参与过的项目。作为保密及竞业限制补偿，羽翼公司支付赵某 39 000 元补偿金。2020 年 7 月，赵某以其母名义与羽翼公司俄罗斯客户交易驻车加热器，导致羽翼公司失去与俄罗斯客户 800 多台驻车加热器的订单。后经羽翼公司查访，得知赵某以其母高曼曼名义注册公司，并亲自实施了经营活动，赵某行为已违反双方约定。

故羽翼公司提起诉讼，要求赵某：支付违约金 50 万元；继续履行竞业限制义务，停止侵权行为；承担本案诉讼费。

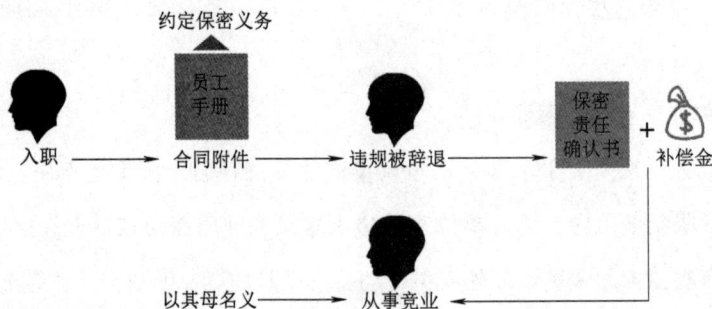

审理结果

本案历经仲裁、一审。一审法院认为，劳动者违反竞业限制约定的，应当按照约定向用人单位支付违约金；当事人对自己的主张，有责任提供证据予以证明，未提供证据或者所提供的证据不能证实自己主张的应承担举证不能的法律后果。根据查明的事实，羽翼公司与赵某签订的保密责任协议书约定赵某离职后负有相关保密及竞业限制义务，该约定系双方真实意思表示，双方均应恪守。对于羽翼公司支付赵某的 39 000 元的性质。首先，赵某在录音中明确认可其存在收取回扣行为，在庭审中亦承认羽翼公司因此向其提出解除劳动合同；其次，赵某之母成立公司向羽翼公司客户销售与羽翼公司经营的相同产品，赵某因此主动向羽翼公司提出赔偿其损失 15 万元；再次，羽翼公司在签订保密责任协议书的同时，向赵某支付 39 000 元补偿金，虽未明确写明该笔费用为竞业限制补偿金，但表述名称不能否定该笔费用的实际性质。

根据《反不正当竞争法》的规定，商业秘密是指："不为公众所知悉，能为权利人带来经济利益、具有实用性并经权利人采取保密措施的技术信息和经营信息"。《最高人民法院关于审理不正当竞争民事案件应用法律若干问题的解释》第十三条第一款规定，商业秘密中的客户名单一般是指客户的名称、地址、联系方式以及交易的习惯、意向、内容等构成的区别于相关公知信息的特殊客户信息，包括汇集众多客户的客户手册及保持长期稳定交易关系的特定客户。

本案中，羽翼公司主张保护的客户名单为与其存在业务往来关系的案外人俄罗斯客户，且双方经过长期合作形成了较为稳定的交易关系。除公司地址等被一般公众所知晓的信息外，两公司在长期交往过程中就驻车加热器的报价、特定项目的需求及费用负担、交易习惯等具体事项的协商和确定，需经过长期积累方能形成，所属领域的相关人员不经过努力，通过公开渠道难以获得，具有区别于公众信息的特定性，并能够给羽翼公司带来一定竞争优势和经济利益。

同时，羽翼公司在经营过程中以《员工手册》的方式制定了相应的保密制度，其中对于客户资料的重要性和不得泄露客户资料义务等进行了明确规定。故羽翼公司所主张的客户信息，符合商业秘密的构成要件，应认定为商业秘密中的客户名单，应受到相应的保护。根据《反不正当竞争法》第十条第一款第（三）项的规定，违反约定或者违反权利人有关保守商业秘密的要求，披露、使用或者允许他人使用其所掌握的商业秘密的，构成商业秘密侵权行为。

综合上述分析，判决结果如下：

第一，羽翼公司支付赵某的 39 000 元应为竞业限制补偿金。赵某实际领取竞业限制补偿金后，其母成立案外公司经营与羽翼公司相同产品业务，并与羽翼公司客户直接进行贸易，故赵某已违反诚实信用原则及相关竞业限制约定，应依约支付羽翼公司违约金。现羽翼公司考虑赵某负担能力等因素，自愿降低违约金数额为 15 万元，且综合羽翼公司的实际损失、赵某的过错程度等综合因素考量，羽翼公司降低后的违约金数额并不高于造成的损失，故法院予以支持。

第二，赵某应继续按双方保密责任协议书之约定，履行竞业限制及保密义务，但限制期限应自双方解除劳动合同起不超过两年。

第三，赵某立即停止侵犯羽翼公司涉案客户信息商业秘密，即在涉案商业秘密不为公众知悉期间，不得披露、使用、允许他人使用该商业秘密。

HR 操作锦囊

"天下无不散之宴席"，从保护商业秘密的角度看，即将离职的劳动者其职位越高，在用人单位工作年限越久，其对商业秘密危险系数也会随之增大。究其原因主要是劳动者在工作过程中，利用业务关系渐渐掌握了用人单位的工艺、生产技术和管理诀窍，一旦时机成熟，将有可能离开老东家，自成一脉，成为用人单位有力的竞争对手。对此，建议 HR 注意以下几点。

（1）做好离职交接工作，以书面形式明确劳动者离职时，交接工作的具体内容和必须交还的资料。

（2）劳动者个人档案中保留相应的保守商业秘密的培训记录，培训记录应最大限度地涵盖其接触的涉密范围。

（3）要求离职劳动者书面承诺应交还或销毁全部涉密资料，包含但不限于纸质文件、电子资料等。

（4）对负有竞业限制义务的劳动者离职后的动向进行跟踪或背景调查，如违反竞业限制义务，及时采取维权措施。根据"谁主张，谁举证"之原则，用人单位需提供劳动者违反竞业限制约定的证据，以下材料较为容易获取且可提供证据支持。

① 劳动者代表新用人单位签订的购销合同、授权委托书及其他文件。

② 劳动者代表新用人单位进行沟通的记录，如录音录像文件、往来邮件、信息等。

③ 劳动者在新用人单位的任职证明，如名片，工牌，个人简介等。

④ 新用人单位对劳动者对外披露的文章，宣传文件上的人物介绍，所提及的联系方式等。

不良的公司人事制度，是劳动者离职的最主要原因，更是用人单位商业秘密流向竞争对手的主要原因。建立健全用人单位的人事制度，确定工资福利待遇和人事升迁制度，加强人力资本管理，增加感情投资，可以降低因劳动者尤其是中高级人才的流失而发生的商业秘密泄密事件的概率。

法条传送门

《中华人民共和国劳动合同法》

第二十三条　用人单位与劳动者可以在劳动合同中约定保守用人单位的商业秘密和与知识产权相关的保密事项。

对负有保密义务的劳动者，用人单位可以在劳动合同或者保密协议中与劳动者约定竞业限制条款，并约定在解除或者终止劳动合同后，在竞业限制期限内按月给予劳动者经济补偿。劳动者违反竞业限制约定的，应当按照约定向用人单位支付违约金。

第二十四条　竞业限制的人员限于用人单位的高级管理人员、高级技术人员和其他负有保密义务的人员。竞业限制的范围、地域、期限由用人单位与劳动者约定，竞业限制的约定不得违反法律、法规的规定。

在解除或者终止劳动合同后，前款规定的人员到与本单位生产或者经营同类产品、从事同类业务的有竞争关系的其他用人单位，或者自己开业生产或者经营同类产品、从事同类业务的竞业限制期限，不得超过二年。

第二十五条　除本法第二十二条和第二十三条规定的情形外，用人单位不得与劳动者约定由劳动者承担违约金。

第九十条　劳动者违反本法规定解除劳动合同，或者违反劳动合同中约定的保密义务或者竞业限制，给用人单位造成损失的，应当承担赔偿责任。

《最高人民法院关于审理劳动争议案件适用法律问题的解释（一）》

第三十六条　当事人在劳动合同或者保密协议中约定了竞业限制，但未约定解除或者终止劳动合同后给予劳动者经济补偿，劳动者履行了竞业限制义务，要求用人单位按照劳动者在劳动合同解除或者终止前十二个月平均工资的30%按月支付经济补偿的，人民法院应予支持。

前款规定的月平均工资的30%低于劳动合同履行地最低工资标准的，按照劳动合同履行地最低工资标准支付。

第三十七条　当事人在劳动合同或者保密协议中约定了竞业限制和经济补偿，当事人解除劳动合同时，除另有约定外，用人单位要求劳动者履行竞业限制义务，或者劳动者履行了竞业限制义务后要求用人单位支付经济补偿的，人民法院应予支持。

第三十八条　当事人在劳动合同或者保密协议中约定了竞业限制和经济补偿，劳动合同解除或者终止后，因用人单位的原因导致三个月未支付经济补偿，劳动者请求解除竞业限制约定的，人民法院应予支持。

第三十九条　在竞业限制期限内，用人单位请求解除竞业限制协议的，人民法院应予支持。

在解除竞业限制协议时，劳动者请求用人单位额外支付劳动者三个月的竞业限制经济补偿的，人民法院应予支持。

第四十条　劳动者违反竞业限制约定，向用人单位支付违约金后，用人单位要求劳动者按照约定继续履行竞业限制义务的，人民法院应予支持。

《中关村科技园条例》

第四十四条　知悉或者可能知悉商业秘密的员工应当履行竞业限制合同的约定，在离开企业一定期限内不得自营或者为他人经营与原企业有竞争的业务。

企应当依照竞业限制合同的约定，向负有竞业限制义务的原员工按年度支付一定的补偿费，补偿数额不得少于该员工在企业最后一年年收入的二分之一。

《北京市高级人民法院、北京市劳动争议仲裁委员会关于劳动争议案件法律适用问题研讨会会议纪要》

38. 用人单位与劳动者在劳动合同或保密协议中约定了竞业限制条款，但未就补偿费的给付或具体给付标准进行约定，不应据此认定竞业限制条款无效，双方可以通过协商予以补救，经协商不能达成一致的，可按照双方劳动关系终止前最后一个年度劳动者工资的20%～60%支付补偿费。用人单位明确表示不支付补偿费的，竞业限制条款对劳动者不具有约束力。

《江苏省劳动合同条例》

第二十八条用人单位对处于竞业限制期限内的离职劳动者应当按月给予经济补偿，月经济补偿额不得低于该劳动者离开用人单位前十二个月的月平均工资的三分之一。

用人单位未按照约定给予劳动者经济补偿的，劳动者可以不履行竞业限制义务，但劳动者已经履行的，有权要求用人单位给予经济补偿。

竞业限制约定中的同类产品、同类业务仅限于劳动者离职前用人单位实际生产或者经营的相关产品和业务。竞业限制的期限由当事人约定，最长不得超过二年。

第六章　培训与服务期

加强劳动者的教育培训，提升劳动者素质，使用人单位人力资本持续增值，从而提升用人单位业绩和实现用人单位战略规划，成为现代人力资源管理的共识。然而，用人单位一旦对劳动者进行培训使得劳动者身价倍增，又可能引发劳动者跳槽，使用人单位"赔了夫人又折兵"。如何既能通过培训有效提升用人单位的竞争力，又能避免培训的"投资风险"，成为困扰广大用人单位 HR 的一大难题。本章将从法律规定和实务操作两个方面着手，在这一问题上给广大 HR 提供帮助。

一、服务期

所谓服务期，是指用人单位为劳动者提供专项培训费用，对其进行专业技术培训的，可以与该劳动者订立协议，约定劳动者必须为用人单位提供服务的期限。

约定服务期，以双方存在劳动关系为前提，但它又不同于劳动合同的期限，服务期可以长于劳动合同期限，只要是双方的真实意思表示并通过合同固定下来，则对双方均具有约束力。在合同中约定服务期，HR 需要注意以下问题。

1. 服务期法定

根据《劳动合同法》规定，用人单位只有为劳动者提供专项培训费用，对其进行专业技术培训的，方可与该劳动者订立协议，约定服务期。这表明，只有在法定情节下，才能约定服务期。如不存在上述情况用人单位不得与劳动者约定服务期。

2. 服务期内劳动者不能解除或终止劳动合同

根据《劳动合同法》规定，劳动者提前三十日以书面形式通知用人单位，可以解除劳动合同。劳动者在试用期内提前三日通知用人单位，可以解除劳动合同。但是，如果用人单位与劳动者签订的《服务期协议》或《劳动合同》中约定了服务期条款，服务期届满前，劳动者不得随意解除劳动合同。服务期尚未届满，劳动者解除劳动合同，或者用人单位因劳动者的过错而解除劳动合同的，劳动者必须按照约定支付违约金或承担赔偿责任。另外，如果劳动合同期限届满，但用人单位与劳动者约定的服务期尚未届满，劳动合同应当延续至服务期满。

二、专项培训费用和专业技术培训

1. 专项培训费用

（1）专项培训费用，是指用人单位对劳动者进行一定期限的专项业务技能培训所拨的专项费用。专项培训一般都由第三方进行。这种培训，用人单位要支出较大的费用，但"较大"数额法律没有明确规定，实践中由仲裁庭或法庭根据当地实际情况自由裁量。

（2）根据《劳动合同法实施条例》的规定，专项培训费用包括用人单位为了对劳动者进行专业技术培训而支付的有凭证的培训费用、培训期间的差旅费用及因培训产生的用于该劳动者的其他直接费用。

2. 义务性培训与专业技术培训

义务性培训，是指用人单位根据法律法规要求，为劳动者提供安全卫生教育，岗前培训或转岗培训。对员工进行义务培训，是用人单位的法定义务，不得约定服务期。

专业技术培训，是指为员工提供的专业知识和职业技能的培训，一般包括：委托大专院校、科研院所、培训中心、职业学校代为培训学历教育、专项技能培训，如外语培训、专业职称培训等，出国或异地培训、进修、研修、做访问学者等。

三、违反服务期约定的法律后果

1. 支付违约金

根据《劳动合同法》规定，劳动者违反服务期约定的，应当按照约定向用人单位支付违约金。违约金的数额不得超过用人单位提供的培训费用。用人单位要求劳动者支付的违约金不得超过服务期尚未履行部分所应分摊的培训费用。

2. 承担损失赔偿责任

根据《劳动部办公厅关于试用期内解除劳动合同处理依据问题的复函》规定，用人单位出资对职工进行各类技术培训，职工提出与单位解除劳动关系的，如果在试用期内，则用人单位不得要求劳动者支付该项培训费用。如果试用期满，在合同期内，则用人单位可以要求劳动者支付该项培训费用，具体支付方法如下。

（1）约定服务期的，按服务期等分出资金额，以职工已履行的服务期限递减支付。

（2）没约定服务期的，按劳动合同期等分出资金额，以职工已履行的合同期限递减支付。

（3）没有约定合同期的，按5年服务期等分出资金额，以职工已履行的服务期限递减支付。

（4）双方对递减计算方式已有约定的，从其约定。

（5）如果合同期满，职工要求终止合同，则用人单位不得要求劳动者支付该项培训费用。

（6）如果是由用人单位出资招用的职工，职工在合同期内（包括试用期）解除与用人单位的劳动合同，则该用人单位可按照《违反〈劳动法〉有关劳动合同规定的赔偿办法》第四条第（一）项规定向职工索赔。

举案说法26. 什么情况下用人单位可以要求员工支付违约金？

王某是空调维修中心（下文简称维修中心）空调维修工，双方签订了期限自2007年12月21日至2010年12月31日的劳动合同书。

2008年1月，维修中心与王某签订《关于培训费用的协议》，协议约定"王某需在维修中心工作满3年，否则需返还全部培训费用及培训期间的工资"。

王某在维修中心正常工作至2010年11月8日，后自行离职。王某在职期间，维修中心曾安排其参加7次（合计29天）由空调厂家提供的技术培训，培训内容为空调设备的技术维修及安装调试，并且维修中心为王某报销差旅费9 774. 7元，以及培训费4 400元。

维修中心认为，王某在未经公司同意的情况下，从2010年11月8日起自行离职，至今未向公司交接工作。王某在公司工作时间不满3年，根据双方约定，王某应当自行承担培训费用，且公司无须支付王某在培训期间的工资。为此，维修中心向H区劳动争议仲裁委员会提出仲裁申请，要求王某返还2008年4月至2010年5月期间培训费用2.06万元及培训期间的工资1 013元。

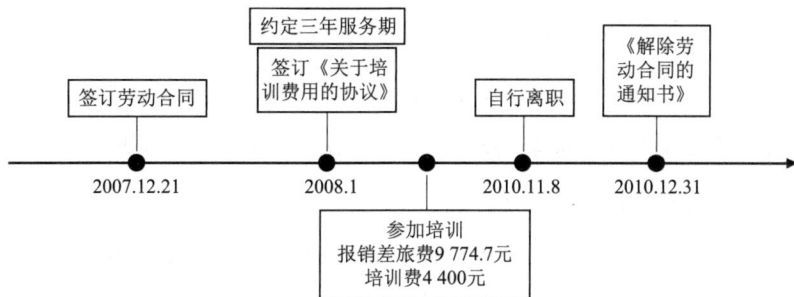

审理结果

H区劳动争议仲裁委员会经审理裁决驳回了空调维修中心的申请请求。

维修中心不服该仲裁结果向一审法院提起诉讼，请求法院判决：王某向维修中心办理工作交接手续；王某向维修中心返还 2008 年 4 月至 2010 年 5 月期间培训费用 2.06 万元；王某向维修中心返还 2008 年 4 月至 2010 年 5 月培训期间支付的工资 1 013 元；诉讼费用由王某负担。

庭审中王某辩称，同意仲裁结果，不同意维修中心的诉讼请求。其在职期间担任空调维修工，维修中心应合作厂家的要求派员参加相关培训活动，而安排参加的培训均为职业技能培训，并非专项培训，服务期及违约金的约定均无法律依据。

一审法院经审理认为，依据《劳动法》的相关规定，接受职业技能培训是劳动者的一项基本劳动权利，有计划地对劳动者进行职业培训亦为用人单位的法定义务。而专项培训主要针对特殊岗位和专门岗位的员工，培训内容仅指专业技能及专业知识。维修中心安排王某参加的技能培训由空调厂家提供，培训内容为空调设备的技术维修及安装调试，性质上属空调维修工种的基础职业培训，并非《劳动合同法》所规定的专项培训。依据《劳动合同法》规定，除劳动者违反服务期约定和违反竞业限制规定的情形以外，用人单位不得与劳动者约定由劳动者承担违约金，故《关于培训费用的协议》中就职业培训所约定的服务期和违约责任条款应属无效。维修中心要求王某向其公司返还 2008 年 4 月至 2010 年 5 月期间培训费用 2.06 万元及培训期间工资 1 013 元，缺乏法律依据，法院不予支持。

综上所述，一审法院依据《中华人民共和国劳动法》第三条、第六十八条，《中华人民共和国民事诉讼法》第六十四条的规定判决，驳回维修中心的全部诉讼请求。一审宣判后，维修中心与王某均未提起上诉，该判决已生效。

HR 操作锦囊

A 空调维修中心与王某签订的《关于培训费用的协议》所约定的服务期和违约责任是否有效是本案的争议焦点。解决该争议主要涉及两个问题：一是专项培训与职业培训的区分；二是在用人单位与劳动者协商一致情况下，能否就职业培训约定服务期。

（1）专项培训与职业培训的区分。

"专项培训"在《劳动合同法》中，即用人单位为劳动者提供专项培训费用，对其进行专业技术培训，专项培训可以与该劳动者订立协议，约定服务期。《劳动法》及《企业职工培训规定》中关于培训使用"职业培训"或"职工培训"的概念，即用人单位应当建立职业培训制度，按照国家规定提取和使用职业培训经费，根据本单位实际，有计划地对劳动者进行职业培训。

对比"专项培训"与"职业培训"所在法律的颁布时间、历史背景及相关法条的规范内容来看，"职业培训"的使用，外延要相对宽泛，甚至在一定程度上包含了"专项培训"的内容，比如《劳动法》中"从事技术工种的劳动者，上岗前必须经过培训"的相关规定。所以，"职业培训"概念的使用应适当做狭义理解，应在对比"专项培训"概念的基础上，做出排他性解释。上述"专项培训"与"职业培训"概念外延上的界限模糊及相关法律规定的不清晰，也使得实践中，对于这两种培训的区分比较困难。

结合实践，"专项培训"一般指用人单位为提高生产效率，满足特殊岗位的需要，对劳动者进行专业操作技能及专业知识的培训，主要针对特殊岗位和专门岗位的劳动者，培训内容仅指专业技能及专业知识；"职业培训"一般指对入职前或在职期间的劳动者，为开发或升级常规职业技能而进行的技术业务知识或实践操作能力的教育和训练。由此可见，对比"专项培训"与"职业培训"概念，对"专项培训"的认定应集中在对培训内容的专业性及培训对象的专门性辨别上。

本案中，恰恰培训内容为空调设备的技术维修及安装调试，培训对象王某为普通空调维修工，相关培训属于空调维修工种的基础职业培训，因此法院才认定《关于培训费用的协议》中的培训性质为"职业培训"而非"专项培训"。

（2）协商一致情况下，能否就职业培训约定服务期。

"服务期"是在《劳动合同法》中针对"专项培训"概念衍生出的用人单位权利，即对劳动者进行专项培训的，用人单位可以与劳动者约定服务期。那么，用人单位对劳动者进行"职业培训"的，尤其是"职业培训"带有长期性、外部性特点的情况下，用人单位为保证自身费用支出的合理回报，能否在协商一致的基础上，与劳动者签订基于"职业培训"的服务期？

就此问题，有两种主要观点。

一种观点认为，在现代社会，"职业培训"已不再是简单的入职教育，越来越具有长期性、外部性特点，即培训次数多，且大部分为外部有偿培训。在这种情况下，若不合理保证用人单位的相关权益，任由劳动者自由解除劳动关系，会损害用人单位的正当权益，有违公平原则，会更深层次损害整个社会的职业培训机制。故持有该种观点的，大多赞同在协商一致的基础上，用人单位可以与劳动者约定基于"职业培训"的服务期，违反服务期的，应返还一定比例的培训费用。

另一种观点认为，《劳动合同法》就违约金进行了限制性规定，即除竞业限制违约金和服务期违约金外，用人单位不得与劳动者约定由劳动者承担违约金。而服务期违约金专指基于"专项培训"产生的服务期情形，若允许"职业培训"服务期约定的存在，则进而产生的返还培训费用责任，实质上为违约责任，这就突破了《劳动合同法》关于违约金的限制性规定。且依据《劳动法》规定，用人单位应当建立职业培训制度，按照国家规定提取和使用职业培训经费。职业培训费本应为用人单位的法定负担义务，不能转移至劳动者，故即使双方协商一致，因违反法律的强制性规定，亦不能约定"职业培训"服务期。

对此，从法律规范角度考虑，第二种观点更为合理合法。故本案空调维修中心、王某虽签订《关于培训费用的协议》，但因"职业培训"约定服务期违反了法律强制性规定，因此，该协议无效。综上所述，一审法院作出驳回维修中心的全部诉讼请求的判决。

用人单位出资对劳动者进行专项培训，为了明确培训相关事宜，尤其是服务期、培训费、违约金等重要事项，应当与劳动者签订专项培训协议。签订专项培训协议要注意以下事项。

择时机	• 培训开始前是签订培训协议的最佳时机。
定人员	• 综合考虑培训人员工作能力、工作态度、业绩表现、职业规划、诚信度、道德品质等方面； • 慎选试用期的员工，因为试用期内员工解除劳动合同无需承担违约责任和赔偿责任。
讲待遇	• 法律对于培训期间员工工资和福利待遇的支付没有作出强制性规定，双方可以协商确定，如脱产培训期间，由于劳动者未提供正常的劳动，企业可以不支付或仅支付最低工资。
明算账	• 明确约定培训费用的数额和所包含的项目，如果培训前无法确定的，应明确费用的支付依据和支付标准，亦可以规定由劳动者先行垫付，培训结束后凭有效票据实报实销。
丑话在先	• 法律做出明确规定，违约金的支付标准可由双方协商确定。但是，违约金的数额不得超过用人单位提供的培训费用。用人单位要求劳动者支付的违约金不得超过服务期尚未履行部分所应分摊的培训费用。

法条传送门

《中华人民共和国劳动合同法》

第二十二条　用人单位为劳动者提供专项培训费用，对其进行专业技术培训的，可以与该劳动者订立协议，约定服务期。

劳动者违反服务期约定的，应当按照约定向用人单位支付违约金。违约金的数额不得超过用人单位提供的培训费用。用人单位要求劳动者支付的违约金不得超过服务期尚未履行部分所应分摊的培训费用。

第二十五条　除本法第二十二条和第二十三条规定的情形外，用人单位不得与劳动者约定由劳动者承担违约金。

第三十八条 用人单位有下列情形之一的，劳动者可以解除劳动合同：

（一）未按照劳动合同约定提供劳动保护或者劳动条件的；

（二）未及时足额支付劳动报酬的；

（三）未依法为劳动者缴纳社会保险费的；

（四）用人单位的规章制度违反法律、法规的规定，损害劳动者权益的；

（五）因本法第二十六条 第一款规定的情形致使劳动合同无效的；

（六）法律、行政法规规定劳动者可以解除劳动合同的其他情形。

用人单位以暴力、威胁或者非法限制人身自由的手段强迫劳动者劳动的，或者用人单位违章指挥、强令冒险作业危及劳动者人身安全的，劳动者可以立即解除劳动合同，不需事先告知用人单位。

第六十八条 用人单位应当建立职业培训制度，按照国家规定提取和使用职业培训经费，根据本单位实际，有计划地对劳动者进行职业培训。

从事技术工种的劳动者，上岗前必须经过培训。

《中华人民共和国劳动合同法实施条例》

第十六条 劳动合同法第二十二条第二款规定的培训费用，包括用人单位为了对劳动者进行专业技术培训而支付的有凭证的培训费用、培训期间的差旅费用以及因培训产生的用于该劳动者的其他直接费用。

第二十六条 用人单位与劳动者约定了服务期，劳动者依照劳动合同法第三十八条的规定解除劳动合同的，不属于违反服务期的约定，用人单位不得要求劳动者支付违约金。

有下列情形之一，用人单位与劳动者解除约定服务期的劳动合同的，劳动者应当按照劳动合同的约定向用人单位支付违约金：

（一）劳动者严重违反用人单位的规章制度的；

（二）劳动者严重失职，营私舞弊，给用人单位造成重大损害的；

（三）劳动者同时与其他用人单位建立劳动关系，对完成本单位的工作任务造成严重影响，或者经用人单位提出，拒不改正的；

（四）劳动者以欺诈、胁迫的手段或者乘人之危，使用人单位在违背真实意思的情况下订立或者变更劳动合同的；

（五）劳动者被依法追究刑事责任的。

第七章　工作时间与休息休假

我国《宪法》规定，中华人民共和国劳动者有休息的权利。国家发展劳动者休息和休养的设施，规定职工的工作时间和休假制度。工作权和休息权是劳动者的基本权利，而这一基本权利则是通过完善及规范工作时间和休假制度来具体保障，由于其涉及每个劳动者的基本权益，因此，既是劳动用工管理的基本内容，也是劳动争议的高发地带。

第一节　工作时间

工作时间又称劳动时间，是指法律规定的劳动者在一昼夜和一周内从事劳动的时间。依据我国法律规定，目前形成了三种工作时间制度，即标准工时制、综合计算工时制、不定时工作制。

一、标准工时制

标准工时制是依据《国务院关于职工工作时间的规定》，明确劳动者每日最长工作 8 小时、每周最长工作 40 小时的工时制度，是目前用人单位采用的最普遍的一种工时制度。是其他特殊工时制度的计算依据和参照标准。任何单位和个人都不得擅自延长劳动者的工作时间。

根据 2008 年《关于职工全年月平均工作时间和工资折算问题的通知》，劳动者法定工作时间及工资计算具体如下：

1. 工作时间的计算

年工作日：365 天 - 104 天(休息日) - 11 天(法定节假日) = 250 天

月工作日：250 天 ÷ 12 月 = 20.83 天/月

2. 工资的折算

根据《劳动法》规定，法定节假日用人单位应当依法支付工资，即折算日工资时不剔除国家规定的 11 天法定节假日。

计薪天数 = (365 天 - 104 天) ÷ 12 月 = 21.75 天/月

日工资 = 月工资收入 ÷ 21.75 天/月

小时工资 = 月工资收入 ÷（21.75 天/月 × 8 小时）

最后，值得关注的是实行标准工时制的用人单位还需要注意以下几点。

（1）用人单位应当保证劳动者每周至少休息 1 日。

（2）因生产经营需要，经与工会和劳动者协商，一般每天延长时间不得超过 1 小时。

（3）特殊原因每天延长工作时间的，在保障劳动者身体健康的条件下，不得超过 3 小时。

（4）每月延长工作时间不得超过 36 小时。

举案说法 27．午餐时间算不算工作时间？

王某于 2013 年入职某建筑设计公司，该公司每日实际工作时间 8 小时，午餐午休另行计算 1 小时。王某认为，公司将午餐午休时间排除在工作时间之外，每日 9：00 上班，18：00 下班，即一天上班 9 小时，是不合法的。因此，要求公司作出调整并支付自入职至今的每日 1 小时加班费。该建筑设计公司则认为，法律没有明文禁止公司这么做，且实践中大量企业都运用这种工作时间制度，因此拒绝调整及支付加班费。本案经仲裁、一审程序结案。

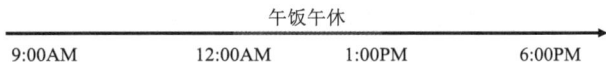

午饭午休

9:00AM　　　12:00AM　　　1:00PM　　　6:00PM

审理结果

经调查，该建筑设计公司在王某入职时，未明确告知每日标准工作时间是否排除 1 小时的午餐午休时间，受诉法院遂支持了王某的诉讼请求，即该公司应当另行支付王某加班费。

HR 操作锦囊

本案中，所谓午休午餐时间，实质是劳动法上所称的"工作间歇休息时间"，指劳动者在工作日的工作时间内享有的必要休息和用餐时间。在工作过程中，用人单位应当给予劳动者一定的休息时间和用餐时间。在实践中，休息时间的长度也会因工作岗位和工作性质的不同而有所不同，一般用人单位应当在劳动者工作四小时左右给予工作间歇休息时间，且大多给予一小时的休息时间。有的岗位由于生产不能间断，不能实行固定的间歇休息时间，也应使劳动者在工作时间内有用餐时间，一般 10 ~ 15 分钟。

除特殊工时制外，《劳动法》规定，法定标准工作制度工作时间为八小时，这就势必会和劳动者的午休午餐时间相重合。而对于法定工作时间到底包不包括午休午餐时间，法律没有作出明文规定。因此，对于此问题并不存在肯定或否定的标准答案，用人单位可以根据实际情况自己决定。本案中，公司将午休一小时排除在工作时间之外，如果是在王某入职时明确告知，是不违背法律规定的。

用人单位对午餐时间性质的规定，分为两种情况。

（1）明确规定八小时工作时间包含午休午餐时间，劳动者在此八小时之外的工作就形成了加班时间，用人单位应该另行支付加班费。

（2）明确规定八小时工作时间不包含午休午餐时间，则用人单位必须明确告知劳动者，如在劳动合同中明确约定或在规章制度中规定并向劳动者公示等。另外，午休午餐时间属于劳动者的休息时间，应由其自行支配，用人单位应避免安排工作，否则仍然会被计入工作时间。

需要提醒的是，法律对于某些特殊劳动者群体的工作时间作出强制性的规定，用人单位必须遵从。例如，《女职工劳动保护规定》明确规定，有不满一周岁婴儿的女职工，其所在单位应当在每班劳动时间内给予其两次哺乳时间，每次三十分钟。哺乳时间与在本单位哺乳往返途中的时间，算作劳动时间。除此之外，还有劳动者为履行社会义务所消耗的时间，或者由于单位的原因造成的停工时间等。

二、综合计算工时制

综合计算工时制，是用人单位因工作性质特殊或者受季节及自然条件限制，需在一段时间内连续作业，而采用的以周、月、季、年等为周期综合计算工作时间的一种工时制度，但其平均日工作时间和平均周工作时间应与法定标准工作时间基本相同。

根据相关法律法规，综合计算工时制的适用范围主要分以下几类。

（1）交通、铁路、邮电、水运、航空、渔业等行业中因工作性质特殊，需连续作业的劳动者。

（2）地质及资源勘探、建筑、制盐、制糖、旅游等受季节和自然条件限制的行业的劳动者。

（3）亦工亦农或由于受能源、原材料供应等条件限制难以均衡生产的乡镇企业的劳动者。

（4）对于那些在市场竞争中，由于外界因素影响，生产任务不均衡的企业的部分劳动者。

（5）可以采用集中工作、集中休息的劳动者。

（6）实行轮班作业的劳动者。

（7）其他适合实行综合计算工时制的劳动者。

用人单位实行综合计算工时制，除了要符合上述法律法规规定的可以实行综合计算工时制的情形，还必须向劳动合同履行地的劳动行政部门申请审批。在劳动合同履行地与用人单位经营地不一致的情形下，若用人单位是在经营地申请的综合计算工时，那么其履行地并不当然就适用综合计算工时，还应另行再予申请审批。一般申请综合计算工时制，应当提交实行综合计算工时制的申请表、综合计算工时制工作岗位说明（注意需写明岗位职能、特点、工种目录、定岗人数和申请理由）以及劳动保障部门根据审查情况认为需要提供的其他材料。

最后，列举几点实行综合计算工时制的用人单位在实践中经常遇到的问题。

（1）综合计算工时制的加班费计算方式是怎样的？

综合计算工时制在加班费计算上，不存在休息日加班情形，即不存在按照200%支付加班费的情形。在计算劳动者的工作时间时，以"综合计算周期内总的工作时间"除以"周期内的工作天数"，没有超出法定标准工作时间的，无须另行向劳动者支付加班费。如果超出法定标准工作时间的，用人单位就应支付劳动者延长工作时间150%的加班费。此外，即使某岗位申请了综合计算工时，在法定节假日安排劳动者工作的，仍需按照300%支付加班费。

（2）综合计算工时制的实施是否应经得劳动者的同意？

综合计算工时制的实施应经得劳动者同意，但事实上，很多用人单位在实施综合计算工时制时，更注重劳动行政部门的审批，却忽略了劳动者。《劳动合同法》颁布实施后，明确规定"工作时间和休息休假"是劳动合同应具备的内容之一，进行了强制性规定。因此，用人单位实施综合计算工时制，应该经劳动者同意，在劳动合同中载明，而不是仅通过劳动行政部门审批实施。

根据法律的相关规定，实行综合计算工时制的，其工作时间可分别以周、月、季、年为周期，综合计算工作时间，但其平均日工作时间和平均周工作时间应与法定标准工作时间基本相同。可见，实行综合计算工时制后，用人单位也必须在劳动行政部门审批的相应周期时间内安排劳动者工作和休息，而无权随意安排劳动者的工作时间。

需要注意的是，经劳动行政部门审批后，实行特殊工时制还有一个前提，用人单位不能与劳动者有相反的约定或在规章制度中进行相反的规定，如果单位申请了特殊工时制，但与劳动者约定适用标准工时制或在规章制度中规定某些岗位实行标准工时制，那么特殊工时制不适用于该劳动者或者该岗位。

三、不定时工作制

不定时工作制也称作无定时工时制，它没有固定工作时间的限制，是针对因生产特点、工作性质特殊需要或职责范围的关系，需要连续上班或难以按时上下班，无法适用标准工作时间或需要机动作业的职工而采用的一种工作时间制度。对于实行不定时工作制的劳动者，用人单位应按《劳动法》的规定，参照标准工时制核定工作量并采用弹性工作时间等适当方式，确保职工的休息休假权利和生产、工作任务的完成。

根据《关于企业实行不定时工作制和综合计算工时工作的审批办法》的规定，不定时工作制的适用主体主要分以下几类。

（1）企业中的高级管理人员、外勤人员、推销人员、部分值班人员和其他因工作无法按标准工作时间衡量的职工。

（2）企业中的长途运输人员、出租汽车司机和铁路、港口、仓库的部分装卸人员以及因工作性质特殊，需机动作业的职工。

（3）其他因生产特点、工作特殊需要或职责范围的关系，适合实行不定时工作制的职工。

鉴于各个用人单位的不同情况，可依据上述规定结合实际情况，按照有关规定向劳动行政部门申请审批，其申请审批条件和程序与本节前述"综合计算工时制"是相同的。而申请实行不定时工作制最大的特点就是劳动者工作时间不受日、月延长时间标准限制，这一特点使得劳动者工作时间灵活机动，一定程度上降低了用人单位用工成本。

举案说法 28. 不定时工作制是否需要支付劳动者加班费？

刘某与安德普翰人力资源服务公司签订了期限为 2011 年 11 月 1 日至 2013 年 10 月 31 日的劳动合同，约定实行不定时工作制。刘某后来被派遣到上海梯西爱尔电器贸易有限公司，该贸易公司于 2012 年 7 月变更登记为上海 T 电器销售有限公司（以下简称 T 公司）。人力资源和社会保障部门分别于 2010 年 5 月 18 日、2011 年 5 月 30 日及 2012 年 5 月 18 日出具《准予企业实行其他工作时间制度决定书》，准予 T 公司的销售人员岗位在 2010 年 6 月 1 日至 2013 年 5 月 31 日期间实行不定时工作制。

刘某于 2013 年 7 月 10 日向仲裁委员会申请仲裁，要求 T 公司支付违法解除劳动合同赔偿金 27 354 元；支付 2011 年度、2012 年度、2013 年度各 5 天应休而未休年休假折算工资 6 210 元；支付 2010 年 12 月 15 日~2013 年 4 月 9 日共 113 天的休息日加班工资 46 833 元；支付 2013 年 6 月 1 日~2013 年 6 月 25 日期间的病假工资 1 620 元；支付 2013 年 2 月 9 日、2 月 13 日、2 月 14 日法定节假日加班工资 1 243.50 元。

该仲裁委于 2013 年 8 月 27 日裁决 T 公司支付刘某 2012 年度及 2013 年度未安排其带薪年休假工资 2 500.58 元，对于刘某的其余请求不予支持。刘某不服该裁决，遂诉至一审法院。

🔒 审理结果

庭审中，刘某陈述其工作时实行做六休一，周一到周四的工作时间为早上 10 点至晚上 6 点，周五、周六、周日是早上 10 点至晚上 10 点，休息当天要到公司培训，由虹口国美店进行考勤；后至商务中心店上班，由商务中心店进行考勤。其称至商务中心店工作后，平时工作时间为早上 9 点半至下午 5 点半，双休日为上午 9 点至晚上 6 点半。商务中心系国企，故没有法定节假日的工作安排，每周固定在周四休息，商务中心店不进行考勤。实行做六休一，休息的一天还须到公司参加培训和新品发布等。同时，刘某提供了证人驼某和丁某到庭作证。证人丁某是公司的员工，曾与刘某同在虹口国美店上班，其表示所有品牌销售员均需遵守门店的上下班规章制度，定点定岗，迟到或早退需要罚款。一般双休日都是 12 小时全班，每周各品牌不间断做品牌促销活动。

根据 T 公司提供的准予企业实行其他工作时间制的批复文件，以及安德普翰公司提供的与刘某的劳动合同，刘某所从事的岗位系实行不定时工作制。根据《工资支付暂行规定》的相关规定，实行不定时工作制的员工，不执行休息日工作由用人单位支付加班工资的相关规定，且刘某未能提供任何证据证明其春节期间加班事实，故对刘某要求 T 公司支付 2010 年 12 月 15 日至 2013 年 4 月 9 日及 2013 年春节期间双休日加班费的请求，法院不予支持。

HR 操作锦囊

实行不定时工作制的劳动者的工作时间不再受平均每日工作不超过 8 小时、每周工作不超过 40 小时，每周至少享受一次连续 24 小时休息的限制。由于劳动者自由安排工作时间，也不再享受公休日。从法律规定来看，并没有规定不定时工作制的加班情形，普遍认为，不定时工作制是不计算加班时间和加班费的，只有在部分地区如上海、深圳的《工资支付条例》中规定，在法定节假日加班，不定时工时制的劳动者按 300% 的日工资支付加班费。同时，符合享受带薪年休假条件的劳动者可以享受带薪休假。在实践中，劳动者可以与用人单位就加班问题在劳动合同中进行约定，以维护自己的权益。

针对上述的案例，HR 应注意以下几点问题。

（1）对于实行不定时工作制的劳动者，用人单位在确定其工作任务和工作量时，应当参照同等时间内标准工时制下可完成的工作量合理确定，确保劳动者休息权益。

（2）建立完善的工作汇报制度，尽量量化工作任务以便于监督和考核。

（3）不定时工作制的工作时间不固定，用人单位不得像要求实行标准工时制的劳动者那样要求实行不定时工作制的劳动者按时上下班打卡。

四、有关加班加点的规定

加班加点，是指在用人单位执行的工作时间制度的基础上延长工作时间，即《劳动法》规定的"延长工作时间"。凡在法定节假日和休息日进行的工作称作加班，一般以天数作为计算单位。凡在正常工作日延长的工作时间称作加点，一般以小时作为计算单位。

（1）综合计算工时制：平均日（周）工时超过法定标准工时的情况下其超出部分应视为加班或加点，工作日正好是法定节假日的也应视为加班。

（2）实行不定时工作制：一般不存在加班加点，但是如上海、深圳等个别地区的《工资支付条例》中规定，在法定假日加班，不定时工时制的人员按 300% 的日工资支付加班费。

1. 加班加点的长度

一般每日延长不得超过 1 小时；因特殊原因需要延长的，每日不得超过 3 小时，每月不得超过 36 小时。用人单位安排劳动者延时加班的，应当支付不低于工资 150% 的加班费。

根据《劳动法》和《国务院关于职工工作时间的规定》及其相关实施办法的规定，延长工时不受上述程序、长度限制的特殊情形如下：

（1）发生自然灾害、事故或者因其他原因，使人民的安全健康和国家资财遭到严重威胁，需要紧急处理的。

（2）生产设备、交通运输线路、公共设施发生故障，影响生产和公共利益，必须及时抢修的。

（3）必须利用法定节日或休息日的停产期间进行设备检修、保养的。

（4）国家机关、事业单位未完成国家紧急任务或未完成上级安排的其他紧急任务，以及商业、供销企业在旺季完成收购、运输、加工农副产品紧急任务的。

（5）为完成国防紧急任务，或者完成上级在国家计划外安排的其他紧急生产任务的。

（6）法律、行政法规规定的其他特殊情况。

2. 支付加班费的标准

根据《劳动法》规定，用人单位应当向劳动者支付高于劳动者正常工作时间工资的加班加点工资，其标准分别如下：

（1）工作日安排劳动者延长工作时间（即加点）的，支付不低于正常工时工资的150%。

（2）休息日安排劳动者工作（即加班）又不能安排补休的，支付不低于正常工时工资的200%。

（3）法定休假日安排劳动者工作的（即加班），支付不低于正常工时工资的300%。

3. 不支付加班费的后果

用人单位安排加班不支付加班费的，由劳动行政部门责令限期支付加班费；逾期不支付的，责令用人单位按应付金额百分之50%以上100%以下的标准向劳动者加付赔偿金。用人单位不执行劳动定额标准，强迫或者变相强迫劳动者加班加点的，应当承担上述责任。如果用人单位是以暴力、威胁或者非法限制人身自由的手段强迫劳动者加班加点的，构成犯罪的，依法追究刑事责任；有违反治安管理行为的，依法给予行政处罚；对劳动者造成损害的，用人单位应当承担赔偿责任。

4. 加班加点与值班的区别

加班加点是劳动者在平时正常工作时间外，继续从事自己的本职工作。值班是单位因安全、消防、假日等需要，临时安排或根据制度安排与劳动者本职无关联的工作；或虽与劳动者本职工作有关联，但值班期间可以休息的工作，一般为非生产性的责任，如看门、接听电话等。认定加班还是值班，主要看劳动者是否继续在原来的岗位上工作，或是否有具体的生产或经营任务。

加班费的计算是法定的，比如根据《劳动法》的规定，休息日单位安排加班的，应给予补休，不能安排补休的，则按照日或小时工资标准的 200% 支付加班工资。而对于值班费的计算，法律并未限定，一般根据用人单位规章制度来确定。

五、加班申请

用人单位不能强迫劳动者加班加点工作，否则应当承担相应的法律责任，所以，用人单位须完善加班审批制度，劳动者加班需填写加班申请单，并注明加班原因、工作内容和加班时间，提交 HR 审批。加班审批制度一方面可以提高劳动者加班劳动的主动性，另一方面用人单位也可以将加班申请的时间作为支付加班费的依据，有利于用工管理。

六、考勤管理中的误区

目前，不少用人单位已实施科学考勤制度，如以登记、打卡、OA 系统等各种形式，结合工作业绩实施不定期考核，对劳动者起到了较好的监督和约束作用。并直接与工资、奖金等联系在一起，一定程度上提高了劳动者工作的积极性并体现了用工程序的公平性。在考勤上出现问题最多的是一些初创型用人单位和处在发展期体量较小的用人单位，在考勤管理制度方面缺乏体系性，未能起到应有的作用，还需完善。

如果 HR 能够更好地完善考勤管理制度和操作流程，了解考勤管理中的误区，可以最大限度减少用人单位风险。

1. 单位无考勤制度

考勤制度是用人单位的一项基础管理制度，是用人单位对劳动者进行其他管理的重要前提。因此，大多数用人单位都有相对完善的考勤管理制度以便对劳动者实行有效的监督和管理。

但是，用人单位不实施考勤管理的现象也不少见，一些用人单位因为规模较小、刚成立等原因，导致管理者考勤观念淡薄，也有些规模较大、管理比较规范的用人单位对部分特殊岗位缺乏认识，如司机、外勤、销售人员、轮班人员，认为这类岗位无法考勤或者没必要实施考勤管理，这些都直接或间接地埋下了用工风险。

而绝大多数劳动争议案件，常涉及出勤时间的争议，如加班费、旷工、拖欠劳动报酬等争议都直接或间接地与出勤时间的确认有关。如果用人单位未实施考勤管理，将无法提供有效地考勤记录。根据举证规则，用人单位对劳动者在本单位的出勤情况负举证责任，一旦无法提供考勤记录，则仲裁机构或法院将可能采信劳动者的主张，届时是否加班，加班时间长短、是否旷工等情况都会因为举证不能受到影响。

2. 考勤规定不明确

用人单位关于考勤的制度规定往往涉及工时制度、工作时间安排、加班的申请程序等，如果这些内容不够明确或与劳动合同存在冲突，往往也会为劳动争议埋下隐患。

（1）用人单位考勤规定没有规定工作时间的统计及确认方法，由于工作时间直接涉及薪资结算，往往直接影响劳动者权益，故用人单位应当加以明确。如门禁记录是否作为统计工作时间的依据、劳动者的考勤记录是否须经相关部门核对校准。如果规定比较明确，将大大减少争议发生的可能性。

（2）用人单位考勤规定往往忽视对休息时间的说明。有些单位规定每天工作9小时，并未明确告知劳动者中间有1小时休息时间。劳动者可能认为存在1小时加班时间而申请仲裁，尽管劳动者并不一定胜诉，但仲裁本身也消耗了用人单位的管理成本。

（3）用人单位考勤规定常忽视对加班的认定标准，用人单位应该明确加班须经审批的程序，避免劳动者因个人原因超时工作而索要加班费的情况出现。

3. 缺勤记录未注明事由

在用人单位日常考勤管理中，劳动者因病假、事假等而缺勤是不可避免的，但若缺勤无明确考核标准，则劳动者是否旷工？是否属于休假？休了何种假？都很难明确界定，若单位不能给予合理解释，出现劳动争议，用人单位则可能承担风险或责任。

4. 考勤记录缺乏签名核对

考勤记录是劳动争议当中的典型证据形式，而该类证据的真实性、关联性也是各方论争的焦点。其中，最典型的争议是，没有劳动者确认的考勤记录是否具有证明效力？

考勤记录涉及劳动者的工资休假等权益，故其真实性的判断至关重要。而用人单位提供的考勤记录的形成时间、是否具有更改的可能性、是否经劳动者确认都是判断考勤记录作为证据效力的重要标准。尤其是电子考勤记录具有物质依赖性和易更改性，用人单位出示的往往都是电子考勤记录的打印件。而未经劳动者签字确认的打印件，从证据形式上看，属于非原始证据，该打印件是否与原始保存的考勤记录完全一致是值得怀疑的。因此，在实践中，用人单位需要提供其他证据加以佐证电子考勤记录打印件的真实性，如制作考勤记录导出过程的视频，以证明该证据的形成过程是真实的，或者提供工资发放情况与考勤记录核对，是否存在冲突和不一致。若不能提供其他证据加以佐证，或者与其他证据存在自相矛盾之处，则用人单位将面临风险。因此，电子考勤记录定期交由劳动者确认签字，是确保考勤记录真实、合法、有效的重要手段。

5. 考勤记录疏于保管

在劳动争议案件中，与考勤记录相关的旷工争议、加班费争议往往存在仲裁时效限制。但时效的背后，是要求用人单位保管必要的管理文件，考勤记录便是其中之一。

对争议发生前两年的考勤记录，用人单位负有举证义务。若劳动者能举证证明用人单位掌握管理考勤记录，则用人单位应当提供该劳动者两年内的考勤记录，不能提供的则将承担不利后果。有些单位以为离职员工已经不是公司的员工了，所以对其过往的资料疏于保管，或销毁、或遗弃，一旦涉诉，则往往面临举证不能的问题。

6. 未及时申报、续延特殊工时制

用人单位由于部分劳动者工作岗位的特殊性而执行不定时工时制，既是控制成本的需要，也便于管理统计。但部分用人单位却对特殊工时制存在误解。

（1）认为特殊工时制只需合同约定或制度规定即可。根据现行法律法规及政策，实行综合工时或不定时工时制度须经劳动行政部门批准。未经主管部门批准，即使双方有约定也不得执行特殊工时制，而只能按照标准工时制统计工时，如超出标准工时需支付加班费。

（2）认为只要劳动行政部门批准，就可全员执行特殊工时制或永久执行特殊工时制。根据特殊工时有关申报规定，经批准的特殊工时制有适用期限、适用岗位的限制。不是所有的岗位都可执行特殊工时制度，也不是申请特殊工时制获得批准后便一劳永逸。

（3）执行特殊工时制无须告知劳动者。尽管是否执行特殊工时制主要取决于是否获得审批，但是也应当让劳动者知晓。劳动者不知情容易留下劳动争议隐患，更为重要的是，究竟哪些岗位属于审批范围，需要用人单位事先规定或及时与劳动者沟通确认，以减少争议发生的可能性。

总而言之，用人单位应当充分重视和完善考勤管理制度并对考勤证据加以固定和保存。HR 应当更加关注基础工作，实现人力资源的精细化管理，防止劳动争议的发生，加强用人

单位风险控制，降低用工成本。

法条传送门

《中华人民共和国劳动法》

第三十六条　国家实行劳动者每日工作时间不超过八小时、平均每周工作时间不超过四十四小时的工时制度。

第三十七条　对实行计件工作的劳动者，用人单位应当根据本法第三十六条规定的工时制度合理确定其劳动定额和计件报酬标准。

第三十九条　企业因生产特点不能实行本法第三十六条、第三十八条规定的，经劳动行政部门批准，可以实行其他工作和休息办法。

第四十一条　用人单位由于生产经营需要，经与工会和劳动者协商后可以延长工作时间，一般每日不得超过一小时；因特殊原因需要延长工作时间的，在保障劳动者身体健康的条件下延长工作时间每日不得超过三小时，但是每月不得超过三十六小时。

第四十二条　有下列情形之一的，延长工作时间不受本法第四十一条规定的限制：

（一）发生自然灾害、事故或者因其他原因，威胁劳动者生命健康和财产安全，需要紧急处理的；

（二）生产设备、交通运输线路、公共设施发生故障，影响生产和公众利益，必须及时抢修的；

（三）法律、行政法规规定的其他情形。

第四十三条　用人单位不得违反本法规定延长劳动者的工作时间。

第四十四条　有下列情形之一的，用人单位应当按照下列标准支付高于劳动者正常工作时间工资的工资报酬：

（一）安排劳动者延长工作时间的，支付不低于工资的百分之一百五十的工资报酬；

（二）休息日安排劳动者工作又不能安排补休的，支付不低于工资的百分之二百的工资报酬；

（三）法定休假日安排劳动者工作的，支付不低于工资的百分之三百的工资报酬。

《中华人民共和国劳动合同法》

第八十五条　用人单位有下列情形之一的，由劳动行政部门责令限期支付劳动报酬、加班费或者经济补偿；劳动报酬低于当地最低工资标准的，应当支付其差额部分；逾期不支付的，责令用人单位按应付金额百分之五十以上百分之一百以下的标准向劳动者加付赔偿金：

（一）未按照劳动合同的约定或者国家规定及时足额支付劳动者劳动报酬的；

（二）低于当地最低工资标准支付劳动者工资的；

（三）安排加班不支付加班费的；

（四）解除或者终止劳动合同，未依照本法规定向劳动者支付经济补偿的。

第八十八条　用人单位有下列情形之一的，依法给予行政处罚；构成犯罪的，依法追究刑事责任；给劳动者造成损害的，应当承担赔偿责任：

（一）以暴力、威胁或者非法限制人身自由的手段强迫劳动的；

（二）违章指挥或者强令冒险作业危及劳动者人身安全的；

（三）侮辱、体罚、殴打、非法搜查或者拘禁劳动者的；

（四）劳动条件恶劣、环境污染严重，给劳动者身心健康造成严重损害的。

《国务院关于职工工作时间的规定》

第三条　职工每日工作 8 小时、每周工作 40 小时。

第七条　国家机关、事业单位实行统一的工作时间，星期六和星期日为周休息日。企业和不能实行前款规定的统一工作时间的事业单位，可以根据实际情况灵活安排周休息日。

《关于企业实行不定时工作制和综合计算工时工作制的审批办法》

第五条　企业对符合下列条件之一的职工，可实行综合计算工时工作制，即分别以周、月、季、年等为周期，综合计算工作时间，但其平均日工作时间和平均周工作时间应与法定标准工作时间基本相同。

（一）交通、铁路、邮电、水运、航空、渔业等行业中因工作性质特殊，需连续作业的职工；

（二）地质及资源勘探、建筑、制盐、制糖、旅游等受季节和自然条件限制的行业的部分职工；

（三）其他适合实行综合计算工时工作制的职工。

第六条　对于实行不定时工作制和综合计算工时工作制等其他工作和休息办法的职工，企业应根据《中华人民共和国劳动法》第一章、第四章有关规定，在保障职工身体健康并充分听取职工意见的基础上，采用集中工作、集中休息、轮休调休、弹性工作时间等适当方式，确保职工的休息休假权利和生产、工作任务的完成。

第六条 对于实行不定时工作制和综合计算工时工作制等其他工作和休息办法的职工，企业应根据《中华人民共和国劳动法》第一章、第四章有关规定，在保障职工身体健康并充分听取职工意见的基础上，采用集中工作、集中休息、轮休调休、弹性工作时间等适当方式，确保职工的休息休假权利和生产、工作任务的完成。

《关于贯彻执行〈中华人民共和国劳动法〉若干问题的意见》

第六十七条 经批准实行不定时工作制的职工，不受劳动法第四十一条规定的日延长工作时间标准和月延长工作时间标准的限制，但用人单位应采用弹性工作时间等适当的工作和休息方式，确保职工的休息休假权利和生产、工作任务的完成。

《工资支付暂行规定》

第十三条 用人单位在劳动者完成劳动定额或规定的工作任务后，根据实际需要安排劳动者在法定标准工作时间以外工作的，应按以下标准支付工资：

（一）用人单位依法安排劳动者在日法定标准工作时间以外延长工作时间的，按照不低于劳动合同规定的劳动者本人小时工资标准的150%支付劳动者工资；

（二）用人单位依法安排劳动者在休息日工作，而又不能安排补休的，按照不低于劳动合同规定的劳动者本人日或小时工资标准的200%支付劳动者工资；

（三）用人单位依法安排劳动者在法定休假节日工作的，按照不低于劳动合同规定的劳动者本人日或小时工资标准的300%支付劳动者工资。

实行计件工资的劳动者，在完成计件定额任务后，由用人单位安排延长工作时间的，应根据上述规定的原则，分别按照不低于其本人法定工作时间计件单价的150%、200%、300%支付其工资。

经劳动行政部门批准实行综合计算工时工作制的，其综合计算工作时间超过法定标准工作时间的部分，应视为延长工作时间，并应按本规定支付劳动者延长工作时间的工资。

实行不定时工时制度的劳动者，不执行上述规定。

《国务院〈关于职工工作时间的规定〉问题解答》（略）

第二节　休息休假

休息休假又称休息时间，是指劳动者在国家规定的法定工作时间外自行支配的时间，包括劳动者每天休息的时数、每周休息的天数、节假日、年休假、探亲假等。

一、休息日

休息日是劳动者在一周内享有连续休息在一天（24 小时）以上的休息时间。按《劳动法》规定，一般情况下劳动者每周应休息 2 天，即周六日 2 天的休息时间。有些用人单位因工作性质和生产特点不能实现标准工时制度的，每周至少也应休息 1 天；有些用人单位还可以实行不定时工作制度、综合计算工时工作制等其他工作和休息办法。

二、法定节假日

法定节假日是根据各国、各民族的风俗习惯或纪念要求，由国家法律统一规定的用于进行庆祝及度假的休息时间。法定节假日属于带薪假日。我国法定节假日共包括三类。

1. 全体公民放假的节日

① 新年，放假 1 天（1 月 1 日）；

② 春节，放假 3 天（农历除夕、正月初一、初二）；

③ 清明节，放假 1 天（农历清明当日）；

④ 劳动节，放假 1 天（5 月 1 日）；

⑤ 端午节，放假 1 天（农历端午当日）；

⑥ 中秋节，放假 1 天（农历中秋当日）；

⑦ 国庆节，放假 3 天（10 月 1 日、2 日、3 日）

2. 部分公民放假的节日

① 妇女节（3 月 8 日），妇女放假半天；

② 青年节（5 月 4 日），14 周岁以上的青年放假半天；

③ 儿童节（6 月 1 日），不满 14 周岁的少年儿童放假 1 天；

④ 中国人民解放军建军纪念日（8 月 1 日），现役军人放假半天。

3. 少数民族习惯的节日

由各少数民族聚居地区的地方人民政府，按照各民族习惯，规定放假日期。

根据《全国年节及纪念日放假办法》规定，全体公民放假的假日，如果适逢星期六、星期日，应当在工作日补假。部分公民放假的假日，如果适逢星期六、星期日，则不予补假。

用人单位在上述全体公民放假的节日安排劳动者工作的，应当按照不低于工资 300% 的标准支付加班费。

三、带薪年休假

带薪年休假，是国家根据劳动者工作年限和劳动繁重紧张程度，每年给予的一定期间的带薪连续休假。

1. 劳动者享受带薪年休假的条件

根据《职工带薪年休假条例》（简称《年休假条例》）以及《企业职工带薪年休假实施办法》（简称《年休假实施办法》）的规定，职工连续工作满 12 个月以上的，享受带薪年休假。

但实践中，往往存在以下三点误区。

（1）误区一：新入职劳动者的年休假按在新单位的连续工作年限重新计算

根据《年休假条例》规定，机关、团体、企业、事业单位、民办非企业单位、有雇工的个体工商户等单位的职工连续工作一年以上的，享受带薪年休假。单位应当保证职工享受年休假，同时职工在年休假期间享受与正常工作期间相同的工资收入。《年休假实施办法》规定，年休假天数根据职工累计工作时间确定。职工在同一或者不同用人单位工作期间，以及依照法律、行政法规或者国务院规定视同工作期间，应当计为累计工作时间。实际上，劳动者无论是在同一用人单位连续工作满一年还是在不同用人单位累计连续工作时间满一年的都可以休年休假，不会因为劳动者更换单位重新计算连续工作满一年的期间。

（2）误区二：劳动者主动提出解除劳动关系无须支付未休年休假报酬

根据《年休假实施办法》规定：用人单位与职工解除或者终止劳动合同时，当年度未安排职工休满应休年休假的，应当按照职工当年已工作时间折算应休未休年休假天数并支付未休年休假工资报酬，但折算后不足一天的部分不支付未休年休假工资报酬。用人单位当年已安排职工年休假的，多于折算应休年休假的天数不再扣回。实际上，上述规定中"用人单位与职工解除或者终止劳动合同时"不是仅指"由用人单位主动与职工解除或终止劳动关系的情形"，而应该理解为"凡是用人单位与职工发生解除或终止劳动关系的情形"都应当在解除或终止劳动关系时折算为劳动者应休而未休的年休假工资报酬。

（3）误区三：劳动者未在当年提出年休假书面申请视为自行放弃年休假

根据《年休假实施办法》规定，用人单位根据生产、工作的具体情况，并考虑职工本人意愿，统筹安排年休假。用人单位确因工作需要不能安排职工年休假或者跨一个年度安排年休假的，应征得职工本人同意。用人单位安排职工休年休假，但是职工因本人原因不休年休假且通过书面形式正式向用人单位提出申请的，可以视为劳动者自行放弃年休假，但同时仍需支付其正常工作期间的工资收入。可见，安排劳动者年休假是用人单位的法定义务，而非必须由劳动者主动提出申请才能启动，即便劳动者未在当年提出年休假申请也不能视为其自动放弃，除非有劳动者书面申请因本人原因不休年休假。

2. 劳动者不享受当年的带薪年休假情形

劳动者有下列情形之一的，不享受当年的年休假。

①员工依法享受寒暑假，其休假天数多于年休假天数的。

②员工请事假累计 20 天以上且单位按照规定不扣工资的。

③累计工作满 1 年不满 10 年的员工，请病假累计 2 个月以上的。

④累计工作满 10 年不满 20 年的员工，请病假累计 3 个月以上的。

⑤累计工作满 20 年以上的员工，请病假累计 4 个月以上的。

不享受当年年休假情形				注　意
病假累计（m）	2 月 $\leqslant m$	且累计工作年限（y）	1 年 $\leqslant y < 10$ 年	职工已享当年年假的，在当年内又出现前述累计病假、累计事假情形之一的，不享下一年度年休假
	3 月 $\leqslant m$		10 年 $\leqslant y < 20$ 年	
	4 月 $\leqslant m$		20 年 $\leqslant y$	
事假累计（d）	20 天 $\leqslant d$	且单位不扣工资的		
依法享受寒暑假	且休假天数多于年休假天数			寒暑假天数少于年休假天数的，用人单位应补足年休假天数

3. 带薪年休假天数的计算

（1）一般情形下，累计计算。

依据国务院《职工带薪年休假条例》（简称《年休假条例》）以及《企业职工带薪年休假实施办法》（简称《年休假实施办法》），计算方式如下。

累计工作年限（y）	年休假天数	注　意
1 年 $\leqslant y < 10$ 年	5 天	《年休假实施办法》进一步明确，年休假天数根据职工累计工作时间确定。职工在同一或者不同用人单位工作期间，以及依照法律、行政法规或者国务院规定视同工作期间，应当计为累计工作时间。因此，工作年限是累计计算的，中间可间断
10 年 $\leqslant y < 20$ 年	10 天	
20 年 $\leqslant y$	15 天	

（2）员工累计工作年限满 1 年、满 10 年、满 20 年后，从临界点起享受相应的年休假天数进行折算，折算后不足 1 整天的部分不享受年休假。遇到临界点问题，应该分段计算年休假，举例如下：

员工在临界点 2021 年 3 月 10 日就满足连续工作十年以上的条件。从 2021 年 1 月 1 日到临界点 2021 年 3 月 10 日的自然日天数是 69 天；从临界点 2021 年 3 月 10 日到 2021 年 12 月 31 日，一共自然日 296 天，则 2021 年度年休假天数计算公式为 $69 \div 365 \times 5 + 296 \div 365 \times 10 \approx 9.06$ 天，折算后不足 1 整天的部分不享受年休假，即年休假为 9 天。

（3）特殊情形下，折算计算。

对于刚入职到新用人单位的劳动者，当年度的带薪年休假天数，依据《年休假实施办法》规定，劳动者入职新用人单位，且之前已连续工作满 12 个月以上的，按照在新单位剩余日历天数（日历天数为每年的 1 月 1 日到 12 月 31 日）折算确定，折算后不足 1 天的部分不享受年休假。这里需要注意，对于新入职的劳动者，之前未连续工作满 12 个月以上的，并不是根据入职时间来确定当年度在本单位的剩余日历天数，而是以连续工作满 12 个月的时间点作为起始时间，计算在新单位当年度的剩余日历天数。

折算公式：新入职劳动者年休假天数 =（当年度在本单位剩余日历天数 ÷ 365 天）× 职工本人全年应当享受的年休假天数

对于劳动者解除或者终止劳动合同时，当年未安排劳动者休满应休年休假的，依据《年休假实施办法》规定，按照该劳动者在本单位当年已工作时间，折算应休未休的年休假天数，折算后不足 1 整天的部分，不享受年休假，不支付未休年休假工资报酬。如果用人单位当年已安排劳动者年休假的，多于折算应休年休假天数的部分，用人单位不得扣回。

折算公式：离职时年休假天数 =（当年度在本单位已过日历天数 ÷ 365 天）× 职工本人全年应当享受的年休假天数 – 当年度已休天数

上述年休假天数是法定的最低下限，用人单位根据自身实际情况可规定比法定天数长的年休假。依据《年休假实施办法》规定，劳动合同、集体合同约定的或者用人单位规章制度规定的年休假天数高于法定标准的，用人单位应当按照有关约定或者规定执行。因此，用人单位规定的年休假天数比法定年休假长的，可以在劳动合同或规章制度中明确约定休假天数、休假审批程序以及应休未休的处理等，以此区分法定年休假，有效减少休假问题引起的不必要纠纷。

4. 未休年休假工资报酬

用人单位不安排年休假，或安排年休假天数少于应休天数的，应在本年度内对劳动者应休未休的年休假天数，按其日工资收入的 300% 支付未休年休假工资报酬，其中包含用人单位支付的正常工作期间的工资报酬。因此，用人单位补发未休年休假工资的时候，只需要支付剩下的两倍差额即可。

另外，未休年休假工资报酬的计算基数是劳动者前 12 个月剔除加班工资后的月平均工资，包含奖金、津贴等工资性收入，不包含加班工资。

计算公式：未休年休假工资报酬（法定）＝前 12 个月剔除加班费的月平均工资 ÷21. 75 ×200% ×应休天数

举案说法 29. 未休年假的工资报酬如何计算？

刘某是某百货公司的一名销售员工，由于工作性质原因，刘某经常加班，且入职后从未享受过带薪年假。入职两年后，刘某以索要未休年假工资报酬为由将该百货公司提请仲裁，后又起诉至法院。庭审中，刘某主张百货公司给付加班费及在职期间享受的应休未休的带薪年假报酬，并按照 300% 计算带薪年休假报酬。

审理结果

法院的判决未采纳刘某关于其未休年休假工资报酬的计算标准，而是按照刘某日工资的 200% 计算得出某百货公司应支付的未休年休假工资报酬。

HR 操作锦囊

根据《工资支付暂行规定》第十一条的规定，劳动者在年休假期间享有与正常工作相同的工资收入。

在实务操作中，HR 应当注意：未休年休假的 300% 工资报酬已包含了用人单位支付劳动者正常工作期间的工资收入部分。因此，补发未休年休假工资报酬差额时具体应按照 200% 标准计算。此外，劳动者若因个人原因采用书面形式放弃年休假的，或用人单位已安排劳动者享受年休假，却因劳动者个人原因未能如期享受的，应视为劳动者主动放弃，无法享受到未休年休假工资报酬。

四、事假

事假，是劳动者因私事或其他个人原因向用人单位请假，并经用人单位批准的假期。目前，相关法律法规对于劳动者在何种情况下可请事假，以及工资待遇等均未做出统一规定。在实务中，首先，用人单位有权审批劳动者的事假申请，但审批理由需注意合理性；其次，用人单位可以不支付事假工资。

五、病假与医疗期

病假，是指劳动者本人因患病或非因工负伤，需要停止工作医疗时，用人单位应该根据劳动者本人实际参加工作年限和在本单位工作年限，给予一定的医疗假期。病假期间用人单位应当按照不低于当地最低工资的 80% 支付劳动者病假工资。

谈到病假，就离不开医疗期，医疗期是指劳动者患病或非因工负伤停止工作治疗疾病而用人单位不得因此解除劳动合同的期限。即医疗期内用人单位解除劳动合同的权利受到了限制。而病假是根据劳动者病情或负伤情况实际需要的客观治疗期间，若医疗期满后，用人单位未与劳动者解除劳动合同的，劳动者仍需请病假，用人单位仍应予安排。

1. 医疗期期限

根据原劳动部《企业职工患病或非因工负伤医疗期的规定》，企业职工因患病或非因工负伤，需要停止工作医疗时，根据本人实际参加工作年限和在本单位工作年限，给予 3 个月 ~24 个月的医疗期。

实际工作年限	本单位工作年限	医疗期月数
十年以下	5 年以下	3
	5 年以上	6
十年以上	5 年以下	6
	5 年 ~10 年以下	9
	10 年 ~15 年以下	12
	15 年 ~20 年以下	18
	20 年以上	24

2. 医疗期的计算（按照自然日计算）

劳动者如果不间断休病假，则连续计算医疗期（包括休息日和法定节假日）直至期满。劳动者如果间断休病假，则可累计计算医疗期，具体计算方法如下：

累计病休计算月数	6 个月内	12 个月内	15 个月内	18 个月内	24 个月内	30 个月内
医疗期月数	3	6	9	12	18	24

3. 病休员工的管理

（1）规范病假申请。

用人单位应拟定格式化的病假申请单，内容主要包括：病情、医院建议病假天数、医疗地、紧急联系人及联系方式等。同时，要求劳动者确实签字，并提交医院开具的正规病假单等就医资料。

（2）健全报告制度。

用人单位可以规定，劳动者在病休期间，应保持与本单位联系，汇报治疗情况，并告知劳动者在病休期间，如病情或治疗等发生变化，应及时通知本单位，以便用人单位及时作出处理及应对。若劳动者请病假时或事后未能提供患病证据的，无从考证其是否患病的，用人单位可依据本单位规章制度处理，如严重违纪、旷工等。

4. 病休误区

一般情况下，用人单位指定就医，医院与用人单位建立了长期的合作关系，有可能服从单位的意志，在劳动者确实患病需要休病假的时候，不出具病假证明，损害劳动者的身体健康权。而且，指定的医院也不是万能的，不可能什么疾病都擅长，指定医院就有可能使劳动者丧失最佳医疗的机会。再者，指定就医也可能影响劳动者就医的便利性。因此，为了尊重和保护劳动者的身体健康权，劳动者因患病而到哪家医院看病就诊，属于劳动者自主决定的正当权利，只要医院正规即可。

如果用人单位质疑劳动者所提供的病假单的真实性，应对虚假情节承担举证责任。用人单位可以要求劳动者提交病历本、医药费单据等对病假的真实性进行形式上的审查，也可以进行一定的取证工作，比如去医院调取一下劳动者的挂号记录，拜访主治医生等。如果在取证过程中遇到阻碍，可以在诉讼阶段，申请法院出具调查令，进行补充取证。

根据《企业职工患病或非因工负伤医疗期规定》第三条，企业职工因患病或非因工负伤，需要停止工作医疗时，根据本人实际参加工作年限和在本单位工作年限，给予 3 个月到 24 个月的医疗期。由该条可知，劳动者休病假进行治疗的条件为"患病或非因工负伤，需要停止工作医疗"，"用人单位批准同意"并不是劳动者得以休病假的条件。

因此，从严格意义上来说，用人单位在规章制度中设置类似"经单位批准后方可休病假""指定医院出具病假证明""本人亲自到公司请假""请病假必须经公司领导批准等"的条款是无效条款。

六、丧假

丧假是指国有企业职工的直系亲属（包括父母，配偶，子女）死亡时依法享有的假期，企业应当根据具体情况，酌情给予职工 1~3 天的丧假。丧假一般是以工作日计算，地方另有规定的则按当地规定执行。若职工死亡的直系亲属在外地，需要职工本人去外地料理后事的，用人单位应根据路程远近审批，给予职工路程假。职工休丧假和路程假期间，企业应照发工资。职工在路程中的车旅费，由其自行承担。

七、婚假

婚假是劳动者本人结婚时所享受的假期。

1．基本婚期及待遇

根据《婚姻法》以及《计划生育条例》的规定，依法办理结婚登记的公民可享受 3 天法定婚假，地方另有规定的则按当地规定执行。如果夫妻双方不在同一地方工作，一方需要去另一方所在地结婚，用人单位还可以根据实际需要，给予劳动者路程假。劳动者婚假期间，用人单位应照发工资。但是，劳动者在路途中的车旅费，应该自行承担。

2．晚婚晚育奖励假的删除

2015 年 12 月 27 日，第十二届全国人民代表大会常务委员会第十八次会议表决通过了《关于修改〈中华人民共和国人口与计划生育法〉的决定》，并于 2016 年 1 月 1 日起施行。《中华人民共和国人口与计划生育法》根据该决定作了相应修改并重新公布，其中明确规定：国家提倡一对夫妻生育两个子女；符合法律、法规规定条件的，可以要求安排再生育子女；删除了对晚婚晚育夫妻、独生子女父母进行奖励的规定。也就是晚婚晚育夫妻将不再有晚婚假、晚育假。各地就相关规定也进行了修订。

省　市	旧　规	新　规
北京	3 + 7（晚婚）	10
上海	3 + 7（晚婚）	10
天津	3 + 7（晚婚）	3
广东	3 + 10（晚婚）	3
浙江	3 + 12（晚婚）	3
江苏	3 + 12（晚婚）	13
江西	3 + 15（晚婚）	3
山东	3 + 14（晚婚）	3
山西	3 + 27（晚婚）	30
辽宁	3 + 7（晚婚）	10
四川	3 + 7（晚婚）	3
福建	3 + 12（晚婚）	15
安徽	3 + 17（晚婚）	3

续表

省　市	旧　规	新　规
湖北	3 + 15（晚婚）	3
广西	3 + 12（晚婚）	3
宁夏	3 + 15（晚婚）	3
青海	3 + 15（晚婚）	15
湖南	3 + 12（晚婚）	3
吉林	3 + 12（晚婚）	15

注：此表列举了部分地区婚假天数，并将新旧规定进行对比，仅供参考。

八、产假

产假，是指在职女职工产期前后的休假待遇，一般从分娩前半个月至产后两个半月。女职工生育享有不少于九十八天的产假。享受生育保险待遇的，由社保统筹基金报销相关医疗费和发放生育津贴，没有参加生育保险的，应由用人单位承担。同时在休产假期间，用人单位不得降低女职工工资、非过错性辞退或者以其他形式任意解除或终止劳动合同。

省　市	产　假	陪产假
北京	98 + 30（生育奖励假）	15
上海	98 + 30（生育奖励假）	10
天津	98 + 30（生育奖励假）	7
广东	98 + 80（生育奖励假）	15
浙江	98 + 30（生育奖励假）	15
江苏	98 + 30（生育奖励假）	15
江西	98 + 60（生育奖励假）	15
山东	98 + 60（生育奖励假）	7
山西	98 + 60（生育奖励假）	15
辽宁	98 + 60（生育奖励假）	15
四川	98 + 60（生育奖励假）	20
福建	150 - 180 天	15
安徽	98 + 60（生育奖励假）	10（异地20）
湖北	98 + 30（生育奖励假）	15
广西	98 + 50（生育奖励假）	25
宁夏	98 + 30（生育奖励假）	25
青海	98 + 60（生育奖励假）	15
湖南	98 + 60（生育奖励假）	20
吉林	98 + 60（生育奖励假）－延长产假至 1 年，工资按75% 发放	15

注：此表列举了部分地区产假天数，仅供参考。

部分地区关于产假规定的汇总如下。

地 区	规 定	依 据
广东	符合法律、法规规定生育子女的夫妻，女方享受 80 日的奖励假，男方享受 15 日的陪产假。在规定假期内照发工资，不影响福利待遇和全勤评奖 即在原来 98 天产假的基础上，再增加 80 天，合计 178 天	《广东省人口与计划生育条例》第三十条规定
安徽	对符合本条例规定生育子女的夫妻，国家机关、社会团体、企业事业单位应当给予以下奖励： （一）女方在享受国家规定产假基础上，延长产假 60 天 （二）男方享受 10 天护理假；夫妻异地生活的，护理假为 20 天 职工在前款规定的产假、护理假期间，享受其在职在岗的工资、奖金、福利待遇 即在原来 98 天产假的基础上，再增加 60 天，合计 158 天	《安徽省人口与计划生育条例》第三十七条规定
山西	依法办理结婚登记的夫妻可以享受婚假 30 日；符合本条例规定生育子女的，女方在享受国家和本省规定产假的基础上，奖励延长产假 60 日，男方享受护理假 15 日。婚假、产假、护理假期间，享受与在岗人员同等的待遇 即在原来 98 天产假的基础上，再增加 60 天，合计 158 天	《山西省人口与计划生育条例》第二十五条规定
江西	符合法律、行政法规和本条例规定生育的夫妻，除享受国家规定的假期外，增加产假 60 日，并给予男方护理假 15 日。假期工资和奖金照发，福利待遇不变 即在原来 98 天产假的基础上，再增加 60 天，合计 158 天	《江西省人口与计划生育条例》第四十三条规定
宁夏	对符合法律、法规规定生育的产妇，除享受国家规定的产假外，增加产假 60 天，并给予其配偶 25 天护理假；产假和护理假视同出勤，工资、奖金照发 即在原来 98 天产假的基础上，再增加 60 天，合计 158 天	《宁夏回族自治区人口与计划生育条例》第三十七条规定
广西	符合法律、法规规定生育子女的夫妻，除享受国家规定的假期外，女方增加产假 50 日，同时给予男方护理假 25 日。休假期间的工资、津贴、补贴和奖金，其工作单位不得扣减 即在原来 98 天产假的基础上，再增加 50 天，合计 148 天	《广西壮族自治区人口与计划生育条例》第二十五条规定
天津	符合法律、法规规定生育子女的，男方所在单位给予七日护理假，女方所在单位增加生育假（产假）三十日；不能增加生育假（产假）的，给予一个月基本工资或者实得工资的奖励。参加生育保险的，按照生育保险的规定执行 农村居民符合法律、法规规定生育子女的，可以参照前款规定，由所在乡、镇人民政府和村民委员会根据实际情况给予奖励 即在原来 98 天产假的基础上，再增加 30 天，合计 128 天	《天津市人口与计划生育条例》第二十二条规定

续表

地 区	规 定	依 据
浙江	2016 年 1 月 1 日以后符合法律、法规规定生育子女的夫妻，可以获得下列福利待遇： （一）女方法定产假期满后，享受 30 天的奖励假，不影响晋级、调整工资，并计算工龄；用人单位根据具体情况，可以给予其他优惠待遇 （二）男方享受十五天护理假，工资、奖金和其他福利待遇照发 即在原来 98 天产假的基础上，再增加 30 天，合计 128 天	《浙江省人口与计划生育条例》第三十条规定
湖北	对符合法律法规定生育的妇女，除享受国家规定的产假外，增加产假 30 天，其配偶享受 15 天护理假；产假和护理假视同出勤，工资、奖金照发 即在原来 98 天产假的基础上，再增加 30 天，合计 128 天	《湖北省人口与计划生育条例》第三十七条规定
辽宁	依法办理婚姻登记的夫妻，除享受国家规定的婚假外，增加婚假 7 天；符合本条例规定生育的夫妻，除享受国家规定的产假外，增加产假 60 日，配偶享有护理假 15 日。休假期间工资照发，福利待遇不变 即在原来 98 天产假的基础上，再增加 60 天，合计 158 天	《辽宁省人口与计划生育条例》第二十五条规定
北京	机关、企业事业单位、社会团体和其他组织的女职工，按规定生育的，除享受国家规定的产假外，享受生育奖励假 30 天，其配偶享受陪产假 15 天。女职工及其配偶休假期间，机关、企业事业单位、社会团体和其他组织不得降低其工资、予以辞退、与其解除劳动或者聘用合同 女职工经所在机关、企业事业单位、社会团体和其他组织同意，可以再增加假期 1~3 个月 即在原来 98 天产假的基础上，再增加 30 天，合计 128 天。但经有关单位同意，可以再增加 1~3 个月的假期。那么北京产假是 128 天到 7 个月	《北京市人口与计划生育条例》第十八条规定
上海	符合法律规定结婚的公民，除享受国家规定的婚假外，增加婚假七天 符合法律法规定生育的夫妻，女方除享受国家规定的产假外，还可以再享受生育假 30 天，男方享受配偶陪产假 10 天。生育假享受产假同等待遇，配偶陪产假期间的工资，按照本人正常出勤应得的工资发给 即在原来 98 天产假的基础上，再增加 30 天，合计 128 天	《上海市人口与计划生育条例》第三十一条规定

续表

地 区	规 定	依 据
四川	符合本条例规定生育子女的夫妻，除法律、法规规定外，延长女方生育假60天，给予男方护理假20天。生育假、护理假视为出勤，工资福利待遇不变 即在原来98天产假的基础上，再增加60天，合计158天	《四川省人口与计划生育条例》第二十六条规定
福建	依法办理结婚登记的夫妻享受婚假15日；符合本条例生育子女的夫妻，女方产假延长为158日至180日，男方照顾假为15日。婚假、产假、照顾假期间，工资照发，不影响晋升 妇女怀孕、生育和哺乳期间，按照国家和本省有关规定享受特殊劳动保护并可以获得帮助和补偿 即福建产假延长为158天至180天	《福建省人口与计划生育条例》第四十一条规定
山东	符合法律和本条例规定生育子女的夫妻，除国家规定的产假外，增加产假60日，并给予男方护理假7日。增加的产假、护理假，视为出勤，工资照发，福利待遇不变 即在原来98天产假的基础上，再增加60天，合计158天	《山东省人口与计划生育条例》第二十五条规定
河北	依法办理结婚登记的公民，除享受国家规定的婚假外，延长婚假15天；符合法律法规规定生育子女的夫妻，除享受国家规定的产假外，延长产假60天，并给予配偶护理假15天。延长婚、产假期间，享受正常婚、产假待遇 即在原来98天产假的基础上，再增加60天，合计158天	《河北省人口与计划生育条例》第二十八条规定
青海	依法办理结婚登记的夫妻可以享受婚假15日；符合本条例规定生育子女的夫妻，除享受国家规定的假期外，延长女方产假60日，给予男方看护假15日。公民接受计划生育手术享受国家规定的休假 在前款规定假期内按出勤发工资，不影响调资、晋级、福利待遇和评奖	《青海省人口与计划生育条例》第十六条规定
广东	将女职工符合法律、法规规定生育子女的奖励假，从30日延长至80日。即在原来98天产假的基础上，再增加80天，合计178天。此次修改中，陪产假没有作调整，仍为15天 根据新条例规定，不论胎次，只要是符合法律、法规规定生育子女的产妇，均可享受80日的奖励假。在具体实施方面：2016年9月29日后依法生育，以及在此前依法生育且法定生育假期尚未休完的，均可按新条例规定享受80日的奖励假 2016年9月29日前依法生育且法定生育假期已经休完的，不适用新条例	《广东省人口与计划生育条例》第三十条规定

九、探亲假

探亲假，是指职工享有保留工作岗位和工资，与分居两地不能休息日团聚的配偶或父母团聚的假期。用人单位可同时根据实际情况，给予职工一定的路程假（以自然日计算）。

1. 探亲假待遇

探亲假属于带薪假，用人单位应当在职工探亲假期间照常发放工资，并且职工探望配偶和未婚职工探望父母的往返路费，由所在单位负担。已婚职工探望父母的往返路费，在本人月标准工资 30% 以内的，由职工自行承担，超过部分则由用人单位负责。

2. 探亲假天数

（1）职工探望配偶的，每年给予一方探亲假一次，假期为 30 天。

（2）未婚职工探望父母，原则上每年给假一次，假期为 20 天，如果因为工作需要，本单位当年不能给予假期的，或者职工自愿两年探亲一次的，可以两年给假一次，假期为 45 天。

（3）已婚职工探望父母的，每四年给假一次，假期为 20 天。

上述假期均包括公休假日和法定节日在内。

十、公假

根据《劳动法》的规定，劳动者在法定工作时间内参加社会活动应视为出勤，这就是公假。公假也属于带薪假，劳动者享受公假的，用人单位依法支付工资。劳动者出席下列社会活动可以享受公假：

（1）依法行使选举权或被选举权。

（2）当选代表出席乡（镇）、区以上政府、党派、工会、青年团、妇女联合会等组织召开的会议。

（3）担任人民法庭的人民陪审员、证明人、辩护人。

（4）出席劳动模范、先进工作者大会。

（5）《中华人民共和国工会法》规定的不脱产工会基层委员会委员因工会活动占用的生产或工作时间。

（6）其他依法参加的社会活动。如在北京，职工参加家长会的可以享受公假。

法条传送门

《中华人民共和国劳动法》

第四十条 用人单位在下列节日期间应当依法安排劳动者休假:

(一)元旦;

(二)春节;

(三)国际劳动节;

(四)国庆节;

(五)法律、法规规定的其他休假节日。

《职工带薪年休假条例》

第二条 机关、团体、企业、事业单位、民办非企业单位、有雇工的个体工商户等单位的职工连续工作1年以上的,享受带薪年休假(以下简称年休假)。单位应当保证职工享受年休假。职工在年休假期间享受与正常工作期间相同的工资收入。

第三条 职工累计工作已满1年不满10年的,年休假5天;已满10年不满20年的,年休假10天;已满20年的,年休假15天。

国家法定休假日、休息日不计入年休假的假期。

第四条 职工有下列情形之一的,不享受当年的年休假:

(一)职工依法享受寒暑假,其休假天数多于年休假天数的;

(二)职工请事假累计20天以上且单位按照规定不扣工资的;

(三)累计工作满1年不满10年的职工,请病假累计2个月以上的;

(四)累计工作满10年不满20年的职工,请病假累计3个月以上的;

(五)累计工作满20年以上的职工,请病假累计4个月以上的。

第五条 单位根据生产、工作的具体情况,并考虑职工本人意愿,统筹安排职工年休假。

年休假在1个年度内可以集中安排,也可以分段安排,一般不跨年度安排。单位因生产、工作特点确有必要跨年度安排职工年休假的,可以跨1个年度安排。

单位确因工作需要不能安排职工休年休假的,经职工本人同意,可以不安排职工休年休假。对职工应休未休的年休假天数,单位应当按照该职工日工资收入的300%支付年休假工资报酬。

《企业职工带薪年休假实施办法》

第三条　职工连续工作满 12 个月以上的，享受带薪年休假（以下简称年休假）。

第四条　年休假天数根据职工累计工作时间确定。职工在同一或者不同用人单位工作期间，以及依照法律、行政法规或者国务院规定视同工作期间，应当计为累计工作时间。

第八条　职工已享受当年的年休假，年度内又出现条例第四条第（二）、（三）、（四）、（五）项规定情形之一的，不享受下一年度的年休假。

第九条　用人单位根据生产、工作的具体情况，并考虑职工本人意愿，统筹安排年休假。用人单位确因工作需要不能安排职工年休假或者跨 1 个年度安排年休假的，应征得职工本人同意。

第十条　用人单位经职工同意不安排年休假或者安排职工休假天数少于应休年休假天数的，应当在本年度内对职工应休未休年休假天数，按照其日工资收入的 300% 支付未休年休假工资报酬，其中包含用人单位支付职工正常工作期间的工资收入。

用人单位安排职工休年休假，但是职工因本人原因且书面提出不休年休假的，用人单位可以只支付其正常工作期间的工资收入。

第十一条　计算未休年休假工资报酬的日工资收入按照职工本人的月工资除以月计薪天数（21.75 天）进行折算。

前款所称月工资是指职工在用人单位支付其未休年休假工资报酬前 12 个月别除加班工资后的月平均工资。在本用人单位工作时间不满 12 个月的，按实际月份计算月平均工资。

职工在年休假期间享受与正常工作期间相同的工资收入。实行计件工资、提成工资或者其他绩效工资制的职工，日工资收入的计发办法按照本条第一款、第二款的规定执行。

第十二条　用人单位与职工解除或者终止劳动合同时，当年度未安排职工休满应休年休假天数的，应当按照职工当年已工作时间折算应休未休年休假天数并支付未休年休假工资报酬，但折算后不足 1 整天的部分不支付未休年休假工资报酬。

前款规定的折算方法为：（当年度在本单位已过日历天数÷365 天）×职工本人全年应当享受的年休假天数 - 当年度已安排年休假天数。

用人单位当年已安排职工年休假的，多于折算应休年休假的天数不再扣回。

《中华人民共和国人口与计划生育法》

第二十五条　公民晚婚晚育，可以获得延长婚假、生育假的奖励或者其他福利待遇。（此条已作废）

《企业职工患病或非因工负伤医疗期间规定》（略）

《劳动部关于贯彻〈企业职工患病或非因工负伤医疗期间规定〉的通知》（略）

《国务院关于职工探亲待遇的规定》（略）

《关于〈国务院关于职工探亲待遇的规定〉实施细则的若干问题的意见》（略）

第八章　薪酬管理

薪酬管理，是劳动用工管理的工作重心之一，有关工资的劳动争议案件一直是数量最多、发案率最高的一类纠纷。由于管理不规范，导致很多用人单位在遇到这类案件时很被动，结果令更多的用人单位忧心忡忡。为此，本章将用人单位在实践中容易出问题的地方进行总结，以便用人单位可以针对这些问题加强内部薪酬体系的管理，防患于未然。构建和完善用人单位的薪酬福利体系与制度，并在最大程度上保护用人单位的利益。

第一节　薪酬管理的基本概念和制度

薪酬管理，是指在组织发展战略指导下，对劳动者薪酬支付原则、薪酬策略、薪酬水平、薪酬结构、薪酬构成进行确定、分配和调整的动态管理过程。

一、工资

工资是指雇主或者法定用人单位依据法律规定、行业规范或者与劳动者之间的约定，以货币形式对劳动者的劳动所支付的报酬。工资可以以时薪、月薪、年薪等不同形式计算。

为了保证劳动者的权益，国家规定了劳动者在法定工作时间提供正常劳动的前提下，其用人单位支付的最低金额的劳动报酬，我们称这个最低标准金额为最低工资。

1. 工资的组成与形式

（1）计时工资，即按计时工资标准（包括地区生活费补贴）和工作时间支付给个人的劳动报酬。包括：①对已做工作按计时工资标准支付的工资；②实行结构工资制的单位支付给职工的基础工资和职务（岗位）工资；③新参加工作职工的见习工资（学徒的生活费）；④运动员体育津贴。

（2）计件工资，即对已做工作按计件单价支付的劳动报酬。包括：①实行超额累进计件、直接无限计件、限额计件、超定额计件等工资制，按劳动部门或主管部门批准的定额和计件单价支付给个人的工资；②按工作任务包干方法支付给个人的工资；③按营业额提成或利润提成办法支付给个人的工资。特别注意的是，HR 要不定期对制造部门统计的员工计件工资每日统计表进行检查、监督，月底根据部门汇总资料公示并由劳动者签字确认，作为核算计件工资的依据。

（3）提成工资，是计件工资制的主要方式之一，它是劳动者集体或个人的工资收入按照一定比例从营业收入、销售收入或利润中提取的。这种计件工资形式主要适用于劳动成果难以用事先制定劳动定额的方式计算、不易确定计件单价的工作。如服务性工作、文艺演出等。因此，应将提成作为工资的组成部分，计入月平均工资基数中。

（4）奖金，即支付给职工的超额劳动报酬和增收节支的劳动报酬。包括：①生产奖；②节约奖；③劳动竞赛奖；④机关、事业单位的奖励工资；⑤其他奖金。

现实中，劳动关系双方对于年终奖的确定大致分为三类：一类是劳动合同约定；二类是规章制度规定；三类是由用人单位决定的"红包"。既然年终奖（劳动分红）属于奖金的一种，也是一种货币性收入，因此，也属于工资。

（5）津贴和补贴，即为了补偿职工特殊或额外的劳动消耗和因其他特殊原因支付给职工的津贴，以及为了保证职工工资水平不受物价影响支付给职工的物价补贴。津贴包括补偿职工特殊或额外劳动消耗的津贴、保健性的津贴、技术性的津贴、年功性的津贴及其他津贴。补贴包括为保证职工工资水平不受物价上涨或变动影响而支付的各种补贴。

另外，《防暑降温措施管理办法》中明确将高温津贴纳入工资总额，并规定须向劳动者按时足额支付。而2014年5月30日，《北京市安全生产监督管理局、北京市卫生和计划生育委员会、北京市人力资源和社会保障局、北京市总工会关于做好2014年夏季防暑降温工作的通知》对"做好高温津贴和防暑降温用品发放工作"有如下明确意见：高温津贴属于劳动者工资组成部分，应计入用人单位工资总额。

（6）加班加点工资，即按规定支付的加班工资和加点工资。

（7）特殊情况下支付的工资，即依据法律和法规制度规定支付给劳动者的各种假期工资。包括：①根据国家法律、法规和政策规定，因病、工伤、产假、计划生育假、婚丧假、事假、探亲假、定期休假、停工学习、执行国家或社会义务等原因按计时工资标准或计时工资标准的一定比例支付工资；②附加工资、保留工资。

工资构成是一个非常重要的概念，用人单位HR在设计工资构成时，应当结合以下两个方面来考虑：一是固定工资与浮动工资（绩效工资）相结合，配合使用奖金，这种工资构成模式要比单一的构成模式更能激励劳动者的工作积极性；二是附加福利采用报销形式发放。

2．不列入工资总额的范围

工资总额是指在一定时期内有计划地支付给劳动者劳动报酬的总额。为了正确地计算工资总额，国家对工资总额的组成做了统一规定，明确划分了工资性质的支出和非工资性质的支出。用人单位必须严格按照国家规定的工资总额组成内容，组织工资的核算，应该计入工资总额内的支出不得漏计，不应该计入工资总额的支出，不得任意计入。

我们知道，劳动者的工资数额是社会保险缴费、加班费和经济补偿金等的计算基数和计算依据。因此，明确工资的范围对于用人单位而言至关重要。1990 年国家统计局颁布实施的《关于工资总额组成的规定》明确规定了不列入工资总额范围的各项支出、费用或补贴。

（1）根据国务院发布的有关规定颁发的发明创造奖、自然科学奖、科学技术进步奖和支付的合理化建议和技术改进奖以及支付给运动员、教练员的奖金。

（2）有关劳动保险和职工福利方面的各项费用。

（3）有关离休、退休、退职人员待遇的各项支出。

（4）劳动保护的各项支出。

（5）稿费、讲课费及其他专门工作报酬。

（6）出差伙食补助费、午餐补助、调动工作的旅费和安家费。

（7）对自带工具、牲畜来企业工作的职工所支付的工具、牲畜等的补偿费用。

（8）实行租赁经营单位的承租人的风险性补偿收入。

（9）对购买本企业股票和债券的职工所支付的股息（包括股金分红）和利息。

（10）劳动合同制职工解除劳动合同时由企业支付的医疗补助费、生活补助费等。

（11）因录用临时工而在工资以外向提供劳动力单位支付的手续费或管理费。

（12）支付给家庭工人的加工费和按加工订货办法支付给承包单位的发包费用。

（13）支付给参加企业劳动的在校学生的补贴。

（14）计划生育独生子女补贴。

需要注意的是，上述《关于工资总额组成的规定》是 1990 年国家统计局颁布实施的，对于工资的范围，目前，实践中，有了新的趋势和变化——财政部 2009 年 11 月 25 日下发了《关于企业加强员工福利费财务管理的通知》，明确规定了将不属于工资总额范围的部分福利费用纳入了工资总额，从而扩大了工资总额的基数。

根据该通知，关于企业职工福利费开支范围的规定，主要从以下方面进行调整。

（1）职工基本医疗保险费、补充医疗和补充养老保险费，已经按工资总额的一定比例缴纳或提取，直接列入成本费用，不再列为职工福利费管理；其他属于福利费开支范围的传统项目，继续保留作为职工福利费管理。

（2）离退休人员统筹外费用、职工疗养费用、防暑降温费、企业尚未分离的内设福利部门设备设施的折旧及维修保养费用、符合国家有关财务规定的供暖费补贴，调整纳入职工福利费范围。

（3）企业为职工提供的交通、住房、通信待遇，过去未明确纳入职工福利费范围，《通知》印发后，已经实行货币化改革的，作为"各种津贴和补贴"，明确纳入职工工资总额管理，如按月按标准发放或支付的住房补贴、交通补贴或者车改补贴、通信补贴。

（4）尚未实行货币化改革的，相关支出则调整纳入职工福利费管理。

（5）对于企业给职工发放的节日补助、未统一供餐而按月发放的午餐费补贴，明确纳入工资总额管理。

所以，依据《关于企业加强职工福利费财务管理的通知》的规定，企业为职工提供的交通、住房、通信待遇，已经实行货币化改革的，按月按标准发放或支付的住房补贴、交通补贴或者车改补贴、通信补贴，应当纳入职工工资总额，不再纳入职工福利费管理；尚未实行货币化改革的，企业发生的相关支出作为职工福利费管理，但根据国家有关企业住房制度改革政策的统一规定，不得再为职工购建住房。企业给职工发放的节日补助、未统一供餐而按月发放的午餐费补贴，应当纳入工资总额管理。

二、日工资和小时工资

根据 2007 年 12 月 7 日国务院令第 513 号《国务院关于修改〈全国年节及纪念日放假办法〉的决定》的规定，全体公民的节日假期由原来的 10 天增设为 11 天。据此，职工全年月平均制度工作天数和工资折算办法分别调整如下。

1．制度工作时间的计算

年工作日：365 天 – 104 天（休息日）– 11 天（法定节假日）= 250 天

季工作日：250 天 ÷ 4 季 = 62.5 天/季

月工作日：250 天 ÷ 12 月 = 20.83 天/月

工作小时数的计算：以月、季、年的工作日乘以每日的 8 小时。

2．日工资、小时工资的折算

按照《劳动法》第五十一条的规定，日工资、小时工资的折算为：

月计薪天数 =（365 天 – 104 天）÷ 12 月 = 21.75 天

日工资：月工资收入 ÷ 月计薪天数

小时工资：月工资收入 ÷（月计薪天数 ×8 小时）。

在核算加班费、年休假工资以及劳动者出勤不足整月、整天的工资时，HR 可以按上述折算方法计算日工资和小时工资。另外，2000 年 3 月 17 日劳动和保障部发布的《关于职工全年月平均工作时间和工资折算问题的通知》同时废止。

三、最低工资标准

最低工资标准，是指劳动者在法定工作时间或依法签订的劳动合同约定的工作时间内提供了正常劳动的前提下，用人单位依法应支付的最低劳动报酬。劳动者由于本人原因造成在法定工作时间内或依法签订的劳动合同约定的工作时间内未提供正常劳动的，不适用最低工资标准的规定，应按有关规定执行。

1. 最低工资标准的形式和确定方式

最低工资标准一般采取月最低工资标准和小时最低工资标准两种形式，月最低工资标准适用于全日制就业劳动者，小时最低工资标准适用于非全日制就业劳动者。劳动者在带薪年休假、探亲假、婚丧假、生育（产）假、节育手术假等国家规定的假期期间，以及法定工作时间内依法参加社会活动期间，视为提供了正常劳动。

各地制定的有关最低工资的规定有所不同且会根据情况变化进行调整。例如，《北京市最低工资规定》要求，为保障职工基本生活，经北京市委、市政府批准，从 2019 年 7 月 1 日起，北京市调整月最低工资标准和非全日制职工小时工资标准。

（1）月最低工资标准从 2 120 元调整到 2 200 元，增加 80 元。

（2）非全日制从业人员小时最低工资标准确定为 24 元/小时，非全日制从业人员法定节假日小时最低工资标准确定为 56 元/小时。

2. 最低工资标准的剔除项目

根据国家制定的《最低工资规定》，在劳动者提供正常劳动的情况下，用人单位应支付给劳动者的工资在剔除下列各项以后，不得低于当地最低工资标准。

（1）延长工作时间工资。

（2）中班、夜班、高温、低温、井下、有毒有害等特殊工作环境、条件下的津贴。

（3）法律、法规和国家规定的劳动者福利待遇等。

实行计件工资或提成工资等工资形式的用人单位，在科学合理的劳动定额基础上，其支付劳动者的工资不得低于相应的最低工资标准。

劳动者由于本人原因造成在法定工作时间内或依法签订的劳动合同约定的工作时间内未提供正常劳动的，不适用于本条规定。

根据上述规定，高温津贴等并不在最低工资标准范围内，也不应与任何其他福利混淆。即使是试用期劳动者，只要其作业环境符合发放规定，也可与在职劳动者同等发放高温津贴。同时，除了发放高温津贴，用人单位还应采取措施加强工作环境的通风，在工作场地安装凉棚、电扇、空调等必要的防暑降温设施，并为劳动者提供充足的饮水、饮料等。

确定和调整月最低工资标准，应参考当地就业者及其赡养人口的最低生活费用、城镇居民消费价格指数、劳动者个人缴纳的社会保险费和住房公积金、职工平均工资、经济发展水平、就业状况等因素。

确定和调整小时最低工资标准，会在颁布的月最低工资标准的基础上，考虑单位应缴纳的基本养老保险费和基本医疗保险费因素，同时，还应适当考虑非全日制劳动者在工作稳定性、劳动条件和劳动强度、福利等方面与全日制就业人员之间的差异。

（1）全日制人员的最低工资标准解读。

各地制定的有关全日制人员最低工资规定中，有的直接适用上述国家的规定（深圳和辽宁）；有的是按照各地区的规定，最低工资不包括奖金、非货币性补贴、津贴和用人单位为劳动者缴纳的社会保险费用、住房公积金（湖南）；还有的规定最低工资不包括用人单位为劳动者缴纳的社保保险费用和住房公积金，但是包括列入工资总额统计的奖金和补贴（北京、上海）。不同地区的最低工资标准，应适用当地相关规定。

	法律依据	社会保险	住房公积金
劳动和社会保障部	《最低工资规定》	包含	包含
北京	《关于调整北京市 2015 年最低工资标准的通知》	不包含	不包含
上海	《关于调整上海市最低工资标准的通知》	不包含	不包含
安徽	《安徽省最低工资规定》	不包含	不包含
江西	《江西省人民政府办公厅关于调整最低工资标准的通知》	包含	不包含
湖南	《湖南省人力资源和社会保障厅关于湖南省 2017 年调整最低工资标准的通知》	包含	不包含
宁夏	《宁夏回族自治区人民政府关于调整全区最低工资标准的通知》	包含	不包含
江苏	《江苏省人力资源和社会保障厅关于调整全省最低工资标准的通知》	包含	不包含
无锡	《关于调整无锡市最低工资标准的通知》	包含	不包含

续表

	法律依据	社会保险	住房公积金
重庆	《重庆市人力资源和社会保障局关于发布重庆市最低工资标准的通知 》	包含	包含
四川	《四川省人民政府关于调整全省最低工资标准的通知》	包含	包含
山东	《山东省劳动和社会保障厅关于最低工资执行中几个具体问题的通知》	包含	包含
河北	《河北省人力资源和社会保障厅关于调整最低工资标准的通知》	包含	包含
内蒙古	《内蒙古自治区人民政府办公厅关于调整自治区最低工资标准及非全日制工作小时最低工资标准的通知》	包含	包含
贵州	《贵州省人力资源和社会保障厅关于调整 2017 年贵州省最低工资标准的通知》	包含	包含
成都	《关于调整成都市最低工资标准的通知》	包含	包含
河北	《关于调整河北省最低工资标准的通知》	包含	包含
云南	《关于调整云南省最低工资标准的通知》	包含	包含
河南	《河南省人力资源和社会保障厅关于河南省最低工资标准包含项目问题的函》	包含	包含
	《河南省最低工资规定》	包含	包含
浙江	浙江省劳动和社会保障厅关于贯彻执行《最低工资规定》有关事项的通知	包含	包含
新疆	《关于调整新疆维吾尔自治区最低工资标准的通知》	分情况	

（2）非全日制人员的最低工资标准解读。

非全日制从业人员的最低工资标准与全日制用工最低工资标准不同，是包括社会保险费用的，单位可为其上社会保险，亦可不上社会保险；如为其缴纳社会保险，社会保险个人承担部分的费用包括在最低工资标准之中，扣除社保个人承担部分费用之前的应发工资标准不低于非全日制用工最低工资标准即可。

3．最低工资标准的法律作用

（1）试用期工资：劳动者在试用期的工资不得低于本单位相同岗位最低档工资的 80% 或者不得低于劳动合同约定工资的 80% ，并不得低于用人单位所在地的最低工资标准。

（2）集体合同：集体合同中劳动报酬和劳动条件等标准不得低于当地人民政府规定的最低标准；用人单位与劳动者订立的劳动合同中劳动报酬和劳动条件等标准不得低于集体合同规定的标准。

（3）劳务派遣：劳务派遣单位应当与被派遣劳动者订立二年以上的固定期限劳动合同，按月支付劳动报酬；被派遣劳动者在无工作期间，劳务派遣单位应当按照所在地人民政府规定的最低工资标准，向其按月支付报酬。

（4）非全日制用工：非全日制用工小时计酬标准不得低于用人单位所在地人民政府规定的最低小时工资标准。

（5）单位低于最低工资标准支付的责任：低于当地最低工资标准支付劳动者工资的，应当支付其差额部分；逾期不支付的，由劳动行政部门责令用人单位按应付金额50%以上100%以下的标准向劳动者加付赔偿金。

（6）计算经济补偿金：《劳动合同法》第四十七条规定的经济补偿的月工资按照劳动者应得工资计算，包括计时工资或者计件工资以及奖金、津贴和补贴等货币性收入。劳动者在劳动合同解除或者终止前12个月的平均工资低于当地最低工资标准的，按照当地最低工资标准计算。劳动者工作不满12个月的，按照实际工作的月数计算平均工资。

（7）病假工资：劳动者患病或非因工负伤治疗期间，在规定的医疗期间内由用人单位按有关规定支付其病假工资或疾病救济费，病假工资或疾病救济费可以低于当地最低工资标准支付，但不能低于最低工资标准的80%。

（8）农业户口社会保险赔付：关于对农业户口劳动者无法补缴社会保险时的赔付，各地规定和司法实践不同，但由于在相当长一段时间，农业户口劳动者的社会保险是参照当地最低工资标准作为基数缴纳的，当地最低工资标准影响到该劳动者离职时养老保险的索赔。

在北京地区，因用人单位未为农民工缴纳养老保险费，农民工在与用人单位终止劳动关系后，要求用人单位赔偿损失的，应当自劳动关系终止之日起一年内提出，赔偿数额的确定可参照《农民合同制职工参加北京市养老、失业保险暂行办法》和《北京市农民工养老保险暂行办法》的规定，以用人单位应为农民工缴纳的养老保险费数额作为赔偿农民工养老保险损失的数额，具体计算方法是：1999年6月1日至2002年12月31日期间，按19%的比例计算用人单位应缴费数额；2003年1月1日之后，按20%的比例计算用人单位应缴费数额，缴费工资基数为相应年度最低工资标准。

4. 最低工资标准的误区

（1）包吃包住能算进"最低工资"吗？

如用人单位把"包吃包住"作为一项福利制度，则劳动者不需要承担任何费用，最低工资不包括"包吃包住"的费用。

（2）劳动者未正常提供劳动，当月工资未达到最低工资标准，是否违反最低工资规定？

最低工资规定是指劳动者在法定工作时间内提供正常劳动后，用人单位必须支付的最低劳动报酬。如果劳动者未按照法定工作时间提供正常劳动的，不适用最低工资的规定。比如，劳动者因旷工或事假未提供劳动期间，用人单位可以不支付工资；劳动者因病或者非因工负伤停止工作进行治疗，在国家规定医疗期内，用人单位应当依照劳动合同、集体合同的约定或者国家有关规定支付病伤假期工资，用人单位支付的病伤假期工资不得低于当地最低工资标准的80%。

（3）实行提成制的劳动者在法定工作时间提供正常劳动后，因业绩不好当月工资未达到最低工资标准，是否合法？

实行提成制的劳动者在法定工作时间提供正常劳动后，如果劳动者业务很好，基本工资加提成（或者实行无底薪提成制的提成）能够达到或超过当地最低工资标准，该情形符合法律规定；相反，如果低于当地最低工资标准，则该做法违反最低工资标准的相关强制性规定，应补足低于最低工资的差额。

需要注意的是，实行无底薪提成制也要符合当地最低工资规定。这就要求用人单位在设计劳动者特别是销售人员的薪酬制度时要充分考虑底薪这个因素，降低单位的用工风险。

为了避免上法律风险，建议用人单位在约定工资条款时，在劳动合同中补充约定"如果劳动者当月提供正常劳动后工资低于本市最低工资标准的，则按本市最低工资标准发放工资"。当然最好的操作方式还是基本工资达到或超过当地最低工资标准。

（4）单位实行年薪制，发放给劳动者的月工资低于当地最低工资，剩余工资到年底一次性支付，这种做法合法吗？

根据《工资支付暂行规定》，用人单位应当每月至少支付一次工资，且不得低于《最低工资规定》规定的最低工资标准。最低工资是用人单位每月支付劳动者工资的最低标准，不包括年终一次性发放的奖金或分红等收入。因此，劳动者每月领取的工资不能低于最低工资标准。建议用人单位实行年薪制，每月也应当向劳动者支付一次不低于最低工资标准的工资报酬，剩余工资可在年底一次性支付。

（5）单位支付下岗待业人员的工资或者生活费能低于最低工资标准吗？

根据《工资支付暂定规定》的规定，非因劳动者原因造成单位停工、停产在一个工资支付周期内的，用人单位应按劳动合同规定的标准支付劳动者工资。超过一个工资支付周期的，若劳动者提供了正常劳动，则支付给劳动者的劳动报酬不得低于当地的最低工资标准；若劳动者没有提供正常劳动，应按国家有关规定办理。同时，依据《关于贯彻执行〈中华人民共和国劳动法〉若干问题的意见》的规定，企业下岗待工人员，由企业依据当地政府的有关规定支付其生活费，生活费可以低于最低工资标准，下岗待工人员中重新就业的，企业应停发其生活费。生活费标准一般各地规定为不低于当地最低工资的70%。

四、克扣工资

1．不属于克扣工资的情形

在劳动者已提供正常劳动的前提下，用人单位应按劳动合同约定的标准支付给劳动者全部的劳动报酬。所谓克扣工资，就是指用人单位无正当理由扣减劳动者应得工资。根据《对〈工资支付暂行规定〉有关问题的补充规定》，除了以下几种理由之外，扣减劳动者工资的行为都是属于无正当理由。

（1）国家的法律、法规中有明确规定的。

（2）依法签订的劳动合同中有明确规定的。

（3）用人单位依法制定并经职代会批准的厂规、厂纪中有明确规定的。

（4）企业工资总额与经济效益相联系，经济效益下浮时，工资必须下浮（但支付给劳动者工资不得低于当地最低工资标准）。

（5）因劳动者请事假等相应减发工资等。

（2）项与（3）项的扣减争议最多，在实务中，用人单位规定扣除工资的一般有两种情形：一是工作不达标或工作任务未完成的，可根据工作完成的不同程度规定不同的扣减比例；二是违反公司规章制度规定，劳动纪律或劳动合同约定的，如迟到、早退、旷工扣款等。

罚款实质上是一方对另一方经济资源的单方剥夺，这种剥夺无论是形式上还是实质上，都必须要有严格的法律依据。根据我国《立法法》和《行政处罚法》规定，对财产的处罚只能由法律、法规和规章设定。

用人单位罚款的法律渊源是1982年国务院发布的《企业职工奖惩条例》中规定，对职工的行政处分为：警告、记过、记大过、降级、撤职、留用察看、开除。在给予上述行政处分的同时，可以给予一次性罚款。该条例适用于全民所有制企业和城镇集体所有制企业的全体职工。2008年1月15日，国务院公布了《关于废止部分行政法规的决定》（国务院令第 516 号），明确规定《企业职工奖惩条例》已被《中华人民共和国劳动法》《中华人民共和国劳动合同法》代替，因此，用人单位设立罚款制度已丧失法律依据。

用人单位克扣工资的，劳动保障监察部门可责令其支付应支付劳动者工资报酬及其 1 ~ 5 倍的赔偿金。由此，而发生劳动争议，申诉至劳动争议仲裁委员会的，仲裁委员会可要求用人单位支付劳动者应支付的工资报酬。

用人单位应务必谨慎，否则，发生劳动争议后，很难得到法律的支持。建议可咨询劳动法专业律师进行审查，以减少单位风险及不必要的损失。

2. 代扣工资的情形

根据劳动部《工资支付暂行规定》有关规定，一般情况下，用人单位不得扣发劳动者的工资，否则就侵犯了劳动者获取劳动报酬的权利。法律禁止克扣劳动者工资，但同时也规定用人单位可以代扣工资的四种情形。

（1）用人单位代扣代缴的个人所得税。

（2）用人单位代扣代缴的应由劳动者个人负担的各项社会保险费用。

（3）法院判决、裁定中要求代扣的抚养费、赡养费。

（4）法律、法规规定可以从劳动者工资中扣除的其他费用。

除了这些正常的代扣外，劳动者在执行工作任务过程中因故意或重大过失造成他人损害，用人单位承担赔偿责任后，均可以再向劳动者追偿。而《民法典》采用过错责任原则，用人单位要求劳动者承担赔偿责任时，需举证证明劳动者存在故意及重大过失，以及举证双方在劳动合同或规章制度中对赔偿事由、赔偿范围、额度和比例等做了明确规定。如果劳动者因为自己本人的一些原因给用人单位造成经济损失的，用人单位可按照劳动合同的约定要求其赔偿损失，而这些经济损失的赔偿，也可从劳动者本人的工资中扣除。同时，为了保障劳动者的生活必需，每月扣除的部分不得超过劳动者当月工资的 20%，并且如果扣除后的剩余工资部分低于当地月最低工资标准，则按最低工资标准支付。也就是说，这种扣减也是有一定限度的，一旦超过了最低工资标准这条底线，就属于"克扣工资"了。

五、拖欠工资

所谓拖欠工资，具体是指无故拖欠工资，即用人单位在规定的付薪时间内没有正当理由不支付劳动者工资的行为。法律法规对"正当理由"有明确的规定，不是说用人单位随便找个借口就可以堂而皇之地拖欠工资了。

具体地说，这里的正当理由有两种情形。

（1）用人单位确实遇到生产经营上的困难，资金周转受到影响，暂时无法按时支付工资，这时候可以与单位工会进行协商，延期支付劳动者的工资，但延长期限最多不能超过一个月。

（2）用人单位因为遇到不可抗拒的自然灾害、战争等原因，暂时无法按时支付工资。

延期支付工资的时间应当告知全体劳动者，并且报主管部门备案（无主管部门的用人单位，报区、县级劳动保障行政部门备案）。

除了上面两种情形，其他所有情况下的拖欠工资都属于无故拖欠工资。逾期仍然不支付的，由当地劳动保障部门责令用人单位支付拖欠工资，除此以外，还必须按照应付金额50% 以上100% 以下的标准向劳动者加付赔偿金。

不管是"克扣工资"还是"拖欠工资"均都属于未足额支付劳动报酬得情形，劳动者可以以此为由与用人单位解除劳动关系，主张经济补偿金。

举案说法30. 哪些项目不属于工资总额部分？

张某于 2012 年 12 月被某公司聘为高级技术人员，双方签订了劳动合同。劳动合同中约定张某的基本工资为 4 000 元/月，其他部分按照公司相关规章制度执行。公司实际每月除向张某支付基本工资 4 000 元外，还固定支付奖金 1 000 元、岗位津贴 1 000 元、交通补贴 250 元、伙食补贴 250 元。

此外，张某每月可享受的手机通信费补贴以每月 300 元为限，300 元以下按发票金额实报实销，300 元以上的部分由张某自行承担，张某每月总能凑齐 300 元的发票足额领取通信费补贴。

公司与张某签订了保密协议，约定张某保守公司的商业秘密，公司向其每月支付保密费 300 元。

2013 年 12 月，公同向张某发放了 20 000 元的年终奖。2014 年中秋节，公司还向张某发放了 500 元过节费及一张面值为 500 元的购物卡。2014 年 10 月 20 日，因公司战略调整，公司解除了与张某的劳动合同。张某对公司解除劳动合同并无异议，但是，却对公司支付的经济补偿金数额提出异议，认为公司计算经济补偿金时应当将通信补贴和保密费计算在内，要求公司补发，公司拒绝，张某遂向劳动争议仲裁委员会提出仲裁申请。

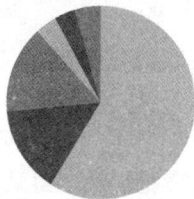

基本工资 固定奖金 岗位津贴 交通补贴
伙食补贴 通信补贴

×12个月
＋2013年年终奖2万元
＋2014年过节费500元
＋2014年购物卡500元

审理结果

经审理，劳动争议仲裁委员会认为通信补贴和保密费不属于工资范畴，因此，张某月工资为6 500元（基本工资4 000元＋奖金1 000元＋岗位津贴1 000元＋交通补贴250元＋伙食补贴250元），年终奖属于工资，以现金形式发放的500元过节费属于工资性津贴、补贴，因此，在计算工资总和时二者都应当被计算入内，至于以购物卡形式发放的500元则不属于工资。

HR 操作锦囊

本案争议焦点在于工资总额的计算方法，而发生争议的根源在于当事人双方对"工资"的理解不一致。至于月奖金、年终奖、岗位津贴的性质很好判断，根据《关于工资总额组成的规定》明确规定奖金、津贴属于工资的范畴。本案难就难在如何去判断各项补贴、保密费及过节费的性质。

针对保密费而言，其功能在于对劳动者履行保密义务的补偿，并非劳动报酬，因此，不属于工资。

要判断交通补贴、伙食补贴、通信补贴、过节费的性质，首先要区分工资性津贴、补贴与福利费的区别。对于工资性津贴、补贴属于工资，而福利费用则不属于工资。在实务中，区分二者的一个简单方法就是看支付形式，若采用现金形式支付的一般会被认定为工资性津贴、补贴；若采用票据报销的形式支付则一般认定为福利费用。根据这一方法，采用资金形式发放的交通补贴、伙食补贴和过节费属于工资性津贴、补贴，计算工资总额时应当计算入内；对于通信补贴，由于采用票据报销的形式发放，则属于福利费用，不属于工资。但是，在实践操作时，如果通信补贴并未用票据报销的形式发放，那也应属于工资。

而且在计算离职前12个月工资总和时，应当将2014年年终奖20 000元以及中秋节过节费 500 元计算进去。

法条传送门

《中华人民共和国民法典》

第一千一百九十一条　用人单位的工作人员因执行工作任务造成他人损害的，由用人单位承担侵权责任。用人单位承担侵权责任后，可以向有故意或者重大过失的工作人员追偿。

劳务派遣期间，被派遣的工作人员因执行工作任务造成损害的，由接受劳务派遣的用工单位承担侵权责任；劳务派遣单位有过错的，承担相应的责任。

《中华人民共和国劳动法》

第四十七条　用人单位根据本单位的生产经营特点和经济效益，依法自主确定本单位的工资分配方式和工资水平。

第五十一条　法定节假日用人单位应当依法支付工资，即折算日工资、小时工资时不剔除国家规定的 11 天法定节假日。

《工资支付暂行规定》

第三条　本规定所称工资是指用人单位依据劳动合同的规定，以各种形式支付给劳动者的工资报酬。

第七条　工资必须在用人单位与劳动者约定的日期支付。如遇节假日或休息日，则应提前在最近的工作日支付。工资至少每月支付一次，实行周、日、小时工资制的可按周、日、小时支付工资。

第十二条　非因劳动者原因造成单位停工、停产在一个工资支付周期内的，用人单位应按劳动合同规定的标准支付劳动者工资。超过一个工资支付周期的，若劳动者提供了正常劳动，则支付给劳动者的劳动报酬不得低于当地的最低工资标准；若劳动者没有提供正常劳动，应按国家有关规定办理。

第十五条　用人单位不得克扣劳动者工资。有下列情况之一的，用人单位可以代扣劳动者工资：

（一）用人单位代扣代缴的个人所得税；

（二）用人单位代扣代缴的应由劳动者个人负担的各项社会保险费用；

（三）法院判决、裁定中要求代扣的抚养费、赡养费；

（四）法律、法规规定可以从劳动者工资中扣除的其他费用。

第十六条　因劳动者本人原因给用人单位造成经济损失的，用人单位可按照劳动合同的约定要求其赔偿经济损失。经济损失的赔偿，可从劳动者本人的工资中扣除。但每月扣除的部分不得超过劳动者当月工资的20%。若扣除后的剩余工资部分低于当地月最低工资标准，则按最低工资标准支付。

《关于职工全年月平均工作时间和工资折算问题的通知》（劳社部发〔2008〕3号）（略）

《关于工资总额组成的规定》

第四条～第十一条（略）

《北京市安全生产监督管理局北京市卫生和计划生育委员会北京市人力资源和社会保障局北京市总工会关于做好2014年夏季防暑降温工作的通知》（略）

《〈关于工资总额组成的规定〉若干具体范围的解释》

五、关于标准工资（基本工资，下同）和非标准工资（辅助工资，下同）的定义

（一）标准工资是指按规定的工资标准计算的工资（包括实行结构工资制的基础工资、职务工资和工龄津贴）。

（二）非标准工资是指标准工资以外的各种工资。

《关于企业加强职工福利费财务管理的通知》

二、企业为职工提供的交通、住房、通讯待遇，已经实行货币化改革的，按月按标准发放或支付的住房补贴、交通补贴或者车改补贴、通讯补贴，应当纳入职工工资总额，不再纳入职工福利费管理；尚未实行货币化改革的，企业发生的相关支出作为职工福利费管理，但根据国家有关企业住房制度改革政策的统一规定，不得再为职工购建住房。

企业给职工发放的节日补助、未统一供餐而按月发放的午餐费补贴，应当纳入工资总额管理。

《防暑降温措施管理办法》

第十七条　劳动者从事高温作业的，依法享受岗位津贴。

用人单位安排劳动者在35℃以上高温天气从事室外露天作业以及不能采取有效措施将工作场所温度降低到33℃以下的，应当向劳动者发放高温津贴，并纳入工资总额。高温津贴标准由省级人力资源社会保障行政部门会同有关部门制定，并根据社会经济发展状况适时调整。

《劳动部关于贯彻执行〈中华人民共和国劳动法〉若干问题的意见》

55. 劳动法第四十四条中的"劳动者正常工作时间工资"是指劳动合同规定的劳动者

本人所在工作岗位（职位）相对应的工资。鉴于当前劳动合同制度尚处于推进过程中，按上述规定执行确有困难的用人单位，地方或行业劳动部门可在不违反劳动部《关于工资〈支付暂行规定〉有关问题的补充规定》（劳部发〔1995〕226 号）文件所确定的总的原则的基础上，制定过渡办法。

58. 企业下岗待工人员，由企业依据当地政府的有关规定支付其生活费，生活费可以低于最低工资标准，下岗待工人员中重新就业的，企业应停发其生活费。

《最低工资规定》

第三条　本规定所称最低工资标准，是指劳动者在法定工作时间或依法签订的劳动合同约定的工作时间内提供了正常劳动的前提下，用人单位依法应支付的最低劳动报酬。

本规定所称正常劳动，是指劳动者按依法签订的劳动合同约定，在法定工作时间或劳动合同约定的工作时间内从事的劳动。劳动者依法享受带薪年休假、探亲假、婚丧假、生育（产）假、节育手术假等国家规定的假期间，以及法定工作时间内依法参加社会活动期间，视为提供了正常劳动。

第十一条　用人单位应在最低工资标准发布后 10 日内将该标准向本单位全体劳动者公示。

第十二条　在劳动者提供正常劳动的情况下，用人单位应支付给劳动者的工资在剔除下列各项以后，不得低于当地最低工资标准：

（一）延长工作时间工资；

（二）中班、夜班、高温、低温、井下、有毒有害等特殊工作环境、条件下的津贴；

（三）法律、法规和国家规定的劳动者福利待遇等。

实行计件工资或提成工资等工资形式的用人单位，在科学合理的劳动定额基础上，其支付劳动者的工资不得低于相应的最低工资标准。

劳动者由于本人原因造成在法定工作时间内或依法签订的劳动合同约定的工作时间内未提供正常劳动的，不适用于本条规定。

《北京市最低工资规定》

第六条　最低工资标准包括按国家统计局规定应列入工资总额统计的工资、奖金、补贴等各项收入。下列各项收入不计入最低工资标准：

（一）劳动者在国家规定的高温、低温、井下、有毒有害等特殊环境条件下工作领取的津贴；

（二）劳动者在节假日或者超过法定工作时间从事劳动所得的加班、加点工资；

（三）劳动者依法享受的保险福利待遇；

（四）根据国家和本市规定不计入最低工资标准的其他收入。

《对〈工资支付暂行规定〉有关问题的补充规定》

《规定》第十五条中所称"克扣"系指用人单位无正当理由扣减劳动者应得工资（即在劳动者已提供正常劳动的前提下用人单位按劳动合同规定的标准应当支付给劳动者的全部劳动报酬）。不包括以下减发工资的情况：（1）国家的法律、法规中有明确规定的；（2）依法签订的劳动合同中有明确规定的；（3）用人单位依法制定并经职代会批准的厂规、厂纪中有明确规定的；（4）企业工资总额与经济效益相联系，经济效益下浮时，工资必须下浮的（但支付给劳动者工资不得低于当地的最低工资标准）；（5）因劳动者请事假等相应减发工资等。

《北京市工资支付规定》

第二十七条　非因劳动者本人原因造成用人单位停工、停业的，在一个工资支付周期内，用人单位应当按照提供正常劳动支付劳动者工资；超过一个工资支付周期的，可以根据劳动者提供的劳动，按照双方新约定的标准支付工资，但不得低于本市最低工资标准；用人单位没有安排劳动者工作的，应当按照不低于本市最低工资标准的70%支付劳动者基本生活费。国家或者本市另有规定的从其规定。

《山东省企业工资支付规定》

第三十一条　非因劳动者原因造成企业停工、停产、歇业，企业未与劳动者解除劳动合同，停工、停产、歇业在一个工资支付周期内的，企业应当视同劳动者提供正常劳动并支付该工资支付周期的工资；超过一个工资支付周期的，企业安排劳动者工作的，按照双方新约定的标准支付工资，但不得低于当地最低工资标准；企业没有安排劳动者工作，劳动者没有到其他单位工作的，应当按照不低于当地最低工资标准的70%支付劳动者基本生活费。国家和省另有规定的，依照其规定执行。

《安徽省工资支付规定》

第二十七条　非劳动者原因用人单位停工、停产在1个工资支付周期内的，用人单位应当视同劳动者提供正常劳动并支付工资。超过1个工资支付周期的，用人单位可以根据劳动者在停工停产期间提供的有关劳动重新约定其工资标准，并按约定支付工资；用人单位没有安排劳动者工作的，应当按不低于当地最低工资标准的70%支付劳动者生活费。国家另有规定的，从其规定。

第二节　工资支付的基本规定

用人单位 HR 应当重视工资支付记录表的编制和保存，不仅由于它是用人单位应当履行的法定义务，更重要的是，对于用人单位而言，工资支付记录是解决工资纠纷时的一项重要证据。

一、工资支付的程序性规定

根据《劳动争议调解仲裁法》规定，在发生工资纠纷时，用人单位有义务提供工资支付记录表，否则将承担举证不利后果。另外，工资支付记录的保存期限，目前国家和各地普遍的规定是两年，也就是说，对于超过两年的工资支付记录，用人单位可不予提供。但是，自 2020 年 5 月 1 日开始实施的《保障农民工工资支付条例》第十五条规定，用人单位应当按照工资支付周期编制书面工资支付台账，并至少保存 3 年。该条例适用于农民工工资支付，即为用人单位提供劳动的农村居民。

最后，对于工资的支付还有以下几点误区。

（1）工资应当以法定货币支付，不得以实物或者证券、外币支付。

（2）工资直接支付给劳动者本人，如本人因故不能领取工资的，由其亲属或委托他人代领。特别要提醒 HR，在代领工资时，一定要让代领人出示劳动者本人签字的授权委托书，并将上述委托书留存归档。

（3）周、日、小时工资制的可按周、日、小时支付工资。需要注意的是，非全日制用工情况下，工资支付周期不应超过 15 天。即使对实行年薪制的员工，用人单位也不能按年支付工资，而是应按月发放部分工资，月工资数额不低于当地最低工资标准，剩余部分可在年底一次性发放。

（4）工资必须在用人单位与劳动者约定的日期支付，如遇节假日或休息日，则应提前在最近的工作日支付，而不是把工资支付日顺延到下周第一个工作日。

（5）对完成一次性临时劳动或某项具体工作的劳动者，用人单位应按有关协议或者合同规定在其完成劳动任务后即支付工资。

（6）劳动者领取现金工资后，一定由劳动者本人签字，不能由其他人代签，特殊情形下可由劳动者本人补签，但建议要在劳动者领取工资时及时签署。

（7）劳动者没有办理工作交接，用人单位拒不向其支付工资的，可能导致日后劳动者反悔，以拖欠工资为由申请劳动监察或者劳动仲裁，使单位遭到处罚。建议单位在规章制度中明确规定"因劳动者不按照约定办理工作交接，给用人单位造成损失的，劳动者应承担相应的赔偿责任"，以追究损失赔偿责任的方式解决不办理工作交接的问题，不能直接扣发劳动者工资。

最后，再次提醒 HR，用人单位应在解除或终止劳动合同时一次性付清劳动者工资。用人单位尤其要注意，对作为劳动合同附件的薪酬制度中有关工资标准进行变更时，不仅应当履行修订员工手册、规章制度的民主程序，而且，对于直接涉及劳动者个人利益的，还必须经过劳动者本人同意，否则变更则不对劳动者发生效力。

二、假期工资支付标准的确定

1. 休息日和事假

休息日和事假为无薪假期，用人单位可不支付工资。

2. 法定节假日、年休假、探亲假、婚假、丧假、社会活动假

法定节假日、年休假、探亲假、婚假、丧假、社会活动假为带薪假期，一般按照劳动合同约定的劳动者本人工资标准支付劳动报酬。对于没有约定工资标准或约定不明的，各地处理规定不一。在社会活动假中，例如，参加选举、会议、商谈等社会活动，用人单位应正常支付工资。在实践中，上述假期的工资标准与加班费的计算基数的确定原则基本一致，相关内容可参考本章第三节关于加班费计算基数的介绍。

3. 病假

劳动者在病休期间，用人单位应当根据劳动合同或集体合同的约定支付病假工资。用人单位支付的病假工资不得低于当地最低工资标准的 80%。

地域	病假工资	相关规定	说　　明
全国	不低于当地最低工资标准的 80%	关于贯彻执行《中华人民共和国劳动法》若干问题的意见第 59 条	如地方无特殊规定，则应适用该规定
浙江	不低于当地最低工资标准的 80%	《浙江省企业工资支付管理办法》第 17 条	
河北	不低于当地最低工资标准的 80%	《河北省工资支付规定》第 22 条	
湖南	不低于当地最低工资标准的 80%	《湖南省工资支付监督管理办法》第 22 条	

续表

地域	病假工资			相关规定	说　明
上海	连续休假6个月以内的，企业支付疾病休假工资	连续工龄不满2年	本人工资60%	《上海市劳动保障局关于病假工资计算的公告》（2004年11月）	职工疾病或非因工负伤休假待遇低于本企业月平均工资40%的，应补足到本企业月平均工资的40%，但不得高于本人原工资水平、不得高于本市上年度职工月平均工资　企业月平均工资的40%低于当年本市企业职工最低工资标准的80%，应补足到当年本市企业职工最低工资标准的80%
		连续工龄满2年不满4年	本人工资70%		
		连续工龄满4年不满6年	本人工资80%		
		连续工龄满6年不满8年	本人工资90%		
		连续工龄满8年及以上的	本人工资100%		
	连续休假超过6个月的，企业支付疾病救济费	连续工龄不满1年	本人工资40%		
		连续工龄满1年不满3年	本人工资50%		
		连续工龄满3年及以上的	本人工资60%		
江苏	不低于当地最低工资标准的80%			《江苏省工资支付条例》第27条	
广东	不低于当地最低工资标准的80%			《广东省工资支付条例》第24条	
南京	不低于当地最低工资标准的80%			《南京市企业工资支付办法》第19条	
广州	12个月内病假累计不满6个月，支付病假工资	连续工龄不满5年	45%	《广州市职工患病或非因工负伤医疗期管理实施办法》第11条	病假工资以上年度本人月均工资总额（下称月均工资）为基数，如超过上年度市属（县级市；下同）职工月均工资，则以上年度市属职工月均工资为基数
		满5年不满10年	50%		
		满10年不满20年	55%		
		满20年及以上	60%		
		获得各级政府授予劳动模范（先进生产工作者）称号的	65%		
		享受新中国成立前参加革命工作离休、退休待遇的	70%		
	在12个月内病假累计满6个月及以上的，支付疾病救济费	连续工龄不满10年	40%		疾病救济费以上年度本人月均工资总额为基数（如超过上年度市属职工月均工资，则以上年度市属职工月均工资为基数）
		连续工龄满10年不满20年	45%		
		连续工龄满20年及以上	50%		
		获得各级政府授予劳动模范（先进生产工作者）称号的	55%		
		享受新中国成立前参加革命工作离休、退休待遇的	60%		

续表

地域	病假工资			相关规定	说　　明
深圳特区	一年内累计不超过 6 个月，支付病伤假期工资	工龄不满 5 年	本人工资 60%	《深圳经济特区企业工资管理暂行规定》第 50 条	
		工龄满 5 年不满 10 年	本人工资 70%		
		工龄满 10 年及以上	本人工资 80%		
	一年内累计超过 6 个月，支付救济费	工龄不满 5 年	本人工资 50%	《深圳经济特区企业工资管理暂行规定》第 51 条、第 52 条	职工在领取疾病或非因工负伤救济费时，如其所得救济费数额低于该企业平均工资百分之四十的，企业应按本企业职工平均工资百分之四十发给，但不得高于本人工资。
		工龄满 5 年及以上	本人工资 60%		
厦门	不低于当地最低工资标准的 80%			《厦门市企业工资支付条例》第 21 条	
天津	不低于当地最低工资标准的 80%			《天津市工资支付规定》第 25 条	
北京	不低于当地最低工资标准的 80%			《北京市工资支付规定》第 21 条	

另外，用人单位必须保障劳动者正当合法的就医病休权，主要体现在四个方面。

第一，用人单位应从建立和完善病假管理制度入手，并尽可能具体、细化，包括特殊情况下的请假方式、审批权限等都要明确。

第二，不可指定医院，剥夺劳动者正当的择医权。只要医保定点医院开出的病假证明都是有效的，用人单位无权限制。

第三，在没有取得证据之前不要仅凭怀疑而随意处罚劳动者。

第四，劳动者的病假待遇应按规定如实支付，不能克扣。

劳动者也有义务配合用人单位的疾病管理制度，比如，当用人单位对病历卡、病假证明、化验单、药费单据等的真实性进行形式上的审查时，劳动者应该提供。当用人单位有合理怀疑时，要求劳动者到指定医院进行复查劳动者也应理解。

4. 产假、看护假、流产假

产假、看护假、流产假的支付，请参考本书第十七章第一节"女职工劳动保护"的工资和福利待遇。

三、特殊期间工资支付标准的确定

1. 停工、停产期间的工资标准

根据《工资支付暂行规定》规定，停工、停产期间工资的支付分为两个阶段。

（1）在一个工资支付周期内的，用人单位应按劳动合同规定的标准支付劳动者工资。

（2）超过一个工资支付周期的，若劳动者提供了正常劳动，则支付给劳动者的劳动报酬不得低于当地的最低工资标准；若劳动者没有提供正常劳动，应按国家有关规定办理。各地方支付的标准不同，在北京规定，用人单位没有安排劳动者工作的，按照不低于当地最低工资标准的70%支付劳动者基本生活费。

2. 经营困难期间的工资标准

用人单位因生产经营困难暂时无法按时支付工资的，应当向劳动者说明情况，并经与工会或者职工代表协商一致后，可以延期支付工资，但最长不得超过30日。

3. 刑事期间的工资标准

劳动者被人民法院判处管制，或者拘役适用缓刑、有期徒刑适用缓刑，或者被假释、监外执行、取保候审期间，用人单位未与其解除劳动合同，劳动者继续在原单位正常劳动的，用人单位应当按照劳动合同的约定及本单位规章制度的规定支付其工资。劳动者因刑事原因未提供劳动的，用人单位无须支付工资。

4. 劳动争议审理期间的工资

实务中经常会出现这样的情形：用人单位解除劳动合同，劳动者不服提起仲裁或诉讼要求恢复劳动关系，并要求用人单位支付劳动争议审理期间的工资。一旦劳动者要求恢复劳动关系请求得到支持以后，也就意味着劳动争议审理期间双方的劳动关系存续，应当按照劳动者正常履行劳动合同时的全额工资支付。但是，从情理的角度看，司法审判实践中有些认为应当按照社会平均工资确定支付数额；有的认为应当按照当地最低工资标准确定数额；还有认为应当按照基本生活费确定支付数额。但不管采用哪种标准，有一点是明确的，用人单位需要支付劳动争议审理期间的工资。

📦 法条传送门

《工资支付暂行规定》

第五条　工资应当以法定货币支付。不得以实物及有价证券替代货币支付。

第六条　用人单位应将工资支付给劳动者本人。劳动者本人因故不能领取工资时，可由其亲属或委托他人代领。

用人单位可委托银行代发工资。

用人单位必须书面记录支付劳动者工资的数额、时间、领取者的姓名以及签字，并保存两年以上备查。用人单位在支付工资时应向劳动者提供一份其个人的工资清单。

第七条　工资必须在用人单位与劳动者约定的日期支付。如遇节假日或休息日，则应提前在最近的工作日支付。工资至少每月支付一次，实行周、日、小时工资制的可按周、日、小时支付工资。

第八条　对完成一次性临时劳动或某项具体工作的劳动者，用人单位应按有关协议或合同规定在其完成劳动任务后即支付工资。

第九条　劳动关系双方依法解除或终止劳动合同时，用人单位应在解除或终止劳动合同时一次付清劳动者工资。

第十二条　非因劳动者原因造成单位停工、停产在一个工资支付周期内的，用人单位应按劳动合同规定的标准支付劳动者工资。超过一个工资支付周期的，若劳动者提供了正常劳动，则支付给劳动者的劳动报酬不得低于当地的最低工资标准；若劳动者没有提供正常劳动，应按国家有关规定办理。

《关于贯彻执行〈中华人民共和国劳动法〉若干问题的意见》

59. 职工患病或非因工负伤治疗期间，在规定的医疗期间内由企业按有关规定支付其病假工资或疾病救济费，病假工资或疾病救济费可以低于当地最低工资标准支付，但不能低于最低工资标准的80%。

《北京市工资支付规定》

第二十一条　劳动者患病或者非因工负伤的，在病休期间，用人单位应当根据劳动合同或集体合同的约定支付病假工资。用人单位支付病假工资不得低于本市最低工资标准的80%。

第二十二条　劳动者在事假期间，用人单位可以不支付其工资。

第二十三条　劳动者生育或者施行计划生育手术依法享受休假期间，用人单位应当支付其工资。

劳动者因产前检查和哺乳依法休假的，用人单位应当视同其正常劳动支付工资。

第二十四条　劳动者在工作时间内依法参加社会活动，或者担任集体协商代表履行代表职责、参加集体协商活动期间，用人单位应当视同其正常劳动支付工资。

第二十五条　劳动者被人民法院判处管制或者拘役适用缓刑、有期徒刑适用缓刑或者被假释、监外执行、取保候审期间，用人单位未与其解除劳动合同，劳动者继续在原单位正常劳动的，用人单位应当按照劳动合同的约定以及本单位规章制度的规定支付其工资。

第二十六条　用人单位因生产经营困难暂时无法按时支付工资的，应当向劳动者说明情况，并经与工会或者职工代表协商一致后，可以延期支付工资，但最长不得超过 30 日。

第二十七条　非因劳动者本人原因造成用人单位停工、停业的，在一个工资支付周期内，用人单位应当按照提供正常劳动支付劳动者工资；超过一个工资支付周期的，可以根据劳动者提供的劳动，按照双方新约定的标准支付工资，但不得低于本市最低工资标准；用人单位没有安排劳动者工作的，应当按照不低于本市最低工资标准的 70% 支付劳动者基本生活费。国家或者本市另有规定的从其规定。

第三节　加班费的实务操作

加班费是指劳动者按照用人单位生产和工作的需要在法定工作时间之外继续生产劳动或者工作所获得的劳动报酬。劳动者加班，延长了工作时间，额外增加了劳动量，应当得到合理的报酬。对劳动者而言，加班费是一种补偿，因为其付出了过量的劳动；对于用人单位而言，支付加班费能够有效地抑制用人单位随意延长工作时间，保护劳动者的合法权益。2012 年 2 月，税务总局纳税服务司表示节假日加班费需依法纳税。

一、加班费基数

实际上，不同省、市制定的关于加班费基数标准的规定也是不尽相同。

1. 北京地区加班费基数

根据《北京市工资支付规定》，北京地区对加班费基数的规定如下。

（1）按照劳动合同约定的劳动者本人工资标准确定。

（2）劳动合同没有约定的，按照集体合同约定的加班工资基数确定。

（3）劳动合同、集体合同均未约定的，按照劳动者本人正常劳动应得的工资确定。同时，加班工资基数不得低于本市规定的最低工资标准。

实行月工资制的用人单位日工资以月计薪天数 21.75 天进行折算，小时工资在日工资基础上除以 8 小时进行折算。

2. 广州地区加班费基数

根据《广州市劳动保障局关于企业职工加班、加点工资计算基数有关问题的通知》，广州地区对加班费基数的规定如下。

（1）劳动者加班工资基数由用人单位与劳动者依法协商确定，但应不低于劳动合同约定的劳动者本人日或小时工资折算数。

（2）用人单位支付给劳动者本人的实际工资额高于劳动合同约定工资额的，加班工资基数应在劳动者本人上月实际工资与劳动合同约定工资的范围内商定。

（3）劳动合同无约定工资的，应以劳动者本人上月实际工资为基数。

（4）实行计件工资的，以法定工作时间的计件单价为加班工资基数。

（5）加班工资基数低于本市当年最低工资标准的，应以日、时最低工资标准为加班工资基数。

3. 上海地区加班费基数

根据《上海市企业工资支付办法》，上海地区对加班费基数的规定如下。

（1）劳动合同有约定的，按不低于劳动合同约定的劳动者本人所在岗位（职位）相对应的工资标准确定，集体合同（工资集体协议）确定的标准高于劳动合同约定标准的，按集体合同（工资集体协议）标准确定。

（2）劳动合同、集体合同均未约定的，可由用人单位与职工代表通过工资集体协商确定，协商结果应签订工资集体协议。

（3）用人单位与劳动者无任何约定的，假期工资的计算基数统一按劳动者本人所在岗位（职位）正常出勤的月工资的70%确定。按以上原则计算的假期工资基数均不得低于本市规定的最低工资标准。法律、法规另有规定的，从其规定。

关于加班工资的计算基数，上海市法院偏向于依据《上海市高级人民法院关于劳动争议若干问题的解答》确定的原则，与上文有所不同。

（1）用人单位与劳动者对月工资有约定的，加班工资基数应按双方约定的正常工作时间的月工资来确定。

（2）如双方对月工资没有约定或约定不明的，应按《劳动合同法》第18条规定来确定正常工作时间的月工资，并以确定的工资数额作为加班工资的计算基数。

（3）如按《劳动合同法》第18条规定仍无法确定正常工作时间工资数额的，对加班工资的基数，可按照劳动者实际获得的月收入扣除非常规性奖金、福利性、风险性等项目后的正常工作时间的月工资确定。

（4）如工资系打包支付，或双方形式上约定的"正常工作时间工资"标准明显不合常理，或有证据可以证明用人单位恶意将本应计入正常工作时间工资的项目归入非常规性奖金、福利性、风险性等项目中，以达到减少正常工作时间工资数额计算目的的，可参考实际收入×70%的标准进行适当调整。按上述原则确定的加班工资基数，均不得低于本市月最低工资标准。

4．江苏地区加班费基数

根据《江苏省工资支付条例》规定，本条例第二十条用于计算劳动者加班加点工资的标准，第二十四条、第二十八条、第二十九条、第三十条用于计算劳动者提供正常劳动支付月工资的标准，第二十六条用于计算不予支付月工资的标准应当按照下列原则确定。

（1）用人单位与劳动者双方有约定的，从其约定。

（2）双方没有约定的，或者双方的约定标准低于集体合同或者本单位工资支付制度标准的，按照集体合同或者本单位工资支付制度执行。

（3）前两项无法确定工资标准的，按照劳动者前十二个月平均工资计算，其中劳动者实际工作时间不满十二个月的按照实际月平均工资计算。

从该条规定可以看出，确定加班费计算基数应首先遵循"约定优先"的基本原则，也就是说，用人单位与劳动者对加班费计算基数有约定的，从其约定。

当下，建议用人单位要了解所在地区政府对加班费基数是如何规定的，严格按照当地的相关规定执行。如当地规定允许的情况下，用人单位一定要在劳动合同中约定有关加班费基数的内容，以免日后发生争议时没有任何计算依据。

二、加班费的计算标准

1．标准工时制度的加班费计算

按照劳动部《关于印发〈工资支付暂行规定〉的通知》，应按以下标准支付加班费。

（1）用人单位依法安排劳动者在日法定标准工作时间以外延长工作时间的，按照不低于劳动合同规定的劳动者本人小时工资标准的150%支付劳动者工资。

（2）用人单位依法安排劳动者在休息日工作，而又不能安排补休的，按照不低于劳动合同规定的劳动者本人日或小时工资标准的200%支付劳动者工资。

（3）用人单位依法安排劳动者在法定休假日工作的，按照不低于劳动合同的劳动者本人日或小时工资标准的300%支付劳动者工资。

2．综合计算工时制度的加班费计算

按照劳动部《关于企业实行不定时工作制和综合计算工时工作制的审批办法》和《关

于职工工作时间有关问题的复函》规定，经批准实行综合计算工时工作制的企业，在综合计算周期内的总实际工作时间不应超过总法定标准工作时间，超过部分应视为延长工作时间并按《劳动法》第四十四条第(一)款的规定支付工资报酬，其中法定休假日安排劳动者工作的，按《劳动法》第四十四条第(三)款的规定支付工资报酬。而且，延长工作时间的小时数平均每月不得超过 36 小时。

3. 不定时工时制度的加班费的计算

一般情况下，经批准实行不定时工作制的用人单位不需要支付加班费。但是各地规定有所不同。《北京市工资支付规定》规定，用人单位经批准实行不定时工作制度的，不适用本规定第十四条的规定。即在法定休假日工作的，可不按照不低于日或者小时工资基数的300% 支付加班工资。

4. 实行计件工资制度的加班费计算

实行计件工资的劳动者，在完成计件定额任务后，由用人单位安排延长工作时间的，应根据上述规定的原则，分别按照不低于其本人法定工作时间计件单价的150% 、200% 、300% 支付其工资。

工时制度	延时加班	休息日加班	法定节假日加班
标准工时制	150%	200%	300%
综合计算工时制	150%	无	300%
计件工资制	150%	200%	300%

不定时工作制的法定节假日加班各地规定不一致，具体按照当地规定执行。例如，北京地区不定时工作制不管是在平日延时、还是在休息日、法定节假日加班，均不需要支付加班费。

法律依据		不定时工时制		
		150% 平日延时加班	200% 休息日加班	300% 法定节假日加班
劳动部	《工资支付暂行规定》	×	×	×
深圳	《深圳市员工工资支付条例》	×	×	√
	关于印发《深圳市实行不定时工作制和综合计算工时工作制审批管理工作试行办法》的通知	×	×	√
北京	《北京市工资支付规定》	×	×	×
上海	《上海市企业工资支付办法》	×	×	√

续表

	不定时工时制			法律依据		
150% 平日 延时加班	200% 休息日 加班	300% 法定 节假日加班				
陕西	《陕西省企业工资支付条例》			×	×	×
天津	《天津市工资支付规定》			×	×	×
江苏	《江苏省工资支付条例》			×	×	×
广东	《广东省工资支付条例》			×	×	×
江西	《江西省工资支付规定》			×	×	×
重庆	重庆市劳动和社会保障局关于贯彻执行原劳动部《工资 支付暂行规定》			×	×	×
辽宁	《辽宁省工资支付规定》			×	×	×

三、月薪包含加班费

一些用人单位与劳动者约定包薪制，即每月支付固定月薪，将加班费包含在约定的工资中。对于这一问题，不同的地区有着不同的规定。

根据《深圳市中级人民法院关于审理劳动争议案件的裁判指引》第六十二条规定，劳动者与用人单位在签订劳动合同时约定的工资中注明"已包含加班工资"或虽未书面约定实际支付的工资是否包含加班工资，但用人单位有证据证明已支付的工资包含了正常工作时间工资和加班工资的，劳动者的时薪计算方式如下：

时薪 = 约定工资 ÷（21.75 天 × 8 小时 + 约定包含在工资中的平时加班时间小时数 × 150% + 约定包含在工资中的休息日加班时间小时数 × 200% + 约定包含在工资中的法定节假日加班时间小时数 × 300%）

如按上述方法计算得出的劳动者的时薪，低于法定最低工资标准，则该约定为无效。

依据《广东省高级人民法院、广东省劳动争议仲裁委员会关于适用〈劳动争议调解仲裁法〉、〈劳动合同法〉若干问题的指导意见》的规定，用人单位与劳动者虽然未书面约定实际支付的工资是否包含加班工资，但用人单位有证据证明已支付的工资包含正常工作时间工资和加班工资的，可以认定用人单位已支付的工资包含加班工资。但折算后的正常工作时间工资低于当地最低工资标准的除外。

也就是说，在深圳是支持包薪制这种约定的，只要折算出的底薪不低于最低工资标准即可。不过，按照上海的司法实践，似乎是不支持这样的约定的。

裁判机构支持月薪包含加班费的约定，更多的是减轻了裁判人员计算加班费的工作压力，间接减少了加班费劳动争议，实际上对劳动者来说，这种约定更多的是损害了劳动者的利益因此，并非任何的月薪包含加班费的约定都能得到支持，从司法实践看，得到支持的关键点在于经折算后的底薪不低于最低工资标准。从规避法律风险角度，建议用人单位明确工资项目、工资构成，尽量不要采用包薪制。

在工资支付的相关法律法规中，加班工资强调的是要"另外支付"。"另外支付"是指除正常工资支付外，还应该按规定支付劳动者加班工资。还是提醒用人单位 HR，签订劳动合同时还需慎重，最好能在劳动合同中明确约定加班制度和薪酬制度。

四、加班费成本控制技巧

在未依法支付工资方面，未支付加班费导致用人单位承担不利法律后果的占比较大。用人单位对加班费的成本控制，可以考虑以下两个方面。

（1）明确加班审批程序和权限。规定劳动者加班应当在加班前严格按照流程向有审批权限的人员申请，并明确未经相关人员批准，劳动者自行超过标准时间工作的，不视为加班。这样一来，就可以控制因劳动者本人原因没有按时完成本应在正常工作时间内完成的工作任务而产生的不必要的加班。

（2）完善考勤制度。很多用人单位都使用电子打卡机等设备进行日常考勤，在月考勤周期结束后，应由 HR 整理导出纸制考勤表，由劳动者本人确认签字。以免日后发生争议用人单位面临举证难的困境。

（3）充分利用特殊工时制。特殊工时制下劳动者工作时间相对灵活，加班情形发生的概率较低。因此，对于符合条件的特殊岗位，建议用人单位申请实行特殊工时制，以达到灵活用工、控制加班费成本的效果。

（4）合法利用调休。法律规定劳动者在休息日加班，用人单位安排了其调休，无须再支付加班费，这也为用人单位控制加班费成本提供了一个思路。用人单位应当制定合法合理的调休制度，明确调休的相关事宜，如调休期间、调休申请、调休安排等，规范调休合法有序进行。

法条传送门

《中华人民共和国劳动法》

第四十四条　有下列情形之一的，用人单位应当按照下列标准支付高于劳动者正常工作时间工资的工资报酬：

（一）安排劳动者延长工作时间的，支付不低于工资的百分之一百五十的工资报酬；

（二）休息日安排劳动者工作又不能安排补休的，支付不低于工资的百分之二百的工资报酬；

（三）法定休假日安排劳动者工作的，支付不低于工资的百分之三百的工资报酬。

《工资支付暂行规定》

第十三条 用人单位在劳动者完成劳动定额或规定的工作任务后，根据实际需要安排劳动者在法定标准工作时间以外工作的，应按以下标准支付工资：

（一）用人单位依法安排劳动者在日法定标准工作时间以外延长工作时间的，按照不低于劳动合同规定的劳动者本人小时工资标准的150%支付劳动者工资；

（二）用人单位依法安排劳动者在休息日工作，而又不能安排补休的，按照不低于劳动合同规定的劳动者本人日或小时工资标准的200%支付劳动者工资；

（三）用人单位依法安排劳动者在法定休假节日工作的，按照不低于劳动合同规定的劳动者本人日或小时工资标准的300%支付劳动者工资。

实行计件工资的劳动者，在完成计件定额任务后，由用人单位安排延长工作时间的，应根据上述规定的原则，分别按照不低于其本人法定工作时间计件单价的150%、200%、300%支付其工资。

经劳动行政部门批准实行综合计算工时工作制的，其综合计算工作时间超过法定标准工作时间的部分，应视为延长工作时间，并应按本规定支付劳动者延长工作时间的工资。

实行不定时工时制度的劳动者，不执行上述规定。

《北京市高级人民法院、北京市劳动争议仲裁委员会关于劳动争议案件法律适用问题研讨会会议纪要》（2009年7月）

19. 对于加班工资的日或小时工资基数的确定，应参照《北京市工资支付规定》第四十四条的规定执行。

用人单位与劳动者在劳动合同中约定了工资标准，但同时又约定以本市最低工资标准或低于劳动合同约定的工资标准作为加班工资基数，劳动者主张以劳动合同约定的工资标准作为加班工资基数的，应予支持。

《北京市工资支付规定》

第十五条 实行计件工资制的，劳动者在完成计件定额任务后，用人单位安排其在标准工作时间以外工作的，应当根据本规定第十四条的原则，分别按照不低于计件单价的

150%、200%、300% 支付加班工资。

第十六条　用人单位经批准实行综合计算工时工作制的，在综合计算工时周期内，用人单位应当按照劳动者实际工作时间计算其工资；劳动者总实际工作时间超过总标准工作时间的部分，视为延长工作时间，应当按照本规定第十四条第（一）项的规定支付加班工资；安排劳动者在法定休假日工作的，应当按照本规定第十四条第（三）项的规定支付加班工资。

第四十四条　根据本规定第十四条计算加班工资的日或者小时工资基数、根据第十九条　支付劳动者休假期间工资，以及根据第二十三条第一款支付劳动者产假、计划生育手术假期间工资，应当按照下列原则确定：

（一）按照劳动合同约定的劳动者本人工资标准确定；

（二）劳动合同没有约定的，按照集体合同约定的加班工资基数以及休假期间工资标准确定；

（三）劳动合同、集体合同均未约定的，按照劳动者本人正常劳动应得的工资确定。

依照前款确定的加班工资基数以及各种假期工资不得低于本市规定的最低工资标准。

《天津市工资支付规定》

第十七条　计算加班工资的基数不得低于劳动者所在岗位应得的工资报酬；若低于本市最低工资标准，则以本市最低工资标准作为基数。

国家机关、事业组织、社会团体的加班工资基数以本人基本工资为基数。

第十八条　实行计件工资的劳动者，在完成计件定额任务后，由用人单位安排其在法定标准工作时间以外延长工作时间的，按不低于法定工作时间计件单价的150%支付工资报酬；在休息日工作的，按不低于法定工作时间计件单价的200%支付工资报酬；在法定节假日工作的，按不低于法定工作时间计件单价的300%支付工资报酬。

第十九条　经劳动保障部门批准实行综合计算工时工作制的用人单位，在综合计算周期内总实际工作时间超过总法定标准工作时间的部分，视为延长工作时间，应按本规定第十六条（一）规定支付劳动者延长工作时间的加班工资；法定休假日安排劳动者工作的，按本规定第十六条（三）规定支付劳动者法定休假日加班工资。

《上海市企业工资支付办法》

十三、用人单位依法安排实行计件工资制的劳动者在法定标准工作时间以外工作的，应当根据以上原则相应调整计件单价。

经劳动保障行政部门批准实行综合计算工时工作制的用人单位，劳动者综合计算工作时间超过法定标准工作时间的，应当视为延长工作时间，并按本条第(一)项的规定支付劳动者延长工作时间的工资；用人单位在法定休假节日安排劳动者工作的，按本条第(三)项的规定支付工资。

经劳动保障行政部门批准实行不定时工时制的用人单位，在法定休假节日安排劳动者工作的，按本条第(三)项的规定支付工资。

十四、加班加点的日工资计算按 20.92 天计算；小时工资的计算：日工资除以 8 小时折算。

《重庆市工资支付条例》

第十四条　实行计件工资的，劳动者在完成计件定额任务后，用人单位安排其在标准工作时间以外工作的，应当根据本规定第十三条的原则，分别按照不低于计件单价的 150%、200%、300% 支付加班工资。

第十五条　用人单位经批准实行综合计算工时工作制的工种、岗位人员，其综合计算周期内实际的工作时间超过法定标准工作时间的部分为延长工作时间，应当按照本规定第十三条第(一)项的规定支付劳动者工资。安排劳动者在法定休假日工作的，应当按照本规定第十三条第(三)项的规定支付劳动者工资。经批准实行不定时工作制的工种、岗位人员，用人单位安排其在法定休假日工作的，按本规定第十三条第(三)项的规定支付劳动者工资。

第四十二条　用人单位根据本规定第十三条、第二十一条第一款的规定支付工资，应当按照劳动合同约定的劳动者本人工资标准确定；劳动合同没有约定的，按照集体合同约定的工资标准确定；用人单位与劳动者无任何约定的，按照劳动者本人正常劳动应得的工资确定。依照前款确定的工资基数以及假期工资不得低于本市规定的最低工资标准。

《江苏省工资支付条例》

第二十条　用人单位安排劳动者加班加点，应当按照下列标准支付劳动者加班加点的工资：

(一)　工作日延长劳动时间的，按照不低于本人工资的百分之一百五十支付加点工资；

(二)　在休息日劳动又不能在六个月之内安排同等时间补休的，按照不低于本人工资的百分之二百支付加班工资；

(三)　在法定休假日劳动的，按照不低于本人工资的百分之三百支付加班工资。

前款第(一)项、第(三)项的加班加点工资支付周期自加班加点当日起最长不得超过一个月；第(二)项的加班工资支付周期自加班当日起最长不得超过六个月，但劳动合同履行期限不足六个月的，应当在劳动合同剩余时间内支付完毕。

第二十一条 实行计件工资制的，劳动者在完成计件定额任务后，用人单位安排其在法定工作时间以外加班加点的，应当根据本条例第二十条的规定，分别按照不低于其本人法定工作时间计件单价的百分之一百五十、百分之二百、百分之三百支付加班加点工资。

第二十二条 经劳动保障行政部门批准实行综合计算工时工作制的，劳动者在综合计算周期内总的工作时间超过总法定工作时间的部分，视为延长工作时间，用人单位应当依照本条例第二十条第一款第(一)项的规定支付劳动者加点工资。劳动者在法定休假日劳动的，用人单位应当依照本条例第二十条第一款第(三)项的规定支付劳动者加班工资。

第二十三条 实行轮班工作制的，劳动者在法定休假日遇轮班的，用人单位应当执行本条例第二十条第一款第(三)项的规定。

第二十四条 妇女节、青年节等国家规定部分公民节日放假期间，用人单位安排劳动者休息、参加节日活动的，应当视同其正常劳动支付工资。节日与休息日为同一天，用人单位安排劳动者加班的，应当执行本条例第二十条第一款第(二)项的规定。

第二十五条 经劳动保障行政部门批准实行不定时工作制的，不执行本条例第二十条的规定。

第六十四条 本条例第二十条用于计算劳动者加班加点工资的标准，第二十四条、第二十八条、第二十九条、第三十条用于计算劳动者提供正常劳动支付月工资的标准，第二十六条用于计算不予支付月工资的标准应当按照下列原则确定：

(一) 用人单位与劳动者双方有约定的，从其约定；

(二) 双方没有约定的，或者双方的约定标准低于集体合同或者本单位工资支付制度标准的，按照集体合同或者本单位工资支付制度执行；

(三) 前两项无法确定工资标准的，按照劳动者前十二个月平均工资计算，其中劳动者实际工作时间不满十二个月的按照实际月平均工资计算。

《吉林省工资支付暂行规定》

第十六条 企业依法安排劳动者在法定标准工时以外工作的，应按下列标准支付劳动者加班工资：

(一) 企业依法在工作日安排劳动者延长工作时间的，按照不低于劳动合同约定的劳动者本人小时工资标准的150%支付加班工资。若劳动者和企业协商一致，对劳动者实行补休且补休时间不少于加班时间的，则可不支付加班工资。

（二）企业依法在休息日安排劳动者工作的，应首先安排其补休，补休时间不得少于加班时间；不能安排其补休的，按照不低于劳动合同约定的劳动者本人日或小时工资标准的200%支付加班工资。

（三）企业依法安排劳动者在法定休假日工作的，按照不低于劳动合同约定的劳动者本人日或小时工资标准的300%支付加班工资。除劳动者本人同意补休且企业安排补休时间不少于加班时间的三倍以外，企业不得以安排补休替代支付加班工资。

第十七条　实行计件工资制的，劳动者在完成计件定额任务后，企业安排其在约定的工作时间以外工作的，应根据本规定第十六条的规定，分别按照不低于其本人法定工作时间计件单价的150%、200%、300%支付加班工资。

第十八条　经劳动保障行政部门批准实行综合计算工时工作制的，劳动者在综合计算周期内总的工作时间超过总法定标准工时的部分，视为延长工作时间，并应按本规定第十六条第(一)项的规定支付加班工资；法定节假日安排劳动者工作的，按照本规定第十六条第(三)项规定支付加班工资。

第十九条　经劳动保障行政部门批准实行不定时工时制度的企业，不执行本规定第十六条规定。

《江西省工资支付规定》

第十九条　实行计件工资制的，劳动者在完成计件定额任务后，用人单位安排其在法定工作时间以外工作的，应当根据前条规定，分别按照不低于其本人法定工作时间计件单价的百分之一百五十、百分之二百、百分之三百支付加班工资。

第二十条　经劳动保障行政部门批准实行综合计算工时工作制的，劳动者综合计算工作时间超过法定工作时间的部分，视为延长工作时间，用人单位应当按照本规定第十八条第一款第一项的规定支付加班工资。安排劳动者在法定休假日工作的，用人单位应当按照本规定第十八条第一款第三项的规定支付加班工资。

实行轮班工作制的，劳动者在法定休假日遇轮班的，用人单位应当按照本规定第十八条第一款第三项的规定支付加班工资。

实行不定时工作制的，用人单位可以不执行本规定第十八条第一款的规定。

《湖南省工资支付监督管理办法》

第十六条　用人单位安排实行计件工资制的劳动者在法定标准工作时间以外工作的，

应根据本办法第十五条的规定，分别按照不低于本人法定标准工作时间计件单价的150%、200%、300%支付工资。

第十七条　经劳动保障行政部门批准实行综合计算工时工作制的用人单位，其劳动者综合计算工作时间超过法定标准工作时间的部分，应视为延长工作时间，并按本办法第十五条第(一)项的规定支付劳动者延长工作时间的工资；在法定休假日安排劳动者工作的，按本办法第十五条第(三)项的规定支付工资。

第十八条　经劳动保障行政部门批准实行不定时工时制的用人单位，可不执行本办法第十五条第(一)、(二)项工资支付规定，但在法定休假日安排劳动者工作的，按本办法第十五条第(三)项的规定支付工资。

《河北省工资支付规定》

第十三条　实行计件工资的，在完成计件定额任务后延长工作时间的，分别按照本人法定工作时间计件单价的百分之一百五十、百分之二百、百分之三百支付。

未明确劳动者工资标准的，以本人当月实发工资总额作为支付加班或者延长工作时间工资的计算标准。

第十四条　经劳动和社会保障行政部门批准实行综合计算工时工作制的，其综合计算工作时间超过法定标准工作时间的部分为延长工作时间，按照本规定第十三条第一款的规定支付劳动者工资。

第十五条　妇女节、少数民族传统节日等部分公民放假的节日期间，用人单位安排其工作或者参加社会、单位组织的庆祝活动的，可按同等时间补休；未能补休的，应当支付工资，但不按延长工作时间计算；如恰逢公休日，用人单位安排其工作的，按照公休日的工资标准支付工资。

河南省劳动厅关于转发劳动部《关于印发〈工资支付暂行规定〉的通知》的通知

一、用人单位要根据自身的生产经营特点依法建立适合本单位实际的工资分配制度，其中包括基本工资制度、津补贴制度、奖惩制度以及工资分配形式、工资支付办法等项内容。用人单位应根据本单位的基本工资制度合理确定每个劳动者的基本工资待遇。根据劳动部劳办发〔1994〕289号文件精神，劳动者的基本工资是计算相关劳动报酬（如加班加点工资、计件工资、法定休假节日工资、婚丧假工资等）的基础，是用人单位支付工资和政府监督检查的依据。

六、用人单位依法安排劳动者在本单位制度工作时间以外工作，实行计时工资的，应以劳动者本人日、时基本工资为基础（未定级的新录用人员应以本人日、时临时生活待遇为基础）按照国家和省有关规定支付劳动者加班加点工资报酬。

《广东省工资支付条例》

第二十一条　实行计件工资的，用人单位应当科学合理确定劳动定额和计件单价，并予以公布。

确定的劳动定额原则上应当使本单位同岗位百分之七十以上的劳动者在法定劳动时间内能够完成。

用人单位在劳动者完成劳动定额后，安排劳动者在正常工作时间以外工作的，应当依照本条例第二十条规定支付加班或者延长工作时间的工资。

第二十二条　经劳动保障部门批准实行综合计算工时工作制的，劳动者在综合计算周期内实际工作时间超过该周期内累计法定工作时间的部分，视为延长工作时间，用人单位应当依照本条例第二十条第（一）项的规定支付工资。在法定休假日安排劳动者工作的，用人单位应当依照本条例第二十条第（三）项的规定支付工资。

第二十三条　经劳动保障部门批准实行不定时工作制的，不适用本条例第二十条的规定。

《辽宁省工资支付规定》

第二十二条　计算加班工资的日或者小时工资基数和休假期间的工资，应当按照劳动合同中约定的劳动者本人工资标准确定；劳动合同没有约定的，按照集体合同约定的加班工资基数以及休假期间工资标准确定；劳动合同、集体合同均未约定的，按照劳动者本人正常工作应得的工资确定。

依照前款规定确定的加班工资基数以及假期工资，不得低于当地最低工资标准。

第二十三条　实行计件工资制的用人单位，应当科学、合理地确定劳动定额和计件单价，并予以公布。劳动者在完成计件定额任务后，用人单位安排加班的，应当分别按照不低于计件单价的150%、200%、300%支付加班工资。

第二十四条　实行综合计算工时工作制的用人单位，在综合计算工时周期内，应当按照劳动者实际工作时间计算其工资。劳动者实际工作时间总和超过法定工作时间的部分，视为延长工作时间，应当按照本规定支付加班工资。

《安徽省工资支付规定》

第十七条　实行计件工资制的，用人单位应当按照国家或行业标准确定劳动定额和计件单价。没有国家或行业定额标准的，用人单位确定的劳动定额应当是本单位同岗位 80% 以上的劳动者在法定工作时间内能够完成的定额。

用人单位在劳动者完成劳动定额后，安排劳动者加班或者延长工作时间的，应当按照本规定第十六条的规定支付劳动者的工资报酬。

第十八条　经劳动保障部门批准实行综合计算工时工作制的，劳动者在综合计算周期内总的工作时间超过总法定工作时间的部分，应视为延长工作时间，并应按本规定第十六条第(一)项的规定支付劳动者的工资报酬。劳动者在法定节假日劳动的，用人单位应当按照本规定第十六条第(三)项的规定支付劳动者的工资报酬。

第十九条　实行轮班工作制的，劳动者在法定节假日轮班的，用人单位应当按照本规定第十六条第(三)项的规定支付劳动者的工资报酬。

《山东省工资支付规定》

第二十条　企业应当将加班工资在下一个工资发放日或者之前支付给劳动者。

第二十一条　实行计件工资制的企业，应当依照国家或者行业制定的劳动定额标准，结合本企业实际，经征求企业工会或者职工代表的意见，合理确定劳动定额和计件单价。

劳动者完成计件定额后，企业安排其在法定标准工作时间以外工作的，应当按照本规定第二十条规定，分别按照不低于计件单价的 150%、200%、300% 支付加班工资。

第二十二条　实行综合计算工时工作制的企业，劳动者综合计算工作时间超过法定标准工作时间的部分，视为延长工作时间，应当根据不同情形，按照本规定第二十条第一项、第三项的规定支付加班工资。

第二十三条　实行不定时工作制的企业，不适用本规定有关加班工资的规定。

第二十五条　根据本规定第二十条计算加班工资的工资基数和第二十四条第一款计算劳动者休假工资基数，应当按照劳动者上一月份提供正常劳动所得实际工资扣除该月加班工资后的数额确定。劳动者上一月份没有提供正常劳动的，按照向前顺推至其提供正常劳动月份所得实际工资扣除该月加班工资后的数额确定。

《内蒙古自治区劳动者工资保障规定》

第十六条　实行计件工资制的，用人单位应当科学合理确定劳动定额和计件单价，并予以公布。

确定的劳动定额原则上应当使本单位同岗位 70% 以上的劳动者在法定标准工作时间内能够完成。

劳动者在完成计件定额任务后，用人单位安排其在法定标准工作时间以外工作的，应当根据本规定第十五条的规定，分别按照不低于计件单价的 150% 、200% 、300% 支付工资。

第十七条 经劳动保障部门批准实行综合计算工时工作制的用人单位，在综合计算工时周期内，其劳动者综合计算工作时间超过法定标准工作时间的部分，应当视为延长工作时间，按照本规定第十五条第(一)项的规定支付工资；在法定休假日安排劳动者工作的，应当按照本规定第十五条第(三)项的规定支付工资。

第十八条 经劳动保障部门批准实行不定时工作制的用人单位，不适用本规定第十五条的规定。

《广西壮族自治区工资支付暂行规定（桂劳社发〔2003〕142号)》

第十五条 实行计件工资的，在完成计件定额任务后用人单位安排延长工作时间的，分别按照劳动者本人法定工作时间计件单价的百分之一百五十、百分之二百、百分之三百支付。

集体合同、劳动合同未约定劳动者工资标准的，以劳动者本人上一个月提供正常劳动的情况下用人单位应发工资总额作为支付加班或延长工作时间工资的计算标准。

第十六条 妇女节、少数民族传统节日等部分公民放假的节日期间，用人单位安排其工作或者参加社会、单位组织的庆祝活动的，应当支付工资，但不支付加班工资。如恰逢休息日，用人单位安排其工作的，按照休息日加班工资标准支付工资。

《山西省工资支付暂行规定》

第十三条 实行计件工资的劳动者，在完成计件定额任务后，由用人单位安排延长工作时间的，应根据上述规定的原则，分别按照不低于其本人法定工作时间计件单价的150% 、200% 、300% 支付其工资。

经劳动行政部门批准实行综合计算工时工作制的，其综合计算工作时间超过法定标准工作时间的部分，应视为延长工作时间，并应按本规定支付劳动者延长工作时间的工资。

实行不定时工时制度的劳动者，不执行上述规定。

《陕西省工资支付条例》

第十五条 实行计件工资制的，劳动者在完成计件定额任务后，用人单位安排加班的，应当根据本条例第十四条的规定，分别按照不低于计件单价的150% 、200% 、300% 支付加班工资。

第十六条 实行综合计算工时工作制的，劳动者在综合计算周期内总的工作时间超过总法定工作时间的部分，视为延长工作时间，用人单位应当按照本条例第十四条第(一)项的规定支付加班工资；法定节假日安排劳动者工作的，按照本条例第十四条第(三)项的规定支付加班工资。

《福建省工资支付条例》

第十六条 加班工资的计算基数不得低于劳动合同中约定的本人工资标准。法律、法规另有规定的，从其规定。

《厦门市企业工资支付条例》

第十六条 加班工资的计算基数不得低于劳动合同中约定的本人工资标准。法律、法规另有规定的，从其规定。

第十七条 用人单位实行计件工资制的，安排劳动者在完成计件定额任务后延长劳动时间或者安排劳动者在休息日、法定休假日工作的，用人单位应当以计件单价为基数，分别按本条例第十五条第(一)项、第(二)项、第(三)项规定支付工资报酬。

第十八条 用人单位经劳动和社会保障行政部门批准实行综合计算工时工作制的，在综合计算工时周期内，劳动者总实际工作时间超过总法定工作时间的部分，应当视为延长工作时间，并按照本条例第十五条第(一)项规定支付工资报酬；安排劳动者在法定休假日工作的，应当按照本条例第十五条第(三)项规定支付工资报酬。

第十九条 经劳动和社会保障行政部门批准实行不定时工作制的劳动者，用人单位安排其在法定休假日工作的，应当按照本条例第十五条第(三)项规定支付工资报酬。

《贵阳市企业工资支付办法》

第十八条 劳动者的日加班工资标准，按约定的月加班工资支付计算标准除以当月法定工作日或国家规定的平均每月工作日 20.92 天折算，小时加班工资标准按日加班工资标准除以 8 小时折算。未约定月加班工资支付标准的，按企业正常生产情况下劳动者本人加班前 12 个月（不足 12 个月的按实际月份计算）的月平均工资的 80% 折算。支付的日或小时加班工资标准不得低于按当地最低工资标准折算的标准。

第十九条 实行标准工时制和未依法经劳动保障行政部门批准实行综合计算工时工作制或不定时工作制的企业，根据实际需要依法安排劳动者在法定工作时间以外的工作的，应当按照以下标准支付工资，未约定加班工资支付计算标准的按劳动者本人的工资总额计算：

（一）安排劳动者在日法定工作时间以外延长工作时间的，按照不低于约定的加班工资支付计算标准所折算的小时工资标准的150%支付；

（二）安排劳动者在休息日工作，而又不能安排补休的，按照不低于约定的加班工资支付计算标准所折算的日或小时工资标准的200%支付；

（三）安排劳动者在法定全体公民节日工作的，按照不低于约定的加班工资支付计算标准所折算的日或小时工资标准的300%另外支付。

第二十条　实行计件工资制的劳动者，在完成计件定额任务后，由企业依法安排延长工作时间的，应根据第十九条规定，分别按照不低于本人法定工作时间计件单价的150%、200%、300%支付其工资。

第二十一条　依法经劳动保障行政部门批准实行综合计算工时工作制的，在计算周期内，综合计算工作时间未超过法定工作时间的，工作日正好是休息日时，属于正常工作；工作日正好是法定节日，企业应当按第十九条第（三）项规定支付劳动者加班工资。综合计算工作时间超过法定工作时间的，超过部分应视为延长工作时间，企业应当按第十九条第（一）项规定支付劳动者加班工资。

第二十二条　依法经劳动保障行政部门批准实行不定时工作制的，可以不执行第十九条规定。

第二十三条　加班工资应当在下个付薪日支付。休息日加班且企业已在二个月内安排其同等时间补休的，可以不再支付加班工资，但补休安排应当在下个付薪日前书面通知劳动者。

《四川省工资支付暂行规定》

第十三条　实行计件工资的劳动者，在完成计件定额任务后，由用人单位安排延长工作时间的，应根据上述规定的原则，分别按照不低于其本人法定工作时间计件单价的150%、200%、300%支付其工资。

经劳动行政部门批准实行综合计算工时工作制的，其综合计算工作时间超过法定标准工作时间的部分，应视为延长工作时间，并应按本规定支付劳动者延长工作时间的工资。

实行不定时工时制度的劳动者，不执行上述规定。

第四节　未依法支付工资的法律后果

用人单位未依法支付工资的情形主要有：一是克扣或者无故拖欠工资；二是不支付加

班费；三是支付的工资低于当地最低工资标准。此外，除了上述三种常见情形外，还有一种情形，就是因劳动者本人原因给用人单位造成经济损失的，用人单位可以按照劳动合同的约定要求其赔偿经济损失。经济损失的赔偿，可从劳动者本人的工资中扣除。但每月扣除的部分不得超过劳动者当月工资的20%。若扣除后剩余的工资部分低于当地最低工资标准，则按最低工资标准支付。因此，在劳动者工资中扣除经济损失有两个标准：一是扣除部分不得超过劳动者当月工资的20%，二是扣除后的剩余部分不得低于当地最低工资标准。如果不符合这两个标准，用人单位也属于未依法及时足额支付工资。

用人单位有未依法支付工资情形的，应承担以下法律后果。

（1）限期支付并补发。用人单位拖欠，克扣工资或拒不支付加班费的，应当在规定的时间内全额支付给劳动者，用人单位支付的工资低于当地最低工资标准的应当补齐差额部分。

（2）支付赔偿金。劳动者可以向劳动监察部门投诉，由劳动监察部门责令公司支付，公司逾期不支付的，由劳动监察部门责令公司按照应付金额百分之五十以上百分之一百以下的标准向其加付赔偿金。

（3）用人单位未及时足额支付工资的，劳动者可以解除劳动合同，用人单位应向劳动者支付经济补偿金。

（4）如果用人单位拒不支付劳动报酬，情节严重，构成犯罪的，还将依法被追究刑事责任。

用人单位未依法向劳动者支付工资的，劳动者可以通过以下救济途径维护权益：①劳动者可以通过劳动仲裁和人民法院寻求救济，要求用人单位足额支付工资；②劳动者可以向有管辖权的基层人民法院申请支付令。劳动者在申请书中应当写明请求给付劳动报酬的金额和所根据的事实、证据。人民法院应当在五日内通知其是否受理；人民法院受理申请后，经审查劳动者提供的事实、证据，对工资债权债务关系明确、合法的，应当在受理之日起十五日内向用人单位发出支付令。③劳动者可以向劳动监察部门投诉，由劳动监察部分责令用人单位足额支付工资。

法条传送门

《中华人民共和国劳动合同法》

第三十条　用人单位应当按照劳动合同约定和国家规定，向劳动者及时足额支付劳动报酬。用人单位拖欠或者未足额支付劳动报酬的，劳动者可以依法向当地人民法院申请支付令，人民法院应当依法发出支付令。

第三十八条　用人单位有下列情形之一的，劳动者可以解除劳动合同：

（一）未按照劳动合同约定提供劳动保护或者劳动条件的；

（二）未及时足额支付劳动报酬的；

（三）未依法为劳动者缴纳社会保险费的；

（四）用人单位的规章制度违反法律、法规的规定，损害劳动者权益的；

（五）因本法第二十六条第一款规定的情形致使劳动合同无效的；

（六）法律、行政法规规定劳动者可以解除劳动合同的其他情形。

用人单位以暴力、威胁或者非法限制人身自由的手段强迫劳动者劳动的，或者用人单位违章指挥、强令冒险作业危及劳动者人身安全的，劳动者可以立即解除劳动合同，不需事先告知用人单位。

第四十六条　有下列情形之一的，用人单位应当向劳动者支付经济补偿：

（一）劳动者依照本法第三十八条规定解除劳动合同的；

（二）用人单位依照本法第三十六条规定向劳动者提出解除劳动合同并与劳动者协商一致解除劳动合同的；

（三）用人单位依照本法第四十条规定解除劳动合同的；

（四）用人单位依照本法第四十一条第一款规定解除劳动合同的；

（五）除用人单位维持或者提高劳动合同约定条件续订劳动合同，劳动者不同意续订的情形外，依照本法第四十四条第一项规定终止固定期限劳动合同的；

（六）依照本法第四十四条第四项、第五项规定终止劳动合同的；

（七）法律、行政法规规定的其他情形。

第八十五条　用人单位有下列情形之一的，由劳动行政部门责令限期支付劳动报酬、加班费或者经济补偿；劳动报酬低于当地最低工资标准的，应当支付其差额部分；逾期不支付的，责令用人单位按应付金额百分之五十以上百分之一百以下的标准向劳动者加付赔偿金：

（一）未按照劳动合同的约定或者国家规定及时足额支付劳动者劳动报酬的；

（二）低于当地最低工资标准支付劳动者工资的；

（三）安排加班不支付加班费的；

（四）解除或者终止劳动合同，未依照本法规定向劳动者支付经济补偿的。

《中华人民共和国刑法》

第二百七十六条之一、《刑法修正案》（八）第四十一条规定：以转移财产、逃匿等方法逃避支付劳动者的劳动报酬或者有能力支付而不支付劳动者的劳动报酬，数额较大，经政府有关部门责令支付仍不支付的，处三年以下有期徒刑或者拘役，并处或者单处罚金；造成严重后果的，处三年以上七年以下有期徒刑，并处罚金。

《工资支付暂行规定》

第十五条　用人单位不得克扣劳动者工资。有下列情况之一的，用人单位可以代扣劳动者工资：

（一）用人单位代扣代缴的个人所得税；

（二）用人单位代扣代缴的应由劳动者个人负担的各项社会保险费用；

（三）法院判决、裁定中要求代扣的抚养费、赡养费；

（四）法律、法规规定可以从劳动者工资中扣除的其他费用。

第十六条　因劳动者本人原因给用人单位造成经济损失的，用人单位可按照劳动合同的约定要求其赔偿经济损失。经济损失的赔偿，可从劳动者本人的工资中扣除。但每月扣除的部分不得超过劳动者当月工资的20%。若扣除后的剩余工资部分低于当地月最低工资标准，则按最低工资标准支付。

《最高人民法院关于审理拒不支付劳动报酬刑事案件适用法律若干问题的解释》（略）

第九章　股权激励

在"大众创业、万众创新"的引领下，举国上下出现创业热潮。在创业初期，很多创业企业没有足够的资金，无法支付高昂的人员工资及提供成熟企业的工作环境和福利，为了吸引并留住优秀人才，众多企业实施股权激励计划，以股权替代部分工资。很多成熟企业也都推出合伙人制度，共创、共享、共担将取代简单的雇佣关系，有潜力的员工也将以事业合伙人的身份真正主导自己的未来。创业者与管理者只有不断吸引优秀的合伙人加入，才能保持团队的战斗力。因此，在"双创"时代，每个人力资源工作者除了掌握工资、福利等激励手段，还必须掌握股权激励的一些基本操作。

股权激励是一种通过员工获得企业股权（股票）形式，使他们能够以股东的身份参与企业决策、分享利润、承担风险，从而勤勉尽责地为企业的长期发展服务的一种激励方法。是企业为了激励和留住核心人才，而推行的一种长期激励机制。有条件地给予激励对象部分股东权益，使其与企业结成利益共同体，从而实现企业的长期目标。相对于以"工资＋奖金＋福利"为基本特征的传统薪酬激励体系而言，股权激励使企业与员工之间建立起了一种更加牢固、更加紧密的发展关系。

一、股权激励法律性质

股权激励是企业对核心员工实施的一种长期激励，员工只有在与企业建立劳动关系并符合一定条件的情况下，才能成为股权激励对象。因此，股权激励合同实质上是对原劳动合同的一种补充。

劳动合同是劳动者与企业之间签订的约定双方权利与义务的法律文件。在劳动合同中，主要约定了有关劳动时间、聘用期限、工资待遇、工资条件等条款，双方为劳动法调整的劳动关系。在股权激励合同中，虽然员工可以通过行权而成为企业股东，但在行权之前仍是企业雇员，只不过在签订劳动合同的基础上，根据该职工职位、业绩、贡献等因素，被纳入企业实施股权激励计划范围，而又与企业签订了一份股权激励协议，但未从根本上改变其与企业的劳动合同关系，只是通过股权激励协议对工资、待遇条款进行调整，进一步稳固了劳动关系。从这个角度来说，股权激励合同乃双方签订的劳动合同的一部分或是双方劳动合同的补充。

二、股权激励的价值

对非上市企业来讲，股权激励有利于缓解企业面临的薪酬压力。由于绝大多数非上市企业都属于中小型企业，他们普遍面临资金短缺的问题。因此，通过股权激励的方式，企业能够适当地降低经营成本，减少现金流出。与此同时，也可以提高企业经营业绩，留住绩效高、能力强的核心人才。

对原有股东来讲，实行股权激励有利于降低职业经理人的"道德风险"，从而实现所有权与经营权的分离。非上市企业往往存在一股独大的现象，企业的所有权与经营权高度统一，导致企业的"三会"制度等在很多情况下形同虚设。随着企业的发展、壮大，企业的经营权将逐渐向职业经理人转移。由于股东和经理人追求的目标是不一致的，股东和经理人之间存在"道德风险"，需要通过激励和约束机制来引导和限制经理人行为。

对企业员工来讲，实行股权激励有利于激发员工的积极性，实现自身价值。中小企业面临的最大问题之一就是人才的流动问题。由于待遇差距，很多中小企业很难吸引和留住高素质管理和科研人才。实践证明，实施股权激励计划后，由于员工的长期价值能够通过股权激励得到体现，员工的工作积极性会大幅提高；同时，由于股权激励的约束作用，员工对企业的忠诚度也会有所增强。

三、股权激励的实施

我们知道，股权激励是一把双刃剑。在安排股权激励制度时，不仅要建立激励机制，还必须建立相应的约束机制。只有这样，才能真正从制度上来确保员工利益、股东利益、企业利益。

一套有效的股权激励机制对企业的发展至关重要。如何设计股权激励方案、具体如何操作实施、会涉及哪些法律问题、如何规避其中风险，这需要专业团队提供系统的方案。专业律师团队会根据丰富的股权激励项目经验及对法律的深刻理解，总结企业实施股权激励计划需考虑的要素及实施流程。

1. 确定实施机构

对于上市公司来说，董事会中的薪酬委员会主导了整个股权激励计划的起草和实施过程。在上市公司股权激励计划起草和实施过程中，人力资源部、财务部和法务部要积极配合薪酬委员会的工作，并要求律师事务所就股权激励计划实施出具法律意见。

对于非上市公司来说，又有谁来负责呢？人力资源部负责日常工资、奖金发放，员工福利安排，对公司员工情况掌握得比较清楚，应该是牵头制订计划部门。因此人力资源工作者一定要有工作技巧，当然人力资源部门单独也不能完成该项工作，用于激励的股份是公司股东的，最终方案还需经股东会通过。在具体操作过程中，实施股权激励计划需外聘股权激励咨询公司、股权激励专业律师负责方案设计及合规咨询，会计师评估核算资产，公司人力资源部、财务部密切配合，组成一个专项工作团队，形成实施方案报股东会审议。

2. 制定实施步骤

《上市公司股权激励管理办法》对于上市公司股权激励的审批程序和实施步骤作出明确规定。非上市公司的股权激励计划实施步骤相对简单。主要实施步骤如下。

（1）成立专门实施机构：上市公司由薪酬委员会负责。

（2）内部诊断：根据企业的发展战略确定股权激励的对象、模式、授予总量、行权价格、行权方式、行权时间、激励股票来源、购股资金来源、业绩条件等因素。

（3）制订方案：根据内部诊断的结果，有薪酬委员会制定具体的计划，主要文件包括激励方案、股权激励合同、业绩考核表等。

（4）董事会审议：董事会对薪酬委员会提交的股权激励计划进行审议，独立董事就股权激励计划是否有利于公司的可持续发展，是否存在损害公司及全体股东利益发布独立意见。

（5）中介机构意见：公司聘请律师对股权计划出具法律意见，财务顾问出具独立财务顾问报告。

（6）上报备案。

（7）召集股东大会。

（8）股东大会审批。

（9）签订股权激励合同。

（10）考核。

（11）行权。

非上市公司股权
激励的实施过程

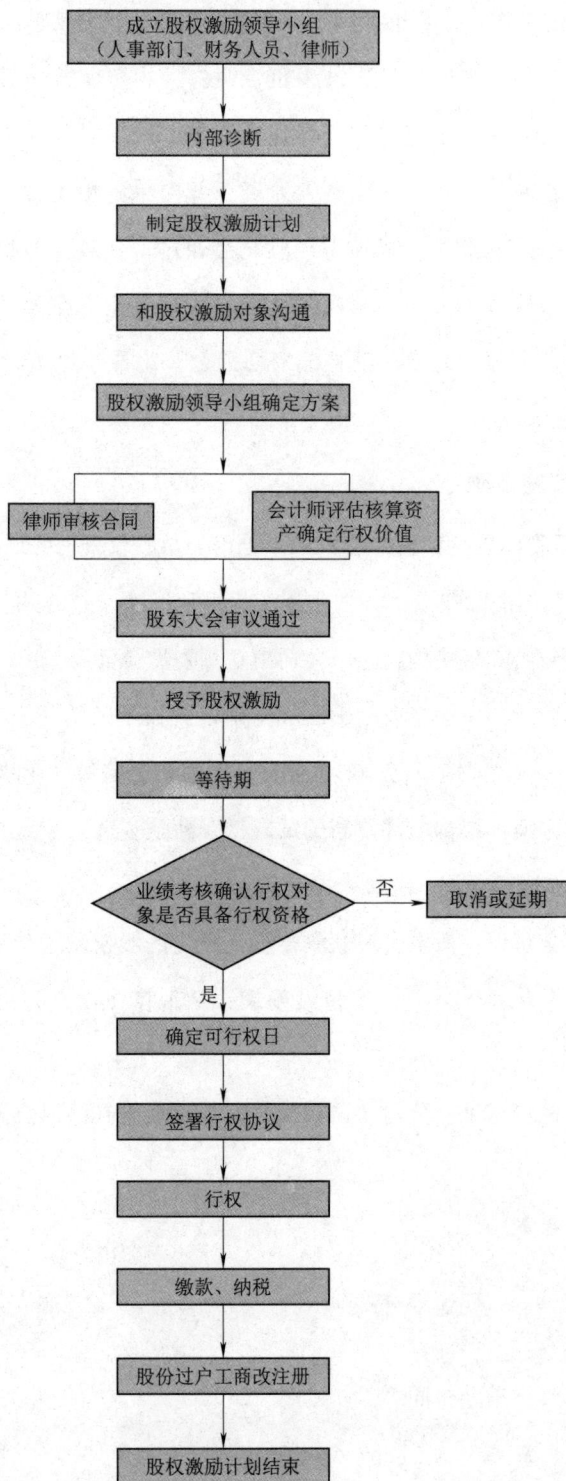

```
        ┌──────────────────────────┐
        │   成立股权激励领导小组      │
        │ （人事部门、财务人员、律师） │
        └────────────┬─────────────┘
                     │
        ┌────────────▼─────────────┐
        │         内部诊断          │
        └────────────┬─────────────┘
                     │
        ┌────────────▼─────────────┐
        │      制定股权激励计划      │
        └────────────┬─────────────┘
                     │
        ┌────────────▼─────────────┐
        │     和股权激励对象沟通     │
        └────────────┬─────────────┘
                     │
        ┌────────────▼─────────────┐
        │  股权激励领导小组确定方案   │
        └────────────┬─────────────┘
                     │
       ┌─────────────┴──────────────┐
       │                            │
┌──────▼──────┐          ┌──────────▼──────────┐
│  律师审核合同 │          │  会计师评估核算资      │
│             │          │  产确定行权价值        │
└──────┬──────┘          └──────────┬──────────┘
       │                            │
       └─────────────┬──────────────┘
                     │
        ┌────────────▼─────────────┐
        │      股东大会审议通过      │
        └────────────┬─────────────┘
                     │
        ┌────────────▼─────────────┐
        │        授予股权激励        │
        └────────────┬─────────────┘
                     │
        ┌────────────▼─────────────┐
        │          等待期           │
        └────────────┬─────────────┘
                     │
              ◇──────────────◇        否    ┌──────────────┐
              业绩考核确认行权对 ──────────────▶│   取消或延期   │
              象是否具备行权资格               └──────────────┘
              ◇──────────────◇
                     │是
        ┌────────────▼─────────────┐
        │        确定可行权日        │
        └────────────┬─────────────┘
                     │
        ┌────────────▼─────────────┐
        │        签署行权协议        │
        └────────────┬─────────────┘
                     │
        ┌────────────▼─────────────┐
        │           行权            │
        └────────────┬─────────────┘
                     │
        ┌────────────▼─────────────┐
        │        缴款、纳税          │
        └────────────┬─────────────┘
                     │
        ┌────────────▼─────────────┐
        │      股份过户工商改注册     │
        └────────────┬─────────────┘
                     │
        ┌────────────▼─────────────┐
        │      股权激励计划结束       │
        └──────────────────────────┘
```

非上市公司股权激励流程图

四、股权实施一定考虑九大问题

中国证监会于 2016 年 7 月 13 日正式发布了《上市公司股权激励管理办法》，并从 2016 年 8 月 13 日起施行。公司以往股权激励工作的经验，公司在股权激励工作中应超前考虑如下几个问题。

1. 实施股权激励计划之目的

不同的性质、不同规模的企业，或者同一企业处于不同的发展阶段，它们实施股权激励计划的目的是不同的：有的是为了吸引并留住管理骨干和核心技术人员；有的是为了调动员工的工作积极性和潜力，为公司创造更大的价值；有的是为了回报老员工，使他们扶持新人成长。

明确实施激励计划的目的，是企业制订股权激励计划的第一步。明确了目的，也就知道了激励计划需要达到的效果，接下来才能据此选择合适的激励模式，确定相应的激励对象和实施程序。

2. 确定股权激励对象

股权激励对象是指股权的授予对象。《上市公司股权激励管理办法》规定，股权激励计划的激励对象可以包括公司的董事、高级管理人员、中级管理人员、核心技术（业务）人员、公司认为应该激励的其他员工。由此可见，我国对激励对象的界定范围很广。可以这么说，只要公司认为必要，公司员工都可以作为激励对象。实践中也有公司将行政前台职位员工纳入激励范围。但上市公司独立董事、监事及最近三年被证券交易所公告谴责或宣布为不适当人选的，以及最近三年因重大违法行为被证监会予以行政处罚的不得成为被激励对象。

3. 确定用于激励的股权数量

包括公司用于激励的股权总量和用于每个被激励对象的股权数量。

（1）股权总量。上市公司股权激励管理办法规定，上市公司全部有效的股权激励计划所涉及的标的股票总数累计不得超过公司股本总额的 10%，首次实施激励计划授予的股权数量应控制在股本总额的 1% 以内。对于非上市公司而言，不受证监会规定的限制，且其总的股份数没有上市公司大，可以综合考虑公司的资本战略、公司的控制权、人力资本的依附性及公司其他福利待遇情况下，在激励总量上可以稍微高一些。

（2）股权个量。《上市公司股权激励管理办法》规定：上市公司任何一名激励对象通过全部有效的股权激励计划获授的本公司股权，累计不得超过公司股本总额的 1%，经股东大会特别决议批准的除外。从公司控制权角度考虑，一般对个人授予额度设置上限，如单个人获得的股权激励数量不超过整个股权激励计划总量的 30%，或者规定一个具体的数量，如雅虎公司规定每人每个财政年度获赠的股票期权不超过 150 万股。《上市公司股权激励管理办法》同时规定在股权激励计划有效期内，高级管理人员个人股权激励预期收益水平应控制在其薪酬总水平（含预期的期权或股权收益）的 30% 以内。

4. 确定股权的行权价格

价格和数量是直接决定股权激励力度的两个关键要素。行权价格指的是股权激励计划中确定的激励对象在未来行权时购买股票的价格。对于上市公司来说，由于市场已经有股票价格，一般其行权价是根据授予日或授予日前若干天股票的公允市价而确定的。对于非上市公司，由于其行权价的确定没有相应的股票市场价格作为定价基础，操作难度相对较大。目前我国一些非上市公司在实施股权激励计划时，行权价与出售价的确定一般采用每股净资产值作为主要依据，甚至有些创业初期公司都是免费赠予给激励对象。如果在公司发展到一定规模后，简单使用每股净资产值有失公允，可以尝试用市盈率方法、现金流折现法等估值方法对公司进行价值评估。

5. 确定用于激励（股票）股权的来源

在我国上市公司股权激励的实践中，符合法律规定的股票来源方式有公司回购股票，增发，股东转让，以第三方名义回购，组合方式。

对于非上市公司，股份来源没有上市公司的诸多限制，操作起来比较简单，只要原有股东同意，符合《公司法》的要求就可以，非上市公司激励股权的来源主要有以下四个。

（1）由原有股东转让。

（2）公司在募集资本时预留。

（3）增资扩股时按比例预留一部分股份。

（4）转增股本时按比例预留一部分股份。

6. 购股资金来源

（1）激励对象自筹资金。

（2）大股东或公司贷款。

（3）年终奖的一部分作为行权资金。

（4）提前各种激励基金。

（5）通过信托方式实施。

（6）通过资管计划方式实施。

7. 股权激励模式

按照对公司的股权的实质影响和股权情况分类，最为常见的模式主要分为三大类。

（1）虚拟股份激励模式。

该类股权只有分红权，此类股权激励不涉及公司股权结构的实质性变化。如虚拟股票激励、干股模式等。

（2）实际股份激励模式。

此类股权激励不仅涉及公司股权结构的实质性变化，而且会直接完善公司治理结构。所以，此类股份也叫作实股。如员工持股计划、管理层融资收购模式等。

（3）虚实结合的股份激励模式。

规定在一定期限内实施虚拟股票激励模式，到期时再按实股分类，目前比较基础的模式有 10 种，其他模式基本都是在此基础上演变而来。

①期股。

期股是指企业出资者同经营者协商确定股票价格，在任期内由经营者以各种方式（个人出资、贷款、奖励部分转化等）获取适当比例的本企业股份的一种报酬激励制度。其实行的前提条件是公司制企业里的经营者必须购买本企业的相应股份。具体体现在企业中，就是企业贷款给经营者作为其股份投入，经营者对其有所有权、表决权和分红权。其中所有权是虚的，只有把购买期股的贷款还清后才能实际拥有；表决权和分红权是实的（也可以由企业与经营者协议另行约定），但是分得的红利不能拿走，需要用来偿还期股。要想把期股变实，前提条件是必须把企业经营好，有可供分配的红利。如果企业经营不善，不仅期股不能变实，本身的投入都可能亏掉。

②股票期权。

股票期权指上市公司给予企业高级管理人员和技术骨干在一定期限内以一种事先约定的价格购买公司普通股权利的一种员工激励方法。不同于职工股的崭新激励机制，它能有效地把企业高级人才与其自身利益很好地结合起来。股票期权的行使会增加公司的所有者权益。由持有者向公司购买未发行在外的流通股，即是直接从公司购买而非从二级市场购买。

③业绩股票。

业绩股票是股权激励的一种典型模式，指在年初确定一个较为合理的业绩目标，如果激励对象到年末时达到预定的目标，则公司授予其一定数量的股票或提取一定的奖励基金购买公司股票。业绩股票的流通变现通常有时间和数量限制。激励对象在以后的若干年内经业绩考核通过后可以获准兑现规定比例的业绩股票，如果未能通过业绩考核或出现有损公司的行为、非正常离任等情况，则其未兑现部分的业绩股票将被取消。

④账面价值增值权。

账面价值增值权是与证券市场无关的股权激励模式，激励对象所获得收益仅与公司的一项财务指标——每股净资产值有关，而与股价无关。直接用每股净资产的增加值来激励其高管人员、技术骨干和董事，很适合于非上市公司。账面价值增值权不是真正意义上的股票，没有所有权、表决权、配股权。此模式的特色是：它可以有效避免股票市场因素对股票价格的干扰；由于账面价值增值权不能流通、转让或继承，员工离开企业将失去其权益，因而有利于稳定员工队伍；具体操作也方便、快捷。

⑤员工持股计划。

员工持股计划（Employee Stock Option Plan，简称 ESOP）是指通过让员工持有本公司股票和期权，是员工所有权的一种实现形式，是企业所有者与员工分享企业所有权和未来收益权的一种制度安排。员工通过购买企业部分股票（或股权）而拥有企业的部分产权，并获得相应的管理权。实施员工持股计划的目的是使员工成为公司的股东，而使其获得激励的一种长期绩效奖励计划。在实践中，员工持股计划往往是由企业内部员工出资认购本公司的部分股权，并委托员工持股会管理运作，员工持股会代表持股员工进入董事会参与表决和分红。

⑥虚拟股票。

虚拟股票（Phantom Stocks）模式是指公司授予激励对象一种"虚拟"的股票，激励对象可以据此享受一定数量的分红权和股价升值收益。如果实现公司的业绩目标，则被授予者可以据此享受一定数量的分红，但没有所有权和表决权，不能转让和出售，在离开公司时自动失效。在虚拟股票持有人实现既定目标条件下，公司支付给持有人收益时，既可以支付现金、等值的股票，也可以支付等值的股票和现金相结合。虚拟股票是通过其持有者分享企业剩余索取权，将他们的长期收益与企业效益挂钩。由于这些方式实质上不涉及公司股票的所有权授予，只是奖金的延期支付，长期激励效果并不明显。

⑦股票增值权。

股票增值权是指公司授予激励对象的一种权利，如果公司股价上升，激励对象可通过行权获得相应数量的股价升值收益，激励对象不用为行权付出现金，行权后获得现金或等值的公司股票。股票期权实质上是一种选择权，即被授予者享有的在未来规定的若干年内（行权期）按授予时（授予期）规定的价格（行权价）和数量（额度）自由购买公司股票（行权）的权利，这个权利被授予者可以使用，也可以放弃。

享有股票增值权的激励对象不实际拥有股票，也不拥有股东表决权、配股权、分红权。股票增值权不能转让和用于担保、偿还债务等。每一份股票增值权与一股股票挂钩。每一份股票增值权的收益＝股票市价－授予价格。其中，股票市价一般为股票增值权持有者签署行权申请书当日的前一个有效交易日的股票收市价。股票增值权的有效期各公司长短不等，一般为授予之日起 6～10 年。

⑧限制性股票计划。

限制性股票指上市公司按照预先确定的条件授予激励对象一定数量的本公司股票，激励对象只有在工作年限或业绩目标符合股权激励计划规定条件的，才可出售限制性股票并从中获益，是向管理人员或员工奖励限制性股票。

⑨管理层收购（Management Buy - Outs，简称 MBO）。

管理层收购是指公司的经理层利用借贷所融资本或股权交易收购本公司的一种行为，从而引起公司所有权、控制权、剩余索取权、资产等变化，以改变公司所有制结构，通过收购使企业的经营者变成了企业的所有者。这是一种极端的股权激励手段，因为其他的激励手段都是所有者对雇员的激励，而此种模式则将激励的主体与客体合二为一，从而实现了被激励者与公司利益、股东利益的完整统一。

具体做法是：通常公司管理层和员工共同出资成立职工持股会或者公司管理层出资（一般是信贷融资）成立新的公司作为收购主体，一次性或多次收购原固定持有的公司股份，从而直接或者间接地成为公司的控股股东。

⑩ 延期支付计划（Deferred Compensation Plan，简称 DCP）。

延期支付计划也称延期支付，是指公司将管理层的部分薪酬，特别是年度奖金、股权激励收入等按当日公司股票市场价格折算成股票数量，存入公司为管理层人员单独设立的延期支付账户。在既定的期限后或在该高级管理人员退休以后，再以公司的股票形式或根据期满时的股票市场价格以现金方式支付给激励对象。激励对象通过延期支付计划获得的收入来自既定期限内公司股票的市场价格上升，即计划执行时与激励对象行权时的股票价差收入。如果折算后存入延期支付账户的股票市价在行权时上升，则激励对象就可以获得收益。但如果该市价不升反跌，激励对象的利益就会遭受损失。

激励模式	优　点	缺　点	适用企业类型
期股	经营者更多地关注企业的长期利益；克服了一次性重奖所带来的收入差距矛盾	经营者的股票收益难以在短期内兑现，且承担持有股票的风险	经改制的国有资产控股企业；国有独资企业
股票期权	具有长期激励的效果；可以降低委托代理成本；可提升公司业绩；可提高投资者信心	管理者为自身利益而用不法手段抬高股价；管理者与员工的工资差距加大	上市公司和上市公司控股企业
业绩股票	激励高管人员努力完成业绩目标，实现股东和高管的双赢	业绩目标的科学性很难保证；容易导致高管为获取业绩股票而弄虚作假；高管抛售股票受到限制	业绩稳定型上市公司、其集团公司及其子公司
账面价值增值权	激励效果不受股票价格异常波动影响；激励对象无须现金付出；无须证监会审批	每股净资产的增加幅度有限，没有充分利用资本市场的放大作用，难以产生较大的激励作用	现金流量比较充裕且估计比较稳定的上市公司或非上市公司
员工持股计划	能增强企业的凝聚力、竞争	福利性较强，与员工业绩挂钩较差；平均化会降低员工积极性；操作上缺乏法律基础和政策指导	所处行业较成熟的，具有稳定增长机会的公司
虚拟股票	虚拟股票发放不会影响公司的总资本和所有权结构，无须证监会批示，秩序固定大会通过即可	公司的现金压力较大，虚拟股票的行权和抛售时的价格确定难度较大	现金流量比较充裕的非上市公司和上市公司
股票增值权	激励对象无须现金付出；无须证监会审批	资本市场的弱有效性使股票价和经营者业绩关联不大；公司的现金压力较大	现金流量比较充裕且股价比较稳定的上市公司或者非上市公司
限制性股票计划	激励对象一般不需要付钱购买；可以激励高层管理人员将更多的时间精力投入到长期战略目标中	业绩目标或股价的科学确定较困难，现金流压力较大	业绩不佳的上市公司；产业调整期的上市公司或者初创立的非上市公司
管理层收购	将管理层的利益与公司的利益紧密结合在一起，激励力度大	目标公司价值的准确评估较困难；收购资金来源缺乏；若处理不当，收购成本将激增	国有资本退出的企业国有民营型公司、集体性质企业、反收购时期的公司
延期支付计划	锁定时间长，减少了经营者的短期行为；计划可操作性强	高管人员持股数量少，难以产生较大的激励力度；二级市场有风险，经营者不能及时把薪酬变现	业绩稳定型上市公司及其集团公司、子公司

以上是比较常用的股权激励模式，每种模式都有其特殊性，不是任意一种模式都适合

企业使用，在决定进行股权激励计划时要注意结合每种模式的特性和优缺点选择适合本企业发展的模式。

　　除了结合激励模式的特点选择激励模式还要结合企业自身的发展阶段，每个发展阶段也应该采取不一样的激励模式。

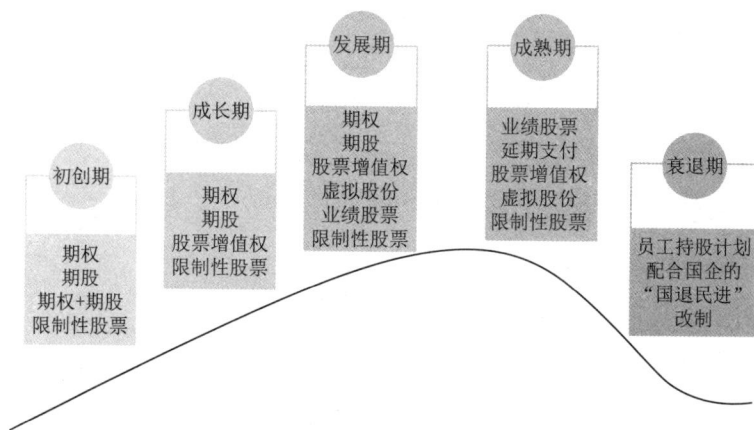

8. 业绩考核机制与股权授予条件和行权条件

　　股权激励不是福利，而是为了将经理人自身的利益和公司未来的利益结合起来，创造更多的价值，因此，股权激励一定是在科学合理的业绩考核基础之上实施。考核业绩的经济指标主要有利润、销售额、负债率及公司股价等几类。要真正发挥股权激励的正面效应，在业绩考核上必须做到两点：第一，考核指标的选取要能反映公司的真实价值；第二，要形成定期考核制度。

　　具体来说，对于上市公司，指标不能只选取与股价相关的市场指标，还要考虑反映公司真实价值的会计指标，或用指数来修正股市大盘波动对公司价值的影响。对于非上市公司来说，不能只选用类似近期利润这样的短期绩效指标，还应考虑选择反映公司长期利润增长的指标。只有这样股权激励计划才可能真正实现促进公司绩效提升和股东价值增长。

　　在股权激励计划中选择了合理的指标之后，还要形成定期考核机制，严格按照股权激励计划中的考核内容和考核指标进行考核。定期考核可以以季度、半年为考核时间单位，其中每年年末的考核和等待期结束的考核，是必不可少的，尤其是等待期满时的考核，直接关系激励对象是否最终获得股权激励的问题，这时是股权激励计划真正发挥激励和约束作用的关键时候，严格的考核过程和科学合理的考核结果就显得尤为重要。

　　一般情况下分为公司考核指标和个人考核指标，只有在公司和激励对象考核合格后，才可以获授股权和行权。

一级指标	二级指标	三级指标
财务绩效	盈利	净利润/每股收益
		投资报酬率
		净资产收益率
		市盈率
	财产运营	经济增加值 EVA
		资产保值/增值率
		流动资产周转率
		应收账款周转率
		净现金流量
	偿债能力	资产负债比率
		流动比率
		速动比率
非财务绩效	市场与顾客	市场占有率
		销售增长率
		顾客满意度
	员工	员工满意度
		员工培训
		员工收入增长水平
	质量	优等品率
		废品率
	技术创新	企业技术领先地位
		研发费投入比重
		技改投入率

9. 股权激励计划调整与终止

股权激励计划是以激励公司员工为目的，因此员工辞职、解雇、退休等而终止劳动合同时，股权激励计划要作出相应的调整，调整的方式主要有两种，加速行权和期权失效。

法条传送门

《上市公司股权激励管理办法（试行）》。

《企业会计准则第 11 号——股份支付》。

《财政部、国家税务总局关于个人股票期权所得征收个人所得税问题的通知》。

《国有控股上市公司（境内）实施股权激励试行办法》。

《国有控股上市公司（境外）实施股权激励试行办法》。

第十章 社会保险实务

社会保险是指国家为了预防和分担年老、失业、疾病以及死亡等社会风险，实现社会安全，而强制社会多数成员参加的，具有所得重分配功能的非营利性的社会安全制度。这里的社会保险具有强制性、保障性、福利性和普遍性，对于保障广大劳动者的合法权益，促进社会经济发展具有重要作用。企业 HR 要充分认识依法为员工办理社会保险的重要意义，要熟悉、掌握和落实国家对社会保险的相关规定，自觉维护劳动者合法的"不可剥夺"的权利。

第一节 社会保险的基本规定

社会保险是指国家通过立法强制实行的，由劳动者、企业或社区以及国家三方共同筹资，建立保险基金，对劳动者因年老、工伤、疾病、生育、残废、失业、死亡等原因丧失劳动能力或暂时失去工作时，给予劳动者本人或供养直系亲属物质帮助的一种社会保障制度。

一、社会保险的概念

社会保险具有保障劳动者基本生活、维护社会安定和促进经济发展的作用，不以营利为目，主要通过筹集社会保险基金，并在一定范围内统筹调剂，在劳动者符合享受社会保险条件时，给予必要帮助，提供基本生活保障，社会保险是社会保障制度中的核心内容。

二、社会保险的基本内容及其特征

因各国社会制度、社会政策不同，社会保险的内容也不尽相同。在我国，社会保险的内容主要包括五大险种：养老保险、医疗保险、失业保险、工伤保险、生育保险。其相关具体内容请参见本章各对应小节的具体内容。社会保险具有：强制性、保障性、互济性、福利性和社会性等特征。

（1）强制性，是指社会保险是以国家强制力保障实施，参保主体由国家立法确定，在法律法规范围内，应依法参加社会保险，并应依法缴纳社会保险费。

（2）普遍性，是指社会保险通过法律的形式向全社会有交纳义务的单位和个人收取社会保费建立社会保障基金，并在全社会统一用于救助被保障对象，同时各项社会保险基金可以从统一基金中相互调节。

（3）保障性，是指保障劳动者的基本生活，即当劳动者遇到年老、患病、负伤、残疾、生育、死亡和失业等风险时，在暂时或者长期丧失劳动能力，以及暂时失去工作时，以社会保险的方式给予劳动者本人及其家属一定的物质帮助，保障其基本生活需要。

（4）福利性，是指社会保险是一种政府行为，不以营利为目的，其经营管理的最终目的是促进社会公平、促进全社会的经济发展与社会进步。

（5）互济性，是指社会保险的互济性贯穿在保险基金的筹集、管理、支付全过程之中，依靠国家、单位和劳动者三方共同筹资，充分发挥社会保险的互济作用，是社会保险最重要的特征。

三、社会保险与商业保险的区别

1. 性质不同

社会保险是劳动者的基本权利，具有保障性，不以盈利为目的，确保劳动者的基本生活，维护社会稳定；商业保险具有经营性，以追求经济效益为目的。

2. 政府责任不同

社会保险由国家立法强制实施，属于政府行为，凡是符合法定条件的主体，都必须按照法律规定参加社会保险；商业保险则是一种经营行为，保险人与投保人之间遵循平等自愿原则，自主投保。

3. 资金来源不同

社会保险费按照国家或地方政府规定的统一缴费比例进行筹集，由国家、企业、个人三方面分担；商业保险费视险种、险情而定，由投保人承担。

4. 建立基础不同

社会保险建立在劳动关系基础上，只要形成了劳动关系，用人单位就必须为职工办理社会保险；商业保险自愿投保，以合同契约形式确立双方权利义务关系。

5. 对象不同

参加社会保险的对象是劳动者，其范围由法律规定，受资格条件的限制；商业保险的对象是自然人，一般不受限制，只要自愿投保并履行合同条款即可。

6. 保障范围不同

社会保险保障绝大多数劳动者的基本生活；商业保险只解决一部分投保人的问题。

7. 待遇水平不同

社会保险从稳定社会出发，以保障劳动者基本生活为原则，着眼于长期性基本生活，固定会随着物价上升进行调整、逐步提高；商业保险着眼于一次性经济补偿，按"多投多保，少投少保，不投不保"的原则确定理赔标准。

8. 法律基础不同

社会保险由劳动法及其配套法规来立法；商业保险则由经济法、商业保险法及其配套法规来立法。

HR 操作锦囊

（1）用人单位领取营业执照或成立30天内，或者招用员工30天内，应办理参加社会保险手续。各用人单位按照工商行政管理关系，分别到省、市或各区社会保险经办机构办理参加社会保险手续，含社会保险登记、申报缴费基数和核定应缴社会保险费额。其中，缴纳基数可以按照员工的劳动合同约定的工资标准（在当地社会平均工资的3倍以内），或者员工社会保险转移单记载的基数确定。

（2）新招职工（包括研究生、大学生、大中专毕业生等），以起薪当月工资收入作为缴费工资基数；从第二年起，按上一年平均工资作为缴费工资基数（工资包括计时工资、计件工资、奖金、津贴和补贴、加班加点工资、特殊情况下支付的工资等）。用人单位对新参保或参保后有人员变动的，应填写社会保险增减人员申报表，并交到所属社会保险经办机构，申报新参保或停保的职工名册。社会保险经办机构根据该名册核定用人单位次月的应缴社会保险费额。

（3）用人单位终止的，应凭单位的工商注销证明或地税、国税完税证明，到社会保险经办机构办理社会保险关系的注销手续，并将《社会保险登记证》交回。

四、员工拒绝用人单位缴纳社会保险费的法律风险

实践中，有劳动者出于各种原因不愿参保，希望用人单位将社会保险费用以现金形式发放给自己。对于不愿意缴纳社会保险费的员工，企业 HR 应如何处理？应从根源上清楚员工为何不想缴纳社会保险费，通常会有如下几种原因。

（1）劳动者的工资不高，有的甚至只能维持基本生活，所以，不愿再扣除社会保险费。

（2）劳动者的户籍地和社会保险缴纳的地点不一致，认为自己不可能在社会保险缴纳

所在的城市一直工作到退休，移转社会保险会很麻烦。

（3）原国有企业、集体企业的下岗职工由于与原单位没有解除劳动关系，原单位一直为其缴纳社会保险。所以，不愿在新单位缴纳社会保险。

（4）有些地区政策是在新单位为其缴纳社会保险费前不得中断，如果中断，全部补缴完毕后，新单位才能继续缴纳社会保险费，而劳动者不愿意补缴之前的费用，从而造成新的单位无法为员工缴纳社会保险费。

对于上述几种情况，很多用人单位要求员工本人出具"自愿不缴社会保险"或"由个人缴纳社会保险"的书面申请，用以以降低法律风险。然而事实上，员工写此类书面申请，是不具有法律效力的。还有用人单位甚至把应缴纳的社会保险费列入工资中发放，这更不是解决之道。缴纳社会保险费是法律的强制性规定，不仅是企业的义务，同时，也是劳动者的义务。显然，劳动者无权以承诺书等形式主动或自愿放弃参加社保。

举案说法 31. 《自愿放弃社保缴纳声明》协议，员工还能要求经济补偿金吗？

徐小美于 2011 年 3 月 8 日进入厦门某服装公司上班，入职后有签订书面劳动合同，最后一份合同期限自 2014 年 3 月 8 日起至 2017 年 3 月 7 日止。

入职时，徐小美签署一份《自愿放弃社保声明》，载明：

"厦门市社保管理机构：本人系厦门某服装公司员工，现本人自愿放弃公司为本人办理的社会保险。特此声明。"

徐小美在该《自愿放弃社保声明》上签名并捺手印。

2016 年 6 月 28 日，徐小美提起劳动仲裁，要求解除劳动合同并要求公司支付解除劳动合同经济补偿金 26 477 元。

2016 年 8 月 8 日，劳动争议仲裁委员会做出裁决：一、公司与徐小美的劳动关系于 2016 年 7 月 20 日解除；二、公司自裁决书生效之日起七日内一次性支付徐小美经济补偿金 22 572 元。

公司不服，向一审法院提起诉讼。

审理结果

一审法院：

劳动者已经选择放弃缴纳社保的情况下，再以用人单位未缴纳社保为由提出解除劳动合同并主张经济补偿金，有违诚实信用原则，依法不应支持。

一审法院认为，根据相关法律规定，缴纳社会保险是用人单位的法定义务，用人单位与劳动者双方均没有选择不缴纳社会保险的权利。徐小美主动签署《自愿放弃社保声明》，公司根据徐小美的意思表示未为其办理社会保险，故徐小美本身对于不缴纳社保具有过错。

事实上，在徐小美长达5年的工作时间内，从未就该事宜主张权利，在劳动者已经选择放弃缴纳社保的情况下，再以用人单位未缴纳社保为由提出解除劳动合同并主张经济补偿金，有违诚实信用原则，依法不应予以支持。故对公司关于无须支付经济补偿金的诉求，予以支持。

综上，根据《中华人民共和国劳动法》第七十二条、《中华人民共和国民事诉讼法》第六十四条第一款规定，判决：一、公司与徐小美之间的劳动关系于2016年7月20日解除；二、公司无须支付徐小美经济补偿金人民币22 572元。

徐小美不服，提起上诉。

二审法院：

为劳动者办理社会保险是用人单位的法定义务，用人单位与劳动者双方均没有选择不缴纳社会保险的权利，一审以违反诚实信用原则为由不支持劳动者不当，应当纠正。

二审法院认为，虽然徐小美在入职时签署《自愿放弃社保声明》表示自愿放弃公司为其办理社会保险，但根据我国相关劳动法律规定，为劳动者办理社会保险是用人单位的法定义务，用人单位与劳动者双方均没有选择不缴纳社会保险的权利。故该声明违反法律的强制性规定而无效，公司以徐小美入职时已签署《自愿放弃社保声明》为由，主张免除为徐小美办理社会保险手续义务的理由不能成立。

本案已查明，自徐小美入职起公司就未为其办理社会保险，现徐小美请求解除劳动合同并要求公司支付经济补偿金，具有事实和法律依据，依法应当予以支持。

一审判决以徐小美已签署《自愿放弃社保声明》表示自愿放弃公司为其办理社会保险，现又以此为由主张公司支付经济补偿金有违诚实信用原则为由，判决公司无须支付徐小美经济补偿金不当，本院依法予以纠正。

最后，二审法院判决公司支付徐小美经济补偿金21 422.5元。

申请再审：

未缴社保系员工自身过错导致，员工再以未缴社保为由主张经济补偿，违背诚实信用原则。

公司申请再审：一、《自愿放弃社保声明》虽然违反法律的强制性规定而无效，但是无效的后果是指公司缴交社保的义务不能因此免除，但并不能就此认定公司还需要向徐小美支付经济补偿金。

二、徐小美因不愿承担社保个人应缴部分而主动要求签署《自愿放弃社保声明》，公司未给徐小美办理社保，系出于徐小美在上述声明中明确不参加社保的意思表示。因此未缴社保系徐小美自身过错导致，现徐小美再以未缴社保为由主张经济补偿，违背诚实信用原则。

三、法律保护劳动者，但不允许劳动者滥用权利，更不允许劳动者违背诚实信用责任从中获利。二审法院没有考虑到本案的真实情况，未顾及诚实信用的法律原则和立法本意，作出错误判决。

综上，请求撤销二审判决，改判公司无须支付徐小美经济补偿金。

高院裁定：

用人单位和劳动者双方对社会保险的参加和社会保险费的缴纳并无选择或协商的余地，不能自行以金钱给付或其他形式取代该法定义务。

福建高院经审查认为，根据《中华人民共和国劳动法》第七十二条关于"社会保险基金按照保险类型确定资金来源，逐步实行社会统筹。用人单位和劳动者必须依法参加社会保险，缴纳社会保险费。"以及《中华人民共和国社会保险法》第五十八条关于"用人单位应当自用工之日起三十日内为其职工向社会保险经办机构申请办理社会保险登记……"、第六十条关于"用人单位应当自行申报、按时足额缴纳社会保险费……"的规定，依法参加社会保险、为劳动者办理社保登记手续系用人单位的法定义务，用人单位必须严格依照相关规定为劳动者办理社会保险相关手续并缴纳相应的保险费，用人单位和劳动者双方对社会保险的参加和社会保险费的缴纳并无选择或协商的余地，不能自行以金钱给付或其他形式取代该法定义务。

本案中，公司以徐小美签署了《自愿放弃社保声明》为由而未依法为徐小美缴纳社会保险费用，违反法律的强制性规定，因此，根据《中华人民共和国劳动合同法》第三十八条关于"用人单位有下列情形之一的，劳动者可以解除劳动合同：……（三）未依法为劳动者缴纳社会保险费的……"的规定，徐小美有权据此主张解除劳动合同并要求公司支付经济补偿金。

依照《中华人民共和国民事诉讼法》第二百零四条第一款，《最高人民法院关于适用

<中华人民共和国民事诉讼法 > 的解释》第三百九十五条第二款规定，裁定如下：

驳回公司的再审申请。

HR 操作锦囊

用人单位虽然要求员工签署购买社保的声明，一旦员工反悔，给予用人单位的隐患风险相当的大，不仅仅有补缴的成本，还会受到行政处罚，同时，由于"社保征收权"交给了地税局执行，监管更为严厉。而就这一问题，部分地方高院对此的指导意见、裁判规则如下。

1. 广东省高级人民法院

根据广东省高院作出的《关于审理劳动人事争议案件若干问题的座谈会纪要》（粤高法〔2012〕284 号）第 25 条规定："用人单位与劳动者约定无须办理社会保险手续或将社会保险费直接支付给劳动者，劳动者事后反悔并明确要求用人单位为其办理社会保险手续及缴纳社会保险费的，如用人单位在合理期限内拒不办理，劳动者以此为由解除劳动合同并请求用人单位支付经济补偿，应予支持。"

2. 上海市高级人民法院

根据上海市高院作出的《关于适用 < 劳动合同法 > 若干问题的意见》（沪高法〔2009〕73 号）的第九条规定，判断标准主要看公司在员工放弃社保的缴纳上有无恶意。如果无恶意，如要求员工缴纳社保，员工就是不缴，那么这种情况下放弃就是有效的，员工以未缴纳社保为由，要求解除劳动合同和支付经济补偿金的，法院不支持；如果存在恶意，如为了不缴纳社保而变相强迫员工签署放弃缴纳社保的承诺书，即属无效的，员工以未缴纳社保为由，要求解除劳动合同和支付经济补偿金的，法院支持。

3. 江苏省高级人民法院

根据江苏省高院作出的《关于审理劳动争议案件的指导意见》（苏高法审委〔2009〕47 号）第十六条的相关规定，员工自愿放弃社保，一般认定为有效。员工以未缴纳社保为由，要求解除劳动合同和支付经济补偿金的，法院不支持。

4. 浙江省高级人民法院

根据浙江省高院作出的《关于审理劳动争议纠纷案件若干疑难问题的解答》第十一条的相关规定，员工自愿承诺放弃社保的，该放弃无效，员工可以解除劳动合同，但要求经济补偿金的，法院不支持。因此，在最终结果上，江苏和浙江的态度是一致的。

5. 北京市高级人民法院

根据北京市高院、北京劳动争议仲裁委《关于审理劳动争议案件法律适用问题的解答》第二十五条的相关规定，员工放弃社保是无效的。员工以未缴纳社保为由，要求解除劳动合同和支付经济补偿金的，法院支持。

另外，根据《民法典》第九百八十五条的规定："得利人没有法律根据取得不当利益的，受损失的人可以请求得利人返还取得的利益，但是有下列情形之一的除外：（一）为履行道德义务进行的给付；（二）债务到期之前的清偿；（三）明知无给付义务而进行的债务清偿。"因此，在劳动用工领域中，可能与之有所关联的就是工资多付、社保费用代垫、社保补偿等，一般认为符合不当得利的构成要件。

五、用人单位未按照规定为劳动者缴纳社会保险费的法律风险

（1）企业未按时足额缴纳社会保险费的，由社会保险费征收机构责令限期缴纳或者补足，并自欠缴之日起，按日加收万分之五的滞纳金；逾期仍不缴纳的，由有关行政部门处欠缴数额一倍以上三倍以下的罚款，对其直接负责的主管人员和其他直接责任人员处500元以上3 000元以下的罚款。

（2）劳动者可以以此为由解除劳动合同并可要求用人单位支付经济补偿金。

（3）若用人单位没有为员工缴纳社会保险费，导致员工在需要医疗、发生工伤、生育、享受养老保险待遇等方面损失的，企业应承担损失。

六、社会保险在实务中的误区及应对

（1）在校实习生以及退休返聘人员不具备劳动法意义上的劳动者的主体资格，其与用人单位之间并非劳动关系，因此，用人单位无须为其缴纳社会保险费。因此，建议为其购买商业保险以规避风险。

（2）员工自入职之日起便与用人单位建立了劳动关系，试用期也是劳动关系存续期间，因此，用人单位应当依法为试用期员工缴纳各项社会保险费。

（3）筹备期间的主体因不具有劳动合同法上的用工主体资格，无法办理社会保险登记，因此不存在缴纳社会保险费的问题。即使公司后来经核准设立，公司也无须承担筹备期间补缴的义务。当然，员工在此期间因工作发生伤亡的，发起人或公司应依法承担相应的责任。因此，筹建期间的公司最好给员工购买商业保险以规避其法律风险。

（4）用人单位没有依法为员工缴纳各项社会保险费的，员工可以要求企业补缴，但是不得要求将保险费直接支付给劳动者。对于企业而言，将社会保险费补偿给劳动者仍然不能免除其补缴社会保险费的义务。

七、有关公积金的相关问题

很多人认为住房公积金不强制缴存，这其实是一种误解，《住房公积金管理条例》规定得很明确，缴存住房公积金是法律规定的强制性义务。

举案说法 32. 缴存住房公积金是强制性的吗？

王瑛姑系广东正大光明公司员工，在职期间，公司未缴存住房公积金。

王瑛姑于 2014 年 10 月 23 日写了一份《投诉信》给韶关市住房公积金管理中心，具体内容为：

> **投诉信**
>
> 住房公积金管理中心：
> 　　本人姓名王瑛姑，身份证号码XXX，于1997年2月入职在正大光明广东有限公司，于2012年11月离职（住房公积金账号为：****8888），在本人在职期间，该单位未为本人足额缴存住房公积金。本人确认上述劳动期间的真实性，不存在劳动关系、工资收入等方面的相关仲裁或诉讼。现本人请求韶关市住房公积金管理中心为本人追讨1997年2月至2012年11月单位欠缴部分住房公积金。

住房公积金管理中心于 2014 年 11 月 17 日发出《核查通知书》，具体内容为：

> **核查通知书**
>
> 正大光明（广东）工业有限公司：
> 　　现有职工王瑛姑反映你单位逾期不为其缴存住房公积金一事，请你单位核实以下情况：
> 　　一、该职工与你单位是否存在劳动关系，劳动关系起始时间。
> 　　二、你单位是否为该职工缴存住房公积金，住房公积金缴存起始时间。
> 　　三、职工相关年度住房公积金缴存基数、比例。若你单位对职工所反映的事实有异议，
> 　　请于收到本通知书之日起10日内提出意见并附上有关加盖单位公章的证明资料。逾期不提出意见的，我中心将按《住房公积金管理条例》有关规定处理。

正大光明（广东）工业有限公司于 2014 年 11 月 24 日发出《关于王瑛姑相关情况的回复》，具体内容为：

关于王瑛姑相关情况的回复

　　贵单位关于王瑛姑反映我公司逾期不为其缴存住房公积金而发出的《核查通知书》已收悉，现就我司已离职员工王瑛姑相关情况作如下说明：

　　1. 王瑛姑，女性，生于××年××月××日，于1997年2月14日入职我司，在职期间工作岗位为生产一线工人，时至2010年12月28日已达到女工人年满50周岁之法定退休年龄条件，劳动合同法定终止，即：王瑛姑于1997年2月14日至2010年12月28日期间与我公司存在劳动关系。

　　2. 鉴于我司属玩具生产制造企业的行业特点，王瑛姑在职期间基本月薪均为韶关市同期企业月最低工资标准，整体收入不高，且双方签订劳动合同均未有约定缴存住房公积金的任何相关事宜，王瑛姑本人在职期间也未就缴存住房公积金提出任何异议，故我司未安排王瑛姑在职期间缴存住房公积金。

　　3. 鉴于目前王瑛姑已超过法定退休年龄，依法不再是缴存住房公积金的合适主体，而且也远远超出法律规定的二年诉讼时效，故公司应不需承担其补缴住房公积金的相关责任。

住房公积金管理中心于 2015 年 7 月 30 日发出《责令限期办理补缴决定书》，具体内容为：

责令期限办理补缴决定书

正大光明（广东）工业有限公司：

　　经查，你单位未按规定为王瑛姑缴存1999年4月至2010年12月期间的住房公积金。现根据国务院《住房公积金管理条例》第三十八条规定，责令你单位自收到本决定书之日起15日内为单位王瑛姑补缴1999年4月至2010年12月期间的单位应缴存部分住房公积金合计6 750元。

　　如你单位不服本决定，可在接到本决定书之日起60日内向韶关市人民政府申请行政复议或者6个月内向人民法院提起行政诉讼。逾期不申请复议或不提起行政诉讼，又拒不履行本决定的，本中心将依法申请人民法院强制执行。

公司于 2015 年 9 月 7 日发出《函》，具体内容为：

函

住房公积金管理中心：

　　贵单位给予的限缴通知书，就要求补缴王瑛姑的住房公积金一事，我公司决定走法律程序解决。特此函告！

　　公司对决定不服，向韶关市政府申请复议，韶关市政府于 2016 年 4 月 1 日作出《行政复议决定书》，维持住房公积金管理中心做出的《责令限期办理补缴决定书》。

　　公司不服，向韶关市中级人民法院提起行政诉讼。

审理结果

　　一审法院审理认为，依据中华人民共和国国务院令第 350 号《住房公积金管理条例》第十五条："单位录用职工的，应当自录用之日起 30 日内到住房公积金管理中心办理缴存登记，并持住房公积金管理中心的审核文件，到受委托银行办理职工住房公积金账户的设立或者转移手续。单位与职工终止劳动关系的，单位应当自劳动关系终止之日起 30 日内到住房公积金管理中心办理变更登记，并持住房公积金管理中心的审核文件，到受委托银行办理职工住房公积金账户转移或者封存手续。"第三十七条："违反本条例的规定，单位不办理住房公积金缴存登记或者不为本单位职工办理住房公积金账户设立手续的，由住房公积金管理中心责令限期办理；逾期不办理的，处 1 万元以上 5 万元以下的罚款。"第三十八条："违反本条例的规定，单位逾期不缴或者少缴住房公积金的，由住房公积金管理中心责令限期缴存；逾期仍不缴存的，可以申请人民法院强制执行。"第四十六条："本条例施行前尚未办理住房公积金缴存登记和职工住房公积金账户设立手续的单位，应当自本条例施行之日起 60 日内到住房公积金管理中心办理缴存登记，并到受委托银行办理职工住房公积金账户设立手续。"的规定，公司请求撤销住房公积金管理中心作出的《责令限期办理补缴决定书》理由不充分。所查明的事实清楚，处理程序合法，适用法律、法规正确，予以维持。

公司请求撤销韶关市人民政府作出的《行政复议决定书》理由不充分。复议决定所认定的事实清楚，程序合法，适用法律、法规正确，予以维持。

综上所述，法院判决：驳回公司的诉讼请求。

二审法院审理认为，本案为劳动与社会保障监督及行政复议纠纷。二审争议焦点为：住房公积金管理中心作出的《责令限期办理补缴决定书》及韶关市人民政府作出的《行政复议决定书》是否合法。

《住房公积金管理条例》第十五条规定："单位录用职工的，应当自录用之日起 30 日内到住房公积金管理中心办理缴存登记，并持住房公积金管理中心的审核文件，到受委托银行办理职工住房公积金账户的设立或者转移手续。单位与职工终止劳动关系的，单位应当自劳动关系终止之日起 30 日内到住房公积金管理中心办理变更登记，并持住房公积金管理中心的审核文件，到受委托银行办理职工住房公积金账户转移或者封存手续。"

第三十七条规定："违反本条例的规定，单位不办理住房公积金缴存登记或者不为本单位职工办理住房公积金账户设立手续的，由住房公积金管理中心责令限期办理；逾期不办理的，处 1 万元以上 5 万元以下的罚款。"

第三十八条规定："违反本条例的规定，单位逾期不缴或者少缴住房公积金的，由住房公积金管理中心责令限期缴存；逾期仍不缴存的，可以申请人民法院强制执行。"第四十六条："本条例施行前尚未办理住房公积金缴存登记和职工住房公积金账户设立手续的单位，应当自本条例施行之日起 60 日内到住房公积金管理中心办理缴存登记，并到受委托银行办理职工住房公积金账户设立手续。"

依据上述规定，为单位职工缴存住房公积金是用人单位的法定义务。

本案中，公司未依法为其职工王瑛姑缴存 1999 年 4 月至 2010 年 12 月期间的住房公积金，韶关市住房公积金管理中心作出《责令限期办理补缴决定书》，符合上述规定，韶关市人民政府作出《行政复议决定书》，维持上述《责令限期办理补缴决定书》，并无不妥，原审判决驳回公司的诉讼请求正确，本院依法应予以维持。

依据《住房公积金管理条例》第十五条、第四十六条、三十八条的规定，王瑛姑属于条例规定的缴存职工对象，公司应及时为王瑛姑办理住房公积金缴存手续，《住房公积金管理条例》对于职工的户籍性质没有例外的规定，也没有规定两年的时效限制，因此，公司上诉认为王瑛姑是进城务工人员，不属于必须缴存的对象，本案已过二年的诉讼时效，缺乏事实与法律依据，本院不予支持。

此外，《住房公积金管理条例》第三十八条规定明确授权韶关市住房公积金管理中心作出被诉行政行为，公司上诉主张韶关市住房公积金管理中心作出涉案《责令限期办理补缴决定书》属于超越职权，理由不成立，本院不予支持。

综上，广东高院判决如下：驳回上诉，维持原判。

HR 操作锦囊

社会保险是社会保障制度的一个最重要的组成部分，关于社会保险当中的五险（养老保险、失业保险、医疗保险、工伤保险、生育保险）强制性缴纳的规定已经深入民心，但对于住房公积金是否属于强制缴存的问题，无论是用人单位还是劳动者，却存在很多误区，多数用人单位都认为这是用人单位选择可缴可不缴的权利，实则，单位逾期不缴或者少缴住房公积金的，住房公积金管理中心可以向人民法院申请强制执行。

如果生产经营困难的企业，经本单位职工大会、职工代表大会或工会讨论通过，可申请暂缓缴存住房公积金；待企业效益好转后，再恢复缴存并补交其缓缴的住房公积金，即使缓解，也要有合法程序。

对于用人单位而言，不缴存住房公积金或者逃避缴存公积金是不明智之举，在很多劳动争议中用人单位合法解除情况下，却最终因为用人单位未缴纳或少缴五险一金导致处于被动局面，成为单位的重大隐患，一旦员工提起五险一金补缴或稽查的权利主张，单位将会面巨大困境。

法条传送门

《中华人民共和国社会保险法》

第八十四条　用人单位不办理社会保险登记的，由社会保险行政部门责令限期改正；逾期不改正的，对用人单位处应缴社会保险费数额一倍以上三倍以下的罚款，对其直接负责的主管人员和其他直接责任人员处五百元以上三千元以下的罚款。

第八十六条　用人单位未按时足额缴纳社会保险费的，由社会保险费征收机构责令限期缴纳或者补足，并自欠缴之日起，按日加收万分之五的滞纳金；逾期仍不缴纳的，由有关行政部门处欠缴数额一倍以上三倍以下的罚款。

《社会保险费征缴暂行条例》

第十三条　缴费单位未按规定缴纳和代扣代缴社会保险费的，由劳动保险行政部门或者税务机关责令限期缴纳；逾期仍不缴纳的，除补缴欠缴数额外，从欠缴之日起，按日加收千分之二的滞纳金。滞纳金并入社会保险基金。

《中华人民共和国劳动法》

第一百条　用人单位无故不缴纳社会保险费的，由劳动行政部门责令其限期缴纳；逾期不缴的，可以加收滞纳金。

《中华人民共和国劳动合同法》

第三十八条　用人单位有下列情形之一的，劳动者可以解除劳动合同：

（一）未按照劳动合同约定提供劳动保护或者劳动条件的；

（二）未及时足额支付劳动报酬的；

（三）未依法为劳动者缴纳社会保险费的；

（四）用人单位的规章制度违反法律、法规的规定，损害劳动者权益的；

（五）因本法第二十六条第一款规定的情形致使劳动合同无效的；

（六）法律、行政法规规定劳动者可以解除劳动合同的其他情形。

用人单位以暴力、威胁或者非法限制人身自由的手段强迫劳动者劳动的，或者用人单位违章指挥、强令冒险作业危及劳动者人身安全的，劳动者可以立即解除劳动合同，不需事先告知用人单位。

第四十六条 有下列情形之一的，用人单位应当向劳动者支付经济补偿：

（一）劳动者依照本法第三十八条规定解除劳动合同的；

（二）用人单位依照本法第三十六条规定向劳动者提出解除劳动合同并与劳动者协商一致解除劳动合同的；

（三）用人单位依照本法第四十条规定解除劳动合同的；

（四）用人单位依照本法第四十一条第一款规定解除劳动合同的；

（五）除用人单位维持或者提高劳动合同约定条件续订劳动合同，劳动者不同意续订的情形外，依照本法第四十四条第一项规定终止固定期限劳动合同的；

（六）依照本法第四十四条第四项、第五项规定终止劳动合同的；

（七）法律、行政法规规定的其他情形。

《住房公积金管理条例》（略）

第二节 基本养老保险

基本养老保险，是国家根据法律、法规的规定，强制建立和实施的一种社会保险制度。在这一制度下，用人单位和劳动者必须依法缴纳养老保险费，在劳动者达到国家规定的退休年龄或因其他原因而退出劳动岗位后，社会保险经办机构依法向其支付养老金等待遇，从而保障其基本生活。

一、缴费基数与比例

根据《关于深化企业职工养老保险制度改革的通知》中的《企业职工基本养老保险社会统筹与个人账户相结合实施办法之二》规定，企业缴纳基本养老保险费的比例，一般不得超过企业工资总额的20%，（包括划入个人账户的部分），具体比例由省、自治区、直辖市人民政府确定。少数省、自治区、直辖市因离退休人数较多、养老保险负担过重，确需超过企业工资总额20%的，应报劳动部、财政部审批。个人缴纳基本养老保险费的比例为8%。

用人单位一般以员工上年度月平均工资作为个人缴纳养老保险费的工资基数；而对于刚参加工作的职工，则应以起薪当月工资收入作为缴费工资基数，从第二年起，按上一年实发工资的月平均工资作为缴费工资基数。平均工资应按国家统计局规定列入工资总额统计的项目计算，其中，包括：工资、奖金、津贴、补贴等收入。高于当地职工平均工资

300% 的部分不计入缴费工资基数，也不计入计发养老金的基数。另外，对于被用人单位派到境外、国外工作的职工，应当按本人出境（国）上年在本用人单位领取的月平均工资作为缴费基数，次年的缴费基数按上年本单位平均工资增长率进行调整。

个人缴费不计征个人所得税，由用人单位在发放工资时代为扣缴。个体工商户和灵活就业人员的缴费基数统一为当地上年度在岗职工平均工资，缴费比例为 20%，其中，8% 计入个人账户。但是，2019 年，政府工作报告提出，明显降低企业社保缴费负担。下调城镇职工基本养老保险单位缴费比例，各地可降至 16%。其目的在于切实减轻企业的缴费负担，增强企业活力，也有利于形成企业发展与社保体系建设的良性循环，增强社保制度的可持续性。因此，从原规定的 20% 降至 16%，一次性降低 4 个百分点。

北京地区，单位缴费比例 16%，个人缴费比例 8%，具体的根据各地区人力资源和社会保险局发布通知为准。

二、劳动者按月领取基本养老金必须具备的条件

（1）达到法定退休年龄并已办理退休手续，目前，我国目前职工的法定退休年龄为：男职工年满 60 岁；从事管理和科研工作的女职工年满 55 岁，从事生产和工勤辅助工作的女职工年满 50 岁，自由职业者、个体工商户女年满 55 周岁。

（2）所在单位和员工依法参加养老保险并履行了养老保险缴费义务。

（3）个人缴费至少满 15 年（过渡期内缴费年限包括视同缴费年限）。

三、基本养老保险的内容

基本养老保险待遇包括基本养老金、丧葬补助费、供养直系亲属的一次性抚恤金、基本医疗保险费和地方补充医疗保险费。依法享受基本养老保险待遇的劳动者，可以按月领基本养老金；因病或者非因工死亡的，其遗属可以领取丧葬补助金和抚恤金；在未达到法定退休年龄时因病或者非因工致残完全丧失劳动能力的，可以领取病残津贴。所需资金从基本养老保险基金中支付。

四、养老保险缴费不满 15 年情形

职工到法定退休年龄时，养老保险累计缴费不满 15 年是一个非常麻烦的事情。有些地区，可能已经不允许通过补缴社保的方式增加缴费年限。这就意味着职工养老保险，如果缴费不满 15 年，是不能办理退休，也领不到养老金。

第一，首次参加社会保险的时间非常重要。如果参保人员是 2011 年 7 月份《社会保险

法》实施以后开始缴纳社保。达到法定退休年龄时，养老保险缴费年限不足 15 年的，可以延长缴费至满 15 年时办理退休手续，并从批准退休之月起发给基本养老金。

例如，一名女性第一次参加社保时 45 岁（2010 年），按规定女性以"干部"身份参加职工养老保险，退休年龄是 55 岁，到退休年龄时，养老保险累计缴费不满 15 年。可以延长缴费 5 年，缴费至满 15 年，60 岁才能退休，领取养老金。

第二，2011 年 6 月 30 日及以前（即社会保险法实施前）已申报参加城镇企业职工基本养老保险并缴纳基本养老保险费，2011 年 7 月 1 日及其以后达到法定退休年龄，且缴费年限不足 15 年的参保人员，可延长缴费至满 15 年。延长缴费满 5 年时仍不足 15 年的，可一次性缴费至满 15 年，办理退休手续，从清完缴费的次月起发给基本养老金。

第三，因为用人单位原因未缴纳社会保险费，在退休前，可以要求单位补缴。

第四，个人可以书面申请终止职工基本养老保险关系。社保机构按照程序，经本人书面确认后，终止其职工养老保险关系，并将个人账户储存额一次性支付给本人。

五、工人身份与干部身份

1995 年前退休，几乎所有地区所有人员都要以人事档案记载的身份信息为准。1995 年后退休的，大部分地区机关事业单位的，实际上还是看档案就行了，退休申请材料和档案是一致的，以档案为准。企业退休人员则主要看最后一个单位劳动合同中的工作内容和工作岗位是不是管理技术岗，并且仍然要结合人事档案认定。所以，退休审核时主要看最后一个工作单位提交的退休申请材料进行认定。其中包括但不限于劳动合同，人事档案及其他必要的材料。（具体的以各地区相关规定为准）

法条传送门

《中华人民共和国社会保险法》

第十六条 参加基本养老保险的个人，达到法定退休年龄时累计缴费满十五年的，按月领取基本养老金。

参加基本养老保险的个人，达到法定退休年龄时累计缴费不足十五年的，可以缴费至满十五年，按月领取基本养老金；也可以转入新型农村社会养老保险或者城镇居民社会养老保险，按照国务院规定享受相应的养老保险待遇。

第十七条 参加基本养老保险的个人，因病或者非因工死亡的，其遗属可以领取丧葬补助金和抚恤金；在未达到法定退休年龄时因病或者非因工致残完全丧失劳动能力的，可以领取病残津贴。所需资金从基本养老保险基金中支付。

《职工基本养老保险个人账户管理暂行办法》

第八条　新招职工（包括研究生、大学生、大中专毕业生等）以起薪当月工资收入作为缴费工资基数；从第二年起，按上一年实发工资的月平均工资作为缴费工资基数。

单位派出的长期脱产学习人员、经批准请长假的职工，保留工资关系的，以脱产或请假的上年月平均工资作为缴费工资基数。

单位派到境外、国外工作的职工，按本人出境（国）上年在本单位领取的月平均工资作为缴费工资基数；次年的缴费工资基数按上年本单位平均工资增长率进行调整。

失业后再就业的职工，以再就业起薪当月的工资收入作为缴费工资基数；从第二年起，按上一年实发工资的月平均工资作为缴费工资基数。

以上人员的月平均缴费工资的上限和下限按照第 7 条规定执行。

《社会保险费征缴暂行条例》

第三条　基本养老保险费的征缴范围：国有企业、城镇集体企业、外商投资企业、城镇私营企业和其他城镇企业及其职工，实行企业化管理的事业单位及其职工。

基本医疗保险费的征缴范围：国有企业、城镇集体企业、外商投资企业、城镇私营企业和其他城镇企业及其职工，国家机关及其工作人员，事业单位及其职工，民办非企业单位及其职工，社会团体及其专职人员。

失业保险费的征缴范围：国有企业、城镇集体企业、外商投资企业、城镇私营企业和其他城镇企业及其职工，事业单位及其职工。

省、自治区、直辖市人民政府根据当地实际情况，可以规定将城镇个体工商户纳入基本养老保险、基本医疗保险的范围，并可以规定将社会团体及其专职人员、民办非企业单位及其职工以及有雇工的城镇个体工商户及其雇工纳入失业保险的范围。

《北京市基本养老保险规定》

第十二条　城镇职工以本人上一年度月平均工资为缴费工资基数，按照 8% 的比例缴纳基本养老保险费，全额计入个人账户。

缴费工资基数低于本市上一年度职工月平均工资 60% 的，以本市上一年度职工月平均工资的 60% 作为缴费工资基数；超过本市上一年度职工月平均工资 300% 的部分，不计入缴费工资基数，不作为计发基本养老金的基数。

第二十一条　基本养老保险基金支付下列基本养老保险待遇：

（一）被保险人的基本养老金；

（二）被保险人退休后死亡的丧葬补助费；

（三）国家和本市规定的其他支付项目的费用。基本养老保险基金发生支付困难时，由市财政部门予以支持。

第二十二条 被保险人符合下列条件的，自劳动保障行政部门核准后的次月起，按月领取基本养老金：

（一）达到国家规定的退休条件并办理相关手续的；

（二）按规定缴纳基本养老保险费累计缴费年限满15年的。基本养老金由社会保险经办机构负责发放。

实施《中华人民共和国社会保险法》若干规定

第二条 参加职工基本养老保险的个人达到法定退休年龄时，累计缴费不足十五年的，可以延长缴费至满十五年。社会保险法实施前参保、延长缴费五年后仍不足十五年的，可以一次性缴费至满十五年。

第三条 参加职工基本养老保险的个人达到法定退休年龄后，累计缴费不足十五年（含依照第二条规定延长缴费）的，可以申请转入户籍所在地新型农村社会养老保险或者城镇居民社会养老保险，享受相应的养老保险待遇。

参加职工基本养老保险的个人达到法定退休年龄后，累计缴费不足十五年（含依照第二条规定延长缴费），且未转入新型农村社会养老保险或者城镇居民社会养老保险的，个人可以书面申请终止职工基本养老保险关系。社会保险经办机构收到申请后，应当书面告知其转入新型农村社会养老保险或者城镇居民社会养老保险的权利以及终止职工基本养老保险关系的后果，经本人书面确认后，终止其职工基本养老保险关系，并将个人账户储存额一次性支付给本人。

第3条 参加职工基本养老保险的个人跨省流动就业，达到法定退休年龄时累计缴费不足十五年的，按照《国务院办公厅关于转发人力资源社会保障部财政部城镇企业职工基本养老保险关系转移接续暂行办法的通知》（国办发〔2009〕66号）有关待遇领取地的规定确定继续缴费地后，按照本规定第二条办理。

《关于贯彻执行，中华人民共和国劳动法若干问题的意见》（劳部发〔1995〕309号）

第四条第四十六条 关于在企业录干、聘干问题，劳动法规定用人单位内的全体职工统称为劳动者，在同一用人单位，各种不同的身份界限随之打破。应该按照劳动法的规定，通过签订劳动合同来明确劳动者的工作内容、岗位等。用人单位根据工作需要，调整劳动者的工作岗位时，可以与劳动者协商一致，变更劳动合同的相关内容。

第五条第七十五条 用人单位全部职工实行劳动合同制度后，职工在用人单位内由转制前工人岗位转为原干部（技术）岗位或由原干部（技术）岗位转为原工人岗位，其退休年龄和条件，按现岗位国家规定执行。

《关于深化国有企业内部人事、劳动、分配制度改革的意见》（国经贸企改〔2001〕230号）（略）

第三节 基本医疗保险

基本医疗保险是社会保险制度中最重要的险种之一，是为补偿劳动者因疾病、非因工致残等情况下造成的经济损失而建立的一项社会保险制度。通过用人单位和个人缴费，建立医疗保险基金，其中用人单位缴纳的医疗保险费分为两部分，一部分用于建立统筹基金；一部分划入个人账户。参保人员患病就诊发生医疗费用后，由医疗保险经办机构给予一定的经济补偿，以避免或减轻劳动者因患病、治疗等所带来的经济风险。

一、征缴范围

基本医疗保险费的征缴范围依据《社会保险费征缴暂行条例》，包括国有企业、城镇集体企业、外商投资企业、城镇私营企业和其他城镇企业及其职工、国家机关及其工作人员、事业单位及其职工、民办非企业及其职工、社会团体及其专职人员。各省、自治区、直辖市人民政府根据当地实际情况，可以规定将其城镇个体工商户纳入基本医疗保险的范围。

二、缴费基数及缴费比例

用人单位以上一年度在职职工月平均工资总额为缴费基数，员工个人以本人上年度月平均工资收入为月缴费基数。高于本市职工月平均工资300%以上部分，不计入缴费基数。

三、享受基本医疗保险待遇的条件

1. 员工从缴费次月起，享受基本医疗保险待遇

用人单位未按规定缴费或中断缴费的，从未缴费的次月起，其职工不再享受基本医疗保险待遇。中断缴费后重新参加基本医疗保险的，除补足中断期间缴纳的基本医疗保险费外，须连续缴满6个月的基本医疗保险费后，方可重新享受基本医疗保险待遇。

2. 员工在未达到法定退休年龄前，应连续参加基本医疗保险，并由用人单位和员工共同缴纳基本医疗保险费

员工达到法定退休年龄时，连续缴费年限不足 20 年的，由用人单位一次性缴足 20 年后，可以继续享受基本医疗保险待遇。但各地区也有所不同，以三个地区为例。

（1）北京地区。

根据《北京市基本医疗保险规定》2001 年 2 月 20 日北京市人民政府第 68 号令公布，第十一条，本规定施行前已退休的人员不缴纳基本医疗保险费。本规定施行后参加工作，累计缴纳基本医疗保险费男满 25 年、女满 20 年的，按照国家规定办理了退休手续，按月领取基本养老金或者退休费的人员，享受退休人员的基本医疗保险待遇，不再缴纳基本医疗保险费。本规定施行前参加工作施行后退休，缴纳基本医疗保险费不满前款规定年限的，由本人一次性补足应当由用人单位和个人缴纳的基本医疗保险费后，享受退休人员的基本医疗保险待遇，不再缴纳基本医疗保险费。经劳动保障行政部门认定，职工的连续工龄或者工作年限符合国家规定的，视同基本医疗保险缴费年限。通过本条规定可知，北京地区享受退休待遇的标准如下：

一是累计缴纳年限男满 25 年、女满 20 年。

二是职工达到法定退休年龄。

三是办理退休手续，按月领取基本养老金或退休金。

需要特别注意的是，本规定实施前参加工作已退休的，继续享受退休待遇且不缴纳。本规定实施前参加工作实施后退休的，达到退休年龄时缴纳年限不足的，由本人一次性补足。计算累计缴费年限时包含国家认定的视同年限。

（2）上海地区。

根据《上海市职工基本医疗保险办法》2013 年 12 月 1 日上海市人民政府令第 8 号，第二十三条规定，用人单位及其职工缴纳医疗保险费的年限（含视作缴费年限）累计超过 15 年的，职工退休后可以享受基本医疗保险待遇。视作缴费年限的计算，由市人力资源社会保障局另行规定。本办法施行前已按照有关规定享受基本医疗保险待遇的退休人员，不受本条规定的限制。通过本条规定可知，上海地区享受退休待遇的标准如下：

一是累计缴费年限超过 15 年。

二是职工达到法定退休年龄。

三是职工正常退休。

需要特别注意的是，计算累计缴费年限时包含国家认定的视同年限，本办法实施前参加工作的不受本条规定限制。

（3）深圳地区。

根据《深圳市社会医疗保险办法》2013 年 9 月 29 日深圳市人民政府令第 256 号发布，第二条，本市实行多层次、多形式的社会医疗保险制度。基本医疗保险根据缴费及对应待遇分设一档、二档、三档三种形式。第八条第（七）项在本市按月领取职工养老保险待遇或退休金的人员按本办法第十四条、第十五条的规定，参加基本医疗保险一档或二档；第十四条，本办法第八条第（七）项规定的人员，其基本医疗保险累计缴费年限和本市实际缴费年限达到以下规定的，可停止缴费并继续享受基本医疗保险待遇。

①2014 年办理按月领取养老保险待遇手续的人员，累计缴费年限满 15 年，其中本市实际缴费年限满 10 年。

②2015 年办理按月领取养老保险待遇手续的人员，累计缴费年限满 16 年，其中本市实际缴费年限满 11 年。

③2016 年办理按月领取养老保险待遇手续的人员，累计缴费年限满 17 年，其中本市实际缴费年限满 12 年。

④2017 年办理按月领取养老保险待遇手续的人员，累计缴费年限满 18 年，其中本市实际缴费年限满 13 年。

⑤2018 年办理按月领取养老保险待遇手续的人员，累计缴费年限满 19 年，其中本市实际缴费年限满 14 年。

⑥2019 年办理按月领取养老保险待遇手续的人员，累计缴费年限满 20 年，其中本市实际缴费年限满 15 年。

⑦2020 年办理按月领取养老保险待遇手续的人员，累计缴费年限满 21 年，其中本市实际缴费年限满 15 年。

⑧2021 年办理按月领取养老保险待遇手续的人员，累计缴费年限满 22 年，其中本市实际缴费年限满 15 年。

⑨2022 年办理按月领取养老保险待遇手续的人员，累计缴费年限满 23 年，其中本市实际缴费年限满 15 年。

⑩2023 年办理按月领取养老保险待遇手续的人员，累计缴费年限满 24 年，其中本市实际缴费年限满 15 年。

⑪2024 年及以后办理按月领取养老保险待遇手续的人员，累计缴费年限满 25 年，其中本市实际缴费年限满 15 年。

本办法第八条第（七）项规定的人员，不满前款规定缴费年限的，可由其本人继续缴费至规定年限后，停止缴费并继续享受基本医疗保险待遇。选择参加基本医疗保险一档的，按其基本养老金或退休金的 11.5% 按月缴费；选择参加基本医疗保险二档的，按本市上年度在岗职工月平均工资的 0.7% 按月缴费。

本办法第八条第（一）项规定人员参加医疗保险年限不纳入本条的实际缴费和累计缴费年限的计算；按国家规定的医疗保险关系转移接续办法办理转移的市外医疗保险缴费年限纳入本条的累计缴费年限计算。

第十五条 本办法第十四条规定停止缴费并继续享受基本医疗保险待遇的人员，参加基本医疗保险一档满 15 年的享受基本医疗保险一档待遇，不满 15 年的享受基本医疗保险二档待遇。

前款人员参加基本医疗保险一档不满 15 年的，可申请由其本人继续参加基本医疗保险一档至 15 年后享受基本医疗保险一档待遇。经市社会保险机构核准后，其医疗保险形式不再变更。继续缴费人员中断缴费期间，不享受医疗保险待遇。

通过上述规定可知，缴费年限实行逐步过渡的方式，即从 2014 年起，本市医疗保险实际缴费年限 10 年、累计缴费年限 15 年，退休后可免费享受医疗保险待遇；通过 10 年过渡，到 2024 年退休人员累计缴费年限达到 25 年及本市实际缴费年限达 15 年的，退休后可免费享受医疗保险待遇，退休时缴费年限不足的，应继续缴费至规定的年限；退休待遇标准总结如下。

一是按月领取养老保险待遇。

二是结合领取养老金年度，累计缴费满 15—25 年。

需要特别注意的是，参保人停止缴费后继续享受医疗保险待遇的形式与其缴纳医疗保险形式的年限相关。参保人满足停止缴费的条件后其在本市参加基本医疗保险一档的累计年限满 15 年，可继续享受基本医疗保险一档待遇，参加基本医疗保险一档的累计年限不满 15 年的，享受基本医疗保险二档待遇，或继续参加基本医疗保险一档并缴纳相应的医疗保险待遇满 15 年方可停止缴费并继续享受基本医疗保险一档待遇。

综上所述，享受医疗保险退休待遇，需建立在办理退休并领取养老金的前提下，同时满足缴费年限才可以，而且要和领取养老金的地区保持一致。

四、基本医疗保险待遇内容

1. 医疗期待遇

员工享受医疗保险待遇，除完全丧失劳动能力者外，只限于规定的医疗期内。医疗期的长度根据员工本人连续工龄和本单位工龄分档次确定，最短不少于 3 个月，最长一般不超过 24 个月，而对于难以医治的疾病，经本人申请，由医疗机构提出，劳动行政部门批准，可以适当延长最多不超过 6 个月的医疗期。

2. 医疗待遇

员工可在与社会保险经办机构签订的医疗保险合同定点医院就医治疗。一般来说，对符合基本医疗基金支付范围的医疗费用，由基本医疗保险统筹基金和个人账户分别支付。其中，个人账户支付小额医疗费用，基本医疗保险统筹基金用于支付大额医疗费用。保险待遇的项目主要有：规定范围内的药品费用、规定的检查费和治疗费用、规定标准的住院费用。根据《北京市基本医疗保险规定》的规定，个人账户支付的医疗费用主要包括：门诊、急诊的医疗费用；到定点零售药店购药的费用（不包括自费药品）；基本医疗保险统筹基金起付标准以下的医疗费用，超过基本医疗保险统筹基金起付标准，按照比例应当由个人负担的医疗费用。基本医疗保险统筹基金支付的医疗费用包括：住院治疗的医疗费用；急诊抢救留观并收入住院治疗，其住院前留观 7 日内的医疗费用；恶性肿瘤放射治疗和化学治疗，肾透析，肾移植后服抗排异药的门诊医疗费用。

举案说法 33. 试用期员工如何发放福利待遇？

张某是刚毕业的大学生，于 2014 年 4 月 12 日进入一家外资企业销售部负责市场营销工作。公司口头约定两个月的试用期，试用期满后再签订书面劳动合同，试用期内只发给月基本工资 1 200 元，其他福利补贴都不享受。张某由于刚刚毕业，没有职场经验并且求职心切，在没有和公司签订任何书面协议的情况下开始在这家公司正式上班。

2014 年 6 月 12 日，按公司当初的口头约定，张某的试用期已满。于是张某要求与公司签订书面劳动合同，公司却以通知书形式告知张某："经考核，张某不能胜任公司市场营销工作"，遂解除与张某的劳动关系，并结算了当月的工资，医疗保险也没有缴纳。张某不服，因此提起了劳动仲裁，请求公司补缴试用期内的医疗保险及其他法定社会保险。

🔒 审理结果

仲裁庭支持了张某的请求即要求该公司必须为李某补缴 2014 年 4 月 12 日到 6 月 12 日期间的医疗保险及其其他法定社会保险。

📷 HR 操作锦囊

本案中，张某的问题也是大多数劳动者在求职过程中经常遇到的问题。一些用人单位为了减少用工成本往往在试用期内不给员工缴纳法定社会保险。实际上，试用期也属于合同期的一部分，根据《关于适用〈劳动法〉若干问题的解释》规定，劳动者被用人单位录用后，双方可以在劳动合同中约定试用期，试用期包括在劳动合同期限内。因此，试用期间劳动者和用人单位之间是存在劳动关系的，劳动者的合法权益应受到《劳动法》的保护，根据《劳动法》规定"国家发展社会保险事业，建立社会保险制度，设立社会保险基金，使劳动者在年老、失业、工伤、患病、生育等情况下能获得帮助和补偿"的权利。因此，试用期内用人单位也必须为劳动者缴纳医疗保险费，只要双方未解除或终止劳动关系，单位承担单位缴纳的义务，员工承担个人缴纳的义务。

用人单位和劳动者通过协议的方式约定不参加社会保险，而直接将用人单位应缴纳的社会保险费计入工资发放给劳动者，用人单位的此种行为应予禁止。因为，用人单位和劳动者协商不参加社会保险违反了法律的强制性规定，协议应属无效。

用人单位未履行为劳动者缴纳社保的法定义务，产生纠纷时的成本有可能远大于缴纳社保的投入。用人单位未为劳动者缴纳社会保险，违反了自身应当承担的法定义务，必须就此所造成的后果承担责任，赔偿劳动者的损失，例如赔偿医疗费、失业金等，甚至有可能需要向劳动者支付经济补偿金。

2018 年 10 月 12 日，人社部发布《社会保险领域严重失信"黑名单"管理暂行办法（征求意见稿）》（以下简称征求意见稿），指出所称"黑名单"是指违反社会保险相关法律、法规和规章的用人单位、社会保险服务机构及其有关人员、各类参保及待遇领取人员严重失信记录信息。

人社部要求，各级社会保险经办机构应当按照有关规定，将社保"黑名单"信息纳入当地和全国信用信息共享平台，由相关部门在各自职责范围内依据《备忘录》规定，在政府采购、交通出行、招投标、生产许可、资质审核、融资贷款、市场准入、税收优惠、评优评先等方面予以限制。

为加强住房城乡建设领域社会信用体系建设，2018 年 10 月 15 日，住房城乡建设部办公厅起草了《住房城乡建设领域信用信息管理暂行办法（网上征求意见稿)》《住房城乡建设领域失信联合惩戒对象名单管理暂行办法（网上征求意见稿)》《住房城乡建设领域守信联合激励对象名单管理暂行办法（网上征求意见稿)》，现向社会公开征求意见。

近年来，国家密集发布了多个失信联合惩戒的文件，涉及领域进一步扩展。截至 2019 年 7 月底，各部门共签署 51 个联合奖惩备忘录，提出的跨部门联合惩戒措施也越来越广泛，涉及证券金融、进出口、科研、医疗、税收征管等领域。

以后用人单位为了减少成本，不为员工缴纳"五险一金"，且拒不整改，将被列入"黑名单"。

法条传送门

《中华人民共和国劳动法》

第七十条 国家发展社会保险事业，建立社会保险制度，设立社会保险基金，使劳动者在年老、患病、工伤、失业、生育等情况下获得帮助和补偿。

《中华人民共和国社会保险法》

第二十七条 参加职工基本医疗保险的个人，达到法定退休年龄时累计缴费达到国家规定年限的，退休后不再缴纳基本医疗保险费，按照国家规定享受基本医疗保险待遇；未达到国家规定年限的，可以缴费至国家规定年限。

《北京市基本医疗保险规定》

第十一条 本规定施行前已退休的人员不缴纳基本医疗保险费。本规定施行后参加工作，累计缴纳基本医疗保险费男满25年、女满20年的，按照国家规定办理了退休手续，按月领取基本养老金或者退休费的人员，享受退休人员的基本医疗保险待遇，不再缴纳基本医疗保险费。

第二十六条 基本医疗保险统筹基金和个人账户划定各自支付范围，分别核算，不得互相挤占。符合基本医疗保险基金支付范围的医疗费用，由基本医疗保险统筹基金和个人账户分别支付。

第二十八条 个人账户支付下列医疗费用：

（一）门诊、急诊的医疗费用；

（二）到定点零售药店购药的费用；

（三）基本医疗保险统筹基金起付标准以下的医疗费用；

（四）超过基本医疗保险统筹基金起付标准，按照比例应当由个人负担的医疗费用。

个人账户不足支付部分由本人自付。

第二十九条 基本医疗保险统筹基金支付下列医疗费用：

（一）住院治疗的医疗费用；

（二）急诊抢救留观并收入住院治疗的，其住院前留观 7 日内的医疗费用；

（三）恶性肿瘤放射治疗和化学治疗、肾透析、肾移植后服抗排异药的门诊医疗费用。

第四节 失业保险

失业保险是职工在暂时失去工作期间，没有经济收入，生活发生困难时，从国家或社会获得物质帮助以保障其基本生活的一种社会保障制度。国家通过立法强制实行，由社会集中建立基金，并以税收优惠的形式负担部分费用，职工和用人单位按工资收入的不同比例，按月向社会保险经办机构缴费。职工失业后，持相关证明，向当地劳动就业机构申请领取失业救济金。

一、征缴范围

根据《社会保险费征缴暂行条例》的规定，失业保险费的征缴范围是国有企业、城镇集体企业、外商独资企业、城乡私营企业、其他城镇企业及其实行企业化管理的事业单位及其员工。另外，各省、自治区、直辖市人民政府根据当地实际情况，可以规定将社会团体、民办非企业单位、雇工的城镇个体工商户纳入失业保险的范围。

二、缴费比例

失业保险由单位和员工共同缴纳，员工个人缴纳失业保险费部分，由所在单位从本人工资中代为扣缴。北京地区，员工为城镇户口的，单位缴费比例 0.8%，个人缴费比例 0.2%；员工为农业户口的，单位缴费比例 0.8%，个人不缴费，具体的根据各地区人力资源和社会保险局发布通知为准。

三、享受失业保险待遇的条件及期限

根据《社会保险法》的规定，劳动者享受失业保险待遇，应满足下列条件。

（1）失业前，用人单位和员工本人已经缴纳失业保险满一年的。

（2）非因本人意愿中断就业的。

（3）已办理失业登记，并有求职要求的。

根据《社会保险法》规定，失业人员领取失业保险金的期限如下。

失业人员失业前用人单位和本人累计缴费期限	满1年不足五年	满5年不足10年	10年以上
领取失业保险金的期限（最长）	12个月	18个月	24个月

注意：重新就业后，再失业的缴费时间需重新计算，领取失业保险金的期限和前次失业应当领取而尚未领取的实施保险金的期限合并计算，最长不得超过24个月。各地区领取失业保险金和要求也是有所不同，具体以地方政策规定为准。

四、失业保险的待遇内容

享受失业保险待遇的劳动者，可以领取失业保险金和医疗补助金（如患病或生育到指定医院就诊，可以按规定申请70%的医疗费补助）；失业人员在领取失业保险金期间开办私营企业、从事个体经营或自行组织起来就业的，可以一次性领取剩余期限的失业保险金（加上本次核定后已领取的月份，不能超过24个月），作为扶持生产资金；失业人员在领取失业保险金期间死亡的，其直系亲属可审领取丧葬费补助金、供养的直系亲属一次性抚恤金等补偿。同时，享受免费接受职业指导、职业培训等就业服务。

法条传送门

《中华人民共和国社会保险法》

第四十五条 失业人员符合下列条件的，从失业保险基金中领取失业保险金：

（一）失业前用人单位和本人已经缴纳失业保险费满一年的；

（二）非因本人意愿中断就业的；

（三）已经进行失业登记，并有求职要求的。

第四十六条 失业人员失业前用人单位和本人累计缴费满一年不足五年的，领取失业保险金的期限最长为十二个月；累计缴费满五年不足十年的，领取失业保险金的期限最长为十八个月；累计缴费十年以上的，领取失业保险金的期限最长为二十四个月。重新就业后，再次失业的，缴费时间重新计算，领取失业保险金的期限与前次失业应当领取而尚未领取的失业保险金的期限合并计算，最长不超过二十四个月。

第四十九条 失业人员在领取失业保险金期间死亡的，参照当地对在职职工死亡的规定，向其遗属发给一次性丧葬补助金和抚恤金。所需资金从失业保险基金中支付。

个人死亡同时符合领取基本养老保险丧葬补助金、工伤保险丧葬补助金和失业保险丧葬补助金条件的，其遗属只能选择领取其中的一项。

《失业保险条例》

第十条　失业保险基金用于下列支出：

（一）失业保险金；

（二）领取失业保险金期间的医疗补助金；

（三）领取失业保险金期间死亡的失业人员的丧葬补助金和其供养的配偶、直系亲属的抚恤金；

（四）领取失业保险金期间接受职业培训、职业介绍的补贴，补贴的办法和标准由省、自治区、直辖市人民政府规定；

（五）国务院规定或者批准的与失业保险有关的其他费用。

第十四条　具备下列条件的失业人员，可以领取失业保险金：

（一）按照规定参加失业保险，所在单位和本人已按照规定履行缴费义务满1年的；

（二）非因本人意愿中断就业的；

（三）已办理失业登记，并有求职要求的。

失业人员在领取失业保险金期间，按照规定同时享受其他失业保险待遇。

《社会保险费征缴暂行条例》

第三条　基本养老保险费的征缴范围：国有企业、城镇集体企业、外商投资企业、城镇私营企业和其他城镇企业及其职工，实行企业化管理的事业单位及其职工。

基本医疗保险费的征缴范围：国有企业、城镇集体企业、外商投资企业、城镇私营企业和其他城镇企业及其职工，国家机关及其工作人员，事业单位及其职工，民办非企业单位及其职工，社会团体及其专职人员。

失业保险费的征缴范围：国有企业、城镇集体企业、外商投资企业、城镇私营企业和其他城镇企业及其职工，事业单位及其职工。

第五节　生育保险

生育保险是指在怀孕和分娩的女性劳动者暂时中断劳动时，由国家或社会对生育的职工给予必要的经济补偿，提供医疗服务、生育津贴和产假的一种社会保险制度。

一、征收范围

一般只要求用人单位为有本市城镇户口的职工缴纳生育保险。

二、缴费比例

法律明文规定，生育保险由用人单位缴纳，职工个人不缴纳生育保险费，用人单位的缴费比例由各地政府根据本地区实际情况确定。北京地区，单位缴费比例0.8%，个人不缴费，具体的根据各地区人力资源和社会保险局发布通知为准。

三、生育保险待遇内容

我国生育保险待遇的内容主要是：产假、生育津贴、生育医疗服务、生育期间的特殊劳动保护、生育期间的职业保障等。

1．产假

产假分为产前和产后假两部分。产前假为15天，产后假为83天。

（1）难产的，增加产假15天。

（2）多胞胎生育的，每多生一个婴儿增加产假15天。

（3）女职工怀孕流产的，根据医务部门的证明，给予一定时间的产假，流产产假以4个月划界。其中，不满4个月的，给予15天～30天的产假；4个月以上流产的，产假为42天。

（4）陪产假

2016年对于产假、陪产假的天数都有了新的规定，根据各地区《新计生条例》，除了西藏和新疆外，其余省份均相继修改了本地计生条例，明确了本地的陪产假（部分地区称为护理假）的期限。其中，最短的陪产假有7天，最长的则有1个月之久，多数地区的陪产假为15天。

目前，陪产假最短的为天津、山东两地，为7天；其次是上海，为10天。北京、河北、山西、辽宁、吉林、黑龙江、江苏、浙江、福建、湖北、江西、广东、海南、重庆、贵州、青海等省份的陪产假都为15天。

湖南、四川两地的陪产假为20天；内蒙古、广西、宁夏的陪产假为25天；安徽、陕西两地的陪产假根据夫妻是否异地生活而不同。安徽明确，男方享受10天护理假，夫妻异地生活的，护理假为20天；陕西规定，男方护理假为15天，夫妻异地居住的给予男方护理假20天。

在上述省份中，河南、甘肃、云南三地的男性享受的陪产假期限最长，河南的护理假为1个月，甘肃和云南的护理假为30天。

2. 生育津贴

生育津贴是指女职工产假期间的生育津贴按照本企业上年度职工月平均工资计发。尚未参加生育保险社会统筹的单位，女职工生育产假期间，由单位照发工资。同时，员工生育享受产假或者享受计划生育手术休假，以及其他法定情形的，均可享受生育津贴，按照员工所在单位上年度月平均工资计发。

另外，产假工资和生育津贴是不同的。《女职工劳动保护特别规定》第八条规定，女职工产假期间的生育津贴，对已经参加生育保险的，按照用人单位上年度职工月平均工资的标准由生育保险基金支付；对未参加生育保险的，按照女职工产假前工资的标准由用人单位支付。

从以上规定可以看出，产假工资与生育津贴其实是在产假期间女职工应当获得的劳动报酬。如果参加生育保险的，由社会保险管理部门发放，就叫生育津贴；如果没有参加生育保险的，由用人单位发放，就叫产假工资。

（1）生育津贴：国家法律、法规规定对职业妇女因生育而离开工作岗位期间，给予的生活费用。为员工承担生育津贴的主体是社保机构。生育津贴 = 用人单位月人均缴费基数÷30 天×产假天数。

（2）产假工资：员工休产假期间，用人单位为其发放的工资。为员工支付工资的主体是用人单位。

如果女职工在休产假期间已经享受了生育津贴、医疗补贴等待遇，若生育津贴高于员工平均工资，则企业不用再向其支付产假工资；即，生育津贴≥产假工资，用人单位不用再为员工重复支付工资了。若低于平均工资，则公司需要补足差额，即生育津贴＜产假工资，采用就高原则，用人单位需要补差额发给个人。而对于超过生育津贴支付期限、未达到生育津贴领取标准，或者企业未给员工缴纳生育保险的，员工是可以要求用人单位支付产假工资的。

女职工产假期间的生育津贴，对已经参加生育保险的，按照用人单位上年度职工月平均工资的标准由生育保险基金支付；对未参加生育保险的，按照女职工产假前工资的标准由用人单位支付。

"就高不就低"原则

生育津贴低于本人生育休假期间应享受的个人工资标准的	差额部分用人单位必须补足
生育津贴高于本人生育休假期间应享受的个人工资标准的	用人单位必须全额发给个人

注：生育妇女按照县级以上人民政府根据国家有关规定制定的生育保险办法，取得的生育津贴、生育医疗费或其他属于生育保险性质的津贴、补贴，免征个人所得税。

3. 生育医疗费用

生育医疗费用包括如下方面。

（1）生育的医疗费用。包括：检查费用、接生费用、手术费用、住院费和与生育直接相关的医疗费用。以上费用均由生育保险基金支付，但是，超出规定的医疗服务费和药费由员工个人负担。

（2）法律法规规定的其他项目费用。包括：女职工生育出院后，因生育引起疾病的医疗费，该费用由生育保险基金支付，其他疾病的医疗费，按医疗保险待遇规定处理。

值得一提的是，《社会保险法》还明确了员工未就业配偶按照国家规定享受生育医疗费用的规定。换句话说，员工的用人单位已缴纳生育保险费的，其配偶即便没有就业，也可按国家规定享受生育医疗费用待遇。

4. 产假员工的工资是只发放基本工资还是全额发放

需要全额发放，依照我国劳动法的有关规定，用人单位在与劳动者签订了劳动合同后，就应当按时向劳动者发放工资以及缴纳保险，工资包括基本工资以及绩效奖金、法定补贴等部分。

5. 辞职后的生育保险待遇问题

只要员工满足以下条件可以享受生育保险待遇。

一是用人单位已为职工缴纳一定时间的社保（各地政策不同，一般为 1 年左右）。

二是已办理参保备案，并在当地生育。

三是符合当地人社局要求的其他条件。

6. 未及时或足额发放是否要支付经济补偿

这个要依不同的情形分别处理，如果用人单位为劳动者办理了生育保险，并符合发放生育津贴条件的，生育津贴要等产假结束后再向相关部门申报，申报后发放至用人单位账户，用人单位再支付给劳动者。这时不能要求用人单位按月发放生育津贴，也不能以用人单位未及时支付劳动报酬解除劳动合同，支付经济补偿也不会得到支持。但如果相关部门已经将生育津贴发放至用人单位账户，用人单位未在一个工资支付周期内支付给劳动者，很有可能会被认定为未及时支付劳动报酬，劳动者以此提出解除劳动合同的，用人单位要支付经济补偿。因此，用人单位一定要在规章制度中明确规定生育津贴发放的相关规定。

如果用人单位没有为劳动者办理生育保险，或者办理了但不符合发放条件。这时用人单位应当向劳动者支付产假工资，作为工资就应当按劳动合同约定，按月及时足额支付。否则，劳动者可以以未及时足额支付劳动报酬为由提出解除劳动合同，并要求支付经济补偿。

法条传送门

《中华人民共和国社会保险法》

第五十五条　生育医疗费用包括下列各项：

（一）生育的医疗费用；

（二）计划生育的医疗费用；

（三）法律、法规规定的其他项目费用。

第五十六条　职工有下列情形之一的，可以按照国家规定享受生育津贴：

（一）女职工生育享受产假；

（二）享受计划生育手术休假；

（三）法律、法规规定的其他情形。

生育津贴按照职工所在用人单位上年度职工月平均工资计发。

《企业职工生育保险试行办法》

第四条　生育保险根据"以支定收，收支基本平衡"的原则筹集资金，由企业按照其工资总额的一定比例向社会保险经办机构缴纳生育保险费，建立生育保险基金。生育保险费的提取比例由当地人民政府根据计划内生育人数和生育津贴、生育医疗费等项费用确定，并可根据费用支出情况适时调整，但最高不得超过工资总额的百分之一。企业缴纳的生育保险费作为期间费用处理，列入企业管理费用。

职工个人不缴纳生育保险费。

第六条　女职工生育的检查费、接生费、手术费、住院费和药费由生育保险基金支付。超出规定的医疗服务费和药费（含自费药品和营养药品的药费）由职工个人负担。

女职工生育出院后，因生育引起疾病的医疗费，由生育保险基金支付；其他疾病的医疗费，按照医疗保险待遇的规定办理。女职工产假期满后，因病需要休息治疗的，按照有关病假待遇和医疗保险待遇规定办理。

《北京市企业了员工生育保险规定》

第七条　生育保险费由企业按月缴纳。职工个人不缴纳生育保险费。

企业按照其缴费总基数的0.8%缴纳生育保险费。企业缴费总基数为本企业符合条件的职工缴费基数之和。

职工缴费基数按照本人上一年月平均工资计算；低于上一年本市职工月平均工资60%的，按照上一年本市职工月平均工资的60%计算；高于上一年本市职工月平均工资三倍以上的，按照上一年本市职工月平均工资的三倍计算；本人上一年月平均工资无法确定的，按照上一年本市职工月平均工资计算。

第六节 工伤保险

工伤保险，是指劳动者在工作中或在规定的特殊情况下，遭受意外伤害或患职业病导致暂时，以及永久丧失劳动能力、死亡时，依法从国家和社会获得物质帮助的一种社会保险制度。

一、适用范围

根据《工伤保险条例》规定，工伤保险的适用范围：中华人民共和国境内的企业、事业单位、社会团体、民办非企业单位、基金会、律师事务所、会计师事务所等组织和有雇工的个体工商户，为本单位全部员工或者雇工缴纳工伤保险费。

二、缴纳比例

不同行业的工伤风险程度，依据《国民经济行业分类》将行业划分为三个类别：一类为风险较小行业，二类为中等风险行业，三类为风险较大行业。三类行业分别实行三种不同的工伤保险缴费率。

社会保险经办机构根据用人单位的工商登记和主要经营生产业务等情况，分别确定各用人单位的行业风险类别。工伤保险平均缴费率原则上控制在职工工资总额的1.0%左右，三类行业的基准费率分别为用人单位职工工资总额的0.5%、1.0%、2.0%左右。

用人单位属一类行业的，按行业基准费率缴费，不实行费率浮动，用人单位属二、三类行业的，费率实行浮动。用人单位的初次缴费费率，按行业基准费率确定，以后由社会保险经办机构根据用人单位工伤保险费使用、工伤发生率、职业病危害程度等因素，1—3年浮动1次。在行业基准费率的基础上，上下各浮动两档：上浮第一档到本行业基准费率的120%，上浮第二档到本行业基准费率的150%；下第二档到本行业基准费率的80%，下浮第二档到本行业基准费率的 50% 。具体的根据各地区人力资源和社会保险局发布通知为准。

三、工伤认定条件

职工有下列情形之一的，应当认定为工伤或视同工伤：

（1）在工作时间和工作场所内，因工作原因受到事故伤害的。

工作时间、工作地点、工作原因这三个要素作为工伤认定的关键点。在实践中，由于情况复杂多变，因此，不能对法条进行机械性的解读，需要结合实际情况进行宽泛的界定。

"工作时间"包括法律及单位制度下的标准工作时间以及不定时工作制下的不定时工作时间。不能简单地理解为劳动时间，而应包括上下班途中时间、加班时间（包括自愿加班时间）、临时接受工作任务时间、因公出差时间、非法延长的工作时间等。

"工作场所"不能仅仅理解为狭义上的劳动场所，具体包括围墙内所有场所、指派外出工作场所及路线、上下班路线等。例如在场内的宿舍，去场外的超市买水，中午外出吃饭等。

"因工作原因"相比前两个因素，则主观因素更强，应作更宽泛的理解。不仅包括因从事生产经营活动直接导致的事故伤害，也包括在工作过程中职工临时解决合理必要的生理需要。例如因工作上意见统一发生肢体冲突，发泄情绪造成自身受伤等。

（2）工作时间前后在工作场所内，从事与工作有关的预备性或者收尾性工作受到事故伤害的。

预备性工作：是指在工作时间开始之前的一段时间内，从事与工作有关的准备工作，诸如运输、备料、准备工具等。

收尾性工作：是指在工作时间结束之后的一段时间内，从事与工作有关的收尾工作，诸如清理、安全储存、收拾工具和衣物等。

事故伤害：是指职工在工作过程中发生的人身伤害或者急性中毒等事故伤害。

（3）在工作时间和工作场所内，因履行工作职责受到暴力等意外伤害的。

在工作时间和工作场所内"因履行工作职责受到暴力等意外伤害"可认定为工伤，包括两层含义：一层是指职工因履行工作职责，使某些人的不合理的或违法的目的没有达到，这些人出于报复而对该职工进行的暴力人身伤害；另一层是指在工作时间和工作场所内，职工因履行工作职责受到的意外伤害，诸如地震、厂区失火、车间房屋倒塌以及由于单位其他设施不安全而造成的伤害等。

"因履行工作职责受到暴力等意外伤害"强调的是受到的伤害与履行工作职责之间存在

有因果关系。如果员工因个人利益、个人私怨等原因受到暴力伤害，显然无法认定为工伤。

（4）患职业病的。

我国纳入法定职业病的有 10 大类 132 种，这其中，像苯中毒、尘肺等都被广大劳动者所熟知，而中暑却往往会被劳动者所忽视。2013 年，在我国《职业病分类和目录》中明确将高温作业过程中的中暑收录为因物理因素所致的职业病之一。

（5）因工外出期间，由于工作原因受到伤害或者发生事故下落不明的。

最高人民法院在《关于审理工伤保险行政案件若干问题的规定》中对此亦进行了明确，"职工因工外出期间从事与工作或者受用人单位指派外出学习、开会无关的个人活动受到伤害，社会保险行政部门不认定为工伤的，人民法院应予支持"。

（6）在上下班途中，受到非本人主要责任的交通事故或者城市轨道交通、客运轮渡、火车事故伤害的。

上下班交通事故是工伤认定的常见类型，但并非所有在上下班途中发生交通事故都能认定为工伤，这里需考虑员工在交通事故中的责任大小。

"非本人主要责任的交通事故"可认定为工伤，"非本人主要责任"如何理解？具体是指"无责任""次要责任""同等责任"。如果交警部门出具的事故认定结论为员工个人承担事故的"主要责任"或"全部责任"，则不能认定为工伤。

（7）在工作时间和工作岗位，突发疾病死亡或者在 48 小时之内经抢救无效死亡的。

"突发疾病"包括各类疾病，不要求与工作有关联。实务中，较为常见的病是心脏病、脑出血、心肌梗塞等突发性疾病。

"48 小时"的起算时间，以医疗机构的初次诊断时间作为突发疾病的起算时间。

员工虽然是在工作时间和工作岗位突发疾病，但经过抢救无效 48 小时之后才死亡的，不属于视同工伤的情形。

（8）在抢险救灾等维护国家利益、公共利益活动中受到伤害的。

属于从事抢险、救灾、救人等维护国家利益、公共利益的活动中受到伤害的，需提交单位或者县级政府民政部门、公安部门出具的相关证明。

（9）职工原在军队服役，因战、因公负伤致残，已取得革命伤残军人证，到用人单位后旧伤复发的。

属于因公、因战致残的复员转业军人旧伤复发的，需提交《革命伤残军人证》、旧伤复发后医院的诊断证明和劳动鉴定委员会的鉴定结论。

《民法典》的出台，劳动者在用人单位举办的集体活动中遭受人身损害，大致可以分为两方面情况：

（1）用人单位统一组织和安排并要求劳动者必须参加的活动。若劳动者在活动中受到伤害，一般可被认定为工伤或视同工伤，用人单位承担相应责任，除非用人单位能证明员工属于不符合工伤的情形（如自杀、自残）。

（2）用人单位组织和安排的，并由劳动者自愿参加的活动。若劳动者在活动中受到人身伤害的，按照《民法典》"自甘风险"规则，一般自行承担风险。需要特别注意的是，虽然是自甘风险，但由于此活动的组织者是用人单位，其仍负有安全保障的义务，否则，需承担相应的责任。

职工在发生工伤后，经治疗伤情相对稳定后存在残疾、影响劳动能力的，应当依法进行劳动功能障碍程度和生活自理障碍程度的等级鉴定及劳动能力鉴定。其中，劳动功能障碍分为十个伤残等级，最重的为一级，最轻的为十级。生活自理障碍分为三个等级：生活完全不能自理、生活大部分不能自理和生活部分不能自理。工伤职工应依照劳动能力鉴定部门出具的伤残鉴定，享受不同等级的工伤待遇。

四、工伤保险待遇项目和标准

根据国务院《工伤保险条例》的规定，工伤保险待遇项目和标准如下。

1. 治（医）疗费

治疗工伤所需费用必须符合工伤保险诊疗项目目录、工伤保险药品目录、工伤保险住院服务标准。

2. 住院伙食补助费

职工住院治疗工伤的，由所在单位按照本单位因公出差伙食补助标准的 70% 发给住院伙食补助费。

3. 外地就医交通费、食宿费

经医疗机构出具证明，报经办机构同意，工伤职工到统筹地区以外就医的，所需交通、食宿费用由所在单位按照本单位职工因公出差标准报销。

4. 康复治疗费

工伤职工到签订《服务协议》的医疗机构进行康复性治疗的费用，符合工伤保险诊疗项目目录、工伤保险药品目录、工伤保险住院服务标准的本条第三款规定的，从工伤保险基金支付。

5. 辅助器具费

工伤职工因日常生活或者就业需要，经劳动能力鉴定委员会确认，可以安装假肢、矫形器、假眼、假牙和配置轮椅等辅助器具，所需费用按照国家规定的标准从工伤保险基金支付。

6. 停工留薪期工资

职工因工作遭受事故伤害或者患职业病需要暂停工作接受工伤医疗的，在停工留薪期内，原工资福利待遇不变，由所在单位按月支付。

（1）停工留薪期的期限。是自发生工伤之日开始，按劳动者持续治疗的时间进行计算，一般不超过12个月。如果由于伤势严重确实超过12个月，则需要劳动者向劳动部门进行申请确认方可延长该期限。同时当劳动能力伤残评定后，停工留薪期即终止。

法律依据为《工伤保险条例》第三十三条第二款的规定："停工留薪期一般不超过12个月。伤情严重或者情况特殊，经设区的市级劳动能力鉴定委员会确认，可以适当延长，但延长不得超过12个月。工伤职工评定伤残等级后，停发原待遇，按照本章的有关规定享受伤残待遇。工伤职工在停工留薪期满后仍需治疗的，继续享受工伤医疗待遇。"

（2）停工留薪期的工资支付，有的地区是按照劳动者原待遇标准支付，有的地区是按劳动者受伤之前12个月平均工资收入，包括福利待遇来计算。

《工伤保险条例》第三十三条第一款的规定："职工因工作遭受事故伤害或者患职业病需要暂停工作接受工伤医疗的，在停工留薪期内，原工资福利待遇不变，由所在单位按月支付。"

上海市劳动和社会保障局、上海市医疗保险局《关于实施〈上海市工伤保险实施办法〉若干问题的通知》第五条第（二十）项的规定："工伤人员在停工留薪期内的原工资福利待遇由所在单位按月支付，标准为工伤人员负伤前12个月的平均工资收入。停工留薪期的原工资福利待遇不得低于本市职工最低月工资标准。"

《关于工资总额组成的规定》第四条的规定："工资总额由下列六个部分组成：（一）计时工资；（二）计件工资；（三）奖金；（四）津贴和补贴；（五）加班加点工资；（六）特殊情况下支付的工资。"

（3）停工留薪期的延长。停工留薪期可参考各地区工伤职工停工留薪期分类目录，停工留薪期的延长无法通过医院的病历进行确认的，而需专业的劳动能力鉴定机构鉴定其伤情后，方可作出是否需要延长停工留薪期以及延长的期限。工伤职工申请延长停工留薪期的，应在提交工伤医疗机构出具的休假证明的同时向用人单位提出书面申请，经用人单位同意后，可以延长停工留薪期，该规定明确要求工伤职工申请延长停工留薪期必须提交休假证明及书面申请。因此，在停工留薪期期满前，依法向用人单位履行书面申请才是延长停工留薪期的正确方式，不能通过默示或者提交病假单等方式视作一种延长申请的方式。

7. 生活护理费

生活不能自理的工伤职工在停工留薪期需要护理的，由所在单位负责。工伤职工已经评定伤残等级并经劳动能力鉴定委员会确认需要生活护理的，从工伤保险基金按月支付生活护理费。

生活不能自理从字面上理解就是自己不能处理自己的日常生活。从鉴定的角度来看，把生活自理障碍分为生活完全不能自理、生活大部分不能自理和生活部分不能自理三个等级。生活自理障碍依据进食、翻身、大小便、穿衣及洗漱、自我移动等五项条件进行划分，五项均需护理的，定为生活完全不能自理；五项中三项需要护理的，定为生活大部分不能自理；五项中一项需要护理的，定为生活部分不能自理。《工伤保险条例》第三十三条从未明确需要达到生活大部分不能自理甚至是生活完全不能自理的程度，只要是出现生活不能自理需要护理的情形，在停工留薪期内就应该由用人单位负责。

根据前述分析，只要工伤职工出现进食、翻身、大小便、穿衣洗漱、自我移动五项中的一项不能自理的情形用人单位就应该负责护理。

在目前对是否需要护理、如何认定生活不能自理无明确界定的情况下，工伤职工住院期间生活能否自理、是否需要护理可以参考医疗机构的住院病历、诊断证明或由医疗机构出具的其他意见，在一定程度上可以参考人身损害护理标准。出院休养期间是否需要护理，应由工伤职工举证证明，职工如能提供劳动能力鉴定部门出具的意见，以意见为依据；如未能提供劳动能力鉴定部门意见，可根据职工伤情、医疗机构出具诊断意见以及日常生活经验综合考虑是否需要护理。

至于护理费用如何确定，在前述已经认定工伤职工生活不能自理需要护理的情况下，因《工伤保险条例》三十三条规定护理责任明确由用人单位承担，单位不派人护理的，职工由家属或聘请护工护理属于代为履行，产生的相关费用应当由用人单位承担。

实务中，关于工伤职工在停工留薪期间的护理费存在着分歧，在《工伤保险条例》中仅笼统的规定了生活不能自理的工伤职工在停工留薪期需要护理的，由所在单位负责承担。另外，《最高人民法院关于审理人身损害赔偿案件适用法律若干问题的解释》是关于人身损害赔偿案件中护理费的解释，并不能当然适用于工伤赔偿案件中。

法律依据		条 文
国务院	《工伤保险条例》（2010 修订）	第三十三条第三款：生活不能自理的工伤职工在停工留薪期需要护理的，由所在单位负责
最高人民法院	《最高人民法院关于审理人身损害赔偿案件适用法律若干问题的解释》 法释〔2003〕20 号	第二十一条：护理费根据护理人员的收入状况和护理人数、护理期限确定 护理人员有收入的，参照误工费的规定计算；护理人员没有收入或者雇佣护工的，参照当地护工从事同等级别护理的劳务报酬标准计算。护理人员原则上为一人，但医疗机构或者鉴定机构有明确意见的，可以参照确定护理人员人数 护理期限应计算至受害人恢复生活自理能力时止。受害人因残疾不能恢复生活自理能力的，可以根据其年龄、健康状况等因素确定合理的护理期限，但最长不超过二十年 受害人定残后的护理，应当根据其护理依赖程度并结合配制残疾辅助器具的情况确定护理级别
广东省	《广东省工伤保险条例》（2011 修订）	第二十六条第四款：工伤职工在停工留薪期间生活不能自理需要护理的，由所在单位负责。所在单位未派人护理的，应当参照当地护工从事同等级别护理的劳务报酬标准向工伤职工支付护理费
安徽省	安徽省实施《工伤保险条例》办法（2013 年 9 月 1 日）	第二十九条：工伤职工在停工留薪或者工伤复发治疗期需要护理的，凭医疗机构证明，由用人单位负责护理或者按月支付护理费。护理费标准为统筹地区上年度职工月平均工资的 80%。其中，已享受生活护理费的，由用人单位支付工伤复发治疗期间护理费与生活护理费的差额部分
河北省	《河北省工伤保险实施办法》（2011 年）	第二十七条第三款：生活不能自理的工伤职工在停工留薪期内需要护理的，由用人单位指派专人护理。经工伤职工或者其近亲属同意，用人单位也可以按本单位上一年度职工月平均工资一人的标准支付护理费
江西省	江西省实施《工伤保险条例》办法（2013 年 7 月 1 日）	第二十条生活不能自理的工伤职工在停工留薪期内需要护理的，经收治的医疗机构出具证明，由所在单位负责派人护理。所在单位未派人护理的，由所在单位按照统筹地区上年度职工月平均工资的 70% 的标准向工伤职工支付护理费
上海市	关于实施《上海市工伤保险实施办法》若干问题处理意见的通知（沪人社福发〔2014〕36 号）	九、生活不能自理的工伤人员在停工留薪期内，经治疗工伤的定点医疗机构确认需要护理的，由用人单位负责派人护理或者按该定点医疗机构的护工标准支付护理费
厦门市	厦门市人力资源和社会保障局关于印发《厦门市工伤保险待遇管理办法》的通知（厦人社〔2018〕218 号）	第十六条第三款 生活不能自理的工伤职工在停工留薪期内需要护理的，由用人单位负责。用人单位以支付护理费方式代替护理的，护理人数及护理期限由就诊医疗机构确认，护理人员每人每日护理费不得低于本市上年度职工月平均工资除以 21 后的 60%

续表

条　文		法律依据
浙江省	《浙江省工伤保险条例》（2018年1月1日）	第二十五条生活不能自理的工伤职工在停工留薪期内需要护理的，由用人单位负责；其近亲属同意护理的，月护理费由用人单位按照不低于上年度全省职工月平均工资的标准支付
内蒙古	内蒙古自治区人民政府关于印发《内蒙古自治区工伤保险条例实施办法》的通知（内政发〔2014〕65号）	第三十条第二款 生活不能自理的工伤职工在停工留薪期内需要护理的，经收治的医疗机构出具证明，由所在单位负责派人护理。所在单位未派人护理的，由所在单位按照不低于统筹地区上年度职工月平均工资的70%标准向工伤职工支付陪护费
南京市	《南京市工伤保险实施细则》（宁劳社工〔2006〕5号）	第五十八条第二款：工伤职工在停工留薪期内，用人单位不得与其解除或者终止劳动关系，原工资福利待遇不变。生活不能自理的工伤职工在停工留薪期内需要护理的，由所在单位派人负责，或由用人单位按所需护工人数乘以护工的劳动力市场工资指导价位为标准支付护理费用
新疆	关于印发《新疆生产建设兵团实施〈工伤保险条例〉办法》的通知（新兵发〔2013〕50号）	第二十六条：生活不能自理的工伤职工在停工留薪期间住院治疗需要陪护的，由所在单位负责派员陪护或者按月发给本统筹区所在地方上年度在岗职工月平均工资的陪护费，住院治疗不足1个月的，按1个月计发陪护费
河南省	《河南省人力资源和社会保障厅关于工伤保险若干问题的意见》（豫人社工伤〔2012〕15号）	十六、生活不能自理的工伤职工在停工留薪期需要护理的，经收治的医疗机构出具证明，由所在单位派人陪护或者按照统筹地区上年度职工月平均工资40%的标准按月发给陪护费。因是否需要陪护发生争议的，提请劳动能力鉴定委员会确认
邢台市	《邢台市工伤保险实施细则》政府令〔2006〕第18号	第二十四条第四款：工伤职工在停工留薪期间，用人单位不得与其解除或者终止劳动关系。生活不能自理的工伤职工在停工留薪期，需要护理的，由所在单位派专人护理。经工伤职工或者亲属同意，用人单位也可以按照本单位上年度职工月平均工资一人的标准支付护理费
襄樊市①	襄樊市人民政府关于印发《襄樊市工伤保险实施细则》的通知（襄樊政发〔2004〕24号）	第二十八条：生活不能自理的工伤职工在停工留薪期需要护理的，由所在单位按不低于全市最低工资标准支付护理费

① 襄樊：2010年12月9日，襄樊市正式更名为襄阳市。

续表

法律依据		条　文
山西省	山西省实施《工伤保险条例》办法（实施日期：2017 年 6 月 1 日）	第二十一条第三款：生活不能自理的工伤职工在停工留薪期需要护理的，经收治的医疗机构出具证明，由用人单位派人陪护。经工伤职工或者其近亲属同意，用人单位可以按照统筹地区上年度职工月平均工资一人的标准按月支付陪护费
江苏省	江苏省人力资源和社会保障厅关于实施《工伤保险条例》若干问题的处理意见（苏人社规〔2016〕3 号）	十五、在职的工伤职工工伤复发，确认需要治疗的，享受《条例》第三十条、第三十二条、第三十三条规定的工伤待遇 　保留劳动关系、退出工作岗位或者已经办理退休、保留工伤保险关系的工伤职工，工伤复发被确认需要治疗的，享受《条例》第三十条、第三十二条规定的工伤待遇，不享受停工留薪期待遇，治疗期间继续享受伤残津贴或者基本养老保险待遇，生活不能自理需要护理的，由所在单位负责
天津市	《天津市工伤保险若干规定》（2018）	第十九条：因工伤发生的下列费用，由用人单位支付： （二）停工留薪期内的生活护理
青岛市	《青岛市人力资源和社会保障局关于工伤保险有关问题的处理意见》（青人社发〔2016〕31 号）	第四条：生活不能自理的工伤职工申请在停工留薪期安排护理的，用人单位应依据工伤保险协议医疗机构出具的诊断证明，派人护理。用人单位不派人护理的，护理费由用人单位承担，护理费标准参照《最高人民法院关于审理人身损害赔偿案件适用法律若干问题的解释》（法释〔2003〕20 号）第二十一条有关规定执行
	《青岛市中级人民法院、青岛市劳动人事争议仲裁委员会关于审理劳动争议案件会议纪要（十）》（青中法联字〔2016〕8 号）	第五条：因第三人侵权而发生的工伤事故，第三人在侵权纠纷案件中已支付或经生效判决判令第三人应支付工伤职工医疗费、护理费、误工费、残疾用具费、丧葬费等直接费用，在工伤保险待遇纠纷中，用人单位可不再重复赔偿上述直接费用

8.　一次性伤残补助金标准

一级伤残为 27 个月的本人工资。

二级伤残为 25 个月的本人工资。

三级伤残为 23 个月的本人工资。

四级伤残为 21 个月的本人工资。

五级伤残为 18 个月的本人工资。

六级伤残为 16 个月的本人工资。

七级伤残为 13 个月的本人工资。

八级伤残为 11 个月的本人工资。

九级伤残为 9 个月的本人工资。

十级伤残为 7 个月的本人工资。

以上为北京地区，具体的根据各地区人力资源和社会保险局发布通知为准。

9. 伤残津贴

职工因工致残被鉴定为一级至四级伤残的，从工伤保险基金按伤残等级支付一次性伤残补助金。职工因工致残被鉴定为五级、六级伤残的，保留与用人单位的劳动关系，由用人单位安排适当工作。难以安排工作的，由用人单位按月发给伤残津贴，标准如下。

一级伤残为本人工资的 90%。

二级伤残为本人工资的 85%。

三级伤残为本人工资的 80%。

四级伤残为本人工资的 75%。

五级伤残为本人工资的 70%。

六级伤残为本人工资的 60%。

如果伤残津贴低于当地最低工资标准的，或者工伤职工达到退休年龄并办理退休手续后，享受的基本养老保险待遇低于伤残津贴的，应由工伤保险基金补足差额。

以上为北京地区，具体的根据各地区人力资源和社会保险局发布通知为准。

10. 一次性伤残就业补助金和一次性工伤医疗补助金

职工因工致残被鉴定为五级、六级伤残的，由工伤保险基金支付一次性工伤医疗补助金，用人单位支付伤残就业补助金。职工因工致残被鉴定为七级至十级伤残的，劳动合同期满终止，或者职工本人提出解除劳动合同的，由工伤保险基金支付一次性工伤医疗补助金，用人单位支付伤残就业补助金。具体标准由省、自治区、直辖市人民政府规定。

北京	一次性工伤医疗补助金和伤残就业补助金合并计算，标准为解除或者终止劳动关系时 5 至 30 个月的本市上一年度职工月平均工资。其中：五级 30 个月，六级 25 个月，七级 20 个月，八级 15 个月，九级 10 个月，十级 5 个月。工伤职工距法定退休年龄超过五年（含五年）的，应当支付全额的一次性工伤医疗补助金和伤残就业补助金；不足五年的，每减少一年扣除全额的 20%，但最高扣除额不得超过全额的 90% 工伤职工达到退休年龄或者办理退休手续的，不享受一次性工伤医疗补助金和伤残就业补助金

续表

天津	具体标准为本市上年度职工月平均工资的 5 至 30 个月。五级伤残为 30 个月，六级伤残为 25 个月，七级伤残为 20 个月，八级伤残为 15 个月，九级伤残为 10 个月，十级伤残为 5 个月 已经领取一次性工伤医疗补助金和伤残就业补助金的职工重新就业后旧伤复发的，用于工伤治疗的费用超过一次性工伤医疗补助金和伤残就业补助金 50% 以上的部分，从工伤保险基金中支付
上海	支付一次性工伤医疗补助金和伤残就业补助金，五级伤残的，两项补助金标准合计为 30 个月的上年度全市职工月平均工资；六级伤残的，为 25 个月。七级伤残的，两项补助金标准合计为 20 个月的上年度全市职工月平均工资；八级伤残的，为 15 个月；九级伤残的，为 10 个月；十级伤残的，为 5 个月
重市	一次性工伤医疗补助金以全市上年职工月平均工资为基数计发，其中五级 12 个月，六级 10 个月，七级 8 个月，八级 6 个月，九级 4 个月，十级 2 个月。五级、六级工伤职工一次性伤残就业补助金以按月发给的伤残津贴为基数计发，初次领取伤残津贴的，按 15 年计算；已经领取了伤残津贴的应扣除已领取的月份，但扣除后支付的年限不得少于 5 年。七级至十级工伤职工一次性伤残就业补助金以全市上年职工月平均工资为基数计发，其中七级 15 个月，八级 12 个月，九级 9 个月，十级 6 个月。终止或解除劳动关系时，工伤职工距法定退休年龄 10 年以上（含 10 年）的，一次性工伤医疗补助金和伤残就业补助金按全额支付；距法定退休年龄 9 年以上（含 9 年）不足 10 年的，按 90% 支付，以此类推，每减少 1 年递减 10%。距法定退休年龄不足 1 年的，按全额的 10% 支付
内蒙古	一次性工伤医疗补助金和伤残就业补助金合并计算。以统筹地区上年度职工月平均工资为基数，五级伤残的为 48 个月；六级伤残的为 42 个月，七级伤残的为 30 个月；八级伤残的为 24 个月；九级伤残的为 18 个月；十级伤残的为 12 个月
新疆	用人单位按照所在统筹地区上年度职工月平均工资标准，为其支付一次性工伤医疗补助金和一次性伤残就业补助金。一次性工伤医疗补助金：五级按 11 个月计发，六级按 10 个月计发，七级按 9 个月计发，八级按 8 个月计发，九级按 7 个月计发，十级按 6 个月计发；一次性伤残就业补助金：五级按 27 个月计发，六级按 24 个月计发，七级按 21 个月计发，八级按 18 个月计发，九级按 15 个月计发，十级按 12 个月计发 五级至十级工伤职工距法定退休年龄不足五年；本人提出解除劳动合同的，一次性工伤医疗补助金和一次性伤残就业补助金按每少一年递减 20% 的标准支付；距法定退休年龄不足一年的，按一次性工伤医疗补助金和一次性伤残就业补助金标准的 10% 支付。工伤职工达到退休年龄并办理退休手续，不享受一次性工伤医疗补助金和一次性伤残就业补助金
西藏	一次性工伤医疗补助金和伤残就业补助金，两项合并计算，标准以统筹地上年度职工月平均工资为计算基数，五级为 48 个月、六级为 40 个月、七级为 30 个月、八级为 25 个月、九级为 20 个月、十级为 15 个月 工伤职工领取一次性工伤医疗补助金和伤残就业补助金后，工伤保险关系同时终止，工伤保险基金不再支付工伤待遇 符合享受失业保险待遇的，按照规定享受失业保险待遇
宁夏	一次性工伤医疗补助金和伤残就业补助金合并计算，以本人工资为计发基数，分别为：五级伤残 36 个月，六级伤残 30 个月，七级伤残 24 个月，八级伤残 18 个月，九级伤残 12 个月，十级伤残 6 个月。 伤残职工患职业病并解除或者终止劳动关系的，其一次性工伤补助金、一次性工伤医疗补助金和伤残就业补助金在规定标准的基础上增加 30%

续表

广西	一次性工伤医疗补助金计发标准为：五级伤残发给 18 个月的本人工资，六级伤残发给 16 个月的本人工资，七级伤残发给 14 个月的本人工资，八级伤残发给 12 个月的本人工资，九级伤残发给 10 个月的本人工资，十级伤残发给 8 个月的本人工资。 一次性伤残就业补助金计发标准为：五级伤残发给 16 个月的本人工资，六级伤残发给 14 个月的本人工资，七级伤残发给 12 个月的本人工资，八级伤残发给 10 个月的本人工资，九级伤残发给 8 个月的本人工资，十级伤残发给 6 个月的本人工资
安徽	一次性工伤医疗补助金的标准：五级伤残为 20 个月的统筹地区上年度职工月平均工资，六级伤残为 15 个月，七级伤残为 10 个月，八级伤残为 8 个月，九级伤残为 6 个月，十级伤残为 4 个月；一次性伤残就业补助金的标准：五级伤残为 35 个月的统筹地区上年度职工月平均工资，六级伤残为 30 个月，七级伤残为 20 个月，八级伤残为 15 个月，九级伤残为 10 个月，十级伤残为 5 个月 享受一次性伤残就业补助金的职工，距法定退休年龄不足五年的，一次性伤残就业补助金按下列标准执行 （一）不足两年的，按全额的 60% 支付 （二）不足三年的，按全额的 70% 支付 （三）不足四年的，按全额的 80% 支付 （四）不足五年的，按全额的 90% 支付
福建	五级至十级工伤职工一次性工伤医疗补助金和伤残就业补助金合并计算。其标准按照所在统筹地区最后一次公布的人口平均预期寿命与解除或者终止劳动关系时年龄之差和统筹地区上年度职工月平均工资为基数计算：五级，每满一年发给 1.4 个月；六级，每满一年发给 1.2 个月；七级，每满一年发给 0.8 个月；八级，每满一年发给 0.6 个月；九级，每满一年发给 0.4 个月；十级，每满一年发给 0.3 个月。不满一年的按一年计算 五至六级工伤职工一次性工伤医疗补助金和伤残就业补助金低于 30 个月的，按 30 个月支付；七至八级工伤职工一次性工伤医疗补助金和伤残就业补助金低于 20 个月的，按 20 个月支付，九至十级工伤职工一次性工伤医疗补助金和伤残就业补助金低于 10 个月的，按 10 个月支付 患职业病的工伤职工，一次性工伤医疗补助金和伤残就业补助金在上述标准的基础上增发 30%
甘肃	用人单位应以解除或终止劳动关系前 12 个月本人平均月缴费工资为基数，支付一次性工伤医疗补助金和伤残就业补助金。本人平均月缴费工资低于统筹地区上年度职工月平均工资的，以统筹地区上年度职工月平均工资计算。一次性工伤医疗补助金标准：五级伤残为 16 个月，六级伤残为 14 个月，七级伤残为 12 个月，八级伤残为 10 个月，九级伤残为 8 个月，十级伤残为 6 个月；一次性伤残就业补助金标准：五级伤残为 16 个月，六级伤残为 14 个月，七级伤残为 12 个月，八级伤残为 10 个月，九级伤残为 8 个月，十级伤残为 6 个月
广东	一次性伤残就业补助金。按本人工资为基数计发：五级计发五十个月，六级计发四十个月，七级计发二十五个月，八级计发十五个月，九级计发八个月，十级计发四个月 一次性工伤医疗补助金。按本人工资为基数计发：五级计发十个月，六级计发八个月，七级计发六个月，八级计发四个月，九级计发二个月，十级计发一个月
贵州	一次性工伤医疗补助金和伤残就业补助金之和的标准为：以统筹地区上年度职工月平均工资为基数，按工伤职工距法定退休年龄的剩余月数计算，但计算五级伤残的剩余月数最多不得超过 72 个月，六级不得超过 50 个月。七级伤残的剩余月数最多不得超过 24 个月，八级不得超过 18 个月，九级不得超过 8 个月，十级不得超过 4 个月

续表

海南	五级、六级伤残的，工伤医疗补助金的标准分别为所在市、县上年度城镇从业人员平均工资18个月和16个月的数额；伤残就业补助金标准分别为本级月伤残津贴36个月和34个月的数额；七级、八级、九级、十级伤残的，工伤医疗补助金的标准分别为所在市、县上年度城镇从业人员月平均工资14、12、10、8个月的数额。七级和八级伤残人员的伤残就业补助金标准分别为五级月伤残津贴32、30个月的数额，九级和十级伤残人员的分别为六级月伤残津贴28、26个月的数额
河北	一次性工伤医疗补助金标准为解除或终止劳动关系时设区市上年度职工月平均工资的44个月至8个月，其中：五级44个月、六级38个月、七级26个月、八级20个月、九级14个月、十级8个月；一次性伤残就业补助金标准为解除或终止劳动关系时设区市上年度职工月平均工资的22个月至4个月，其中：五级22个月、六级16个月、七级10个月、八级8个月、九级6个月、十级4个月。省直接管理单位工伤职工一次性工伤医疗补助金和一次性伤残就业补助金，按照全省上年度职工月平均工资为基数计算 　　工伤职工距法定退休年龄不足五年的，终止或解除劳动关系时，一次性伤残就业补助金按每减少一年递减20%的标准支付，距法定退休年龄不足一年的按10%支付
河南	一次性工伤医疗补助金标准为6～16个月统筹地区上年度职工月平均工资，其中五级16个月，六级14个月，七级12个月，八级10个月，九级8个月，十级6个月。一次性伤残就业补助金标准为6—56个月统筹地区上年度职工月平均工资，其中五级56个月，六级46个月，七级36个月，八级26个月，九级16个月，十级6个月 　　终止或解除劳动关系的工伤职工，距法定退休年龄5年以上的，一次性伤残就业补助金全额支付；距法定退休年龄4年以上、不足5年的，一次性伤残就业补助金按全额的80%支付；依此类推每减少1年递减20%。距法定退休年龄不足1年的按10%支付
黑龙江	一次性工伤医疗补助金。五至十级伤残职工一次性工伤医疗补助金标准分别为工伤职工离岗前30、25、20、15、10、5个月的本人工资；一次性伤残就业补助金。五至十级伤残职工一次性伤残就业补助金标准分别为工伤职工离岗前16、14、12、10、8、6个月的本人工资 　　伤残职工距法定退休年龄不足5年的，一次性工伤医疗补助金和伤残就业补助金按每减少1年递减20%的标准支付，距法定退休年龄不足1年均按全额的10%支付 　　工伤职工达到退休年龄或者办理退休手续的，不享受一次性工伤医疗补助金和伤残就业补助金
湖北	一次性工伤医疗补助金的标准：五级伤残为统筹地区上年度职工月平均工资的18个月，六级伤残为16个月，七级伤残为14个月，八级伤残为12个月，九级伤残为10个月，十级伤残为8个月；一次性伤残就业补助金的标准：五级伤残为统筹地区上年度职工月平均工资的34个月，六级伤残为28个月，七级伤残为20个月，八级伤残为16个月，九级伤残为12个月，十级伤残为8个月 　　距法定退休年龄五年以上（含五年）的，一次性工伤医疗补助金和伤残就业补助金按上述标准全额支付；距法定退休年龄不足五年、四年以上（含四年）的，一次性工伤医疗补助金全额支付，伤残就业补助金按全额的80%支付；以此类推，据法定退休年龄相差年数每减少一年伤残就业补助金递减20%，距法定退休年龄不足一年的，按10%支付

湖南	一次性工伤医疗补助金，五级伤残为 24 个月的本人工资，六级伤残为 18 个月的本人工资，七级伤残为 15 个月的本人工资，八级伤残为 10 个月的本人工资，九级伤残为 8 个月的本人工资，十级伤残为 6 个月的本人工资；一次性伤残就业补助金，五级伤残为 36 个月的本人工资，六级伤残为 30 个月的本人工资，七级为 15 个月的本人工资，八级为 10 个月的本人工资，九级为 8 个月的本人工资，十级为 6 个月的本人工资 五级至十级工伤职工自愿与用人单位解除或者终止劳动关系，距法定退休年龄超过五年（含五年）的，按照上述规定支付一次性工伤医疗补助金和伤残就业补助金；不足五年的，每减少一年扣除 20%，但最高扣除额不得超过全额的 90% 工伤职工达到退休年龄或者办理退休手续的，不享受一次性工伤医疗补助金和伤残就业补助金
吉林	一次性工伤医疗补助金的具体标准为：五级伤残为 16 个月的本人工资，六级伤残为 14 个月的本人工资，七级伤残为 12 个月的本人工资，八级伤残为 10 个月的本人工资，九级伤残为 8 个月的本人工资，十级伤残为 6 个月的本人工资；一次性伤残就业补助金的具体标准为：五级伤残为 14 个月的本人工资，六级伤残为 12 个月的本人工资，七级伤残为 10 个月的本人工资，八级伤残为 8 个月的本人工资，九级伤残为 6 个月的本人工资，十级伤残为 4 个月的本人工资

<table>
<tr><td rowspan="3">江苏</td><td colspan="7">一次性工伤医疗补助金。按照统计部门最近一次公布的当地人口平均预期寿命与解除、终止劳动关系时的年龄之差计算，五级的，每满一年发给 1.4 个月的当地职工平均工资；六级的，每满一年发给 1.2 个月的当地职工平均工资；七级的，每满一年发给 1 个月的当地职工平均工资；八级的，每满一年发给 0.8 个月的当地职工平均工资；九级的，每满一年发给 0.4 个月的当地职工平均工资；十级的，每满一年发给 0.2 个月的当地职工平均工资。不满一年的，按一年计算

患职业病的工伤职工，一次性工伤医疗补助金在上述标准的基础上增发 40%

一次性伤残就业补助金。以当地职工平均工资为基数，按照伤残等级和解除、终止劳动关系时的年龄，分别发给 1~36 个月的一次性伤残就业补助金

单位：月</td></tr>
<tr>
<td>等级</td><td>20 周岁以下</td><td>20~30 周岁</td><td>30~40 周岁</td><td>40~50 周岁</td><td>50~55 周岁</td><td>55~60 周岁</td>
</tr>
<tr><td colspan="7">
<table>
<tr><td>五级</td><td>36</td><td>30</td><td>24</td><td>18</td><td>12</td><td>6</td></tr>
<tr><td>六级</td><td>30</td><td>25</td><td>20</td><td>15</td><td>10</td><td>5</td></tr>
<tr><td>七级</td><td>24</td><td>20</td><td>16</td><td>12</td><td>8</td><td>4</td></tr>
<tr><td>八级</td><td>18</td><td>15</td><td>12</td><td>9</td><td>6</td><td>3</td></tr>
<tr><td>九级</td><td>12</td><td>10</td><td>8</td><td>6</td><td>4</td><td>2</td></tr>
<tr><td>十级</td><td>6</td><td>5</td><td>4</td><td>3</td><td>2</td><td>1</td></tr>
</table>
注：20~30 周岁含 20 周岁，不含 30 周岁，依此类推。
</td></tr>
</table>

江西	五级、六级伤残一次性工伤医疗补助金：伤残职工年龄距法定退休年龄大于或等于 10 年的，分别为 40 个月和 34 个月的本人工资，不足 10 年的，每差 1 年扣减 10%，不足 1 年的按 1 年计算。一次性伤残就业补助金：分别为 12 个月和 11 个月本人工资 七级至十级伤残一次性工伤医疗补助金和伤残就业补助金：伤残职工年龄距法定退休年龄大于或等于 10 年的，分别为 28 个月、22 个月、16 个月、10 个月的本人工资。不足 10 年的，每差 1 年扣减 10%，不足 1 年的按 1 年计算。一次性伤残就业补助金：分别为 10 个月、9 个月、8 个月、7 个月的本人工资

续表

辽宁	五级、六级伤残的职工，一次性工伤医疗补助金支付标准按照所在市上年度职工月平均工资计算，其中五级为 16 个月，六级为 14 个月，七级为 12 个月，八级为 10 个月，九级为 8 个月，十级为 6 个月；一次性伤残就业补助金按照工伤职工本人月工资计算，不得低于所在市月最低工资标准，其中五级为 28 个月，六级为 24 个月，七级为 20 个月，八级为 16 个月，九级为 12 个月，十级为 8 个月 　　五级至十级伤残的工伤职工与用人单位解除或者终止劳动关系时，距退休年龄不满 5 年，属于提前 4 年、3 年、2 年、1 年与用人单位解除或者终止劳动关系的，一次性伤残就业补助金相应减发 1 个月、2 个月、3 个月、4 个月
青海	用人单位应支付一次性工伤医疗补助金和伤残就业补助金，两项合并计算，其标准为解除或终止劳动关系时本人工资的 30 个月至 15 个月。其中五级 30 个月，六级 27 个月，七级 24 个月，八级 21 个月，九级 18 个月，十级 15 个月 　　工伤职工距规定退休年龄不足五年的，一次性工伤医疗补助金和伤残就业补助金按金额的 80% 支付，不足四年的按 60% 支付，不足三年的按 40% 支付，不足二年的按 20% 支付，不足一年的按 10% 支付。工伤职工达到退休年龄或者办理退休手续的工伤职工，用人单位不支付一次性工伤医疗补助金和伤残就业补助金
山东	由用人单位分别以其解除或终止劳动关系时的统筹地区上年度职工月平均工资为基数，支付本人一次性工伤医疗补助金的具体标准为：5 级 20 个月，6 级 18 个月，7 级 16 个月，8 级 14 个月，9 级 12 个月，10 级 10 个月；一次性伤残就业补助金的具体标准为：5 级 35 个月，6 级 30 个月，7 级 25 个月，8 级 20 个月，9 级 15 个月，10 级 10 个月
山西	一次性工伤医疗补助金标准：五级伤残为 36 个月的本人工资，六级伤残为 33 个月的本人工资，七级伤残为 24 个月的本人工资，八级伤残为 21 个月的本人工资，九级伤残为 18 个月的本人工资，十级伤残为 15 个月的本人工资 　　一次性伤残就业补助金标准：五级伤残为 24 个月的本人工资，六级伤残为 21 个月的本人工资，七级伤残为 15 个月的本人工资，八级伤残为 12 个月的本人工资，九级伤残为 9 个月的本人工资，十级伤残为 6 个月的本人工资 　　工伤职工距法定退休年龄不足 5 年的，一次性工伤医疗补助金和伤残就业补助金，以 5 年为基数每少 1 年递减 10% 　　工伤职工达到退休年龄或者办理退休手续的，不享受一次性工伤医疗补助金和伤残就业补助金
陕西	五级和六级工伤职工经本人提出，可以与用人单位解除劳动关系，由用人单位以其解除劳动关系时的所在地上年度职工月平均工资为基数，分别支付 24 个月、21 个月的一次性工伤医疗补助金和 24 个月、21 个月的一次性伤残就业补助金 　　七级至十级工伤职工一次性工伤医疗补助金和伤残就业补助金以解除或者终止劳动关系时所在地上年度职工月平均工资为基数。一次性工伤医疗补助金的标准分别为：七级 15 个月，八级 12 个月，九级 9 个月，十级 6 个月；一次性伤残就业补助金的标准分别为：七级 15 个月，八级 12 个月，九级 9 个月，十级 6 个月 　　工伤职工距法定退休年龄不足五年的，一次性工伤医疗补助金和伤残就业补助金按每减少 1 年递减 20% 的标准支付。但距法定退休年龄不足 1 年的按全额的 10% 支付。工伤职工达到退休年龄或者办理退休手续的，不享受一次性工伤医疗补助金和伤残就业补助金

续表

四川	五级、六级伤残，其标准以统筹地区上年度职工月平均工资为基数计算：一次性工伤医疗补助金标准为五级伤残 14 个月，六级伤残 12 个月。依法取得职业病诊断证明书或者职业病诊断鉴定书的人员经统筹地区劳动能力鉴定委员会鉴定确认需长期治疗的其他工伤人员在上述标准的基础上增加 6 个月；一次性伤残就业补助金标准为五级伤残 60 个月，六级伤残 48 个月 七级至十级伤残，其标准以统筹地区上年度职工月平均工资为基数计算：一次性工伤医疗补助金和一次性伤残就业补助金合并计算，标准为七级伤残 36 个月，八级伤残 26 个月，九级伤残 16 个月，十级伤残 10 个月
云南	由用人单位按照解除或者终止劳动关系时统筹地上年度职工月平均工资为基数发给一次性伤残就业补助金和工伤医疗补助金，具体标准为：一次性伤残就业补助金：五级 30 个月、六级 26 个月、七级 20 个月、八级 16 个月、九级 12 个月、十级 6 个月；一次性工伤医疗补助金：五级 12 个月、六级 10 个月、七级 6 个月、八级 4 个月、九级 2 个月、十级 1 个月 工伤职工距法定退休年龄五年以上（含五年）的，一次性伤残就业补助金全额支付给本人；工伤职工距法定退休年龄四年以上（含四年），不足五年的，一次性伤残就业补助金按全额的 80% 支付给本人；工伤职工距法定退休年龄三年以上（含三年）不足四年的，一次性伤残就业补助金按全额的 60% 支付给本人；工伤职工距法定退休年龄二年以上（含二年），不足三年的，一次性伤残就业补助金按全额的 40% 支付给本人；工伤职工距法定退休年龄一年以上（含一年），不足二年的，一次性伤残就业补助金按全额的 20% 支付给本人；工伤职工距法定退休年龄不足一年的，一次性伤残就业补助金按全额的 10% 支付给本人
浙江	一次性工伤医疗补助金，五级支付 30 个月，六级支付 25 个月，七级支付 10 个月，八级支付 7 个月，九级支付 4 个月，十级支付 2 个月。伤残就业补助金，五级支付 30 个月，六级支付 25 个月，七级支付 10 个月，八级支付 7 个月，九级支付 4 个月，十级支付 2 个月 一次性工伤医疗补助金和伤残就业补助金按单位所在工伤保险统筹地上年度职工月平均工资计发 已经依法参加基本养老保险的工伤职工距法定退休年龄不足五年的，按照每周年递减 20% 的标准支付一次性工伤医疗补助金和伤残就业补助金。工伤职工到达退休年龄办理退休手续的，不享受一次性工伤医疗补助金和伤残就业补助金

11. 丧葬补助金

职工因工死亡丧葬补助金为 6 个月的统筹地区上年度职工月平均工资。

12. 供养亲属抚恤金

职工因工死亡供养亲属抚恤金按照职工本人工资的一定比例发给由因工死亡职工生前提供主要生活来源、无劳动能力的亲属。供养亲属抚恤金按照职工本人工资的一定比例发给由因工死亡职工生前提供主要生活来源、无劳动能力的亲属。标准为：配偶每月 40%，其他亲属每人每月 30%，孤寡老人或者孤儿每人每月在上述标准的基础上增加 10%。

（1）配偶每月可获得职工本人工资的 40%，其条件是配偶依靠因工死亡职工生前提供主要生活来源，并且完全丧失劳动能力，或者工伤死亡职工配偶男年满 60 周岁、女年满 55 周岁。

其计算公式为：供养亲属抚恤金赔偿金额 = 工伤死亡职工本人工资（元/月）×40%

例如，赵某某为某石油化工厂职工，长期在化工一线工作，因油罐发生爆炸遭遇不幸，他的妻子王某在他出事前不久遭遇车祸，造成双腿残疾，完全丧失劳动能力，虽然年龄不足55周岁，但仍有资格申请供养亲属抚恤金。赵某某生前为化工厂技师，工资为2 000元/月。这样，王某可获得供养亲属抚恤金为：供养亲属抚恤金赔偿金额 = 2 000元/月×40% = 800元/月。

（2）其他亲属每人每月可获得职工本人工资的30%，其他亲属，指的是工伤死亡职工亲属中除配偶之外的子女、父母、祖父母、外祖父母、孙子女、外孙子女、兄弟姐妹等人。其他亲属申请供养亲属抚恤金的条件如下。

一是由因工死亡职工生前提供主要生活来源。

二是完全丧失劳动能力的。

三是工伤死亡职工子女未满18周岁的；工伤死亡职工父母均已死亡，其祖父、外祖父年满60周岁，祖母、外祖母年满55周岁的；工伤死亡职工子女已经死亡或完全丧失劳动能力，其孙子女、外孙子女未满18周岁的；工伤死亡职工父母均已死亡或完全丧失劳动能力，其兄弟姐妹未满18周岁的。

其计算公式为：供养亲属抚恤金赔偿金额 = 工伤死亡职工本人工资（元/月）×30%。

例如，王某某为某重型机械厂职工，在一次工伤事故中遭遇不幸，剩下妻子李某一个人带着14岁的儿子，此时妻子年龄为40岁，并且有工作，家中还有老父亲，年迈体衰已丧失劳动能力，王某某有一个弟弟30岁，有固定职业，与王某某共同供养父亲。按照规定，李某无资格申请供养亲属抚恤金，儿子未满十八周岁，可以申请，虽然老父亲已丧失劳动能力，但王某某有弟弟满十八周岁，且有扶养能力，因此也不具有申请资格。这样，王某某的亲属中只有儿子一个可获得供养亲属抚恤金，王某某生前的工资为1 000元/月，其儿子所可得的供养亲属抚恤金赔偿金额为：供养亲属抚恤金赔偿金额 = 1 000元/月×30% = 300元/月。

（3）孤寡老人或者孤儿每人每月在上述标准的基础上增加10%，也就是说，如果工伤死亡职工的配偶为孤寡老人，则其每月可获得的供养亲属抚恤金为职工工资的50%。

其计算公式为：供养亲属抚恤金赔偿金额 = 工伤死亡职工本人工资×50%。

例如，牛某某为某建筑公司的老职工，在一次工伤事故中死亡，其膝下无子女，也无兄弟姐妹，老伴已满55周岁，完全靠牛某某的收入维持生活，牛某某死后，老伴成了孤寡老人，牛某某生前的工资为 800 元/月，按照规定，她每月可以领取的供养亲属抚恤金为：供养亲属抚恤金赔偿金额 = 800 元/月 × 50% = 400 元/月。

（4）如果工伤死亡职工的父母、祖父母、外祖父母、兄弟姐妹等为孤寡老人，或者其子女、孙子女、外孙子女、兄弟姐妹等为孤儿，则他们每人每月可获得的供养亲属抚恤金为职工工资的 40%。

其计算公式为：供养亲属抚恤金赔偿金额 = 工伤死亡职工本人工资 × 40%。

例如，林某某为某钢铁厂职工，在一次工伤事故中遭遇不幸，家中有一老母亲，已有 70 岁，林某某已离异，无子女，且无兄弟姐妹，其老母亦无兄弟姐妹，这样老母成了孤寡老人，林某某生前的工资为 1 200 元/月。这样，老母每月可获得的供养亲属抚恤金赔偿金额为：供养亲属抚恤金赔偿金额 = 1 200 元/月 × 40% = 480 元/月。

需要注意的是，如果工伤死亡职工有多个亲属皆有资格申请供养亲属抚恤金，则核定的各供养亲属的抚恤金之和不应高于因工死亡职工生前的工资。供养亲属抚恤金由统筹地区劳动保障行政部门根据职工平均工资和生活费用变化等情况适时调整。调整办法由省、自治区、直辖市人民政府规定。因此，如果供养亲属抚恤金被进行了调整，其计算就应适用调整后的标准。

根据《因工死亡职工供养亲属范围规定》第四条的规定，领取抚恤金人员有下列情形之一的，停止享受抚恤金待遇。

（1）年满 18 周岁且未完全丧失劳动能力的。

（2）就业或参军的。

（3）工亡职工配偶再婚的。

（4）被他人或组织收养的。

（5）死亡的。

13. 一次性工亡补助金

一次性工亡补助金标准为 48 个月 ~ 60 个月的统筹地区上年度职工月平均工资。具体标准由统筹地区的人民政府根据当地经济、社会发展状况规定，报省、自治区、直辖市人民政府备案。一次性工亡补助金标准为上一年度全国城镇居民人均可支配收入的 20%。

五、用人单位支付的项目

根据《工伤保险条例》，职工因工伤进行治疗，享受工伤医疗待遇，一般由工伤保险基金支付，如果用人单位没有依法给劳动者缴纳医疗保险的，由用人单位支付。基金一般都能全额支付，未付全部分（自费），由用人单位补足。因此，用人单位支付的工伤项目一般有以下几项。

（1）工伤职工住院治疗期间，由职工所在单位按照本单位因公出差伙食补助标准的70%发给住院伙食补助费；经批准转诊转院去外地就医所需的交通费、食宿费由职工所在单位按照本单位职工因公出差标准报销。

（2）工伤职工停工留薪期内的工资福利待遇不变，由用人单位按月支付；生活不能自理的，由用人单位派人护理，所需陪护费用由用人单位按协议支付，但是，最低不能低于本市最低工资标准。

（3）伤残等级为五级和六级且难以安排工作的工伤职工，由用人单位按月发给本人工资的70%和60%的伤残津贴。伤残津贴实际金额低于本市最低工资标准的，由用人单位补足差额。

（4）伤残等级为五至十级且与用人单位解除了劳动关系的工伤职工，由用人单位以解除劳动关系时统筹地上年度职工月平均工资为基数，支付一次性伤残就业补助金。具体标准由省、自治区、直辖市人民政府规定。

（5）用人单位应当参加而未参加工伤保险的，在此期间职工发生工伤的，由该用人单位按照国家规定的工伤保险待遇项目和标准支付费用。

（6）用人单位欠缴工伤保险费期间，工伤职工的工伤保险待遇。

六、不得认定为工伤或者视同工伤

依据《工伤保险条例》第十六条的规定，职工有下列情形之一的，不得认定为工伤或者视同工伤。

（1）故意犯罪的。

明知自己的行为会发生危害社会的结果，并且希望或者放任这种结果发生，因而构成犯罪的，是故意犯罪。"故意犯罪"的认定，应当以刑事侦查机关、检察机关和审判机关的生效法律文书或者结论性意见为依据；过失犯罪导致的伤亡不影响工伤认定，比如交通肇事罪、重大责任事故罪。

（2）醉酒或者吸毒的。

醉酒标准按照《车辆驾驶人员血液、呼气酒精含量阈值与检验》（GB19522–2004）执行。这一标准规定：驾驶人员血液中的酒精含量大于（等于）20毫克/100毫升、小于80毫克/100毫升的行为属于饮酒驾车，含量大于（等于）80毫克/100毫升的行为属于醉酒驾车。公安机关交通管理部门、医疗机构等有关单位依法出具的检测结论、诊断证明等材料，可以作为认定醉酒的依据。

吸毒在医学上多称药物依赖和药物滥用，吸毒对人的身体健康造成了严重损害，造成社会财富的巨大损失和浪费，毒品交易活动加剧了各种违法犯罪活动，扰乱了社会治安，给社会稳定带来巨大威胁。

（3）自残或者自杀的。

"自残"是指通过各种手段和方式伤害自己的身体，并造成伤害结果的行为。

"自杀"是指通过各种手段和方式结束自己生命的行为。有的自残或者自杀是员工精神状态导致的，但也有的不能排除是为了获得工伤待遇导致的，自残或者自杀与工作没有必然联系，员工应对其主观故意承担责任，因此，不能认定工伤。

HR 操作锦囊

（1）员工或者其直系亲属认为是工伤，用人单位不认为是工伤的，由用人单位承担举证责任。当用人单位不能举证证明员工受伤与工作无关时，法院一般会依法作出对职工有利的裁判。

（2）员工在法定的工作时间内，提前离开用人单位回家受伤的，是否应认定为工伤？员工提前下班是属于违反劳动纪律的行为，应由所在企业给予相应的违纪处理，但是，不能因为员工有违反劳动纪律的行为，就拒绝认定为工伤。

（3）"上下班途中"的界定，法律虽无明确的规定，一般理解为员工在合理的时间与路线上离开用人单位回到家中，或者离开家回到企业的过程。如果中途去了其他地方办理其他事务，而该事务与其工作或回家有必然联系，则该过程也应认定为上下班途中。员工在上下班途中发生交通事故死亡，符合《工伤保险条例》规定的（《工伤保险条例》规定不能被认定或视同为工伤的情形只有三种：故意犯罪、醉酒吸毒、自残自杀），应认定为工伤。

（4）上班第二天就发生伤亡事故的，劳动者与用人单位之间存在事实劳动关系，即使未签订书面劳动合同也不影响其申请工伤认定的权利，并且，劳动关系的存在与否，并不取决于劳动者在用人单位工作时间的长短。

（5）工伤认定实行的是无过错原则，也就是说，无论伤亡事故的引起是因劳动者本人的过错、用人单位的过错或者第三人的过错，劳动者所受伤害均可被认定为工伤，劳动者均可依法享受工伤保险待遇。

（6）作为单位的工作安排，员工参加公司组织的活动（如户外体能活动等）而受到伤害的，属于"因工作原因受到事故伤害的"，应认定工伤。

（7）员工发生事故伤害或被诊断、鉴定为职业病后，自事故伤害发生之日或员工被诊断、鉴定为职业病之日起30日内，用人单位应当向统筹地区社会保险行政部门申请工伤认定。

用人单位对社会保险行政部门工伤认定不服的，可以自收到工伤认定决定之日起60日之内，向认定机构的上一级主管部门或者认定机构所属的人民政府提起行政复议；对复议结果不服的，可以在接到复议决定之日起15日内向当地法院提起诉讼；或者不经过行政复议，在收到工伤认定书之日起3个月内直接向当地法院提起诉讼。

职工发生工伤，经治疗伤情相对稳定后存在残疾、影响劳动能力的，用人单位、工伤职工或者近亲属应当向设区的市级劳动能力鉴定委员会申请劳动能力鉴定。劳动能力鉴定结果事关工伤保险待遇的确定。

七、各地非因工死亡赔偿项目及标准汇总

随着我国经济的发展，劳动争议越来越多，在劳动争议案件中，有一类职工死亡待遇案件，职工死亡分为因公死亡和非因公死亡两种情况，因公死亡可以认定工伤（工亡），根据《工伤保险条例》享受因公死亡待遇，这个大家都知道。但是非因公死亡待遇，很多人可能不是很清楚。劳动保障中所说的非因工死亡，是指不能认定为因工的因病死亡以外的其他原因死亡，如地震、火山、交通事故、火灾、人身伤害、自杀、恐怖袭击等原因造成的死亡。

地区	依　据	赔偿项目	赔偿标准	费用来源
北京市	《关于调整企业职工因病或非因工死亡后供养直系亲属救济费标准的通知》	供养直系亲属救济费	死者本人工资6个月（供养直系亲属1人）；死者本人工资9个月（供养直系亲属2人）；死者本人工资12个月（供养直系亲属3人及以上）。"死者本人工资"指按死亡时全市最低工资为标准	用人单位
	《关于调整我市职工丧葬补助费开支标准的通知》	丧葬费	5 000元	用人单位先行支付，后向社保基金申领（但目前申领的实施细则未出台）

续表

地区	依　据	赔偿项目	赔偿标准	费用来源
上海市	《上海市人力资源社会保障局等关于调整本市非因工死亡职工遗属生活困难补助费标准的通知》	供养直系亲属救济费	死者本人工资 6 个月（供养直系亲属 1 人）；死者本人工资 9 个月（供养直系亲属 2 人）；死者本人工资 12 个月（供养直系亲属 3 人及以上），标准为职工在职时的原工资	养老保险统筹
	《关于将本市非因工死亡职工的遗属生活困难补助费纳入养老保险统筹基金支付问题处理意见的通知》	丧葬补助费	2 个月的企业职工平均工资	
	《上海市人力资源社会保障局等关于调整本市非因工死亡职工遗属生活困难补助费标准的通知》	供养直系亲属生活困难补助	从 2013 年 4 月起，仍按每人每月 570 元执行，孤寡老人或者孤儿，可增加30%	
天津市	《天津关于建立全市职工平均工资发布及工资保险福利待遇正常调整制度的暂行办法》（津政发 2008〔17〕号）	一次性救济费	6 个月上年度全市职工月平均工资（供养直系亲属 1 人）；9 个月上年度全市职工月平均工资（供养直系亲属 2 人）；12 个月上年度全市职工月平均工资（供养直系亲属 3 人及以上），标准为职工在职时的原工资	在职职工由单位支付，退休人员由社会保险基金支付
		丧葬补助费	1 个月的上年度全市职工月平均工资	
重庆市	《重庆市人民政府关于调整企业职工死亡一次性救济金标准的通知》	丧葬费	2 000 元	在职职工及未纳入基本养老保险基金支付待遇的人员，由企业支付
		供养直系亲属一次性救济金	15 个月标准的死者生前最后一个月工资	
山东省	《关于调整企业职工丧葬补助费标准的通知》（鲁劳社〔2003〕53 号）	丧葬费	1 000 元	全额纳入基本养老保险统筹

续表

地区	依　据	赔偿项目	赔偿标准	费用来源
山东省	《关于调整国有企业职工因病或非因工死亡后供养直系亲属生活困难补助标准的通知》（鲁劳发〔1993〕343 号）	一次性抚恤费或救济费	10 个月全省上年度月平均工资	根据本人缴费年限（含视同缴费年限，下同），满 15 年的，全额纳入统筹；不满 15 年的，缴费年限每满 1 年（不满 1 年按 1 年计算），按十五分之一纳入统筹；其余部分，企业自行支付
	《关于调整国有企业职工因病或非因工死亡后供养直系亲属生活困难补助标准的通知》（鲁人社办发〔2012〕74 号）	供养直系亲属生活困难补助	每人每月补助标准按所在地调整为 3 类：460 元、410 元、360 元（具体地区分类见文末）	参加基本养老保险的，养老保险基金支付；未参加养老保险的，企业自行支付
广东省	《广东省企业职工假期待遇死亡抚恤待遇暂行规定》	丧葬补助费	3 个月当地上年度社会越平均工资	已参加养老保险的离退休人员，当地社会保险机构养老保险有关规定发放；在职职工，除有规定纳入社会保险支付的地方外，由企业按上述标准发给死亡抚恤待遇。
		供养直系亲属一次性救济金	6 个月当地上年度社会月平均工资	
		一次性抚恤金	在职职工 6 个月工资；离退休人员 3 个月工资	
浙江省	《关于企业职工基本养老保险参保人员因病或非因工死亡丧葬补助金和抚恤金有关问题的通知》	丧葬补助金	4 000 元	基本养老保险基金
		一次性抚恤费	参保人员缴费年限不满 1 年的，2 000 元；满 1 年至 15 年的，10 000 元；超过 15 年的，在 10 000 元基础上，每满 1 年增发 1 000 元，最多增发 15 000 元	
	《关于调整企业职工死亡后遗属生活困难补助费等标准的通知》	供养直系亲属生活困难补助费	非农业户口，每人每月 870 元；农业户口，每人每月 720 元	

续表

地区	依　据	赔偿项目	赔偿标准	费用来源
江苏省	《江苏省关于调整企业职工和离退休人员因病或非因工死亡待遇的通知》	丧葬费	6 000 元	基本养老保险统筹基金
		供养亲属一次性抚恤费	南京、无锡、常州、苏州、镇江：16 000 元；南通、扬州、泰州：15 000 元；徐州、连云港、淮安、盐城、宿迁：14 000 元	
		供养直系亲属一次性或定期救济费	南京、无锡、常州、苏州：1 800；南通、扬州、镇江：1 550 元；徐州：1 300 元 连云港、淮安、盐城、泰州：1 200 元 宿迁：1 100 元	
福建省	《福建省劳动和社会保障厅、财政厅、总工会关于调整企业职工因病或非因工死亡和遗属救济待遇标准的通知》	丧葬费	6 个月的职工所在地最低工资	用人单位
		一次性困难补助费	5 个月的职工所在地最低工资	
		供养直系亲属月救济费	农业人口：每人每月职工所在地最低工资标准的40%；非农业户口：每人每月职工所在地最低工资标准的45%；孤身一人的按上述标准加发10%	
江西省	《关于调整企业职工非因工及因病死亡丧葬抚恤费标准的通知》（赣劳社养〔2012〕73 号）《关于调整企业职工非因工及因病死亡丧葬抚恤标准的通知》（赣劳社养〔2008〕15 号）	丧葬费	5 000 元	在职职工由所在单位按原资金渠道列支；退休（含退职）人员，参加了基本养老保险社会统筹的，由养老保险统筹基金支付；未参加养老保险社会统筹的，由其退休前所在单位按原资金渠道列支

续表

地区	依据	赔偿项目	赔偿标准	费用来源
江西省		一次性抚恤费	企业职工：所在地 10 个月上年度在岗职工平均工资	在职职工，由其所在单位按原资金渠道列支；退休人员，参加了基本养老保险社会统筹的，由统筹基金支付；未参加基本养老保险社会统筹的，由其退休前所在单位按原资金渠道列支
			退休人员：所在地 10 个月上年度平均养老金	
	《关于调整企业职工非因工及因病死亡遗属生活困难补助标准的通知》（赣人社发〔2012〕72 号）	遗属生活困难补助	每人每月 3 元。死亡职工供养直系亲属系鳏寡孤独者，在上述补助标准的基础上，每人每月加发 10%	由所在单位按原资金渠道列支
贵州省	《关于调整企业因病或非因工死亡人员供养直系亲属生活补助费标准的通知》（黔人社厅发〔2016〕3 号）	供养直系亲属月生活补助费	配偶 560 元；其他直系亲属 530 元；孤寡老人或孤儿，在上述基础上再增加 40 元	退休人员：已参加基本养老保险的，由社会保险经办机构支付；未参加基本养老保险的，由企业支付
	《关于调整企业因病或非因工死亡人员丧葬补助费和一次性补助费标准的通知》（黔劳社厅发〔2008〕13 号）	丧葬补助费	2 400 元	在职职工：企业支付，若企业却无经济能力，可酌情减发，但不得低于规定标准的 80%
河北省	《关于调整参加企业职工基本养老保险人员死亡后丧葬补助金和遗属抚恤金标准的通知》（冀人社字〔2012〕203 号）	丧葬补助金	2 个月的去世时上年度全省企业退休人员月平均养老金	参加企业职工基本养老保险省级统筹的，从统筹基金支付；未参加基本养老保险统筹的，由原单位负担
		供养亲属一次性抚恤金	按死亡人员的养老保险缴费年限，每满 1 年计发 1 个月去世时上一年度全省企业退休人员月平均基本养老金，但最多不超过 20 个月	

续表

地区	依　据	赔偿项目	赔偿标准	费用来源
安徽省	《关于调整企业因病非因工死亡职工遗属抚恤政策有关问题的通知》（劳社秘〔2004〕193号）	丧葬补助费	2 000元	参保企业离退休人员死亡的，从养老保险基金中支付；未参保企业离退休人员死亡的，由企业按照本通知的规定负责支付 城镇各类企业在职职工死亡的，由企业按照本通知的规定负责支付
		直系亲属一次性困难补助费	在职职工：八个月本人生前月缴费工资；退休人员：八个月本人生前月基本养老金	
		供养直系亲属抚恤金	死亡职工生前单位所在地城镇居民最低生活保障标准发给，供养直系亲属为1～3人的（含3人）据实发给，3人以上的按照城镇居民最低生活保障标准的300%发给，但初次核定的抚恤金总额，不得超过死者生前月缴费工资或月基本养老金	
山西省	《关于调整山西省企业职工因病或非因工死亡待遇标准的通知》（晋劳社厅发〔2006〕301号）	丧葬补助费	2 000元	在职职工：所在单位按原资金渠道解决 离退休、退职人员：参加养老保险统筹的，从养老保险统筹基金支付，未参加养老保险统筹，由企业按原资金渠道解决
		一次性抚恤金	3 000元	
		供养直系亲属生活困难补助费	家居省辖市：每人每月140元 家居县（市）、镇：120元 家居农村：100元	
湖南省	《关于调整完善企业职工因病或非因工死亡有关待遇的通知》（湘人社发〔2013〕40号）	丧葬补助金	4个月的死亡时上年度全省企业退休人员月平均基本养老保险金	参加了企业职工基本养老保险统筹的，由企业职工基本养老保险基金支付 未参加企业职工基本养老保险的，所需资金由其所在单位按原渠道列支
		抚恤金	按死亡人员的基本养老保险缴费年限（含视同缴费年限），每满一年计发一个月死亡时上一年度全省企业退休人员月平均基本养老金，最多不超过20个月。企业职工基本养老保险缴费年限计算到月，不满一年按一年计算	

续表

地区	依 据	赔偿项目	赔偿标准	费用来源
辽宁省	《关于贯彻辽宁省完事城镇企业职工基本养老保险制度实施办法（试行）有关问题的通知》（辽政发〔2001〕24 号）	丧葬补助	退休：3 个月统筹地区上年度社会平均工资 在职职工：3 个月统筹地区上年度社会平均工资	养老保险统筹基金支付
		一次性抚恤金	退离休人员：10 个月上年度社平	
		供养亲属生活救济费	企业所在地最低生活保障标准	
吉林省	《关于参保人员因病或非因工死亡丧葬补助金和抚恤金暂行办法的通知》（吉人社办字〔2013〕32 号）	丧葬补助金	1 200 元	基本养老保险基金
		抚恤金	基本养老保险缴费年限满 15 年的，以当地上年度在岗职工平均工资的 40% 为基数，按 10 个月计发；缴费年限不足 15 年的，抚恤金标准计算公式为：抚恤金 = 当地上年度在岗职工平均工资的 40% × 10 × 本人缴费年限（含视同缴费年限，计算到月）／15 缴费年限少于 1 年的，按 1 年计算。抚恤金标准低于个人缴纳养老保险费划入统筹部分的，差额部分返还给法定继承人	
黑龙江省	《关于参加基本养老保险人员死亡丧葬补助金和抚恤金标准有关问题的通知》	丧葬补助金	4 000 元	基本养老保险基金
		抚恤金	基本养老保险缴费年限满 15 年以上的，一次性发放 6 000 元 缴费年限不满 15 年的，计算公式为：6 000÷180×本人缴费月数（含视同缴费年限）。缴费年限不满 1 年的，按 12 个月计算，一年以上据实计算，计算结果不足 1 元部分按 1 元发放	
河南省	《关于调整企业职工基本养老保险参保人员因病或非因工死亡丧葬抚恤待遇等问题的通知》	丧葬补助金	参保地所在省辖市或省直管县（市）上年度企业离退休人员人均基本养老金 3 个月的标准发给	养老保险基金统筹
		一次性抚恤金	按照本人参保缴费年限确定，缴费每满 1 年发给 1 个月本人实际缴费年限最后 24 个月月平均缴费工资的抚恤金，最多不超过 20 个月	养老保险基金统筹

续表

地区	依 据	赔偿项目	赔偿标准	费用来源
湖北省	《湖北省人社厅关于参加基本养老保险人员死亡有关待遇问题的补充处理意见》	丧葬补助金	3 个月的所在市、州上年度月社会平均工资	养老保险基金统筹
		抚恤金	在职职工：1、缴费年限（含视同缴费年限）满 15 年及以上的，10 个月的所在市、州上年度月社会平均工资	
			缴费年限（含视同缴费年限）不足 15 年的，标准为：所在市、州上年度月社会平均工资×10÷180×缴费月数（含视同缴费月数）	
			退休人员：10 个月的所在市、州上年度月社会平均工资	
海南省	《关于企业职工基本养老保险参保人员因病或非因工死亡待遇有关问题的通知》	丧葬补助金	3 个月的职工死亡时上一年度全省城镇非私营单位职工平均工资	基本养老保险基金
四川省	《关于企业职工基本养老保险有关问题的通知》	抚恤金	缴费年限满 15 年（含视同缴费年限），按死亡时上一年度全省城镇居民月人均可支配收入的 7 个月计发；缴费年限不满 15 年的，按死亡时上一年度全省城镇居民月人均可支配收入×7×本人缴费年限÷15 的标准计发。不足 1 年按 1 年计算。	基本养老保险基金
		丧葬补助费	3 个月的死者本人生前上年度月平均工资	
云南省	《云南省企业职工和离退休人员因病或非因公死亡丧葬费和抚恤金标准》	一次性抚恤费	11 个月的死者本人生前上年度月平均工资	用人单位
		供养遗属生活困难补助	用人单位与本单位职工通过集体协商签订书面形式来确定，原则上不高于当地城镇或农村居民最低生活标准的 100%	

续表

地区	依　据	赔偿项目	赔偿标准	费用来源
陕西省	《关于调整企业职工及离退休人员遗属待遇有关问题的通知》	丧葬费	厅级及以上人员（含经批准享受厅级待遇的离休人员）为4 000元，其他人员为3 500元	用人单位
	《陕西省关于参加企业职工基本养老保险的个人死亡后遗属待遇发放有关问题的通知》	一次性抚恤金	已退休人员：以死亡前月基本养老金为基数，一次性发放20个月 其他参保人员：以死亡前最后一个月缴费工资为基数，按照缴费年限（含视同缴费年限）分档发给：缴费年限满10年的，全额发给，一次性发放20个月；满9年不满10年的，发给90%；满8年不满9年的，发给80%；满7年不满8年的，发给70%；满6年不满7年的，发给60%；满5年不满6年的，发给50%；满4年不满5年的，发给40%；不满4年的，发给30%	养老保险基金
	《关于调整机关企事业单位工作人员和退休人员死亡后遗属生活困难补助费标准的通知》	遗属困难补助金	农业人口遗属每人每月300元，非农业人口遗属每人每月350元。未参加工伤保险的机关事业单位因公死亡人员遗属，在此标准上每人每月增加50元	符合供养条件的遗属享受遗属生活困难补助，由企业从企业管理费用中列支
广西	《关于企业职工基本养老保险参保人员因病或非因工死亡待遇有关问题的通知》	供养直系亲属救济费	从2015年1月1日起，企业职工基本养老保险参保人员（不含企业离休干部和已按桂劳社养险字〔2001〕35号文件规定享受基本养老金的人员）死亡的，不再发给死者生前被供养人员供养直系亲属救济费。2014年12月31日前已按月支付被供养人供养直系亲属救济费的，可继续按原标准计发直至丧失领取条件时止	用人单位

续表

地区	依　据	赔偿项目	赔偿标准	费用来源
宁夏	《宁夏回族自治区人力资源社会保障厅财政厅关于参加职工基本养老保险职工和退休人员因病或非因工死亡丧葬费及一次性抚恤金发放有关问题的通知》	丧葬费	2009 年 12 月 31 日以前参加职工基本养老保险的职工和退休人员，发放标准为死亡时上一年度自治区在岗职工月平均工资的 3 个月 2010 年 1 月 1 日以后参加职工基本养老保险的职工（含补缴费的人员）和退休人员，发放标准为死亡时上一年度自治区企业退休人员月人均养老金的 2 个月	基本养老保险基金
		一次性抚恤金	2009 年 12 月 31 日以前参加职工基本养老保险的职工和退休人员，发放标准为 43 683.33 元（即 2007 年全区在岗职工月平均工资 2 184.16 元的 20 个月） 2010 年 1 月 1 日以后参加职工基本养老保险的职工（含补缴费的人员）和退休人员，发放标准为死亡时上一年度自治区企业退休人员月人均养老金的 20 个月	
新疆	《新疆自治区关于当前养老保险几个具体问题的通知》	丧葬抚恤待遇	2 个月的上年度在岗职工月平均工资	基本养老保险统筹基金
	《关于调整参加自治区城镇企业职工基本养老保险社会统筹人员死亡后抚恤待遇标准问题的通知》	供养亲属一次性抚恤金	已达到退休年龄，并按月领取基本养老金的离退休（退职）人员，按其死亡时本人的月养老金标准一次性发给 20 个月的供养亲属抚恤金 未达到退休年龄的在职参保人员，以其死亡前本人 12 个月（不满 12 个月的按实际缴费月数计算）的平均缴费工资基数为标准，按缴费每满 1 年（不满 1 年的按 1 年计算）支付 1 个月，最多一次性发给 20 个月的供养亲属抚恤金	参加基本养老保险社会统筹人员，由基本养老保险统筹基金支付；未参保人员按原资金渠道解决

注：以上法律法规乃笔者通过各省官网及当地 12333 服务热线查询所得。部分省份会不定期对当地的政策文件作出调整，若有变化，请以当地新的政策文件为主。以上内容，仅供参考。

八、误工费与停工留薪期工资兼得情况

因第三人侵权致工伤，职工既可向侵权的第三人主张民事侵权赔偿，也可以享受工伤

保险待遇，因此，劳动者同时存在两个请求权：一个是基于人身损害而享有的民事侵权损害赔偿请求权；另一个是基于工伤保险关系而享有的工伤保险待遇请求权。这样就出现了民事侵权赔偿与工伤保险赔偿竞合如何处理的问题，由于二者之间有诸多相同并存在重复的赔偿项目，如误工费与停工留薪期工资、医疗费、护理费、（残疾）辅助器具费等。

由于我国《社会保险法》《工伤保险条例》没有规定计算工伤保险待遇应当扣减劳动者已获得的误工费赔偿，对误工费与停工留薪期工资竞合的处理，主要由地方作出规定，从而形成了不同的处理模式。加之缺乏统一的法律规定，误工费与停工留薪期工资竞合的情况下应如何处理，理论界有着不同的意见，司法实践中也存在不同的做法。

1. 兼得（双赔）模式（以北京为例）

根据《北京市劳动和社会保障局、北京市高级人民法院关于劳动争议案件法律适用问题研讨会会议纪要》（2009 年）明确除侵权的第三人已全额给付劳动者（或直系亲属）医疗费、交通费、残疾用具费等需凭相关票据给予一次赔偿的费用外，均可以获得赔偿（双重赔偿）。

2. 补差模式（以广东和上海为例）

目前，各地较普遍做法，即人身损害赔偿金额不足的由工伤保险补足差额。《最高人民法院关于因第三人造成工伤的职工或其亲属在获得民事赔偿后是否还可以获得工伤保险补偿问题的答复》（〔2006〕行他字第 12 号）明确：因第三人造成工伤的职工或其近亲属，从第三人处获得民事赔偿后，可以按照《工伤保险条例》第三十七条的规定，向工伤保险机构申请工伤保险待遇补偿。

由于人身损害赔偿与工伤保险赔偿在诸多赔偿项目上存在竞合，虽然司法实践中大多采取补差模式处理竞合项目，但处置方式也不尽相同。

根据《2015 年全国法院民事审判工作会议纪要》第 14 条明确：劳动者获得第三人支付的损害赔偿后，工伤保险基金承担的责任需扣除第三人已支付的医疗费、护理费、营养费、交通费、住院伙食补助费、残疾器具辅助费和丧葬费等实际发生的费用。由此可见，该纪要没有明确误工费与停工留薪期工资竞合如何处理。

根据《广东省高级人民法院、广东省劳动人事争议仲裁委员会关于审理劳动人事争议案件若干问题的座谈会纪要》第 7 条明确：劳动者工伤由第三人侵权所致，第三人已承担侵权赔偿责任，用人单位所承担的工伤保险责任应扣除医疗费、辅助器具费和丧葬费。因此，广东地区并没有对误工费与停工留薪期工资的处理作具体规定，只是明确部分赔偿竞合项目可以扣除。

根据上海市高级人民法院民事审判第一庭《关于审理工伤保险赔偿与第三人侵权损害赔偿竞合若干问题的解答》（2010 年 7 月 1 日）对误工费与停工留薪期工资等相同并存在重复的项目，按照各自的计算标准，确定两者之中数额较高的作为劳动者应获得的赔偿数额。因此，上海地区则采取同一赔偿项目"就高原则"的补差方式。

法条传送门

《中华人民共和国民法典》

第一千一百七十六条　自愿参加具有一定风险的文体活动，因其他参加者的行为受到损害的，受害人不得请求其他参加者承担侵权责任；但是，其他参加者对损害的发生有故意或者重大过失的除外。

活动组织者的责任适用本法第一千一百九十八条至第一千二百零一条的规定。

第一千一百九十八条　宾馆、商场、银行、车站、机场、体育场馆、娱乐场所等经营场所、公共场所的经营者、管理者或者群众性活动的组织者，未尽到安全保障义务，造成他人损害的，应当承担侵权责任。

因第三人的行为造成他人损害的，由第三人承担侵权责任；经营者、管理者或者组织者未尽到安全保障义务的，承担相应的补充责任。经营者、管理者或者组织者承担补充责任后，可以向第三人追偿。

《中华人民共和国社会保险法》

第三十七条　职工因下列情形之一导致本人在工作中伤亡的，不认定为工伤：

（一）故意犯罪；

（二）醉酒或者吸毒；

（三）自残或者自杀；

（四）法律、行政法规规定的其他情形。

第三十八条　因工伤发生的下列费用，按照国家规定从工伤保险基金中支付：

（一）治疗工伤的医疗费用和康复费用；

（二）住院伙食补助费；

（三）到统筹地区以外就医的交通食宿费；

（四）安装配置伤残辅助器具所需费用；

（五）生活不能自理的，经劳动能力鉴定委员会确认的生活护理费；

（六）一次性伤残补助金和一至四级伤残职工按月领取的伤残津贴；

（七）终止或者解除劳动合同时，应当享受的一次性医疗补助金；

（八）因工死亡的，其遗属领取的丧葬补助金、供养亲属抚恤金和因工死亡补助金；

（九）劳动能力鉴定费。

第三十九条　因工伤发生的下列费用，按照国家规定由用人单位支付：

（一）治疗工伤期间的工资福利；

（二）五级、六级伤残职工按月领取的伤残津贴；

（三）终止或者解除劳动合同时，应当享受的一次性伤残就业补助金。

《工伤保险条例》

第二条　中华人民共和国境内的企业、事业单位、社会团体、民办非企业单位、基金会、律师事务所、会计师事务所等组织和有雇工的个体工商户（以下称用人单位）应当依照本条例规定参加工伤保险，为本单位全部职工或者雇工（以下称职工）缴纳工伤保险费。

中华人民共和国境内的企业、事业单位、社会团体、民办非企业单位、基金会、律师事务所、会计师事务所等组织的职工和个体工商户的雇工，均有依照本条例的规定享受工伤保险待遇的权利。

第十条　用人单位应当按时缴纳工伤保险费。职工个人不缴纳工伤保险费。

用人单位缴纳工伤保险费的数额为本单位职工工资总额乘以单位缴费费率之积。

对难以按照工资总额缴纳工伤保险费的行业，其缴纳工伤保险费的具体方式，由国务院社会保险行政部门规定。

第十四条　职工有下列情形之一的，应当认定为工伤：

（一）在工作时间和工作场所内，因工作原因受到事故伤害的；

（二）工作时间前后在工作场所内，从事与工作有关的预备性或者收尾性工作受到事故伤害的；

（三）在工作时间和工作场所内，因履行工作职责受到暴力等意外伤害的；

（四）患职业病的；

（五）因工外出期间，由于工作原因受到伤害或者发生事故下落不明的；

（六）在上下班途中，受到非本人主要责任的交通事故或者城市轨道交通、客运轮渡、火车事故伤害的；

（七）法律、行政法规规定应当认定为工伤的其他情形。

第十五条　职工有下列情形之一的，视同工伤：

（一）在工作时间和工作岗位，突发疾病死亡或者在 48 小时之内经抢救无效死亡的；

（二）在抢险救灾等维护国家利益、公共利益活动中受到伤害的；

（三）职工原在军队服役，因战、因公负伤致残，已取得革命伤残军人证，到用人单位后旧伤复发的。

职工有前款第（一）项、第（二）项情形的，按照本条例的有关规定享受工伤保险待遇；职工有前款第（三）项情形的，按照本条例的有关规定享受除一次性伤残补助金以外的工伤保险待遇。

第十六条　职工符合本条例第十四条、第十五条的规定，但是有下列情形之一的，不得认定为工伤或者视同工伤：

（一）故意犯罪的；

（二）醉酒或者吸毒的；

（三）自残或者自杀的。

第十七条　职工发生事故伤害或者按照职业病防治法规定被诊断、鉴定为职业病，所在单位应当自事故伤害发生之日或者被诊断、鉴定为职业病之日起 30 日内，向统筹地区社会保险行政部门提出工伤认定申请。遇有特殊情况，经报社会保险行政部门同意，申请时限可以适当延长。

用人单位未按前款规定提出工伤认定申请的，工伤职工或者其近亲属、工会组织在事故伤害发生之日或者被诊断、鉴定为职业病之日起 1 年内，可以直接向用人单位所在地统筹地区社会保险行政部门提出工伤认定申请。

按照本条第一款规定应当由省级社会保险行政部门进行工伤认定的事项，根据属地原则由用人单位所在地的设区的市级社会保险行政部门办理。

用人单位未在本条第一款规定的时限内提交工伤认定申请，在此期间发生符合本条例规定的工伤待遇等有关费用由该用人单位负担。

第二十一条　职工发生工伤，经治疗伤情相对稳定后存在残疾、影响劳动能力的，应当进行劳动能力鉴定。

第二十二条　劳动能力鉴定由用人单位、工伤职工或者其近亲属向设区的市级劳动能力鉴定委员会提出申请，并提供工伤认定决定和职工工伤医疗的有关资料。

第十一章　劳动合同的变更

劳动合同的变更，是指对于已经合法订立的劳动合同，双方当事人或一方当事人随着订立合同时所依据的主、客观情况的变化，经协商一致或根据法律规定单方面对劳动合同中的条款进行变更。劳动合同签订后，由员工的个人情况，如患病、负伤、不能胜任工作或者企业的破产、裁员、重大情况等，都可能产生现阶段情况不适合继续履行原劳动合同，导致劳动合同变更。因此，在变更劳动合同实务中，合同双方因对劳动合同变更规则的不了解，加深了对劳动合同变更的恐惧，产生了许许多多的问题，一度成为劳动争议的重灾区。本章将围绕劳动合同变更产生的问题逐一介绍。

第一节　协商变更劳动合同

实务中，很多 HR 认为用人单位具有用人权，可以根据喜好自由地调换员工岗位和薪水。这是一个非常危险的观点，劳动合同一旦订立，并非想变就变，必须要满足一定的条件，履行一定的程序。

一、协商变更劳动合同的实体要件

劳动合同具有很强的严肃性，一经订立便不得随意变更，《劳动法》和《劳动合同法》都明确规定，变更劳动合同应当经过用人单位和劳动者的协商一致，这是变更劳动合同的实体要件。

意思自治原则是民事法律的基本原则，在雇佣领域也同样是基本的原则。根据这一原则，当事人有权根据自己的真实意思，为自己设定权利和对他人承担义务。变更劳动合同，是改变当事人的权利义务，故必须遵守意思自治原则，由用人单位和劳动者经充分协商达成一致意见。未经协商一致，任何一方均不能擅自变更劳动合同。

二、协商变更劳动合同的程序要件

根据《劳动合同法》第三十五条的规定，劳动合同的变更应当采取书面形式。将变更的劳动合同内容记载于书面，可以保证用人单位和劳动者全面履行劳动合同，避免劳动合同纠纷，同时也便于发生劳动争议时有据可查。协商变更劳动合同，实体要件和程序要件必须同时具备，二者缺一不可。

在北京地区，劳动者已经按变更后的工作地点实际履行合同，又以未采用书面形式为由主张劳动合同变更无效的，适用《最高人民法院关于审理劳动争议案件适用法律问题的解释（一）》的规定处理。需要提醒，新司法解释增设了"用人单位与劳动者协商一致"的前提条件，更加符合法律规定的劳动合同变更条件。根据《劳动合同法》第三十五条规定，用人单位与劳动者协商一致，可以变更劳动合同约定的内容。变更劳动合同，应当采用书面形式。因此，口头变更劳动合同同样需要双方协商一致，仅是未采取书面形式，但并不影响口头变更的效力。那么，对于协商一致由用人单位进行举证，比如微信聊天记录、往来邮件、谈话录音等。

三、特殊的协商变更劳动合同

《劳动合同法》第四十条规定，劳动合同订立时所依据的客观情况发生重大变化，致使劳动合同无法履行，用人单位可以与劳动者协商，变更劳动合同内容；未就变更劳动合同内容达成协议的，用人单位提前三十日以书面形式通知劳动者本人或者额外支付劳动者一个月工资后，可以解除劳动合同，并按规定支付经济补偿金。

因此，在实务中，很多 HR 根据这条规定，在劳动合同中增加"公司可根据需要对员工进行调岗"的规定。合同中约定了企业因工作需要可以调整员工的工作岗位，但是这一约定过于笼统，没有明确在什么样的情形下企业可以调岗，以及调到什么岗位，这样的条款实际运用中会有一定的障碍，不能仅仅凭借一个模糊的约定任意调整员工的工作岗位。

除此之外，员工岗位发生变更时，随之而来的就是薪酬待遇进行变更。调岗后的薪酬待遇有两种情况，一种是在合同中明确约定了"薪随岗变"的条款，或者已经在员工公示的规章制度中规定了这一原则，那么企业可以根据新岗位所对应的薪酬标准确定员工的薪资待遇；另一种是双方没有约定"薪随岗变"的原则，用人单位不可想当然地对员工薪酬作出调整，除非得到了员工本人的同意，也就是说，调岗后的薪酬没有特殊约定仍需要用人单位和劳动者协商一致。

举案说法 34. 用人单位生产经营状况发生变化是否有权单方调岗？

2012 年 3 月 4 日，小明入职某公司，职位为销售经理，月薪为 8 000 元。劳动合同特别约定，"公司可以视企业的经营状况和工作需要，合理调整其工作岗位，员工必须服从，且薪随岗变。"

2014 年，公司效益出现下滑，决定缩减管理岗位，在此情况下，2014 年 6 月 4 日，公司向小明发出了书面《调岗通知》，表明"由于企业经营状况发生变化，所以决定将小明的职位调整为一般的销售人员，薪水降为 4 000 元"。

对此，小明十分不满，2014 年 6 月 9 日，向劳动争议仲裁委员会申请了劳动仲裁，请求撤销公司的调岗决定，双方按原劳动合同继续履行。

```
       销售经理              一般销售人员
      8 000/月              4 000/月

 ●──────────────●──────────────●────────▶
   入职              调岗              仲裁
  2012.3.4          2014.6.4         2014.6.9
```

审理结果

劳动争议仲裁委员会审理认为，公司未经小明同意不得变更劳动合同，因此，公司单方作出的调岗决定无效，裁决支持了小明的仲裁请求。

HR 操作锦囊

案例中，虽然用人单位在小明入职时明确了"可以视企业的经营状况和工作需要，合理调整其工作岗位"，但是，仲裁委的裁决结果却以公司未经小明同意单方作出的调岗决定无效，最终，支持了小明的仲裁请求。根据《劳动合同法》规定，用人单位与劳动者协商一致，可以变更劳动合同约定的内容，同时，变更劳动合同，应当采用书面形式。结合到本案中，企业变更小明的职位并没有征得小明的同意，未达成协商一致，最终，对小明是没有约束力的。

小明入职前签订的劳动合同，用人单位在仲裁中作为证据进行了提交。小明入职时岗位是销售经理，月薪 8 000 元，变更后是一般销售人员，月薪 4 000 元。从员工的角度理解，员工在入职时，从未预知到其变更后的职位与薪水会有如此大的变动，所以，这就说明了一个很重要的问题，企业提前约定的调岗必须明确、具体、合理，才能最终合法有效。

本案中，企业只是很笼统地提到"可以视企业的经营状况和工作需要，合理调整其工作岗位"，却没有进行明确说明，因此，对劳动者不产生法律效力。其实，企业这种通过事后协商变成事前协商的行为，在实践中时有发生，但是在法律上存在瑕疵，也提醒用人单位引起重视。

实践中，还有用人单位在调岗环节中有这种情况，虽然，员工对于用人单位的调岗决定不认可，却到新的岗位工作，工作一段时间后，继续要求调回原岗位。根据《最高人民法院关于审理劳动争议案件适用法律问题的解释（一）》明确规定，变更劳动合同未采用书面形式，但经双方协商一致且已经实际履行了口头变更的劳动合同超过一个月，同时，变更后的劳动合同内容不违反法律、行政法规、国家政策以及公序良俗，当事人以未采用书面形式为由主张劳动合同变更无效的，人民法院不予支持。由此说明，虽然劳动合同的变更未采用书面形式，但是，变更后的合同实际履行超过 1 个月的，该变更即具有法律效力，劳动者继续要求调回的，单位可以拒绝。

协商变更劳动合同，HR 应注意以下问题。

（1）必须在劳动合同依法订立之后，在合同没有履行或者尚未履行完毕之前的有效时间内进行。

（2）必须坚持平等自愿、协商一致的原则，即劳动合同的变更必须经用人单位和劳动者双方当事人的同意。

（3）必须合法，不得违反法律、法规的强制性规定。

（4）变更劳动合同建议采用书面形式，若以口头方式通知，用人单位一定要保留协商一致的相关证据。

（5）劳动合同的变更要及时进行。及时与员工签订《变更协议》，变更协议应当由用人单位和员工各执一份。

综上所述，用人单位除因法定事由变更劳动合同，包括对员工的工作岗位、工作时间、工作地点、薪酬福利等劳动合同的任一内容进行变更，都必须与员工协商一致。

法条传送门

《中华人民共和国劳动法》

第十七条　订立和变更劳动合同，应当遵循平等自愿、协商一致的原则，不得违反法律、行政法规的规定。

劳动合同依法订立即具有法律约束力，当事人必须履行劳动合同规定的义务。

《中华人民共和国劳动合同法》

第三十五条　用人单位与劳动者协商一致，可以变更劳动合同约定的内容。变更劳动合同，应当采用书面形式。

《最高人民法院关于审理劳动争议案件适用法律问题的解释（一）》

第四十三条　用人单位与劳动者协商一致变更劳动合同，虽未采用书面形式，但已经实际履行了口头变更的劳动合同超过一个月，变更后的劳动合同内容不违反法律、行政法规且不违背公序良俗，当事人以未采用书面形式为由主张劳动合同变更无效的，人民法院不予支持。

第二节　单方变更劳动合同

关于劳动合同的变更，最理想的状态是双方达成一致，但如果遇到劳动者患病或者非因工负伤医疗期满不能从事原工作，或者劳动者不能胜任工作，以及劳动者被鉴定为五、六级工伤并与用人单位保留劳动关系需安排适当工作等情形，用人单位为了实现人力资源的优化配置还是需要单方来变更劳动合同，并且《劳动合同法》也赋予了企业单方变更劳动合同的权利。权利行使的过程中，必然要符合法律规定的条件和程序，调整必须注意要合理。

一、医疗期满劳动者不能从事原工作

根据《劳动合同法》规定，员工患病或非因工负伤，在规定的医疗期满后不能从事原工作的，用人单位可以单方合理调整其工作岗位。

医疗期满不能从事原工作，也不能从事由用人单位另行安排的工作的，用人单位提前三十日以书面形式通知劳动者本人或者额外支付劳动者一个月工资后，可以解除劳动合同，但是，必须向劳动者支付经济补偿。

经济补偿按劳动者在本单位工作的年限，每满一年支付一个月工资的标准向劳动者支付。六个月以上不满一年的，按一年计算；不满六个月的，向劳动者支付半个月工资的经济补偿。同时，还应发给不低于六个月工资的医疗补助费。患重病和绝症的还应增加医疗补助费，患重病的增加部分不低于医疗补助费的50%，患绝症的增加部分不低于医疗补助费的100%。

对于不能从事原工作以及不能从事由用人单位另行安排的工作的认定，既不能由劳动者自己认定，也不能由用人单位主观认定，而是应当进行劳动能力鉴定。

根据《劳动合同法》的规定，劳动者患病或者非因工负伤，在规定的医疗期满后不能从事原工作的，用人单位可以单方合理调整其工作岗位。HR 需要注意的是，调岗必须合理。一方面，不要故意将医疗期满的劳动者调整到劳动强度或绩效标准更高的工作岗位上，同时也是员工可以胜任的；另一方面，如果新岗位与原岗位级别和薪酬差别较大时，尽量与员工协商一致，以避免单方调岗无效的法律风险。

HR 操作锦囊

医疗期单方面变更劳动合同，用人单位 HR 可以按照以下程序处理。

（1）确认员工在本单位工作年限，以及是否患特殊疾病（恶性肿瘤、精神病、瘫痪等），核定医疗期时间。

（2）医疗期届满，通知员工办理销假手续，按时来工作，并根据其病情性质及工作表现确认是否能从事原工作。

（3）医疗期届满，不能从事原工作，安排其他岗位。

（4）医疗期满既不能从事原工作也不能从事其他岗位工作的，进行劳动能力鉴定。

（5）经劳动鉴定委员会参照工伤与职业病致残程度鉴定标准进行劳动能力的鉴定，被鉴定为一至四级的，办理退休退职手续，以书面形式体现《员工离职移交清单》，同时，HR 与员工做交接并签字确认。《员工离职移交清单》要具备以下条目：离职人员相关信息、离职原因和类型、离职时间、审批结果、各部门交接明细等，并且都要有相应的签字。具体的交接明细，人事部、行政部、财务部、本部门等。

（6）经劳动鉴定委员会鉴定为五至十级的，或者不构成伤残等级的，企业可依法解除或者与劳动者协商解除劳动关系，或到期终止劳动关系，与员工签订《解除/终止劳动合同协议书》。

（7）给予合理的经济补偿。

（8）医疗期满后，若员工继续请病假并提交合法病假手续，则默认属于不能从事原工作也不能从事另行安排的岗位，可在其提供病假手续后即以医疗期满为由解除劳动关系。若员工继续请假但未提交合法病假手续，可按旷工处理。

（8）用人单位与劳动者办理离职交接，给劳动者出具解除或终止劳动关系证明，失业证明，终止社会保险和公积金。

（9）付清尚欠工资、结清所有款项。

需要注意的是，将解除劳动关系的事由通知公司工会，没有工会的通知辖区工会（有些地区是不需要的）；工会如有异议，需要书面回复工会意见；工会同意后，提前三十日发出解除劳动关系通知书或者额外支付劳动者一个月工资的代通知金解除劳动合同。

二、劳动者不能胜任工作

不论是医疗期满劳动者不能从事原工作，还是劳动者能力欠佳不能胜任工作，总归都不符合现岗位的工作要求，主要体现在该劳动者不能按照单位的岗位职责要求完成劳动合同约定的工作任务或者同工种岗位人员的工作量。

《劳动合同法》规定，劳动者不能胜任工作的，用人单位可以进行培训或者调整工作岗位，劳动者仍然不能胜任工作的，用人单位可以单方解除劳动合同。用人单位的绩效管理体系也应当以此项规定为依据进行设计。按照《劳动合同法》的规定，以不能胜任工作为由解除劳动合同需要满足三个条件。

（1）劳动者被证明不能胜任工作。

（2）经过培训或者调整工作岗位。

（3）仍然不能胜任工作，这涉及绩效管理体系中的业绩目标制订、业绩考核、业绩改进等多个环节。通过对这些环节科学合理的设置，可以合法有效地对员工进行基于管理目的考核。

1. 不能胜任工作与业绩目标制订

用人单位在依据绩效管理制度辞退员工时，应当证明"员工不能胜任工作""经过培训或调整岗位""仍然不能胜任工作"。还应注意的是，对于员工的调岗一定要合理，不要将员工调整到劳动强度或绩效标准更高的工作岗位上。

不能胜任工作和失职看似都是员工不能满足业务上和职责上要求的情形，是员工客观上和主观上不符合工作岗位要求的情况。但是，不能胜任工作和失职有着不同的法律含义。处理员工应该识别员工主观上是否存在过失，如果因为员工主观原因导致，此时一般为失职；如果员工客观上因能力、知识和技能等方面不能充分满足工作的需要，即使主观上没有过失，也可以认定为不能胜任工作。当然，不能胜任工作和失职的认定都需与业绩目标联系，不能胜任工作判定的前提是存在工作要求和指标，失职判定的前提是存在任职岗位的工作职责。所以，包括岗位职责在内的工作业绩对于企业而言非常重要。

企业在制订考核制度时，应当通过具体的岗位设置等多方面的要素进行设计，更好地与 HR 实际管理相结合。

（1）用人单位应当制订全面的岗位职责，将短期目标、中期目标和长期目标相结合，全面概括并细化对员工各方面的要求。

（2）用人单位在制订业绩过程中，应当要将书面文件交由员工签署，确认其知晓。

（3）业绩目标应当明确而细致，具有可操作性，可以列明具体的任务和数量、质量要求。

（4）明确告知员工无法完成目标的法律后果。因用人单位的奖惩特别是惩戒制度而引起的劳动争议案件是相对高发的。为了降低法律风险，企业制订业绩目标规划时，应当告诉员工不能完成计划会承担何种责任，这样，可以事先预防并指导员工的行为。

2. 不能胜任工作的认定与业绩考核

业绩考核评估是用人单位内部管理行为，用人单位可以与劳动者约定业绩考核评估结果不合格为"不能胜任工作"的情形之一。工作任务完成情况的量化分析比较容易成为判定是否不能胜任的依据，无法量化的主观评估则难以被司法部门采纳；他人对员工工作情况的评价是否能够作为不胜任工作的证据使用，实践中有不同的标准，比如同事对于员工工作情况的笼统评价较难为司法部门接受，但是客户意见可以作为判定是否不能胜任的依据，而上级对下级的评估则很难为司法部门采纳。

用人单位在制定规章制度时，对于"不胜任"的标准，应当注意以下两方面，以便于日常管理和预防纠纷，发生纠纷后也有明确的依据。

（1）业绩考核不能全部运用定性化描述，不仅要考核员工工作态度，而且还需要结合工作的产量、质量、合格率等做定量化考核。

（2）用人单位在评估过程中，应当尽可能收集可以作为证据使用的辅助材料，如员工的业绩报表、客户的投诉信函等。考核开始前，要求员工提交任务报告或定期述职，所有报告应通过书面的形式均有员工签字。

3. 不能胜任工作员工的处理与业绩改进

用人单位制定绩效考核制度必须明确每个岗位的具体工作内容、任职资格及绩效标准，一方面使员工对工作内容、工作目标有清楚的了解；另一方面有明确的标准才能考核工作，才能有针对性地激励，提高员工个人绩效水平，同时推动企业运营效益。

对业绩不符合要求的员工，需要有适当的处理方案即如何进行业绩改进并可以综合运用各种绩效改进方式以达到提高绩效的目的。

（1）可以对初次考核不合格的员工进行岗位调整。

首先，岗位调整应当合理，与员工原工作存在联系。在调整岗位时应当遵守合理性原则，其调整方式是针对员工的不足做出的。

其次，应当完善劳动合同和规章制度，对员工拒绝调整岗位的行为予以合法应对。由于用人单位对不能胜任工作员工的工作调整多为向下调整，所以，常会遇到员工抵触情况，对此应如何应对，法律并未明确规定。这就需要通过相关约定和规定来应对，比如，可以规定员工拒绝调整岗位的行为是严重违纪行为，予以解除劳动合同。

（2）可以对初次考核不合格员工进行培训。对不能胜任的员工，如果没有其他岗位可以调整，也可以通过培训的方式予以绩效改进。

首先，培训内容应当与员工工作能力不足有关。对不能胜任的员工的培训不同于普通员工的培训，培训的目的是让员发现自己的不足并加以改进，因此，培训的内容应当有适当的针对性。

其次，培训的形式和待遇应当事先约定或通过规章制度规定。培训的形式可以包括在岗培训和离岗培训，一般可以由企业自行选择，但是培训期间待遇如有变化则需要企业和员工协商一致，如通过劳动合同约定或以规章制度的形式规定。

再次，培训应当保留培训档案或培训确认书。保存培训文档的记录，是为了预防以后可能发生的劳动争议，保留相关的法律证据。

（3）对初次考核不合格员工进行调岗或培训以后，员工仍然考核不合格的，企业可以单方解除劳动合同。对于没有业绩改进希望的员工，可以选择与其解除劳动合同，但应提前 30 日书面通知或额外支付一个月工资，同时支付经济补偿金后，方可解除劳动合同。

（4）还可以通过其他方式进行相关处理。可以采取协商解除、合同变更、薪酬调整、合同终止等多种方式对初次考核不合格的员工进行处理。比如，可以与不能胜任工作的员工进行协商，在员工自愿的前提下，解除劳动合同并支付经济补偿金；也可以与员工协商，通过变更合同等方式将员工的薪酬和合同期限进行调整变更。

4. 员工被末位淘汰制度淘汰无效

末位淘汰的原本用意，是避免组织因人员不流动造成一潭死水的吃大锅饭心态，是期望能在公平客观地评比工作绩效的原则下，让不胜任的员工另寻战场。同时，引进新的合适人员为组织的绩效注入活水。

末位淘汰固然可以提升组织的活力与绩效，但也因个人利益及公平与否的冲突，造成组织与人员短视而相互倾轧的工作氛围。

在进行绩效考核时，用人单位不能以"末位淘汰"来证明员工不能胜任工作，根据《劳动合同法》规定，不论是在用人单位规章制度里还是劳动合同中，约定以"末位淘汰"的结果对员工实施单方调岗或解除劳动合同都是违法的，对双方不具有约束力。因为，用人单位绩效考核中，排名末位的员工并不一定是不能胜任工作的，所以企业想要单方调岗，还需要拿出充分的证据证明员工确实不能胜任工作。

首先，"末位淘汰"制度是作为一项员工激励机制。其本身并不存在问题，但不能作为用人单位解除与员工劳动合同的依据，其解除与员工的劳动合同应在法律的框架内进行。劳动合同期间内，如果用人单位以劳动者的工作能力不足为由解除劳动合同，需证明劳动者"两次不能胜任工作"而且解除需提前三十日以书面形式通知劳动者本人或者额外支付一个月的工资；同时，单位还应该按照劳动者的工作年限支付经济补偿金。所以，如果用人单位直接以末位淘汰的形式与劳动者解除劳动合同，必须证明劳动者符合上述法律规定。否则，就构成违法解除。

"末位淘汰"在具体实行过程中，可以通过以下几种方式进行改进和处理。

（1）规章制度明确"不胜任工作"情形，且要合情合理。绩效考核标准应符合"SMART"原则，能客观认定员工"不能胜任"本职工作，否则模糊的、不确定的、不合理的、笼统的考核标准，有可能不被司法部门予以采纳。规章制度中，要明确何种程度的"考核末位"情形视同"不胜任工作"，处理措施"降职、降薪、辞退等"。

（2）相关规章制度和绩效考核标准应当通过民主程序制定，并经书面公示或已告知劳动者。在制定规章制度和绩效考核标准时，应经职工代表大会或全体职工讨论，提出方案和意见，与工会或者职工代表评定协商确定，用人单位应当将该规章制度和重大事项决定公示或告知劳动者。

（3）考核认定不能胜任本职工作员工的解除程序。绩效考核不合格，用人单位需要解除与该员工的劳动合同的，则应当履行对员工培训或调岗的程序，只有员工经培训或调岗后仍然不能胜任工作的，方能解除。

（4）保留绩效考核、培训或调岗的相关证据。如绩效考核标准、绩效标准经民主程序制订并公示的证据、员工绩效考核材料、培训或调岗的证据、培训或调岗后仍然不能胜任工作的证据。

（5）在劳动者符合《劳动合同法》第 42 条禁止解除劳动合同的情形时，用人单位不得以末位淘汰为理由，解除劳动合同。

举案说法 35. 绩效考核不合格，用人单位是否有权单方作出调岗决定？

2012 年 3 月，小明进入某公司，担任测量员，月薪为 6 000 元。一年后，公司发现小明工作能力欠缺，并且在 2013 年底考核不合格。部门经与人事部协商后，将小明调岗至售后服务部，月薪降为 3 000 元。

小明不愿意到售后服务部上班，人事部在多次敦促小明报到后，小明仍不愿意到售后服务部上班。公司于是认定小明的行为构成连续旷工，向其发出了《解除劳动合同的通知书》。小明不服，于是向劳动争议仲裁委员会申请了劳动仲裁，要求公司支付违法解除劳动合同的赔偿金。

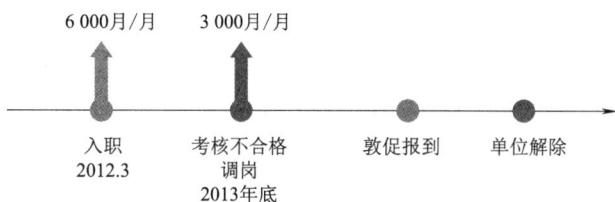

6 000月/月　3 000月/月

入职　考核不合格　敦促报到　单位解除
2012.3　调岗
2013年底

审理结果

庭审中，公司认为，由于根据公司的规定，员工考核不合格的，公司有权调整其工作岗位，因此，公司调岗决定合法有效。小明在接到公司的《调岗通知》后，拒绝到岗，连续旷工数天，根据公司的规章制度，已经构成严重违纪，因此，公司有权与其解除劳动合同。

小明认为，公司将其测量员调整到售后服务，其工作内容和对员工的要求与之前的岗位完全不同，其目的就是为了让自己主动辞职。因此，公司违法调岗在先，自己不上班的行为不属于旷工，公司无权解除劳动合同。

劳动争议仲裁委员会审理认为，虽然，用人单位有权对不能胜任工作的员工调整工作岗位，但是，其调岗必须有充分的合理性。本案中，调整后的岗位为客服专员，与小明之前的研发工程师的岗位缺乏关联性，因此，公司的调岗决定无效，小明不到新岗位上班的行为不构成旷工，公司以连续旷工为由解除劳动合同违反了法律规定，因此，裁决支持了小明的仲裁请求。

HR 操作锦囊

对于是否符合现岗位的工作要求，在实务中，其实应该有一个考核的依据，判断员工是否胜任工作岗位。"岗位工作是什么""什么程度属于能从事这个工作""什么程度属于不能从事这个工作"等方面就需要单位来举证提供可量化的考核标准。

（1）在员工入职时，公示岗位说明书、目标责任书和考评制度等，明确岗位的工作内容和职责范围。以目标任务为导向，制定合理的工作标准要求，对劳动者的工作任务进行量化，形成技术等级、考核标准等。

（2）建立完善的考核机制。完善考核制度，考核方式方法要明确，考核结果要客观、公正，同时，考核结果要告知员工。在实施调岗时，企业 HR 还应当注意保留相关的证据，如不胜任工作的《考评记录》和书面《调岗通知》，且均要求员工本人签字确认。

（3）培训的形式可以多样化，但必须是围绕提高工作技能展开的。而调整工作岗位也应该是与原岗位相似、相匹配的岗位，要体现调岗的合理性。

（4）岗位调整必须具有充分的合理性，即调整后的岗位应与调整前的岗位有一定的关联，并与员工的劳动能力、专业和技能相适应。

（5）即使满足了上述条件，用人单位以员工不能胜任工作为由解除劳动合同时，也需要提前三十日以书面形式通知或者额外支付一个月工资后，方可单方面解除劳动合同，同时，还要按规定支付经济补偿金。

三、患职业病或者因工负伤并被确认部分丧失劳动能力，达到伤残等级五级至六级

根据《工伤保险条例》第 36 条规定，职工因工致残被鉴定为五级、六级伤残的，从工伤保险基金按伤残等级支付一次性伤残补助金，保留与用人单位的劳动关系，由用人单位安排适当工作。难以安排工作的，由用人单位按月发给伤残津贴。经工伤职工本人提出，该职工可以与用人单位解除或者终止劳动关系，由工伤保险基金支付一次性工伤医疗补助金，由用人单位支付一次性伤残就业补助金。

法条传送门

《中华人民共和国劳动合同法》

第四十条　有下列情形之一的，用人单位提前三十日以书面形式通知劳动者本人或者额外支付劳动者一个月工资后，可以解除劳动合同。

（一）劳动者患病或者非因工负伤，在规定的医疗期满后不能从事原工作，也不能从事由用人单位另行安排的工作的；

（二）劳动者不能胜任工作，经过培训或者调整工作岗位，仍不能胜任工作的；

（三）劳动合同订立时所依据的客观情况发生重大变化，致使劳动合同无法履行，经用人单位与劳动者协商，未能就变更劳动合同内容达成协议的。

《企业职工患病或非因工负伤医疗期规定》

第八条　医疗期满尚未痊愈者，被解除劳动合同的经济补偿问题按照有关规定执行。

关于印发《违反和解除劳动合同的经济补偿办法》的通知

第六条　劳动者患病或者非因工负伤，经劳动鉴定委员会确认不能从事原工作、也不能从事用人单位另行安排的工作而解除劳动合同的，用人单位应按其在本单位的工作年限，每满一年发给相当于一个月工资的经济补偿金，同时还应发给不低于六个月工资的医疗补助费。患重病和绝症的还应增加医疗补助费，患重病的增加部分不低于医疗补助费的百分之五十，患绝症的增加部分不低于医疗补助费的百分之百。

《工伤保险条例》

第三十六条　职工因工致残被鉴定为五级、六级伤残的，享受以下待遇：

（一）从工伤保险基金按伤残等级支付一次性伤残补助金，标准为：五级伤残为 18 个月的本人工资，六级伤残为 16 个月的本人工资；

（二）保留与用人单位的劳动关系，由用人单位安排适当工作。难以安排工作的，由用人单位按月发给伤残津贴，标准为：五级伤残为本人工资的70%，六级伤残为本人工资的60%，并由用人单位按照规定为其缴纳应缴纳的各项社会保险费。伤残津贴实际金额低于当地最低工资标准的，由用人单位补足差额。

经工伤职工本人提出，该职工可以与用人单位解除或者终止劳动关系，由工伤保险基金支付一次性工伤医疗补助金，由用人单位支付一次性伤残就业补助金。一次性工伤医疗补助金和一次性伤残就业补助金的具体标准由省、自治区、直辖市人民政府规定。

第三节　劳动合同变更技巧

劳动合同变更可以分为三种情形：提高劳动合同条件的，如升职加薪等；维持劳动合同条件的，如平级调动、薪酬不变等；降低劳动合同条件的，如降职降薪等；对于前两种情形在实务中一般不会产生争议，但是对于第三种情形，往往因员工的不同意而无法实现。这就需要 HR 掌握劳动合同的变更技巧。

一、劳动合同归档保管的技巧

要使劳动合同变更顺利进行，最有效的一个技巧就是：在规章制度中规定或在劳动合同中约定劳动合同变更相关事宜。如此一来，规章制度和劳动合同就成为合同变更的重要证据，需妥善保管。

（1）劳动合同应由人事部门设专人保管，并应存入保险柜。

（2）对保管的劳动合同要逐一登记造册、编号，每月检查一次，发现到期合同要及时处理。

（3）档案移交要填写移交清单，交接双方应共同清点并签字留据。

（4）查阅档案需经人事部门领导批准，且须严格履行相关登记手续。

（5）签订的劳动合同一般一式两份，甲乙双方各持一份。归档的合同协议必须是原件。

（6）在合同履行过程中 HR 要对合同进行全程动态管理，及时掌握合同的履行及变更情况。员工合同期满不再续聘或辞职后，HR 要及时获取终止劳动合同的有关文书并归档。

（7）对归档的劳动合同要进行科学、细致的分类，以便查找利用。例如聘用合同、内退协议、停薪留职协议、待岗协议等。各类补充合同、补充协议也应该按照相应类别进行归类。

（8）劳动合同在员工离职后至少保存 2 年。

在劳动合同中约定或者在规章制度中规定劳动合同变更事宜时，应当要考虑到劳动合同变更的可操作性，不能仅仅原则地规定"用人单位可以根据工作需要变更劳动合同"，如此规定无法在实务中发生效力，也不得作为劳动合同变更的依据。

二、调整员工工作岗位的操作技巧

实践中，HR 经常在计划变更劳动合同后才与员工进行协商，这样做的风险非常大，尤其是在降低劳动合同标准的情形下，想与员工达成一致意见非常困难。HR 可以在劳动合同或者规章制度中直接约定工作岗位的内容和调岗条件，一旦出现约定情形，即可直接依据约定进行调岗。

1. 工作岗位的约定

在签订劳动合同时，对工作岗位条件进行适当的约定，是避免因调岗引发劳动争议的重要手段。但是何谓"适当的"，是越宽泛越好，还是越具体越好，实践中很难有统一的标准。

其实，工作岗位的约定也不是越宽泛越好，比如，有的企业将工作岗位约定为，"岗位从事相关工作"，这样的约定就过于宽泛，容易导致纠纷和争议。因此，在设计岗位条款的同时，应注意保证岗位范围的明确和具体。

2. 调岗情形的约定

除了对工作岗位适当的约定，还可以在劳动合同或规章制度中就调岗的条件和情形直接作出约定，但是，该约定不能违反法律规定和合理性原则。

（1）员工连续若干个考核周期不达标的，可以调整其工作岗位。此项约定其实是员工"不能胜任工作"的具体化和量化，用人单位应根据自己的实际情况确定相应的考核周期和考核标准，如果员工连续若干个考核周期均不达标的，说明该员工的能力确实不能胜任目前的工作岗位，可以调岗。但是，员工偶尔一次不达标可能是客观原因造成的，如果屡次不达标，则说明确实不能胜任工作，不达标次数可以设定为三次以上。

（2）可以对员工在一定范围内实行轮岗。对于一般员工的轮岗，主要是在相近的工作岗位之间轮换，而对于中高层管理人员的轮岗，范围会更广，周期更长。其实，轮岗不仅有利于发现最适合员工的工作岗位，而且员工通过轮岗，对工作全局和工作流程有了整体把握，有利于各岗之间的协调与配合。企业 HR 采用轮岗时，应当注意轮岗的岗位范围要合理，比如不能让员工在技术类岗位与行政类岗位之间进行轮换。同时，轮岗的周期要明确。

3．调整岗位的操作技巧

目前，对于用人单位单方变更员工的工作岗位的问题，结合实务，应注意以下技巧。

（1）对员工无法胜任工作的情形在企业的规章制度和员工手册中作出详细规定。

（2）内部有相关的工作岗位与薪酬挂钩的制度规定，且该规定的产生符合程序上的要求。

（3）在签订劳动合同时，应当向员工明示相应的《岗位职责》或《岗位说明书》，明确岗位的工作内容和职责范围，同时，在劳动合同中约定"员工必须服从企业在约定的岗位范围内安排的工作"。

三、变更劳动合同期限的操作技巧

1．变更劳动合同期限的情形

变更劳动合同期限，具体表现为通过协商或依据法律规定，缩短或延长劳动合同期限。

（1）协商变更劳动合同期限。

用人单位与员工可以协商一致变更固定期限劳动合同履行期限。如变更后的期限短于原合同期限，则仅视为对原合同期限的变更。如变更后的期限超过原合同期限，视为与员工订立两次固定期限的劳动合同。此时，需要注意的是，如员工再次提出或者同意续订、订立劳动合同，且其没有《劳动合同法》第三十九条和第四十条第（一）项、第（二）项规定的情形，除员工提出订立固定期限劳动合同外，应当与其订立无固定期限劳动合同。

（2）法定变更劳动合同期限。

法定变更劳动合同期限，主要是依据法律规定延长劳动合同期限的情形。

员工有下列情形之一的，劳动合同期限应当续延至相应的情形消失时终止：

第一，从事接触职业病危害作业的员工进行离岗前职业健康检查，或者疑似职业病病人在诊断或者医学观察期间的。

第二，患病或者非因工负伤，在规定的医疗期内的。

第三，女职工在孕期、产期、哺乳期的。

第四，在本单位连续工作满15年，且距离法定退休年龄不足5年的。

第五，法律、行政法规规定的其他情形。

用人单位为员工提供专项培训费用，对其进行专业技术培训的，可以与该员工订立协议，约定服务期。劳动合同期满，但是用人单位与员工依照《劳动合同法》第二十二条的规定约定的服务期尚未到期的，劳动合同应当延续至服务期满，双方另有约定的，从其约定。

员工担任基层工会专职主席、副主席或者委员或者非专职主席、副主席或者委员，自任职之日起，其劳动合同期限自动延长，延长期限相当于其任职期间，但是，任职期间个人严重过失或者达到法定退休年龄的除外。

需要提醒的是，劳动合同期满后，因上述法定情形延长劳动合同期限的，员工请求用人单位支付劳动合同延续期间未签订劳动合同的二倍工资时，不予支持。

2. 变更劳的动合同期限的操作技巧

劳动合同尚未到期，如何与员工变更劳动合同期限，实际操作中应该注意如下问题。

（1）变更劳动合同必须在劳动合同有效期内进行。

（2）必须遵循平等自愿、协商一致的原则，不得违反法律、行政法规规定的变更原则。

（3）必须遵循法定程序。

（4）依法向员工提出变更劳动合同的建议，并说明变更的理由和修改的条款，请求对方以书面形式限期答复。

（5）在协议中约定变更劳动合同后，原条款不再具有法律效力，但原劳动合同的其他条款仍然有效。

第十二章　劳动合同的解除

劳动合同的解除，是指劳动合同订立后，尚未全部履行前，由于某种原因导致劳动合同一方或双方当事人提前解除劳动关系的一种法律行为。劳动合同的解除分为法定解除和约定解除两种。根据劳动法的规定，劳动合同既可以由单方（劳动者或单位）依法解除，也可以由双方协商解除。劳动合同的解除形式千差万别，由劳动合同的解除引发的一系列问题也是多种多样，也是最考验 HR 知识储备和熟练运用知识的能力。

第一节　协商解除劳动合同

《劳动合同法》第三十六条规定："用人单位与劳动者协商一致，可以解除劳动合同。"该条赋予了用人单位和劳动者协商解除劳动合同的权利，对用人单位用人自主权和劳动者劳动权的保障有重要意义。所谓劳动合同的协商解除，是指劳动者与用人单位在劳动合同订立之后履行完毕之前，在不违反法律、法规的强制性规定前提下，在双方平等自愿的基础上，共同协商，达成一致，解除劳动合同的法律行为。协商一致是最常用的一种解除方法，如果能够在双方中间找到平衡点，也是最简便、最灵活的解决方法。

一、协商解除劳动合同的条件

任何权利的行使都应以不违法为前提，用人单位与劳动者双方协商解除劳动合同也不例外。协商解除劳动合同应满足以下条件。

（1）协商解除的须为双方依法建立的合法劳动关系。这是因为如果双方非劳动合同关系，或劳动合同无效，也就无解除劳动合同一说。

（2）劳动合同双方均有提出协商解除劳动合同的权利。

（3）协商解除劳动合同须在劳动合同订立之后全部履行完毕之前进行。这是因为劳动合同一旦履行完毕，已无解除的必要。

（4）劳动合同双方协商解除合同要遵循平等自愿、协商一致的原则，且不违反法律、法规强制性规定。

二、协商解除劳动合同是否应支付经济补偿金

对于劳动者和用人单位双方协商解除劳动合同，用人单位是否应向劳动者支付经济补偿的问题，《劳动合同法》第四十六条关于经济补偿金适用范围明确规定"用人单位依照本法第三十六条规定向劳动者提出解除劳动合同并与劳动者协商一致解除劳动合同的，应向劳动者支付经济补偿"，该条是将劳动者首先提出解除劳动合同的情形排除在支付经济补偿金的范围之外。这主要是考虑到实践中有的协商解除是由劳动者提出的，此时，如要求用人单位支付经济补偿金就不合理。

需要明确的是，协商解除劳动合同需支付经济补偿金的情形，仅针对用人单位提出解除劳动合同、并与劳动者协商一致，如果是劳动者提出、双方协商一致解除劳动合同的，则用人单位可以不支付经济补偿金。

三、用人单位和员工达成的协商解除劳动合同的协议中约定的相关补偿标准低于法律规定的标准，该约定是否有效

当用人单位提出与员工协商解除劳动合同并就相关补偿标准达成书面协议，约定相关补偿已涵盖企业所需支付的全部款项、企业无须再承担任何支付义务，但该补偿低于法律规定的最低标准时，该约定效力应当如何认定呢？《最高人民法院关于审理劳动争议案件适用法律问题的解释（一）》规定："劳动者与用人单位就解除或者终止劳动合同办理相关手续、支付工资报酬、加班费、经济补偿或者赔偿金等达成的协议，不违反法律、行政法规的强制性规定，且不存在欺诈、胁迫或者乘人之危情形的，应当认定有效。

前款协议存在重大误解或者显失公平情形，当事人请求撤销的，人民法院应予支持。"《北京市劳动和社会保障局北京市高级人民法院关于劳动争议案件法律适用问题研讨会会议纪要》第 30 条规定："用人单位与劳动者就经济补偿金的给付标准自行达成的协议，如约定的给付标准低于法定标准，劳动者领取后，又在仲裁时效内主张权利，要求用人单位补足差额部分，应予以支持。

但如果用人单位在协议中已明确告知劳动者相关法律或政策规定的标准，劳动者明确表示放弃权利，对其主张则不应予以支持。"由此可见，如果用人单位向员工支付的经济补偿金低于法定标准的，员工可以要求用人单位补足差额，但必须具备以下条件。

（1）用人单位支付的标准低于法定标准，比如用人单位计算经济补偿金时的月工资基数低于员工实际的月平均工资，或者给员工计算的年限较少，这些都会导致员工经济补偿

金的缩水。

（2）未超过仲裁时效，劳动争议申请仲裁的时效期间为一年，从当事人知道或者应当知道其权利被侵害之日起起算。

（3）用人单位未在协议中明确向员工告知法定标准，员工也未明确表示放弃该权益，也就是说用人单位必须在书面协议中标明员工已经知道了法定标准，且员工放弃了该权益。

四、协商解除劳动合同法律风险

协商解除劳动合同是双方法律行为，无论是用人单位首先提出解除还是员工首先提出解除，只有双方同意，达成一致，方可解除劳动合同。一般而言，用人单位和员工均不会无缘无故提出协商解除劳动合同，大多数情况下，在用人单位和员工一方意图单方解除劳动合同而又无法确保符合单方解除的法定条件，或者单方解除可能造成的风险或付出的成本过高时，就会寻求通过协商解除劳动合同的途径达到解除劳动合同的目的。实际工作中，协商解除劳动合同更多地是由企业提出的。由于协商解除劳动合同是基于双方合意，可以有效避免企业单方解除劳动合同被认定违法带来的法律风险。

协商解除劳动合同作为法律赋予劳动合同双方的法定权利，其行使关系到双方的重大利益。而实践中，很多劳动争议就是由协商解除劳动合同引起的。因此，劳动合同双方有必要就相关事项予以注意，以减少劳动争议。

协商解除劳动合同的，除了须满足上文提到的必备条件之外，解除合同双方还应对以下事项予以特别注意，以维护各自的合法权益。同时，对于员工处于医疗期、孕期、产期或者哺乳期的，用人单位也可以与其协商解除劳动合同，只要双方协商一致。在实务操作中，用人单位应注意以下几个方面。

（1）用人单位和员工协商解除劳动合同，务必签订书面的解除劳动合同协议，企业因缺乏证据陷入被动局面。

（2）协商解除协议中明确双方属于协商解除劳动合同，并且应明确由谁最先提出解除。

（3）解除劳动合同的协议，应明确规定解除的时间，工作的交接，工资报酬、加班费、经济补偿金、赔偿金等的标准和数额、支付方式和时间等事项，并且由员工签字确认。需要注意的是，相关约定不能违反法律和行政法规的强制性规定。另外，如果双方协商的经济补偿金低于法定标准时，必须明确注明员工已经知道法定标准并放弃该权益，否则，员工依然可以申请仲裁要求企业补足差额。

（4）明确员工应完成的工作交接事项及员工除交接工作外不得再以企业名义从事任何活动。

（5）对于涉及商业秘密、知识产权及竞业限制或禁止的员工，应在协商解除协议中明确规定其在劳动合同解除后，应履行的相关义务。

五、"无其他争议"有风险

解除劳动合同协议中双方经常约定"双方再无劳动争议纠纷"，用人单位认为劳动者已经签字确认，认可双方再无劳动争议纠纷，劳动者无权就劳动争议中的任何事项另行申请劳动仲裁或提起诉讼，仲裁委和法院也不应再支持劳动者的请求。实际上，这种想法是不全面的。

劳动纠纷中，一方面要尊重意思自治，一方面会保护劳动者的法定权利。如果劳动者不明白所享有的权利到底是多少，用人单位仅凭"双方再无劳动争议纠纷"就不支持劳动者的诉求了吗？很多情况下，会被认为是显失公平或者排除了劳动者的法定权利而无效。

下面对几种常见的情形进行分析（因实践中观点不一，仅供参考）。

（1）解除协议约定"公司一次性向某员工支付的款项中包括但不仅限于解除劳动合同经济补偿金、代通知金、劳动关系存续期间的工资、加班费、年休假工资等一切款项，双方再无任何争议"。

该条已经明确约定了用人单位向员工支付的一切款项，员工就相关款项事宜按协议履行即可，员工再就上述所涉及的款项单独仲裁、诉讼是无法得到支持的。但若因办理离职手续等事项发生争议的，仍可通过裁、诉讼的途径来解决。

（2）解除协议约定"公司一次性向某员工支付款项，该笔款项包括一切赔偿、补偿费用及工资，双方再无其他争议"。

该条约定未约定具体项目，但限定词为"一切赔偿、补偿及工资"，该约定其实只对经济补偿金、工资作出了约定，员工再就上述所涉及的款项单独仲裁、诉讼请求上述费用是无法得到支持的，但若因上述款项之外的款项仍然可以申请仲裁或提起诉讼。

（3）解除协议约定"公司一次性向某员工支付款项，除此之外，员工自愿放弃其他任何费用，双方再无其他争议"。

该约定中因员工明确表示放弃其他任何费用，故员工不得再主张相关款项事宜，员工不可以再就相关款项申请仲裁或提起诉讼。

（4）解除协议约定"公司一次性向某员工支付款项，双方再无其他争议"。

该条仅约定公司向员工支付一定金额的款项，未约定该笔款项包括哪些项目，所以，存在约定不明的情形，这种情况如何处理呢？若员工起诉索要例如经济补偿金，能否得到支持呢？这时就需要员工来证明该笔款项并非经济补偿金，只要能够确定该笔款项不包括经济补偿金，员工的主张是应该得到支持的。

（5）解除协议约定"公司向员工支付经济补偿金、劳动关系存续期间的工资、加班费款项，双方再无任何争议"。

该条约明确用人单位向员工支付的款项为经济补偿金、劳动关系存续期间的工资、加班费，员工再就上述款项单独仲裁、诉讼是无法得到支持的。但对其他未约定的例如双倍工资差额、经济赔偿金等项目仍然可以单独申请仲裁或提起诉讼。

法条传送门

《中华人民共和国劳动合同法》

第三十六条　用人单位与劳动者协商一致，可以解除劳动合同。

第四十六条　有下列情形之一的，用人单位应当向劳动者支付经济补偿：

……

（二）用人单位依照本法第三十六条规定向劳动者提出解除劳动合同并与劳动者协商一致解除劳动合同的；

《最高人民法院关于审理劳动争议案件适用法律问题的解释（一）》

第三十五条　劳动者与用人单位就解除或者终止劳动合同办理相关手续、支付工资报酬、加班费、经济补偿或者赔偿金等达成的协议，不违反法律、行政法规的强制性规定，且不存在欺诈、胁迫或者乘人之危情形的，应当认定有效。

前款协议存在重大误解或者显失公平情形，当事人请求撤销的，人民法院应予支持。

第四十七条　建立了工会组织的用人单位解除劳动合同符合劳动合同法第三十九条、第四十条规定，但未按照劳动合同法第四十三条规定事先通知工会，劳动者以用人单位违法解除劳动合同为由请求用人单位支付赔偿金的，人民法院应予支持，但起诉前用人单位已经补正有关程序的除外。

第四十八条　劳动合同法施行后，因用人单位经营期限届满不再继续经营导致劳动合同不能继续履行，劳动者请求用人单位支付经济补偿的，人民法院应予支持。

第五十三条　用人单位对劳动者作出的开除、除名、辞退等处理，或者因其他原因解除劳动合同确有错误的，人民法院可以依法判决予以撤销。

对于追索劳动报酬、养老金、医疗费以及工伤保险待遇、经济补偿金、培训费及其他相关费用等案件，给付数额不当的，人民法院可以予以变更。

第二节　劳动者解除劳动合同

劳动者的辞职权，是《劳动合同法》规定的劳动者享有的一项基本权利。劳动者主动解除劳动合同，尤其是那些业务骨干或高级管理人员主动解除劳动合同，某种角度来说对用人单位是一个坏消息，他们的离开不仅会增加企业的经营成本，造成企业无形资产的流失，而且还会给留下来的员工造成心理上的消极影响。而《劳动合同法》的颁布，更是减少了对员工辞职的限制，让员工辞职变得更加容易，这无疑给企业应对员工辞职提出了更高的要求和挑战。

一、劳动者预告解除劳动合同

1. 预告解除的期限

《劳动合同法》第 37 条规定，劳动者提前 30 日以书面形式通知用人单位的，可以解除劳动合同。劳动者在试用期内提前 3 日通知用人单位，可以解除劳动合同。此处的"30 日""3 日"均为日历日而非工作日。需要注意的是，非试用期内的解除，应当以书面形式通知，而试用期内的解除，没有形式的要求，口头形式和书面形式均可。但作为 HR，从用人单位风险管理角度应避免，尽量不使用可能会产生争议的方式，因此建议劳动者提出离职申请的，用人单位均应要求其采用书面的形式。

2. 预告解除的效力问题

实践中，劳动者主张劳动合同因已经提前预告而解除，而用人单位则不认为劳动合同已经解除的情况时有发生。其主要的争议点就是在预告期限的起算问题以及预告期限内劳动合同的效力问题上。现在劳动者行使其预告解除权的方式往往是以辞职报告的形式出现的，并且许多劳动者都是在提交辞职报告后即离开用人单位，在等到三十日的期限届满后才向用人单位提出办理相应的离职手续。

根据劳动合同法的规定，提前预告是劳动者的义务，用人单位的权利，实质上赋予的是用人单位的人员接替权，在法定期限届满前，劳动者与用人单位之间的劳动合同仍然是有效的，双方之间仍然存在着劳动合同的关系，劳动者应当按照劳动合同约定继续履行劳动义务。但用人单位在劳动者提出辞职后，可以选择 30 天到期解除劳动关系，也可以选择立即解除劳动关系。

3. 用人单位在预告期限内是否可以不同意解除劳动合同作为对劳动者单方解除的抗辩

劳动合同法赋予劳动者单方解除权的前提是保护劳动者的劳动自由和劳动力的自由流动，劳动者依据《劳动合同法》的规定行使单方解除权时，用人单位以书面方式通知劳动者不同意解除劳动合同的行为不得成为其抗辩依据，劳动合同应当视为解除。这一点在立法说明中已经予以充分的说明，但司法实践中仍然有人认为用人单位可以抗辩，这是与立法精神相违背的。

4. 用人单位对员工不辞而别的应对

除了劳动者提前预告通知解除劳动合同外，实践中还有好多劳动者不辞而别不见踪影的情况。对于不辞而别的劳动者是否劳动关系就自动解除了，答案绝对是否定的。那么对于此类员工怎么处理，根据原劳动部办公厅《关于通过新闻媒介通知职工回单位并对逾期不归者按自动离职或旷工处理问题的复函》的规定，对于不辞而别的员工，单位首先应当通知其在规定时间内回单位报到或办理有关手续，通知应以书面形式直接送达职工本人；本人不在的，交其同住成年亲属签收。直接送达有困难的可以邮寄送达，以挂号查询回执上注明的收件日期为送达日期。如果受送达职工下落不明，或者用上述送达方式无法送达的情况下，可以采用公告送达的方式，即张贴公告或通过新闻媒介通知。自发出公告之日起，经过 30 日，即视为送达。在此基础上，单位可认定不辞而别未归员工自动离职。

5. 员工没有提前 30 日通知便不告而别，用人单位能否要求员工支付违约金

虽然员工没有提前 30 日通知便不告而别违反了法律规定，但是根据《劳动合同法》的规定，除了员工违反服务期约定或违反竞业限制义务的情形下，企业不得与员工约定由员工支付违约金。但是，如果员工突然离职给企业造成劳动力空缺，生产、经营中断，或者其他经济损失的，企业可以要求员工承担赔偿责任。当然，企业对遭受损失以及损失大小要承担举证责任。

举案说法 36. 劳动者离职是否必须得到用人单位的准许？

小明为某公司销售部主管，与公司签订期限为 2012 年 4 月 1 日至 2014 年 3 月 31 日的

劳动合同。2013 年 11 月 13 日，小明向公司提交书面辞职申请，表示"因个人原因无法继续留在公司工作，特向公司申请辞职"。公司认为，小明是公司的业务骨干，而且对公司还有一些欠款未结清，因此，不同意其辞职，也不为其办理离职手续。12 月 13 日，小明再次与公司协商办理离职手续，被拒绝后第 2 天即自行离职，不来公司上班，且当月工资未予发放。2014 年 2 月，小明在索要工资未果后向当地劳动争议仲裁委员会提起劳动仲裁，要求公司支付其 2013 年 11 月及 12 月工资，并办理离职手续。

审理结果

劳动争议仲裁委员会经审理认为，小明在单方解除劳动合同前 30 日向公司提交了书面辞职申请，其辞职行为符合法律规定，因此，公司与小明的劳动关系已于 2013 年 12 月 13 日解除，公司应当为小明办理离职手续，故裁决支持了小明的请求。

HR 操作锦囊

实务中，许多单位认为员工辞职必须要得到单位的批准，否则就不能辞职，这实际上是一个典型的认识误区。根据《劳动合同法》的规定，员工辞职，只要提前 30 天以书面形式通知单位即可，无须单位批准或同意。如果员工辞职时未办理工作交接或与单位有其他未了的纠纷，用人单位可通过仲裁或诉讼等法律途径主张自己的权利，但不能以此为由限制员工辞职，二者是两个独立的法律关系，不能混为一谈。

在规章制度中，完善辞职管理制度，注重书面材料的流程化管理，可借鉴如下内容。

（1）新聘员工在试用期内申请辞职的，必须提前 3 天申请，工作满 1 个月的员工须提前 30 天提出辞职申请。对于员工因个人原因离职的，企业一定要注意审查辞职理由，应是员工的"个人原因"，并要求员工提供本人签字确认的、明确载明辞职日期的辞职信，不接受员工全部打印或者以电子邮件的方式辞职，以免为今后取证造成障碍。

（2）员工无论什么理由申请辞职，需自书面提出辞职之日起，仍在原工作岗位继续工作满一个月，交接清楚后，方可离职。

（3）员工也可以与公司协商离职日期，无论协商结果如何，必须交接清楚工作后方可离职。

（4）对于员工未提前30日通知解除劳动合同自动离职，或者未经企业同意提出解除劳动合同后工作未满30日自行离职的，企业可以在规章制度中将上述情况规定为旷工，并明确旷工多少天属于"严重违反规章制度"，据此做严重违纪处理，依法单方解除劳动合同，并将书面《解除劳动合同通知书》送达员工本人，如员工无法联系或者不配合办理辞退手续的，可以邮寄送达，如无人接收则应当采用公告的形式送达，并可追究员工未提前30日通知擅自离职给企业造成的经济损失。

（5）员工辞职申请被批准后，需依据《离职员工工作交接清单》，办理工作移交手续。

（6）办理好交接工作后，结算所有在职期间的工资。

（7）员工辞职时，该部门经理、人力部经理与辞职人进行谈话时，做好录音，以及谈话笔录，并由员工签字确认。

（8）员工辞职审批程序：提出书面申请，直接主管审批，部门经理审批，人力资源部审批，总（副）经理核准，人力资源部考勤，财务核算工资。

（9）用人单位及时出具离职证明以及办理档案和社保关系的转移手续。

（10）用人单位妥善进行文本保管。从争议证据保留和举证责任承担等方面来讲，用人单位应当特别注意重要文书材料的日常性保存和备案，至少保存二年以上备查。

另外，员工提出辞职后的30日内，与用人单位尚保持劳动关系，双方应当按照法律规定和劳动合同约定享有并承担各自的权利和义务，该期间内，若劳动者要求休假的，只要符合法律或者规章制度的规定，应当保障员工正当的休假权。

可见，认定自动离职的程序性要求较严格，操作也比较复杂。用人单位可以严格考勤制度管理，对于这种不辞而别的员工可以按照旷工处理，构成严重违纪的可以依法单方面解除劳动合同。

二、劳动者即时解除劳动合同

劳动者即时解除劳动合同，是指在企业存在过错的情况下，员工无须预告即可在通知企业的同时，单方面解除劳动合同。换而言之，员工可以即时解除劳动合同，而无须履行提前30日通知的义务。

根据《劳动合同法》及其《实施条例》的规定，用人单位有下列情形之一的，劳动者可以即时解除劳动合同。

（1）用人单位未按照劳动合同约定提供劳动保护或者劳动条件的。

劳动保护是指劳动中对劳动者的必要保护条件。如工作服、安全帽、口罩、手套、工作环境等。

劳动条件是指劳动者在工作中的必备条件。如工作台、安全防护网、设备、工具及工作环境等。

实践中，有些用人单位为了逼迫员工自动离职，非停工、停业故意员工放假，关闭员工的电脑、邮箱、OA 登录系统，还有些用人单位从一个地方搬迁到另一个地方，最终却以员工不能到岗，不能提供劳动等为由，如此种种，与员工解除劳动关系。许多 HR 认为，用人单位这样做最终可以达到员工主动离职，并省去经济补偿金的支付，一举两得。殊不知，用人单位的这种行为已经违反了本条的规定"未提供劳动保护或者劳动条件"，此情况一旦发生，劳动者即可以此条即时与用人单位解除劳动关系。

（2）用人单位未及时足额支付劳动报酬的。

未及时足额支付劳动报酬，既包括未及时支付的情形，也包括未足额支付的情形。这里的劳动报酬，包含劳动者的基本工资、绩效工资、奖金、津贴、加班费等各种工资性收入。

此条的立法本意是为了防止用人单位拖欠劳动者的工资，但近年来劳动者为了得到经济补偿金，逐渐演变为劳动者被迫解除劳动合同的理由，尤其是针对单位未足额支付加班费一项。另外，如果是以未及时足额支付劳动报酬为由解除劳动合同的，经济补偿金的支付年限则包括 2008 年以前的部分。

（3）用人单位未依法为劳动者缴纳社会保险费的。

实践中，北京地区，劳动者以此为由即时与用人单位解除劳动关系，仅针对用人单位从未为劳动者缴纳社会保险费用的情况，如果用人单位有缴纳过社会保险费用，存在漏缴、少缴、未足额缴纳等情况，则此种理由不能认定解除成立。因为，2009 年 7 月，北京市下发的《北京市高级人民法院、北京市劳动争议仲裁委员会关于劳动争议案件法律适用问题研讨会会议纪要》中，明确将用人单位未按规定险种为劳动者建立社保关系和用人单位未足额缴纳或欠缴社会保险费两种情形给予了区分，对于前者，劳动者请求解除劳动合同并要求用人单位支付经济补偿金的，裁决支持；但对于后者，则不予支持。换而言之，仅仅是缴费基数较低或发生欠缴，劳动者无权据此提出解除劳动合同和要求经济补偿。

另外，对于劳动者以未依法缴纳社会保险费为由解除劳动合同的，经济补偿金的支付年限是从 2008 年 1 月 1 日起计算，2008 年以前的工作年限不包括在内。依据《劳动合同法》第九十七条第三款的规定，即"本法施行之日存续的劳动合同在本法施行后解除或者终止，依照本法第四十六条规定应当支付经济补偿的，经济补偿年限自本法施行之日起计算；本法施行前按照当时有关规定，用人单位应当向劳动者支付经济补偿的，按照当时有关规定执行"。因此，不能以《劳动合同法》实施以前用人单位未依法缴纳社会保险费等违法行为主张解除劳动合同的经济补偿。

（4）用人单位的规章制度违反法律、法规的规定，损害劳动者权益的。

要注意此条不但要求"违反法律、法规的规定"并且存在"损害劳动者权益"的事实，二者需要同时具备。如果劳动者仅仅以用人单位的规章制度违反法律、法规的规定为由被迫解除劳动合同，则此种理由下的解除不应成立。

（5）用人单位以欺诈、胁迫的手段或者乘人之危，使劳动者在违背真实意思的情况下订立或者变更劳动合同，致使劳动合同无效的。

实践中，此种情况针对用人单位出现的较少，现实中频频出现劳动者欺诈的情况，尤其是学历欺诈，针对劳动者提供的虚假学历，不能一概而论都是欺诈行为，应视情况而定。

（6）用人单位在劳动合同中免除自己的法定责任、排除劳动者权利的。

（7）用人单位违反法律、行政法规强制性规定的。

（8）用人单位以暴力、威胁或者非法限制人身自由的手段强迫劳动者劳动的。

（9）用人单位违章指挥、强令冒险作业危及劳动者人身安全的。

（10）法律、行政法规规定劳动者可以解除劳动合同的其他情形。

上述（1）至（7）种情况一旦发生，劳动者即可即时提出解除劳动关系，但应告知用人单位。劳动者采用即时解除劳动合同的，建议以书面形式通知用人单位并说明具体理由，否则可能被认定为自动离职，无法得到相应的经济补偿。

对于上述第（8）（9）种情形，劳动者可以立即解除劳动合同，不需事先告知用人单位。

特别注意：这 10 种情况下劳动者解除劳动关系，用人单位均需支付经济补偿金。

举案说法 37. 用人单位未缴纳社会保险，劳动者据此解除劳动合同，是否可以要求用人单位支付经济补偿金？

小明于 2011 年 11 月进入某公司，签订了 3 年期劳动合同，月薪 5 000 元。公司一直未为小明缴纳社会保险费。2014 年 2 月，小明拿到另外一个公司的 Offer。听朋友说要是员工主动辞职，不但没有经济补偿金还得提前 30 天通知，但要是能找到单位存在的过错，不但不用提前通知，还可以主张经济补偿。于是，2014 年 3 月，小明向公司提交辞呈，以公司未为其缴纳社会保险为由解除劳动合同，并要求公司支付经济补偿金。公司不同意支付经济补偿金，小明遂申请仲裁，要求公司支付员工被迫解除劳动合同的经济补偿金。

审理结果

劳动争议仲裁委员会经审理，认为因用人单位在劳动合同履行过程中一直未缴纳社会保险费，因此，小明以此为由解除劳动合同符合法律规定，用人单位应当向小明支付经济补偿金。

HR 操作锦囊

《劳动合同法》出台后，产生大量的由于未依法为劳动者缴纳社会保险费和未及时足额支付加班费而导致劳动者要求解除劳动合同及支付经济补偿的案件。由于用人单位存在过错，劳动者享有更自由的解约权，并能获得相应的经济补偿，这大大增加了用人单位的违法成本，也给用人单位的规范用工提出了更大的挑战和要求。

实务中，用人单位应当尽量避免出现法律规定的过错情形，尤其是对于社会保险费的缴纳和劳动报酬的支付。对于劳动报酬，尤其是加班费，用人单位应当及时足额支付。如果由于客观原因确实不能按时支付的，应向员工说明情况，并告知预计支付的时间，方可延期支付。对于社会保险，用人单位应当自用工之日起，及时按法律规定为员工建立社保关系，足额缴纳社会保险费。如果拖延办理社保关系或发生欠缴，应及时予以补缴。

有一点要注意的是，对于劳动者以未依法缴纳社会保险费为由解除劳动合同的，经济补偿金的支付年限是从 2008 年 1 月 1 日起计算，2008 年以前的工作年限不包括在内。但是如果是以未及时足额支付劳动报酬为由解除劳动合同的，经济补偿金的支付年限则包括 2008 年以前的部分。

三、劳动者违法解除劳动合同的法律后果

《劳动合同法》规定，劳动者违反本法规定解除劳动合同，给用人单位造成损失的，应当承担赔偿责任。实务中，用人单位需要对"损失"承担举证责任，根据《违反〈劳动法〉有关劳动合同规定的赔偿办法》规定，损失主要包括如下方面。

（1）用人单位为录用劳动者直接支付的费用。

（2）用人单位为劳动者支付的培训费用。

（3）对生产、经营和工作造成的直接经济损失。

（4）劳动合同约定的其他赔偿费用。

目前，对于用人单位出资招用的员工提前解除劳动合同，能否要求其承担赔偿责任，可以分为两种情况：一是如果用人单位没有在劳动合同中对此事项作出约定，则要求赔偿录用费的请求将无法得到支持；二是如果用人单位约定了此种情况下，员工应承担赔偿责任，则有可能得到仲裁委员会或法院的支持，但最终结果还取决于仲裁员或法官的自由裁量。

因此，员工突然辞职未提前履行告知或不辞而别，给用人单位造成损失的，可以要求员工就相应的经济损失承担赔偿责任。如果发生上述情况，HR 应注意收集和保留好证据，第一时间提出请求或诉诸法律。

举案说法 38．用人单位为劳动者办理北京户口，劳动者违反服务期规定是否应付违约金？

2010 年 7 月 14 日，小明入职北京某事业单位，该单位与小明签订了劳动合同，合同约定：单位为小明办理北京市户口，小明需工作 5 年，如果小明提前离职，需向单位支付20 万元的违约金。在合同履行中，单位按照约定为小明办理了北京市户口，但小明在户口办理结束后的第 3 年即提出离职，单位因此要求小明支付 20 万元的违约金，遭到小明的拒绝，单位扣押了小明的档案，不给其办理离职手续，后小明向朝阳区劳动人事争议仲裁委提起仲裁。

审理结果

朝阳区劳动人事争议仲裁委审理后，认定单位与小明约定办理北京户口的违约金条款无效，不支持单位要求小明支付 20 万元违约金的要求。单位不服，向朝阳区人民法院提起诉讼，后双方协商，以小明支付该单位 2 万元补偿告终。

HR 操作锦囊

实践中，不少用人单位为防止劳动者在办理北京市户口、提供住房或其他额外福利后恶意跳槽，在劳动合同中约定各种形式的违约金，但这些约定都因违法导致用人单位在劳动争议发生后败诉，起不到防范用工风险的作用。

因此，建议用人单位给劳动者办理北京市户口，让劳动者获得巨大的额外福利，从公平角度出发，双方可以签订办理北京市户口的专项服务协议。在服务协议中明确用人单位为劳动者办理北京市户口应当承担的费用和资源，劳动者应当承担的相关义务，以及北京市户口办理后档案管理与存放等事项，在专项服务协议中约定违约责任和赔偿责任。服务协议独立于双方的劳动合同，这样就可以避开劳动合同法限定的违约金条款。

同时，针对目前职场失信严重的情形，用人单位应当善用《劳动合同法》第九十条的规定，强化劳动者违法离职的赔偿责任。可以在劳动合同中约定劳动者违法离职时赔偿用人单位因招聘同类岗位人员的招聘费、实施招聘的人工费以及给单位造成的误工损失费、新招用员工的培训费等。

在相关证据无法举出的情形下，用人单位追究违法解除劳动合同的员工的可能性和现实性都比较小。尽管用人单位除服务期和竞业限制外，不能和员工就其违反解除劳动合同约定相应的违约金，但是这并不影响用人单位和员工之间可以就某一具体岗位员工离职可能带来的损失共同进行合理必要的预估。

综上所述，用人单位可以通过规章制度、劳动合同或其他专项协议与员工明确约定下列事项：员工违法或违约解除劳动合同可能给用人单位造成的损失种类，损失的计算方法与计算标准。在此后发生争议的时候，有一个可以遵循的赔偿计算方式。

根据法律规定，用人单位为招用的劳动者办理本市户口，双方约定了服务期及违约金。由于该约定违反法律规定，因此用人单位以双方约定为依据要求劳动者支付违约金的，不予支持。但确因劳动者违反了诚实信用原则，给用人单位造成损失的，劳动者应当予以赔偿。毕竟进京户口指标系重要的稀缺资源，并认可在服务期届满前违反诚实信用原则单方提出辞职，给用人单位造成相应经济损失，应当按照承诺向用人单位赔偿经济损失。

法条传送门

《中华人民共和国劳动合同法》

第二十六条　下列劳动合同无效或者部分无效

（一）以欺诈、胁迫的手段或者乘人之危，使对方在违背真实意思的情况下订立或者变更劳动合同的；

第三十七条　劳动者提前三十日以书面形式通知用人单位，可以解除劳动合同。劳动者在试用期内提前三日通知用人单位，可以解除劳动合同。

第三十八条　用人单位有下列情形之一的，劳动者可以解除劳动合同：

（一）未按照劳动合同约定提供劳动保护或者劳动条件的；

（二）未及时足额支付劳动报酬的；

（三）未依法为劳动者缴纳社会保险费的；

（四）用人单位的规章制度违反法律、法规的规定，损害劳动者权益的；

（五）因本法第二十六条第一款规定的情形致使劳动合同无效的；

（六）法律、行政法规规定劳动者可以解除劳动合同的其他情形。

第九十条　劳动者违反本法规定解除劳动合同，或者违反劳动合同中约定的保密义务或者竞业限制，给用人单位造成损失的，应当承担赔偿责任。

《中华人民共和国劳动合同法实施条例》

第十八条　有下列情形之一的，依照劳动合同法规定的条件、程序，劳动者可以与用人单位解除固定期限劳动合同、无固定期限劳动合同或者以完成一定工作任务为期限的劳动合同：

（一）劳动者与用人单位协商一致的；

（二）劳动者提前30日以书面形式通知用人单位的；

（三）劳动者在试用期内提前3日通知用人单位的；

（四）用人单位未按照劳动合同约定提供劳动保护或者劳动条件的；

（五）用人单位未及时足额支付劳动报酬的；

（六）用人单位未依法为劳动者缴纳社会保险费的；

（七）用人单位的规章制度违反法律、法规的规定，损害劳动者权益的；

（八）用人单位以欺诈、胁迫的手段或者乘人之危，使劳动者在违背真实意思的情况下订立或者变更劳动合同的；

（九）用人单位在劳动合同中免除自己的法定责任、排除劳动者权利的；

（十）用人单位违反法律、行政法规强制性规定的；

（十一）用人单位以暴力、威胁或者非法限制人身自由的手段强迫劳动者劳动的；

（十二）用人单位违章指挥、强令冒险作业危及劳动者人身安全的；

（十三）法律、行政法规规定劳动者可以解除劳动合同的其他情形。

《违反〈劳动法〉有关劳动合同规定的赔偿办法》

第四条　劳动者违反规定或劳动合同的约定解除劳动合同，对用人单位造成损失的，劳动者应赔偿用人单位下列损失：

（一）用人单位招收录用其所支付的费用；

（二）用人单位为其支付的培训费用，双方另有约定的按约定办理；

（三）对生产、经营和工作造成的直接经济损失；

（四）劳动合同约定的其他赔偿费用。

《北京市高级人民法院、北京市劳动争议仲裁委员会关于劳动争议案件法律适用问题研讨会会议纪要》（略）

第三节　用人单位解除劳动合同

劳动合同是确定双方权利义务的重要依据，用人单位与劳动者依法订立的劳动合同受法律保护，劳动合同的解除涉及单位和劳动者的切身利益，非依法定的事由和程序，用人单位不得单方解除劳动合同。

根据《劳动合同法》及其《实施条例》的规定，用人单位单方解除劳动合同的情形主要有两种：一种是因劳动者存在过错而单方解除劳动合同；另一种是非因劳动者存在过错而单方解除劳动合同，以下简称为"过错性解除劳动合同"和"非过错性解除劳动合同"。

一、过错性解除劳动合同

1. 过错性解除劳动合同的适用情形

根据《劳动合同法》规定，劳动者有下列情形之一的，用人单位可以解除劳动合同。

（1）在试用期间被证明不符合录用条件的。

录用条件是指用人单位在招用劳动者时提出的具体要求和标准。工作岗位不同，用人单位对劳动者提出的录用条件和标准也不同。为了考察招用的劳动者是否符合所要求的条件和标准，用人单位一般都规定了长短不等的试用期，以便对劳动者进行全面、严格的考察，主要包括知识、能力、品德或身体条件。在试用期内，劳动者如果符合用人单位的录用条件和标准，双方将继续履行所订立的合同；如果劳动者被证明不符合用人单位的录用条件和标准，或者被证明不能胜任合同中规定的工作岗位，用人单位就可依法解除与该劳动者所订立的劳动合同，终止双方的劳动关系。需要注意的是，用人单位应将录用条件在招聘广告、劳动合同、入职登记、规章制度、员工手册等书面材料中进行明示，最好经员工签字确认，以证明确已履行告知义务。另外，用人单位应在劳动者试用期届满前及时进行考核并发出解除劳动合同通知，否则试用期后用人单位将不能依据该条款解除劳动合同。

（2）严重违反用人单位的规章制度的。

规章制度是用人单位为规范生产经营的过程、创造良好的工作环境而制定的内部规定。用人单位要保证生产经营的顺利进行，必须有相应的规则对劳动过程进行管理，对劳动者在生产经营中的行为进行管理，对用人单位的各项活动进行管理，规章制度就是根据生产经营的需要为这种管理而制定的。但是，用人单位的规章制度并不是由用人单位随心所欲制定的，而必须符合以下三个条件，才对劳动者具有约束力：一是符合国家法律、行政法规的规定；二是经过民主程序制定；三是已向劳动者公示或告知劳动者。需要注意的是，用人单位不能仅仅根据劳动者有违反劳动纪律的行为，就做出解除劳动者劳动合同的决定，而是劳动者违反规章制度的行为严重到一定程度，用人单位才可依法做出解除劳动合同的决定。至于具体的何种情形能够构成"严重违反规章制度"，实践中国家并未规定法定标准，而是需要用人单位根据自身情况在内部规章制度中予以明确，但应合理合法。另外，用人单位在保证规章制度有效的前提下还应注意收集劳动者严重违纪的证据，如录音录像、经劳动者签字确认的违纪通知单、员工的检讨书等。同时，还要确保解除程序合法，最好以书面形式向劳动者发放《解除劳动合同通知书》，写明解除原因及解除时间，并保留送达给劳动者的相关证据。

（3）严重失职，营私舞弊，给用人单位造成重大损害的。

这里的"重大损害"一般由用人单位的内部规章规定，因为用人单位类型各有不同，对重大损害的界定也千差万别，故对此没有统一的标准。用人单位在依据这一条作出解除劳动者劳动合同的决定时，必须同时掌握两个标准：一个是劳动者的"失职""营私舞弊"必须是严重的；另一个是劳动者的行为必须对用人单位的利益造成了重大损害。对劳动者不严重的失职行为或者未对用人单位利益造成重大损失的行为，用人单位不能依据该规定解除劳动者的劳动合同。

（4）劳动者同时与其他用人单位建立劳动关系，对完成本单位的工作任务造成严重影响，或者经用人单位提出，拒不改正的。

这里所讲的实际上就是劳动者建立双重甚至多重劳动关系的行为，即劳动者在用人单位工作的同时，又与其他用人单位建立劳动关系，领取其他用人单位的工资，而这种行为在我们国家实际上是不被禁止的，劳动者只有在完成本单位的工作任务造成严重影响时或者经用人单位提出，拒不改正的，用人单位才可以解除劳动关系。如果用人单位发现劳动者与其他单位建立劳动关系，欲与其解除劳动合同，并不能马上进行，而应符合上述两种情形之一，方可解除。因"严重影响"的标准难以界定，用人单位可以在规章制度或劳动合同中约定"禁止与其他用人单位同时建立劳动关系"并将其作为"严重违反规章制度"的行为之一，一经发现，即可根据相关规定单方解除劳动合同。

（5）因《劳动合同法》第二十六条第一款第一项规定的情形致使劳动合同无效的。

根据《劳动合同法》第二十六条第一款第一项规定，以欺诈、胁迫的手段或者乘人之危，使对方在违背其真实意思的情况下订立劳动合同的，劳动合同无效。这种情形，同样可能发生在劳动者身上，如劳动者提供虚假应聘资料等。当劳动者有这种情形，并对工作产生实质性影响时，用人单位就可以解除其劳动合同。

（6）被依法追究刑事责任的。

劳动者在被依法追究刑事责任的情况下，已经不能再从事用人单位的生产经营活动，其与用人单位订立的劳动合同也就失去了存在的意义，在这种情况下，用人单位可以解除劳动者的劳动合同。即使劳动者被人民检察院免予起诉或者被人民法院免予刑事处分，但因其行为性质的严重性已经超过了用人单位可以解除劳动合同的前三项情形，故用人单位也可以解除其劳动合同。

本条中"被依法追究刑事责任"，具体指以下几种情况。

第一，被人民检察院免予起诉的。

第二，被人民法院判处刑罚（刑罚包括主刑和附加刑，主刑包括：管制、拘役、有期徒刑、无期徒刑、死刑；附加刑包括：罚金、剥夺政治权利、没收财产）的。

第三，被人民法院依据刑法第三十二条免予刑事处分的。

实务中，HR 常常会简单地根据员工是否被限制人身自由，来判断是否属于"被依法追究刑事责任"。这是不正确的。比如，员工仅仅是违反《治安管理处罚法》的规定被行政拘留的，虽然被限制了人身自由，但不属于"被追究刑事责任"，因此，用人单位不能以此为由解除劳动合同。这就要求我们在签订劳动合同时或者在规章制度员工手册中考虑增加"遵纪守法，因违法行为被刑事拘留、行政拘留、司法拘留、收容教育等达到 3 天未出勤的，单位可以解除劳动合同"的规定。

（7）除此之外，《劳动合同法实施条例》第五条规定，自用工之日起一个月内，经用人单位书面通知后，劳动者不与用人单位订立书面劳动合同的，用人单位应当书面通知劳动者终止劳动关系，无须向劳动者支付经济补偿，但是应当依法向劳动者支付其实际工作时间的劳动报酬。

以上 7 项用人单位依法解除劳动合同，无须向劳动者支付经济补偿金。

2. 过错性解除劳动合同的适用范围

过错性解除劳动合同适用于用人单位的全体员工，概无例外。即便对根据《劳动合同法》第 42 条的规定因处于医疗期、孕期、产期、哺乳期，或因其他情形而享有特殊解雇保护的员工，只要存在上述 7 种过错情形之一的，用人单位都可以单方解除劳动合同。

3. 过错性解除劳动合同的程序

（1）经过工会程序。

根据《劳动合同法》的规定，用人单位应当在解除劳动合同前，将解约理由通知工会。如果用人单位违反法律、行政法规规定或者劳动合同约定的，工会有权要求用人单位纠正。用人单位应当研究工会的意见，并将处理结果书面通知工会。需注意，用人单位只需履行通知工会程序即可。

（2）向劳动者说明理由，并送达解除决定。

在过错性解除劳动合同的情形下，用人单位无须提前通知劳动者即可解除。法律并未对解除的形式做强制性的规定，但是建议用人单位采用书面形式，并将解除理由告知劳动者，然后将该解除决定或通知送达劳动者本人，送达时应注意保留相应的证据，以避免员工日后主张劳动合同尚未解除的法律风险。

4. 过错性解除劳动合同的后果

此种情形下，由于劳动者存在过错，因此，用人单位单方解除劳动合同不需要提前通知，也不需要支付经济补偿金。过错解除是裁员谈判中的重要砝码，但过错解除的举证责任在用人单位，需要单位对员工过错的行为加以证明，并保留相关证据。

（1）规章制度的有效性。规章制度生效必须经过民主程序和公示程序。民主程序是用人单位需要与职工代表、工会或全体职工协商，听取职工意见，而后制定相应制度；公示程序是用人单位将制定的规章制度告知职工，告知的方式可以通过规章制度培训、规章制度告知书、规章制度附件等方式履行告知义务。目前，存在的争议是规章制度未经民主程序，但内容不违反法律法规，且已经过公示程序，告知职工的，部分地区可以作为有效的规章制度适用。但多数地区，程序违法也会被认定为违法解除。从谨慎操作角度考虑，建议用人单位对规章制度的民主和公示程序予以完善。

（2）严重性判定。违反规章制度分为一般违反和严重违反，实务中如何界定严重违法，用人单位可以从规章制度的设计方面予以考虑：一是明确严重违反规章制度的情形，在规章制度中列明哪些情形属于严重违法规章制度；二是建立员工违章层级制度。将员工违规行为区分为不同的等级，并规定低等级违规行为超过一定次数累积为严重违规；三是设立兜底性条款。规章制度不可能事无巨细，包括所有的违规方式，对此可以在规章制度中设定兜底条款，以规章制度未明确规定的行为不适用严重违章。

（3）证据保留。严重违章解除的举证责任在用人单位，用人单位通过严重违章解除的必须注意保留职工违章的相关证据，以防因无法举证造成不利后果。

（4）送达解除通知书。对用人单位单方解除的形式法律并未明确规定，但从证据保留角度考虑，建议用人单位采用书面的解除方式，向员工送达解除通知书，并在解除通知书中明确"严重规章"的解除事由。

举案说法 39. 下班后参与赌博，依法被行政拘留是否可以视为严重违反公司规章制度？

阿发是横栏一家纺织公司的员工，1997 年 3 月 7 日入职。由于工作勤勉，他很快从普工晋升为领班。2009 年 9 月 1 日，阿发在厂区外面的士多赌博，被公安机关抓获后，处以行政拘留 5 天。9 月 7 日，阿发刚从拘留所出来，就收到公司的辞退通知。公司认为其行为已经构成了严重违反公司规章制度，公司有权单方解除劳动合同。阿发认为，自己既没有违反公司规章，又没有达到旷工辞退标准，遂将原东家申请仲裁，后又告上法院。

		被辞退
入职	赌博被拘	释放
1997.3.7	2009.9.1	2009.9.7

审理结果

阿发诉至仲裁及法院，要求公司支付违法解除劳动合同的赔偿金 89 280 元。仲裁及一审法院驳回了阿发的全部主张，阿发向中山市中级人民法院上诉。

经过审判，中山市中级人民法院撤销一审法院判决，判决纺织公司非法解除劳动合同，应向阿发支付解除劳动合同赔偿金 8 万元。

HR 操作锦囊

公司称，阿发在进厂时曾签收过一份《员工手册》，根据《员工手册》第二条第 3 项、第 11 项规定，"无故连续旷工达 5 天或一个月累计旷工达 15 天""在厂区或宿舍聚众赌博"视为严重违反公司规章，公司可以立即解雇并无须支付任何补偿。公司认为，阿发已经旷工 5 天，并参与赌博，应当被辞退。

阿发不服，认为自己是在厂区外面打牌，没有在"厂区"或"宿舍"打牌赌博，没有违反公司制度。另外，阿发认为自己并没有连续旷工 5 天。阿发被公安机关拘留 5 天（2009 年 9 月 1 日～9 月 5 日），其中最后一天 2009 年 9 月 5 日是星期六，属于员工的法定休息日，无须上班，阿发认为这一天不属于旷工，因此他达不到公司规定的"连续旷工 5 天可解雇"的条件。最终，法院支持了阿发的主张。

确认员工的某一行为是否构成严重违反公司规章制度要从四方面分析确认。

第一，公司规章制度是否对员工的某一行为有明确约定。

第二，公司约定限制某一行为是否具有合法性，不得违反法律规定，非法限制员工权利。

第三，明确一般违反公司规章制度与严重违反公司规章制度的区别，严重程度标准。

第四，公司的规章制度对员工有进行公示，员工要知道规章制度的约定。

四者结合在一起才能判断员工的行为是否构成了严重违反了公司规章制度。

本案中，阿发对《员工手册》有签名，《员工手册》注明"在厂区或宿舍聚众赌博"视为严重违反公司规章。可以证明阿发知道公司制度的存在，公司制度对阿发具有约束力。然而，阿发是在厂区门口的士多赌博，是否属于《员工手册》里约定的厂区或宿舍呢？显然不是。

厂区和宿舍是属于公司的生产和生活场所，是属于公司的管理范围，受公司管理。然而门外的的士多是属于社会场所，显然不属于公司的管理范围，因此阿发的行为并没有构成严重违反公司规章制度。

另外，根据《劳动法》规定，劳动者被依法追究刑事责任的，用人单位可以解除劳动合同。而《关于〈劳动法〉若干条文的说明》中对此条款作了具体解释。刑事责任是指：

（1）被人民法院判处刑罚（包括主刑：管制、拘役、有期徒刑、无期徒刑、死刑；附加刑：罚金、剥夺政治权利、没收财产）的。

（2）被人民法院依据新《刑法》第 37 条免予刑事处罚的。

劳动者符合上述情形，即为被依法追究刑事责任，用人单位可以解除劳动合同。

行政拘留是指法定的行政机关（专指公安机关）依法对违反行政法律规范的人，在短期内限制人身自由的一种行政处罚。行政拘留是最严厉的一种行政处罚，通常适用于严重违反治安管理但不构成犯罪，而警告、罚款处罚不足以惩戒的情况。

显然，行政拘留不属于依法被追究刑事责任，因此，公司不能将行政拘留作为构成刑事责任的情形单方解除劳动合同。当然，用人单位可通过在规章制度中明确，将其作为"员工严重违纪"的情形。

二、非过错性解除劳动合同

1. 非过错性解除劳动合同的情形

非过错性解除劳动合同是指劳动者没有过错，但由于客观情况发生了变化或者由于劳动者的主观原因，致使劳动合同履行困难，甚至无法履行的，在合同目的无法实现的情况下，用人单位经过法定程序单方面解除劳动合同。

根据《劳动合同法》的规定，有下列情形之一的，用人单位提前 30 日以书面形式通知劳动者本人或者额外支付劳动者 1 个月工资后，可以解除劳动合同。

（1）劳动者患病或非因工负伤，在规定的医疗期满后不能从事原工作，也不能从事用人单位另行安排的工作的。

医疗期是指用人单位职工因患病或非因工负伤停止工作治病休息、不得解除劳动合同的时限。劳动者患病或非因工负伤，有权在医疗期限内进行治疗和休息，不从事劳动。但医疗期满后，劳动者就有义务回用人单位参加劳动。如果劳动者因身体健康问题不能胜任工作，用人单位有义务为其调动工作岗位，选择其力所能及的岗位工作。如果劳动者对用人单位重新安排的工作也无法胜任，说明劳动者履行合同已经不能，用人单位可以解除劳动合同。此时，用人单位在提前书面 30 日通知或者额外支付一个月工资后，方可解除劳动合同。采用提前 30 日书面通知的，30 日内应向劳动者正常发放工资，30 日后劳动合同解除；采用额外支付一个月工资的，额外支付一个月工资并办理相关手续后，劳动合同即告解除。

（2）劳动者不能胜任工作，经过培训或调整工作岗位，仍不能胜任工作的。

这里所谓的"不能胜任工作"是指不能按照要求完成劳动合同中约定的任务或者完成同工种、同岗位人员的工作量。如果劳动者不能胜任工作，用人单位应当对其进行必要的培训，帮助劳动者提高劳动技能，使其适应用人单位工作的需要，也可以调整其工作岗位。如果用人单位尽了这些义务，劳动者仍不能胜任工作的，说明劳动者不具备在该用人单位就职的能力，用人单位可以解除与该劳动者的劳动合同。

但是，用人单位不能随意调动劳动者的工作岗位或故意提高工作强度和提高定额标准，使劳动者无法完成任务，以劳动者不能胜任工作为由解除劳动合同。

（3）劳动合同订立时的客观情况发生重大变化，致使劳动合同无法履行，经用人单位与劳动者协商，未能就变更劳动合同内容达成协议的。

这是《合同法》情势变更原则在劳动合同中的体现。这里的"客观情况"是指履行原劳动合同所必要的客观条件，因不可抗力或出现致使劳动合同全部或部分条款无法履行的其他情形，如自然灾害、企业迁移、企业产业转移、被兼并等使原劳动合同不能履行或不必要履行的情况。发生上述情况时，为了使劳动合同能得到继续履行，必须根据变化后的客观情况，由双方当事人对合同进行变更的协商，直至达成一致意见，如果劳动者不同意变更劳动合同，用人单位可以单方解除劳动合同。

2. 非过错性解除劳动合同的适用范围

非过错性解除劳动合同并不适用所有的员工，根据《劳动合同法》的规定，劳动者有下列情形之一的，用人单位不得依照《劳动合同法》第四十条规定解除劳动合同，即不得适用非过错性解除劳动合同。

（1）从事接触职业病危害作业的劳动者未进行离岗前职业健康检查，或者疑似职业病病人在诊断或者医学观察期间的。

（2）在本单位患职业病或者因工负伤并被确认丧失或者部分丧失劳动能力的。

（3）患病或者非因工负伤，在规定的医疗期内的。

（4）女职工在孕期、产期、哺乳期的。

（5）在本单位连续工作满15年，且距法定退休年龄不足5年的。

（6）法律、行政法规规定的其他情形。

3. 非过错性解除劳动合同的程序

（1）经过工会程序。根据《劳动合同法》的规定，用人单位应当在解除劳动合同前，将解约理由通知工会。如果用人单位违反法律、行政法规规定或者劳动合同约定的，工会有权要求用人单位纠正。用人单位应当研究工会的意见，并将处理结果书面通知工会。

（2）通知劳动者，并送达解除决定。这里需要特别提示一下，非过错性解除劳动合同下的"通知"和过错性解除下的"通知"，在履行程序上有些差别。为了让劳动者在用人单位解除劳动合同后有充足的时间准备接下来的工作和生活安排，对于符合解除条件的非过错性解除劳动合同，用人单位必须提前 30 日以书面形式通知劳动者本人或者额外支付劳动者 1 个月工资后，方能解除。这里，提前 30 日以书面形式通知劳动者本人是法定的必经程序，或者，用人单位也可以额外支付劳动者 1 个月工资，来代替提前 30 日的通知义务，因此，这 1 个月工资也被称作"代通知金"。

4. 非过错性解除劳动合同的后果

根据《劳动合同法》的规定，用人单位非因劳动者过错而单方解除劳动合同法律后果分为两种情况。第一种情况，解除时提前 30 日以书面形式通知劳动者本人，向劳动者支付经济补偿金即可；第二种情况，如果未提前 30 日以书面形式通知劳动者本人的，应当支付经济补偿金和额外 1 个月的工资作为代通知金。经济补偿金的金额应按劳动者在本单位工作的年限，每满 1 年支付 1 个月工资的标准向劳动者支付。6 个月以上不满 1 年的，按 1 年计算；不满 6 个月的，向劳动者支付半个月工资作为经济补偿金。这里计算经济补偿金的"月工资"是指劳动者在劳动合同解除或者终止前 12 个月的平均工资。"代通知金"的计算基数，则不是前述的"月工资"，而是按照劳动合同解除前劳动者上 1 个月的工资标准确定。

举案说法 40．"迁址"是否属于"客观情况"发生重大变化？

由于北京的空气质量糟糕，交通常常陷入拥堵，经济规划机构希望继续搬迁企业。坐落在北京市海淀区的 A 制造企业积极响应北京市政府号召，2014 年 8 月公司决定迁址至北京市平谷区，并于同年 8 月 5 日向每一名员工发放了公司迁址通知。

通知下发后，公司有十几名员工不愿去平谷上班，理由是路途遥远。A 公司人力资源部答复说："如果不去，那么，只好解除劳动合同"。

于是，以"客观情况"发生重大变化为由向这些职工发出了《解除劳动合同通知书》，告知他们一个月后，劳动合同将被解除。这十几名员工想不通，集体向劳动仲裁委员会提出仲裁申请，要求 A 公司支付解除劳动合同的经济补偿金。

审理结果

劳动仲裁最终支持了这十几名员工的申请。

HR 操作锦囊

对于何谓"客观情况"发生重大变化，《劳动法》和《劳动合同法》均未做明确的规定。《劳动部关于〈中华人民共和国劳动法〉若干条文的说明》第二十六条规定，"客观情况"指发生不可抗力或出现致使劳动合同全部或部分条款无法履行的其他情况，如企业迁移、被兼并、企业资产转移等。发生上述情况时，为了使劳动合同能够得到继续履行，必须根据变化后的客观情况，由双方当事人对合同进行变更的协商，直到达成一致意见，如果劳动者不同意变更劳动合同，原劳动合同所确立的劳动关系就没有存续的必要，在这种情况下，用人单位也只有解除劳动合同。

对于"迁址"是否属于"客观情况"发生重大变化，实践中有不同意见，比如，用人单位迁址的，究竟迁出多远才可以算得上"客观情况"发生重大变化呢？鉴于《劳动合同法》第四十条规定，该条适用的前提是出现劳动合同无法全部或部分履行的情形。所以，在实际工作中，仲裁委和法院对此享有自由裁量权。比如，设区的市，在同一个行政区内的迁移的，将不被视为客观情况发生重大变化。

本案中，A 制造企业由北京市海淀区迁至北京市平谷区，已经跨越了两个不同的行政区域，应该属于"客观情况"发生了重大变化，原劳动合同中的工作地点必须变更。但十几名劳动者不愿意去新的工作地点工作，可以表明，双方未能就变更劳动合同达成一致的意见，企业是可以解除劳动合同的。需要提醒 HR，这种情况下解除劳动合同，要提前三十日书面通知或额外支付一个月工资，并且要按劳动者在本单位的工作年限支付经济补偿金。

企业在依据《劳动合同法》第四十条的规定解除劳动合同的，应注意以下事项。

（1）确认客观情势发生重大变化，用人单位对此负有举证责任。

（2）要确认已发生劳动合同无法履行的情况。劳动合同是否已经无法继续履行，应当实事求是地进行判断，主要看劳动者的原来的工作条件是否还存在。仅仅是用人单位名称或投资人发生变化，并不必然导致劳动合同不能继续履行。

（3）与劳动者进行必要的协商变更程序。也就是说，如果双方当事人经过协商能够就变更劳动合同达成协议，用人单位不能解除劳动合同；用人单位对此负举证责任，用人单位可以将协商过程进行录音录像、制作谈话笔录并经劳动者签字确认、或通过向劳动者就变更劳动合同问题书面征求意见的方式收集证据。

（4）如用人单位成立工会，应将"劳动合同解除理由"通知工会，并听取工会意见。

（5）提前 30 日向员工发出解除劳动合同书，并让其签收或向劳动者额外支付一个月工资。

（6）按劳动者在本单位工作年限，每满1年给予劳动者本人1个月工资收入的经济补偿金；6个月以上不满1年的，按1年计算；不满6个月的，向劳动者支付半个月工资的经济补偿金。

与此同时，为便于根据客观情况的变化而调动员工的工作内容，可在企业的规章制度或与劳动者的劳动合同中对客观情况发生重大变化的情形做出明示细化。

（1）用人单位的原因：用人单位跨地区迁移、兼并、分立、合资、转（改）制、转产、进行重大技术改造等致使劳动合同所确定的生产、工作岗位消失；用人单位倒闭、破产、解散、经营期限届满致使劳动合同所确定的生产、工作岗位消失。

（2）劳动者的原因：劳动者自身身体原因导致不能从事劳动合同约定工作的；劳动者自身原因在用人单位内部退养、待岗的；劳动者从事某种岗位的资质丧失；双方约定的劳动条件诸如工作时间、工作地点等发生改变的。

（3）其他原因：国家政策、法律法规的改变使得劳动合同某些条款不适应社会发展的；其他不可抗力的因素。

用人单位在规章制度或在劳动合同中，对上述情形进行列明，这样来，一旦出现上述情形，用人单位就可就劳动合同与员工协商进行变更。

三、经济性裁员解除劳动合同

所谓经济性裁员，是指用人单位在濒临破产进行法定整顿期间或生产经营状况发生严重困难等情况下，为改善生产经营状况而成批裁减人员的制度。

1. 经济性裁员解除劳动合同的适用情形

（1）依照企业破产法规定进行重整的。

（2）生产经营发生严重困难的。

（3）企业转产、重大技术革新或者经营方式调整，经变更劳动合同后，仍需裁减人员的。

（4）其他因劳动合同订立时所依据的客观经济情况发生重大变化，致使劳动合同无法履行的。

2. 经济性裁员解除劳动合同的特殊要求

经济性裁员，属于非过错性解除劳动合同，但它与一般非过错性解除劳动合同最大的区别在于，经济性裁员属于劳动合同的批量解除，因此，在裁员时要满足一定的条件，即在人数限制，即需要裁减人员20人以上或者裁减人员不足20人但占企业职工总数10%以上的，才能适用，否则，只能按一般解除劳动合同的方式进行。

3. 经济性裁员解除劳动合同的特殊情形

根据《劳动合同法》的规定，劳动者有下列情形之一的，用人单位不得依照《劳动合同法》第 41 条规定解除劳动合同，即不得适用经济性裁员解除劳动合同。

不适用的情形如下：

（1）从事接触职业病危害作业的劳动者未进行离岗前职业健康检查，或者疑似职业病病人在诊断或者医学观察期间的。

（2）在本单位患职业病或者因工负伤并被确认丧失或者部分丧失劳动能力的。

（3）患病或者非因工负伤，在规定的医疗期内的。

（4）女职工在孕期、产期、哺乳期的。

（5）在本单位连续工作满 15 年，且距法定退休年龄不足 5 年的。

（6）法律、行政法规规定的其他情形。

应当优先留用的人员。

（1）与本单位订立较长期限的固定期限劳动合同的。

（2）与本单位订立无固定期限劳动合同的。

（3）家庭无其他就业人员，有需要抚养的老人或者未成年人的。

应优先录用被裁减的人员。

用人单位裁减人员之后，在 6 个月内又重新招用人员的，应当通知被裁减的人员，并在同等条件下优先招用被裁减的人员。

所以，用人单位在确定裁员人员名单时，应做到区别对待，严格按照法律规定操作，避免不必要的争议。

4. 经济性裁员解除劳动合同的程序

由于经济性裁员涉及人数较多，对用人单位和劳动者来说影响相对较大，因此，经济性裁员解除劳动合同的法定程序比其他方式解除劳动合同要更为严格一些。

（1）组建了工会的用人单位必须提前 30 天向工会说明情况，或者向全体职工说明包括裁员的理由、裁员的程序、裁员的人数和范围以及对被裁减人员的经济补偿等情况。

（2）用人单位应认真听取职工或者工会的意见。

（3）用人单位应向当地劳动行政部门上报包括被裁减人员名单、裁减时间、事实步骤、依据的法律法规规定、经济补偿办法等情况的裁员方案。

（4）向用人单位职工正式公布裁员方案，与被裁人员办理解除劳动合同手续，并按照有关规定向被裁减人员支付经济补偿金。

以上程序是法律规定的必经程序，用人单位在经济性裁员的操作上应严格遵守，并保证每一个流程都有相应的书面文件作为证据保留。

5. 经济性裁员解除劳动合同的后果

一是经济补偿金，根据《劳动合同法》的规定，用人单位因经济性裁员而单方解除劳动合同的，应向劳动者支付经济补偿。经济补偿按劳动者在本单位工作的年限，每满 1 年支付 1 个月工资的标准向劳动者支付。6 个月以上不满 1 年的，按 1 年计算；不满 6 个月的，向劳动者支付半个月工资的经济补偿。

二是优先录用被裁减的人员。用人单位裁减人员之后，在 6 个月内又重新招用人员的，应当通知被裁减的人员，并在同等条件下优先招用被裁减的人员。

四、违法解除劳动合同的后果

由于用人单位相对处于强势一方，所以为了充分保证劳动者的合法权益，维护社会和谐，在用人单位单方解除劳动合同时，法律做了比较详尽的规定，这些规定既包括法定条件，也包括法定程序，有一项不符合，都有可能构成违法解除劳动合同。如果用人单位违法解除劳动合同，将会面临两种结果，第一种情况是劳动者可以要求单位继续履行劳动合同，恢复劳动关系，若劳动者要求继续履行劳动合同的，用人单位应当继续履行；第二种情况若劳动者不要求继续履行劳动合同或者劳动合同已经不能继续履行的，用人单位应当按经济补偿金的双倍标准支付赔偿金。

离职情形结构表

离职类型				法律性质	补偿金
解除	协商解除	用人单位提出解除			有
		劳动者提出解除			无
	单方解除	用人单位单方解除	即时通知解除	过错性解除	无
			预告通知解除	非过错性解除	有
			经济性裁员		有
			不得解除情形		/
		劳动者提出单方解除	即时通知解除	过错性解除	有
			预告通知解除	非过错性解除	无

五、用人单位单方解除劳动合同引发劳动争议有关的疑难问题

劳动合同解除争议是最为常见的劳动争议之一，然而在实践中劳动合同解除争议的处理中，存在着诸多疑难问题，比如，解除理由是否可以事后补充或变更、违法解除后用人单位赔偿劳动者的损失如何确定、何种情形下劳动关系不可恢复，实务中的理解也不尽一致，为此，有必要对此加以梳理并加以解析。

1. 解除理由有多项的，是否当所有的解除理由均被证实，才可认定解除的合法性

实践中，用人单位解除劳动合同时，往往会罗列多项理由，然而，劳动争议处理的过程中，用人单位列明的多项理由中可能会有部分理由不能被证实。那么，假设用人单位多项解除理由中的部分理由能够被证实、部分不能被证实，而且这部分理由足以导致劳动合同的解除，那么，这种情形下，是应当认定为合法解除还是违法解除。

在实务操作中用人单位解除劳动合同系依据多项理由，只要有部分解除理由被证实而且被证实的理由足以导致劳动合同的解除，那么这种情形下，就应当认定为合法解除，而不管其他理由是否能够被证实。比如，用人单位认为劳动者有三项严重违纪行为，因此，在解除通知书上写明了三项理由，而在劳动争议处理过程中，用人单位仅举证证明了其中的一项严重违纪行为，我们不能够因此否定用人单位解除劳动者劳动合同的合法性。

2. 解除理由能否事后补充或变更

用人单位在解除劳动合同的通知中载明了一项或者多项解除理由，然而在劳动争议处理过程中，有些用人单位会对解除理由进行补充或者对解除通知中的理由进行变更。假设用人单位在劳动合同解除通知中列举的理由不能被证实或者虽然被证实但不足以作为用人单位单方解除的合法理由，而用人单位补充或者变更后的理由可以被证实而且足以作为用人单位解除的合法理由，那么在这种情形下，劳动争议仲裁委员会或者人民法院是应当认定单位的单方解除行为系合法解除还是非法解除呢？

判定用人单位解除劳动合同的合法与否，实际上就是对用人单位的解除通知进行合法性审查，而审查范围不应覆盖解除通知之外的其他理由。也就是说，即使依据用人单位补充或者变更的理由，可以认定用人单位解除的合法性，但是并不能认定用人单位在该案中解除劳动合同的合法性，也即用人单位补充或者变更的理由与该案没有关联性。

3. 违法解除被判恢复劳动关系时，仲裁、诉讼期间的劳动报酬如何确定

劳动者被用人单位单方解除劳动合同后，如果认为解除决定不合法而提起劳动仲裁，

又要求用人单位继续履行劳动合同，恢复劳动关系，劳动争议仲裁委员会或者人民法院在能够认定用人单位的单方解除行为确系违法解除的基础上，通常会判决恢复劳动关系并继续履行。

有些劳动者在用人单位解除劳动合同后会马上提起劳动仲裁，也有些劳动者并非马上申请仲裁，而是等过了一段时间甚至在一年时效的后期才申请，实践中遇到的问题是，如果法院判令恢复劳动关系、继续履行原劳动合同的，用人单位还需要支付劳动者的工资损失吗？另外，劳动者的工资损失的期间如何确定呢？

在北京地区，经劳动争议仲裁委员会裁决或人民法院判决用人单位系违法解除劳动合同并撤销原解除决定的，用人单位应当支付劳动者在仲裁、诉讼期间的工资。依据《北京市高级人民法院、北京市劳动争议仲裁委员会关于劳动争议案件法律适用问题研讨会会议纪要》的规定，用人单位作出的与劳动者解除劳动合同的处理决定，被劳动仲裁委或人民法院依法撤销后，如劳动者主张用人单位给付上述处理决定做出后至仲裁或诉讼期间的工资，应按以下原则把握。

（1）用人单位作出的处理决定仅因程序方面存在瑕疵而被依法撤销的，用人单位应按最低工资标准向劳动者支付上述期间的工资。

（2）用人单位作出的处理决定因在实体方面存在问题而被依法撤销的，用人单位应按劳动者正常劳动时的工资标准向劳动者支付上述期间的工资。

法条传送门

《中华人民共和国劳动合同法》

第二十六条　下列劳动合同无效或者部分无效：

（一）以欺诈、胁迫的手段或者乘人之危，使对方在违背真实意思的情况下订立或者变更劳动合同的；

（二）用人单位免除自己的法定责任、排除劳动者权利的；

（三）违反法律、行政法规强制性规定的。

对劳动合同的无效或者部分无效有争议的，由劳动争议仲裁机构或者人民法院确认。

第三十九条　劳动者有下列情形之一的，用人单位可以解除劳动合同：

（一）在试用期间被证明不符合录用条件的；

（二）严重违反用人单位的规章制度的；

（三）严重失职，营私舞弊，给用人单位造成重大损害的；

（四）劳动者同时与其他用人单位建立劳动关系，对完成本单位的工作任务造成严重影响，或者经用人单位提出，拒不改正的；

（五）因本法第二十六条第一款第一项规定的情形致使劳动合同无效的；

（六）被依法追究刑事责任的。

第四十条　有下列情形之一的，用人单位提前三十日以书面形式通知劳动者本人或者额外支付劳动者一个月工资后，可以解除劳动合同：

（一）劳动者患病或者非因工负伤，在规定的医疗期满后不能从事原工作，也不能从事由用人单位另行安排的工作的；

（二）劳动者不能胜任工作，经过培训或者调整工作岗位，仍不能胜任工作的；

（三）劳动合同订立时所依据的客观情况发生重大变化，致使劳动合同无法履行，经用人单位与劳动者协商，未能就变更劳动合同内容达成协议的。

第四十一条　有下列情形之一，需要裁减人员二十人以上或者裁减不足二十人但占企业职工总数百分之十以上的，用人单位提前三十日向工会或者全体职工说明情况，听取工会或者职工的意见后，裁减人员方案经向劳动行政部门报告，可以裁减人员：

（一）依照企业破产法规定进行重整的；

（二）生产经营发生严重困难的；

（三）企业转产、重大技术革新或者经营方式调整，经变更劳动合同后，仍需裁减人员的；

（四）其他因劳动合同订立时所依据的客观经济情况发生重大变化，致使劳动合同无法履行的。

裁减人员时，应当优先留用下列人员：

（一）与本单位订立较长期限的固定期限劳动合同的；

（二）与本单位订立无固定期限劳动合同的；

（三）家庭无其他就业人员，有需要抚养的劳动或者未成年人的。

用人单位依照本条第一款规定裁减人员，在六个月内重新招用人员的，应当通知被裁减的人员，并在同等条件下优先招用被裁减的人员。

第四十二条　劳动者有下列情形之一的，用人单位不得依照本法第四十条、第四十一条的规定解除劳动合同：

（一）从事接触职业病危害作业的劳动者未进行离岗前职业健康检查，或者疑似职业病病人在诊断或者医学观察期间的；

（二）在本单位患职业病或者因工负伤并被确认丧失或者部分丧失劳动能力的；

（三）患病或者非因工负伤，在规定的医疗期内的；

（四）女职工在孕期、产期、哺乳期的；

（五）在本单位连续工作满十五年，且距法定退休年龄不足五年的；

（六）法律、行政法规规定的其他情形。

第四十三条　用人单位单方解除劳动合同，应当事先将理由通知工会。用人单位违反法律、行政法规规定或者劳动合同约定的，工会有权要求用人单位纠正。用人单位应当研究工会的意见，并将处理结果书面通知工会。

第四十六条　有下列情形之一的，用人单位应当向劳动者支付经济补偿：

（一）劳动者依照本法第三十八条规定解除劳动合同的；

（二）用人单位依照本法第三十六条规定向劳动者提出解除劳动合同并与劳动者协商一致解除劳动合同的；

（三）用人单位依照本法第四十条规定解除劳动合同的；

（四）用人单位依照本法第四十一条第一款规定解除劳动合同的；

（五）除用人单位维持或者提高劳动合同约定条件续订劳动合同，劳动者不同意续订的情形外，依照本法第四十四条第一项规定终止固定期限劳动合同的；

（六）依照本法第四十四条第四项、第五项规定终止劳动合同的；

（七）法律、行政法规规定的其他情形。

第四十七条　经济补偿按劳动者在本单位工作的年限，每满一年支付一个月工资的标准向劳动者支付。六个月以上不满一年的，按一年计算；不满六个月的，向劳动者支付半个月工资的经济补偿。

劳动者月工资高于用人单位所在直辖市、设区的市级人民政府公布的本地区上年度职工月平均工资三倍的，向其支付经济补偿的标准按职工月平均工资三倍的数额支付，向其支付经济补偿的年限最高不超过十二年。

本条所称月工资是指劳动者在劳动合同解除或者终止前十二个月的平均工资。

第四十八条　用人单位违反本法规定解除或者终止劳动合同，劳动者要求继续履行劳动合同的，用人单位应当继续履行；劳动者不要求继续履行劳动合同或者劳动合同已经不能继续履行的，用人单位应当依照本法第八十七条规定支付赔偿金。

《最高人民法院关于审理劳动争议案件适用法律问题的解释（一）》

第四十七条 建立了工会组织的用人单位解除劳动合同符合劳动合同法第三十九条、第四十条规定，但未按照劳动合同法第四十三条规定事先通知工会，劳动者以用人单位违法解除劳动合同为由请求用人单位支付赔偿金的，人民法院应予支持，但起诉前用人单位已经补正有关程序的除外。

《关于贯彻执行〈中华人民共和国劳动法〉若干问题的意见》

29. 劳动者被依法追究刑事责任的，用人单位可依据劳动法第二十五条解除劳动合同。

"被依法追究刑事责任"是指：被人民检察院免予起诉的、被人民法院判处刑罚的、被人民法院依据刑法第三十二条免予刑事处分的。劳动者被人民法院判处拘役、三年以下有期徒刑缓刑的，用人单位可以解除劳动合同。

《中华人民共和国劳动合同法实施条例》

第二十条 用人单位依照劳动合同法第40条的规定，选择额外支付劳动者一个月工资解除劳动合同的，其额外支付的工资应当按照该劳动者上一个月的工资标准确定。

北京市高级人民法院、北京市劳动争议仲裁委员会《关于劳动争议案件法律适用问题研讨会会议纪要》

24. 用人单位作出的与劳动者解除劳动合同的处理决定被劳动仲裁委或人民法院依法撤销后，劳动者主张用人单位给付上述处理决定作出后至仲裁或诉讼期间的工资，应按以下原则把握：

（1）用人单位作出的处理决定仅因程序方面存在瑕疵而被依法撤销的，用人单位应按最低工资标准向劳动者支付上述期间的工资；

（2）用人单位作出的处理决定因在实体方面存在问题而被依法撤销的，用人单位应按劳动者正常劳动时的工资标准向劳动者支付上述期间的工资。

第四节 离职手续的办理

从法律风险防范的角度来看，无论基于什么原因解除或终止劳动合同，用人单位都应当及时与员工办理离职手续。离职手续的办理也是员工关系管理最为关键的一个环节，也是证据保留的重要时间节点。

一、用人单位应当办理哪些离职手续

劳动合同解除或终止后，用人单位应当为员工办理如下手续。

1. 指定人员与离职员工办理工作交接

用人单位应当制作书面工作交接单或离职交接单，要求员工交还工作文件和各种资料、信息，包括纸质的和电子的，返还占有的公司财务、各类证件和系统密码等，结清对公司的欠款。交接单上必须明确记载各项交接的情况，并由离职员工签字确认。

2. 出具解除或终止劳动合同的证明，通常表现形式为"离职证明"

离职证明的内容主要包括：受雇时间，解除或终止劳动合同的时间，离职原因和工作岗位等。

3. 办理档案和社会保险关系的转移手续

用人单位应当在劳动合同解除或终止后 15 日内为员工办理档案转移和社会保险关系转移手续。

4. 需要支付经济补偿的，依法向劳动者支付经济补偿金

《劳动合同法》规定，用人单位应当向劳动者支付经济补偿的，在劳动者办结工作交接时支付。因此，员工未办理工作交接或拒绝办理的，用人单位可以此为由暂不支付经济补偿。为充分防范企业法律风险还应与劳动者签署相应的协议约束双方行为以及预防后续的法律风险。

5. 对已经解除或终止的劳动合同文本，至少保存二年备查

根据《劳动合同法》五十条规定，用人单位对解除已经或者终止的劳动合同的文本，至少保存二年备查。

二、用人单位不依法办理离职手续的后果

1. 用人单位不依法出具"离职证明"的法律后果

《劳动合同法》的规定，"用人单位违反本法规定未向劳动者出具解除或者终止劳动合同的书面证明，由劳动行政部门责任改正；给劳动者造成损害的，应当承担赔偿责任"。所以为员工开具离职证明是用人单位的法定义务，用人单位应当依法为员工开具，从用人单位的角度看也能够预防风险。

2．用人单位不依法转移档案和社保关系的法律后果

用人单位未依法为员工办理档案和社会保险关系的转移手续，给员工造成损害的，如影响员工各项保险待遇享受的，应承担赔偿责任。

三、员工应当配合办理的手续

劳动合同解除或终止后，员工应当配合企业完成各项工作交接，包括如下内容。

（1）交还工作文件和各种资料、信息，包括纸质的和电子的。

（2）返还占有的公司财物、各类证件和系统密码等。

（3）结清对公司的欠款。

（4）其他相关资料。

需要注意，无论以上任何一条，都需要在有提前约定的前提下，比如在《劳动合同》中明确规定，离职时应配合完成工作交接，或者在《岗位说明》中明确指出离职时要进行工作交接。如果没有相关规定，仲裁机构或者司法机构会认为是用人单位故意刁难员工，不给办理离职。

法条传送门

《中华人民共和国劳动合同法》

第五十条　用人单位应当在解除或者终止劳动合同时出具解除或者终止劳动合同的证明，并在十五日内为劳动者办理档案和社会保险关系转移手续。

劳动者应当按照双方约定，办理工作交接。用人单位依照本法有关规定应当向劳动者支付经济补偿的，在办结工作交接时支付。

用人单位对已经解除或者终止的劳动合同的文本，至少保存二年备查。

《劳动合同法实施条例》

第二十四条　用人单位出具的解除、终止劳动合同的证明，应当写明劳动合同期限、解除或者终止劳动合同的日期、工作岗位、在本单位的工作年限。

第十三章　劳动合同的终止

劳动合同终止是指劳动合同因期限届满等法定原因而结束。相较于在劳动合同期限内解除合同而言，劳动合同终止相对容易，法律关系相对简单，劳动争议相对较少。但是由于《劳动合同法》及其《实施条例》对劳动合同终止做了规定，因此，用人单位也应当积极了解劳动合同终止的相关规定，从而减少讼争成本。

第一节　劳动合同的终止与劳动合同的解除

劳动合同解除是指在劳动合同订立后，劳动合同期限届满之前，因出现法定的情形或用人单位与劳动者约定的情形，单方通知或双方协商提前终止劳动关系的法律行为。劳动合同终止则是指劳动合同订立后，因出现某种法定的事实，导致用人单位与劳动者之间形成的劳动关系自动归于消灭，或导致双方劳动关系的继续履行成为不可能而不得不消灭的情形。二者导致的后果是一样的，即双方当事人之间的劳动关系依法终结。但是，二者之间存在明显的区别，主要表现在如下方面。

1. 二者的意思表示不同

劳动合同解除是在劳动合同订立后，劳动合同期限届满之前，因出现法定的情形或用人单位与劳动者约定的情形，一方单方通知或双方协商提前终止劳动关系的法律行为。作为一种法律行为，劳动合同解除一定会涉及用人单位或劳动者的意思表示，要么是单方的意思表示的结果，要么是双方的意思表示一致的结果。因此，劳动合同解除又可分为法定解除和意定解除，法定解除又分为用人单位的单方解除和劳动者的单方解除。综上所述，劳动者与用人单位解除劳动合同时，必须做出相应的意思表示即通知对方，意思表示到达对方时，解除生效。

劳动合同终止则是指劳动合同订立后，因出现某种法定的事实，导致用人单位与劳动者之间形成的劳动关系自动归于消灭，或导致双方劳动关系的继续履行成为不可能而不得不消灭的情形。劳动合同终止主要是基于某种法定事实的出现，其一般不涉及用人单位及劳动者的意思表示，只要法定事实出现，一般情况下，都会导致双方劳动关系的消灭。

2. 二者消灭劳动关系的情形不同

劳动合同解除分为：协商一致解除、劳动者主动解除（预告解除）、劳动者被迫解除（即时解除）、用人单位单方通知解除（过错性解除）、用人单位提前通知单方解除（非过错性解除）。

劳动合同终止分为：劳动合同期满的终止；劳动者开始依法享受基本养老保险待遇的终止；劳动者死亡，或者被人民法院宣告死亡或者宣告失踪的终止；用人单位被依法宣告破产的终止；用人单位被吊销营业执照、责令关闭、撤销或者用人单位决定提前解散的终止；法律、行政法规规定的其他情形。

3. 二者需要履行的法定程序不同

劳动合同解除根据不同情形，需要履行不同的法律程序，如果未履行必要的法定程序，可能会导致劳动合同解除违法，从而不能达到当事人预想的解除效果，甚至事与愿违地要承担相应的损害赔偿责任。

劳动合同终止的程序比较简单，当事人只需按时通知对方，并办理合同终止手续即可。

4. 二者经济补偿金的计算起点不同

2008 年 1 月 1 日《劳动合同法》实施之前，我国《劳动法》及相关司法解释除了对"用人单位未依法为劳动者缴纳社会保险，劳动者有权解除劳动合同，并要求支付经济补偿金"的情形未做规定外，对于劳动合同的其他解除情形以及用人单位是否需要支付经济补偿金，都做出了明确规定。因此，根据《劳动合同法》规定的经济补偿金以 2008 年 1 月 1 日为分界点分段计算的原则，除了"劳动者以用人单位未依法缴纳社会保险为由，要求解除劳动合同，并支付经济补偿金，经济补偿金的计算年限应自 2008 年 1 月 1 日起计算"这一情形之外，其他解除劳动合同的情形，经济补偿金的计算年限均应自双方建立劳动关系起计算，即应按工作年限计算，只是 2008 年 1 月 1 日前后，经济补偿金计算的方法及数额略有不同。

对于劳动合同终止经济补偿金的问题，《劳动合同法》之前的法律、法规规定，劳动合同自动终止的，用人单位是无须向劳动者支付经济补偿金的。而《劳动合同法》对此问题做出了新的规定，劳动合同期满后，若用人单位不同意按照维持或高于原劳动合同约定条件，与劳动者续订劳动合同的，用人单位应当向劳动者支付经济补偿金。但根据《劳动合同法》规定的经济补偿金以 2008 年 1 月 1 日为分界点分段计算的原则，对于

2008 年 1 月 1 日后，因劳动合同终止需要支付经济补偿金的，经济补偿金的计算年限，应自 2008 年 1 月 1 日开始计算，2008 年 1 月 1 日之前的工作年限，不属于经济补偿金计算范畴。

曾有一位 HR 向笔者咨询了一个问题：小王于 2000 年 7 月 1 日入职某公司，劳动合同每年一签，2007 年 7 月 1 日，公司与小王又签订了 1 年期限的劳动合同，最后一份劳动合同期限 2008 年 7 月 1 日至 2009 年 6 月 30 日，于 2009 年 6 月 30 日，劳动合同期满，公司决定不再续订劳动合同。公司应如何支付经济补偿？支付的经济补偿是 1 个月的工资还是 8 个月的工资？

根据《劳动合同法》第九十七条规定，本法施行前已依法订立且在本法施行之日存续的劳动合同，继续履行；本法第十四条第二款第三项规定连续订立固定期限劳动合同的次数，自本法施行后续订固定期限劳动合同时开始计算。本法施行前已建立劳动关系，尚未订立书面劳动合同的，应当自本法施行之日起一个月内订立。本法施行之日存续的劳动合同在本法施行后解除或者终止，依照本法第四十六条规定应当支付经济补偿的，经济补偿年限自本法施行之日起计算；本法施行前按照当时有关规定，用人单位应当向劳动者支付经济补偿的，按照当时有关规定执行。同时，经济补偿按劳动者在本单位工作的年限，每满一年支付一个月工资的标准向劳动者支付。六个月以上不满一年的，按一年计算；不满六个月的，向劳动者支付半个月工资的经济补偿，即 2008 年 1 月 1 日至 2009 年 6 月 30 日——1 年 6 个月。因此，用人单位向劳动者支付 2 个月的经济补偿金。

劳动合同的解除与终止的区别

	解除	终止
行为性质	主观为之	客观所致
出现概率	偶然性	必然性
发生事由	协商一致或法律规定	期满或主体（资格）消灭
行使程序	严格约束	相对宽松
法律后果	大多数情形支付经济补偿金	少部分情形支付经济补偿金

第二节　劳动合同终止的情形

根据《劳动合同法》及《实施条例》的规定，有下列情形之一的，劳动合同终止。

（1）劳动合同期满的。

（2）劳动者开始依法享受基本养老保险待遇的。

（3）劳动者死亡，或者被人民法院宣告死亡，或者宣告失踪的。

（4）用人单位被依法宣告破产的。

（5）用人单位被吊销营业执照、责令关闭、撤销或者用人单位决定提前解散的。

（6）法律、行政法规规定的其他情形。

（7）劳动者达到法定退休年龄的。

	宣告失踪	宣告死亡
两者制度目的的有什么不同	目的在于结束失踪人财产关系上的不确定状态，宣告失踪重在保护失踪人的利益和利害关系人的利益	宣告死亡不仅旨在结束失踪人财产关系上的不确定状态，而且旨在结束被宣告死亡人人身关系上的不确定状态。保护被宣告死亡人的利害关系人的利益
申请的条件有什么不同	自然人下落不明满2年；有利害关系人的申请；须经法院宣告	有利害关系人的申请；须经法院宣告；自然人下落不明的期限不一样，普通期限为4年；特别期限为2年
公告期间	一年	三个月

其中，第(2)项、第(3)项规定属于因劳动者丧失主体资格而导致劳动合同终止的情形，第(4)项、第(5)项规定属于因用人单位丧失主体资格而导致劳动合同终止的情形。

劳动合同终止主要是基于以上法定事实的出现，不涉及用人单位与劳动者的意思表示，只要上述法定事实出现，一般情况下，都会导致双方劳动关系的消灭。其实，在实务中，有些用人单位在法律规定之外自行约定劳动合同的终止条件，如果有约定，该约定应为无效约定。但应注意的是企业法定代表人或投资人发生变更，不影响劳动合同的履行，不属于法律规定的可以终止劳动合同的情形。需要提醒的是，劳动合同终止事由出现时，用人单位应当及早采取措施终止劳动关系，时间拖得越长，用人单位面临的风险和将要承担的成本就越大。

法条传送门

《中华人民共和国劳动合同法》

第三十三条 用人单位变更名称、法定代表人、主要负责人或者投资人等事项，不影响劳动合同的履行。

第四十四条　有下列情形之一的，劳动合同终止：

（1）劳动合同期满的；

（2）劳动者开始依法享受基本养老保险待遇的；

（3）劳动者死亡，或者被人民法院宣告死亡或者宣告失踪的；

（4）用人单位被依法宣告破产的；

（5）用人单位被吊销营业执照、责令关闭、撤销或者用人单位决定提前解散的；

（6）法律、行政法规规定的其他情形。

《中华人民共和国劳动合同法实施条例》

第十三条　用人单位与劳动者不得在劳动合同法第四十四条规定的劳动合同终止情形之外约定其他的劳动合同终止条件。

第二十一条　劳动者达到法定退休年龄的，劳动合同终止。

第三节　劳动合同终止的例外情形

依据《劳动合同法》规定，劳动合同的终止是指终止劳动合同的法律效力。用人单位和劳动者签订劳动合同后，任何一方均不得随意终止劳动合同，否则，应承担赔偿责任。对于劳动合同的终止情形，《劳动合同法》予以了明确说明，但是，对于劳动合同终止的例外规定，则很少有人注意。劳动合同即将终止时，例外情形更应引起用人单位的重视，以避免违法解除劳动合同的风险。

根据《劳动合同法》的规定，在劳动合同所规定的期限届满之时，劳动者有下列情形的，用人单位不得终止劳动合同。

（1）从事接触职业病危害作业的劳动者未进行离岗前职业健康检查，或者疑似职业病病人在诊断或者医学观察期间的。

（2）在本单位患职业病或者因工负伤并被确认丧失或者部分丧失劳动能力的。

（3）患病或者非因工负伤，在规定的医疗期内的。

（4）女职工在孕期、产期、哺乳期的。

（5）在本单位连续工作满 15 年，且距法定退休年龄不足 5 年的。

（6）法律、行政法规规定的其他情形。

需要注意的是，上述劳动合同终止的例外情形，仅仅针对的是劳动合同期满的终止，如果劳动者是由于期限届满以外的其他法定情形终止的，则不存在上述例外。

前述例外情形下，劳动合同的终止受到了限制，但这并不意味着这类劳动合同就永远不能终止。根据《劳动合同法》的规定，劳动合同期满时，如果出现上述例外情形，劳动合同应当延续至相应的情形消失后终止。对此，用人单位应当根据具体情况，分别确定处理方式。

（1）劳动合同期满时，从事接触职业病危害作业的劳动者未进行离岗前职业健康检查的，劳动合同期限应续延至检查结束之日。

（2）劳动合同期满时，疑似职业病病人在诊断或者医学观察期间的，劳动合同期限应续延至诊断或医学观察期结束之日。如果劳动者经检查没有患职业病，劳动合同终止；如果劳动者被诊断患职业病的，则按照工伤保险的规定处理。

（3）劳动合同期满时，劳动者患病或者非因工负伤，在规定的医疗期内的，劳动合同期限应续延至医疗期届满之日。在这种情形下，建议 HR 在员工进入医疗期之初与员工签订《医疗期协议》，明确约定医疗期期限、工资标准、双方权利义务等。

（4）劳动合同期满时，女职工在孕期、产期、哺乳期的，劳动合同期限应续延至哺乳期结束之日。但是若员工流产的，应当续延至流产假结束之日。

（5）劳动合同期满时，劳动者在本单位连续工作满 15 年，且距法定退休年龄不足 5 年的，劳动合同期限应续延至劳动者达到法定退休年龄之日。

（6）劳动合同期满时，劳动者在本单位已连续工作满 10 年，劳动者提出续订无固定期限劳动合同的，应当同意，不得终止劳动合同。

员工在本单位患职业病或者因工负伤并被确认丧失或者部分丧失劳动能力的，应当按照工伤保险的相关规定处理。

（1）员工被鉴定为一级至四级伤残的，保留劳动关系，退出工作岗位，劳动合同期限应续延至劳动者达到法定退休年龄之日。

（2）员工被鉴定为五级、六级伤残的，从工伤保险基金按伤残等级支付一次性伤残补助金；保留劳动关系，由用人单位安排适当工作。但经员工本人提出，其可以与用人单位解除或者终止劳动关系，由工伤保险基金支付一次性工伤医疗补助金，由用人单位支付一次性伤残就业补助金。

（3）员工被鉴定为七级至十级伤残的，从工伤保险基金按伤残等级支付一次性伤残补助金；劳动、聘用合同期满终止，或者职工本人提出解除劳动、聘用合同的，由工伤保险基金支付一次性工伤医疗补助金，由用人单位支付一次性伤残就业补助金。

第四节 劳动合同终止和续签的技巧

如何处理员工的到期劳动合同，是 HR 劳动合同管理中一个很重要的工作内容。实务中，HR 应从企业的需要和员工的实际情况出发，结合法律的实体性和程序性规定来合理决定，并依法确定相应的工作程序和履行相关的手续。

一、及时决定终止或续签劳动合同

在劳动合同期限届满前，一般最好是在合同到期前 1 个月，HR 应在征求主管领导和相关部门意见后，及时作出决定并通知员工终止或续签劳动合同。虽然法律对于用人单位应在合同到期前多长时间作出终止或续签的决定并通知员工没有给予明确规定，但一些地方性规定对此做出了要求。《北京市劳动合同规定》明确规定，劳动合同期限届满前，用人单位应当提前 30 日将终止或者续订劳动合同意向以书面形式通知劳动者，经协商办理终止或者续订劳动合同手续。

因此，HR 在处理到期劳动合同时，一方面应参照当地的规定执行；另一方面无论地方性规定是否要求提前通知，都应避免在期限届满前 1 或 2 天才通知员工，造成员工缺乏心理准备，进而引起争议和纠纷。

如果用人单位在劳动合同期限届满后，既不终止劳动合同，也未与员工续签劳动合同，很容易与员工形成事实劳动关系。用人单位须按照"未与员工签订书面劳动合同"的情形承担相应法律后果，即用人单位未与员工续签劳动合同的，应在原劳动合同到期次日起至补订劳动合同之日止支付双倍工资；超过 1 年未续签劳动合同的，自 1 年届满的次日起，视为双方订立了无固定期限劳动合同。

二、劳动合同终止的程序

1. 劳动合同终止的通知时间

对于劳动合同终止的通知时间目前并没有做统一的规定。但是在实践中，各地针对不同的情况做出了一些具体的规定。例如北京地区，要求用人单位必须提前 30 日通知员工终止劳动合同，如果用人单位未提前 30 日通知劳动者劳动合同到期终止的，每迟延 1 日支付

1 日工资作为赔偿金。因此，各用人单位应参照当地的规定具体执行，在企业管理的角度，提前通知员工让其有充足的准备时间，也更容易安抚员工情绪，减少劳动争议的发生。

2. 劳动合同终止的通知形式

用人单位终止劳动合同是否必须采取书面形式，目前也没有统一的规定，但是从便于举证的角度建议用人单位采用书面形式通知员工。

3. 终止合同应办理的手续

（1）用人单位应当为员工办理的离职手续。

第一，向员工出具解除或者终止劳动合同的证明，即常说的"离职证明"。办理时间是在劳动合同解除或者终止时；内容应当包括劳动合同期限、解除或者终止劳动合同的日期、工作岗位、在本单位的工作年限等。

第二，为员工办理档案和社会保险关系转移手续。时间是在劳动合同时解除或终止后十五日内。

第三，对已经解除或者终止的劳动合同的文本，至少保存二年备查。

（2）员工应当配合办理的离职手续。

第一，归还公司各类有效证件。

第二，返还公司财物。

第三，与公司结清财务。

第四，向公司指定人员办理工作交接等。

若员工没有按照约定办理离职交接手续的，用人单位可以暂不向其支付经济补偿金。

三、劳动合同终止的后果

劳动合同依法终止后，如需依法支付经济补偿金，用人单位应根据法律的规定和要求向员工支付经济补偿，经济补偿按劳动者在本单位工作的年限，以每满 1 年按 1 个月工资的标准向劳动者支付。需要提醒的是并不是所有情形下劳动合同的终止都需要支付经济补偿，根据《劳动合同法》的规定，在以下情况下劳动合同终止需支付经济补偿金。

（1）劳动合同期满的。

（2）用人单位依法宣告破产的。

（3）被吊销营业执照、责令关闭、撤销或者用人单位决定提前解散的。

而对于以下三种情形的终止企业无须支付经济补偿金。

（1）劳动者开始依法享受基本养老保险待遇的。

（2）劳动者达到法定退休年龄的。

（3）劳动者死亡或者依法被人民法院宣告死亡或者宣告失踪的。

法条传送门

《北京市劳动合同规定》

第四十条　劳动合同期限届满前，用人单位应当提前30日将终止或者续订劳动合同意向书以书面形式通知劳动者，经协商办理终止或者续订劳动合同手续。

第四十七条　用人单位违反本规定第四十条规定，终止劳动合同未提前30日通知劳动者的，以劳动者上月日平均工资为标准，每迟延1日支付劳动者1日工资的赔偿金。

第十四章　经济补偿金、赔偿金与违约金

在劳动争议解决的过程中，通常会涉及经济补偿金、赔偿金或者违约金的适用，它们在保障劳动关系双方当事人合法权益上各司其职。实务中，HR 常常容易混淆了这三个概念，在订立、履行、解除或终止劳动合同时经常造成误会。本章将在对"三金"详细解释的基础上，从性质、适用条件、计算方法等角度对三者进行比较，以助企业 HR 正确适用"三金"。

第一节　经济补偿金

经济补偿金，是指用人单位在劳动合同解除或终止后、或存在其他法定情形时，须依法向劳动者支付的一次性的经济上的补偿。我国《劳动法》《劳动合同法》以及 1994 年劳动部发布的《违反和解除劳动合同的经济补偿办法》等均规定了用人单位在与劳动者解除或终止劳动合同时，应该按照一定标准一次性支付一定金额的经济补偿金。

一、支付经济补偿金的情形

根据相关法律的规定，经济补偿金共分为五种类型：解除劳动合同的经济补偿金、终止劳动合同的经济补偿金、竞业限制补偿金、未依法支付工资的补偿金、未依法支付经济补偿金的额外经济补偿金。

1. 解除劳动合同的经济补偿金

在现实中，用人单位可能与员工解除劳动合同，员工也有可能向用人单位提出解除劳动合同，或是直接以其行为表示解除劳动合同，这时，企业在什么情况下需要向员工支付解除劳动合同的经济补偿金，而在什么情况下则无须支付解除劳动合同的经济补偿金。我们来结合具体情形进行具体分析。

员工解除劳动合同的，具有下列情形之一，用人单位应当支付经济补偿金。

（1）用人单位未按照劳动合同约定提供劳动保护或者劳动条件，员工解除劳动合同的。

（2）用人单位未及时足额支付劳动报酬（包括企业低于当地最低工资标准支付员工工资），员工解除劳动合同的。

（3）用人单位未依法为员工缴纳社会保险费，员工解除劳动合同的。

（4）用人单位的规章制度违反法律、法规的规定，损害员工权益，员工解除劳动合同的。

（5）用人单位以欺诈、胁迫的手段或者乘人之危，使员工在违背真实意思的情况下订立或者变更劳动合同，导致劳动合同无效，员工解除劳动合同的。

（6）用人单位免除自己的法定责任、排除员工权利，导致劳动合同无效，员工解除劳动合同的。

（7）用人单位订立的劳动合同违反法律、行政法规强制性规定，导致劳动合同无效，员工解除劳动合同的。

（8）用人单位以暴力、威胁或者非法限制人身自由的手段强迫劳动，员工解除劳动合同的。

（9）用人单位违章指挥、强令冒险作业违纪员工人身安全，员工解除劳动合同的。

（10）法律、行政法规规定的其他情形。

用人单位解除劳动合同的，具有下列情形之一，应当向员工支付经济补偿金。

（1）用人单位提出，经与员工协商一致解除劳动合同的。

（2）员工患病或者非因工负伤，在规定的医疗期满后不能从事原工作，也不能从事由用人单位另行安排的工作，用人单位提前 30 日以书面形式通知员工本人或者额外支付员工一个月工资后解除劳动合同的。

（3）员工不能胜任工作，经过培训或者调整工作岗位，仍不能胜任工作，用人单位提前 30 日以书面形式通知员工本人或者额外支付员工一个月工资后解除劳动合同的。

（4）劳动合同订立时所依据的客观情况发生重大变化，致使劳动合同无法履行，经用人单位与员工协商，未能就变更劳动合同内容达成协议，用人单位提前 30 日以书面形式通知员工本人或者额外支付员工一个月工资后解除劳动合同的。

（5）用人单位依照企业破产法规定进行重整，依法进行经济性裁员的。

（6）用人单位生产经营发生在严重困难，依法进行经济性裁员的。

（7）用人单位转产、重大技术革新或者经营方式调整，经变更劳动合同后，仍需裁减人员，依法进行经济性裁员的。

（8）用人单位存在其他因劳动合同订立时所依据的客观经济情况发生重大变化，致使劳动合同无法履行的情形，依法进行经济性裁员的。

（9）法律、行政法规规定的其他情形。

在解除劳动合同的情况下，如果具有以下情形之一的，用人单位则无须支付经济补偿金。

（1）员工向用人单位提出解除劳动合同，并与用人单位协商一致解除劳动合同的。

（2）员工提前 30 日（试用期内提前 3 日）通知企业主动辞职的。需要注意的是，员工因用人单位存在《劳动合同法》第 38 条规定之外的其他违法行为而提出解除劳动合同的，用人单位也无须支付经济补偿金。

（3）因员工具有《劳动合同法》第 39 条规定的过错情形之一的，即：在试用期间被证明不符合录用条件的；严重违反用人单位的规章制度的；严重失职，营私舞弊，给用人单位造成重大损害的；劳动者同时与其他用人单位建立劳动关系，对完成本单位的工作任务造成严重影响，或者经用人单位提出，拒不改正的；因《劳动合同法》法第 26 条第 1 款第 1 项规定的情形（即员工以欺诈、胁迫的手段或者乘人之危，使企业在违背真实意思的情况下订立或者变更劳动合同的，或者员工免除自己的法定责任、排除企业权利的，以及违反法律、行政法规强制性规定）导致劳动合同无效的；被依法追究刑事责任的。此时，用人单位单方解除劳动合同，无须支付经济补偿金。

（4）用人单位违法解除劳动合同，但已经向员工支付赔偿金的，无须再另行支付经济补偿金。

2. 终止劳动合同的经济补偿金

劳动合同终止时，具有下列情形之一，用人单位应当向员工支付经济补偿金。

（1）固定期限劳动合同期限届满，除用人单位同意以维持或提高原劳动合同约定的条件续订劳动合同、但员工不愿意续订的情形外，终止劳动合同的。所谓维持或提高劳动合同约定条件，即至少保证劳动报酬不低于原劳动合同约定标准、工作环境不差于原劳动合同约定标准、工作强度不大于员工劳动合同约定标准。也就是说，固定期限劳动合同期满，企业不同意续订劳动合同导致劳动合同终止的，或者用人单位虽然同意续订劳动合同，但降低了原劳动合同约定条件，劳动者不同意续订导致劳动合同终止的，用人单位均应向员工支付终止劳动合同的经济补偿金。

（2）以完成一定工作任务为期限的劳动合同因工作任务完成而终止的。虽然，《劳动合同法》只规定了固定期限劳动合同期满终止，用人单位应当支付经济补偿金的情形，并未涉及以完成一定工作任务为期限的劳动合同终止时是否需要支付经济补偿金的问题。但是,《劳动合同法实施条例》第 22 条对此进行了明确:以完成一定工作任务为期限的劳动合同期满终止的,用人单位应当向员工支付经济补偿金。

(3)劳动合同因企业被依法宣告破产、被吊销营业执照、责令关闭、撤销或者决定提前解散而终止的。

(4)用人单位自用工之日起超过 1 个月不满 1 年未与员工订立书面劳动合同,在此期间要求与员工补订劳动合同,员工不与用人单位订立书面劳动合同,用人单位书面通知员工终止劳动关系的。

(5)因用人单位经营期限届满不再继续经营导致劳动合同不能继续履行,应向员工支付经济补偿。

劳动合同终止时,具有下列情形之一,用人单位无须向员工支付经济补偿金。

(1)劳动合同期限届满,用人单位同意以维持或提高劳动合同约定的条件续订劳动合同,员工不愿意续订的。

(2)劳动合同因员工达到退休年龄、开始依法享受基本养老保险待遇、死亡或者被人民法院宣告死亡、宣告失踪的而终止的。

(3)用人单位自用工之日起 1 个月内,经书面通知后,员工拒绝签订书面劳动合同,用人单位因此书面通知劳动者终止劳动关系的。

(4)非全日制用工双方当事人任何一方都可以随时通知对方终止用工的,终止用工,用人单位无须向员工支付经济补偿金。

(5)用人单位违法终止劳动合同,但已向员工支付赔偿金的,无须再另行支付经济补偿金。

3. 竞业限制补偿金

根据《劳动合同法》的规定,对负有保密义务的员工,用人单位可以在劳动合同或者保密协议中与员工约定竞业限制条款,并约定在解除或者终止劳动合同后,在竞业限制期限内按月给予劳动者经济补偿,即竞业限制补偿金。需要注意的是,竞业限制补偿金和解除或终止劳动合同的经济补偿金其支付条件并不相同,因此二者可以同时适用。有关竞业限制补偿金的规定请参照本书第五章第三节"竞业限制"的相关内容。

4. 未依法支付工资的经济补偿金

根据《违反和解除劳动合同的经济补偿办法》的规定,用人单位克扣或者无故拖欠员工工资的,拒不支付员工延长工作时间工资报酬的,或者支付员工的工资低于当地最低工资标准的，除应全额支付劳动者工资报酬或者补足低于标准部分外，还需支付拖欠部分或者差额部分25%的经济补偿金，即未依法支付工资的经济补偿金。但是，目前，该规定已被《劳动合同法》第85条的规定所取代：即用人单位未支付劳动报酬、加班费及劳动报酬低于当地最低工资标准的，由劳动行政部门责令限期支付，逾期仍未支付的，应当按应付金额50%以上100%以下的标准向劳动者加付赔偿金。

5. 额外经济补偿金

根据《违反和解除劳动合同的经济补偿办法》的规定，用人单位解除劳动合同后，未按规定给予员工经济补偿的，除全额发给经济补偿金外，还需按该经济补偿金数额的50%支付额外经济补偿金。但是，该规定现已被《劳动合同法》第85条的规定所取代：即用人单位未支付经济补偿的，由劳动行政部门责令限期支付，逾期仍未支付的，应当按应付金额50%以上100%以下的标准向劳动者加付赔偿金。

需要注意的是，员工根据《劳动合同法》第85条的规定主张加付赔偿金是有条件的，只有员工就用人单位未支付劳动报酬、加班费或者经济补偿及劳动报酬低于当地最低工资标准的问题先行向劳动行政部门进行投诉，劳动行政部门责令企业限期支付后其逾期仍未支付的，员工才能主张加付赔偿金。员工未经上述前置程序直接主张加付赔偿金的，将不会得到支持。

二、依法解除或终止劳动合同的经济补偿金的计算

解除或终止劳动合同时企业支付经济补偿金的情形已在上文作了详细介绍。在上述情形下，经济补偿金的计算方法是相同的，下面，我们就来集中说明一下解除和终止劳动合同经济补偿金的计算标准和方法。需要注意的是，用人单位应当向员工支付经济补偿的，在办结工作交接时支付。也就是说用人单位无须在劳动合同解除或终止时立即支付经济补偿金，可以等到员工办理完工作交接之后再予支付。

1. 计算公式

经济补偿金的计算公式：

$$经济补偿金 = 月工资 \times 月份数（根据工作年限换算）$$

2. 公式详解

（1）工作年限。

工作年限指劳动者在本单位工作的年限，原则上应从劳动者提供劳动之日起连续计算。

用人单位未与劳动者签订书面劳动合同，或者劳动者与同一用人单位连续签订数份劳动合同的，除已经支付经济补偿金外，均须自用工之日起连续计算劳动者在本单位的工作年限。

如果劳动者非因本人原因从原用人单位被安排到新用人单位工作，原用人单位未支付经济补偿，劳动者依照《劳动合同法》规定与新用人单位解除劳动合同，或者新用人单位向劳动者提出解除、终止劳动合同，在计算支付经济补偿或赔偿金的工作年限时，可以把在原用人单位的工作年限合并计算为新用人单位工作年限。

用人单位符合下列情形之一的，应当认定属于"劳动者非因本人原因从原用人单位被安排到新用人单位工作"。

① 劳动者仍在原工作场所、工作岗位工作，劳动合同主体由原用人单位变更为新用人单位。

② 用人单位以组织委派或任命形式对劳动者进行工作调动。

③ 因用人单位合并，分立等原因导致劳动者工作调动。

④ 用人单位及其关联企业与劳动者轮流订立劳动合同。

⑤ 其他合理情形。

（2）计算标准。

根据《劳动合同法》第47条的规定，经济补偿金的计算标准为：经济补偿按劳动者在本单位工作的年限，每满一年支付一个月工资的标准向劳动者支付。六个月以上不满一年的，按一年计算；不满六个月的，向劳动者支付半个月工资的经济补偿。

（3）计算基数。

计算经济补偿金时，工作满一年支付一个月工资，即经济补偿金的计算基数系劳动者的"月工资"。该"月工资"是指劳动者的应得工资，包括计时工资或者计件工资以及奖金、津贴和补贴等货币性收入，且为扣除个人所得税以及各项社会保险费用、住房公积金等以前的净工资额。具体计算方法为：①劳动者工作满12个月的，按照劳动者解除或者终止劳动合同前12个月的平均工资计算；②劳动者工作不满12个月的，按照实际工作的月数计算平均工资；③若劳动者在劳动合同解除或者终止前12个月的平均工资低于当地最低工资标准的，按照当地最低工资标准计算。需要说明的是，在实践中，如果劳动者无法举证确定应得工资，就只能以实发工资作为经济补偿金的计算基数了。

（4）计算封顶。

《劳动合同法》针对月工资高于用人单位所在直辖市、设区的市级人民政府公布的本地区上年度职工月平均工资 3 倍的高收入人群，在支付经济补偿金时规定了两项限制，分别是对支付数额和支付年限的封顶限制。

① 数额封顶。针对上述高收入人群，经济补偿金的支付标准为当地上年度职工月平均工资的 3 倍，而非劳动者本人的实际月平均工资。

② 年限封顶。针对上述高收入人群，支付经济补偿金的年限最高不超过 12 年，即如果劳动者在用人单位的工作年限超过 12 年的，按 12 年计算。

（5）经济补偿金的分段计算。

《劳动合同法》于 2008 年 1 月 1 日起正式实施，在劳动合同法实施前，计算经济补偿金的主要法律依据是原劳动部《违反和解除劳动合同的经济补偿办法》的相关规定。《劳动合同法》实施后，就涉及新旧法的衔接问题了。对此，《劳动合同法》第 97 条规定，本法施行之日存续的劳动合同在本法施行后解除或者终止，依照本法第 46 条规定应当支付经济补偿的，经济补偿年限自本法施行之日起计算；本法施行前按照当时有关规定，用人单位应当向劳动者支付经济补偿的，按照当时有关规定执行。也就是说，在计算经济补偿金时，涉及 2008 年 1 月 1 日前已经建立劳动关系、2008 年 1 月 1 日后解除或终止劳动关系的情况，经济补偿金应当分段计算。

有关于经济补偿金的具体分段计算方法，在实务中，各地理解不一，下面给大家介绍几个地区的相关规定。

在北京地区，根据北京市《关于劳动争议案件法律适用问题研讨会会议纪要（一）》（2009 年 8 月 17 日）第 25 条的规定，《劳动合同法》施行之日存续的劳动合同，在《劳动合同法》施行后解除或者终止，依照《劳动合同法》第 46 条的规定应当支付经济补偿的，2007 年 12 月 31 日前的经济补偿依照《劳动法》及其配套规定计算，2008 年 1 月 1 日后的经济补偿依照《劳动合同法》的规定计算。经济补偿金的基数为劳动者在劳动合同解除或者终止前 12 个月的平均工资，不再分段计算。用人单位违反《劳动合同法》的有关规定，需向劳动者每月支付二倍工资的，其加付的一倍工资不应计入经济补偿金和赔偿金的计算基数。

在上海地区，根据上海市高级人民法院《关于适用〈劳动合同法〉若干问题的意见》（沪高法〔2009〕73 号）第 21 条的规定，根据《劳动合同法》第 97 条的规定，《劳动合同法》施行之日存续的劳动合同，在《劳动合同法》施行后解除或终止的，其经济补偿金的具体计算方法如下：（一）《劳动合同法》与 2008 年 1 月 1 日之前施行的相关法律法规规定

（以下简称"以前规定"）均规定应当支付经济补偿金的情况，且劳动者的平均工资不高于上年度本市职工月平均工资 3 倍的，经济补偿金的计算基数按劳动者在劳动合同解除或终止前 12 个月的月平均工资确定。（二）《劳动合同法》规定应当支付经济补偿金的情形，且不属于以前规定中"经济补偿金总额不超过劳动者 12 个月的工资收入"情形的，经济补偿年限自用工之日起计算。《劳动合同法》规定应当支付经济补偿金的情形，但属于以前规定中"经济补偿金总额不超过劳动者 12 个月的工资收入"情形的，劳动者在《劳动合同法》施行前的经济补偿年限按照以前规定计算；劳动者在《劳动合同法》施行后的工作年限在计算经济补偿年限时并入计算。（三）符合《劳动合同法》规定 3 倍封顶的情形，实施封顶计算经济补偿年限自《劳动合同法》施行之日起计算，《劳动合同法》施行之前的工作年限仍按以前规定的标准计算经济补偿金。

在广东地区，根据《广东省高级人民法院、广东省劳动人事争议仲裁委员会关于审理劳动人事争议案件若干问题的座谈会纪要》（粤高法〔2012〕284 号）第 31 条、第 32 条的规定，用人单位支付劳动者解除或终止劳动合同经济补偿时，经济补偿的基数为劳动者在劳动合同解除或者终止前 12 个月的平均工资，不再以《劳动合同法》施行之日为界分段计算。劳动者月工资高于用人单位所在地上年度职工月平均工资 3 倍的，经济补偿的基数按用人单位所在地上年度职工月平均工资的 3 倍计算。劳动关系建立于《劳动合同法》实施以前，但在《劳动合同法》实施后解除或终止的，经济补偿按以下方式计算：（一）按《劳动合同法》实施以前的有关规定，用人单位无须支付经济补偿的，劳动者工作年限自《劳动合同法》实施之日起计算。（二）按《劳动合同法》实施前后的有关规定，用人单位均需支付经济补偿的，劳动者的工作年限自用工之日起计算。用人单位与劳动者协商一致解除劳动合同或因劳动者不能胜任工作、经培训及调整岗位仍不能胜任工作为由解除劳动合同的，劳动者在《劳动合同法》实施以前计发经济补偿的工作年限最多不超过 12 年。劳动者月工资高于用人单位所在地上年度职工月平均工资的 3 倍，非因协商一致或劳动者不能胜任工作为由解除劳动合同的，劳动者在《劳动合同法》实施以前计发经济补偿的工作年限自用工之日起计算，不受最多不超过 12 年的限制。

在安徽地区，根据安徽省高级人民法院《关于审理劳动争议案件若干问题的指导意见》（皖高法〔2015〕34 号）第 12 条的规定，《劳动合同法》施行之日前签订的劳动合同，在《劳动合同法》施行后解除或终止的，劳动者主张经济补偿金的，人民法院应视以下情形确定：（一）《劳动合同法》与 2008 年 1 月 1 日之前施行的相关法律法规均有应当支付经济补偿金的规定，且劳动者解除或终止劳动合同前 12 个月的月平均工资不高于上年度本市（设区的市）职工月平均工资 3 倍，经济补偿金的计算基数为劳动合同解除或终止前 12 个月的月平均工资。劳动者解除或终止劳动合同前 12 个月的月平均工资高于上年度本市（设区的市）职工月平均工资 3 倍，《劳动合同法》施行之前的年限按该劳动者解除或终止劳动合同前 12 个月的月平均工资确定经济补偿金的计算基数；《劳动合同法》施行之后的年限按照 3 倍封顶数额确定经济补偿金的计算基数。（二）《劳动合同法》规定应当支付经济补偿金的，既不属于以前规定中"经济补偿金总额不超过劳动者 12 个月的工资收入"情形的，也不属于《劳动合同法》规定的封顶情形的，经济补偿年限自用工之日起计算。《劳动合同法》规定应当支付经济补偿金的，但属于以前规定中"经济补偿金总额不超过劳动者 12 个月的工资收入"情形的，劳动者在《劳动合同法》施行前的经济补偿年限按照以前的规定计算；劳动者在《劳动合同法》施行后的工作年限在计算经济补偿年限时并入计算。（三）符合《劳动合同法》规定的封顶情形的，实施封顶计算经济补偿的年限自《劳动合同法》施行之日起计算，《劳动合同法》施行之前的工作年限仍按以前规定的标准计算经济补偿金。

在江苏地区，根据江苏省高院、劳动仲裁委《关于审理劳动争议案件的指导意见一》（苏高法审委〔2009〕47 号）第 22 条的规定，劳动合同在《劳动合同法》施行后解除或者终止，劳动者请求用人单位支付经济补偿的，应以该法实施之日即 2008 年 1 月 1 日为界，对经济补偿的适用条件和计发年限予以分段审查计算。用人单位解除或终止劳动合同，劳动者请求将用人单位加付给劳动者的赔偿金计入经济补偿的计发基数的，不予支持。

在山东地区，根据山东省高级人民法院、山东省劳动争议仲裁委员会、山东省劳动人事争议仲裁委员会关于适用《中华人民共和国劳动争议调解仲裁法》和《中华人民共和国劳动合同法》若干问题的意见（鲁高法〔2010〕84 号）第 28 条的规定，劳动合同法施行之日存续的劳动合同，在劳动合同法施行后解除或终止，依照劳动合同法第四十六条规定应当支付经济补偿的，2007 年 12 月 31 日前的经济补偿依照劳动法及有关政策规定计算；2008 年 1 月 1 日后的经济补偿依照劳动合同法的规定计算。经济补偿金的基数，即为劳动者在劳动合同解除或者终止前 12 个月的平均工资。

在湖北地区，根据湖北省人力资源和社会保障厅《关于审理劳动争议案件若干问题处理意见》（鄂人社发〔2009〕35 号）第 17、18 条的规定，《劳动合同法》施行之日存续的劳动合同在《劳动合同法》施行后，劳动者按照《劳动合同法》第 38 条的规定解除劳动合同或者劳动关系，以及用人单位依照《劳动合同法》第 40 条、第 41 条的规定解除劳动合同或者劳动关系的，用人单位应按照《劳动合同法》第 47 条规定的标准，向劳动者支付经济补偿金，《劳动合同法》实施前后劳动者本单位工作年限合并计算。劳动合同在《劳动合同法》施行之后到期终止的，除用人单位维持或者提高劳动合同约定条件续订劳动合同，劳动者不同意续订的情形外，属用人单位终止劳动合同的，用人单位应当支付终止劳动合同的经济补偿金，经济补偿金应分段计算：①《劳动合同法》施行之后的工作年限，按照劳动者终止劳动合同前 12 个月平均工资计算经济补偿金；②国有企业职工 2001 年 10 月 6 日至 2007 年 12 月 31 日期间，用人单位可以不支付经济补偿金；2001 年 10 月之前的本单位工作年限，无论劳动者提出还是用人单位提出终止劳动合同，用人单位均应按照每满一年支付一个月标准工资的生活补助费，最多不超过 12 个月，工作年限不满一年的按一年计算；③非国有企业的劳动者在《劳动合同法》施行之前的本单位工作年限，不计发经济补偿金。

在浙江地区，根据浙江省高级人民法院《关于审理劳动争议案件若干问题的解答（二）》（浙高法民一〔2014〕7 号）第 12 条的规定，劳动者月工资高于用人单位所在直辖市、设区的市级人民政府公布的本地区上年度职工月平均工资 3 倍，其在用人单位的工作时间跨越 2008 年 1 月 1 日，劳动合同在《劳动合同法》施行后解除或者终止，因《劳动合同法》第 47 条第 2 款规定经济补偿的最高支付年限为 12 年。故劳动者工作时间跨越《劳动合同法》实施之日，依法计算的工作年限超过 12 年的，经济补偿金最多支付 12 个月工资。

3. 经济补偿金的个税计算

根据《关于个人所得税法修改后有关优惠政策衔接问题的通知》（财税〔2018〕164 号）第五条第一款规定："个人与用人单位解除劳动关系取得一次性补偿收入（包括用人单位发放的经济补偿金、生活补助费和其他补助费），在当地上年职工平均工资 3 倍数额以内的部分，免征个人所得税；超过 3 倍数额的部分，不并入当年综合所得，单独适用综合所得税率表，计算纳税。"

因此，经济补偿金是在个人与用人单位解除劳动关系后，取得的一次性补偿收入（包括用人单位发放的经济补偿金、生活补助费和其他补助费）等。用人单位发放的经济补偿金，在当地上年职工平均工资 3 倍数额以内的部分，免征个人所得税；超过 3 倍数额的部分，不并入当年综合所得，单独适用综合所得税率表，计算纳税。

假设 A 公司需要辞退一位经理，一次性给予他补偿金额 500 000 元；假设年平均工资为 105 176 元。

则经理取得一次性补偿金应该缴纳个税的基数是 = 500 000 元 – 105 176 元 × 3 倍 = 184 472元；

个人所得税预扣率表

（居民个人工资、薪金所得预扣预级适用）

级数	累计预扣预缴应纳税所得额	预扣率	速算扣除数
1	不超过 36 000 元的	3%	0
2	超过 36 000 元至 144 000 元的部分	10%	2 520
3	超过 144 000 元至 300 000 元的部分	20%	16 920
4	超过 300 000 元至 420 000 元的部分	25%	31 920
5	超过 420 000 元至 660 000 元的部分	30%	52 920
6	超过 660 000 元至 960 000 元的部分	35%	85 920
7	超过 960 0000 元的部分	45%	181 920

则经理取得一次性补偿金应该缴纳个税 = 184 472 × 20% – 16 920 = 19 974.4 元。

法条传送门

《中华人民共和国劳动合同法》

第十五条　以完成一定工作任务为期限的劳动合同，是指用人单位与劳动者约定以某项工作的完成为合同期限的劳动合同。

用人单位与劳动者协商一致，可以订立以完成一定工作任务为期限的劳动合同。

第二十三条　用人单位与劳动者可以在劳动合同中约定保守用人单位的商业秘密和与知识产权相关的保密事项。

对负有保密义务的劳动者，用人单位可以在劳动合同或者保密协议中与劳动者约定竞业限制条款，并约定在解除或者终止劳动合同后，在竞业限制期限内按月给予劳动者经济补偿。劳动者违反竞业限制约定的，应当按照约定向用人单位支付违约金。

第四十六条　有下列情形之一的，用人单位应当向劳动者支付经济补偿：

（一）劳动者依照本法第三十八条规定解除劳动合同的；

（二）用人单位依照本法第三十六条规定向劳动者提出解除劳动合同并与劳动者协商一致解除劳动合同的；

（三）用人单位依照本法第四十条规定解除劳动合同的；

（四）用人单位依照本法第四十一条第一款规定解除劳动合同的；

（五）除用人单位维持或者提高劳动合同约定条件续订劳动合同，劳动者不同意续订的情形外，依照本法第四十四条第一项规定终止固定期限劳动合同的；

（六）依照本法第四十四条第四项、第五项规定终止劳动合同的；

（七）法律、行政法规规定的其他情形。

第四十七条　经济补偿按劳动者在本单位工作的年限，每满一年支付一个月工资的标准向劳动者支付。六个月以上不满一年的，按一年计算；不满六个月的，向劳动者支付半个月工资的经济补偿。

劳动者月工资高于用人单位所在直辖市、设区的市级人民政府公布的本地区上年度职工月平均工资三倍的，向其支付经济补偿的标准按职工月平均工资三倍的数额支付，向其支付经济补偿的年限最高不超过十二年。

本条所称月工资是指劳动者在劳动合同解除或者终止前十二个月的平均工资。

第五十条　用人单位应当在解除或者终止劳动合同时出具解除或者终止劳动合同的证明，并在十五日内为劳动者办理档案和社会保险关系转移手续。

劳动者应当按照双方约定，办理工作交接。用人单位依照本法有关规定应当向劳动者支付经济补偿的，在办结工作交接时支付。

用人单位对已经解除或者终止的劳动合同的文本，至少保存二年备查。

第八十五条　用人单位有下列情形之一的，由劳动行政部门责令限期支付劳动报酬、加班费或者经济补偿；劳动报酬低于当地最低工资标准的，应当支付其差额部分；逾期不支付的，责令用人单位按应付金额百分之五十以上百分之一百以下的标准向劳动者加付赔偿金：

（一）未按照劳动合同的约定或者国家规定及时足额支付劳动者劳动报酬的；

（二）低于当地最低工资标准支付劳动者工资的；

（三）安排加班不支付加班费的；

（四）解除或者终止劳动合同，未依照本法规定向劳动者支付经济补偿的。

第八十七条　用人单位违反本法规定解除或者终止劳动合同的，应当依照本法第四十七条规定的经济补偿标准的二倍向劳动者支付赔偿金。

第九十七条　本法施行前已依法订立且在本法施行之日存续的劳动合同，继续履行；本法第十四条第二款第三项规定连续订立固定期限劳动合同的次数，自本法施行后续订固定期限劳动合同时开始计算。

本法施行前已建立劳动关系，尚未订立书面劳动合同的，应当自本法施行之日起一个月内订立。

本法施行之日存续的劳动合同在本法施行后解除或者终止，依照本法第四十六条规定应当支付经济补偿的，经济补偿年限自本法施行之日起计算；本法施行前按照当时有关规定，用人单位应当向劳动者支付经济补偿的，按照当时有关规定执行。

《中华人民共和国劳动合同法实施条例》

第五条　自用工之日起一个月内，经用人单位书面通知后，劳动者不与用人单位订立书面劳动合同的，用人单位应当书面通知劳动者终止劳动关系，无须向劳动者支付经济补偿，但是应当依法向劳动者支付其实际工作时间的劳动报酬。

第六条　用人单位自用工之日起超过一个月不满一年未与劳动者订立书面劳动合同的，应当依照劳动合同法第八十二条的规定向劳动者每月支付两倍的工资，并与劳动者补订书面劳动合同；劳动者不与用人单位订立书面劳动合同的，用人单位应当书面通知劳动者终止劳动关系，并依照劳动合同法第四十七条的规定支付经济补偿。

前款规定的用人单位向劳动者每月支付两倍工资的起算时间为用工之日起满一个月的次日，截止时间为补订书面劳动合同的前一日。

第十条　劳动者非因本人原因从原用人单位被安排到新用人单位工作的，劳动者在原用人单位的工作年限合并计算为新用人单位的工作年限。原用人单位已经向劳动者支付经济补偿的，新用人单位在依法解除、终止劳动合同计算支付经济补偿的工作年限时，不再计算劳动者在原用人单位的工作年限。

第二十二条　以完成一定工作任务为期限的劳动合同因任务完成而终止的，用人单位应当依照劳动合同法第四十七条的规定向劳动者支付经济补偿。

第二十七条　劳动合同法第四十七条规定的经济补偿的月工资按照劳动者应得工资计算，包括计时工资或者计件工资以及奖金、津贴和补贴等货币性收入。劳动者在劳动合同解除或者终止前12个月的平均工资低于当地最低工资标准的，按照当地最低工资标准计算。劳动者工作不满12个月的，按照实际工作的月数计算平均工资。

《违反和解除劳动合同的经济补偿办法》（已作废）

第二条　对劳动者的经济补偿金，由用人单位一次性发给。

第五条　经劳动合同当事人协商一致，由用人单位解除劳动合同的，用人单位应根据劳动者在本单位工作年限，每满一年发给相当于一个月工资的经济补偿金，最多不超过十二个月。工作时间不满一年的按一年的标准发给经济补偿金。

第三条　用人单位克扣或者无故拖欠劳动者工资的，以及拒不支付劳动者延长工作时间工资报酬的，除在规定的时间内全额支付劳动者工资报酬外，还需加发相当于工资报酬百分之二十五的经济补偿金。

第四条　用人单位支付劳动者的工资报酬低于当地最低工资标准的，要在补足低于标准部分的同时，另外支付相当于低于部分百分之二十五的经济补偿金。

第七条　劳动者不胜任工作，经过培训或者调整工作岗位仍不能胜任工作，由用人单位解除劳动合同的，用人单位应按其在本单位工作的年限，工作时间每满一年，发给相当于一个月工资的经济补偿金，最多不超过十二个月。

第八条　劳动合同订立时所依据的客观情况发生重大变化，致使原劳动合同无法履行，经当事人协商不能就变更劳动合同达成协议，由用人单位解除劳动合同的，用人单位按劳动者在本单位工作的年限，工作时间每满一年发给相当于一个月工资的经济补偿金。

第九条　用人单位濒临破产进行法定整顿期间或者生产经营状况发生严重困难，必须裁减人员的，用人单位按被裁减人员在本单位工作的年限支付经济补偿金。在本单位工作的时间每满一年，发给相当于一个月工资的经济补偿金。

第十条　用人单位解除劳动合同后，未按规定给予劳动者经济补偿的，除全额发给经济补偿金外，还须按该经济补偿金数额的百分之五十支付额外经济补偿金。

第十一条　本办法中经济补偿金的工资计算标准是指企业正常生产情况下劳动者解除合同前十二个月的月平均工资。

用人单位依据本办法第六条、第八条、第九条解除劳动合同时，劳动者的月平均工资低于企业月平均工资的，按企业月平均工资的标准支付。

第十二条　经济补偿金在企业成本中列支，不得占用企业按规定比例应提取的福利费用。

《最高人民法院关于审理劳动争议案件适用法律问题的解释（一）》

第四十四条　因用人单位作出的开除、除名、辞退、解除劳动合同、减少劳动报酬、计算劳动者工作年限等决定而发生的劳动争议，用人单位负举证责任。

第四十五条　用人单位有下列情形之一，迫使劳动者提出解除劳动合同的，用人单位应当支付劳动者的劳动报酬和经济补偿，并可支付赔偿金：

（一）以暴力、威胁或者非法限制人身自由的手段强迫劳动的；

（二）未按照劳动合同约定支付劳动报酬或者提供劳动条件的；

（三）克扣或者无故拖欠劳动者工资的；

（四）拒不支付劳动者延长工作时间工资报酬的；

（五）低于当地最低工资标准支付劳动者工资的。

第四十六条　劳动者非因本人原因从原用人单位被安排到新用人单位工作，原用人单位未支付经济补偿，劳动者依据劳动合同法第三十八条规定与新用人单位解除劳动合同，或者新用人单位向劳动者提出解除、终止劳动合同，在计算支付经济补偿或赔偿金的工作年限时，劳动者请求把在原用人单位的工作年限合并计算为新用人单位工作年限的，人民法院应予支持。

用人单位符合下列情形之一的，应当认定属于"劳动者非因本人原因从原用人单位被安排到新用人单位工作"：

（一）劳动者仍在原工作场所、工作岗位工作，劳动合同主体由原用人单位变更为新用人单位；

（二）用人单位以组织委派或任命形式对劳动者进行工作调动；

（三）因用人单位合并、分立等原因导致劳动者工作调动；

（四）用人单位及其关联企业与劳动者轮流订立劳动合同；

（五）其他合理情形。

第四十七条　建立了工会组织的用人单位解除劳动合同符合劳动合同法第三十九条、第四十条规定，但未按照劳动合同法第四十三条规定事先通知工会，劳动者以用人单位违法解除劳动合同为由请求用人单位支付赔偿金的，人民法院应予支持，但起诉前用人单位已经补正有关程序的除外。

第四十八条　劳动合同法施行后，因用人单位经营期限届满不再继续经营导致劳动合同不能继续履行，劳动者请求用人单位支付经济补偿的，人民法院应予支持。

《北京市高级人民法院、北京市劳动争议仲裁委员会关于劳动争议案件法律适用问题研讨会会议纪要（一）》

25.《劳动合同法》施行之日存续的劳动合同，在《劳动合同法》施行后解除或者终止，依照《劳动合同法》第四十六的规定应当支付经济补偿的，2007年12月31日前的经济补偿依照《劳动法》及其配套规定计算，2008年1月1日后的经济补偿依照《劳动合同法》的规定计算。

经济补偿金的基数为劳动者在劳动合同解除或者终止前十二个月的平均工资，不再分段计算。

根据《劳动合同法》第四十七条、第八十七条、《劳动合同法实施条例》第二十五条的规定，用人单位违反劳动合同法的规定解除或终止劳动合同，应支付的赔偿金的计算方法为：自用工之日起依照《劳动合同法》第四十七条的规定计算出经济补偿金，再乘以2，即为赔偿金，不再分段计算。

27. 由于原劳动部制定的《违反和解除劳动合同的经济补偿办法》（劳部发〔1994〕481号）尚未被修正或废止，因此劳动者因追索劳动报酬请求用人单位支付25%的经济补偿金，或因解除劳动合同请求用人单位支付50%的额外经济补偿金，劳动仲裁委或人民法院仍可参照上述规定执行。

《北京市高级人民法院、北京市劳动争议仲裁委员会 关于劳动争议案件法律适用问题研讨会会议纪要（二）》（略）

第二节 赔偿金

劳动法律中的赔偿金，是指用人单位或员工因违反法律、企业规章制度规定或劳动合同约定给对方造成实际损失时，为弥补对方损失而承担的向对方支付一定数额的经济赔偿。劳动合同法规定的赔偿金有两类，分别是违法解除或终止劳动合同时的赔偿金及其他赔偿金。HR应当掌握哪些情况下要向员工支付赔偿金，以及哪些情况下可以要求员工支付赔偿金，以规范日常劳动用工管理，避免劳动相关的法律风险。

一、违法解除或终止劳动合同时的赔偿金

1. 用人单位违法解除或终止劳动合同的赔偿金

（1）用人单位违法解除或终止劳动合同、应当向劳动者支付赔偿金的情形。

用人单位解除或终止劳动合同，必须依法进行，既包括必须符合法定条件，也包括必须符合法定程序。否则，就可能构成违法解除或终止劳动合同，需要向劳动者支付违法解除或终止劳动合同的赔偿金。具体而言，主要分为以下三类情况。

① 劳动合同法规定用人单位不得解除或终止劳动合同，用人单位解除或终止劳动合同的。

根据《劳动合同法》第 42 条规定，劳动者有下列情形之一的，用人单位不得依照本法第 40 条、第 41 条的规定解除劳动合同，即从事接触职业病危害作业的劳动者未进行离岗前职业健康检查，或者疑似职业病病人在诊断或者医学观察期间的；在本单位患职业病或者因工负伤并被确认丧失或者部分丧失劳动能力的；患病或者非因工负伤，在规定的医疗期内的；女职工在孕期、产期、哺乳期的；在本单位连续工作满十五年，且距法定退休年龄不足五年的；法律、行政法规规定的其他情形。同时，根据《劳动合同法》第 45 条规定：劳动合同期满，有本法第 42 条规定情形之一的，劳动合同应当续延至相应的情形消失时终止；但是，本法第 42 条第 2 项规定丧失或者部分丧失劳动能力劳动者的劳动合同的终止，按照国家有关工伤保险的规定执行。所以，如果劳动者存在《劳动合同法》第 42 条的情形，用人单位却依照该法第 40 条、第 41 条的规定解除劳动合同，或者劳动合同期满即行终止劳动而合同，则构成了违法解除或终止劳动合同，需要承担支付违法解除或终止劳动合同赔偿金的法律后果。

② 不符合《劳动合同法》规定的解除或终止劳动合同的法定条件，用人单位却以此为由解除劳动合同的。

《劳动合同法》对用人单位解除或终止劳动合同有着严格的法定条件，如果没有出现法定的解除或终止劳动合同的条件，用人单位却套用法定理由解除劳动合同，就属于违法解除或终止劳动合同。

具体而言，《劳动合同法》中规定用人单位可以解除劳动合同的法定条件有如下方面。

《劳动合同法》第 39 条规定，劳动者有下列情形之一的，用人单位可以解除劳动合同：在试用期间被证明不符合录用条件的；严重违反用人单位的规章制度的；严重失职，营私舞弊，给用人单位造成重大损害的；劳动者同时与其他用人单位建立劳动关系，对完成本单位的工作任务造成严重影响，或者经用人单位提出，拒不改正的；因本法第 26 条第 1 款第 1 项规定的情形致使劳动合同无效的；被依法追究刑事责任的。

《劳动合同法》第 40 条规定，有下列情形之一的，用人单位提前 30 日以书面形式通知劳动者本人或者额外支付劳动者一个月工资后，可以解除劳动合同：劳动者患病或者非因工负伤，在规定的医疗期满后不能从事原工作，也不能从事由用人单位另行安排的工作的；劳动者不能胜任工作，经过培训或者调整工作岗位，仍不能胜任工作的；劳动合同订立时所依据的客观情况发生重大变化，致使劳动合同无法履行，经用人单位与劳动者协商，未能就变更劳动合同内容达成协议的。

《劳动合同法》第 41 条规定，有下列情形之一，需要裁减人员 20 人以上或者裁减不足 20 人但占企业职工总数 10% 以上的，用人单位提前 30 日向工会或者全体职工说明情况，听取工会或者职工的意见后，裁减人员方案经向劳动行政部门报告，可以裁减人员：依照企业破产法规定进行重整的；生产经营发生严重困难的；企业转产、重大技术革新或者经营方式调整，经变更劳动合同后，仍需裁减人员的；其他因劳动合同订立时所依据的客观经济情况发生重大变化，致使劳动合同无法履行的。裁减人员时，应当优先留用下列人员：与本单位订立较长期限的固定期限劳动合同的；与本单位订立无固定期限劳动合同的；家庭无其他就业人员，有需要扶养的老人或者未成年人的。

综上所述，如果劳动者不符合《劳动合同法》第 39、40、41 条规定的解除劳动合同的法定条件，用人单位却以此为由与劳动者解除劳动合同，就构成违法解除劳动合同。

同理，根据《劳动合同法》第 44 条的规定：有下列情形之一的，劳动合同终止：劳动合同期满的；劳动者开始依法享受基本养老保险待遇的；劳动者死亡，或者被人民法院宣告死亡或者宣告失踪的；用人单位被依法宣告破产的；用人单位被吊销营业执照、责令关闭、撤销或者用人单位决定提前解散的法律、行政法规规定的其他情形。如果劳动者不符合《劳动合同法》第 44 条规定的终止劳动合同的法定条件，用人单位却借口上述条件终止劳动合同，就构成了违法终止劳动合同。

③ 用人单位不符合法定程序解除或终止劳动合同的。

《劳动合同法》第 39 条、第 40 条、第 41 条、第 43 条等条款不仅规定了用人单位解除或终止劳动合同的法定条件，还规定了用人单位解除或终止劳动合同的法定程序。用人单位不符合法定程序解除或终止劳动合同，也构成违法解除或终止劳动合同，例如，根据《最高人民法院关于审理劳动争议案件适用法律问题的解释（一）》第 47 条的规定，建立了工会组织的用人单位解除劳动合同符合劳动合同法第三十九条、第四十条规定，但未按照劳动合同法第四十三条规定事先通知工会，劳动者以用人单位违法解除劳动合同为由请求用人单位支付赔偿金的，人民法院应予支持，但起诉前用人单位已经补正有关程序的除外。

但是，需要说明的是，并不是只要不符合《劳动合同法》上任何关于解除或终止劳动合同的程序性规定，都适用《劳动合同法》第 87 条赔偿金的罚则。例如，根据《劳动合同法》第 50 条第 1 款规定，用人单位应当在解除或终止劳动合同时出具解除或者终止劳动合同的证明，并在 15 日内为劳动者办理档案和社会保险转移手续。如果用人单位违反了该程序性规定，《劳动合同法》第89条专门规定了相应的法律责任，即：由劳动行政部门责令改正，给劳动者造成损害的，应当承担赔偿责任。这里的赔偿责任以造成损害结果为前提，没有造成损害的则无须赔偿，与《劳动合同法》第87条规定赔偿金是不同的。因此，哪类违反程序解除或终止劳动合同的情形适用《劳动合同法》第87条的规定，需要具体分析。

（2）用人单位违法解除或终止劳动合同赔偿金的计算。

根据《劳动合同法》第87条的规定，用人单位违反本法规定解除或者终止劳动合同的，应当依照本法第四十七条规定的经济补偿标准的二倍向劳动者支付赔偿金。用人单位违法解除或终止劳动合同赔偿金的计算公式如下：

$$经济赔偿金 = 经济补偿金 \times 2$$

在实务中，对于违法解除或终止劳动合同赔偿金的具体分段计算方法，各地区做法不一。

在北京地区，根据北京市《关于劳动争议案件法律适用问题研讨会会议纪要（一）》（2009年8月17日）第25条的规定，经济补偿金的基数为劳动者在劳动合同解除或者终止前12个月的平均工资，不再分段计算。《劳动合同法》第87条规定的赔偿金的计算方法为：以按上述规定计算出的经济补偿金为基础，再乘以2，计算出赔偿金。赔偿金的计算年限自用工之日起计算。

在上海地区，根据上海市高级人民法院《关于适用〈劳动合同法〉若干问题的意见》（沪高法〔2009〕73号）第21条的规定，根据《劳动合同法实施条例》第25条的规定，用人单位违反《劳动合同法》的规定解除或终止劳动合同，依法支付劳动者赔偿金，赔偿金的计算年限自用工之日起计算。如劳动者在劳动合同被违法解除或终止前12个月的月平均工资高于上年度本市职工月平均工资3倍的，根据《劳动合同法》第87条规定，应当按照第47条第2款规定的经济补偿标准计算。

在广东地区，根据《广东省高级人民法院、广东省劳动人事争议仲裁委员会关于审理劳动人事争议案件若干问题的座谈会纪要》（粤高法〔2012〕284号）第31条的规定，用人单位支付劳动者解除或终止劳动合同赔偿金时，赔偿金的基数为劳动者在劳动合同解除或者终止前12个月的平均工资，不再以《劳动合同法》施行之日为界分段计算。劳动者月工资高于用人单位所在地上年度职工月平均工资3倍的，赔偿金的基数按用人单位所在地上年度职工月平均工资的3倍计算。

而且，广州地区进一步明确规定：根据《广州中院关于审理劳动争议案件的参考意见》

（2009 年 10 月）第 17 条的规定，劳动合同履行期跨越 2008 年 1 月 1 日《劳动合同法》实施前后阶段的，用人单位因违法解除或终止劳动合同向劳动者支付赔偿金的，赔偿金年限应当从 2008 年 1 月 1 日起计算，对劳动合同法实施以前劳动者工作年限的经济补偿按照劳动法的规定处理；但用人单位支付的赔偿金总额不得高于按照《劳动合同法》规定以全部工作年限计算的赔偿金额。同时，根据《广州中院关于审理劳动争议案件会议纪要》（2014年 5 月 26 日）第 27 条的规定，劳动者月工资高于当地职工月平均工资 3 倍，其主张违法解除劳动合同的赔偿金是否也受 3 倍和不超过 12 年的限制的问题，根据《中华人民共和国劳动合同法》第 47 条、第 87 条规定，经济补偿金受 3 倍和不超过 12 年的限制，赔偿金则是按上述确定的经济补偿金标准的 2 倍计算。

2. 劳动者违法解除劳动合同，应当向用人单位支付赔偿金的情形

《劳动合同法》规定了劳动者可以解除劳动合同的条件和程序。劳动者依法解除劳动合同，无须向用人单位支付赔偿金，但是，如果劳动者违反法定的条件和程序解除劳动合同，则应向用人单位承担赔偿责任。根据《违反〈劳动法〉有关劳动规定的赔偿办法》的规定，劳动者违反规定或劳动合同的约定解除劳动合同，对用人单位造成损失的，劳动者应赔偿用人单位下列损失：用人单位招收录用其所支付的费用；用人单位为其支付的培训费用，双方另有约定的按约定办理；对生产、经营和工作造成的直接经济损失；劳动合同约定的其他赔偿费用。与用人单位违法解除或终止劳动合同的赔偿金不同，法律并没有明确规定劳动者违法解除劳动合同的赔偿标准，而是应当按照给用人单位造成的实际损失加以确定。

二、其他赔偿金

除违法解除或终止劳动合同的情况外，《劳动合同法》还规定了一些其他在劳动用工过程中需要承担赔偿责任的情况，概括而言，有下列情形。

1. 用人单位支付其他赔偿金的情形

（1）用人单位直接涉及劳动者切身利益的规章制度违反法律、法规规定，给劳动者造成损害的，应当承担赔偿责任。

（2）用人单位提供的劳动合同文本缺乏必备条款或者未将合同文本交付劳动者，给劳动者造成损害的，应当承担赔偿责任。

（3）用人单位违反劳动合同法规定与劳动者约定试用期，违法约定的试用期已经履行

的，由用人单位以劳动者试用期满月工资为标准，按已经履行的超过法定试用期的期间向劳动者支付赔偿金。

（4）用人单位违反劳动合同法规定，以担保或者其他名义向劳动者收取财务，给劳动者造成损害的，应当承担赔偿责任。

（5）劳动者依法解除或者终止劳动合同，用人单位扣押劳动者档案或者其他物品，给劳动者造成损害的，应当承担赔偿责任。

（6）用人单位未按照劳动合同的约定或者国家规定及时足额支付劳动者劳动报酬，劳动行政部门责令其限期支付，用人单位逾期不支付的，应按应付金额50%以上100%以下的标准向劳动者加付赔偿金。

（7）用人单位低于当地最低工资标准支付劳动者工资，劳动行政部门责令其限期支付差额部分，用人单位逾期不支付的，应按应付金额50%以上100%以下的标准向劳动者加付赔偿金。

（8）用人单位安排加班不支付加班费的，劳动行政部门责令其限期支付，用人单位逾期不支付的，应按应付金额50%以上100%以下的标准向劳动者加付赔偿金。

（9）用人单位解除或者终止劳动合同、未依照劳动合同法规定向劳动者支付经济补偿，劳动行政部门责令其限期支付，用人单位逾期不支付的，应按应付金额50%以上100%以下的标准向劳动者加付赔偿金。

（10）用人单位以欺诈、胁迫的手段或者乘人之危，使劳动者在违背真实意思的情况下订立或者变更劳动合同，导致劳动合同被确认无效，给劳动者造成损害的，应当承担赔偿责任。

（11）用人单位以暴力、威胁或者非法限制人身自由的手段强迫劳动，给劳动者造成损害的，应当承担赔偿责任。

（12）用人单位违章指挥或者强令冒险作业危及劳动者人身安全，给劳动者造成损害的，应当承担赔偿责任。

（13）用人单位侮辱、体罚、殴打、非法搜查或者拘禁劳动者，给劳动者造成损害的，应当承担赔偿责任。

（14）用人单位劳动条件恶劣、环境污染严重，给劳动者身心健康造成严重损害的，应当承担赔偿责任。

（15）用人单位违反劳动合同法规定，未向劳动者出具解除或者终止劳动合同的书面证明，给劳动者造成损害的，应当承担赔偿责任。

（16）用人单位招用与其他用人单位尚未解除或者终止劳动合同的劳动者，给其他用人单位造成损失的，用人单位与劳动者承担连带赔偿责任。

（17）劳务派遣单位违反劳动合同法的规定，给被派遣劳动者造成损害的，劳务派遣单位与用工单位承担连带赔偿责任。

（18）对不具备合法经营资格的用人单位，给劳动者造成损害的，应当承担赔偿责任。

（19）个人承包经营者违反劳动合同法招用劳动者，给劳动者造成损害的，发包的组织应当与个人承包经营者承担连带赔偿责任。

2. 劳动者支付其他赔偿金的情形

（1）劳动者以欺诈、胁迫的手段或者乘人之危，使劳动者在违背真实意思的情况下订立或者变更劳动合同，导致劳动合同被确认无效，或者因劳动者原因导致劳动合同存在其他违反法律、行政法规强制性规定情形，导致劳动合同被确认无效，给用人单位造成损害的，应当承担赔偿责任。

（2）劳动者违反劳动合同约定的保密义务或竞业限制，给用人单位造成损失的，应当承担赔偿责任。

（3）劳动者与原用人单位尚未解除或者终止劳动合同，与新用人单位建立劳动关系，给原用人单位造成损失的，劳动者与新用人单位承担连带赔偿责任。

（4）因劳动者本人原因给用人单位造成损失的，用人单位可按照劳动合同的约定要求其赔偿经济损失。经济损失的赔偿，可从劳动者本人的工资中扣除。但每月扣除的部分不得超过劳动者当月工资的20%。若扣除后的剩余工资部分低于当地月最低工资标准，则按最低工资标准支付。

举案说法41. 劳动者违反操作规范给用人单位造成损失是否应承担赔偿责任？

2007年9月1日，北京某科技企业一次性同时招入李某、王某等8名工作人员，该企业均与这8名新入职职工签订了3年期的劳动合同，合同期限自2007年9月1日至2010年8月31日，其中，李某等4人为销售人员，月工资标准为3000元＋提成；王某等4人为技术人员，月工资标准为5000元。

2009年6月30日，李某等4人销售由王某等4人负责生产的产品，共计销售了20万元。后经证实，该批产品是有缺陷的，该缺陷系王某等人擅自使用从市场上购买的工具造成的。该企业不得不召回该批次产品，因此遭受经济损失近15万元。

于是，企业根据双方签订的《劳动合同》的约定："因技术人员自身过错造成企业损失超过2 000元的，企业有权单方解除劳动关系，并要求该过错方赔偿损失"，解除了与王某等4人的劳动关系，并要求他们支付因召回缺陷产品造成的经济损失的赔偿金。

同时，因此次的召回事件给企业带来了重大损失和不良的影响，企业经营越发吃力，为减少用工成本，该企业经研究决定辞退李某等4位销售人员。李某、王某等8人均不服公司的决定，便向当地劳动争议仲裁委员会提起了劳动仲裁。其中，王某等4人认为，该企业未按规定检测该批产品就安排出库销售，是需要承担责任的，便提出了不应向公司支付经济赔偿金的仲裁请求；李某等4人认为，他们只是按照该企业的安排与要求正常销售产品，该企业仅凭有可能出现的经营不善的情况就与之解除劳动关系系违法解除，便提出了该企业应向其4人支付违法解除劳动合同赔偿金的仲裁请求。

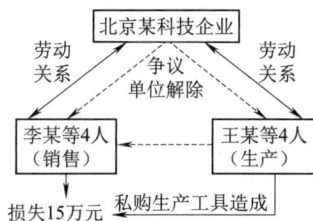

审理结果

仲裁委员会经审理认定，王某等4人未按照用人单位指定的操作流程，擅自改换钻头，导致其加工的产品中缺陷，直接造成经济损失15万元，对此，其应向用人单位承担赔偿责任。但产品出库，用人单位应派专门的质量检测员检测该批产品是否符合验收标准，用人单位并没有这样做，故对此也应承担部分责任。最终，仲裁委员会裁决王某等4人应向该用人单位支付10万元的经济赔偿金。

而针对李某等4位销售人员，仲裁庭经审理认为，该用人单位在李某等4人未出现解除劳动合同条件的情况下，仅凭用人单位单方预测用人单位可能会出现经营不善的情形而辞退4人，系违法解除，该用人单位应按照4位销售人员离职前12个月平均工资标准与其工作年限向该4位销售人员分别支付违法解除劳动合同赔偿金。

HR 操作锦囊

员工向用人单位承担赔偿责任，应当满足以下三个条件。

（1）员工实施了违反法律规定或企业规章制度、劳动合同约定的行为。

（2）员工的违法或违约行为给用人单位造成了实际损失。

（3）员工主观上对违法或违约行为存在故意或重大过失。

本案中，王某等4人违反操作规程，擅自改换操作工具，导致产品缺陷，并致使用人单位因召回缺陷产品产生经济损失15万元，满足上述应当承担赔偿责任的条件，因此，王某等4人应当向用人单位承担赔偿责任。

需要注意的是，根据《工资支付暂行规定》，因劳动者本人原因给用人单位造成经济损失的，用人单位可按照劳动合同的约定要求其赔偿经济损失。经济损失的赔偿，可从劳动者本人的工资中扣除。但每月的扣除部分不得超过劳动者当月工资的20%。若扣除后的剩余工资部分低于当地最低工资标准，则按最低工资标准支付。也就是说，用人单位可以采取按月扣除员工工资的形式来要求员工承担赔偿责任，但应当受到一定的限制。当然，如果员工有支付条件，也可以不在工资中扣除，选择一次性支付。对于本案而言，用人单位已将王某等4人辞退，就不存在扣除工资来抵偿赔偿金的问题，这时，需要双方协商的是一次性付款赔偿还是通过其他方式偿还对用人单位造成的损失。

虽然法律对于用人单位可以要求员工承担赔偿责任的情形作出了明确规定，但在实务中，用人单位行使这项权利时面临最大的问题就是"举证难"。用人单位不但要证明员工的行为确实给企业带来了损害，还要证明实际损失数额。

因此，建议HR：一方面应在《规章制度》和《劳动合同》中写明"员工应承担赔偿责任的情形"和"损失计算的依据与标准"；另一方面当损害发生时，应及时固定和收集好相关证据（如票据），以便事后主张赔偿时有据可依。

另一方面，对于李某等4人，用人单位认可其并没有违反劳动合同约定，只是该用人单位单方预测其未来可能会出现经营吃力，而与他们解除了劳动合同。用人单位的行为明显是违法解除劳动合同，按照《劳动合同法》的规定，若劳动者要求继续履行劳动合同，则双方应继续履行；若劳动者要求不继续履行合同而向用人单位要求支付违法解除劳动合同赔偿金，则用人单位应按照《劳动合同法》第87条之规定向劳动者支付赔偿金。

法条传送门

《中华人民共和国劳动合同法》

第四十八条　用人单位违反本法规定解除或者终止劳动合同，劳动者要求继续履行劳动合同的，用人单位应当继续履行；劳动者不要求继续履行劳动合同或者劳动合同已经不能继续履行的，用人单位应当依照本法第八十七条规定支付赔偿金。

第八十条　用人单位直接涉及劳动者切身利益的规章制度违反法律、法规规定的，由劳动行政部门责令改正，给予警告；给劳动者造成损害的，应当承担赔偿责任。

第八十一条　用人单位提供的劳动合同文本未载明本法规定的劳动合同必备条款或者用人单位未将劳动合同文本交付劳动者的，由劳动行政部门责令改正；给劳动者造成损害的，应当承担赔偿责任。

第八十二条　用人单位自用工之日起超过一个月不满一年未与劳动者订立书面劳动合同的，应当向劳动者每月支付二倍的工资。

用人单位违反本法规定不与劳动者订立无固定期限劳动合同的，自应当订立无固定期限劳动合同之日起向劳动者每月支付二倍的工资。

第八十三条　用人单位违反本法规定与劳动者约定试用期的，由劳动行政部门责令改正；违法约定的试用期已经履行的，由用人单位以劳动者试用期满月工资为标准，按已经履行的超过法定试用期的期间向劳动者支付赔偿金。

第八十四条　用人单位违反本法规定，扣押劳动者居民身份证等证件的，由劳动行政部门责令限期退还劳动者本人，并依照有关法律规定给予处罚。

用人单位违反本法规定，以担保或者其他名义向劳动者收取财物的，由劳动行政部门责令限期退还劳动者本人，并以每人五百元以上二千元以下的标准处以罚款；给劳动者造成损害的，应当承担赔偿责任。

劳动者依法解除或者终止劳动合同，用人单位扣押劳动者档案或者其他物品的，依照前款规定处罚。

第八十五条　用人单位有下列情形之一的，由劳动行政部门责令限期支付劳动报酬、加班费或者经济补偿；劳动报酬低于当地最低工资标准的，应当支付其差额部分；逾期不支付的，责令用人单位按应付金额百分之五十以上百分之一百以下的标准向劳动者加付赔偿金：

（一）未按照劳动合同的约定或者国家规定及时足额支付劳动者劳动报酬的；

（二）低于当地最低工资标准支付劳动者工资的；

（三）安排加班不支付加班费的；

（四）解除或者终止劳动合同，未依照本法规定向劳动者支付经济补偿的。

第八十六条　劳动合同依照本法第二十六条规定被确认无效，给对方造成损害的，有过错的一方应当承担赔偿责任。

第八十七条　用人单位违反本法规定解除或者终止劳动合同的，应当依照本法第四十七条规定的经济补偿标准的二倍向劳动者支付赔偿金。

第八十八条　用人单位有下列情形之一的，依法给予行政处罚；构成犯罪的，依法追究刑事责任；给劳动者造成损害的，应当承担赔偿责任：

（一）以暴力、威胁或者非法限制人身自由的手段强迫劳动的；

（二）违章指挥或者强令冒险作业危及劳动者人身安全的；

（三）侮辱、体罚、殴打、非法搜查或者拘禁劳动者的；

（四）劳动条件恶劣、环境污染严重，给劳动者身心健康造成严重损害的。

第八十九条　用人单位违反本法规定未向劳动者出具解除或者终止劳动合同的书面证明，由劳动行政部门责令改正；给劳动者造成损害的，应当承担赔偿责任。

第九十条　劳动者违反本法规定解除劳动合同，或者违反劳动合同中约定的保密义务或者竞业限制，给用人单位造成损失的，应当承担赔偿责任。

第九十一条　用人单位招用与其他用人单位尚未解除或者终止劳动合同的劳动者，给其他用人单位造成损失的，应当承担连带赔偿责任。

第九十二条　违反本法规定，未经许可，擅自经营劳务派遣业务的，由劳动行政部门责令停止违法行为，没收违法所得，并处违法所得一倍以上五倍以下的罚款；没有违法所得的，可以处五万元以下的罚款。

劳务派遣单位、用工单位违反本法有关劳务派遣规定的，由劳动行政部门责令限期改正；逾期不改正的，以每人五千元以上一万元以下的标准处以罚款，对劳务派遣单位，吊销其劳务派遣业务经营许可证。用工单位给被派遣劳动者造成损害的，劳务派遣单位与用工单位承担连带赔偿责任。

第九十三条　对不具备合法经营资格的用人单位的违法犯罪行为，依法追究法律责任；劳动者已经付出劳动的，该单位或者其出资人应当依照本法有关规定向劳动者支付劳动报酬、经济补偿、赔偿金；给劳动者造成损害的，应当承担赔偿责任。

第九十四条　个人承包经营违反本法规定招用劳动者，给劳动者造成损害的，发包的组织与个人承包经营者承担连带赔偿责任。

《违反 < 劳动法 > 有关劳动合同规定的赔偿办法》

第四条　劳动者违反规定或劳动合同的约定解除劳动合同，对用人单位造成损失的，劳动者应赔偿用人单位下列损失：

（一）用人单位招收录用其所支付的费用；

（二）用人单位为其支付的培训费用，双方另有约定的按约定办理；

（三）对生产、经营和工作造成的直接经济损失；

（四）劳动合同约定的其他赔偿费用。

《工资支付暂行规定》

第十六条　因劳动者本人原因给用人单位造成经济损失的，用人单位可按照劳动合同的约定要求其赔偿经济损失。经济损失的赔偿，可从劳动者本人的工资中扣除。但每月扣除的部分不得超过劳动者当月工资的20%。若扣除后的剩余工资部分低于当地月最低工资标准，则按最低工资标准支付。

第三节　违约金

《劳动合同法》实施前，我国其他法律并未对劳动合同双方当事人约定违约金的情形及标准作具体规定，根据"法无禁止即可行"的原则，当时，用人单位为了保证员工的稳定性，在与员工签订劳动合同的同时往往会约定一个违约金条款，即要求员工在单方提前解除劳动合同时需要向用人单位支付一定数额的违约金，而该违约条款的约定往往使很多员工在主动离开原单位时需要交纳高额的违约金，员工的合法权益很难得到保障。《劳动合同法》的实施大大改善了这一现象。

一、违约金概述

违约金，是指按照当事人的约定或法律的规定，当合同当事人一方不履行或不适当履行合同时，需要向另一方支付一定数额的金钱。而劳动合同违约金，则是指用人单位或者劳动者违反双方劳动合同约定时需要向对方支付的一定数额的金钱。

有关于劳动合同违约金，2008年1月1日开始实施的《劳动合同法》中取消了"法无规定"的情况，增加了违约金的具体适用条款，对其适用范围及适用标准均作出了明确规定，即在劳动合同中设定的违约金条款只限于劳动者违反服务期约定和违反竞业限制约定两种情况。因此，现在，劳动者在履行了解除劳动合同的法定程序即"提前通知义务"后，是可以与用人单位解除劳动合同的，这是行使了法定的辞职权，并不构成违约，无须向用人单位支付任何提前解除劳动合同的违约金。

另外，需要注意的是，即使用人单位在劳动合同中约定"员工违反服务期或竞业限制应当支付违约金，同时还应当赔偿因此给企业造成的损失"，用人单位也无法同时要求员工支付违约金和赔偿金。因为，根据《合同法》的规定，违约金和赔偿金不能并存，只能择一适用。如果约定的违约金低于造成的经济损失，用人单位可以请求仲裁机构或者人民法院予以增加；相反地，如果约定的违约金过分高于造成的经济损失，员工也可以请求仲裁机构或者人民法院予以适当减少。

二、经济补偿金、赔偿金和违约金的区别

经济补偿金、违约金、赔偿金是用人单位在用工管理过程中经常遇到的三个概念，为了更好地帮助用人单位全面把握和准确运用它们，我们将三者放在一起作简要对比，看一下经济补偿金、赔偿金和违约金的区别。

1. 法律性质不同

经济补偿金是法定的，是劳动合同解除或终止时，用人单位支付给劳动者的，具有社会保障的功能，即保障劳动者离职之后至重新就业前这一段时间的生活。违约金是约定的，是用人单位与劳动者在法律规定的范围内约定的，违约方向对方承担责任的一种形式。一般来说，违约方违约的，不管是否给对方造成损失，都需要承担违约责任，因此违约金具有惩罚性，是对违约方的一种惩罚，但是劳动者违反服务期的违约金仅具有补偿功能，不具有惩罚性。赔偿金，是一方当事人违反法律或劳动合同的约定给另一方当事人造成损失时，应当赔偿由此给另一方造成的损失，因此赔偿金具有补偿性，但是在劳动法领域用人单位支付给劳动者的赔偿金则多具有惩罚性，往往不以劳动者的损失为限，而劳动者支付给用人单位的赔偿金，仅具有补偿性。

2. 适用条件不同

经济补偿金适用条件是劳动合同解除或终止，且按照法律规定需要支付经济补偿金的解除、终止。违约金的适用条件是，当事人对违约金事先有约定，且出现违约行为。赔偿金的适用条件是，当事人在劳动合同订立、履行、变更、解除、终止甚至解除、终止后出现违法事项，按照法律规定需要赔偿。

3. 支付对象不同

经济补偿金是单向的，即用人单位向劳动者支付，不存在劳动者向用人单位支付的情形。违约金是双向的，即违约方向对方支付，在实践中一般是用人单位为劳动者设定违约

金居多。赔偿金也是双向的，违法行为一方给对方造成损失的，需要赔偿对方的损失。

4. 计算方法不同

经济补偿金的计算方法是法定的，即一般为劳动者每工作满 1 年支付 1 个月工资。违约金计算方法按照当事人的约定处理，当然，劳动者违反服务期约定，违约金计算方法是法定的等额递减原则。赔偿金一般按照受害方的损失大小来计算，当然，用人单位支付劳动者的赔偿金很多是法定的倍数。

举案说法 42. 劳动者违反竞业限制约定是否应向用人单位支付违约金？

王某 2004 年 7 月大学毕业后，成功应聘进入北京 A 信息技术有限公司担任销售员，月工资 6 500 元。公司在王某入职时与其签订了两年期劳动合同，合同期限自 2004 年 7 月 1 日至 2006 年 6 月 30 日。2006 年 7 月 1 日，由于王某在职期间技术精湛，被晋升为销售主管，月工资 15 000 元，双方续订了五年期劳动合同，合同期限自 2006 年 7 月 1 日至 2011 年 6 月 30 日。同时，因王某销售主管职位会接触公司商业秘密，公司又与王某签订了保密协议并约定竞业限制条款，约定王某应保守公司商业秘密，离职后两年内不得到与本公司从事同类业务的竞争单位工作，王某离职后公司每月向王某发放 4 500 元竞业限制补偿金。如王某违反竞业限制义务，则应向公司支付 30 000 元违约金。

2009 年 7 月开始，王某因不满公司待遇问题与总经理发生严重冲突，公司开始拖欠王某的工资，王某多次找公司协商未果，便于 2009 年 9 月 10 日以"用人单位拖欠劳动报酬"为由向该公司邮寄送达了解除劳动合同通知书。公司不甘示弱，2009 年 9 月 25 日向王某送达书面通知，以其连续旷工达 15 日为由与其解除劳动合同。A 公司在解除劳动合同后依约向王某支付了竞业限制违约金。

王某收到单位的书面通知后，更加怒火中烧，于 2009 年 10 月 8 日跳槽到了与 A 公司有竞争关系的 B 公司工作。

2009 年 11 月 1 日，王某再次找到 A 公司索要工资无果后，向管辖地劳动争议仲裁委员会提起仲裁，要求 A 公司：①支付 2009 年 7 月 1 日至 2009 年 9 月 10 拖欠的工资35 517.24 元；②支付解除劳动合同的经济补偿金 82 500 元；③支付违法解除劳动合同的赔偿金 165 000 元。

仲裁中，A 公司提起反仲裁，认为王某入职与其公司存在同业竞争关系的 B 公司，并利用从其公司获取的商业信息，对外以 B 公司名义低价招揽 A 司原有客户，导致多名客户信息泄露及退单情况，造成严重的经济损失，故要求王某：① 支付竞业限制违约金 30 000

元；② 支付因违反竞业限制义务给 A 公司造成的损失 200 000 元。为证明其损失，A 公司提交了订单退费明细表、退费转账凭证等，并说明相关损失金额系其公司综合估计、酌定，但王某对此不予认可。

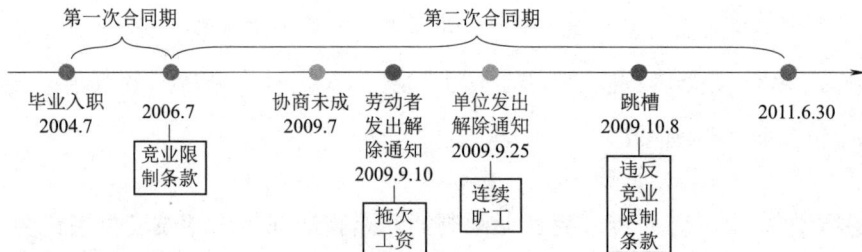

第一次合同期　第二次合同期

毕业入职 2004.7 — 2006.7 竞业限制条款 — 协商未成 2009.7 — 劳动者发出解除通知 2009.9.10 拖欠工资 — 单位发出解除通知 2009.9.25 连续旷工 — 跳槽 2009.10.8 违反竞业限制条款 — 2011.6.30

审理结果

本案经仲裁委合并审理，结果如下。

针对王某的仲裁请求，仲裁裁决：① A 公司支付王某 2009 年 7 月 1 日至 2009 年 9 月 10 日拖欠的工资 35 517. 24 元；② A 公司支付王某解除劳动合同的经济补偿金 22 356 元；③ 驳回王某的其他申请请求。

针对 A 公司的仲裁请求，仲裁裁决：① 王某支付 A 公司违反竞业限制义务的违约金 30 000 元；② 驳回 A 公司的其他申请请求。

HR 操作锦囊

本案中，关于王某的仲裁请求，所涉及的争议焦点有以下几个方面。

第一，关于拖欠工资一节，劳动者的合法权益受法律保护，A 公司未给付王某 2009 年 7 月 1 日至 2009 年 9 月 10 日工资，应予给付，故 A 公司应向王某支付 2009 年 7 月 1 日至 2009 年 9 月 10 日工资 61 479 元。

第二，关于解除劳动关系经济补偿金一节，则涉及劳动关系解除的具体原因，该原因内容的确定应以劳动者或用人单位向对方作出解除劳动关系意思表示时为准。王某在 2009 年 9 月 10 日已向 A 公司邮寄送达解除劳动合同通知书，反映出王某要求与 A 公司解除劳动合同的意思表示。鉴于 A 公司存在长期未及时足额支付王某劳动报酬的事实，依据我国劳动合同法第三十八条第（二）项之规定，王某有权单方提出解除劳动合同。

因而，A 公司关于王某自 2009 年 9 月 10 日无故旷工 15 天的解除理由不能成立，其公司于 2009 年 9 月 25 日作出的解除劳动合同通知书缺乏事实和法律依据。因 2008 年 1 月 1 日起施行的我国劳动合同法第三十八条第一款第（二）项、第四十六条第一项规定劳动者以未足额支付劳动报酬为由有权向用人单位主张解除劳动关系经济补偿金，此前并无法律明确规定拖欠劳动报酬系用人单位应当向劳动者支付解除劳动关系经济补偿金的法定事由；因此，应以王某2008年1月1日之后的工作年限作为计算其解除劳动关系经济补偿金的年限，其此前的工作年限不作为计算该补偿金的年限。

同时，又因王某的月工资高于北京市上年度职工月平均工资三倍，向其支付的经济补偿的标准应以北京市上年度职工月平均工资三倍的数额支付。经核算，A公司应向王某支付的解除劳动关系经济补偿金的数额为22 356元。同时，因双方劳动合同已于2009年9月10日解除，王某主张因A公司2009年9月25日违法解除劳动合同要求支付违法解除劳动合同赔偿金，不予支持。

HR在计算解除劳动合同的经济补偿金时，一定要注意：对于工作年限，尤其是涉及2008年1月1日前后两个时间段时，一定要分段计算，即在2008年1月1日之后根据《劳动合同法》第46条的规定计算经济补偿金，2008年1月1日以前的部分则按照当时有关规定计算。本案发生在北京地区，根据相关规定，对于经济补偿金的计算基数，不再分段计算，而是统一按照劳动者在劳动合同解除或者终止前12个月的平均工资进行计算。但是，劳动者月工资高于用人单位所在直辖市、设区的市级人民政府公布的本地区上年度职工月平均工资三倍的，向其支付经济补偿的标准按职工月平均工资三倍的数额支付，向其支付经济补偿的年限最高不超过十二年。

本案中，对于A公司的仲裁请求，所涉及的争议焦点如下。

第一，关于支付竞业限制违约金一节，竞业限制的法律规范源于对商业秘密的保护，商业秘密作为一种无形资产，关乎企业在特定领域的竞争优势，王某离职后入职竞争企业，势必对A公司的竞争能力和商业秘密保护形成削弱。根据业已查证的事实，王某自2009年10月8日开始在竞争对手B公司任职。同时，王某在职期间与A公司签订有保密协议等书面文件，上述材料以书面形式明确了竞业限制条款及违约金金额，则王某对自身违反竞业限制义务所引发的潜在法律后果应存在预见。综上，考虑当事人违反竞业限制义务的商业影响、当事人过错程度及当事人对潜在法律后果的预见，A公司依据保密协议及竞业限制协议中有关竞业限制违约金条款作为主张违约金的依据，并无不当。鉴此，王某应依法向A公司支付违反竞业限制义务的违约金30 000元。

第二，关于A公司主张的损失赔偿一节，A公司主张因王某的离职行为给其公司造成包括客户退单在内的相关经济损失，并提供了退费明细表、退费转账凭证为证。首先，在王某持有异议的情况下，上述证据并不足以证明损失的实际发生及与王某离职之间的关联性；其次，在仲裁已裁决王某支付竞业限制义务的违约金的情况下，A 公司另行主张赔偿金，若同时适用，会使劳动者对同一违约行为承担双重负担，于劳动者而言显失公平。鉴此，仲裁对 A 公司主张的损失赔偿一项不予支持。

在日常工作中，用人单位对于其高级管理人员、高级技术人员和其他负有保密义务的劳动者，可以在劳动合同或者保密协议中约定竞业限制条款，并明确竞业限制的范围、地域、期限、竞业限制补偿金及违约金标准。需要注意的是，用人单位与员工约定的违约金应当合理，即参照员工的收入水平、偿付能力、补偿金数额等因素来综合确定，否则，违约金数额过高的，员工可以要求适当减少。当员工离职后出现违反竞业限制的行为时，用人单位可以要求员工支付违反竞业限制的违约金，并考量是否有必要要求劳动者继续履行竞业限制义务。如有必要，则根据《最高人民法院关于审理劳动争议案件适用法律问题的解释（一）》第 40 条的规定，劳动者违反竞业限制约定，向用人单位支付违约金后，用人单位要求劳动者按照约定继续履行竞业限制义务的，人民法院应予支持。

法条传送门

《中华人民共和国劳动合同法》

第二十二条　用人单位为劳动者提供专项培训费用，对其进行专业技术培训的，可以与该劳动者订立协议，约定服务期。

劳动者违反服务期约定的，应当按照约定向用人单位支付违约金。违约金的数额不得超过用人单位提供的培训费用。用人单位要求劳动者支付的违约金不得超过服务期尚未履行部分所应分摊的培训费用。

用人单位与劳动者约定服务期的，不影响按照正常的工资调整机制提高劳动者在服务期期间的劳动报酬。

第二十三条　用人单位与劳动者可以在劳动合同中约定保守用人单位的商业秘密和与知识产权相关的保密事项。

对负有保密义务的劳动者，用人单位可以在劳动合同或者保密协议中与劳动者约定竞业限制条款，并约定在解除或者终止劳动合同后，在竞业限制期限内按月给予劳动者经济补偿。劳动者违反竞业限制约定的，应当按照约定向用人单位支付违约金。

第二十五条　除本法第二十二条和第二十三条规定的情形外，用人单位不得与劳动者约定由劳动者承担违约金。

《最高人民法院关于审理劳动争议案件适用法律问题的解释（一）》

第三十六条　当事人在劳动合同或者保密协议中约定了竞业限制，但未约定解除或者终止劳动合同后给予劳动者经济补偿，劳动者履行了竞业限制义务，要求用人单位按照劳动者在劳动合同解除或者终止前十二个月平均工资的30%按月支付经济补偿的，人民法院应予支持。

前款规定的月平均工资的30%低于劳动合同履行地最低工资标准的，按照劳动合同履行地最低工资标准支付。

第三十七条　当事人在劳动合同或者保密协议中约定了竞业限制和经济补偿，当事人解除劳动合同时，除另有约定外，用人单位要求劳动者履行竞业限制义务，或者劳动者履行了竞业限制义务后要求用人单位支付经济补偿的，人民法院应予支持。

第三十八条　当事人在劳动合同或者保密协议中约定了竞业限制和经济补偿，劳动合同解除或者终止后，因用人单位的原因导致三个月未支付经济补偿，劳动者请求解除竞业限制约定的，人民法院应予支持。

第三十九条　在竞业限制期限内，用人单位请求解除竞业限制协议的，人民法院应予支持。

在解除竞业限制协议时，劳动者请求用人单位额外支付劳动者三个月的竞业限制经济补偿的，人民法院应予支持。

第四十条　劳动者违反竞业限制约定，向用人单位支付违约金后，用人单位要求劳动者按照约定继续履行竞业限制义务的，人民法院应予支持。

第十五章　集体合同和工会

建立集体合同制度和工会制度，有助于协调劳资关系、保障劳动者合法权益。但是，目前，这两项制度却并没有得到充分执行，近年来，中华全国总工会政策的形式正在全国范围内积极推进集体合同和工会制度的落实与实施，因此，作为用人单位，更应当掌握这两项制度，以便于管理用人单位用工。

第一节　集体合同

集体合同是指用人单位职工一方与用人单位之间根据法律、法规的规定，就劳动报酬、工作时间、休息休假、劳动安全卫生、保险福利等事项，在平等协商的基础上签订的书面协议。集体合同规定的是劳动者的集体劳动条件，一般适用于用人单位和全体工人、职员，也有的适用于用人单位和参加签订集体合同的工会成员。

一、集体合同与劳动合同的区别

集体合同和劳动合同都是劳动用工管理的重要形式，两者既有密切联系，但是也有本质的区别。

（1）当事人不同。集体合同的当事人一方是代表职工的工会或由劳动者推举的代表，另一方是用人单位。劳动合同当事人一方是劳动者个人，一方是用人单位。

（2）内容不同。集体合同调节集体劳动关系，约定的是全体劳动者共同的权利和义务，内容全面、复杂，带有整体性。而劳动合同的内容比较简单，一般都在法律、法规中直接规定，法律、法规未作规定的，可由劳动合同双方当事人进行约定。

（3）产生的时间不同。集体合同产生于劳动关系运行过程中，不以单个劳动者参加劳动为前提。而劳动合同以当事一方的劳动者参加劳动为前提，是劳动者个人建立劳动关系的法律凭证。

（4）作用不同。集体合同制度的作用在于改善劳动关系，维护职工的群体利益。而劳动合同的作用在于建立劳动关系，维护劳动者个人和用人单位的权益。

（5）效力不同。就职工一方来说，集体合同对一个单位的全体职工有效，而劳动合同只对劳动者个人有效。并且，劳动合同中的劳动条件和劳动报酬的标准不得低于集体合同的约定。

类　别	集体合同	劳动合同
合同主体	工会或劳动者推举的代表 用人单位	单个劳动者 用人单位
合同目的	为确立劳动关系设定具体标准	确立劳动关系
合同内容	内容灵活，集体劳动关系中全体劳动者的共同权利和义务	单个劳动者的权利和义务，并符合《劳动合同法》中必备条款
产生时间	劳动关系运行过程中，不以单个劳动者参加劳动为前提	单个劳动者进入用人单位参加劳动为前提
合同期限	固定期限时间一般为 1~3 年	分为固定期限、无固定期限、以完成一定工作任务为期限三类
法律效力	适用于签订合同的用人单位和本单位全体劳动者	适用于签订合同的用人单位和单个劳动者

二、集体合同的订立、变更与解除

1. 集体合同的订立程序

（1）确定集体协商代表。

协商代表是由用人单位一方的协商代表与职工一方的协商代表组成的。用人单位一方的协商代表是由用人单位法定代表人指派；首席代表由单位法定代表人担任或由其书面委托的其他管理人员担任。职工一方的协商代表由本单位工会选派，未建立工会的，由本单位职工民主推荐，并经本单位半数以上职工同意；首席代表由本单位工会主席担任，工会主席空缺的，首席代表由工会主要负责人担任。未建立工会的，职工一方的首席代表从协商代表中民主推举产生。

其中，需要注意的是，集体协商双方的代表人数应当是对等的，每方至少 3 人，并各确定 1 名首席代表。协商代表的职责是：参加集体协商、接受本方人员质询，及时向本方人员公布协商情况并征求意见，提供与集体协商有关的情况和资料代表本方参加集体协商争议的处理、监督集体合同或专项集体合同的履行及法律法规和规章规定的其他职责。

（2）集体协商。

集体协商又称集体谈判，是用人单位工会或职工代表与相应的用人单位代表为签订集体合同进行商谈的行为。

① 特点：集体协商代表的身份和人数对等；集体协商双方代表的法律地位平等；集体协商是公开、公平、平等的协商；集体协商是和平协商；集体协商是在法律、法规规定的范围内协商。

② 意义：集体协商是维护职工合法权益不可缺少的、重要的手段；集体协商是协调、稳定劳动关系和维护正常的生产、经营和工作秩序的重要保证；集体协商是保障社会安定的重要方法。

（3）集体协商的程序。

根据《集体合同规定》规定，用人单位一方或职工一方应以书面形式向对方提出协商要求，而另一方应当在收到集体协商要求之日起 20 日内以书面形式给予回应，无正当理由不得拒绝进行集体协商。

双方在确定进行集体协商后，应召开有全体协商代表参加的集体协商会议，会前需拟定集体协商议题、确定集体协商会议的时间、地点等事项、并共同确定一名非协商代表担任集体协商记录员。协商双方首席代表轮流主持，双方就商谈事项发表各自意见并由双方首席代表归纳意见，会上能够达成一致的，应当形成集体合同草案或专项集体合同草案，由双方首席代表签字。

（4）订立集体合同。

订立集体合同需要经过严格的程序。根据《集体合同规定》规定，经双方协商代表协商一致的集体合同草案或专项集体合同草案应当提交职工代表大会或者全体职工讨论。职工代表大会或者全体职工讨论集体合同草案或专项集体合同草案，应当有 2/3 以上职工代表或者职工出席，且须经全体职工代表半数以上或者全体职工半数以上同意，集体合同草案或专项集体合同草案方获通过。集体合同草案或专项集体合同草案经职工代表大会或者职工大会通过后，由集体双方协商首席代表签字，集体合同即正式订立。

（5）集体合同的审查与生效。

双方协商首席代表在集体合同或专项集体合同上签字之日起 10 日内，用人单位一方应将文本一式三份报送劳动保障行政部门审查。劳动保障行政部门将进行合法性审查，如果提出异议的，双方应根据劳动保障行政部门出具的《审查意见书》的要求，重新签订集体合同或专项集体合同。若劳动保障行政部门自收到用人单位报送的集体合同或专项集体合同文本之日起 15 日内未提出异议的，集体合同或专项集体合同即行生效。

2．集体合同的实体内容

（1）一般内容。

根据《集体合同规定》可知，集体合同的一般内容包括：劳动报酬，工作时间，休息休假，动安全与卫生，补充保险和福利，女职工和未成年工特殊保护，职业技能培训，劳动合同管理，奖惩，裁员，集体合同期限，变更、解除集体合同的责任，履行集体合同发生争议时的协商处理办法，违反集体合同的责任，双方认为应当协商的其他内容。

值得一提的是，在集体协商中，协商的双方可以就上述多项或某项内容进行集体协商，签订集体合同或专项集体合同。

（2）特殊内容。

根据《劳动合同法》规定，有关劳动报酬和劳动条件等的标准，集体合同的规定不得低于当地政府规定的政府标准，用人单位与员工订立的单个劳动合同的规定不得低于集体合同规定的标准。

3．集体合同的效力

集体合同的效力即集体合同的约束力。根据《劳动合同法》规定，依法订立的集体合同对用人单位和劳动者具有约束力。行业性、区域性集体合同对当地本行业、本区域的用人单位和劳动者具有约束力。集体合同的期限届满后，如双方未续签或重新订立，则其效力终止。

三、集体合同的变更和解除

1．变更和解除的情形

根据《集体合同》规定，集体合同的变更和解除有两种情形。

（1）双方协商代表平等协商一致，可以变更或解除集体合同或专项集体合同。

（2）发生法定情形时，单方可以变更或解除集体合同或专项集体合同，这里的法定情形指的是：

①用人单位因被兼并、解散、破产等原因，致使集体合同或专项集体合同无法履行的。

②因不可抗力等原因致使集体合同或专项集体合同无法履行或部分无法履行的。

③集体合同或专项集体合同约定的变更或解除条件出现的。

④法律、法规、规章规定的其他情形。

2. 变更和解除程序

根据集体合同规定，变更或解除集体合同或专项集体合同时，同样须按照订立合同的集体协商程序进行。也就是说用人单位一方或职工一方应以书面形式向对方提出协商要求，而另一方应当在收到集体协商要求之日起 20 日内以书面形式予以回应，无正当理由不得拒绝进行集体协商。

双方在确定进行集体协商后，应召开有全体协商代表参加的集体协商会议，会前需拟定集体协商议题，确定集体协商会议的时间，地点等事项，并共同确定一名非协商代表担任集体协商记录员。协商双方首席代表轮流主持，双方就商谈事项发表各自意见并由双方首席代表归纳意见，会上能够达成一致的，应当形成集体合同草案或专项集体合同草案，由双方首席代表签字。

四、履行集体合同的争议处理

（1）对于没有建立工会的用人单位，双方当事人因履行集体合同发生争议的，应首先由当事人协商解决，当事人解决不成的，可以依法向当地劳动争议仲裁委员会申请仲裁。

（2）对于建立了工会的用人单位，发生集体合同争议时，工会可代表员工与用人单位协商，工会依法要求用人单位履行集体合同的，用人单位应当继续履行，并应对违反集体合同的行为承担法律责任。如果协商解决不成的，工会可以代表全体职工，将履行集体合同的争议申请仲裁或者提起诉讼。此时，仲裁不再是前置程序，工会可以自行选择是仲裁还是直接向有管辖权的人民法院提起诉讼。

举案说法 43. 集体合同与劳动合同约定的薪酬冲突时，以哪个为准？

2010 年 2 月 1 日，某市政工程公司与企业工会经过谈判协商，签订了一份集体合同。经过劳动局鉴证后，于 2010 年 2 月 28 日正式生效。集体合同规定：公司所有职工工资最低不少于 2 500 元/月。

2010 年 4 月 1 日，王某被某市政工程公司招聘为水暖技术员。双方签订了为期 3 年的劳动合同，约定月工资标准为 2 000 元。

王某偶然得知了公司集体合同的规定，几次与某市政工程公司进行交涉，要求其补足工资差额，得到的答复是，集体合同是 2010 年 2 月订立的，王某是 2010 年 4 月入职的，入职时王某已经与公司经协商一致确定了工资标准并签订了劳动合同，该行为系对集体合同的变更，王某的工资标准应当按照其劳动合同履行。王某不服，遂于 2010 年 8 月 1 日申请仲裁要求该市政工程公司按照集体合同规定的工资标准向其补发 2010 年 4 月至 2010 年 7 月份的工资差额 2 000 元。

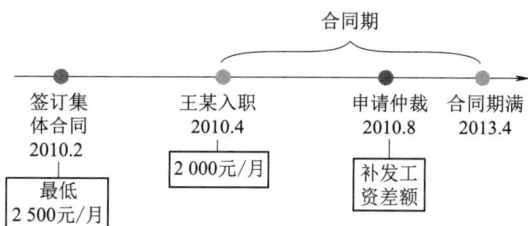

审理结果

仲裁庭经审理认为，王某系某市政工程公司的职工之一，2010 年 2 月签订的集体合同同样适用于王某，对于王某劳动报酬和劳动条件的标准，不得低于集体合同的规定标准。王某劳动合同中约定标准为每月 2 000 元，但集体合同为不得低于 2 500 元，王某的工资标准低于集体合同的标准，某市政工程公司应当补足差额，最终支持了王某的仲裁请求。

HR 操作锦囊

劳动合同约定的工资标准与集体合同约定的工资标准发生冲突时，以哪个为准？

根据《劳动合同法》第五十五条的规定，集体合同中劳动报酬和劳动条件等标准不得低于当地人民政府规定的最低标准；用人单位与劳动者订立的劳动合同中劳动报酬和劳动条件等标准不得低于集体合同规定的标准。

也就是说，对于签订了集体合同的用人单位来说，集体合同对于本用人单位全部劳动合同都具有约束力，或者称为基准作用。这表现在以下两个方面：① 补充性效力，即集体合同所规定的标准在一定条件下可以成为劳动合同的补充。集体合同中有的内容是单个的劳动合同未涉及的，这些内容对劳动者和用人单位也是有约束力的，即都应当按照集体合同的规定执行。② 不可降低效力，即集体合同所规定的标准在其效力范围内是劳动者利益的最低标准，劳动合同中关于劳动者利益的规定可以高于但不得低于这些标准，若低于此标准就由集体合同的规定取而代之。集体合同规定的标准变更的，劳动合同中相关内容的标准也要变更，以使其不低于集体合同规定的标准。

法条传送门

《中华人民共和国劳动合同法》

第五十一条　企业职工一方与用人单位通过平等协商，可以就劳动报酬、工作时间、休息休假、劳动安全卫生、保险福利等事项订立集体合同。集体合同草案应当提交职工代表大会或者全体职工讨论通过。

集体合同由工会代表企业职工一方与用人单位订立；尚未建立工会的用人单位，由上级工会指导劳动者推举的代表与用人单位订立。

第五十二条 企业职工一方与用人单位可以订立劳动安全卫生、女职工权益保护、工资调整机制等专项集体合同。

第五十三条 在县级以下区域内，建筑业、采矿业、餐饮服务业等行业可以由工会与企业方面代表订立行业性集体合同，或者订立区域性集体合同。

第五十四条 集体合同订立后，应当报送劳动行政部门；劳动行政部门自收到集体合同文本之日起十五日内未提出异议的，集体合同即行生效。

依法订立的集体合同对用人单位和劳动者具有约束力。行业性、区域性集体合同对当地本行业、本区域的用人单位和劳动者具有约束力。

第五十五条 集体合同中劳动报酬和劳动条件等标准不得低于当地人民政府规定的最低标准；用人单位与劳动者订立的劳动合同中劳动报酬和劳动条件等标准不得低于集体合同规定的标准。

第五十六条 用人单位违反集体合同，侵犯职工劳动权益的，工会可以依法要求用人单位承担责任；因履行集体合同发生争议，经协商解决不成的，工会可以依法申请仲裁、提起诉讼。

《中华人民共和国劳动法》

第八十四条 因签订集体合同发生争议，当事人协商解决不成的，当地人民政府劳动行政部门可以组织有关各方协调处理。

因履行集体合同发生争议，当事人协商解决不成的，可以向劳动争议仲裁委员会申请仲裁；对仲裁裁决不服的，可以自收到仲裁裁决书之日起十五日内向人民法院提起诉讼。

《集体合同规定》

第八条 集体协商双方可以就下列多项或某项内容进行集体协商，签订集体合同或专项集体合同：

（一）劳动报酬；

（二）工作时间；

（三）休息休假；

（四）劳动安全与卫生；

（五）补充保险和福利；

（六）女职工和未成年工特殊保护；

（七）职业技能培训；

（八）劳动合同管理；

（九）奖惩；

（十）裁员；

（十一）集体合同期限；

（十二）变更、解除集体合同的程序；

（十三）履行集体合同发生争议时的协商处理办法；

（十四）违反集体合同的责任；

（十五）双方认为应当协商的其他内容。

第十九条　本规定所称集体协商代表（以下统称协商代表），是指按照法定程序产生并有权代表本方利益进行集体协商的人员。

集体协商双方的代表人数应当对等，每方至少3人，并各确定1名首席代表。

第二十条　职工一方的协商代表由本单位工会选派。未建立工会的，由本单位职工民主推荐，并经本单位半数以上职工同意。

职工一方的首席代表由本单位工会主席担任。工会主席可以书面委托其他协商代表代理首席代表。工会主席空缺的，首席代表由工会主要负责人担任。未建立工会的，职工一方的首席代表从协商代表中民主推举产生。

第二十一条　用人单位一方的协商代表，由用人单位法定代表人指派，首席代表由单位法定代表人担任或由其书面委托的其他管理人员担任。

第二十二条　协商代表履行职责的期限由被代表方确定。

第二十三条　集体协商双方首席代表可以书面委托本单位以外的专业人员作为本方协商代表。委托人数不得超过本方代表的三分之一。

首席代表不得由非本单位人员代理。

第二十四条　用人单位协商代表与职工协商代表不得相互兼任。

第二十五条　协商代表应履行下列职责：

（一）参加集体协商；

（二）接受本方人员质询，及时向本方人员公布协商情况并征求意见；

（三）提供与集体协商有关的情况和资料；

（四）代表本方参加集体协商争议的处理；

（五）监督集体合同或专项集体合同的履行；

（六）法律、法规和规章规定的其他职责。

第三十二条　集体协商任何一方均可就签订集体合同或专项集体合同以及相关事宜，以书面形式向对方提出进行集体协商的要求。

一方提出进行集体协商要求的，另一方应当在收到集体协商要求之日起 20 日内以书面形式给予回应，无正当理由不得拒绝进行集体协商。

第三十六条　经双方协商代表协商一致的集体合同草案或专项集体合同草案应当提交职工代表大会或者全体职工讨论。

职工代表大会或者全体职工讨论集体合同草案或专项集体合同草案，应当有三分之二以上职工代表或者职工出席，且须经全体职工代表半数以上或者全体职工半数以上同意，集体合同草案或专项集体合同草案方获通过。

第三十七条　集体合同草案或专项集体合同草案经职工代表大会或者职工大会通过后，由集体协商双方首席代表签字。

第三十九条　双方协商代表协商一致，可以变更或解除集体合同或专项集体合同。

第四十条　有下列情形之一的，可以变更或解除集体合同或专项集体合同：

（一）用人单位因被兼并、解散、破产等原因，致使集体合同或专项集体合同无法履行的；

（二）因不可抗力等原因致使集体合同或专项集体合同无法履行或部分无法履行的；

（三）集体合同或专项集体合同约定的变更或解除条件出现的；

（四）法律、法规、规章规定的其他情形。

第四十一条　变更或解除集体合同或专项集体合同适用本规定的集体协商程序。

第四十二条　集体合同或专项集体合同签订或变更后，应当自双方首席代表签字之日起 10 日内，由用人单位一方将文本一式三份报送劳动保障行政部门审查。

劳动保障行政部门对报送的集体合同或专项集体合同应当办理登记手续。

第四十七条　劳动保障行政部门自收到文本之日起 15 日内未提出异议的，集体合同或专项集体合同即行生效。

第四十八条　生效的集体合同或专项集体合同，应当自其生效之日起由协商代表及时以适当的形式向本方全体人员公布。

《最高人民法院关于审理劳动争议案件适用法律问题的解释（一）》

第五十条　用人单位根据劳动合同法第四条规定，通过民主程序制定的规章制度，不违反国家法律、行政法规及政策规定，并已向劳动者公示的，可以作为确定双方权利义务的依据。

用人单位制定的内部规章制度与集体合同或者劳动合同约定的内容不一致，劳动者请求优先适用合同约定的，人民法院应予支持。

第二节　工会

工会是职工自愿结合的工人阶级的群众组织，是党联系职工群众的重要桥梁和纽带，是职工利益的代表者和维护者。随着《劳动合同法》的施行，在原有法律规定的基础上，赋予了工会更多的职能和权利，进一步加强了工会在劳动关系中的地位和作用。

一、工会的性质

根据《工会法》规定，中华全国总工会、地方总工会、产业工会具有社团法人资格。作为法人，可以依法进行民事活动，并能承担相应的民事义务，可以成为在诉讼中独立的诉讼主体。工会是职工自愿结合的工人阶级的群众组织，在我国，工会具有自身独立的组织体系，建立工会组织的企业、事业等单位与该基层工会在法律上处于平等地位。

二、工会的组建

最大限度地把职工组织到工会中来，保障工会更好地代表和维护职工的合法权益，做好新建企业组建工会工作，是工会的一项基础性任务。为了保证组建工会的顺利进行，新《工会法》规定，企业、事业单位、机关有会员 25 人以上的，应当建立基层工会委员会；不足 25 人，可以单独建立基层工会常委会，也可以由两个以上单位的会员联合建立基层工会委员会。

针对一些外商投资企业、私营企业和乡镇集体企业工会组建工作存在阻力、进展缓慢、覆盖偏低的状况，新《工会法》增加规定，上级工会可以派员帮助和指导企业职工组建工会，任何单位和个人不得阻挠。对阻挠职工依法参加工会和阻挠上级工会帮助、指导职工筹建工会的行为，应当依法追究其法律责任。

1. 建立工会组织的程序

（1）提出建会申请。

以书面形式向上一级工会提出组建工会组织的请示。请示内容应包括本单位的基本情况、职工对于组建工会的意愿和企业党政对本单位组建工会的意见等内容。上级工会接到基层单位申请组建工会的请示后，一般应在 10 日内以正式文件下达同意筹备工会的批复。

（2）成立建会筹备组。

上一级工会对组建工会组织的请示批复后，应立即成立建会筹备组（一般 3 ~ 5 人），具体负责建会期间的工作，在工会委员会选举产生之前暂时代行工会委员会职责。凡是已经建立党组织的基层单位由党组织及上一级工会提出工会筹备组的组成人选；没有建立党组织的单位，由职工选出自己的代表，或由上一级工会与相关单位和职工共同协商提出工会筹备组的组成人选。筹备组成员原来不是会员的，应先向上级工会申请入会，办理入会手续。工会筹备组需报上一级工会审查批准。

（3）发展会员。

积极宣传动员从未加入过工会组织的职工加入工会，填写《中华全国总工会入会申请书》和《工会会员登记表》，经工会筹备组审查符合工会会员资格者，在正式成立工会后，统一发给《中华全国总工会会员证》；对原已加入工会的职工、下岗再就业的会员，应进行会员关系接转或重新登记入会。

（4）建立工会小组或部门分会。

可按生产工作的行政建制如班组设立工会小组，人数多的同一行政建制内可以分设工会小组，人数少的可以将几个相近的行政建制单位合并设立一个工会小组。在小组内由会员民主选举工会小组长。行政建制职工人数多的单位如车间（科室），可在工会小组之上设立分工会，分工会一般要召开全体会员大会，民主选举产生分工会主席。

（5）召开会员（或会员代表）大会。

根据本单位会员人数的多少召开会员大会或者会员代表大会。基层工会会员代表大会的代表名额按照基层单位的会员人数确定，会员代表应具有代表性，由会员民主选举产生，并实行常任制。

（6）民主选举工会委员会，经费审查委员会。

基层工会委员会和经费审查委员会由会员大会或会员代表大会民主选举产生。女会员人数较多的应设立女职工委员会。

（7）选举工会主席、副主席，经费审查委员会主任，副主任。

工会主席、副主席可以由会员大会或会员代表大会直接选举产生，也可以由工会委员会选举产生。工会经费审查委员会主任、副主任由经费审查委员会选举产生。若选举结果与候选人名单不一致，应以选举结果为准。

（8）向上级工会报告选举结果。

会员（或会员代表）大会召开后，及时向上一级工会报告大会召开情况、选举结果及各工作委员会分工情况等。

（9）工会成立。

工会组建完成后，应向企业全体工会成员及全体职工公布本单位的工会成立，并公布本工会的组成和分工等情况。

2．工会委员

（1）工会主席及工会专职工作人员。

职工 200 人以上的企业、事业单位的工会，可以设专职工会主席。工会专职工作人员的人数，由工会与企业、事业单位协商确定。

（2）任期。

基层工会委员会每届任期是 3 年或是 5 年，各级地方总工会委员会和产业工会委员会每届任期 5 年。

（3）工会专职委员的薪酬待遇。

企业、事业单位、机关工会委员会的专职工作人员的工资、奖励、补贴，由所在单位支付。社会保险和其他福利待遇等，享受本单位职工同等待遇。也就是说，企业工会的专职工作人员与其他职工应当同工同酬，不应区别对待。

（4）工会委员任期内劳动合同的履行。

① 调岗。关于工会主席、副主席任期内的调岗，《工会法》明确规定，工会主席、副主席任期未满时，不得随意调动其工作。因工作需要调动时，应当征得本级工会委员会和上一级工会的同意。关于工会普通委员任期内的调岗，法律并没有明确规定是否应当征得本级工会委员会和上一级工会的同意。但是，我国个别地区对此进行了规定，例如，上海地区《上海市工会条例》规定：工会委员任期未满的，不得随意调动其工会工作岗位或者劳动合同约定的岗位，因工作需要调动的，应当事先征得本单位工会委员会的同意。因此，

用人单位需要对工会委员进行调岗时，既要符合《劳动合同法》的规定，也要遵循《工会法》及地方相关规定。

② 劳动合同期限的延长与顺延。根据《工会法》的规定，基层工会专职主席、副主席或者委员自任职之日起，其劳动合同期限自动延长，延长期限相当于其任职期间；非专职主席、副主席或者委员自任职之日起，其尚未履行的劳动合同期限短于任期的，劳动合同期限自动延长至任期期满。但是，任职期间个人严重过失或者达到法定退休年龄的除外。

（5）工会委员劳动合同的解除和终止。

根据《工会法》的规定，工会委员的劳动合同是不可以随意解除和终止的，除非其任职期间个人严重过失或者达到法定退休年龄。个人严重过失，一般指工会委员具有《劳动合同法》第 39 条规定的 6 种过错情形之一。

3．工会办公

（1）工会办公场所。

用人单位应当为工会办公和开展活动，提供必要的办公设施和活动场所等物质条件。

（2）工会办公时间。

基层工会委员会召开会议或者组织职工活动，应当在生产或者工作时间以外进行，需要占用生产或者工作时间的，应当事先征得企业、事业单位的同意。基层工会的非专职委员占用生产或者工作时间参加会议或者从事工会工作，每月不超过三个工作日，其工资照发，其他待遇不受影响。

4．工会经费

（1）工会经费的来源。

① 工会会员缴纳的会费。依照《工会章程》向工会组织交纳的费用，是会员应履行的义务，会费由各部门机关工会统一使用。

② 建立工会组织的企业、事业单位、机关按每月全部职工工资总额的百分之二向工会拨缴的经费。

③ 工会所属的企业、事业单位上缴的收入。

④ 人民政府的补助。根据《工会经费使用管理办法》规定，基层工会如果经费确有不足，影响工会工作正常开展的，可按《工会法》和《工会章程》的规定，商请行政给予补助。

⑤ 其他收入。

（2）工会经费的使用和监督。

工会经费主要用于为职工服务，开展各项学习和工会活动，及按规定分别上缴区总工会和下拨到各部门机关工会。经费使用的具体办法按照中华全国总工会制定的《工会财务制度》执行。

工会应当根据经费独立原则，建立预算、决算和经费审查监督制度。部门工会经费审查委员会审查经费收支情况，并且定期向会员大会报告，接受监督。工会会员大会有权对经费使用情况提出意见。工会经费的使用应当接受会员的监督。

三、工会的工作职能

工会在维护全国人民总体利益的同时，代表和维护职工的合法权益。它是依照法律规定通过职工代表大会或者其他形式，组织职工参与本单位的民主决策、民主管理和民主监督，平等协商和集体合同制度，协调劳动关系，维护劳动者劳动权益。

工会必须密切联系职工，听取和反映职工的意见和要求，关心职工的生活，帮助职工解决困难，全心全意为职工服务并且动员和组织职工积极参加经济建设，努力完成生产任务和工作任务。教育职工不断提高思想道德、技术业务和科学文化素质，建设有理想、有道德、有文化、有纪律的职工队伍。

工会主要的工作职能就是参与协商相关重大事项与用人单位的经营管理、订立集体合同、监督劳动合同的签订和履行、就相关问题展开调查、对企业解除劳动合同的知情权和监督权、代表职工诉讼。

法条传送门

《中华人民共和国工会法》

第二条　工会是职工自愿结合的工人阶级的群众组织。中华全国总工会及其各工会组织代表职工的利益，依法维护职工的合法权益。

第三条　在中国境内的企业、事业单位、机关中以工资收入为主要生活来源的体力劳动者和脑力劳动者，不分民族、种族、性别、职业、宗教信仰、教育程度，都有依法参加和组织工会的权利。任何组织和个人不得阻挠和限制。

第十条　企业、事业单位、机关有会员二十五人以上的，应当建立基层工会委员会；不足二十五人的，可以单独建立基层工会委员会，也可以由两个以上单位的会员联合建立基层工会委员会，也可以选举组织员一人，组织会员开展活动。女职工人数较多的，可以建立工会女职工委员会，在同级工会领导下开展工作；女职工人数较少的，可以在工会委员会中设女职工委员。

企业职工较多的乡镇、城市街道，可以建立基层工会的联合会。

县级以上地方建立地方各级总工会。

同一行业或者性质相近的几个行业，可以根据需要建立全国的或者地方的产业工会。

全国建立统一的中华全国总工会。

第十一条　基层工会、地方各级总工会、全国或者地方产业工会组织的建立，必须报上一级工会批准。

上级工会可以派员帮助和指导企业职工组建工会，任何单位和个人不得阻挠。

第十三条　职工二百人以上的企业、事业单位的工会，可以设专职工会主席。工会专职工作人员的人数由工会与企业、事业单位协商确定。

第十四条　中华全国总工会、地方总工会、产业工会具有社会团体法人资格。

基层工会组织具备民法通则规定的法人条件的，依法取得社会团体法人资格。

第十五条　基层工会委员会每届任期三年或者五年。各级地方总工会委员会和产业工会委员会每届任期五年。

第十七条　工会主席、副主席任期未满时，不得随意调动其工作。因工作需要调动时，应当征得本级工会委员会和上一级工会的同意。

罢免工会主席、副主席必须召开会员大会或者会员代表大会讨论，非经会员大会全体会员或者会员代表大会全体代表过半数通过，不得罢免。

第十八条　基层工会专职主席、副主席或者委员自任职之日起，其劳动合同期限自动延长，延长期限相当于其任职期间；非专职主席、副主席或者委员自任职之日起，其尚未履行的劳动合同期限短于任期的，劳动合同期限自动延长至任期期满。但是，任职期间个人严重过失或者达到法定退休年龄的除外。

第二十条　工会帮助、指导职工与企业以及实行企业化管理的事业单位签订劳动合同。

工会代表职工与企业以及实行企业化管理的事业单位进行平等协商，签订集体合同。集体合同草案应当提交职工代表大会或者全体职工讨论通过。

工会签订集体合同，上级工会应当给予支持和帮助。

企业违反集体合同，侵犯职工劳动权益的，工会可以依法要求企业承担责任；因履行集体合同发生争议，经协商解决不成的，工会可以向劳动争议仲裁机构提请仲裁，仲裁机构不予受理或者对仲裁裁决不服的，可以向人民法院提起诉讼。

第二十一条　企业、事业单位处分职工，工会认为不适当的，有权提出意见。

企业单方面解除职工劳动合同时，应当事先将理由通知工会，工会认为企业违反法律、法规和有关合同，要求重新研究处理时，企业应当研究工会的意见，并将处理结果书面通知工会。

职工认为企业侵犯其劳动权益而申请劳动争议仲裁或者向人民法院提起诉讼的，工会应当给予支持和帮助。

第二十二条　企业、事业单位违反劳动法律、法规规定，有下列侵犯职工劳动权益情形，工会应当代表职工与企业、事业单位交涉，要求企业、事业单位采取措施予以改正；企业、事业单位应当予以研究处理，并向工会作出答复；企业、事业单位拒不改正的，工会可以请求当地人民政府依法作出处理：

（一）克扣职工工资的；

（二）不提供劳动安全卫生条件的；

（三）随意延长劳动时间的；

（四）侵犯女职工和未成年工特殊权益的；

（五）其他严重侵犯职工劳动权益的。

第二十三条　工会依照国家规定对新建、扩建企业和技术改造工程中的劳动条件和安全卫生设施与主体工程同时设计、同时施工、同时投产使用进行监督。对工会提出的意见，企业或者主管部门应当认真处理，并将处理结果书面通知工会。

第二十四条　工会发现企业违章指挥、强令工人冒险作业，或者生产过程中发现明显重大事故隐患和职业危害，有权提出解决的建议，企业应当及时研究答复；发现危及职工生命安全的情况时，工会有权向企业建议组织职工撤离危险现场，企业必须及时做出处理决定。

第二十五条　工会有权对企业、事业单位侵犯职工合法权益的问题进行调查，有关单位应当予以协助。

第二十六条　职工因工伤亡事故和其他严重危害职工健康问题的调查处理，必须有工会参加。工会应当向有关部门提出处理意见，并有权要求追究直接负责的主管人员和有关责任人员的责任。对工会提出的意见，应当及时研究，给予答复。

第三十八条　企业、事业单位研究经营管理和发展的重大问题应当听取工会的意见；召开讨论有关工资、福利、劳动安全卫生、社会保险等涉及职工切身利益的会议，必须有工会代表参加。

企业、事业单位应当支持工会依法开展工作，工会应当支持企业、事业单位依法行使经营管理权。

第三十九条　公司的董事会、监事会中职工代表的产生，依照公司法有关规定执行。

第四十条　基层工会委员会召开会议或者组织职工活动，应当在生产或者工作时间以外进行，需要占用生产或者工作时间的，应当事先征得企业、事业单位的同意。

基层工会的非专职委员占用生产或者工作时间参加会议或者从事工会工作，每月不超过三个工作日，其工资照发，其他待遇不受影响。

第四十一条　企业、事业单位、机关工会委员会的专职工作人员的工资、奖励、补贴，由所在单位支付。社会保险和其他福利待遇等，享受本单位职工同等待遇。

第四十三条　用人单位单方解除劳动合同，应当事先将理由通知工会。用人单位违反法律、行政法规规定或者劳动合同约定的，工会有权要求用人单位纠正。用人单位应当研究工会的意见，并将处理结果书面通知工会。

第四十五条　各级人民政府和企业、事业单位、机关应当为工会办公和开展活动，提供必要的设施和活动场所等物质条件。

第七十八条　工会依法维护劳动者的合法权益，对用人单位履行劳动合同、集体合同的情况进行监督。用人单位违反劳动法律、法规和劳动合同、集体合同的，工会有权提出意见或者要求纠正；劳动者申请仲裁、提起诉讼的，工会依法给予支持和帮助。

《最高人民法院关于审理劳动争议案件适用法律问题的解释（一）》

第四十七条　建立了工会组织的用人单位解除劳动合同符合劳动合同法第三十九条、第四十条规定，但未按照劳动合同法第四十三条规定事先通知工会，劳动者以用人单位违法解除劳动合同为由请求用人单位支付赔偿金的，人民法院应予支持，但起诉前用人单位已经补正有关程序的除外。

第十六章　多元化用工形式

最近几年，随着经济形势和互联网的快速发展，企业呈现出与劳动者建立多元化用工关系的趋势。其中，劳务派遣、业务外包和非全日制用工，由于其灵活性和成本低的优势，获得诸多企业的青睐。本章将针对目前的多元化用工形式进行全面介绍，帮助企业合理管控用工成本，防范法律风险，构建和谐劳资关系。

第一节　劳务派遣

劳务派遣是用人单位根据工作需要，从人力资源公司租赁或通过人力资源公司选聘所需人才，并通过人力资源公司为派遣人员办理劳动合同管理、发放薪酬、办理社会保险、保管档案、员工沟通，以及劳务纠纷处理等全方位的人力资源管理服务。2014年3月，《劳务派遣暂行规定》正式实施。

劳务派遣，又称劳动派遣、劳动力租赁，是指由派遣机构与派遣劳工订立劳动合同，由派遣劳工向要派企业给付劳务，劳动合同关系存在于派遣机构与派遣劳工之间，但是，劳动力给付的事实则发生于派遣劳工与要派企业之间。劳动派遣的最显著特征就是劳动力的雇用和使用分离。劳动派遣机构已经不同于职业介绍机构，它成为与劳动者签订劳动合同的一方当事人。

一、劳务派遣的适用与要求

与其他劳务经济形式相比较，劳务派遣有两个最大的特点，一是劳动者是派遣公司的职工，存在劳动合同关系，而与劳务中介、劳务代理不同；二是派遣公司只从事劳务派遣业务，不承包项目，而与劳务承包不同。因此，劳务派遣作为一种特殊的用工方式，只能在特定的岗位上使用，而不能成为企业用工的常态，否则，将严重影响劳动者的合法权益。

根据《劳动合同法》规定，劳动合同用工是我国的企业基本用工形式。劳务派遣用工是补充形式，只能在临时性、辅助性或者替代性的工作岗位上实施。

（1）临时性，是指存续时间不超过六个月的岗位。

（2）辅助性，是指为主营业务岗位提供服务的非主营业务岗位。

用工单位决定使用被派遣劳动者的辅助性岗位，应当经职工代表大会或者全体职工讨论，提出方案和意见，与工会或者职工代表平等协商确定，并在用工单位内公示。

（3）替代性，是指用工单位的劳动者因脱产学习、休假等原因无法工作的一定期间内，可由其他劳动者替代工作的岗位。

需要说明的是，相关岗位只要具备上述特性之一的，就可以使用劳务派遣，无须同时具备这三个特性。另外，用工单位应当严格控制劳务派遣用工数量，不得超过其用工总量的 10%。用工单位在 2014 年 3 月 1 日《劳务派遣暂行规定》施行前使用被派遣劳动者数量超过其用工总量 10% 的，应当制定调整用工方案，于该规定施行之日起 2 年内降至规定比例。同时，用工单位应当将制定的调整用工方案报当地人力资源社会保障行政部门备案。但是，《全国人民代表大会常务委员会关于修改〈中华人民共和国劳动合同法〉的决定》公布前已依法订立的劳动合同和劳务派遣协议期限届满日期在该规定施行之日起 2 年后的，可以依法继续履行至期限届满。用工单位未将该规定施行前使用的被派遣劳动者数量降至符合规定比例之前，不得新用被派遣劳动者。

二、劳务派遣的主体及法律关系

1. 主体

劳务派遣的主体包括：劳务派遣单位、实际用工单位以及被派遣的劳动者。

劳务派遣中三方主体之间的法律关系如下：

（1）劳务派遣单位与用工单位是劳务派遣关系。

（2）劳务派遣单位与劳动者是劳动关系。

（3）劳动者与用工单位是劳务服务关系。

鉴于劳务派遣的社会风险很大，派遣机构的实力和信誉对劳务派遣的秩序和效果至关重要，因此，应当对派遣机构的资格实行严格管理，提高了对劳务派遣单位的准入门槛。

其一，应当明确规定劳务派遣机构设立条件。包括：符合法人设立的条件；具有一定数量的专业技能达到一定等级的从业人员；有健全的管理制度；有不低于法定数额的风险担保金；注册资金不低于法定金额（不得少于 200 万元）。对于劳务派遣专业人员的任职条件和资格认证，以及风险担保金的数额标准、财务管理等应当建立专项制度，并由国家作出专门规定。

其二，应当明确劳务派遣实行许可审批制度。只有取得劳务派遣许可证后，经工商行政部门登记注册，方可营业。

在实践中，有的企业为了降低用工成本，将一些原来的正式员工分流到本企业设立的劳务派遣公司，然后，又以劳务派遣公司的名义派遣到原岗位。但是，根据《劳动合同法》规定，用人单位不得设立劳务派遣单位向本单位或者所属单位派遣劳动者。

2. 关系

劳务派遣单位、用工单位与被派遣劳动者三方的权利义务主要体现在以下三个方面。

（1）劳务派遣单位与劳动者之间的权利和义务。

劳务派遣单位与被派遣劳动者应当订立书面劳动合同。这一规定事实上也是再次明确了劳务派遣单位与劳动者之间形成的是劳动关系。并且劳务派遣单位与被派遣劳动者至少要订立2年以上的固定期限的劳动合同。

劳务派遣单位作为用人单位，享有用人单位对于劳动者的全部权利，同时也应当履行用人单位对劳动者的全部义务。具体而言，劳务派遣单位的义务包括：如实告知被派遣劳动者劳动合同法第8条规定的事项、应遵守的规章制度以及劳务派遣协议的内容；建立培训制度，对被派遣劳动者进行上岗知识、安全教育培训；按照国家规定和劳务派遣协议约定，依法支付被派遣劳动者的劳动报酬和相关待遇；按照国家规定和劳务派遣协议约定，依法为被派遣劳动者缴纳社会保险费，并办理社会保险相关手续督促用工单位依法为被派遣劳动者提供劳动保护和劳动安全卫生条件；依法出具解除或者终止劳动合同的证明；协助处理被派遣劳动者与用工单位的纠纷；法律、法规和规章规定的其他事项。

（2）用工单位与劳务派遣单位之间的权利和义务。

劳务派遣单位与用工单位之间可以依据劳务派遣协议成立民事合同关系，双方权利义务应遵循私法自治的原则，由双方在合同中自行协商确定。无论劳务派遣单位与用工单位在派遣协议中如何分配其权利义务，该约定只对劳务派遣单位与用工单位有效，而对于被派遣劳动者并不产生约束力，被派遣劳动者仍可基于其与劳务派遣单位、用工单位分别形成的法律关系主张权利。

（3）用工单位与劳动者之间的权利和义务。

尽管被派遣劳动者与用工单位之间并不存在劳动关系，属于一般的劳务关系，无须履行基于劳动关系而产生的各项义务，但是，用工单位对被派遣劳动者仍然享有用工管理及依法退回等权利。同时，《劳动合同法》明确规定了用工单位对劳动者应当履行的义务，具体而言，包括：执行国家劳动标准，提供相应的劳动条件和劳动保护；告知被派遣劳动者的工作要求和劳动报酬；支付加班费、绩效奖金，提供与工作岗位相关的福利待遇；对在岗被派遣劳动者进行工作岗位所必需的培训；连续用工的，实行正常的工资调整机制。同时，用工单位不得将被派遣劳动者再派遣到其他用人单位。

三、违法劳务派遣的法律后果

根据《劳动合同法》规定，违反本法规定，未经许可，擅自经营劳务派遣业务的，由劳动行政部门责令停止违法行为，没收违法所得，并处违法所得 1 倍以上 5 倍以下的罚款；没有违法所得的，可以处 5 万元以下的罚款。劳务派遣单位、用工单位违反 10 000 元以下的标准处以罚款，对劳务派遣单位，吊销其劳务派遣业务经营许可证。用工单位给被派遣劳动者造成损害的，劳务派遣单位与用工单位承担连带赔偿责任。由此可见，法律法规加大了对劳务派遣单位违法经营派遣业务和用工单位违法使用劳务派遣的处罚力度。

举案说法 44. 被派遣劳动者与用工单位的劳动者能否享有同工同酬的权利？

2009 年 3 月 24 日，关某与北京一家劳务派遣公司签订了劳动合同，合同期间为 2009 年 3 月 24 日至 2010 年 3 月 23 日，劳务派遣公司安排关某担任北京的一家销售公司的销售助理，月工资为 3 000 元。

2010 年 3 月 23 日合同到期后，销售公司通知关某不需要继续在销售公司上班了，同日，劳务派遣公司以合同到期为由与关某终止了劳动关系。关某同时得知，与该销售公司直接存在劳动关系的销售助理李某的月工资为 5 000 元。关某就工资差异问题向劳务派遣公司及销售公司进行了询问，得到的答复是李某是正式工，关某是派遣工，所以月工资数额不同。关某一怒之下，向当地劳动仲裁委提请仲裁，要求劳务派遣公司支付违法解除劳动合同的赔偿金，并补齐其在职期间与同岗位人员的工资差额，而销售公司对此承担连带赔偿责任。

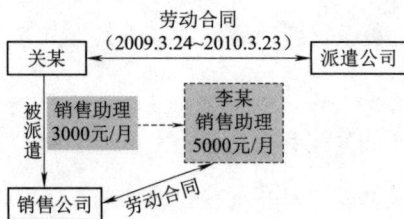

审理结果

仲裁庭经审理认为，根据相关法律规定，劳务派遣单位应当与被派遣劳动者订立 2 年以上的固定期限劳动合同。本案中，关某与劳务派遣公司签订了期限自 2009 年 3 月 24 日至 2010 年 3 月 23 日的劳动合同，该合同约定的期限未达到法律规定的最低标准，且合同到期后劳务派遣公司未与关某续订劳动合同，而是终止了与关某的劳动关系，故劳务派遣公司应支付关某违法终止劳动合同的赔偿金，关某要求派遣公司支付赔偿金的诉讼请求，于法有据，予以支持。同时，根据《关于修改〈中华人民共和国劳动合同法〉决定》的规定，被派遣劳动者享有与用工单位的劳动者同工同酬的权利，关某与李某同为销售助理的岗位，从事着同样的工作，其工资构成应该是一样的，基本工资报酬也应该是一样的。因此，关某请求补齐其在职期间与同岗位人员的工资差额也是合理合法的，应予支持。

HR 操作锦囊

《劳动合同法》规定，在劳务派遣用工中，派遣单位与派遣劳动者之间必须签订 2 年以上的固定期限劳动合同，那么，如果派遣单位与派遣劳动者之间签订的劳动合同期限少于两年，而且在合同到期后不再续签，那么，派遣单位就应当承担违法终止劳动合同的法律后果。同时，HR 也要注意，被派遣劳动者与同岗位的正式职工应当同工同酬。《关于修改〈中华人民共和国劳动合同法〉决定》也强调了"被派遣劳动者享有与用工单位的劳动者同工同酬的权利"。

怎样才算同工同酬呢？根据劳动部办公厅《关于劳动法若干条文的说明》（文件号是劳办发〔1994〕289 号）第 46 条的规定：本条中的同工同酬是指用人单位对于从事相同工作，付出等量劳动且取得相同劳绩的劳动者，应支付同等的劳动报酬。员工"从事相同的工作"比较好理解，而"付出等量劳动""取得相同劳绩"却很难量化和操作执行。

所以，在实践中，根据《劳动合同法》的规定，用工单位只要对被派遣劳动者与本单位同类岗位的劳动者实行相同的劳动报酬分配办法，就会被认定为遵守了"同工同酬"原则，而员工之间的收入存在差异是被允许的，毕竟不同员工的工作经验、工作能力等都是不同的。这就要求企业在制定薪酬制度时，应当根据劳动者能力和工作表现等若干条件对薪酬标准等作出具体规定，而不是直接以员工的身份，比如说正式工、派遣工等来区分不同的待遇标准，不能在薪酬分配办法中含有歧视性条款。这样才能符合法律规定的"同工同酬"标准。

四、劳动派遣的误区

1. 用工单位在哪些情况下，可以将被派遣劳动者退回劳务派遣单位

具体而言，用工单位可以将被派遣劳动者退回劳务派遣单位，主要有三种情况，分别

是法定退回、单方退回和协商退回。

（1）法定退回。

法定退回，是指因劳动者个人过错或者不能正常履行工作职责的法定情形时，用人单位可以依法将劳动者退回劳务派遣单位。包括如下内容。

① 被派遣劳动者在试用期内被证明不符合录用条件的。

② 被派遣劳动者严重违反用工单位的规章制度的。

③ 被派遣劳动者严重失职，营私舞弊，给用工单位的利益造成重大损害的。

④ 被派遣劳动者同时与其他用人单位建立劳动关系，对完成本单位的工作任务造成严重影响，或者经用工单位提出，拒不改正的。

⑤ 被派遣劳动者以欺诈、胁迫的手段或者乘人之危，使对方在违背真实意思的情况下订立或者变更劳动合同，致使劳动合同无效的。

⑥ 被派遣劳动者被依法追究刑事责任的。

⑦ 被派遣劳动者患病或者非因工负伤，在规定的医疗期满后不能从事原工作，也不能从事由用工单位另行安排的工作的。

⑧ 被派遣劳动者不能胜任工作，经过培训或者调整工作岗位，仍不能胜任工作的。

在法定退回的情形下，法定退回条件等于解除条件，也就是说，劳务派遣单位可以同时依法与被法定退回的劳动者解除劳动合同。

但是，需要注意的是，对于第⑦、第⑧两项，正常情况下，用工单位将这两类劳动者退回劳务派遣单位，劳务派遣单位同时有权解除劳动合同。但是，如果这两类被派遣劳动者属于《劳动合同法》第42条规定的不能解除或者终止劳动合同的情况，此时，用工单位可以将被派遣劳动者退回给劳务派遣单位，但是，劳务派遣单位是不能与被派遣劳动者解除劳动合同的。

（2）单方退回。

单方退回，是指非因劳动者个人过错或者不能正常履行工作职责等原因，而是由于客观情况发生重大变化导致用工关系无法继续，用工单位单方将劳动者退回劳务派遣单位的。包括如下内容。

① 用工单位不得以劳动合同订立时所依据的客观情况发生重大变化，致使劳动合同无法履行，经用人单位与劳动者协商，未能就变更劳动合同内容达成协议的。

② 用工单位根据《劳动合同法》第41条的规定进行经济性裁员的。

③ 用工单位被依法宣告破产、吊销营业执照、责令关闭、撤销、决定提前解散或者经营期限届满不再继续经营的。

④ 劳务派遣协议期满终止的。

在单方退回的情形下，单方退回并不等于解除条件，也就是说，劳务派遣单位不得因劳务派遣员工被用工单位单方退回而与其解除劳动合同，且被派遣劳动者退回后在无工作期间，劳务派遣单位应当按照不低于所在地最低工资标准，向其按月支付劳动报酬。

被派遣劳动者因上述 4 种情形被用工单位退回，劳务派遣单位重新派遣时维持或者提高劳动合同约定条件，被派遣劳动者不同意的，劳务派遣单位可以解除劳动合同。当然，如果劳务派遣单位重新派遣时降低劳动合同约定条件，被派遣劳动者不同意的，劳务派遣单位是不能解除劳动合同的。但被派遣劳动者提出解除劳动合同的除外。

需要注意的是，被派遣劳动者有劳动合同法第 42 条规定的不能解除或者终止劳动合同的情况，在派遣期限届满前，用工单位不能以上述单方退回的第①、②种情形将被派遣劳动者退回劳务派遣单位；派遣期限届满的，应当延续至相应情形消失时方可退回。

（3）协商退回。

用工单位与劳务派遣单位、被派遣劳动者三方经协商达成一致意见，可以将被派遣劳动者退回。但是，对于协商退回的情形，建议由用工单位与劳务派遣单位、被派遣劳动者签署"三方协议"，以防范法律风险的发生。

2. 用人单位能否与被派遣劳动者签订培训协议、保密协议与竞业限制协议

为了保护用工单位的利益，用工单位也可以与被派遣劳动者签订培训协议、保密协议与竞业限制协议。但是，用工单位与被派遣劳动者签订培训协议、保密协议及竞业限制协议的，同样要依法进行，在享有法定权利的同时，要承担法律规定的相应义务，比如支付竞业限制补偿金。

3. 被派遣劳动者在哪些情况下，可以单方解除劳动合同

被派遣劳动者根据《劳动合同法》第 37 条的规定，提前 30 日以书面形式通知劳务派遣单位，可以解除劳动合同；在试用期内提前 3 日通知劳务派遣单位，可以解除劳动合同。

同时，被派遣劳动者根据《劳动合同法》第 38 条的规定，在劳务派遣单位存在过错的情况下，可以单方与劳务派遣单位解除劳动合同。

劳务派遣单位应当将被派遣劳动者通知解除劳动合同的情况及时告知用工单位。

4. 劳务派遣中，劳动合同的终止有哪些注意事项

根据《劳务派遣暂行规定》的规定，劳务派遣单位被依法宣告破产、吊销营业执照、责令关闭、撤销、决定提前解散或者经营期限届满不再继续经营的，劳动合同终止。用工单位与劳务派遣单位协商妥善安置被派遣劳动者。劳务派遣单位因《劳动合同法》第46条或者《劳务派遣暂行规定》第15条、第16条规定的情形，与被派遣劳动者解除或者终止劳动合同的，应当依法向被派遣劳动者支付经济补偿。

5. 用工单位违法退回被派遣劳动者有哪些法律责任

用工单位可将被派遣劳动者退回劳务派遣单位的情形有严格的法律规定，如用工单位违反上述规定退回被派遣劳动者，即属违法退回。违法退回的，劳动行政部门有权责令限期改正，逾期不改正的，以每人5 000元以上10 000元以下的标准处以罚款，对劳务派遣单位，吊销其劳务派遣业务经营许可证。用工单位给被派遣劳动者造成损害的，劳务派遣单位与用工单位承担连带赔偿责任。

6. 被派遣劳动者在用工单位遭受工伤或患职业病，该如何处理

被派遣劳动者在用工单位因工作遭受事故伤害的，劳务派遣单位应当依法申请工伤认定，用工单位应当协助工伤认定的调查核实工作。劳务派遣单位承担工伤保险责任，但可以与用工单位约定补偿办法。

被派遣劳动者在申请进行职业病诊断、鉴定时，用工单位应当负责处理职业病诊断、鉴定事宜，并如实提供职业病诊断、鉴定所需的劳动者职业史和职业危害接触史、工作场所职业病危害因素检测结果等资料，劳务派遣单位应当提供被派遣劳动者职业病诊断、鉴定所需的其他材料。

7. 跨地区劳务派遣的社会保险如何缴纳

劳务派遣单位跨地区派遣劳动者的，应当在用工单位所在地为被派遣劳动者参加社会保险，按照用工单位所在地的规定缴纳社会保险费，被派遣劳动者按照国家规定享受社会保险待遇。

劳务派遣单位在用工单位所在地设立分支机构的，由分支机构为被派遣劳动者办理参保手续，缴纳社会保险费。劳务派遣单位未在用工单位所在地设立分支机构的，由用工单位代劳务派遣单位为被派遣劳动者办理参保手续，缴纳社会保险费。

法条传送门

《中华人民共和国劳动合同法》

第五十八条　劳务派遣单位是本法所称用人单位，应当履行用人单位对劳动者的义务。劳务派遣单位与被派遣劳动者订立的劳动合同，除应当载明本法第十七条规定的事项外，还应当载明被派遣劳动者的用工单位以及派遣期限、工作岗位等情况。

劳务派遣单位应当与被派遣劳动者订立二年以上的固定期限劳动合同，按月支付劳动报酬；被派遣劳动者在无工作期间，劳务派遣单位应当按照所在地人民政府规定的最低工资标准，向其按月支付报酬。

第五十九条　劳务派遣单位派遣劳动者应当与接受以劳务派遣形式用工的单位（以下称用工单位）订立劳务派遣协议。劳务派遣协议应当约定派遣岗位和人员数量、派遣期限、劳动报酬和社会保险费的数额与支付方式以及违反协议的责任。

用工单位应当根据工作岗位的实际需要与劳务派遣单位确定派遣期限，不得将连续用工期限分割订立数个短期劳务派遣协议。

第六十条　劳务派遣单位应当将劳务派遣协议的内容告知被派遣劳动者。

劳务派遣单位不得克扣用工单位按照劳务派遣协议支付给被派遣劳动者的劳动报酬。

劳务派遣单位和用工单位不得向被派遣劳动者收取费用。

第六十一条　劳务派遣单位跨地区派遣劳动者的，被派遣劳动者享有的劳动报酬和劳动条件，按照用工单位所在地的标准执行。

第六十二条　用工单位应当履行下列义务：

（一）执行国家劳动标准，提供相应的劳动条件和劳动保护；

（二）告知被派遣劳动者的工作要求和劳动报酬；

（三）支付加班费、绩效奖金，提供与工作岗位相关的福利待遇；

（四）对在岗被派遣劳动者进行工作岗位所必需的培训；

（五）连续用工的，实行正常的工资调整机制。

用工单位不得将被派遣劳动者再派遣到其他用人单位。

第六十三条　被派遣劳动者享有与用工单位的劳动者同工同酬的权利。用工单位无同类岗位劳动者的，参照用工单位所在地相同或者相近岗位劳动者的劳动报酬确定。

第六十五条　被派遣劳动者可以依照本法第三十六条、第三十八条的规定与劳务派遣单位解除劳动合同。

被派遣劳动者有本法第三十九条和第四十条第一项、第二项规定情形的，用工单位可以将劳动者退回劳务派遣单位，劳务派遣单位依照本法有关规定，可以与劳动者解除劳动合同。

第六十六条　劳务派遣一般在临时性、辅助性或者替代性的工作岗位上实施。

第六十七条　用人单位不得设立劳务派遣单位向本单位或者所属单位派遣劳动者。

《劳务派遣暂行规定》

第三条　用工单位只能在临时性、辅助性或者替代性的工作岗位上使用被派遣劳动者。

前款规定的临时性工作岗位是指存续时间不超过 6 个月的岗位；辅助性工作岗位是指为主营业务岗位提供服务的非主营业务岗位；替代性工作岗位是指用工单位的劳动者因脱产学习、休假等原因无法工作的一定期间内，可以由其他劳动者替代工作的岗位。

用工单位决定使用被派遣劳动者的辅助性岗位，应当经职工代表大会或者全体职工讨论，提出方案和意见，与工会或者职工代表平等协商确定，并在用工单位内公示。

第四条　用工单位应当严格控制劳务派遣用工数量，使用的被派遣劳动者数量不得超过其用工总量的 10%。

前款所称用工总量是指用工单位订立劳动合同人数与使用的被派遣劳动者人数之和。

计算劳务派遣用工比例的用工单位是指依照劳动合同法和劳动合同法实施条例可以与劳动者订立劳动合同的用人单位。

第八条　劳务派遣单位应当对被派遣劳动者履行下列义务：

（一）如实告知被派遣劳动者劳动合同法第八条规定的事项、应遵守的规章制度以及劳务派遣协议的内容；

（二）建立培训制度，对被派遣劳动者进行上岗知识、安全教育培训；

（三）按照国家规定和劳务派遣协议约定，依法支付被派遣劳动者的劳动报酬和相关待遇；

（四）按照国家规定和劳务派遣协议约定，依法为被派遣劳动者缴纳社会保险费，并办理社会保险相关手续；

（五）督促用工单位依法为被派遣劳动者提供劳动保护和劳动安全卫生条件；

（六）依法出具解除或者终止劳动合同的证明；

（七）协助处理被派遣劳动者与用工单位的纠纷；

（八）法律、法规和规章规定的其他事项。

第九条　用工单位应当按照劳动合同法第六十二条规定，向被派遣劳动者提供与工作岗位相关的福利待遇，不得歧视被派遣劳动者。

第十条　被派遣劳动者在用工单位因工作遭受事故伤害的，劳务派遣单位应当依法申请工伤认定，用工单位应当协助工伤认定的调查核实工作。劳务派遣单位承担工伤保险责任，但可以与用工单位约定补偿办法。

被派遣劳动者在申请进行职业病诊断、鉴定时，用工单位应当负责处理职业病诊断、鉴定事宜，并如实提供职业病诊断、鉴定所需的劳动者职业史和职业危害接触史、工作场所职业病危害因素检测结果等资料，劳务派遣单位应当提供被派遣劳动者职业病诊断、鉴定所需的其他材料。

第十二条　有下列情形之一的，用工单位可以将被派遣劳动者退回劳务派遣单位：

（一）用工单位有劳动合同法第四十条第三项、第四十一条规定情形的；

（二）用工单位被依法宣告破产、吊销营业执照、责令关闭、撤销、决定提前解散或者经营期限届满不再继续经营的；

（三）劳务派遣协议期满终止的。

被派遣劳动者退回后在无工作期间，劳务派遣单位应当按照不低于所在地人民政府规定的最低工资标准，向其按月支付报酬。

第十三条　被派遣劳动者有劳动合同法第四十二条规定情形的，在派遣期限届满前，用工单位不得依据本规定第十二条第一款第一项规定将被派遣劳动者退回劳务派遣单位；派遣期限届满的，应当延续至相应情形消失时方可退回。

第十四条　被派遣劳动者提前30日以书面形式通知劳务派遣单位，可以解除劳动合同。被派遣劳动者在试用期内提前3日通知劳务派遣单位，可以解除劳动合同。劳务派遣单位应当将被派遣劳动者通知解除劳动合同的情况及时告知用工单位。

第十五条　被派遣劳动者因本规定第十二条规定被用工单位退回，劳务派遣单位重新派遣时维持或者提高劳动合同约定条件，被派遣劳动者不同意的，劳务派遣单位可以解除劳动合同。

被派遣劳动者因本规定第十二条规定被用工单位退回，劳务派遣单位重新派遣时降低劳动合同约定条件，被派遣劳动者不同意的，劳务派遣单位不得解除劳动合同。但被派遣劳动者提出解除劳动合同的除外。

第十六条　劳务派遣单位被依法宣告破产、吊销营业执照、责令关闭、撤销、决定提前解散或者经营期限届满不再继续经营的，劳动合同终止。用工单位应当与劳务派遣单位协商妥善安置被派遣劳动者。

第十七条　劳务派遣单位因劳动合同法第四十六条或者本规定第十五条、第十六条规定的情形，与被派遣劳动者解除或者终止劳动合同的，应当依法向被派遣劳动者支付经济补偿。

第二十八条　用工单位在本规定施行前使用被派遣劳动者数量超过其用工总量10%的，应当制定调整用工方案，于本规定施行之日起2年内降至规定比例。但是，《全国人民代表大会常务委员会关于修改〈中华人民共和国劳动合同法〉的决定》公布前已依法订立的劳动合同和劳务派遣协议期限届满日期在本规定施行之日起2年后的，可以依法继续履行至期限届满。

用工单位应当将制定的调整用工方案报当地人力资源社会保障行政部门备案。

用工单位未将本规定施行前使用的被派遣劳动者数量降至符合规定比例之前，不得新用被派遣劳动者。

第二节　业务外包

业务外包，也称资源外包、资源外置，它是指企业整合用其外部最优秀的专业化资源，从而达到降低成本、提高效率、充分发挥自身核心竞争力和增强企业对环境的迅速应变能力的一种管理模式。企业为了获得比单纯利用内部资源更多的竞争优势，将其非核心业务交由合作企业完成。

一、劳务派遣与业务外包相同点

劳务派遣员工与派遣企业签订劳动合同，但其要被派遣到用工单位工作，工作地点在用工单位，因此，派遣员工就要同时接受派遣单位和用工单位的管理。

业务发包员工也同样需要与承包公司签订劳动合同，但因业务（特别是一些长期业务）开展的需要，有时承包公司会将员工派驻到发包企业工作，实际的工作地点可能在发包公司，承包公司员工在工作中同样要接受承包公司和发包企业管理。

二、劳务派遣与业务外包区别

因劳务派遣和业务外包在工作上的表象使得二者易于混淆。但实际上二者有着本质的区别。

1. 支付对价的对象不同

劳务派遣是一种劳务合同关系，用工单位以劳动力的使用作为标的，用工单位通过派遣企业向员工支付工资，员工向用工单位提供劳动服务，企业针对劳动力的使用支付对价。而业务外包是一种承揽合同关系，是按照发包企业的要求，以承包人完成的工作成果为标的，企业针对完成的工作成果支付对价。

2. 受调整法律不同

劳务派遣是劳务派遣机构与派遣员工订立劳动合同，劳动合同关系存在于劳务派遣机构与派遣员工之间，但劳动力给付的事实（劳动管理）则发生于派遣员工与实际用工单位之间，是一种招聘和用人相分离的用工模式，受《劳动法》及《劳动合同法》等相关劳动法律的调整。

业务外包是种经济、业务合作关系，发包企业与承包企业签订业务合作合同，由承包企业独立完成所承包业务，合作针对的是业务。承包企业自行安排人员，开展业务，对人员发放工资，不受发包企业干涉。因而业务外包关系是受《民法通则》和《合同法》调整的。

3. 业务的独立性不同

因业务外包针对的是业务，因此承包公司主宰业务的进程，管理现场人员。而劳务派遣则由实际用工单位控制业务的进程，派遣员工完全受控于用工单位，由用工单位对其进行管理，派遣公司不涉及任何用工单位的业务问题。

4. 给付员工工资的标准不同

劳务派遣员工被派遣至用工单位工作，通常比照用工单位的正式员工，实行同工同酬。但业务外包虽有时业务人员也进驻发包企业工作，但其工资完全由承包公司决定并进行发放。

5. 费用结算周期不同

劳务派遣人员与用工单位的正式员工一样，由用工单位按月将其工资支付给派遣企业，派遣企业再支付给派遣员工，因此派遣企业与用工单位间通常是按照月进行结算的。但是，业务外包则不同，发包企业与承包企业通常按照业务的进展程度，约定结算周期。

举案说法 45. 劳动关系中，如何确认用人单位主体？

王某自 2010 年 3 月 1 日起一直在某电视台技术制作中心一部后期五科负责节目后期制作工作。2014 年 12 月，王某在与同事孙某聊天的过程中，发现孙某每月工资比自己多了一项 2 000 元的增收节支奖。于是，王某将某电视台提请仲裁，要求某电视台补发其工作期间的增收节支奖共计 116 000 元。

某电视台答辩称：王某系某创新公司的员工，其与我单位之间不存在劳动关系。我单位与某创新公司存在业务外包关系，王某是在外包项目上工作。现我单位不同意王某的仲裁请求，并要求追加某创新公司为本案被告。仲裁同意了某电视台的追加申请。

再次开庭过程中，某创新公司答辩称：王某系我公司的员工，我公司按照规定与王某签订了书面劳动合同，并按月向其支付工资、缴纳社会保险费。王某的工资我公司已经按照约定足额发放，不存在补发增收节支奖的问题，现我公司不同意王某的仲裁请求。

🔒 审理结果

最终，仲裁委经审理认定：某创新公司与某电视台系业务外包关系，王某与某创新公司存在劳动关系。同时，孙某系某电视台的正式工作人员，其与王某隶属于不同的用人单位主体，王某以孙某的收入标准请求法院支持其增收节支奖的主张，缺乏事实及法律依据，驳回王某的仲裁请求。

📷 HR 操作锦囊

本案的核心焦点问题是劳动关系中用人单位主体的确认。

首先，王某与某创新公司连续两次签订有期限自 2010 年 3 月 1 日至 2013 年 2 月 28 日、2013 年 3 月 1 日至 2016 年 2 月 28 日的书面劳动合同。劳动合同系劳动者与用人单位确立劳动关系、明确双方权利和义务的协议，以上签订劳动合同的行为表明王某明确知悉劳动合同中确定的用人单位主体系某创新公司而非某电视台。王某虽然在庭审过程中称自己签订的是空白合同，但是并未提供任何证据加以证明，故仲裁未予采信。

其次，王某的工作岗位虽在某电视台技术制作中心录制一部后期制作五科，但王某的工资是由某创新公司发放，社会保险费是由某创新公司缴纳，由此可见，某创新公司履行了用人单位一方支付工资、缴纳社会保险费的义务。

最后，虽然王某的工作内容为某电视台相关节目的后期制作，但鉴于某创新公司与某电视台存在技术服务合作，系业务外包关系，某创新公司安排王某到某电视台从事相关工作，符合常理。

综上所述，仲裁确认王某与某创新公司存在合法有效的劳动关系。而孙某系某电视台的正式员工，与王某隶属于不同的用人单位，工资不具有可比性。故最终认定王某主张增收节支奖的仲裁请求，不存在事实和法律依据，最终驳回了王某的仲裁请求。

用人单位在使用业务外包的时候，既要充分发挥业务外包的优势，又要最大限度防范法律风险，需要在实务操作中注意以下几点。

（1）慎重审查承包单位的资质，尽量选择有实力的公司，以避免业务承包公司倒闭后因被认定为与劳动者存在事实劳动关系而承担用人单位的责任。

（2）严格监督业务承包单位与被指派劳动者之间劳动合同签订情况以及社保办理情况，坚决不接收没有与承包单位订立劳动合同的外包员工。

（3）与承包单位谨慎签订业务外包协议，全面约定双方的权利义务。

（4）尽量不要对外包员工进行太多的人事管理，除非业务需要。

第三节　非全日制用工

为了节约用工成本，增加用工灵活性，越来越多的用人单位青睐非全日制用工形式。同时，非全日制用工也使众多劳动者获得了更多的就业机会，有效平衡了劳动力市场的供求关系。

一、非全日制用工概述

非全日制用工是指以小时计酬为主，劳动者在同一用人单位一般平均每日工作时间不超过 4 小时，每周工作时间累计不超过 24 小时的用工形式。在非全日制用工的情况下，小时工资标准是用人单位按双方约定的工资标准支付给非全日制劳动者的工资，但不得低于当地政府颁布的小时最低工资标准。当地政府颁布的小时最低工资标准，包含用人单位为非全日制劳动者交纳的基本养老保险费和基本医疗保险费。非全日制用工工资支付周期最长不得超过 15 日。

二、全日制与非全日制用工的区别

1. 工作时间不同

全日制用工分为标准工时制、综合计算工时制和不定时工作制，标准的全日制用工一般每日工作时间不超过 8 小时，且每周工作时间累计不超过 40 小时。非全日制用工则要求一般平均每日工作时间不超过 4 小时，每周工作时间累计不超过 24 小时。

2．合同形式不同

全日制用工自用工之日起一个月内必须签订书面劳动合同，逾期未签订的，劳动者可以主张双倍工资。非全日制用工则比较灵活，订立劳动合同既可以采用书面形式，也可以采用口头形式。

3．计薪方式及支付周期不同

全日制用工应当按月支付工资，且不得低于当地最低月工资标准。非全日制用工则以按时计酬为主，且不得低于当地最低小时工资标准，工资支付周期不得超过 15 日。

4．能够约定试用期不同

全日制用工除了以完成一定工作任务为期限的劳动合同和 3 个月以下固定期限劳动合同外，其他劳动合同可以依法约定试用期。非全日制用工则不得约定试用期。

5．社会保险缴纳不同

全日制用工用人单位必须依法为劳动者办理养老、医疗、工伤、生育、失业等"五险"。非全日制用工用人单位只需为劳动者缴纳工伤保险即可，其他险种由劳动者自行缴纳。

6．劳动合同解除和终止不同

全日制用工劳动合同的解除和终止必须依法进行，符合支付经济补偿金条件的，用人单位应当按照法律规定向劳动者支付经济补偿金。非全日制用工劳动合同双方当事人任何一方可随时提出终止劳动合同，且用人单位无须向劳动者支付经济补偿金。

7．能否建立双重劳动关系不同

全日制用工的劳动者一般只能与一个用人单位建立劳动关系，甚至全日制用工的劳动者同时与其他用人单位建立劳动关系，对完成本单位的工作任务造成严重影响，或者经用人单位提出，拒不改正，用人单位可以与其解除劳动合同。非全日制用工的劳动者法律允许其与一个以上用人单位建立劳动关系。

8．是否适用劳务派遣不同

劳务派遣单位可以以全日制用工形式招用被派遣劳动者，但是不得以非全日制用工形式招用被派遣劳动者。

举案说法 46．如何分清是非全日制劳动关系还是全日制劳动关系？

2007 年 7 月 2 日，李某被聘为某企业的清洁工，试用期为 2 个月。同日，双方订立书面非全日制劳动合同，合同期为 5 年，报酬按月支付，日工作时间为每天下午13∶00～18∶30，每周工作 6 天。

2011 年 12 月 26 日，李某在做工过程中不慎摔倒，在某诊所门诊治疗一个星期，2012 年 1 月 3 日伤口愈合。2012 年 1 月 4 日李某去上班，该企业通知其终止劳动合同，但李某不服，以该企业在其因工负伤的情况下终止劳动合同，系违法解除劳动合同为由，向劳动仲裁委员会申请劳动仲裁。某企业认为李某每天工作时间不足 8 小时，系非全日制职工，用人单位可随时提出终止劳动合同，并未违反法律规定。

审理结果

最终，仲裁庭审理认定：李某的每天的工作时间均超过非全日制用工的规定，应认定与某公司存在全日制劳动关系。双方劳动合同的解除应当严格按照《劳动合同法》关于用人单位解除劳动合同的规定，该企业没有任何理由即通知李某解除劳动合同的行为是违法的。因此，某企业应依法向李某支付违法解除劳动合同的赔偿金。

HR 操作锦囊

本案的争议焦点在于李某与某企业是非全日制劳动关系还是全日制劳动关系。虽然，李某与某企业的于 2007 年 7 月 2 日签订有非全日制劳动合同，然而，李某的工作时间为每天 5.5 小时，每周工作 6 天，周工作时间已经超过了 24 小时，虽每周工作时间不满 40 个小时，但是，李某的工作时间是长期连续性超过 24 个小时，不能认定为加班。按照《劳动合同法》的规定，每周工作时间累计超过 24 小时的，应当认定为全日制用工。某企业没有任何理由通知李某解除劳动合同，既不符合法定解除条件，又不符合法定解除程序，已构成违法解除劳动合同，应当根据《劳动合同法》的规定向李某支付违法解除劳动合同赔偿金。

在实际用工时，企业与员工在建立非全日制用工关系时，应当注意以下"五不"。

① 工作时间不得超过法定标准。

② 不得与员工约定试用期。

③ 不得忘记为员工缴纳工伤保险费用。

④ 工资支付周期不得长于 15 日。

⑤ 工资标准不得低于当地最低标准。

否则，一旦不符合非全日用工的条件，就存在被认定为全日制用工的法律风险。

还需要注意的是，非全日制用工员工工龄不连续计算，例如，非全日制用工员工连续工作满 10 年的，企业也可以拒绝与其签订无固定期限劳动合同；再如，非全日制员工后来又转为全日制的，他在非全日制工作期间的工龄既不能连续计算，也不能以小时折算，而应重新起算工龄。

同时，非全日制用工员工也享受加班费和年休假。由于法律对非全日制用工并没有每周至少休息一天的要求，也就是不存在休息日即周六、日加班的情形，因此，日常延长工作时间可以按不低于工资标准的 150% 支付加班工资，法定节假日加班的应按不低于工资标准的 300% 支付加班工资。另外，若非全日制用工员工连续工作 1 年以上的，企业应当安排其休年假，但在其他单位已经享受年休假的，企业当年可以不安排。

法条传送门

《中华人民共和国劳动合同法》

第六十八条　非全日制用工，是指以小时计酬为主，劳动者在同一用人单位一般平均每日工作时间不超过四小时，每周工作时间累积不超过二十四小时的用工形式。

第六十九条　非全日制用工双方当事人可以订立口头协议。

从事非全日制用工的劳动者可以与一个或者一个以上用人单位订立劳动合同；但是，后订立的劳动合同不得影响先订立的劳动合同的履行。

第七十条　非全日制用工双方当事人不得约定试用期。

第七十一条　非全日制用工双方当事人任何一方都可以随时通知对方终止用工。终止用工，用人单位不向劳动者支付经济补偿。

第七十二条　非全日制用工小时计酬标准不得低于用人单位所在地人民政府规定的最低小时工资标准。

非全日制用工劳动报酬结算支付周期最长不得超过十五日。

《中华人民共和国劳动法实施条例》

第三十条　劳务派遣单位不得以非全日制用工形式招用被派遣劳动者。

第十七章　女职工和未成年工劳动保护

女职工和未成年工在劳动者中属于特殊群体。女职工由于其身体结构和生理机能的特点，有经期、孕期、产期、哺乳期等生理阶段，而未成年工由于其身体发育尚未定型，身体正向成熟期过度，过重的体力劳动、不良的工作体位、过分紧张的劳动等都会对未成年工的发育造成损害。所以，考虑到女职工自身的安全和身体健康，有利于中华民族的繁衍和下一代的健康成长，考虑到少年人的健康成长，国家对女职工和未成年工实行特殊劳动保护。

第一节　女职工劳动保护

女职工，是指所有从事体力劳动和脑力劳动的所有女性劳动者。女职工劳动保护，是指针对女职工的生理特点和抚育后代的需要，对女职工在劳动过程中的安全和卫生健康依法加以特殊保护。女职工劳动保护主要体现在工作禁忌和"四期"的劳动保护上。

一、女职工工作禁忌

1. 女职工禁忌从事的劳动范围

（1）矿山井下作业。

（2）体力劳动强度分级标准中规定的第四级体力劳动强度的作业。

（3）每小时负重6次以上、每次负重超过20公斤的作业，或者间断负重、每次负重超过25公斤的作业。

2. 女职工在月经期间禁忌从事的劳动范围

（1）冷水作业分级标准中规定的第二级、第三级、第四级冷水作业。

（2）低温作业分级标准中规定的第二级、第三级、第四级低温作业。

（3）体力劳动强度分级标准中规定的第三级、第四级体力劳动强度的作业。

（4）高处作业分级标准中规定的第三级、第四级高处作业。

3. 怀孕女职工禁忌从事的劳动范围

（1）作业场所空气中铅及其化合物、汞及其化合物、苯、镉、铍、砷、氰化物、氮氧化物、一氧化碳、二硫化碳、氯、己内酰胺、氯丁二烯、氯乙烯、环氧乙烷、苯胺、甲醛等有毒物质浓度超过国家职业卫生标准的作业。

（2）从事抗癌药物、己烯雌酚生产，接触麻醉剂气体等的作业。

（3）非密封源放射性物质的操作，核事故与放射事故的应急处置。

（4）高处作业分级标准中规定的高处作业。

（5）冷水作业分级标准中规定的冷水作业。

（6）低温作业分级标准中规定的低温作业。

（7）高温作业分级标准中规定的第三级、第四级的作业。

（8）噪声作业分级标准中规定的第三级、第四级的作业。

（9）体力劳动强度分级标准中规定的第三级、第四级体力劳动强度的作业。

（10）在密闭空间、高压室作业或者潜水作业，伴有强烈振动的作业，或者需要频繁弯腰、攀高、下蹲的作业。

4. 哺乳期女职工禁忌从事的劳动范围

（1）作业场所空气中铅及其化合物、汞及其化合物、苯、镉、铍、砷、氰化物、氮氧化物、一氧化碳、二硫化碳、氯、己内酰胺、氯丁二烯、氯乙烯、环氧乙烷、苯胺、甲醛等有毒物质浓度超过国家职业卫生标准的作业。

（2）非密封源放射性物质的操作，核事故与放射事故的应急处置。

（3）体力劳动强度分级标准中规定的第三级、第四级体力劳动强度的作业。

（4）作业场所空气中锰、氟、溴、甲醇、有机磷化合物、有机氯化合物等有毒物质浓度超过国家职业卫生标准的作业。

二、女职工"四期"的劳动保护

女职工"四期"，是指女职工处在经期、孕期、产期和哺乳期。

1. 经期保护

不得安排女职工在经期从事高处、低温、冷水作业和国家规定的第三级体力劳动强度的劳动。

2. 孕期保护

不得安排女职工在怀孕期间从事国家规定的第三级体力劳动强度的劳动和孕期禁忌从事的劳动。对怀孕七个月以上的女职工，不得安排其延长工作时间和夜班劳动。

3．产期保护

女职工生育享受不少于九十八天的产假。女职工怀孕流产的，其所在单位应当根据医务部门的证明，给予一定时间的产假。

4．哺乳期保护

对哺乳未满 1 周岁婴儿的女职工，用人单位不得延长劳动时间或者安排夜班劳动并安排一定的哺乳时间。

5．其他方面保护

（1）解雇保护。

用人单位不得因女职工怀孕、生育、哺乳降低其工资、予以辞退、与其解除劳动或者聘用合同。

（2）提供必要的设施。

女职工比较多的用人单位应当根据女职工的需要，建立女职工卫生室、孕妇休息室、哺乳室等设施，妥善解决女职工在生理卫生、哺乳方面的困难。

（3）禁止性骚扰。

在劳动场所，用人单位应当预防和制止对女职工的性骚扰。

三、违反女职工保护规定的法律后果

1．行政部门责令限期改正、处以罚款、责令限期治理、责令停止有关作业、责令关闭

用人单位违反《女职工劳动保护特别规定》第六条第二款、第七条、第九条第一款规定的，由县级以上人民政府人力资源社会保障行政部门责令限期改正，按照受侵害女职工每人 1 000 元以上5 000 元以下的标准计算，处以罚款。

即《女职工劳动保护特别规定》第六条第二款"对怀孕 7 个月以上的女职工，用人单位不得延长劳动时间或者安排夜班劳动，并应当在劳动时间内安排一定的休息时间"。

第七条"女职工生育享受 98 天产假，其中产前可以休假 15 天；难产的，增加产假 15 天；生育多胞胎的，每多生育 1 个婴儿，增加产假 15 天。女职工怀孕未满 4 个月流产的，享受 15 天产假；怀孕满 4 个月流产的，享受 42 天产假。"

第九条第一款"对哺乳未满 1 周岁婴儿的女职工，用人单位不得延长劳动时间或者安排夜班劳动。"

用人单位违反《女职工劳动保护特别规定》附录第一条、第二条规定的，由县级以上

人民政府安全生产监督管理部门责令限期改正，按照受侵害女职工每人 1 000 元以上 5 000 元以下的标准计算，处以罚款。

即《女职工劳动保护特别规定》附录第一条"一、女职工禁忌从事的劳动范围：

（一）矿山井下作业；

（二）体力劳动强度分级标准中规定的第四级体力劳动强度的作业；

（三）每小时负重 6 次以上、每次负重超过 20 公斤的作业，或者间断负重、每次负重超过 25 公斤的作业。"

第二条 "二、女职工在经期禁忌从事的劳动范围：

（一）冷水作业分级标准中规定的第二级、第三级、第四级冷水作业；

（二）低温作业分级标准中规定的第二级、第三级、第四级低温作业；

（三）体力劳动强度分级标准中规定的第三级、第四级体力劳动强度的作业；

（四）高处作业分级标准中规定的第三级、第四级高处作业。"

用人单位违反《女职工劳动保护特别规定》附录第三条、第四条规定的，由县级以上人民政府安全生产监督管理部门责令限期治理，处 5 万元以上 30 万元以下的罚款；情节严重的，责令停止有关作业，或者提请有关人民政府按照国务院规定的权限责令关闭。

即《女职工劳动保护特别规定》附录第三条"三、女职工在孕期禁忌从事的劳动范围：

（一）作业场所空气中铅及其化合物、汞及其化合物、苯、镉、铍、砷、氰化物、氮氧化物、一氧化碳、二硫化碳、氯、己内酰胺、氯丁二烯、氯乙烯、环氧乙烷、苯胺、甲醛等有毒物质浓度超过国家职业卫生标准的作业；

（二）从事抗癌药物、己烯雌酚生产，接触麻醉剂气体等的作业；

（三）非密封源放射性物质的操作，核事故与放射事故的应急处置；

（四）高处作业分级标准中规定的高处作业；

（五）冷水作业分级标准中规定的冷水作业；

（六）低温作业分级标准中规定的低温作业；

（七）高温作业分级标准中规定的第三级、第四级的作业；

（八）噪声作业分级标准中规定的第三级、第四级的作业；

（九）体力劳动强度分级标准中规定的第三级、第四级体力劳动强度的作业；

（十）在密闭空间、高压室作业或者潜水作业，伴有强烈振动的作业，或者需要频繁弯腰、攀高、下蹲的作业。"

第四条　"四，女职工在哺乳期禁忌从事的劳动范围：

（一）孕期禁忌从事的劳动范围的第一项、第三项、第九项；

（二）作业场所空气中锰、氟、溴、甲醇、有机磷化合物、有机氯化合物等有毒物质浓度超过国家职业卫生标准的作业。"

2. 女职工可投诉、举报、申诉，申请劳动仲裁，提起诉讼

用人单位违反《女职工劳动保护特别规定》，侵害女职工合法权益的，女职工可以依法投诉、举报、申诉，依法向劳动人事争议调解仲裁机构申请调解仲裁，对仲裁裁决不服的，依法向人民法院提起诉讼。

3. 赔偿损害，追究刑事

用人单位违反《女职工劳动保护特别规定》，侵害女职工合法权益，造成女职工损害的，依法给予赔偿；用人单位及其直接负责的主管人员和其他直接责任人员构成犯罪的，依法追究刑事责任。

四、女职工"三期"的休息休假及工资福利待遇

女职工"三期"，是指女职工处于孕期、产期哺乳期。国家在立法层面对"三期"女职工的合法权益给予了特殊保护。同样，也是企业人力资源管理中的重点内容。在实践中，很多劳动争议也发生在这个环节之中。企业在聘用和管理"三期"女员工的过程中，应当严格遵守相关法律法规的规定提供劳动保护和各种待遇。尤其是 2015 年 12 月 27 日第十二届全国人民代表大会常务委员会第十八次会议修正，2016 年 1 月 1 日正式开始实施的《人口与计划生育法》后，对"全面二孩"政策的放开以及"公民晚婚晚育，可获得延长婚假、生育假的奖励或者其他福利待遇"条款的删除，都成为社会热点问题，HR 应关注地方立法机关对相应法规条例的修改，以便及时更新所在企业的休假制度。

1. "三期"的休息休假

（1）产前检查时间。

根据《女职工劳动保护特别规定》的规定，怀孕的女职工，在劳动时间内进行产前检查的，应当算作劳动时间，按正常出勤对待，不能按病假、事假或旷工处理。

关于产前检查假一共可以休几次，一次休多长时间，法律并没有明确的规定。在个别地区，如南京有专门的规定。一般来说，产前检查，3～4 个月内：1 次，4～7 个月：1 次/

月，7～9个月：1次/周，共11次，每次半天，如果有特殊情况需要增加产前检查次数的，应当出具医院的证明报告。

北京地区目前没有相关规定，实践中，很多公司会参照一些地方的规定或者经过调查一般孕妇在整个孕期过程中所要检查的次数确定，最终在规章制度中体现，如果特殊情况下需要增加产前假次数的，应当按照医院出具的检查报告确定产前检查假次数。

（2）保胎假。

实践中，由于个人体质的不同，孕期女职工可能会出现胎儿不稳定现象，医生基本都会要求孕妇停止工作，进行保胎治疗。《国家劳动总局保险福利司关于女职工保胎休息和病假超过六个月后生育时待遇问题给上海市劳动局的复函》（1982年）中规定，女职工按计划生育怀孕，经过医师开具证明，需要保胎休息的，其保胎休息的时间，按照本单位实行的疾病待遇规定办理。也就是说，员工如需停止工作保胎治疗，企业可按照病假待遇来处理。具体休假的时间根据医生开具的诊断证明确定，没有期限的限制。

（3）产假。

① 流产假。

流产假属于产假的一种，根据《女职工劳动保护特别规定》的规定：女职工怀孕流产的，其所在单位应当根据医务部门的证明，给予一定时间的产假。同时，根据《关于女职工生育待遇若干问题的通知》的规定，女职工怀孕不满四个月流产时，应当根据医务部门的意见，给予十五天至三十天的产假；怀孕满四个月以上流产时，给予四十二天产假。产假期间，工资照发。

有些地方在此标准基础上做了更有利于劳动者的规定，实践中应当根据当地的具体规定执行。

很多人认为，流产假一定是自然流产才能够享有，人工流产是职工自己所为，不应当享受流产假，而应当按照病假待遇处理。例如，2010年12月20日修订的《上海市女职工劳动保护办法》就规定，只有自然流产或子宫外孕的女职工才可享受"小产假"。但是，自从2012年4月28日《女职工劳动保护特别规定》施行后，女职工享受"小产假"的条件中就不再区分人工流产还是自然流产了。

② 产假。

根据《女职工劳动保护特别规定》，女职工生育享受不少于98天的产假，其中产前可休息15天。难产的，增加产假15天。多胞胎生育的，每多生育1个婴儿，增加产假15天。

产前休息 15 天，是指预产期前 15 天的休假。为了保证产妇恢复身体健康，产假是不得提前或推后休的。如女职工提前生产，可将不足的天数和产后的产假合并使用；如女职工推迟生产，可将超出的天数按照病假处理。

另外，根据《劳动保险条例实施细则修正草案》的规定，产假（含流产假）应包括公休日和法定节假日在内，不再补假。

2016 年 1 月 1 日正式开始实施的《人口与计划生育法》对"公民晚婚晚育，可获得延长婚假、生育假的奖励或者其他福利待遇"的条款进行了删除，所以对于原来规定的"晚育的女职工（指女方年满 23 周岁晚婚初育或者年满 24 周岁初育的）可享受晚育奖励假"的规定也不复存在，具体可延长多久的产假，需要等待各地的立法部门进行细化规定。

③ 哺乳时间和哺乳假。

哺乳期是指女职工生育后，至婴儿满 1 周岁时止。根据《女职工劳动保护特别规定》规定，哺乳期内，单位应当在每天的劳动时间内为哺乳期女职工安排 1 小时哺乳时间；女职工生育多胞胎的，每多哺乳 1 个婴儿，每天增加 1 小时哺乳时间。哺乳时间算作劳动时间。在一些大城市，每天 1 小时可能根本无法实现哺乳目的，故有些地区规定了哺乳假，即女职工在产假期满后，如果确有困难，经单位批准可以在哺乳期内休假。

哺乳假也多见于地方性法规中，如上海规定，女职工生育后，若有困难且工作许可，由本人提出，经单位批准，可请哺乳假六个半月。另外，女职工六个半月哺乳假期满后，确有困难，要求继续请假为婴儿哺乳的，单位可以根据生产和女职工的实际情况酌情延长，但不得超过 1 年。

广东省规定，女职工假期满后，若有实际困难，经本人申请，领导批准的，可请哺乳假至婴儿 1 周岁。

因此，有些地方的劳动者根据当地的相关规定可以申请哺乳假，但是需要经过单位批准后才可休哺乳假。

综上所述，建议 HR 在公司规章制度中明确单位给予哺乳假的条件及审批流程，由于法律规定了哺乳期内应给女职工哺乳时间，由于路途遥远无法实现的情况下可根据员工的不同情况进行协商确定如何给这一个小时的时间，最终把协商确定的结果落实在书面制度中。

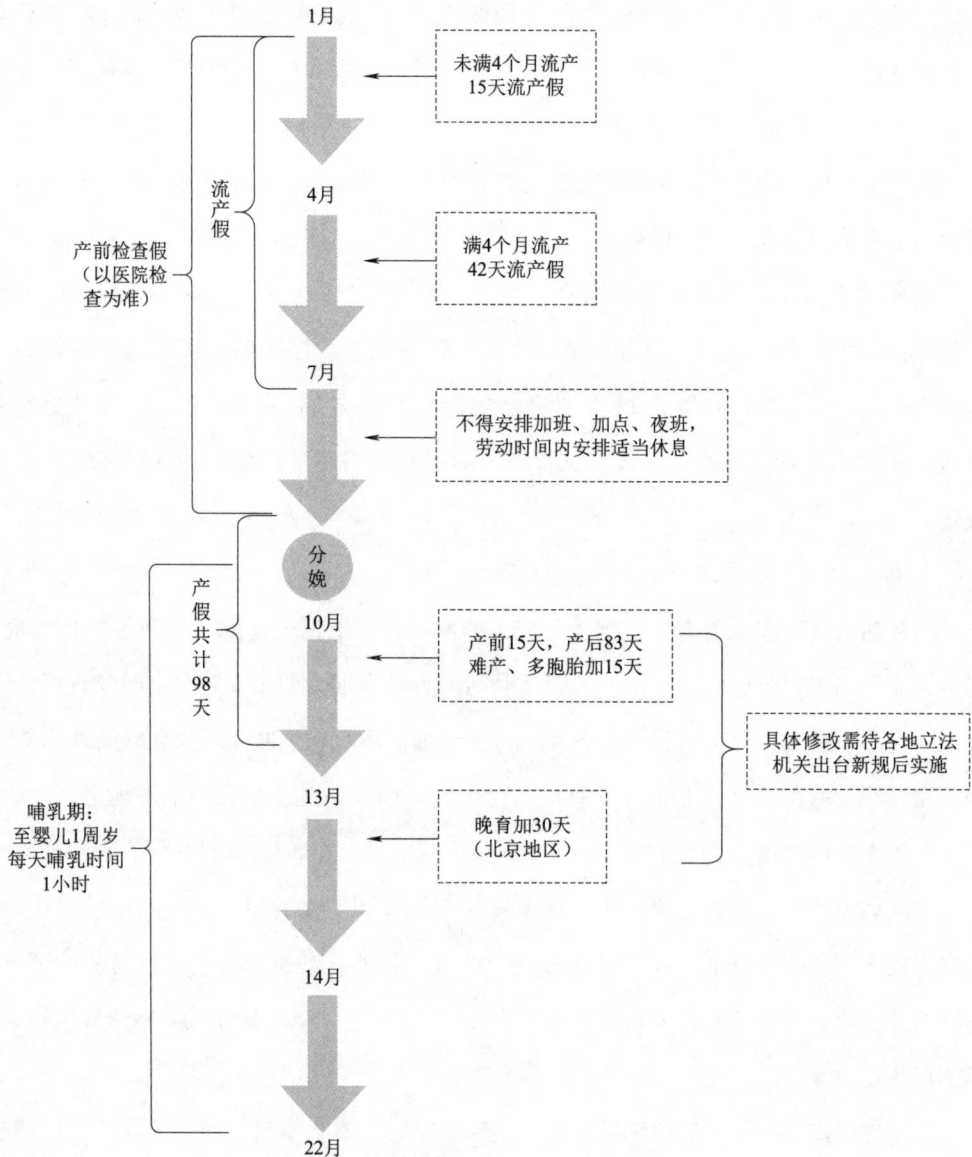

注：2016 年已经取消晚育假，各地区增加了陪产假。

2. 女职工"三期"的工资福利待遇

一般来讲，用人单位不得在女职工"三期"内降低其基本工资或者辞退。但是由于孕期、产期、哺乳期持续时间较长，根据不同情况对于工资和福利待遇方面，应当区别对待。

（1）孕期工资。

怀孕期间，职工应正常上下班，只是产前检查时间算作工作时间并不得延长怀孕女职工的工作时间。所以工资福利待遇应当照常发放。如果怀孕期间，出现需要停止工作、保胎治疗的情况，则可按照医嘱给予病假工资待遇。

（2）产假工资。

女职工产假期间的工资，其实就是生育津贴，对已经参加生育保险的女职工，按照用人单位上年度职工月平均工资的标准由生育保险基金支付；对未参加生育保险的，按照女职工产假前工资的标准由用人单位支付。

女职工生育或者流产的医疗费用，按照生育保险规定的项目和标准，对已经参加生育保险的，由生育保险基金支付；对未参加生育保险的，由用人单位支付。

产假工资包括正常产假工资和流产假工资，这两项都由生育保险基金支付或按照劳动合同约定的本人工资标准支付。

支付产假工资分为两种情况：一是员工参加了生育保险的；二是员工未参加生育保险的。对于参加了生育保险的员工，根据各地生育保险的规定享受生育津贴，其所在单位不再支付产假工资。生育津贴按照女职工本人生育当月缴费基数除以30再乘以产假天数计算。

对于没有参加生育保险的员工，产假期间单位应当按照劳动合同约定的本人工资标准支付产假工资。实践中，HR应当参考各地对于产假工资标准的具体规定执行。

需要注意的是，流产假的工资待遇标准跟上述产假工资待遇标准是完全一致的。

举案说法47．提前结束产假上班，除生育保险待遇外，还能享受哪些待遇？

于某是北京市某公司的行政人员，2012年5月，31岁的于某生下了儿子小天。由于于某属于晚育，按照规定，在98天的正常产假基础上，还可以享受30天的晚育奖励假。当于某98天正常产假休完以后，由于公司业务繁忙，老板希望于某可以提前结束产假，回来公司上班，于某考虑到公司的实际情况，并且将来还要在公司发展，于是提前一个月回去上班。可是一个月后发工资时，于某却发现，公司并没有额外给她发工资，公司认为于某已享受生育保险待遇，公司不应再额外支付工资，而于某认为自己主动放弃晚育假回来上班，公司应当额外支付该月工资。并且公司在为其缴纳生育保险时基数很低，导致享受的生育津贴低于本人工资数额，要求公司补发差额。双方争执不下，最终于某将公司诉至所属区劳动争议仲裁委员会。

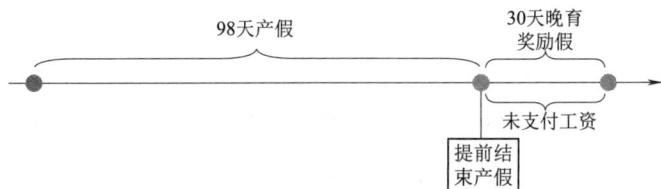

审理结果

劳动争议仲裁委员会认为，于某的请求符合生育保险政策的相关规定，公司应该支付于某未休产假期间提供劳动的报酬，并且补齐于某实际领取的生育津贴与其标准工资之间的差额。

HR 操作锦囊

很多人认为，用人单位已经支付了生育津贴，等同于工资，劳动者提供了劳动，也无须再重复支付工资。其实这是一种误读。生育津贴是基于员工缴纳了生育保险费和员工合法生育这两个事实而应该享受的产假待遇，是不提供劳动也应当支付的；而工资是基于员工提供了正常劳动后企业应当支付的报酬。生育津贴支付的主体是生育保险经办机构，工资支付的主体是公司，所以二者不可替代。结合本案，于某应当同时获得生育保险机构发放的生育津贴和用人单位正常发放的工资。

《北京市企业职工生育保险规定》第十二条明确规定："生育保险基金支付的范围包括：（一）生育津贴；（二）生育医疗费用；（三）计划生育手术医疗费用；（四）国家和本市规定的其他费用"。

可见，生育津贴是女职工在产假期间应该享受的待遇。由于生育津贴的计算方法是按照女职工本人生育当月的缴费基数除以 30 再乘以产假天数计算的，但是部分用人单位为了降低人力资源成本，缴费基数往往会低于女职工本人的工资，这就造成生育女职工在产假期间领到的生育津贴低于其提供正常劳动后所获得的月工资。由于生育女职工依法休产假期间视同提供了正常劳动，如果生育津贴低于其月工资，就侵害了生育女职工的合法权益。为此《北京市企业职工生育保险规定》第十五条第二款规定："生育津贴为女职工产假期间的工资，生育津贴低于本人工资标准的，差额部分由企业补足"。所以，用人单位应当依法补足差额。

① 灵活设计薪酬结构，可根据岗位性质采取固定工资和浮动工资相结合的方式，合理降低缴费基数，减少企业用工成本；

② 在一些特殊或关键岗位上，尽量避免全部招用女职工，以免发生女职工"三期"休假给用人单位造成经营的不便；

③ 建立轮岗或调岗制度，做好核心团队建设，避免因某些个人的离职或休假使工作停滞不前的状况发生。

（3）哺乳期工资。

哺乳期是在产假休完后回单位正常工作，直至婴儿满一周岁止，所以哺乳期内工资正常发放。

（4）生育费用的支付。

根据劳动部《关于女职工生育待遇若干问题的通知》规定，女职工怀孕，其检查费、接生费、手术费、住院费和药费由所在单位负担。但对于参加了生育保险的女职工，根据各地的生育保险规定，由生育保险基金支付所有的生育医疗费用，包括女职工因怀孕、生育发生的医疗检查费、接生费、手术费、住院费和药品费，企业无须另行支付。

五、"三期"女职工的岗位调整、劳动合同解除与终止

1."三期"女职工的岗位调整

根据《女职工劳动保护特别规定》的规定，女职工在孕期不能适应原劳动的，用人单位应当根据医疗机构的证明，予以减轻劳动量或者安排其他能够适应的劳动。可以看出，女职工根据自己的身体情况，在不能适应原劳动情况下，可以此为由向单位申请调整工作岗位，且该岗位的工作量应当轻于原岗位，单位收到申请后，应当予以适当安排。

举案说法 48. 企业能否单方变更"三期"员工工作岗位？

张某于 2013 年 6 月 4 日入职北京某商贸公司从事办公室文秘工作，双方签订了为期 3 年的劳动合同。该合同规定，张某的工作岗位为办公室文秘，同时负责接待等工作，1 个月的试用期满后月工资为 4 000 元。2014 年 12 月，公司以张某已经怀孕近 5 个月，不方便再干办公室接待工作为由，向她下发调岗通知书，将她从办公室文秘岗位调换为销售助理，月工资降至 3 000 元。张某认为销售助理工作强度高于文秘工作，随着月份的增加不适合做销售助理一职，公司这样做事实是在变相逼迫她主动辞职。张某后多次找公司协商此事，均未果，无奈之下张某向单位所在地劳动争议仲裁委员会提出申请，要求继续履行原劳动合同的岗位及工资待遇。

合同期：3年

入职（文秘）　　怀孕　　降薪调岗
2013.6.4　　　　　　　（销售助理）
　　　　　　　　　　　2014.12

三期

审理结果

仲裁委经审理认为，根据《劳动法》第 17 条规定，订立和变更劳动合同，应当遵循平等自愿、协商一致的原则，不得违反法律、行政法规的规定。劳动合同依法订立即具有法律约束力，当事人必须履行劳动合同规定的义务。

《劳动合同法》42 条规定，女职工在孕期、产期、哺乳期的；不得根据《劳动合同法》第 40 条和第 41 条中规定的解除合同和裁员。

《女职工劳动保护特别规定》第 5 条规定，用人单位不得因女职工怀孕、生育、哺乳降低其工资、予以辞退、与其解除劳动或者聘用合同。

《妇女权益保障法》第 27 条规定，任何单位不得因结婚、怀孕、产假、哺乳等情形，降低女职工的工资，辞退女职工，单方解除劳动（聘用）合同或者服务协议。

本案中，张某怀孕后，公司在未与其协商一致的情况下，单方变更工作岗位、降低工资，变相解除劳动合同的行为违反了劳动法律、法规的规定，该决定没有法律效力。遂裁决公司履行所签订的劳动合同，恢复张某的工作岗位及待遇并应当根据张某的身体状况适当减少其工作量。

HR 操作锦囊

为了保护女职工的合法权益，一般来讲，"三期"内不得任意对其进行调岗，但实践中，很多女职工由于怀孕导致身体有所不便，不能胜任工作，可能存在申请调整岗位的情况，那么这种情况下单位可依据医疗机构出具的证明，对其劳动量进行减少或者安排其他能够适应的岗位。

而用人单位一方如果想对女职工进行调岗，除理由应正当合理之外，还需要与女职工协商一致，并且办理变更劳动合同的手续。任何利用调岗行为达到降薪或者迫使女职工主动辞职的做法，都可能招致不利的法律后果。

不论是女职工申请调岗还是用人单位安排调岗，都属于劳动合同内容的变更，均应当另外签订变更协议。而是否可以降薪，我认为不论是用人单位单位安排调岗还是女职工申请调岗，都不得降低其薪资标准，只有在协商一致的情况下才可降薪。

在处理"三期"女职工调岗问题时，建议 HR 注意以下三点。

（1）为了女职工的身体健康，单位可以进行调岗，无须与劳动者协商一致，但不得降薪。

（2）调岗后如需降薪必须与劳动者协商一致，并签订书面变更协议。

（3）在签订劳动合同时可以约定女职工怀孕可以将其调整至某关联岗位，并且是工作量减轻，有利于女职工孕育的岗位。发生女职工怀孕的事实后即可安排调岗。

2. "三期"女职工的劳动合同解除

根据《劳动合同法》第四十二条的规定，劳动者有下列情形之一的，用人单位不得依照本法第四十条、第四十一条的规定解除劳动合同。

（1）从事接触职业病危害作业的劳动者未进行离岗前职业健康检查，或者疑似职业病病人在诊断或者医学观察期间的。

（2）在本单位患职业病或者因工负伤并被确认丧失或者部分丧失劳动能力的。

（3）患病或者非因工负伤，在规定的医疗期内的。

（4）女职工在孕期、产期、哺乳期的。

（5）在本单位连续工作满十五年，且距法定退休年龄不足五年的。

（6）法律、行政法规规定的其他情形。

请注意，是不能依照40条、41条规定解除劳动合同，那依据39条，比如说严重违反单位规章制度的，单位是完全有权解雇该员工的，即便是"三期"女职工也不例外。法律特别保护"三期"女职工的权益，但不是一味地强调权益扩大化，"三期"女职工也应当认真遵守单位的规章制度，这是每一位劳动者应尽的义务。所以，这就要求 HR 在平日的工作中应当完善规章制度，明确严重违纪标准，并向劳动者公示得到认可，保留"三期"女职工违纪证据，并在违纪后及时发出书面通知。

举案说法49. 女职工在"三期"内，用人单位能否随意解除劳动关系？

刘某在广东一家生产电脑和手机键盘等零部件的外资企业担任质检员一职，后因该公司管理不善和市场竞争力的加剧，财务赤字高居不下，于是，在香港的母公司决定对该企业进行大规模的裁员，以减少用工成本。该公司随即开始着手裁员的前期处理工作，并于2012 年 7 月向工会和员工正式宣布裁员，并公示裁员及员工补偿方案。由于这家外资企业在当地的福利待遇不错，且该公司大部分职位都为一般性操作岗位，很多员工不想被列入裁减员工名单中。很多员工咨询了专业律师，得知女职工在"三期"内用人单位不得解除劳动合同，所以很多女员工想尽办法让自己怀孕。

30 天后，公司按照公示后的裁员方案宣布裁员名单后，十余位女职工提出异议，其中就包括刘某，她们拿出医院出具的诊断证明，证明在劳动关系存续期间怀孕，不应被列入被裁员人员名单之中，公司以怀孕事实在公布裁员方案之后为由拒绝将该十余位女职工在裁员名单去除，径直向她们下达裁员通知，解除劳动合同。

刘某等人不服，遂向劳动争议仲裁委员会申请劳动仲裁，要求确认单位做法违法，要求单位继续履行双方签订的劳动合同。

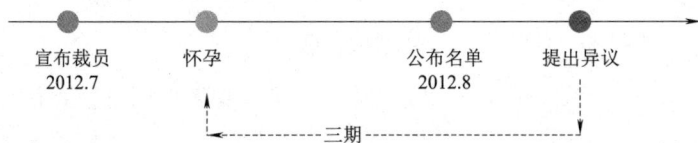

宣布裁员 2012.7	怀孕	公布名单 2012.8	提出异议

三期

审理结果

劳动争议仲裁委认为，女职工在"三期"（孕期、产期、哺乳期）内，用人单位不仅不得随意解除其劳动合同，并且还需依法给予女职工相应的薪资福利待遇。根据《劳动合同法》的规定，女职工在孕期、产期、哺乳期的，用人单位不得依照本法第41条（非过失性辞退）、第42条（经济性裁员）的规定解除劳动合同。女职工有生育的权利，刘某等十余位女职工虽在单位公布裁员方案后，为了保住工作而有目的地怀孕，但是，从合法性角度来讲，此做法并不违反法律的规定，单位做法缺乏法律依据，应当将刘某等十余位女职工的名字在裁减人员名单中去除，鉴于刘某等人要求恢复劳动关系，且单位的情况也可以履行原合同，仲裁委裁决用人单位为刘某等人办理恢复工作等手续，解除合同通知送达后至申请仲裁期间的工资由单位补足。

HR 操作锦囊

用人单位不论是非过错性辞退还是经济性裁员，都要求具有合法性，但应特别注意"三期"女职工的特殊性，根据不同情况应当区别对待。

（1）在工作中应注重女职工在经期、孕期、产期、哺乳期禁忌从事的劳动，合理安排女职工岗位并给予适当的休息时间。

（2）解除劳动合同或经济性裁员时特别注意"三期"女职工的特别规定，留意和掌握与女职工解除或终止劳动合同之法定例外，保留"三期"女职工严重违纪、严重失职等行为的有力证据。

3. "三期"女职工劳动合同的终止

根据《劳动合同法》的规定，劳动合同期满，女职工在孕期、产期、哺乳期的，劳动合同应当延续至相应的情形消失时终止。

举案说法 50. 劳动合同终止后，员工发现自己怀孕，是否可以恢复劳动关系？

王某于 2010 年 2 月 3 日入职某广告公司，担任美工一职，合同期限自 2010 年 2 月 3 日至 2012 年 2 月 2 日止，合同到期前一个月，公司提出合同到期后不再与王某续签，公司将按法律规定为王某结清工资并额外支付 2 个月的工资作为经济补偿金，王某同意，遂办理了合同终止手续。可在一周后，王某因身体不舒服，去医院检查身体，在医院的检查中发现自己已怀孕 1 个月，王某开心之余开始担忧，因为与公司劳动关系终止，所以公司已为其停缴社保，现在怀有身孕又无法找到合适的新工作，王某认为其怀孕时尚在劳动关系存续期间，只是自己不知情，单位不应该终止其劳动合同，合同期限应自然顺延至其哺乳期满。于是王某又找到公司，与 HR 沟通此事，公司以合同关系已终止为由拒绝恢复王某岗位，双方未就此事达成一致，无奈之下王某将公司诉至劳动争议仲裁委员会，要求公司恢复劳动合同。

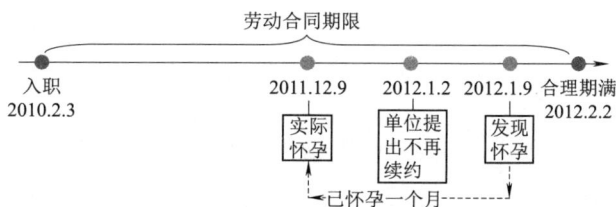

劳动合同期限

入职 2010.2.3 ｜ 2011.12.9 实际怀孕 ｜ 2012.1.2 单位提出不再续约 ｜ 2012.1.9 发现怀孕 ｜ 合理期满 2012.2.2

└─已怀孕一个月─┘

审理结果

劳动争议仲裁委员会经过审理，认为王某向仲裁庭提供了医院的诊断证明，证明怀孕的事实发生在劳动关系存续期间，公司对诊断证明的真实性认可的情况下，认定公司应当恢复与王某的劳动关系，劳动合同自动顺延，遂支持了王某的请求。

HR 操作锦囊

劳动合同终止后，员工发现自己怀孕，这种情况下是否可以要求恢复劳动关系，还需要看怀孕的具体时间，如果是劳动合同终止前怀孕的，单位应当撤销终止劳动合同的决定，及时恢复与女职工的劳动关系。如果是在劳动合同终止后怀孕的，则与单位没有关系，不能要求恢复劳动关系。所以这需要医院开具的证明报告加以确认。

但是需要注意的是，《劳动合同法》只规定了在劳动合同期满情形下，女职工如果在"三期"内，劳动合同顺延。但是如果是劳动合同合同期满以外的其他情形，则不适用该条规定，正常办理终止手续即可。

HR 在进行劳动合同签订的管理工作时，最好在到期前一个月作出不续签的决定，统计好哪些员工处于"三期"中，及时做好顺延合同工作。

法条传送门

《中华人民共和国劳动法》

第十七条　订立和变更劳动合同，应当遵循平等自愿、协商一致的原则，不得违反法律、行政法规的规定。

劳动合同依法订立即具有法律约束力，当事人必须履行劳动合同规定的义务。

第六十条　不得安排女职工在经期从事高处、低温、冷水作业和国家规定的第三级体力劳动强度的劳动。

第六十一条　不得安排女职工在怀孕期间从事国家规定的第三级体力劳动强度的劳动和孕期禁忌从事的活动。对怀孕七个月以上的女职工，不得安排其延长工作时间和夜班劳动。

《中华人民共和国劳动合同法》

第三十九条　劳动者有下列情形之一的，用人单位可以解除劳动合同：

（一）在试用期间被证明不符合录用条件的；

（二）严重违反用人单位的规章制度的；

（三）严重失职，营私舞弊，给用人单位造成重大损害的；

（四）劳动者同时与其他用人单位建立劳动关系，对完成本单位的工作任务造成严重影响，或者经用人单位提出，拒不改正的；

（五）因本法第二十六条第一款第一项规定的情形致使劳动合同无效的；

（六）被依法追究刑事责任的。

第四十二条　劳动者有下列情形之一的，用人单位不得依照本法第四十条、第四十一条的规定解除劳动合同：

（一）从事接触职业病危害作业的劳动者未进行离岗前职业健康检查，或者疑似职业病病人在诊断或者医学观察期间的；

（二）在本单位患职业病或者因工负伤并被确认丧失或者部分丧失劳动能力的；

（三）患病或者非因工负伤，在规定的医疗期内的；

（四）女职工在孕期、产期、哺乳期的；

（五）在本单位连续工作满十五年，且距法定退休年龄不足五年的；

（六）法律、行政法规规定的其他情形。

第四十五条　劳动合同期满，有本法第四十二条规定情形之一的，劳动合同应当续延至相应的情形消失时终止。但是，本法第四十二条第二项规定丧失或者部分丧失劳动能力劳动者的劳动合同的终止，按照国家有关工伤保险的规定执行。

《女职工劳动保护特别规定》

第五条　用人单位不得因女职工怀孕、生育、哺乳降低其工资、予以辞退、与其解除劳动或者聘用合同。

第六条　女职工在孕期不能适应原劳动的，用人单位应当根据医疗机构的证明，予以减轻劳动量或者安排其他能够适应的劳动。

第七条　女职工生育享受98天产假，其中产前可以休假15天；难产的，增加产假15天；生育多胞胎的，每多生育1个婴儿，增加产假15天。

女职工怀孕未满4个月流产的，享受15天产假；怀孕满4个月流产的，享受42天产假。

第九条　对哺乳未满1周岁婴儿的女职工，用人单位不得延长劳动时间或者安排夜班劳动。

用人单位应当在每天的劳动时间内为哺乳期女职工安排1小时哺乳时间；女职工生育多胞胎的，每多哺乳1个婴儿每天增加1小时哺乳时间。

第十条　女职工比较多的用人单位应当根据女职工的需要，建立女职工卫生室、孕妇休息室、哺乳室等设施，妥善解决女职工在生理卫生、哺乳方面的困难。

第十一条　在劳动场所，用人单位应当预防和制止对女职工的性骚扰。

第十三条　用人单位违反本规定第六条第二款、第七条、第九条第一款规定的，由县级以上人民政府人力资源社会保障行政部门责令限期改正，按照受侵害女职工每人1 000元以上5 000元以下的标准计算，处以罚款。

用人单位违反本规定附录第一条、第二条规定的，由县级以上人民政府安全生产监督管理部门责令限期改正，按照受侵害女职工每人1 000元以上5 000元以下的标准计算，处以罚款。用人单位违反本规定附录第三条、第四条规定的，由县级以上人民政府安全生产监督管理部门责令限期治理，处5万元以上30万元以下的罚款；情节严重的，责令停止有关作业，或者提请有关人民政府按照国务院规定的权限责令关闭。

第十四条　用人单位违反本规定，侵害女职工合法权益的，女职工可以依法投诉、举报、申诉，依法向劳动人事争议调解仲裁机构申请调解仲裁，对仲裁裁决不服的，依法向人民法院提起诉讼。

第十五条　用人单位违反本规定，侵害女职工合法权益，造成女职工损害的，依法给予赔偿；用人单位及其直接负责的主管人员和其他直接责任人员构成犯罪的，依法追究刑事责任。

《人口与计划生育法》

第十八条　国家提倡一对夫妻生育两个子女。

符合法律、法规规定条件的，可以要求安排再生育子女。具体办法由省、自治区、直辖市人民代表大会或者其常务委员会规定。

少数民族也要实行计划生育，具体办法由省、自治区、直辖市人民代表大会或者其常务委员会规定。

夫妻双方户籍所在地的省、自治区、直辖市之间关于再生育子女的规定不一致的，按照有利于当事人的原则适用。

第二十五条　符合法律、法规规定生育子女的夫妻，可以获得延长生育假的奖励或者其他福利待遇。

《国家劳动总局保险福利司关于女职工保胎休息和病假超过六个月后生育时待遇问题给上海市劳动局的复函》

关于国营企业单位的女职工需要保胎休息，以及保胎休息和病假连续停止工作超过六个月后生育时的待遇问题，经与全国总工会劳动保险部研究，答复如下：

一、女职工按计划生育怀孕，经过医师开具证明，需要保胎休息的，其保胎休息的时间，按照本单位实行的疾病待遇的规定办理。

二、保胎休息和病假超过六个月后领取疾病救济费的女职工，按计划生育时可以从生育之日起停发疾病救济费，改发产假工资，并享受其他生育待遇。产假期满后仍需病休的，从产假期满之日起，继续发给疾病救济费。

三、保胎休息的女职工，产假期满后仍需病休的，其病假时间应与生育前的病假和保胎休息的时间合并计算。

四、不按计划生育怀孕的女职工，其保胎、病假休息和生育时的待遇，仍按省、市现行的有关规定办理。

《关于女职工生育待遇若干问题的通知》

一、女职工怀孕不满四个月流产时，应当根据医务部门的意见，给予十五天至三十天的产假；怀孕满四个月以上流产时，给予四十二天产假。产假期间，工资照发。

《劳动保险条例实施细则修正草案》

第三十一条　劳动保险条例第十六条规定的产假（不论正产或小产），应包括星期日及法定假日在内，不再补假。

《妇女权益保障法》

第二十七条　任何单位不得因结婚、怀孕、产假、哺乳等情形，降低女职工的工资，辞退女职工，单方解除劳动（聘用）合同或者服务协议。但是，女职工要求终止劳动（聘用）合同或者服务协议的除外。

各单位在执行国家退休制度时，不得以性别为由歧视妇女。

第二节　未成年工劳动保护

未成年工劳动个保护，是指我国法律针对未成年工的生理特点，在工作时间和工作分配及工作性质等方面所进行的区别于成年工的特殊保护。根据《未成年工特殊保护规定》第二条的规定，未成年工是指已满十六周岁，未满十八周岁的劳动者。

一、未成年工工作禁忌

1. 用人单位不得安排未成年工从事以下范围的劳动

（1）《生产性粉尘作业危害程度分级》国家标准中第一级以上的接尘作业。

（2）《有毒作业分级》国家标准中第一级以上的有毒作业。

（3）《高处作业分级》国家标准中第二级以上的高处作业。

（4）《冷水作业分级》国家标准中第二级以上的冷水作业。

（5）《高温作业分级》国家标准中第三级以上的高温作业。

（6）《低温作业分级》国家标准中第三级以上的低温作业。

（7）《体力劳动强度分级》国家标准中第四级体力劳动强度的作业。

（8）矿山井下及矿山地面采石作业。

（9）森林业中的伐木、流放及守林作业。

（10）工作场所接触放射性物质的作业。

（11）有易燃易爆、化学性烧伤和热烧伤等危险性大的作业。

（12）地质勘探和资源勘探的野外作业。

（13）潜水、涵洞、涵道作业和海拔三千米以上的高原作业（不包括世居高原者）。

（14）连续负重每小时在六次以上并每次超过 20 公斤，间断负重每次超过 25 公斤的作业。

（15）使用凿岩机、捣固机、气镐、气铲、铆钉机、电锤的作业。

（16）工作中需要长时间保持低头、弯腰、上举、下蹲等强迫体位和动作频率每分钟大于五十次的流水线作业。

（17）锅炉司炉。

2. 未成年工患有某种疾病或具有某些生理缺陷（非残疾型）时，用人单位不得安排其从事以下范围的劳动

（1）《高处作业分级》国家标准中第一级以上的高处作业。

（2）《低温作业分级》国家标准中第二级以上的低温作业。

（3）《高温作业分级》国家标准中第二级以上的高温作业。

（4）《体力劳动强度分级》国家标准中第三级以上体力劳动强度的作业。

（5）接触铅、苯、汞、甲醛、二硫化碳等易引起过敏反应的作业。

同时，《未成年工特殊保护规定》中规定，患有某种疾病或具有某些生理缺陷（非残疾型）的未成年工，是指有以下一种或一种以上情况者。

（1）心血管系统。

① 先天性心脏病。

② 克山病。

③ 收缩期或舒张期二级以上心脏病杂音。

（2）呼吸系统。

① 中度以上气管炎或支气管哮喘。

② 呼吸音明显减弱。

③ 各类结核病。

④ 体弱儿，呼吸道反复感染者。

（3）消化系统。

① 各类肝炎。

② 肝、脾肿大。

③ 胃、十二指肠溃疡。

④ 各种消化道疝。

（4）泌尿系统。

① 急、慢性肾炎。

② 泌尿系感染。

（5）内分泌系统。

① 甲状腺机能亢进。

② 中度以上糖尿病。

（6）精神神经系统。

① 智力明显低下。

② 精神忧郁或狂暴。

（7）肌肉、骨骼运动系统。

① 身高和体重低于同龄人标准。

② 一个及一个以上肢体存在明显功能障碍。

③ 躯干四分之一以上部位活动受限，包括强直或不能旋转。

（8）其他。

① 结核性胸膜炎。

② 各类重度关节炎。

③ 血吸虫病。

④ 严重贫血，其血色素每升低于 95 克（<9.5g/dL）。

二、招用未成年工的特殊要求

1. 定期体检

用人单位应按下列要求对未成年工定期进行健康检查。

（1）安排工作岗位之前。

（2）工作满 1 年。

（3）年满 18 周岁，距前一次的体检时间已超过半年。

2. 安排适当岗位

用人单位应根据未成年工的健康检查结果安排其从事适合的劳动，对不能胜任原劳动岗位的，应根据医务部门的证明，予以减轻劳动量或安排其他劳动。

3. 登记制度

对未成年工的使用和特殊保护实行登记制度。

（1）用人单位招收使用未成年工，除符合一般用工要求外，还须向所在地的县级以上劳动行政部门办理登记。劳动行政部门根据未成年工健康检查表、未成年工登记表，核发《未成年工登记证》。

（2）各级劳动行政部门须按《未成年工特殊保护规定》第三、四、五、七条的有关规定，审核体检情况和拟安排的劳动范围。

（3）未成年工须持《未成年工登记证》上岗。

（4）《未成年工登记证》由国务院劳动行政部门统一印制。

4. 进行岗前培训并由用人单位承担体检费用

未成年工上岗前用人单位应对其进行有关的职业安全卫生教育、培训；未成年工体检和登记，由用人单位统一办理和承担费用。

三、违反未成年工保护规定的法律后果

根据《劳动法》第九十五条的规定，用人单位违反本法对女职工和未成年工的保护规定，侵害其合法权益的，由劳动行政部门责令改正，处以罚款；对女职工或者未成年工造成损害的，应当承担赔偿责任。

根据《劳动保障监察条例》第二十三条的规定，用人单位有安排未成年工从事矿山井下、有毒有害、国家规定的第四级体力劳动强度的劳动或者其他禁忌从事的劳动的，未对未成年工定期进行健康检查的行为之一的，由劳动保障行政部门责令改正，按照受侵害的劳动者每人 1 000 元以上 5 000 元以下的标准计算，处以罚款。

四、禁止使用童工的规定

1. 童工的含义

我国法律规定的劳动者最低就业年龄为 16 周岁，如用人单位招用了未满 16 周岁的未

成年人，即违反了国家禁止使用童工的规定。

根据国务院《禁止使用童工规定》，用人单位不得招用童工，任何单位或者个人也不得为不满 16 周岁的未成年人介绍就业。同时，还禁止不满 16 周岁的未成年人开业从事个体经营活动。

这些规定都是为了保护不满 16 周岁的未成年人的身心健康，保障其接受义务教育的权利而设立。

但使用童工也有例外规定，文艺、体育单位经未成年人的父母或者其他监护人同意，可以招用不满 16 周岁的专业文艺工作者、运动员。用人单位应当保障被招用的不满 16 周岁的未成年人的身心健康，保障其接受义务教育的权利。文艺、体育单位招用不满 16 周岁的专业文艺工作者、运动员的办法，由国务院劳动保障行政部门会同国务院文化、体育行政部门制定。

学校、其他教育机构以及职业培训机构按照国家有关规定组织不满 16 周岁的未成年人进行不影响其人身安全和身心健康的教育实践劳动、职业技能培训劳动，不属于使用童工。

2. 违法使用童工的法律责任

（1）用人单位使用童工的。

由劳动保障行政部门按照每使用一名童工每月处 5 000 元罚款的标准给予处罚；在使用有毒物品的作业场所使用童工的，按照《使用有毒物品作业场所劳动保护条例》规定的罚款幅度，或者按照每使用一名童工每月处 5 000 元罚款的标准，从重处罚。劳动保障行政部门并应当责令用人单位限期将童工送回原居住地交其父母或者其他监护人，所需交通和食宿费用全部由用人单位承担。

用人单位经劳动保障行政部门依照前款规定责令限期改正，逾期仍不将童工送交其父母或者其他监护人的，从责令限期改正之日起，由劳动保障行政部门按照每使用一名童工每月处 1 万元罚款的标准处罚，并由工商行政管理部门吊销其营业执照或者由民政部门撤销民办非企业登记；用人单位是国家机关、事业单位的，由有关单位依法对直接负责的主管人员和其他直接责任人员给予降级或者撤职的行政处分或者纪律处分。

（2）单位或者个人为不满 16 周岁的未成年人介绍就业的。

由劳动保障行政部门按照每介绍一人处 5 000 元罚款的标准给予处罚；职业中介机构为不满 16 周岁的未成年人介绍就业的，并由劳动保障行政部门吊销其职业介绍许可证。

（3）用人单位在招用人员时，未核查身份材料，招用了不满 16 周岁的未成年人。

因未按规定保存录用登记材料，或者伪造录用登记材料的，由劳动保障行政部门处 1

万元的罚款。

（4）无用工主体资格使用童工的。

无营业执照、被依法吊销营业执照的单位以及未依法登记、备案的单位使用童工或者介绍童工就业的，依照《禁止使用童工规定》第六条、第七条、第八条规定的标准加一倍罚款，该非法单位由有关的行政主管部门予以取缔。

（5）童工患病或者受伤、伤残、死亡的。

童工患病或者受伤的，用人单位应当负责送到医疗机构治疗，并负担治疗期间的全部医疗和生活费用。

童工伤残或者死亡的，用人单位由工商行政管理部门吊销营业执照或者由民政部门撤销民办非单位登记；用人单位是国家机关、事业单位的，由有关单位依法对直接负责的主管人员和其他直接责任人员给予降级或者撤职的行政处分或者纪律处分；用人单位还应当一次性地对伤残的童工、死亡童工的直系亲属给予赔偿，赔偿金额按照国家工伤保险的有关规定计算。

（6）拐骗童工、强迫童工劳动等造成严重后果的。

拐骗童工，强迫童工劳动，使用童工从事高空、井下、放射性、高毒、易燃易爆以及国家规定的第四级体力劳动强度的劳动，使用不满 14 周岁的童工，或者造成童工死亡或者严重伤残的，依照刑法关于拐卖儿童罪、强迫劳动罪或者其他罪的规定，依法追究刑事责任。

（7）国家行政机关人员不作为、徇私枉法等行为的。

国家行政机关工作人员有下列行为之一的，依法给予记大过或者降级的行政处分；情节严重的，依法给予撤职或者开除的行政处分；构成犯罪的，依照刑法关于滥用职权罪、玩忽职守罪或者其他罪的规定，依法追究刑事责任。

① 劳动保障等有关部门工作人员在禁止使用童工的监督检查工作中发现使用童工的情况，不予制止、纠正、查处的。

② 公安机关的人民警察违反规定发放身份证或者在身份证上登录虚假出生年月的。

③ 工商行政管理部门工作人员发现申请人是不满 16 周岁的未成年人，仍然为其从事个体经营发放营业执照的。

HR 操作锦囊

（1）在招用人员时，应仔细核查拟录用人员的身份材料，做到人证统一，防止有些劳动者冒用他人身份证入职的风险。对于不满 16 周岁的未成年人一律不予录用，对于已满 16 周岁未满 18 周岁的未成年工进行特殊保护。

（2）对录用登记材料进行妥善保管。

法条传送门

《中华人民共和国劳动法》

第九十五条　用人单位违反本法对女职工和未成年工的保护规定，侵害其合法权益的，由劳动行政部门责令改正，处以罚款；对女职工或者未成年工造成损害的，应当承担赔偿责任。

《劳动保障监察条例》

第二十三条　用人单位有下列行为之一的，由劳动保障行政部门责令改正，按照受侵害的劳动者每人 1 000 元以上 5 000 元以下的标准计算，处以罚款：

（一）安排女职工从事矿山井下劳动、国家规定的第四级体力劳动强度的劳动或者其他禁忌从事的劳动的；

（二）安排女职工在经期从事高处、低温、冷水作业或者国家规定的第三级体力劳动强度的劳动的；

（三）安排女职工在怀孕期间从事国家规定的第三级体力劳动强度的劳动或者孕期禁忌从事的劳动的；

（四）安排怀孕 7 个月以上的女职工夜班劳动或者延长其工作时间的；

（五）女职工生育享受产假少于 90 天的；

（六）安排女职工在哺乳未满 1 周岁的婴儿期间从事国家规定的第三级体力劳动强度的劳动或者哺乳期禁忌从事的其他劳动，以及延长其工作时间或者安排其夜班劳动的；

（七）安排未成年工从事矿山井下、有毒有害、国家规定的第四级体力劳动强度的劳动或者其他禁忌从事的劳动的；

（八）未对未成年工定期进行健康检查的。

《禁止使用童工规定》

第二条　国家机关、社会团体、企业事业单位、民办非企业单位或者个体工商户（以下统称用人单位）均不得招用不满 16 周岁的未成年人（招用不满 16 周岁的未成年人，以下统称使用童工）。

禁止任何单位或者个人为不满 16 周岁的未成年人介绍就业。

禁止不满 16 周岁的未成年人开业从事个体经营活动。

第四条 用人单位招用人员时，必须核查被招用人员的身份证；对不满 16 周岁的未成年人，一律不得录用。用人单位录用人员的录用登记、核查材料应当妥善保管。

第六条 用人单位使用童工的，由劳动保障行政部门按照每使用一名童工每月处 5 000 元罚款的标准给予处罚；在使用有毒物品的作业场所使用童工的，按照《使用有毒物品作业场所劳动保护条例》规定的罚款幅度，或者按照每使用一名童工每月处 5 000 元罚款的标准，从重处罚。劳动保障行政部门并应当责令用人单位限期将童工送回原居住地交其父母或者其他监护人，所需交通和食宿费用全部由用人单位承担。

用人单位经劳动保障行政部门依照前款规定责令限期改正，逾期仍不将童工送交其父母或者其他监护人的，从责令限期改正之日起，由劳动保障行政部门按照每使用一名童工每月处 1 万元罚款的标准处罚，并由工商行政管理部门吊销其营业执照或者由民政部门撤销民办非企业单位登记；用人单位是国家机关、事业单位的，由有关单位依法对直接负责的主管人员和其他直接责任人员给予降级或者撤职的行政处分或者纪律处分。

第七条 单位或者个人为不满 16 周岁的未成年人介绍就业的，由劳动保障行政部门按照每介绍一人处 5 000 元罚款的标准给予处罚；职业中介机构为不满 16 周岁的未成年人介绍就业的，并由劳动保障行政部门吊销其职业介绍许可证。

第八条 用人单位未按照本规定第四条的规定保存录用登记材料，或者伪造录用登记材料的，由劳动保障行政部门处 1 万元的罚款。

第九条 无营业执照、被依法吊销营业执照的单位以及未依法登记、备案的单位使用童工或者介绍童工就业的，依照本规定第六条、第七条、第八条规定的标准加一倍罚款，该非法单位由有关的行政主管部门予以取缔。

第十条 童工患病或者受伤的，用人单位应当负责送到医疗机构治疗，并负担治疗期间的全部医疗和生活费用。

童工伤残或者死亡的，用人单位由工商行政管理部门吊销营业执照或者由民政部门撤销民办非企业单位登记；用人单位是国家机关、事业单位的，由有关单位依法对直接负责的主管人员和其他直接责任人员给予降级或者撤职的行政处分或者纪律处分；用人单位还应当一次性地对伤残的童工、死亡童工的直系亲属给予赔偿，赔偿金额按照国家工伤保险的有关规定计算。

第十一条 拐骗童工，强迫童工劳动，使用童工从事高空、井下、放射性、高毒、易燃易爆以及国家规定的第四级体力劳动强度的劳动，使用不满 14 周岁的童工，或者造成童工死亡或者严重伤残的，依照刑法关于拐卖儿童罪、强迫劳动罪或者其他罪的规定，依法追究刑事责任。

第十二条　国家行政机关工作人员有下列行为之一的，依法给予记大过或者降级的行政处分；情节严重的，依法给予撤职或者开除的行政处分；构成犯罪的，依照刑法关于滥用职权罪、玩忽职守罪或者其他罪的规定，依法追究刑事责任：

（一）劳动保障等有关部门工作人员在禁止使用童工的监督检查工作中发现使用童工的情况，不予制止、纠正、查处的；

（二）公安机关的人民警察违反规定发放身份证或者在身份证上登录虚假出生年月的；

（三）工商行政管理部门工作人员发现申请人是不满 16 周岁的未成年人，仍然为其从事个体经营发放营业执照的。

第十三条　文艺、体育单位经未成年人的父母或者其他监护人同意，可以招用不满 16 周岁的专业文艺工作者、运动员。用人单位应当保障被招用的不满 16 周岁的未成年人的身心健康，保障其接受义务教育的权利。文艺、体育单位招用不满 16 周岁的专业文艺工作者、运动员的办法，由国务院劳动保障行政部门会同国务院文化、体育行政部门制定。

学校、其他教育机构以及职业培训机构按照国家有关规定组织不满 16 周岁的未成年人进行不影响其人身安全和身心健康的教育实践劳动、职业技能培训劳动，不属于使用童工。

第十八章　劳动争议处理

劳动争议，又称为劳动纠纷、劳资争议、劳资纠纷。在劳动合同的签订、履行及解除过程中，用人单位和劳动者都可能因为某种原因产生劳动争议。我国对劳动争议实行"一裁两审"的制度，在提起诉讼前必须经过劳动争议仲裁委员会的仲裁前置程序。法律法规的出台激活了劳动者的法律意识，这就必然给 HR 的工作提出了更高的挑战，如何既当好用人单位的"大管家"，又做好的"法律斗士"，这就要求 HR 必须熟练掌握劳动争议处理的技巧，积极应对用人单位与劳动者产生的劳动纠纷。

劳动争议的处理方式包括协商、调解、仲裁和诉讼四种方式。

第一节　协商与调解

在仲裁前，当事人可通过双方协商和解、第三方调解的方式解决劳动争议，或者在申请劳动仲裁后经过劳动争议仲裁委员会的调解达成调解书。

一、协商

协商，又称为和解，在法律上，指诉讼当事人之间为处理和结束诉讼而达成的解决争议问题的妥协或协议；也指当事人在自愿互谅的基础上，就已经发生的争议进行协商并达成协议，自行解决争议的一种方式。虽然协商不是解决劳动争议的必经程序，但却是最不伤和气的解决方式。根据《劳动争议调解仲裁法》的规定，发生劳动争议，劳动者可以与用人单位协商，也可以请工会或者第三方共同与用人单位协商，达成和解协议。一般来说，和解的结果是无须判决，采取协商解决的方式。

实践中，和解方式最被提倡，能够有效避免矛盾激化，又能节省综合成本。但是争议双方进行协商解决时，应注意以下几点。

（1）保证协商过程的公平、平等，尊重员工的真实意思。

（2）与员工达成一致后，及时签订和解协议，采用书面方式将协商结果予以固定，避免员工事后反悔。

（3）和解协议不具有强制性，如果一方事后反悔，另一方也无法向法院直接申请强制执行，双方当事人仍有申请仲裁或提起诉讼的权利，但和解协议可作为案件审理的参考，若员工能够证明该和解协议是在其受欺诈、胁迫或乘人之危、违背真实意思的情况下签订的，则该和解协议不得作为定案依据。

（4）由于受仲裁时效的限制，协商不宜久拖。

根据《最高人民法院关于人民法院民事调解工作若干问题的规定》中规定，当事人在诉讼过程中自行达成和解协议的，人民法院可以根据当事人的申请依法确认和解协议制作调解书。也就是说，在诉讼过程中，如果双方当事人达成和解协议，也可申请法院依据和解协议制作调解书。法院作出的调解书具有强制力，一方不履行可申请法院强制执行。

二、调解

调解，是指双方或多方当事人就争议的实体权利、义务，在人民法院、人民调解委员会及有关组织主持下，自愿进行协商，通过教育疏导，促成各方达成协议、解决纠纷的办法。调解是一种柔性化解争议的机制，具有及时、灵活、成本低的特点，可以利用第三方的力量，尽可能促成调解。

根据《劳动争议调解仲裁法》的规定，基层调解组织包括：企业劳动争议调解委员会、依法设立的基层人民调解组织、在乡镇、街道设立的具有劳动争议调解职能的组织。

根据《人民调解法》的规定，经人民调解委员会调解达成的调解协议，具有法律约束力，当事人应当按照约定履行。所以说，调解协议具有合同性质，当事人双方签订后即生效，应当全面积极地履行。另外，调解协议也是劳动争议仲裁委员会和法院在处理劳动争议案件时的重要证据，如果没有证据证明调解协议无效或可撤销的，可作为劳动争议仲裁委员会和法院裁判的依据。

经人民调解委员会调解达成调解协议后，双方当事人认为有必要的，可以自调解协议生效之日起 30 日内共同向人民法院申请司法确认，经过确认有效的调解协议，则权利人在对方拒绝履行或者未全部履行时可向人民法院申请强制执行。

法条传送门

《中华人民共和国劳动争议调解仲裁法》

第四条　发生劳动争议，劳动者可以与用人单位协商，也可以请工会或者第三方共同与用人单位协商，达成和解协议。

第十条　发生劳动争议，当事人可以到下列调解组织申请调解：

（一）企业劳动争议调解委员会；

（二）依法设立的基层人民调解组织；

（三）在乡镇、街道设立的具有劳动争议调解职能的组织。

企业劳动争议调解委员会由职工代表和企业代表组成。职工代表由工会成员担任或者由全体职工推举产生，企业代表由企业负责人指定。企业劳动争议调解委员会主任由工会成员或者双方推举的人员担任。

第三十一条　经人民调解委员会调解达成的调解协议，具有法律约束力，当事人应当按照约定履行。

人民调解委员会应当对调解协议的履行情况进行监督，督促当事人履行约定的义务。

第三十二条　经人民调解委员会调解达成调解协议后，当事人之间就调解协议的履行或者调解协议的内容发生争议的，一方当事人可以向人民法院提起诉讼。

第三十三条　经人民调解委员会调解达成调解协议后，双方当事人认为有必要的，可以自调解协议生效之日起三十日内共同向人民法院申请司法确认，人民法院应当及时对调解协议进行审查，依法确认调解协议的效力。

人民法院依法确认调解协议有效，一方当事人拒绝履行或者未全部履行的，对方当事人可以向人民法院申请强制执行。

人民法院依法确认调解协议无效的，当事人可以通过人民调解方式变更原调解协议或者达成新的调解协议，也可以向人民法院提起诉讼。

第二节　申请劳动仲裁

劳动仲裁是由劳动争议仲裁委员会对当事人申请仲裁的劳动争议居中公断与裁决。在我国，劳动仲裁是劳动争议当事人向人民法院提起诉讼的必经前置程序。

一、劳动仲裁的特点

1. 劳动仲裁与基层调解

劳动仲裁与基层调解相比，具有以下特点。

（1）劳动仲裁机构属于官方机构，而基层调解机构属于民间组织。

（2）仲裁申请可由任何一方当事人提出，无须对方同意，而调解需要当事人双方共同申请。

（3）仲裁机构在调解不成时可依法作出裁决，仲裁调解和裁决生效后具有强制执行效力，而调解组织作出的调解书只对双方当事人有约束力，如果具有强制力一般还需通过司法确认程序。

2. 劳动仲裁与劳动诉讼

劳动仲裁与劳动诉讼相比，具有以下特点。

（1）仲裁机构不是司法机关，它是一种兼有行政性和准司法性的执法组织。

（2）仲裁裁决不具有最终解决争议的效力（终局裁决除外）。

二、仲裁申请的受理范围

根据《劳动争议调解仲裁法》的规定，劳动争议仲裁委员会仅受理劳动争议案件，对于非劳动争议，当事人应当通过其他途径寻求法律救济，劳动争议仲裁委员会不予受理。下列争议属于劳动争议。

（1）因确认劳动关系发生的争议。

（2）因订立、履行、变更、解除和终止劳动合同发生的争议。

（3）因除名、辞退和辞职、离职发生的争议。

（4）因工作时间、休息休假、社会保险、福利、培训以及劳动保护发生的争议。

（5）因劳动报酬、工伤医疗费、经济补偿或者赔偿金等发生的争议。

（6）法律、法规规定的其他劳动争议。

除此之外产生的争议，都不属于劳动争议。根据《最高人民法院关于审理劳动争议案件适用法律问题的解释（一）》的规定，下列纠纷不属于劳动争议。

（1）劳动者请求社会保险经办机构发放社会保险金的纠纷。

（2）劳动者与用人单位因住房制度改革产生的公有住房转让纠纷。

（3）劳动者对劳动能力鉴定委员会的伤残等级鉴定结论或者对职业病诊断鉴定委员会的职业病诊断鉴定结论的异议纠纷。

（4）家庭或者个人与家政服务人员之间的纠纷。

（5）个体工匠与帮工、学徒之间的纠纷。

（6）农村承包经营户与受雇人之间的纠纷。

劳动争议具有以下两个必备要求：一是争议双方当事人之间存在劳动关系，既可以是劳动合同关系，也可以是事实劳动关系；二是双方之间的纠纷与劳动关系密切有关。

举案说法51. 未缴、欠缴、少缴社会保险费而发生的纠纷，属于劳动争议吗？

钱某入职北京某保安公司，入职以来经常加班，一个月休息两天，后钱某身体实在承受不了，向公司提出辞职并要求单位支付加班费、补缴其自入职以来的各项社会保险，单位同意了其离职申请，但不同意支付加班费以及补缴社会保险，告知钱某双方在劳动合同中已明确约定，"工资中含有社保补偿"。

经过多次沟通，双方协商不成，钱某无奈遂向劳动争议仲裁委员会提出申请，要求单位支付加班费、补缴社会保险。

审理结果

审理中，钱某向仲裁庭出示了盖有公司公章的考勤表，一个月仅休息两天，法定节假日也存在部分加班情况，公司虽不认可其真实性，但未出示有劳动者签字确认的考勤表，故对于钱某主张的公休日加班及法定节假日加班的请求予以支持。而对于钱某请求的补缴社会保险一项，裁决不予受理，可向劳动行政部门提出补缴请求。

HR 操作锦囊

对于有关未缴、欠缴、少缴社会保险费而发生的纠纷，不属于劳动争议，应告知劳动者可通过劳动行政部门解决。因此，在审判实务操作中，无论是劳动仲裁机构，还是人民法院，均不再受理有关缴纳社会保险费的申请或诉讼请求，劳动者可通过当地社会保险部门或劳动监察等行政部门解决上述问题。针对员工提起的劳动仲裁，用人单位应当在应诉前审查该纠纷是否属于劳动争议，对于不属于劳动争议的，可以在答辩期内向劳动争议仲裁委员会提出异议。

最后，提醒 HR，缴纳社会保险是用人单位的义务，是强制性法律规定，所以，如果单位未缴、少缴、欠缴都会给单位带来法律风险，应当避免此类情况发生。

三、劳动争议仲裁时效

劳动争议仲裁时效，是指当事人因劳动争议纠纷要求保护其合法权利，必须在法定的期限内，向劳动争议仲裁委员会提出仲裁申请，否则，法律规定消灭其申请仲裁权利的一种时效制度。

所谓时效，是指一定的事实状态持续存在一定时间后即发生一定法律后果的法律制度。

时效分为取得时效和消灭时效两种。消灭时效，是指权利人不行使权利的事实状态持续经过法定期间，其权利即发生效力减损的法律制度。仲裁时效在性质上属于消灭时效。

2008 年 5 月 1 日后受理的劳动争议案件适用《劳动争议调解仲裁法》的规定，劳动争议申请仲裁的时效期间为一年。

劳动关系存续期间因拖欠劳动报酬发生争议的，劳动者申请仲裁不受仲裁时效期间的限制；但是，劳动关系终止的，应当自劳动关系终止之日起一年内提出。

1. 仲裁时效的起算

在实务中，目前我国立法把当事人"知道或应当知道其权利被侵害之日"规定为消灭时效的起点。同时，根据《劳动争议调解仲裁法》规定，劳动争议申请仲裁的时效期间为一年。仲裁时效期间从当事人知道或者应当知道其权利被侵害之日起计算。

2. 仲裁时效的中断

仲裁时效中断是指在仲裁时效进行之中申请仲裁，权利人要求或者义务人同意履行义务使得原来已过的时效期间统归无效，待时效中断事由消除后，仲裁时效期间重新起算的一种法律现象。

根据《劳动争议调解仲裁法》的规定，前款规定的仲裁时效，因当事人一方向对方当事人主张权利，或者向有关部门请求权利救济，或者对方当事人同意履行义务而中断。因此，仲裁时效中断的法定事由有三种情形。

（1）向对方当事人主张权利。如劳动者向用人单位讨要被拖欠的工资或者经济补偿。

（2）向有关部门请求权利救济。如劳动者向劳动监察部门或者工会反映用人单位违法要求加班，请求保护休息权利；也可以向劳动争议调解组织申请调解。

（3）对方当事人同意履行义务。如劳动者向单位讨要被拖欠的工资，用人单位答应支付。

发生仲裁时效中断时，已经进行的仲裁时效期间统归无效，重新开始计算时效期间。《劳动争议调解仲裁法》中规定，"从中断时起，仲裁时效期间重新计算"。这里的"中断时起"应理解为中断事由消除时起。如权利人申请调解的，经调解达不成协议的，应自调解不成之日起重新计算；如达成调解协议，自义务人应当履行义务的期限届满之日起计算等。

3. 仲裁时效的中止

仲裁时效的中止是指在仲裁时效进行过程中，因不可抗力或者其他障碍致使权利人不能行使请求权提起仲裁时，暂时停止时效的进行，待中止时效的原因消除后，仲裁时效继续进行。

根据《劳动争议调解仲裁法》的规定，因不可抗力或者有其他正当理由，当事人不能在本条第一款规定的仲裁时效期间申请仲裁的，仲裁时效中止。从中止时效的原因消除之日起，仲裁时效期继续计算。因此，劳动仲裁引起时效中止的法定事由包括以下两种情形。

（1）不可抗力，即不能预见、不能避免并不能克服的客观情况。

（2）其他正当理由，即除不可抗力外，阻碍权利行使请求权的客观事实。如权利人为无民事行为能力或限制民事行为能力而无法定代理人，或其法定代理人死亡或丧失民事行为能力等。

在发生仲裁时效中止时，已经进行的仲裁时效仍然有效，而仅仅是将时效中止的时间不计入仲裁时效期间，也就是将时效中止前后时效所进行的时间合并计算为仲裁时效期间。

4. 特殊仲裁时效

根据《劳动争议调解仲裁法》的规定，劳动关系存续期间因拖欠劳动报酬发生争议的，劳动者申请仲裁不受本条第一款规定的仲裁时效期间的限制。但是，劳动关系终止的，应当自劳动关系终止之日起一年内提出。也就是说，不受一年劳动仲裁时效限制的争议仅限于拖欠劳动报酬且是在劳动关系存续期间内的。例如，王某于 2010 年 3 月 4 日入职某房地产公司，任职销售工作，2011 年 5 月至 2011 年 8 月，有三个月未发放王某工资，王某碍于情面未申请劳动仲裁。而在职期间，王某可以随时向单位主张支付拖欠的工资。2014 年 9 月 19 日，王某与单位解除劳动关系，那么，他向单位索要 2011 年 5 月至 2011 年 8 月的工资的仲裁时效就截止于 2015 年 9 月 19 日。

举案说法 52. "未签劳动合同"向公司主张"双倍工资"，有时效限制吗？

2012 年 10 月 15 日，郭某入职北京某广告公司，任市场专员一职。入职后，公司一直未与郭某签订劳动合同，2014 年 2 月 3 日，郭某提出辞职，公司同意，2 月 14 日郭某将工作交接完毕后办理了离职手续。

离职后，郭某得知"未签劳动合同"可以向公司主张"双倍工资"，于是向公司提出要求，支付 11 个月的双倍工资差额。单位认为，解除劳动关系由郭某自己提出，所以，不同意支付双倍工资差额。双方争执不下，于是郭某于 2014 年 2 月 20 日向劳动争议仲裁委员会提起劳动仲裁。

审理结果

审理认为，郭某2012年10月15日入职，到2013年10月15日入职满一年，按照《劳动合同法》的规定，2013年10月14日至2014年2月20日即为视为双方已订立无固定期限劳动合同，此期间的双倍工资请求不支持。但又根据北京市高级人民法院、北京市劳动争议仲裁委员会《关于劳动争议案件法律适用问题研讨会会议纪要（二）》的规定，郭某主张双倍工资时，未签合同行为处于持续状态，故时效可从申请劳动仲裁，即2014年2月20日起向前计算一年，即2013年2月20日，截止日期为入职满一年前一日即2013年10月14日。最后，仲裁支持了2013年2月20日至2013年10月14日近8个月的双倍工资差额。

HR 操作锦囊

在实务中，未签劳动合同双倍工资的请求诉讼时效问题成为争议难点。一种观点认为，未签合同双倍工资的请求应当在用工之日起一年内提出，超过一年即视为签订了无固定期限劳动合同，劳动者可向劳动仲裁委员会主张确定无固定期限劳动合同关系，而不得主张未签劳动合同双倍工资。另一种观点认为，视为签订无固定期限劳动合同后仍可主张双倍工资，但受仲裁时效1年的限制，应当在视为订立无固定期限劳动合同之日起一年之内提出。

双倍工资是对用人单位违反劳动合同法规定作出的惩罚性赔偿，应受一年仲裁时效的限制。2014年北京市高级人民法院、北京市劳动争议仲裁委员会发布的《关于劳动争议案件法律适用问题研讨会会议纪要（二）》中明确规定，二倍工资适用时效的计算方法为：用人单位自用工之日起超过一个月不满一年未与劳动者订立书面劳动合同的，自用工之日满一个月的次日起开始计算二倍工资，截止点为双方订立书面劳动合同的前一日，最长不超过十一个月；而如果劳动合同期满后，劳动者仍在用人单位工作，用人单位未与劳动者订立书面劳动合同的，计算二倍工资的起算点为自劳动合同期满的次日，截止点为双方补订书面劳动合同的前一日，最长不超过十二个月。另外，二倍工资按未订立劳动合同所对应时间用人单位应当正常支付的工资为标准计算。

由于上述案例是北京地区，劳动者主张"未签劳动合同二倍工资差额"的劳动争议申请仲裁的时效期间为一年，仲裁时效期间从当事人知道或者应当知道其权利被侵害之日起计算。但是，法律、法规中并没有明确规定二倍工资时效的起算点，在司法实务中，也存在了一定的争议性，目前，有两个观点：第一种观点认为，双倍工资时效的起算点应从劳动关系解除或终止之日起算；第二种观点认为，起算点应从未签合同满一年时起算。而这两种观点在司法实务中都有被采纳的。

目前，在北京地区，各劳动争议仲裁委员会及法院均参照此规定执行。因此，HR 应注意以下问题。

（1）HR 应在员工入职一个月内与其签订劳动合同，超过一个月未签劳动合同将给用人单位带来不必要的损失。

（2）应特别注意仲裁时效的规定，收到员工仲裁申请的，应审查各项请求是否超过仲裁时效，及时在答辩中提出异议。

（3）在作出各种决定或发出任何通知时，尤其是对劳动关系变更和解除有关的决定或通知，均应以书面形式作出并送达，以避免在仲裁时效的起算、中断、中止等问题上发生争议。

时效起算点以及仲裁时效中断、中止，导致仲裁时效可能被无限延长，甚至可能让用人单位"不得安宁"。为了尽量防止这种情况的出现，用人单位可以从以下几个方面做好应对。

（1）按照法律要求及时以书面形式向员工送达相关通知。因为在很多时候，书面通知都对确定仲裁时效起算点有着至关重要的作用，如拒付工资的书面通知、终止或解除劳动合同书面通知、岗位调整书面通知、薪酬调整书面通知等。

（2）重视书面通知的送达。书面通知只有送达劳动者才会发生法律效力，同时，也才能起到确定仲裁时效起算点的作用。

在实务中，最常用的送达方式是直接送达，即当面将书面通知送达员工，并要求员工签字。但是很多情况下，员工都拒绝签收，此时则应当采用以下方式送达。

① 邮寄送达。即通过邮政快递 EMS 的方式送达，建议最好采用邮政快递的方式，这样可以在快递单上注明邮寄的内容，以免员工否认。即使被拒签，快递单据也会返退回来，并明确载明拒签的理由。

② 留置送达。即在员工拒收的情况下，直接将书面通知留在员工住处，并由两个以上的第三方见证人签字确认。

③ 公告送达。在通过上述方式都无法送达的情况下，用人单位可以在媒体上发布公

告，自公告之日起满一定期间即视为送达。需要注意的是，公告送达只有在穷尽所有送达方式仍然不能送达的情况下才能采取，用人单位不得一开始便采用公告送达的方式。

四、劳动争议仲裁当事人

根据《劳动争议调解仲裁法》的规定，发生劳动争议的劳动者和用人单位为劳动争议仲裁案件的双方当事人。但是，对于某些特殊劳动争议，还需要根据法律的相关规定，具体确定劳动争议仲裁主体。具体如下。

（1）劳务派遣单位或者用工单位与劳动者发生劳动争议的，劳务派遣单位和用工单位为共同当事人。

（2）劳动者与未办理营业执照、营业执照被吊销或者营业期限届满仍继续经营的用人单位发生争议的，用人单位或者其出资人为当事人。

（3）未办理营业执照、营业执照被吊销或者营业期限届满仍继续经营的用人单位，以挂靠等方式借用他人营业执照经营，发生劳动争议的，用人单位和营业执照出借方为当事人。

（4）发生争议的用人单位被吊销营业执照、责令关闭、撤销以及用人单位决定提前解散、歇业，不能承担相关责任的，依法将其出资人、开办单位或主管部门作为共同当事人。

（5）劳动者与个人承包经营者发生争议，依法向仲裁委员会申请仲裁的，应当将发包的组织和个人承包经营者作为当事人。

（6）劳动者在用人单位与其他平等主体之间的承包经营期间，与发包方和承包方双方或者一方发生劳动争议，依法向人民法院起诉的，应当将承包方和发包方作为当事人。

（7）用人单位与其他单位合并的，合并前发生的劳动争议，由合并后的单位为当事人。

（8）用人单位分立为若干单位的，其分立前发生的劳动争议，由分立后的实际用人单位为当事人；用人单位分立为若干单位后，对承受劳动权利义务的单位不明确的，分立后的单位均为当事人。

五、劳动争议仲裁管辖

劳动争议仲裁管辖，是指各个劳动争议仲裁委员会之间，受理劳动争议案件的分工和权限。仲裁管辖可以分为地域管辖、移送管辖和指定管辖三种，由于劳动争议仲裁不按行政区划层层设立并实行"一裁制"，因而没有级别管辖。

在实务中，各地通过制定相关的规范性文件来确定本地的级别管辖，比如，在北京地区，北京市劳动和社会保障局《关于进一步明确我市劳动争议仲裁案件管辖的通知》是确定当地劳动仲裁管辖的重要依据。一般来说，区（县）一级劳动争议仲裁委员会管辖本区（县）内普通劳动争议案件；市一级劳动争议仲裁委员会管辖中央、市属单位，外商投资企业或本市重大劳动争议。对于市一级劳动争议仲裁委员会管辖的案件，双方当事人应当直接向市劳动争议仲裁委员会提出申请。

目前，我国对劳动争议仲裁，采取以地域管辖为主的原则。

1. 仲裁管辖

（1）地域管辖。

地域管辖是按照劳动争议仲裁委员会辖区和劳动争议案件的隶属关系来划分的管辖。根据《劳动争议调解仲裁法》的规定，确定劳动仲裁地域管辖的标准有两个：①劳动合同履行地；②用人单位所在地。

如果双方当事人分别向劳动合同履行地和用人单位所在地的劳动争议仲裁委员会申请仲裁的，由劳动合同履行地的劳动争议仲裁委员会管辖。如果劳动合同履行地和用人单位所在地的劳动争议仲裁委员会都受理了仲裁申请的，则由最先受理的仲裁委员会管辖。劳动争议案件受理后，即使劳动合同履行地和用人单位所在地发生了变化，也不再改变争议仲裁的管辖。

《劳动人事争议仲裁办案规则》对劳动合同履行地及用人单位所在地也作出了规定，即劳动合同履行地为劳动者实际工作场所地，用人单位所在地为用人单位注册、登记地。用人单位未注册、登记的，其出资人、开办单位或主管部门所在地为用人单位所在地。

（2）移送管辖。

移送管辖，是指劳动争议仲裁委员会在受理案件以后，发现自己对案件没有管辖权，而将该案件移送至有管辖权的劳动仲裁委员会。移送管辖，实际上是劳动仲裁机构受理案件错误之后所采取的一种补救措施，移送管辖所移送的是案件，而不是案件的管辖权。

（3）指定管辖。

指定管辖，是指受移送的劳动争议仲裁委员会认为受移送的案件依照规定不属于该仲裁委员会管辖，或仲裁委员会之间因管辖争议协商不成的，应当报请共同上一级仲裁委员会主管部门指定管辖。

2. 管辖异议

管辖异议，是指仲裁委员会受理劳动争议仲裁申请后，当事人提出该仲裁委员会对该案无管辖权的意见或主张。但是，当事人提出管辖权异议的，应当在答辩期满前以书面形式提出。当事人逾期提出的，不影响仲裁程序的进行，当事人因此对仲裁裁决不服的，可以向人民法院起诉或者申请撤销。

由于地方规定存在一定的差异，同时，受仲裁资源和地域保护因素的影响，选择合适的劳动争议仲裁委员会管辖有时甚至会影响到案件的成败。因此，用人单位可以在合同中与员工事先约定对自己有利的仲裁管辖地。但这种约定和选择是不能违反管辖规定的，即不得突破劳动合同履行地和用人单位所在地的范畴。

六、劳动争议仲裁程序

根据《劳动法》《劳动争议人事争议仲裁办案规则》的有关规定，劳动争议仲裁应按以下程序进行：

1. 仲裁申请

仲裁委员会处理劳动争议案件必须有当事人的申请，否则，仲裁委员会无权仲裁该案件。当事人应当向有管辖权的劳动争议仲裁委员会提交仲裁申请。一般应提出书面申请。书写仲裁申请有困难的，可以口头申请，由仲裁委员会记入笔录，经申请人签名或盖章确认。

仲裁申请书应当载明下列事项。

（1）劳动者的姓名、性别、年龄、职业、工作单位和住所。用人单位的名称、住所和法定代表人或者主要负责人的姓名、职务。

（2）仲裁请求和所根据的事实、理由。

（3）证据和证据来源、证人姓名和住所。

在实务中，一般在举证阶段才提交证据，在申请的时候也可以先不提交证据或只提交劳动合同等基本证据，当然，若仲裁委员会有特殊要求的则另当别论。

除仲裁申请书外，用人单位提起劳动仲裁时还应提交如下材料：企业营业执照复印件、组织机构代码复印件、企业法定代表人身份证明、企业法定代表人身份证复印件，委托他人（包括企业的员工）代为提起仲裁的授权委托书，被委托人不是律师的，还应提交被委托人的身份证复印件。

2. 审查和受理

仲裁委员会应当自收到仲裁申请之日起五日内作出受理或者不予受理的决定。仲裁委员会决定受理的，应当自作出决定之日起五日内向申请人出具《受理通知书》。决定不予受理的，应当说明理由，并在收到申请之日起 5 日内向申请人出具《不予受理通知书》。对仲裁委员会决定不予受理的，以及仲裁委员会在接到仲裁申请后 5 日内没有作出决定或未给予任何答复的，当事人可以就该争议事项直接向人民法院提起诉讼。

在实务中，从便捷原则出发，很多仲裁委员会在当事人提起仲裁申请的当时就决定是否受理案件。

3. 仲裁申请送达及答辩

根据《劳动争议调解仲裁法》的规定，劳动争议仲裁委员会受理仲裁申请后，应当在五日内将仲裁申请书副本送达被申请人。被申请人收到仲裁申请书副本后，应当在十日内向劳动争议仲裁委员会提交答辩书。劳动争议仲裁委员会收到答辩书后，应当在五日内将答辩书副本送达申请人。被申请人未提交答辩书的，不影响仲裁程序的进行。

4. 提出管辖权异议

当事人对案件管辖有异议的，应当在答辩期满前以书面形式提出。当事人超过答辩期未提出的，不影响仲裁程序的进行。当事人因此对仲裁裁决不服的，可以依法向人民法院起诉或者申请撤销仲裁裁决。可见，被申请人对劳动争议仲裁管辖有异议的，必须在答辩期内提出，否则，就丧失了提出管辖异议的权利。

5. 提出反申请

根据《劳动人事争议仲裁办案规则》的规定，被申请人可以在答辩期间提出反申请，仲裁委员会应当自收到被申请人反申请之日起五日内决定是否受理并通知被申请人。

可见，反申请与申请是否被能够合并审理，由仲裁委员会决定。决定受理的，仲裁委员会可以将反申请和申请合并处理。该反申请如果是应当另行申请仲裁的争议，仲裁委员会应当以书面告知被申请人另行申请仲裁；该反申请如果是不属于仲裁应当受理的争议，仲裁委员会应当向被申请人出具《不予受理通知书》。被申请人在答辩期满后对申请人提出反申请的，应当另行提出，另案处理。

6. 提交证据

当事人双方应当在劳动争议仲裁委员会指定的举证期限内提交证据，具体参考本章第四节"举证实务操作"的相关介绍。

7. 开庭审理

（1）按时到庭和参加庭审。

当事人应当按照开庭通知的内容，准时到庭参加庭审。如果申请人无正当理由拒不到庭或者未经仲裁庭同意中途退庭的，仲裁委员会可以按撤回仲裁申请处理，申请人重新申请仲裁的，仲裁委员会将不予受理。如果被申请人无正当理由拒不到庭或者未经仲裁庭同意中途退庭的，仲裁委员会可以缺席裁决。

（2）核实当事人身份。

仲裁员或书记员对仲裁当事人和其他仲裁参加人的身份进行核对，当事人应出示有效身份证、工作证等证件。如果当事人委托代理人出庭的，代理人还应当提交授权委托手续。

（3）仲裁员宣读庭审纪律并宣布开庭。

（4）告知仲裁庭组成人员情况、告知当事人权利、义务并询问当事人是否申请回避。

劳动争议仲裁委员会裁决劳动争议案件实行仲裁庭制。仲裁庭由三名仲裁员组成，设首席仲裁员。简单的劳动争议案件可以由一名仲裁员独任仲裁。

当事人在仲裁过程中享有以下权利：委托代理人、申请回避的权利，申请仲裁、辩解、质询、质证的权利，请求调解、自行和解、要求裁决的权利，依法向人民法院提起诉讼、申请强制执行的权利，申请人有放弃、变更、撤回仲裁请求的权利，被申请人有承认、反驳申请人仲裁请求的权利。

同时，当事人在仲裁活动中承担以下义务：遵守仲裁程序和仲裁庭纪律的义务，如实陈述案情、回答仲裁员提问的义务，对自己提出的主张举证的义务，尊重对方当事人及其他仲裁参加人的义务，自觉履行发生法律效力的仲裁调解书、裁决书的义务。

如果当事人认为仲裁庭组成人员与本案有利害关系，可能影响本案的公正审理，应当在此时，申请本庭组成人员回避。如果回避事由是在案件开始审理后才知道的，最迟也必须在庭审辩论终结前提出。当事人在庭审辩论终结后才提出回避申请的，不影响仲裁程序的进行，当事人因此对仲裁裁决不服的，可以依法向人民法院起诉或者申请撤销仲裁裁决。

根据《劳动争议调解仲裁法》的规定，仲裁员有下列情形之一，应当回避，当事人也有权以口头或者书面方式提出回避申请。

① 是本案当事人或者当事人、代理人的近亲属的。

② 与本案有利害关系的。

③ 与本案当事人、代理人有其他关系，可能影响公正裁决的。

④ 私自会见当事人、代理人，或者接受当事人、代理人的请客送礼的。

劳动争议仲裁委员会对回避申请应当及时作出决定，并以口头或者书面方式通知当事人。

（5）申请与答辩。

申请人陈述仲裁请求、事实和理由；被申请人对申请人的仲裁请求、事实和理由进行答辩。申请人当庭变更、追加、撤回仲裁请求时，被申请人表示当庭答辩有困难的，仲裁庭可安排适当的答辩期限。

（6）调查举证与质证。

根据申请人提出的请求、事实和理由，以及被申请人提出的答辩意见，仲裁庭将组织双方围绕争议焦点进行证据举证、质证程序，当事人应提交证据原件及复印件以供质证。未经庭审质证的证据不能作为定案的依据。质证时，当事人双方应当围绕证据的真实性、关联性、合法性，针对证据证明力进行质疑、说明和辩驳。

（7）辩论。

当事人双方应根据仲裁庭调查和双方质证的情况，围绕争议焦点提出自己的辩论意见。

（8）调解。

调解是劳动争议案件处理的必经程序，庭审辩论结束后，仲裁庭应征询双方当事人意见，如双方当事人愿意调解的，可由双方各自提出调解意见，也可由仲裁员根据庭审调查的事实和法律规定提出调解方案，让双方当事人进行协商。协商达成一致意见的，仲裁员应当当庭宣布调解达成的协议，并制作调解书。

调解书应当写明仲裁请求和当事人协议的结果，并由仲裁员签名，加盖仲裁委员会印章，送达双方当事人。调解书经双方当事人签收后，发生法律效力。

双方当事人不愿调解或者调解不成的，仲裁员宣布双方当事人调解未达成协议，等待进一步裁决。

（9）宣布闭庭。

仲裁庭应当将开庭情况记入笔录，闭庭后，将庭审笔录交由双方校阅，证实无误后在上面签字。当事人或者其他仲裁参加人认为对自己陈述的记录有遗漏或者差错的，有权申请补正。但如果仲裁庭认为，申请无理由或者无必要的，可以不予补正，但是，应当记录该申请。

（10）裁决。

经调解当事人未达成一致，或者调解书送达前，一方当事人反悔的，仲裁庭应当及时作出裁决。根据《劳动争议调解仲裁法》的规定，仲裁庭裁决劳动争议案件，应当自劳动争议仲裁委员会受理仲裁申请之日起四十五日内结束。案情复杂需要延期的，经劳动争议仲裁委员会主任批准，可以延期并书面通知当事人，但延长期限不得超过十五日。逾期未作出仲裁裁决的，当事人可以就该劳动争议事项向人民法院提起诉讼。仲裁庭裁决劳动争议案件时，其中一部分事实已经清楚，可以就该部分先行裁决。因此，劳动仲裁案件审理期限最长不超过 60 日，劳动争议仲裁委员会受理案件后逾期未做出仲裁裁决的，当事人可以就该劳动争议事项向人民法院提起诉讼。

综上所述，劳动仲裁流程图如下所示。

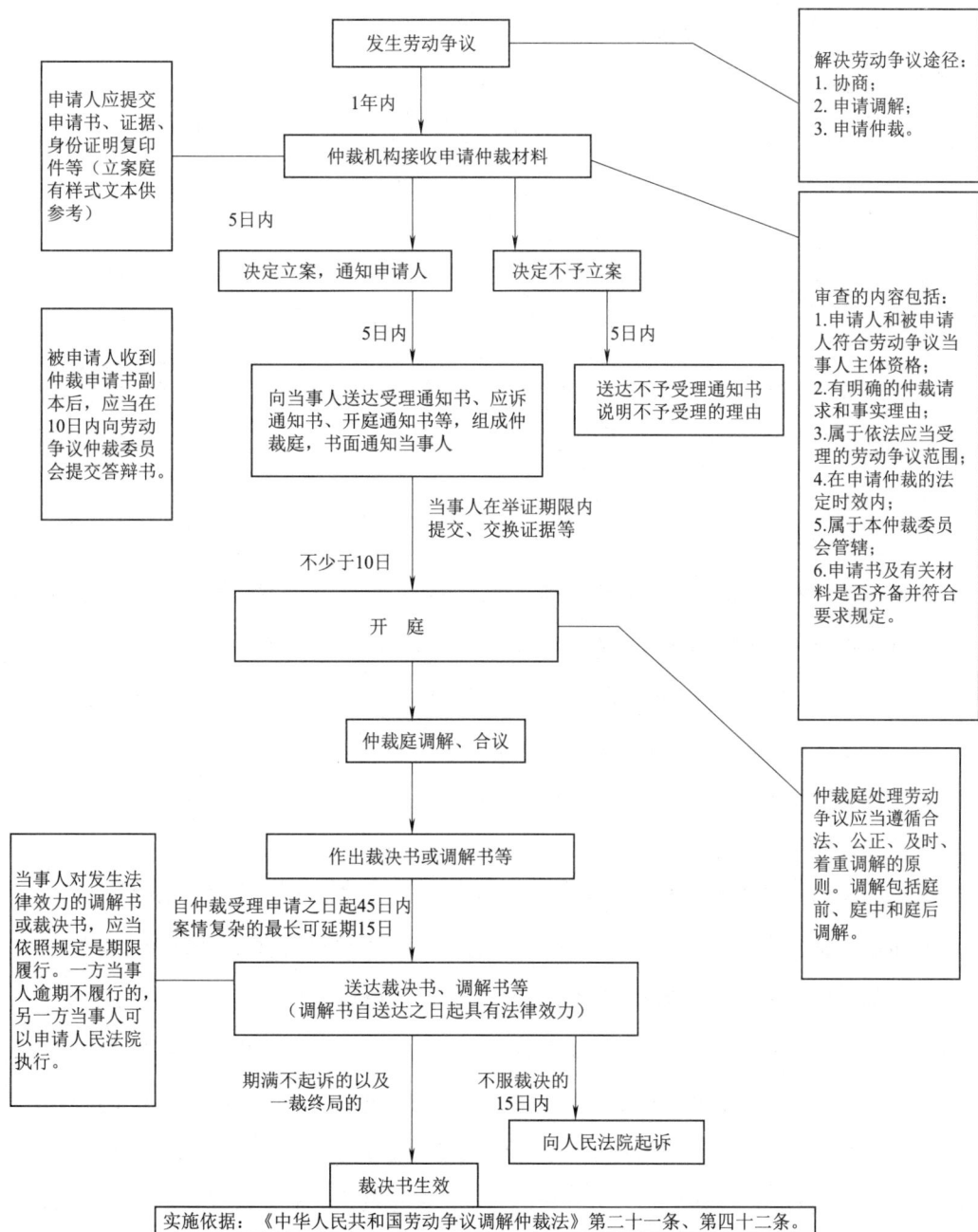

```
                    ┌──────────────┐
                    │  发生劳动争议  │──────────────┐   解决劳动争议途径：
                    └──────────────┘              │   1. 协商；
申请人应提交            1年内                        │   2. 申请调解；
申请书、证据、       ┌────────────────────┐          │   3. 申请仲裁。
身份证明复印        │ 仲裁机构接收申请仲裁材料 │
件等（立案庭        └────────────────────┘
有样式文本供         5日内
参考）         ┌──────────────┐    ┌──────────────┐
             │决定立案，通知申请人│   │ 决定不予立案  │     审查的内容包括：
             └──────────────┘    └──────────────┘    1.申请人和被申请
被申请人收到     5日内                  5日内          人符合劳动争议当
仲裁申请书副   ┌──────────────┐    ┌──────────────┐  事人主体资格；
本后，应当在   │向当事人送达受理通│   │送达不予受理通知书│ 2.有明确的仲裁请
10日内向劳动   │知书、应诉通知书、│   │说明不予受理的理由│ 求和事实理由；
争议仲裁委员   │开庭通知书等，组成│   └──────────────┘ 3.属于依法应当受
会提交答辩书。 │仲裁庭，书面通知当│                   理的劳动争议范围；
             │事人            │                   4.在申请仲裁的法
             └──────────────┘                   定时效内；
             当事人在举证期限内                    5.属于本仲裁委员
             提交、交换证据等                      会管辖；
             不少于10日                           6.申请书及有关材
             ┌──────────────┐                   料是否齐备并符合
             │    开   庭     │                   要求规定。
             └──────────────┘
             ┌──────────────┐
             │ 仲裁庭调解、合议 │                  仲裁庭处理劳动
             └──────────────┘                  争议应当遵循合
             ┌──────────────┐                  法、公正、及时、
             │作出裁决书或调解书等│                着重调解的原则。
             └──────────────┘                  调解包括庭前、
当事人对发生    自仲裁受理申请之日起45日内              庭中和庭后调解。
法律效力的调    案情复杂的最长可延期15日
解书或裁决书   ┌──────────────────┐
应当依照规定   │送达裁决书、调解书等      │
是期限履行。   │（调解书自送达之日起具有法律效力）│
一方当事人逾   └──────────────────┘
期不履行的，   期满不起诉的以及     不服裁决的
另一方当事人   一裁终局的        15日内
可以申请人民                ┌──────────────┐
法院执行。                  │ 向人民法院起诉 │
                          └──────────────┘
             ┌──────────────┐
             │  裁决书生效    │
             └──────────────┘
实施依据：《中华人民共和国劳动争议调解仲裁法》第二十一条、第四十二条。
```

劳动争议仲裁过程中，涉及实体问题和程序问题，专业性较强，不论是用人单位还是劳动者，都有可能因缺少诉讼经验而导致不必要的损失或者权益争取的减少，仲裁程序对于整个劳动争议案件处理中有着举足轻重的地位，建议用人单位一方引起足够的重视，在此环节中就应当委托劳动法专业律师代理，以最大限度保护合法利益。

七、劳动争议"一裁终局"

一裁终局制度是劳动争议经仲裁庭裁决后即行终结的制度。为了使劳动争议仲裁实现便捷高效，《劳动争议调解仲裁法》作出了有针对性的制度设计：一裁终局。一裁终局能让大量的劳动争议案件在仲裁阶段就得到解决，不用再拖延到诉讼阶段，能够有效地缩短劳动争议案件的处理时间，提高劳动争议仲裁效率，保护当事人双方的合法权益。适用"一裁终局"的劳动争议仲裁案件有两类。

（1）小额仲裁案件。

即追索劳动报酬、工伤医疗费、经济补偿或者赔偿金，不超过当地月工资标准 12 个月金额的争议。按照 2020 年北京市最低工资标准 2 200 元每月的标准，小额仲裁案件不超过 26 400 元。

（2）标准明确的仲裁案件。

即因执行国家的劳动标准在工作时间、休息休假、社会保险等方面发生的争议。国家劳动标准是指国家对劳动领域内规律性出现的事物或行为进行规范，以定量或定性形式所作出的统一规定。我国对劳动标准建设一直相当重视，初步形成了以《劳动法》为核心的劳动标准体系，基本涵盖了劳动领域的主要方面。

国家劳动标准具有以下特点：①通过规范性文件加以规定。②标准明确。往往是用定量的方式加以规定。③适用范围广泛。涵盖了劳动领域的主要方面。

对于"不超过当地月最低工资标准十二个月金额"指的是争议的总额不能超，还是指每一项争议不超过，在此处法律并没有做出更明确的规定。根据北京市劳动和社会保障局、北京市高级人民法院《关于劳动争议案件法律适用问题研讨会会议纪要》的规定，对于追索劳动报酬、工伤医疗费、经济补偿或者赔偿金，当以当事人申请仲裁时各项请求的总金额为标准确定是否属于适用一裁终局的劳动争议案件。根据《最高人民法院关于审理劳动争议案件适用法律若干问题的解释（三）》的规定，劳动者依据《劳动争议调解仲裁法》第四十七条第（一）项规定，追索劳动报酬、工伤医疗费、经济补偿或者赔偿金，如果仲裁裁决涉及数项，每项确定的数额均不超过当地月最低工资标准十二个月金额的，应当按照终局裁决处理。也就是说，依照《司法解释（三）》的规定确定是否是"终局裁决"应当按照每一项是否超过十二个月工资的总额来确定，而《会议纪要》判断的标准是总金额是否超过了十二个月工资的总额。由于在位阶上，《司法解释（三）》高于《会议纪要》，因此，应当按照《司法解释（三）》的规定执行。只要仲裁裁决每项确定的数额均不超过当地月最低工资标准的十二个月的金额，就应按照"一裁终局"处理。

HR 操作锦囊

以上所说的"一裁终局"只是针对用人单位而言。因此，在仲裁过程中，HR 应把握相关制度，在裁决作出后，及时搜集相关证据并在法定期限内申请撤销裁决，否则，将因期限超过而承担不利后果。

八、裁决不服的救济

1. 普通裁决

对于"终局裁决"以外的普通裁决不服的，当事人可以自收到仲裁裁决书之日起 15 日内向有管辖权的人民法院提起诉讼；期满不起诉的，裁决书发生法律效力。

2. "终局裁决"

劳动者对"终局裁决"不服的，可以自收到仲裁裁决书之日起十五日内向人民法院提起诉讼。

用人单位有证据证明仲裁裁决有下列情形之一，可以自收到仲裁裁决书之日起三十日内向劳动争议仲裁委员会所在地的中级人民法院申请撤销裁决。

（1）适用法律、法规确有错误的。

（2）劳动争议仲裁委员会无管辖权的。

（3）违反法定程序的。

（4）裁决所根据的证据是伪造的。

（5）对方当事人隐瞒了足以影响公正裁决的证据的。

（6）仲裁员在仲裁该案时有索贿受贿、徇私舞弊、枉法裁决行为的。

人民法院经组成合议庭审查核实裁决有前款规定情形之一的，应当裁定撤销。仲裁裁决被人民法院裁定撤销的，当事人可以自收到裁定书之日起十五日内就该劳动争议事项向人民法院提起诉讼。

3. 特殊规定

根据《最高人民法院关于审理劳动争议案件适用法律若干问题的解释（四）》的规定，仲裁裁决的类型以仲裁裁决书确定为准。仲裁裁决书未载明该裁决为终局裁决或非终局裁决，用人单位不服该仲裁裁决向基层人民法院提起诉讼的，应当按照以下情形分别处理。

（1）经审查认为该仲裁裁决为非终局裁决的，基层人民法院应予受理。

（2）经审查认为该仲裁裁决为终局裁决的，基层人民法院不予受理，但应告知用人单位可以自收到不予受理裁定书之日起三十日内向劳动人事争议仲裁委员会所在地的中级人民法院申请撤销该仲裁裁决；已经受理的，裁定驳回起诉。

法条传送门

《中华人民共和国劳动争议调解仲裁法》

第二条　中华人民共和国境内的用人单位与劳动者发生的下列劳动争议，适用本法：

（一）因确认劳动关系发生的争议；

（二）因订立、履行、变更、解除和终止劳动合同发生的争议；

（三）因除名、辞退和辞职、离职发生的争议；

（四）因工作时间、休息休假、社会保险、福利、培训以及劳动保护发生的争议；

（五）因劳动报酬、工伤医疗费、经济补偿或者赔偿金等发生的争议；

（六）法律、法规规定的其他劳动争议。

第二十一条　劳动争议仲裁委员会负责管辖本区域内发生的劳动争议。

劳动争议由劳动合同履行地或者用人单位所在地的劳动争议仲裁委员会管辖。双方当事人分别向劳动合同履行地和用人单位所在地的劳动争议仲裁委员会申请仲裁的，由劳动合同履行地的劳动争议仲裁委员会管辖。

第二十二条　发生劳动争议的劳动者和用人单位为劳动争议仲裁案件的双方当事人。

劳务派遣单位或者用工单位与劳动者发生劳动争议的，劳务派遣单位和用工单位为共同当事人。

第二十七条　劳动争议申请仲裁的时效期间为一年。仲裁时效期间从当事人知道或者应当知道其权利被侵害之日起计算。

前款规定的仲裁时效，因当事人一方向对方当事人主张权利，或者向有关部门请求权利救济，或者对方当事人同意履行义务而中断。从中断时起，仲裁时效期间重新计算。

因不可抗力或者有其他正当理由，当事人不能在本条第一款规定的仲裁时效期间申请仲裁的，仲裁时效中止。从中止时效的原因消除之日起，仲裁时效期间继续计算。

劳动关系存续期间因拖欠劳动报酬发生争议的，劳动者申请仲裁不受本条第一款规定的仲裁时效期间的限制；但是，劳动关系终止的，应当自劳动关系终止之日起一年内提出。

第四十七条　下列劳动争议，除本法另有规定的外，仲裁裁决为终局裁决，裁决书自作出之日起发生法律效力：

（一）追索劳动报酬、工伤医疗费、经济补偿或者赔偿金，不超过当地月最低工资标准十二个月金额的争议；

（二）因执行国家的劳动标准在工作时间、休息休假、社会保险等方面发生的争议。

第四十八条　劳动者对本法第四十七条规定的仲裁裁决不服的，可以自收到仲裁裁决书之日起十五日内向人民法院提起诉讼。

第四十九条　用人单位有证据证明本法第四十七条规定的仲裁裁决有下列情形之一，可以自收到仲裁裁决书之日起三十日内向劳动争议仲裁委员会所在地的中级人民法院申请撤销裁决：

（一）适用法律、法规确有错误的；

（二）劳动争议仲裁委员会无管辖权的；

（三）违反法定程序的；

（四）裁决所根据的证据是伪造的；

（五）对方当事人隐瞒了足以影响公正裁决的证据的；

（六）仲裁员在仲裁该案时有索贿受贿、徇私舞弊、枉法裁决行为的。

人民法院经组成合议庭审查核实裁决有前款规定情形之一的，应当裁定撤销。

仲裁裁决被人民法院裁定撤销的，当事人可以自收到裁定书之日起十五日内就该劳动争议事项向人民法院提起诉讼。

第五十条　当事人对本法第四十七条规定以外的其他劳动争议案件的仲裁裁决不服的，可以自收到仲裁裁决书之日起十五日内向人民法院提起诉讼；期满不起诉的，裁决书发生法律效力。

《最高人民法院关于审理劳动争议案件适用法律问题的解释（一）》

第一条　劳动者与用人单位之间发生的下列纠纷，属于劳动争议，当事人不服劳动争议仲裁机构作出的裁决，依法提起诉讼的，人民法院应予受理：

（一）劳动者与用人单位在履行劳动合同过程中发生的纠纷；

（二）劳动者与用人单位之间没有订立书面劳动合同，但已形成劳动关系后发生的纠纷；

（三）劳动者与用人单位因劳动关系是否已经解除或者终止，以及应否支付解除或者终止劳动关系经济补偿金发生的纠纷；

（四）劳动者与用人单位解除或者终止劳动关系后，请求用人单位返还其收取的劳动合同定金、保证金、抵押金、抵押物发生的纠纷，或者办理劳动者的人事档案、社会保险关系等移转手续发生的纠纷；

（五）劳动者以用人单位未为其办理社会保险手续，且社会保险经办机构不能补办导致其无法享受社会保险待遇为由，要求用人单位赔偿损失发生的纠纷；

（六）劳动者退休后，与尚未参加社会保险统筹的原用人单位因追索养老金、医疗费、工伤保险待遇和其他社会保险待遇而发生的纠纷；

（七）劳动者因为工伤、职业病，请求用人单位依法给予工伤保险待遇发生的纠纷；

（八）劳动者依据劳动合同法第八十五条规定，要求用人单位支付加付赔偿金发生的纠纷；

（九）因企业自主进行改制发生的纠纷。

第二条　下列纠纷不属于劳动争议：

（一）劳动者请求社会保险经办机构发放社会保险金的纠纷；

（二）劳动者与用人单位因住房制度改革产生的公有住房转让纠纷；

（三）劳动者对劳动能力鉴定委员会的伤残等级鉴定结论或者对职业病诊断鉴定委员会的职业病诊断鉴定结论的异议纠纷；

（四）家庭或者个人与家政服务人员之间的纠纷；

（五）个体工匠与帮工、学徒之间的纠纷；

（六）农村承包经营户与受雇人之间的纠纷。

第三条　劳动争议案件由用人单位所在地或者劳动合同履行地的基层人民法院管辖。

劳动合同履行地不明确的，由用人单位所在地的基层人民法院管辖。

法律另有规定的，依照其规定。

第四条　劳动者与用人单位均不服劳动争议仲裁机构的同一裁决，向同一人民法院起诉的，人民法院应当并案审理，双方当事人互为原告和被告，对双方的诉讼请求，人民法院应当一并作出裁决。在诉讼过程中，一方当事人撤诉的，人民法院应当根据另一方当事人的诉讼请求继续审理。双方当事人就同一仲裁裁决分别向有管辖权的人民法院起诉的，后受理的人民法院应当将案件移送给先受理的人民法院。

第五条　劳动争议仲裁机构以无管辖权为由对劳动争议案件不予受理，当事人提起诉讼的，人民法院按照以下情形分别处理：

（一）经审查认为该劳动争议仲裁机构对案件确无管辖权的，应当告知当事人向有管辖权的劳动争议仲裁机构申请仲裁；

（二）经审查认为该劳动争议仲裁机构有管辖权的，应当告知当事人申请仲裁，并将审查意见书面通知该劳动争议仲裁机构；劳动争议仲裁机构仍不受理，当事人就该劳动争议事项提起诉讼的，人民法院应予受理。

第六条　劳动争议仲裁机构以当事人申请仲裁的事项不属于劳动争议为由，作出不予受理的书面裁决、决定或者通知，当事人不服依法提起诉讼的，人民法院应当分别情况予以处理：

（一）属于劳动争议案件的，应当受理；

（二）虽不属于劳动争议案件，但属于人民法院主管的其他案件，应当依法受理。

第七条　劳动争议仲裁机构以申请仲裁的主体不适格为由，作出不予受理的书面裁决、决定或者通知，当事人不服依法提起诉讼，经审查确属主体不适格的，人民法院不予受理；已经受理的，裁定驳回起诉。

第八条　劳动争议仲裁机构为纠正原仲裁裁决错误重新作出裁决，当事人不服依法提起诉讼的，人民法院应当受理。

第九条　劳动争议仲裁机构仲裁的事项不属于人民法院受理的案件范围，当事人不服依法提起诉讼的，人民法院不予受理；已经受理的，裁定驳回起诉。

第十条　当事人不服劳动争议仲裁机构作出的预先支付劳动者劳动报酬、工伤医疗费、经济补偿或者赔偿金的裁决，依法提起诉讼的，人民法院不予受理。

用人单位不履行上述裁决中的给付义务，劳动者依法申请强制执行的，人民法院应予受理。

第十一条　劳动争议仲裁机构作出的调解书已经发生法律效力，一方当事人反悔提起诉讼的，人民法院不予受理；已经受理的，裁定驳回起诉。

第十二条　劳动争议仲裁机构逾期未作出受理决定或仲裁裁决，当事人直接提起诉讼的，人民法院应予受理，但申请仲裁的案件存在下列事由的除外：

（一）移送管辖的；

（二）正在送达或者送达延误的；

（三）等待另案诉讼结果、评残结论的；

（四）正在等待劳动争议仲裁机构开庭的；

（五）启动鉴定程序或者委托其他部门调查取证的；

（六）其他正当事由。

当事人以劳动争议仲裁机构逾期未作出仲裁裁决为由提起诉讼的，应当提交该仲裁机构出具的受理通知书或者其他已接受仲裁申请的凭证、证明。

第十三条 劳动者依据劳动合同法第三十条第二款和调解仲裁法第十六条规定向人民法院申请支付令，符合民事诉讼法第十七章督促程序规定的，人民法院应予受理。

依据劳动合同法第三十条第二款规定申请支付令被人民法院裁定终结督促程序后，劳动者就劳动争议事项直接提起诉讼的，人民法院应当告知其先向劳动争议仲裁机构申请仲裁。

依据调解仲裁法第十六条规定申请支付令被人民法院裁定终结督促程序后，劳动者依据调解协议直接提起诉讼的，人民法院应予受理。

第十四条 人民法院受理劳动争议案件后，当事人增加诉讼请求的，如该诉讼请求与讼争的劳动争议具有不可分性，应当合并审理；如属独立的劳动争议，应当告知当事人向劳动争议仲裁机构申请仲裁。

第十五条 劳动者以用人单位的工资欠条为证据直接提起诉讼，诉讼请求不涉及劳动关系其他争议的，视为拖欠劳动报酬争议，人民法院按照普通民事纠纷受理。

第十六条 劳动争议仲裁机构作出仲裁裁决后，当事人对裁决中的部分事项不服，依法提起诉讼的，劳动争议仲裁裁决不发生法律效力。

第十七条 劳动争议仲裁机构对多个劳动者的劳动争议作出仲裁裁决后，部分劳动者对仲裁裁决不服，依法提起诉讼的，仲裁裁决对提起诉讼的劳动者不发生法律效力；对未提起诉讼的部分劳动者，发生法律效力，如其申请执行的，人民法院应当受理。

第十八条 仲裁裁决的类型以仲裁裁决书确定为准。仲裁裁决书未载明该裁决为终局裁决或者非终局裁决，用人单位不服该仲裁裁决向基层人民法院提起诉讼的，应当按照以下情形分别处理：

（一）经审查认为该仲裁裁决为非终局裁决的，基层人民法院应予受理；

（二）经审查认为该仲裁裁决为终局裁决的，基层人民法院不予受理，但应告知用人单位可以自收到不予受理裁定书之日起三十日内向劳动争议仲裁机构所在地的中级人民法院申请撤销该仲裁裁决；已经受理的，裁定驳回起诉。

第十九条 仲裁裁决书未载明该裁决为终局裁决或者非终局裁决，劳动者依据调解仲裁法第四十七条第一项规定，追索劳动报酬、工伤医疗费、经济补偿或者赔偿金，如果仲裁裁决涉及数项，每项确定的数额均不超过当地月最低工资标准十二个月金额的，应当按照终局裁决处理。

第二十条 劳动争议仲裁机构作出的同一仲裁裁决同时包含终局裁决事项和非终局裁决事项，当事人不服该仲裁裁决向人民法院提起诉讼的，应当按照非终局裁决处理。

第二十一条 劳动者依据调解仲裁法第四十八条规定向基层人民法院提起诉讼，用人单位依据调解仲裁法第四十九条规定向劳动争议仲裁机构所在地的中级人民法院申请撤销仲裁裁决的，中级人民法院应当不予受理；已经受理的，应当裁定驳回申请。

被人民法院驳回起诉或者劳动者撤诉的，用人单位可以自收到裁定书之日起三十日内，向劳动争议仲裁机构所在地的中级人民法院申请撤销仲裁裁决。

第二十二条 用人单位依据调解仲裁法第四十九条规定向中级人民法院申请撤销仲裁裁决，中级人民法院作出的驳回申请或者撤销仲裁裁决的裁定为终审裁定。

第二十三条 中级人民法院审理用人单位申请撤销终局裁决的案件，应当组成合议庭开庭审理。经过阅卷、调查和询问当事人，对没有新的事实、证据或者理由，合议庭认为不需要开庭审理的，可以不开庭审理。

中级人民法院可以组织双方当事人调解。达成调解协议的，可以制作调解书。一方当事人逾期不履行调解协议的，另一方可以申请人民法院强制执行。

第二十四条 当事人申请人民法院执行劳动争议仲裁机构作出的发生法律效力的裁决书、调解书，被申请人提出证据证明劳动争议仲裁裁决书、调解书有下列情形之一，并经审查核实的，人民法院可以根据民事诉讼法第二百三十七条规定，裁定不予执行：

（一）裁决的事项不属于劳动争议仲裁范围，或者劳动争议仲裁机构无权仲裁的；

（二）适用法律、法规确有错误的；

（三）违反法定程序的；

（四）裁决所根据的证据是伪造的；

（五）对方当事人隐瞒了足以影响公正裁决的证据的；

（六）仲裁员在仲裁该案时有索贿受贿、徇私舞弊、枉法裁决行为的；

（七）人民法院认定执行该劳动争议仲裁裁决违背社会公共利益的。

人民法院在不予执行的裁定书中，应当告知当事人在收到裁定书之次日起三十日内，可以就该劳动争议事项向人民法院提起诉讼。

第二十五条　劳动争议仲裁机构作出终局裁决，劳动者向人民法院申请执行，用人单位向劳动争议仲裁机构所在地的中级人民法院申请撤销的，人民法院应当裁定中止执行。

用人单位撤回撤销终局裁决申请或者其申请被驳回的，人民法院应当裁定恢复执行。仲裁裁决被撤销的，人民法院应当裁定终结执行。

用人单位向人民法院申请撤销仲裁裁决被驳回后，又在执行程序中以相同理由提出不予执行抗辩的，人民法院不予支持。

北京市劳动和社会保障局、北京市高级人民法院《关于劳动争议案件法律适用问题研讨会会议纪要》（2009 年 8 月下发）

1. 根据《劳动争议调解仲裁法》《社会保险费征缴暂行条例》《社会保险稽核办法》《劳动保障监察条例》及我市的仲裁和审判实践，对于社会保险争议的受理应遵循以下原则：

（1）用人单位未为劳动者建立社会保险关系、欠缴社会保险费或未按规定的工资基数足额缴纳社会保险费的，劳动者主张予以补缴的，一般不予受理，告知劳动者通过劳动行政部门解决；

（2）由于用人单位未按规定为劳动者缴纳社会保险费，导致劳动者不能享受工伤、失业、生育、医疗保险待遇，劳动者要求用人单位按照相关规定支付上述待遇的，应予受理；

（3）用人单位未为农民工缴纳养老保险费，农民工在与用人单位终止或解除劳动合同后要求用人单位赔偿损失的，应予受理。

4. 根据《劳动争议调解仲裁法》第四十七条的规定，适用一裁终局的劳动争议案件有两类，一是小额案件，即追索劳动报酬、工伤医疗费、经济补偿或赔偿金，不超过当地月最低工资标准十二个月金额的争议；二是标准明确的案件，即因执行国家的劳动标准在工作时间、休息休假、社会保险等方面发生的争议。对于第一类案件，一般应当以当事人申请仲裁时各项请求的总金额为标准确定是否属于适用一裁终局的劳动争议案件。对于第二类案件，该类案件一般不涉及具体金额，主要是指因执行国家劳动标准而产生的争议。

北京市高级人民法院、北京市劳动争议仲裁委员会《关于劳动争议案件法律适用问题研讨会会议纪要（二）》（2014年发布）

28.《劳动合同法》第八十二条"二倍工资"的认定与起止时间、计算方法？

（1）依据《劳动合同法》第十条、第八十二条第一款规定，用人单位自用工之日起超过一个月不满一年未与劳动者订立书面劳动合同的，自用工之日满一个月的次日起开始计算二倍工资，截止点为双方订立书面劳动合同的前一日，最长不超过十一个月。

（2）用人单位因违反《劳动合同法》第十四条第三款规定，自用工之日满一年不与劳动者订立书面劳动合同，视为用人单位与劳动者已订立无固定期限劳动合同的情况下，劳动者可以向仲裁委、法院主张确认其与用人单位之间属于无固定期限劳动合同关系。在此情况下，劳动者同时主张用人单位支付用工之日满一年后的二倍工资的不予支持。

（3）如果劳动合同期满后，劳动者仍在用人单位工作，用人单位未与劳动者订立书面劳动合同的，计算二倍工资的起算点为自劳动合同期满的次日，截止点为双方补订书面劳动合同的前一日，最长不超过十二个月。

（4）用人单位违反《劳动合同法》第十四条第二款、第八十二条第二款规定，不与劳动者订立无固定期劳动合同的，二倍工资自应订立无固定期限劳动合同之日起算，截止点为双方实际订立无固定期限劳动合同的前一日。

（5）二倍工资中属于劳动者正常工作时间劳动报酬的部分，适用《劳动争议调解仲裁法》二十七条第四款的规定；增加一倍的工资属于惩罚性赔偿的部分，不属于劳动报酬，适用《劳动争议调解仲裁法》二十七条第一款的规定，即一年的仲裁时效。

二倍工资适用时效的计算方法为：在劳动者主张二倍工资时，因未签劳动合同行为处于持续状态，故时效可从其主张权利之日起向前计算一年，据此实际给付的二倍工资不超过十二个月，二倍工资按未订立劳动合同所对应时间用人单位应当正常支付的工资为标准计算。

《劳动人事争议仲裁办案规则》

第五条 因履行集体合同发生的劳动争议，经协商解决不成的，工会可以依法申请仲裁；尚未建立工会的，由上级工会指导劳动者推举产生的代表依法申请仲裁。

第八条 发生争议的用人单位被吊销营业执照、责令关闭、撤销以及用人单位决定提前解散、歇业，不能承担相关责任的，依法将其出资人、开办单位或主管部门作为共同当事人。

第九条　劳动者与个人承包经营者发生争议，依法向仲裁委员会申请仲裁的，应当将发包的组织和个人承包经营者作为当事人。

第十二条　劳动合同履行地为劳动者实际工作场所地，用人单位所在地为用人单位注册、登记地。用人单位未经注册、登记的，其出资人、开办单位或主管部门所在地为用人单位所在地。

案件受理后，劳动合同履行地和用人单位所在地发生变化的，不改变争议仲裁的管辖。

多个仲裁委员会都有管辖权的，由先受理的仲裁委员会管辖。

第十三条　仲裁委员会发现已受理案件不属于其管辖范围的，应当移送至有管辖权的仲裁委员会，并书面通知当事人。

对上述移送案件，受移送的仲裁委员会应依法受理。受移送的仲裁委员会认为受移送的案件依照规定不属于本仲裁委员会管辖，或仲裁委员会之间因管辖争议协商不成的，应当报请共同的上一级仲裁委员会主管部门指定管辖。

第十四条　当事人提出管辖异议的，应当在答辩期满前书面提出。当事人逾期提出的，不影响仲裁程序的进行，当事人因此对仲裁裁决不服的，可以依法向人民法院起诉或者申请撤销。

第三节　提起诉讼

一般来讲，用人单位除了对"终局裁决"不能提起诉讼外，其他裁决用人单位和劳动者都可自仲裁裁决书送达之日起 15 日内向人民法院提起诉讼。一方向法院提起诉讼后，案件即进入民事诉讼程序，由《民事诉讼法》等相关法律规定调整。

一、劳动争议起诉期限

不服劳动仲裁裁决的起诉期限为 15 日，自当事人收到仲裁裁决书之日起计算。如果超出 15 日不起诉的，则裁决书发生法律效力。例如，当事人于 2013 年 6 月 5 日签收仲裁裁决书，起诉期限届满日就为 6 月 20 日，即当事人应在 6 月 20 前（含 6 月 20 日）提起诉讼；如果 6 月 20 日是周六或周日的，则诉讼时效顺延至休息日后的第一个工作日。

二、劳动争议管辖法院

劳动争议的处理采用仲裁前置的处理程序，对仲裁结果不满意的，一方可以依法到法院起诉。依据《劳动争议调解仲裁法》的规定：劳动争议仲裁委员会负责管辖本区域内发生的劳动争议。劳动争议由劳动合同履行地或者用人单位所在地的劳动争议仲裁委员会管辖。双方当事人分别向劳动合同履行地和用人单位所在地的劳动争议仲裁委员会申请仲裁的，由劳动合同履行地的劳动争议仲裁委员会管辖。换而言之，劳动争议仲裁实行劳动合同履行地优先管辖原则。

但是，对于仲裁的结果，劳动争议双方的当事人，任何一方都可以向法院提起诉讼。这种诉讼会有三种情形：①劳动者起诉，②用人单位起诉，③双方都起诉。若劳动者起诉，一般会在劳动合同履行地起诉，这样就不会出现仲裁管辖地与法院管辖地不一致的情形；若用人单位起诉，可能出现起诉地与仲裁地不一致的情形；若双方都起诉，从便于劳动者的角度出发，应当由劳动合同履行地的法院管辖。

现实生活中，会出现一些特殊的案件就是劳动合同履行地与用人单位所在地不一致，仲裁是由劳动者在合同履行地提出的，起诉是由用人单位在其所在地提出的。依据《最高人民法院关于审理劳动争议案件适用法律若干问题的解释》的规定，劳动争议案件由用人单位所在地或者劳动合同履行地的基层人民法院管辖。劳动合同履行地不明确的，由用人单位所在地的基层人民法院管辖。即劳动合同履行地和用人单位所在地的法院对劳动争议都有管辖权。因此，在法律上，劳动争议仲裁的管辖地可以与劳动争议诉讼的管辖地不一致，还需要满足以下两个条件。

（1）劳动争议仲裁委员会的裁决书没有明确指定起诉法院。一般来说，仲裁裁决书在这方面的裁决有两种可能：①"不服裁决的，任何一方都有权向有管辖权的人民法院提起诉讼"。②"不服裁决的，向某某法院提起诉讼"。如果裁决书已经指定了明确的管辖法院，劳动者和用人单位都只能到指定的法院起诉；如果裁决书没有明确指定管辖权的法院，任何一方都可以向劳动合同履行地或用人单位所在地的法院起诉。

（2）劳动者没有对仲裁裁决提起诉讼，若劳动者在合同履行地起诉，用人单位在单位所在地起诉，应当由合同履行地的法院管辖此劳动争议诉讼。

三、劳动争议诉讼请求

不服劳动仲裁裁决，起诉至法院后，虽适用《民事诉讼法》进入普通诉讼程序中，但由于劳动争议案件的特殊性，因此，在仲裁和审判的衔接问题上变得相对复杂，应当特别注意。

1. 关于增加诉讼请求

根据《最高人民法院关于审理劳动争议案件适用法律若干问题的解释》的规定，法院受理劳动争议案件以劳动争议仲裁为前置条件，没有经过劳动争议仲裁的前置程序，法院将不会立案也不会予以受理。如果增加的诉讼请求与诉争的劳动争议具有不可分性，则法院应当合并审理。但如何判定新增的诉讼请求与劳动争议具有不可分性，由于缺乏明确的法律规定和解释，实务中主要由法官自由裁量。一般来说，法官主要考察新增加的诉讼请求是否与原仲裁事项基于同一法律关系或同一事实而产生。

2. 关于反诉

实践中，往往会出现这种情况，仲裁裁决出来后，用人单位和劳动者均不服裁决，但劳动者因为精力有限，不再提起诉讼，而没想到用人单位则在起诉期限届满的最后几天提起诉讼，导致劳动者措手不及，未在法定期限内提起诉讼。这种情况下，在诉讼程序中，作为被告的劳动者能否在本诉中提起反诉，在实践中存在争议，目前，法律及司法解释均未作出明确规定。

反诉，是指在一个已经开始的民事诉讼（诉讼法中称为本诉）程序中，本诉的被告以本诉原告为被告，向受诉法院提出的与本诉有牵连的独立的反请求。根据一般民事诉讼的原理，反诉得以成立应当具备以下几个构成要件。

（1）本诉正在进行中，辩论终结前。

（2）反诉不属于其他法院专属管辖，如果反诉属于其他法院专属管辖的，审理本诉的法院因无权管辖，则反诉不得与本诉合并审理。

（3）反诉能够与本诉适用同一程序。

（4）反诉请求与本诉请求互不相容或其中一个请求为另一个请求的先决问题。

（5）反诉需由被告向本诉原告提起。

实务中普遍认为，由于反诉请求没有经过仲裁程序的审理，而且本诉原告是因不服仲裁裁决而向法院起诉的，而不是向反诉人提出的独立的诉讼请求，反诉人的反诉不能达到抵消和吞并本诉原告诉请的目的，因此，在劳动争议诉讼中的反诉一般很难被支持。

四、劳动争议诉讼程序

诉讼程序是处理劳动争议的最终程序。法院处理劳动争议案件和处理一般民事纠纷一样，适用《民事诉讼法》的规定。其主要程序有一审程序、二审程序、审判监督程序等。

1. 一审程序

（1）起诉和受理。

最高人民法院《关于全面深化人民法院改革的意见》于 2015 年 5 月 1 日开始施行，对案件受理制度进行了改革，变立案审查制为立案登记制。根据该意见要求，当事人只要提供符合形式要件的诉状，法院应当一律接收，并在规定的期限内依法处理。对符合法定条件的起诉，应当登记立案；对当场不能判定是否符合起诉条件的，应当接收起诉材料，并出具注明收到日期的书面凭证。需要补充必要相关材料的，人民法院应当及时告知当事人。在补齐相关材料后，应当在七日内做出决定是否立案登记。

（2）审理前的准备。

正式审理之前法院还要做一些准备工作，比如向被告发送起诉状副本，组成合议庭，开展调查或委托调查，通知当事人参加诉讼等。

（3）开庭审理。

法庭调查时，按当事人陈述、证人作证、出示证言及书证等证据、宣读鉴定结论和勘验笔录的顺序进行。进入法庭辩论后，先由原告及其诉讼代理人发言，然后，由被告及其诉讼代理人答辩，再由各方相互辩论。辩论之后由审判长按照原告、被告、第三人的先后顺序征询各方最后意见。

（4）依法做出判决。

判决前能够调解的，还可以进行调解，调解不成的，应当及时判决。如果法院适用普通程序审理劳动案件，审限为 6 个月，即自受理之日起 6 个月内审结。有特殊情况需要延长的，由法院院长批准，可以延长 6 个月；如还需要延长的，应报请上级人民法院批准。如适用简易程序审理劳动案件，则审限为 3 个月。

2. 二审程序

当事人不服一审判决的，可依法提起二审程序。但须在一审判决书送达之日起 15 日内向上一级人民法院提起上诉。

上诉状应通过原审人民法院提交，并按对方当事人或代表人的人数提交副本。二审法院作出的判决为终审判决。

3. 审判监督程序

审判监督程序是当人民法院对已经发生法律效力的判决和裁定发现确有错误而需要再

审时所进行的程序。当事人也可以申请再审，但须在判决发生法律效力后六个月内提出。

HR 操作锦囊

案件进入法院诉讼程序，往往比仲裁程序复杂且严谨，HR 应当做好证据的搜集工作，掌握诉讼程序规定。由于专业性较强，建议在诉讼程序中委托劳动法专业律师介入，以最大限度保护单位的合法利益。

法条传送门

《中华人民共和国民法典》

第二百条　民法所称的期间按照公历年、月、日、小时计算。

第二百零一条　按照年、月、日计算期间的，开始的当日不计入，自下一日开始计算。

按照小时计算期间的，自法律规定或者当事人约定的时间开始计算。

第二百零二条　按照年、月计算期间的，到期月的对应日为期间的最后一日；没有对应日的，月末日为期间的最后一日。

第二百零三条　期间的最后一日是法定休假日的，以法定休假日结束的次日为期间的最后一日。

期间的最后一日的截止时间为二十四时；有业务时间的，停止业务活动的时间为截止时间。

第二百零四条　期间的计算方法依照本法的规定，但是法律另有规定或者当事人另有约定的除外。

《中华人民共和国劳动争议调解仲裁法》

第二十七条　劳动争议申请仲裁的时效期间为一年。仲裁时效期间从当事人知道或者应当知道其权利被侵害之日起计算。

《最高人民法院关于审理劳动争议案件适用法律问题的解释（一）》（略）

《江苏省高级人民法院、江苏省劳动人事争议仲裁委员会关于审理劳动人事争议案件的指导意见》

第一条　劳动者因用人单位未与其签订书面劳动合同而主张用人单位每月支付二倍工资的争议，劳动人事争议仲裁委员会及人民法院应依法受理。

对二倍工资中属于用人单位法定赔偿金的部分，劳动者申请仲裁的时效适用《调解仲裁法》第二十七条第一款的规定，即从用人单位不签订书面劳动合同的违法行为结束之次日开始计算一年；

如劳动者在用人单位工作已经满一年的，劳动者申请仲裁的时效从一年届满之次日起计算一年。

第四节　劳动争议举证与证明责任

"以事实为根据"是我国法院审判的一个重要原则。证据是为了说明事实的真相，而以证据的形式出现的一种手段，同时，证据是整个诉讼活动的基础和核心，决定诉讼结果。这也就是俗话说的"打官司就是打证据"。而在劳动争议案件中，用人单位承担的举证责任远远大于劳动者所承担的举证责任，对此，HR 应该加强证据意识，必须重视证据管理并掌握基本的举证技巧，这样一旦出现纠纷，不至于因证据的缺失而被动。

一、举证责任的分配

民事诉讼中的举证责任分配是举证责任的核心。举证责任是指在民事诉讼中，一方当事人按照法律规定和法院的举证责任分配，对自己的主张或者与对方当事人的诉讼请求密切相关的某事项负有提供证据，来证明自己主张成立或者某事项的事实存在与否的诉讼义务。如果举证成功，就能使法院支持自己的诉讼请求或者免除自己的民事法律责任；如果举证不能或者举证不充分，自己的主张就不能成立或者承担不利的法律后果。这便是我们通常所说的"谁主张谁举证"原则。

而在一些特殊情况下，把通常应当由提出事实主张的当事人所负担的举证责任，直接分配给对方，由对方对于否认事实存在提供证据。这便是"举证责任倒置"。

根据《劳动争议调解仲裁法》的规定："发生劳动争议，当事人对自己提出的主张，有责任提供证据。与争议事项有关的证据属于用人单位掌握管理的，用人单位应当提供；用人单位不提供的，应当承担不利后果。"因此，劳动争议案件中对举证责任倒置的情形做了原则性规定，这大大加重了用人单位的举证责任。

用人单位在劳动争议诉讼中应承担的举证责任主要有如下方面。

（1）劳动者已举证证明在用人单位处劳动，但用人单位主张劳动关系不成立的，用人单位应当提交反证。

（2）用人单位应就劳动者已领取工资的情况举证。

（3）用人单位延期支付工资，劳动者主张用人单位系无故拖欠工资的，用人单位应就延期支付工资的原因进行举证。

（4）劳动者主张加班工资的，用人单位应就劳动者实际工作时间的记录举证。

（5）双方当事人均无法证明劳动者实际工作时间的，用人单位就劳动者所处的工作岗位的一般加班情况举证。

（6）用人单位减少劳动者劳动报酬的，应就减少劳动报酬的原因及依据举证。

（7）用人单位应就解除劳动合同或事实劳动关系所依据的事实和理由举证。

（8）用人单位主张劳动者严重违反劳动纪律或规章制度的，应就劳动者存在严重违反劳动纪律或规章制度的事实，以及规章制度是否经民主程序制定并已向劳动者公示的事实举证。

（9）用人单位应就各种实际已发生的工伤赔偿支付事实举证。

（10）依法应由用人单位承担的其他举证责任。

举案说法 53. 劳动争议中，举证责任到底由谁承担？

2009 年 12 月 24 日，刘某到大连某房地产公司从事销售工作，后升职为销售主管，双方没有签订劳动合同。原告的基本工资情况：2010 年 1 月至 2010 年 3 月为 1 280 元/月，4 月至 7 月为 1 600 元/月，8 月之后为 2 500 元/月。2009 年 12 月至 2011 年 4 月，刘某累计休息日加班 64 天。

2011 年 4 月 28 日，刘某离职，房地产公司没有为其出具解除劳动关系的手续。之后，刘某向所属区劳动争议仲裁委员会提起仲裁，要求房地产公司支付其未签劳动合同的双倍工资差额、休息日加班费以及违法解除劳动关系的赔偿金。

在庭审过程中，刘某与房地产公司各执一词：对于劳动合同，刘某称房地产公司不与其签订劳动合同，房地产公司称系刘某拒绝签订劳动合同，但未提供证据证明；对于工资数额，刘某称其工资构成为基本工资加提成，房地产公司称刘某仅从事销售管理工作，只有基本工资，不存在提成；对于加班费，房地产公司认可加班事实但称刘某加班未经审批，系因未完成工作任务而自愿加班，但未提供公司的加班审批制度；对于离职原因，刘某称房地产公司系无故口头将其辞退，房地产公司认为刘某系自行离职，双方均未提供证据证明。

最终，仲裁裁决房地产公司向刘某支付未签劳动合同的双倍工资差额、加班费、经济补偿金合计 35 582.3 元。刘某不服该仲裁裁决，认为赔偿过低，诉至法院。

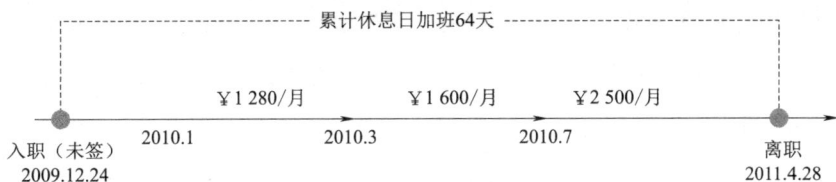

累计休息日加班64天

¥1 280/月　　¥1 600/月　　¥2 500/月

入职（未签）　　2010.1　　2010.3　　2010.7　　离职
2009.12.24　　　　　　　　　　　　　　　　　2011.4.28

审理结果

法院经审理，判决被告房地产公司向原告刘某支付经济补偿金 3 038 元、未签订书面劳动合同的双倍工资差额 20 240 元、加班费 12 042 元，合计 35 320 元。

刘某不服一审判决，提出上诉，二审法院经审理同意一审意见，判决：驳回上诉，维持原判。

HR 操作锦囊

本案中，原告刘某在被告房地产公司处工作，接受被告管理，被告为其发放工资，双方符合法律、法规规定的主体资格，劳动关系成立。本案的主要争议焦点为原告在被告处工作期间每月的工资数额，由此可确定其他诉讼请求数额的计算基数。

原告主张其工资数额为基本工资与销售提成的总和，被告不予认可，其认为原告作为销售管理人员并不进行具体销售工作，其工资仅为基本工资，无提成款。

根据"谁主张、谁举证"的原则，原告需举证证明其与被告之间有提成款计提协议及扣发风险金的证据。因原告提交的证据均为复印件，被告不予认可且提出了相反的证据——营销机构工资表和提成款统计明细，故原告关于其平均月工资为 7 213 元的诉讼意见，无据认定，不予采纳，原告离职前 12 个月的平均工资为 2 025 元。原告各项补偿的计算依据应以被告提供的工资表上的实发工资为准。

原告要求被告支付提成佣金和返还风险金的请求，于法无据，不予支持。

对于原告的离职，原告称被告无故单方解除劳动关系，被告称原告乃自行离职，双方均未提供证据证明，鉴于双方劳动关系已经实际解除，被告应向原告支付经济补偿金而非赔偿金；原告在被告处工作 1 年 5 个月，被告应向原告支付经济补偿金 3 038 元（2 025 元×1.5 个月）。

原告关于要求被告支付违法解除劳动合同的赔偿金的诉讼请求，于法无据，不予支持。

被告作为用人单位，应与原告签订劳动合同，因其未提供证据证明未签订劳动合同的原因在于原告，所以，其应在用工的第二个月起（2010 年 1 月 24 日）向原告支付双倍工资 20 240 元（1 280 元×3 个月 + 1 600 元×4 个月 + 2 500 元×4 个月）。原告关于要求被告支付未签订劳动合同的双倍工资差额的诉讼请求，于法有据，应予支持；原告超出该数额的诉讼请求，不予支持。

原告在被告处工作期间，共计加班 64 天，被告应向原告支付加班费 12 042 元。原告关于要求被告支付加班费的诉讼请求，于法有据，应予支持；原告超出该数额的诉讼请求，不予支持。

据此，法院最终作出了判决结果。

通过本案例，我们可以看出，举证责任分为行为意义上的举证与结果意义上的举证。行为意义上的举证是指负有举证责任的一方应当向法院或仲裁机构提供证据，用来证明自己的主张；结果意义上的举证是指负有举证责任的一方提供的证据，要能够证明自己的主张和事实。只有负有举证责任的一方完成了行为意义上的举证，且所举证据能够证明自己的主张，才算完成了举证责任。

在劳动争议案件中，劳动者在劳动关系中一般处于弱势地位；并且与劳动关系有关的证据材料基本上都由用人单位保管，这使得劳动者在诉讼中对有些事实的举证存在困难，而用人单位提供这些证据则相对容易。因此，法律对于劳动争议案件中举证责任的分配有着特殊的要求，即劳动争议案件举证责任倒置规则。根据《最高人民法院关于审理劳动争议案件适用法律若干问题的解释》的规定，因用人单位作出的开除、除名、辞退、解除劳动合同、减少劳动报酬、计算劳动者工作年限等决定而发生的劳动争议，用人单位负举证责任。但是，法律没有具体规定这六种情形以外的劳动争议的举证责任，因此，根据我国相关诉讼法律的规定，应采取"谁主张，谁举证"的原则。本案中，刘某主张其工资应该由基本工资和提成组成，因此，他应当负举证责任，如举证不能，就应该承担相应不利的法律后果。

HR 对于单位举证责任的规定应当熟练掌握，在收到员工的仲裁申请或起诉状时，应根据对方的申请和诉讼请求，对照其所提供的证据分析自己应当提供的证据，用以证明自己的主张、反驳对方的主张。在平时工作中，HR 一定要注意保留工作记录，发放工资及向员工作出决定及通知时，应当采取书面形式，且由员工签字确认。

二、举证期限

举证期限，是指当事人向劳动仲裁或人民法院履行提供证据责任的期间，在举证期限内，当事人应当向劳动仲裁或人民法院提交证据材料，当事人在举证期限内不提交的，视为放弃举证权利。对于当事人逾期提交的证据材料，劳动仲裁或人民法院责令其说明理由，拒不说明理由或理由不成立的，劳动仲裁或人民法院审理时不组织质证或者虽采纳证据但要予以训诫或罚款。规定举证期限是为了达到庭前固定争议点、规定证据的目的，以克服"证据随时提出主义"的弊端。

1. 仲裁阶段的举证期限

根据《劳动人事争议仲裁办案规则》的规定，承担举证责任的当事人应当在仲裁委员会指定的期限内提供有关证据。当事人在指定期限内不提供的，应当承担不利后果。当事人应当在指定期限内提交证据，否则，要面临证据不组织质证的法律风险。

在实践中，一般仲裁委员会在受理案件后，会根据案件的具体情况指定举证期限，并且会在《举证通知书》或《应诉通知书》中写明，一般为 10 天或 15 天，自当事人收到案件《受理通知书》或《立案通知书》之日起计算。有的举证期限直接规定为截至开庭当日。

因此，HR 在处理劳动争议时，应当全面了解和重视相关法律法规和仲裁委员会送达的各种与案件相关的文件和材料，尤其是对 HR 而言，更应随时更新相关知识，切忌犯经验主义的错误。

2. 诉讼阶段的举证期限

诉讼阶段对举证期限的要求比较明确，根据《民事诉讼法》的相关规定，法院在受理劳动争议案件后，将根据审理程序确定举证期限，适用一审普通程序的，举证期限不得少于 30 日；适用简易程序的，举证期限可以少于 30 日。法院送达的《举证通知书》中，会明确告知当事人法院指定的举证期限和相关的权利义务。

3. 特殊证据的举证申请期限

对于某些特殊证据，如需要仲裁委员会或法院调查取证的，以及需要证人出庭作证的，当事人应在规定的期限内提出申请。

（1）当事人申请仲裁委员会或法院调查取证的，应当提交书面申请，且不得迟于举证期限届满前 7 日提出。人民法院对当事人调查取证的申请不予准许的，应当向当事人送达通知书。当事人在收到通知书的次日起 3 日内可以向受理申请的人民法院书面申请复议一次。人民法院应当在收到复议申请之日起 5 日内作出答复。

（2）当事人申请证人出庭作证的，应当在举证期限届满 10 日前提出，并经人民法院许可。

（3）当事人申请保全证据的，不得迟于举证期限届满前 7 日提出。同时，人民法院可以要求其提供相应的担保。

（4）当事人申请鉴定的，应当在举证期限内提出。

三、证据种类与提交规则

证据，是指能够证明案件事实的依据，证据问题是诉讼的核心问题，是围绕证据的搜集和运用进行。在任何一起案件的审判过程中，都需要通过证据和证据形成的证据链再现还原事件的本来面目。证据具有以下三个特征。

第一，客观性。又称为真实性、客观真实性，是指证据必须是客观存在的真实情况。证据的真实性是在经过了仲裁庭或法庭充分调查、质证和辩论之后，仲裁员或法官没有理由怀疑其为虚假，即达到证明标准。

第二，关联性。是指证据必须与要证明的案件事实之间存在内在联系。如果与案件无关，即使是客观事实，也不能作为定案依据。

第三，合法性。又称法律性，即证据应当符合法律规定的要求，不为法律所禁止，否则不具有证据效力。

总之，证据具有真实性、关联性和合法性，也就具备了证据资格，可以作为认定案件事实存在的依据。

1. 证据种类

证据的种类，是指作为证据材料的不同表现形式。根据《民事诉讼法》的规定，民事证据有以下八种：当事人陈述、书证、物证、视听资料、电子数据、证人证言、鉴定意见、勘验笔录。这里所指的证据种类是指作为证据资料的不同表现形式。

目前，在我国，网上聊天记录、博客、微博客、手机短信、电子签名、域名等形成或者存储在电子介质中的信息可以视为民事案件中的证据。

（1）当事人陈述。

当事人陈述是指当事人在诉讼中就本案的事实向仲裁机构或法院所作的陈述。当事人在诉讼中向法院所作的陈述中涉及多方面的内容，如关于诉讼请求的陈述、关于诉讼请求根据的陈述、反驳诉讼请求的陈述、反驳对方证据的陈述、关于其他程序事项的陈述等。

而作为证据的当事人陈述是指能够证明案件事实的陈述，如关于争议法律关系形成事实的陈述。基于趋利避害的特性，当事人的陈述与其他证据比较，易夹带虚假的成分，会做出不真实的陈述，这是当事人陈述的特点。

当事人的承认是当事人陈述的一种特殊形式，是对自己不利的案件事实的真实性的认可。自认又可分为诉讼上的自认和诉讼外的自认。诉讼上的自认是在法庭上进行的自认，只要内容合法、意思表示真实，就可以直接作为定案的依据，免除对方当事人的证明责任，但涉及身份关系的案件除外。诉讼外的自认是当事人对对方当事人的事实主张，在法庭外所进行的认可与接受，不直接产生法律效力，也不可以作为证据使用。

对一方当事人陈述的事实，另一方当事人既未表示承认也未否认，经审判人员充分说明并询问后，其仍不明确表示肯定或否定的，视为对该项事实的承认。因此，庭审过程中一定要谨慎发言，避免受到其他人的干扰或误导。劳动争议案件中，当事人陈述的表现形式，除了双方提交的仲裁申请书、起诉状、答辩状等，主要就是庭审笔录。当事人的每一句发言都会写入庭审笔录，庭审结束后，由双方当事人在庭审笔录上签字。当事人如果认为对自己陈述的记录有遗漏或者差错的，应及时申请补正。

（2）书证。

书证是指以文字、符号、图形等形式所记载的内容或表达的思想来证明案件事实的证据。比如各种书面文件或纸面文字材料（劳动合同、各种通知、文件等）。但书证内容的物质载体并不限于纸面材料，非纸类的物质亦可成为载体，如木、竹、石、金属等。

（3）物证。

物证是指以其存在的形状、质量、规格、特征等来证明案件事实的证据。物证是通过其外部特征和自身所体现的属性来证明案件的真实情况，它不受人们主观因素的影响和制约。因此，物证是民事诉讼中重要的证据之一。比如被员工毁坏的公司物品。某些证据在一定条件下既可以是书证，同时又可以是物证。如文件中的署名，如果用来证明何人署名时，它是书证；如果用来判明署名的真伪时，要求通过遗留在纸上的笔迹来鉴别，则是物证。

（4）视听资料。

视听资料是指利用录音、录像、电子计算机储存的资料和数据等来证明案件事实的一种证据。它包括录像带、录音片、传真资料、电影胶卷、微型胶卷、电话录音、雷达扫描资料和电脑贮存数据和资料等。随着电子时代的到来，视听资料在实务中被广泛运用。顾名思义，"视"就是可以看的视觉资料如录像，"听"就是可以听的听觉资料比如录音，以及"视听"同时具备的音像资料。

在劳动争议案件中，遇到最多的就是谈话录音。有些人非常信奉谈话录音，认为你都自己亲口承认并且被录下来了，还不能充分证明案件事实吗？其实不然，视听资料有很多局限性。

根据《最高人民法院关于民事诉讼证据的若干规定》第七十条规定："一方当事人提出的下列证据，对方当事人提出异议但没有足以反驳的相反证据的，人民法院应当确认其证明力：其中包括有其他证据佐证并以合法手段取得的、无疑点的视听资料或者与视听资料核对无误的复制件。"也就是说，录音虽然具有证据效力，但必须符合以下条件：首先，通过合法手段取得，不违反法律的禁止性规定；其次，录音必须真实，即无任何人为编辑修改；最后，要有其他证据对录音证据进行佐证。没有其他证据佐证的录音不能单独作为定案依据。

视听资料作为证据的一种，其证明力受限较多，如果能够采用其他的方式收集证据的时候，不建议使用录音的方式。当然，如果迫不得已必须采用录音方式的时候，录音取证也需要一些技巧，比如要把背景和主题在录音中交代清楚，不要使用威胁的口吻，自身不要有违法的表述，并且要保留原始录音。而且录音只能作为辅助证据，要和其他证据相互印证，而不是唯一的证据。

（5）电子数据。

电子数据是基于计算机应用、通信和现代管理技术等电子化技术手段形成包括文字、图形符号、数字字母等的客观资料。

比如，一家公司想将人事经理和员工的 QQ 聊天记录作为证据提交给仲裁庭，大多数公司可能会将 QQ 聊天记录截屏、打印，然后把打印件直接提交上去。需要强调的是，提交上去的打印件不是原始证据，存在被修改或删减的可能，在劳动者不认可的情况下，仲裁庭很难认定其证明力。

《最高人民法院关于民事诉讼证据的若干规定》第六十九条明确规定，无法与原件核对的复印件不能作为定案证据。

建议 HR 在与员工签订劳动合同和入职登记表的时候让劳动者自己填写有效的电话号码、电子邮件和通信地址，只要将文件发送至他填写的这些号码和地址中时，就视为有效送达。那也就免除了 HR 去证明使用者的这些流程了。

还需要指出的是，电子数据的真伪、完整性依据目前的技术鉴定起来尚有困难，在这种情况下，审判机关对电子数据的采信一般也是比较谨慎的。如果同一案件有数份电子数据情形下，其证明力法官或仲裁员大概可以依照下面的规则判断。

① 审判机关、第三方收集的电子数据，其证明力大于当事人自行收集的证据。同理，由第三方保存的电子数据，其证明力也大于当事人保存的电子数据。

② 诉讼前生成的电子数据较专门为诉讼制作的电子数据更为可靠。

③ 经过公证的电子数据，具有预决效力，其证明力大于未经公证的证据。

④ "中毒"的电子设备储存的电子数据真实性难以保证，其证明力弱于安全电子设备储存的数据。

综上所述，我们发现，虽然现在电子信息技术高速发展，我们也越来越依赖无纸化办公。但是，从收集证据的角度上看，传统的还是最好的，我们还是应当将重要的证据落实到书面上，就是老话所说的"白纸黑字"，那样才是最万无一失的。

（6）证人证言。

证人是指了解案件情况并向仲裁机构、法院或当事人提供证词的人。证言是指证人将其了解的案件事实向法院所作的陈述或证词。在我国，证人包括单位证人和作为自然人的证人。单位作为证人要出庭作证时，应当由单位的法定代表人、负责人或经其授权的自然人代表单位作证。

根据法律规定，除法定情形外，证人必须出庭接受当事人的质证，否则，该证人证言不得作为定案依据。劳动争议案件中最常见的是，劳动者为证明劳动关系的存在、加班的事实等，请同事出具证言。

法律对证人证言的规定，主要是《最高人民法院关于民事诉讼证据的若干规定》第六十九条的规定："下列证据不能单独作为认定案件事实的依据：其中包括与一方当事人或者其代理人有利害关系的证人出具的证言，以及无正当理由未出庭作证的证人证言。"通过这条法律规定，可以总结出，证人证言有两个需要注意的方面：一是证人无正当理由均必须出庭接受质证；二是证人不能与当事人或代理人有利害关系。

（7）鉴定意见。

鉴定意见是具有专业技术特长的鉴定人利用专门的仪器、设备，就与案件有关的专门问题所做的技术性结论。劳动争议案件中，使用较多的主要是文书司法鉴定，包括笔迹鉴定，伪造、变造文书鉴定，打印、复印、印刷文书鉴定，文书物证材料鉴定和文书制作时间鉴定等。

新民事诉讼法在证据形式中将鉴定结论改称为鉴定意见。鉴定意见的一个基本特点是鉴定意见是有关专家运用自己所掌握的知识对案件问题所作出的分析意见，是人对事物的一种主观上的认识。在这一点上，它与证人证言中证人对自己所见所闻的案件事实所做的客观描述是不一样的。因此，鉴定应当以案件材料为基础，鉴定意见所涉及的问题应当是案件的有关事实而不应当涉及案件的法律问题。

现实中，当劳动者认为用人单位提供的劳动合同或其他书面材料上的签名不是其本人所写时，就可以申请笔迹鉴定。用人单位认为劳动者提供的劳动合同及或其他书面材料上的公章不是其真正的公章时，也可以申请公章鉴定。

（8）勘验笔录。

勘验笔录是指仲裁机构的仲裁员或法院审判人员为了查明案情，对与争议有关的现场或者物品，亲自进行勘查检验，进行拍照、测量，将勘验情况和结果制成笔录，称为勘验笔录。勘验笔录在本质上是保全和固定证据的手段与方法。劳动争议案件中，较少涉及此类证据。

2. 证据提交规则

单位在向劳动争议仲裁委员会或人民法院提交证据时，应遵循以下基本规则。

（1）在举证期限内提交证据或举证申请。

（2）须提交证据原件。在实务中，立案时或开庭前一般可提供与原件核对无误的复印件；开庭时须出具原件以供质证。如果提供物证的，可以提交对物进行拍摄的照片；如果提供视听资料证据的，应当提交拷贝件及完整的书面对话记录。

（3）以外文书证或者外文说明资料作为证据的，应当附有中文译本，中文译本应是由有关机构认可的有翻译资质的单位翻译，并加盖翻译机构的公章。

（4）提供的证据如果是在境外形成的，则该证据应当经所在国公证机关予以证明，并经驻该国使领馆予以认证，或者履行中华人民共和国与该所在国订立的有关条约中规定的证明手续。

（5）应提供证据目录，在证据目录中应对提交的证据逐一分类编号，写明证据材料的来源、证明对象和内容以及提交日期等。

举案说法 54. 电子证据在劳动争议中起到何种作用？如何认定？

2010 年 10 月 13 日，朱某入职北京某公司，担任测试工程师。公司使用网上办公系统发布《员工违规违纪处理决定》载明，"员工请休假或出差需办理的相关考勤手续，应通过该网上办公系统进行报送与审批"。

朱某在公司正常出勤至 2012 年 2 月 21 日。公司主张朱某此后连续旷工，严重违反规章制度，故公司向朱某居住地邮寄《解除劳动合同通知书》。朱某予以否认，主张其于 2012 年 2 月 22 日口头向其直接领导宋某请事假，并在公司网上办公系统及时填报，此后通过电子邮件方式向公司提交病假条，故非旷工，公司系违法解除劳动合同。公司提举了考勤记录、电话录音等证据材料。朱某提交了中国移动通信客户通话与短信详单、电子邮件打印件、诊断证明书等证据材料。

案件经劳动争议仲裁前置程序后，公司不服仲裁裁决，向法院提起诉讼。

审理结果

法院经审理认为，因用人单位做出解除劳动合同的决定而发生劳动争议的，由用人单位负举证责任。公司《员工违规违纪处理决定》规定"员工请休假需经网上考勤办公系统进行"，现公司不认可朱某于 2012 年 2 月 22 日请休假且通过公司网上考勤办公系统填报了申请的主张，但该公司作为掌管网上考勤办公系统的一方，未能就此提供该系统的相关记录，导致法院无从核实朱某是否运用该系统进行请休假，公司应当就此承担相应的不利后果。另外，结合公司提交的电话录音证据可以看出，公司领导于 2012 年 3 月就请休假事宜与朱某进行沟通，能够与朱某的主张相互印证。

综上，法院认定 2012 年 2 月 22 日朱某依据公司规章制度履行了请休假手续。此后朱某在病休期间，通过电子邮件方式向公司出示病假证明，通过电话方式与公司领导沟通，履行了请休病假的告知与证明义务。公司以朱某旷工为由提出与其解除劳动关系，缺乏事实与法律依据，构成违法解除劳动关系。据此，法院判决公司向朱某支付违法解除劳动关系的赔偿金 23 200 元，并为朱某办理社保及档案转移手续。

HR 操作锦囊

本案争议的焦点：一是关于考勤情况举证责任的分配，二是关于电子证据的认定。根据《最高人民法院关于民事诉讼证据的若干规定》的规定，有证据证明一方当事人持有证据无正当理由拒不提供，如果对方当事人主张该证据的内容不利于证据持有人，可以推定该主张成立。本案中，双方均确认朱某需通过公司网上考勤办公系统办理请休假手续，现就朱某是旷工还是请休假产生争议，作为掌握无纸化办公平台的一方，公司却未提供该系统的相关记录以供法院查清事实，应承担相应的不利后果。

无纸化办公条件的日益普及，催生了劳动争议案件中诸多的电子证据。2013 年 1 月 1 日起实施的《民事诉讼法》明确将电子数据列入证据范围。具体到案件，对电子证据自身"三性"的认定，相互间能否形成证据链条、佐证己方主张或推翻对方主张的分析，可能直接关乎案件审理的走向。就本案而言，朱某与公司提交的证据中大部分均为电子证据，所涉电子证据的类型包括电子邮件、网上办公系统发布的文件（经公证）、考勤打卡记录等。通过对上述电子证据反映情况的综合分析，法院认为，能够与朱某关于正常履行请休假程序的主张相互印证，并据此作出相关认定。

需要引起 HR 注意的是，电子证据删改性较强，尤其劳动争议案件中，涉及办公平台系统中的电子证据，用人单位可自行通过后台操作系统进行修改，故所涉电子证据不宜单独作为定案依据，亦不宜仅以是否经过公证程序而判定效力，而应结合当事人的陈述、书证、视听资料等其他证据，经过综合分析而稳妥处理。

同时，还应完善考勤制度并公示，得到员工的认可和确认，严格按照考勤制度履行请休假审批手续。树立证据意识，保留员工的申请证明以及单位的审批证明，一旦涉诉，应当根据案情准备相应的证据，各项证据力求做到环环相扣，形成一条完整的证据链条，以达到自己的证明目的，切忌举出与证明目的无关甚至自相矛盾的证据。

与此同时，在劳动争议中，传真件并非原件，在使用过程中应当注意以下几点，以增强其客观性。

（1）在发送或接收传真后，通过电话等方式向对方进行确认，并采用电话录音等更为客观的方式对确认过程和确认内容加以固定。（此项也可在电子邮件证据中使用）

（2）确保传真的清晰、完整，传真件中应当包含发件人、收件人、发收传真的号码、发件时间等原始信息，为考察传真件的真实性提供依据和线索。

（3）若存在多份传真件，应突出强调传真之间的连续性和关联性，以达到相互印证的目的。

（4）注意收集相关证据对传真件加以佐证，如双方事先就采用传真形式进行信息传递的相关约定。（此项也可在电子邮件证据中使用）

最后，在管理实践中，"无纸化"办公确实大大提高了工作效率，但是，也给证据收集造成了很大的障碍，因此，HR 在工作中应当谨慎使用，对于比较重要的通知、文件等，最好采用纸质方式进行证据固定。

法条传送门

《中华人民共和国劳动争议调解仲裁法》

第六条　发生劳动争议，当事人对自己提出的主张，有责任提供证据。与争议事项有关的证据属于用人单位掌握管理的，用人单位应当提供；用人单位不提供的，应当承担不利后果。

《中华人民共和国民事诉讼法》

第六十三条　证据包括：

（一）当事人的陈述；

（二）书证；

（三）物证；

（四）视听资料；

（五）电子数据；

（六）证人证言；

（七）鉴定意见；

（八）勘验笔录。

证据必须查证属实，才能作为认定事实的根据。

第六十四条　当事人对自己提出的主张，有责任提供证据。

当事人及其诉讼代理人因客观原因不能自行收集的证据，或者人民法院认为审理案件需要的证据，人民法院应当调查收集。

人民法院应当按照法定程序，全面地、客观地审查核实证据。

第六十五条　当事人对自己提出的主张应当及时提供证据。

人民法院根据当事人的主张和案件审理情况，确定当事人应当提供的证据及其期限。当事人在该期限内提供证据确有困难的，可以向人民法院申请延长期限，人民法院根据当事人的申请适当延长。当事人逾期提供证据的，人民法院应当责令其说明理由；拒不说明理由或者理由不成立的，人民法院根据不同情形可以不予采纳该证据，或者采纳该证据但予以训诫、罚款。

第六十六条　人民法院收到当事人提交的证据材料，应当出具收据，写明证据名称、页数、份数、原件或者复印件以及收到时间等，并由经办人员签名或者盖章。

第六十七条　人民法院有权向有关单位和个人调查取证，有关单位和个人不得拒绝。

人民法院对有关单位和个人提出的证明文书，应当辨别真伪，审查确定其效力。

第六十八条　证据应当在法庭上出示，并由当事人互相质证。对涉及国家秘密、商业秘密和个人隐私的证据应当保密，需要在法庭出示的，不得在公开开庭时出示。

第六十九条　经过法定程序公证证明的法律事实和文书，人民法院应当作为认定事实的根据，但有相反证据足以推翻公证证明的除外。

第七十条　书证应当提交原件。物证应当提交原物。提交原件或者原物确有困难的，可以提交复制品、照片、副本、节录本。提交外文书证，必须附有中文译本。

第七十一条　人民法院对视听资料，应当辨别真伪，并结合本案的其他证据，审查确定能否作为认定事实的根据。

第七十二条　凡是知道案件情况的单位和个人，都有义务出庭作证。有关单位的负责人应当支持证人做证。

不能正确表达意思的人，不能做证。

第七十三条　经人民法院通知，证人应当出庭做证。有下列情形之一的，经人民法院许可，可以通过书面证言、视听传输技术或者视听资料等方式做证：

（一）因健康原因不能出庭的；

（二）因路途遥远，交通不便不能出庭的；

（三）因自然灾害等不可抗力不能出庭的；

（四）其他有正当理由不能出庭的。

第七十四条　证人因履行出庭作证义务而支出的交通、住宿、就餐等必要费用以及误工损失，由败诉一方当事人负担。当事人申请证人作证的，由该当事人先行垫付；当事人没有申请，人民法院通知证人作证的，由人民法院先行垫付。

《劳动人事争议仲裁办案规则》

第十七条　当事人对自己提出的主张有责任提供证据。与争议事项有关的证据属于用人单位掌握管理的，用人单位应当提供；用人单位不提供的，应当承担不利后果。

第十八条　在法律没有具体规定，依本规则第十七条规定无法确定举证责任承担时，仲裁庭可以根据公平原则和诚实信用原则，综合当事人举证能力等因素确定举证责任的承担。

第十九条　承担举证责任的当事人应当在仲裁委员会指定的期限内提供有关证据。当事人在指定期限内不提供的，应当承担不利后果。

第二十条　当事人因客观原因不能自行收集的证据，仲裁委员会可以根据当事人的申请，参照《中华人民共和国民事诉讼法》有关规定予以收集；仲裁委员会认为有必要的，也可以决定参照《中华人民共和国民事诉讼法》有关规定予以收集。

第二十一条　仲裁委员会依法调查取证时，有关组织和个人应当协助配合。

第二十二条　争议处理中涉及证据形式、证据提交、证据交换、证据质证、证据认定等事项，本规则未规定的，参照民事诉讼证据规则的有关规定执行。

《最高人民法院关于民事诉讼证据的若干规定》

第二条　当事人对自己提出的诉讼请求所依据的事实或者反驳对方诉讼请求所依据的事实有责任提供证据加以证明。

没有证据或者证据不足以证明当事人的事实主张的，由负有举证责任的当事人承担不利后果。

第六条　在劳动争议纠纷案件中，因用人单位作出开除、除名、辞退、解除劳动合同、减少劳动报酬、计算劳动者工作年限等决定而发生劳动争议的，由用人单位负举证责任。

第十条　当事人向人民法院提供证据应当提供原件或者原物。如需自己保存证据原件、原物或者提供原件、原物确有困难的，可以提供经人民法院核对无异的复制件或者复制品。

第十一条　当事人向人民法院提供的证据系在中华人民共和国领域外形成的该证据应当经所在国公证机关予以证明，并经中华人民共和国驻该国使领馆予以认证，或者履行中华人民共和国与该所在国订立的有关条约中规定的证明手续。

当事人向人民法院提供的证据是在香港、澳门、台湾地区形成的，应当履行相关的证明手续。

第十二条　当事人向人民法院提供外文书证或者外文说明资料应当附有中文译本。

第十四条　当事人应当对其提交的证据材料逐一分类编号，对证据材料的来源、证明对象和内容作简要说明、签名盖章、注明提交日期，并依照对方当事人人数提出副本。

人民法院收到当事人提交的证据材料应当出具收据注明证据的名称、份数和页数以及收到的时间由经办人员签名或者盖章。

第十九条　当事人及其诉讼代理人申请人民法院调查收集证据，不得迟于举证期限届满前七日。

人民法院对当事人及其诉讼代理人的申请不予准许的，应当向当事人或其诉讼代理人送达通知书。当事人及其诉讼代理人可以在收到通知书的次日起三日内向受理申请的人民法院书面申请复议一次。人民法院应当在收到复议申请之日起五日内作出答复。

第二十三条　当事人依据《民事诉讼法》第七十四条的规定向人民法院申请保全证据，不得迟于举证期限届满前七日。

当事人申请保全证据的，人民法院可以要求其提供相应的担保。

法律、司法解释规定诉前保全证据的，依照其规定办理。

第二十五条　当事人申请鉴定，应当在举证期限内提出。符合本规定第二十七条规定的情形，当事人申请重新鉴定的除外。

对需要鉴定的事项负有举证责任的当事人，在人民法院指定的期限内无正当理由不提出鉴定申请或者不预交鉴定费用或者拒不提供相关材料，致使对案件争议的事实无法通过鉴定结论予以认定的，应当对该事实承担举证不能的法律后果。

第三十三条　人民法院应当在送达案件受理通知书和应诉通知书的同时向当事人送达举证通知书。举证通知书应当载明举证责任的分配原则与要求、可以向人民法院申请调查取证的情形、人民法院根据案件情况指定的举证期限以及逾期提供证据的法律后果。

举证期限可以由当事人协商一致，并经人民法院认可。

由人民法院指定举证期限的，指定的期限不得少于三十日，自当事人收到案件受理通知书和应诉通知书的次日起计算。

第三十四条　当事人应当在举证期限内向人民法院提交证据材料，当事人在举证期限内不提交的，视为放弃举证权利。

对于当事人逾期提交的证据材料，人民法院审理时不组织质证。但对方当事人同意质证的除外。

当事人增加、变更诉讼请求或者提起反诉的，应当在举证期限届满前提出。

第三十六条　当事人在举证期限内提交证据材料确有困难的，应当在举证期限内向人民法院申请延期举证，经人民法院准许，可以适当延长举证期限。当事人在延长的举证期限内提交证据材料仍有困难的，可以再次提出延期申请，是否准许由人民法院决定。

第五十四条　当事人申请证人出庭作证，应当在举证期限届满十日前提出，并经人民法院许可。

人民法院对当事人的申请予以准许的，应当在开庭审理前通知证人出庭作证，并告知其应当如实作证及作伪证的法律后果。

证人因出庭作证而支出的合理费用，由提供证人的一方当事人先行支付，由败诉一方当事人承担。

《最高人民法院关于审理劳动争议案件适用法律问题的解释（一）》（略）

第五节 裁决的执行

负有履行义务的当事人对生效法律文书所确定的义务，应当在规定的期限内履行。当事人逾期不履行的，另一方当事人可以根据《民事诉讼法》的规定向人民法院申请强制执行。

一、申请执行的条件

申请执行，是指一方当事人拒绝履行生效法律文书所确定的交付财物或履行某项行为的义务，而另一方当事人申请人民法院强制执行的行为。生效法律文书的执行，一般应当由当事人依法提出申请。申请执行的当事人，必须是生效法律文书所确定的权利人或其继承人、权利承受人。申请执行应当具备下列条件。

1. 申请执行的法律文书已经生效

一方当事人向法院申请强制执行的前提，是有关劳动争议案件的裁判文书已经发生法律效力。由于案件经过的法律程序及审结方式不同，相关法律文书的生效时间和情形也不相同。

（1）仲裁调解书，经双方签收后，发生法律效力。

（2）仲裁裁决书，"一裁终局"的，除非劳动者对裁决不服提起诉讼，否则，裁决书自作出之日起发生法律效力；其他裁决，当事人收到裁决书满15日未起诉的，裁决书发生法律效力。

（3）一审判决书，当事人收到判决书满15日未上诉的，判决书发生法律效力。

（4）二审判决书，判决书自作出之日起发生法律效力。

2. 申请执行人在法定期限内提出申请

根据《民事诉讼法》的规定，申请强制执行期间为2年，适用中止、中断规定，自法律文书规定履行期限的最后1天起计算，未规定履行期限的，自法律文书生效之日起计算。

如当事人未在上述规定的期间内申请强制执行，其相关权益将失去法律保护。

3. 执行根据所确定的义务人在生效法律文书确定的期限内未履行义务

负有履行义务的当事人对生效法律文书所确定的义务，超过履行期限仍未履行的，另一方当事人可以向法院申请强制执行。仲裁裁决书或判决书生效后，用人单位应当积极依据其内容履行相应的义务，如果履行确有困难的，也应主动和劳动者进行沟通和协商，申请执行和解，切不可盲目逃避。

4. 属于受申请执行的人民法院管辖

根据《民事诉讼法》的规定，发生法律效力的民事判决、裁定以及刑事判决、裁定中的财产部分，由第一审人民法院或者与第一审人民法院同级的被执行的财产所在地人民法院执行。法律规定由人民法院执行的其他法律文书，由被执行人住所地或者被执行的财产所在地人民法院执行。

也就是说，劳动争议执行的案件，由被执行人住所地或者被执行的财产所在地的一审人民法院执行。一般来说，当事人一方申请执行生效判决书的，可直接向案件的一审法院申请；当事人一方申请执行生效仲裁裁决书或仲裁调解书的，可向被执行人住所地或者被执行的财产所在地的基层法院申请。

二、仲裁裁决不予执行的情形

仲裁裁决书、调解书发生法律效力后，当事人向法院申请执行，被申请人提出证据证明仲裁裁决书、调解书有下列情形之一的，经法院组成合议庭审查核实，可裁定不予执行。

（1）裁决的事项不属于劳动争议仲裁范围，或者劳动争议仲裁机构无权仲裁的。

（2）适用法律确有错误的。

（3）仲裁员在仲裁该案时有贪污受贿，徇私舞弊，枉法裁决行为的。

（4）人民法院认定执行该劳动争议仲裁裁决违背社会公共利益的。

这项权利属于当事人，尤其是用人单位一方尤为重要。对于"一裁终局"的仲裁裁决，劳动者申请执行的，如果该裁决确实存在上述情形，用人单位可以使用这项救济途径，请求不予执行。但需要注意的是，根据《最高人民法院关于审理劳动争议案件适用法律若干问题的解释（三）》的规定，用人单位向人民法院申请撤销仲裁裁决被驳回后，又在执行程序中以相同理由提出不予执行抗辩的，人民法院不予支持。因此，如果用人单位已经向劳动争议仲裁委员会所在地的中级人民法院申请撤销裁决，但被裁定驳回的，用人单位就不能在执行程序中再以同样理由申请不予执行。

上述情形下，如果人民法院作出不予执行裁定的，当事人可以在收到裁定书之次日起30日内，就该劳动争议事项向人民法院起诉。

三、先予执行

先予执行，是指人民法院在终结判决之前，为解决权利人生活或生产经营的急需，裁定义务人预先履行将来生效判决中所确定之义务的一种措施。根据《劳动争议调解仲裁法》的规定，仲裁庭对追索劳动报酬、工伤医疗费、经济补偿或者赔偿金的案件，根据当事人的申请，可以裁决先予执行，移送人民法院执行。

仲裁庭裁决先予执行的，应当符合两个条件：①当事人之间权利义务关系明确；②不先予执行将严重影响申请人的生活。劳动者申请先予执行的，可以不提供担保。

四、执行异议

执行异议，是指在执行过程中，案外人对执行标的提出不同的意见，并主张实体权利。在执行过程中，案外人提出执行异议，目的是排除对执行标的的强制执行，保护自己的民事权益。

案外人对执行标的提出书面异议的，人民法院应当自收到书面异议之日起15日内审查，理由成立的，裁定中止对该标的的执行，理由不成立的，裁定驳回。当事人、利害关系人对裁定不服的，可以自裁定送达之日起10日内向上一级人民法院申请复议。案外人、当事人对裁定不服，认为原判决、裁定错误的，依照审判监督程序办理；与原判决、裁定无关的，可以自裁定送达之日起15日内向人民法院提起诉讼。

五、执行和解

执行和解，指在法院执行过程中，双方当事人经过自愿协商，达成协议，结束执行程序的活动。和解的内容，可以是一方自愿放弃一部分或全部权利，也可以是一方满足另一方的要求，还可以是双方各让一步。和解虽然发生在双方当事人之间，但也要符合一定的条件，即这种和解必须基于双方当事人达成的和解协议，人民法院执行员应当将协议内容记入笔录，由双方签名或盖章。

对双方已达成和解协议，但一方又反悔，不履行协议的，人民法院可针对不同情况进行处理。如果和解的内容已全部实现，或申请执行期已过，不予恢复执行；如和解的内容只实现一部分，一方当事人反悔不履行和解协议的，根据对方当事人的申请，人民法院可恢复对原生效判决的执行，但要扣除已履行的部分。

六、暂缓执行

暂缓执行，是指执行程序开始后，人民法院因法定事由依职权或根据当事人、其他利害关系人的申请，决定对某一项或几项执行措施在规定的期限内提供担保暂缓执行的一种制度。暂缓执行只能发生在执行过程中且须有法定的事由出现。暂缓执行只是暂时地停止执行，申请暂缓执行必须提供担保，待法定事由消失后应立即恢复执行。

七、执行中止

执行中止，是指执行过程中，因为某种特殊情况的发生而使执行程序暂时停止，待这种情况消失后，再行恢复执行的程序。

根据《民事诉讼法》的规定，有下列情形之一的，人民法院应当裁定中止执行。

（1）申请人表示可以延期执行的。

（2）案外人对执行标的提出确有理由的异议的。

（3）作为一方当事人的公民死亡，需要等待继承人继承权利或者承担义务的。

（4）作为一方当事人的法人或者其他组织终止，尚未确定权利义务承受人的。

（5）人民法院认为应当中止执行的其他情形。

中止的情形消失后，恢复执行。

八、执行终结

执行终结，是指人民法院在执行过程中，由于出现了某种特殊情况，使执行程序无法或无须继续进行，从而结束执行程序。根据《民事诉讼法》及最高院司法解释的相关规定，执行终结有以下几种情形。

（1）申请执行人撤销申请。

（2）据以执行的法律文书被撤销。

（3）作为被执行人的公民死亡，无遗产可供执行，又无义务承担人的。

（4）追索赡养费、扶养费、抚养费案件的权利人死亡。

（5）作为被执行人的公民因生活困难无力偿还借款，无收入来源，又丧失劳动能力。

（6）在执行中，被执行人被人民法院裁定宣告破产的。

（7）人民法院认为应当终结执行的其他情形。

执行终结的裁定，送达当事人后立即生效。

法条传送门

《中华人民共和国劳动争议调解仲裁法》

第四十四条　仲裁庭对追索劳动报酬、工伤医疗费、经济补偿或者赔偿金的案件，根据当事人的申请，可以裁决先予执行，移送人民法院执行。

仲裁庭裁决先予执行的，应当符合下列条件：

（一）当事人之间权利义务关系明确；

（二）不先予执行将严重影响申请人的生活。

劳动者申请先予执行的，可以不提供担保。

《中华人民共和国民事诉讼法》

第二百二十四条　发生法律效力的民事判决、裁定，以及刑事判决、裁定中的财产部分，由第一审人民法院或者与第一审人民法院同级的被执行的财产所在地人民法院执行。

法律规定由人民法院执行的其他法律文书，由被执行人住所地或者被执行的财产所在地人民法院执行。

第二百二十五条　当事人、利害关系人认为执行行为违反法律规定的，可以向负责执行的人民法院提出书面异议。当事人、利害关系人提出书面异议的，人民法院应当自收到书面异议之日起十五日内审查，理由成立的，裁定撤销或者改正；理由不成立的，裁定驳回。当事人、利害关系人对裁定不服的，可以自裁定送达之日起十日内向上一级人民法院申请复议。

第二百二十六条　人民法院自收到申请执行书之日起超过六个月未执行的，申请执行人可以向上一级人民法院申请执行。上一级人民法院经审查，可以责令原人民法院在一定期限内执行，也可以决定由本院执行或者指令其他人民法院执行。

第二百二十七条　执行过程中，案外人对执行标的提出书面异议的，人民法院应当自收到书面异议之日起十五日内审查，理由成立的，裁定中止对该标的的执行；理由不成立的，裁定驳回。案外人、当事人对裁定不服，认为原判决、裁定错误的，依照审判监督程序办理；与原判决、裁定无关的，可以自裁定送达之日起十五日内向人民法院提起诉讼。

第二百三十条　在执行中，双方当事人自行和解达成协议的，执行员应当将协议内容记入笔录，由双方当事人签名或者盖章。

申请执行人因受欺诈、胁迫与被执行人达成和解协议，或者当事人不履行和解协议的，人民法院可以根据当事人的申请，恢复对原生效法律文书的执行。

第二百三十一条　在执行中，被执行人向人民法院提供担保，并经申请执行人同意的，人民法院可以决定暂缓执行及暂缓执行的期限。被执行人逾期仍不履行的，人民法院有权执行被执行人的担保财产或者担保人的财产。

第二百三十九条　申请执行的期间为二年。申请执行时效的中止、中断，适用法律有关诉讼时效中止、中断的规定。

前款规定的期间，从法律文书规定履行期间的最后一日起计算；法律文书规定分期履行的，从规定的每次履行期间的最后一日起计算；法律文书未规定履行期间的，从法律文书生效之日起计算。

第二百五十六条　有下列情形之一的，人民法院应当裁定中止执行：

（一）申请人表示可以延期执行的；

（二）案外人对执行标的提出确有理由的异议的；

（三）作为一方当事人的公民死亡，需要等待继承人继承权利或者承担义务的；

（四）作为一方当事人的法人或者其他组织终止，尚未确定权利义务承受人的；

（五）人民法院认为应当中止执行的其他情形。

中止的情形消失后，恢复执行。

二百五十七条　有下列情形之一的，人民法院裁定终结执行：

（一）申请人撤销申请的；

（二）据以执行的法律文书被撤销的；

（三）作为被执行人的公民死亡，无遗产可供执行，又无义务承担人的；

（四）追索赡养费、扶养费、抚育费案件的权利人死亡的；

（五）作为被执行人的公民因生活困难无力偿还借款，无收入来源，又丧失劳动能力的；

（六）人民法院认为应当终结执行的其他情形。

第二百五十八条　中止和终结执行的裁定，送达当事人后立即生效。

《最高人民法院关于审理劳动争议案件适用法律问题的解释（一）》（略）